はじめに

本書は、「大学入学共通テスト」(以下、共通テスト)攻略のための問題集です。

共通テストは、「思考力・判断力・表現力」が問われる出題など、これから皆さんに身につけてもらいたい力を問う内容になると予想されます。

本書では、共通テスト対策として作成され、多くの受験生から支持される河合塾「全統共通テスト模試」「全統共通テスト高2模試」さらに「2023年度共通テスト本試験」の問題も、解説を加えて収録しました。

解答時間を意識して問題を解きましょう。問題を解いたら、答え合わせだけで終わらないようにしてください。この選択肢が正しい理由や、誤りの理由は何か。用いられた資料の意味するものは何か。出題の意図がどこにあるか。たくさんの役立つ情報が記された解説をきちんと読むことが大切です。

こうした学習の積み重ねにより、真の実力が身につきます。

皆さんの健闘を祈ります。

本書の特色と構成

1．河合塾の共通テスト模試を精選収録

本問題集は、大学入学共通テスト対策の模擬試験「河合塾全統共通テスト模試」を精選収録したものである。各問題は、多くの候補問題の中から何度も検討を重ね、練られたものであり、本番の試験で今後も出題が予想される分野を網羅している。

2．大学入学共通テストの出題形式演習が可能

本問題集は、大学入学共通テストの出題形式(時間・配点・分野・形式・難易度など)を想定しているので、与えられた時間で問題を解くことによって本番への備えができる。

3．自己採点による学力チェックが可能

各回の問題には、自己採点によりすぐ学力チェックができるように解答・採点基準・解説が別冊で付いている。特に、詳細な解説により、知識の確認と弱点の補強が確実にできる。「設問別正答率」「設問別成績一覧」付き。

4．学力判定が可能

共通テスト換算得点対比表と全統共通テスト模試のデータで、学力の判定ができる。

5．短期トレーニングに最適

収録されている各回の問題それぞれが、１回の試験としてのまとまりをもっている。１回１回のペースを守り、決められた手順に従ってこなしていけば、実戦力養成として最小の時間で最大の効果があげられると確信する。次頁に示す使用法に従って、本書を効果的に活用してほしい。

本書の使い方

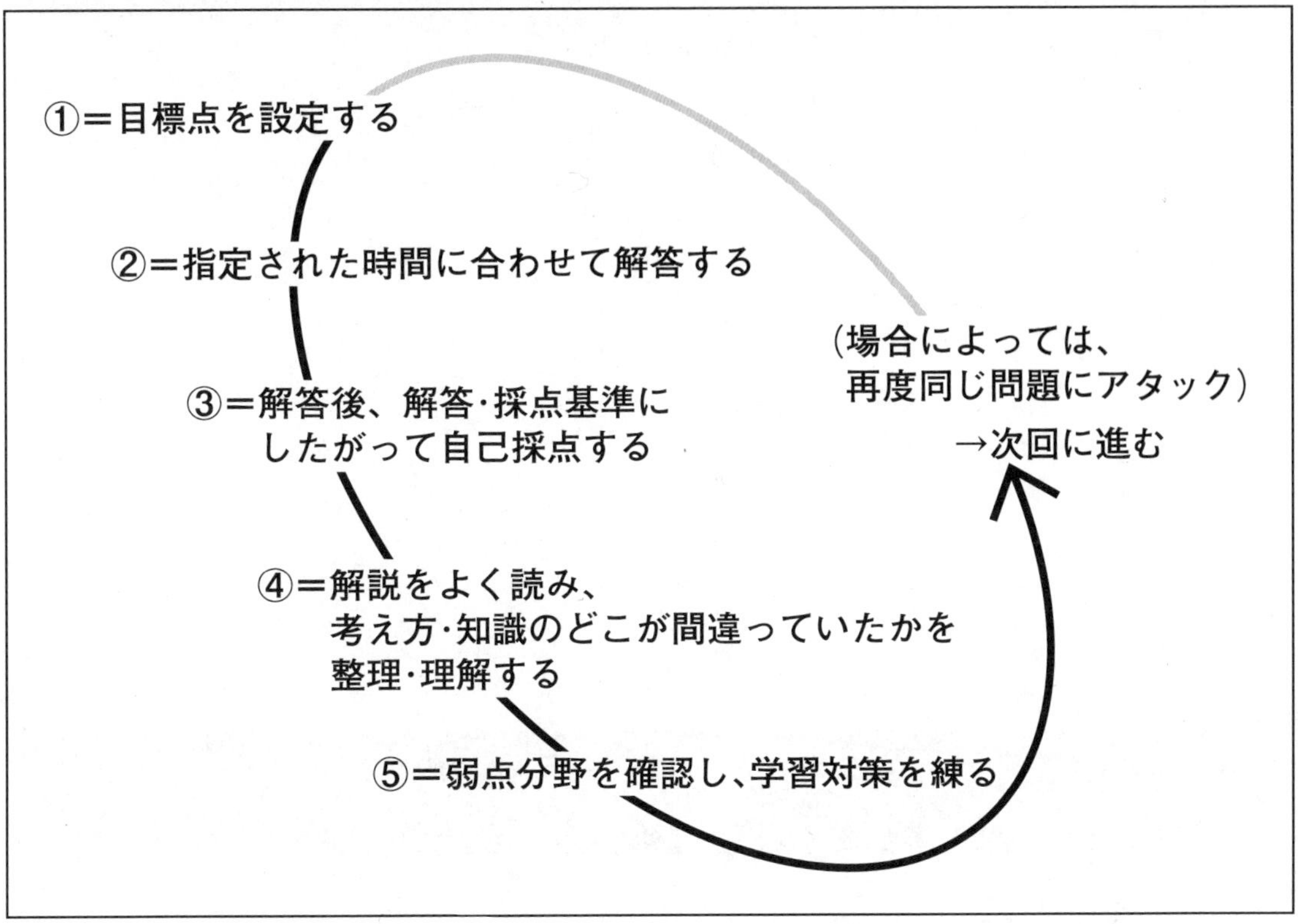

◎次に問題解法のコツを示すので、ぜひ身につけてほしい。

解法のコツ

1. 問題文をよく読んで、正答のマーク方法を十分理解してから問題にかかること。
2. すぐに解答が浮かばないときは、明らかに誤っている選択肢を消去して、正解答を追いつめていく(消去法)。正答の確信が得られなくてもこの方法でいくこと。
3. 時間がかかりそうな問題は後回しにする。必ずしも最初からやる必要はない。時間的心理的効果を考えて、できる問題や得意な問題から手をつけていくこと。
4. 時間が余ったら、制限時間いっぱい使って見直しをすること。

目　次

出題傾向と学習対策

出題傾向

難易度(2023年度)：やや易(平均点62.35点／100点)

2023年度第３回共通テスト本試験は，解答時間30分，読み上げ総語数1,517 words，設問総語数564 words，読み上げ平均速度135 wpm*，読み上げ合計時間673秒であった。各問題の読み上げ平均速度は一様ではなく，読み上げ速度が最も速かった問題は，第１問Ｂ問５の200 wpmで，最も遅かった問題は第４問Ａ問18～21と第５問の113 wpmであった。また，読み上げの話者はアメリカ人を中心に，イギリス人，そして日本人と思われる話者が含まれていた。昨年度と比べ，読み上げ総語数にほとんど変化はなく，はっきりと聴き取りやすい音声であり，内容的にも身近な話題が多く理解しやすかった。とりわけ第５問はワークシートが読み上げられる講義内容に沿っていたため理解しやすくなったことで，昨年度に比べ難易度はやや易化した。今回の試験でも，音声を正確に聴き取り，聴き取った情報を他の表現に言い換える力，選択肢を素早く読み取り，情報を整理する力，さらに図表やワークシートなどを正しく読み取り，聴き取った情報と重ね合わせて判断する力，すなわち**「読む」技能と「聞く」技能を統合させる力**が求められていた。単に英語を聴き取るだけでなく，**目的に応じた思考力・判断力が求められる問題**でもあった。

*words per minute「毎分ワード数」

第１問Ａ　短文発話内容一致問題

読み上げ英文の分量：15 words程度／１問

読み上げ平均速度(2023年度)：177 wpm

形式：短文を聴き，その内容に最もよく合っているものを英語で書かれた４つの選択肢から１つ選ぶ形式。

ねらい：身の回りの事柄に関して平易な英語で話される短い発話の聴き取りを通じて，情報を把握する力を問うことをねらいとしている。

特徴：聴き取った英文内容を１文で**言い換え**たり，１つの発話内容から状況を把握したり，直接表現はしていないがその意味を内蔵している**含意関係**を考えたり，状況を１文で**要約**したりすることで，聞こえてくる発話内容を理解する力を問うている。平易な英語だが，音声の同化などが生じることで，より自然な発話の聴き取りが求められている。

攻略法　音声を聴く前に選択肢に目を通し，場面状況を予測しながら，選択肢の違いを押さえておこう。聴き取りの際は，聞こえてくる順に情報を処理し，聞こえてきた表現が選択肢では**別の表現で言い換え**られている場合があるので注意しよう。

第1問B　短文発話イラスト選択問題

読み上げ英文の分量：10words 程度／1問

読み上げ平均速度(2023年度)：172 wpm

形式：短文を聴き，その内容に最もよく合っているものを4つのイラストから1つ選ぶ形式。

ねらい：身の回りの事柄に関して平易な英語で話される短い発話を聴き，それに対応するイラストを選ぶことを通じて，発話内容の概要や要点を把握する力を問うことをねらいとしている。

特徴：**情報伝達の基本となる文法・語法**の理解度をリスニングで評価する問題。**語彙の正確な理解**を音声で問うことで，発話内容の概要を把握する力が求められている。

攻略法　音声を聴く前に選択肢のイラストに目を通し，選択肢の違いを押さえておこう。聴き取りの際は，**物事の様子や位置関係**などに注意するとよい。なお，音声の**同化**，**連結**，**脱落**などの英語音の法則を用いた，より自然な発話の聴き取りが求められることもあるので普段から意識しておこう。

第2問　対話文イラスト選択問題

読み上げ英文の分量：30 words 程度／1問

読み上げ平均速度(2023年度)：139 wpm

形式：短い対話とそれについての問いを聴き取り，その答えとして最も適切なイラストを選ぶ形式。

ねらい：身の回りの事柄に関して平易な英語で話される短い対話を，場面の情報とイラストを参考にしながら聴き取ることを通じて，必要な情報を把握する力を問うことをねらいとしている。

特徴：物の形状や種類，位置関係などについて，MWMW(男/女/男/女)，または WMWM(女/男/女/男)の4発話を聴き取り，**含意関係**を理解したり，**情報を取捨選択**したりする力が求められている。なお，それぞれの**場面状況が日本語で記されている**分，聴き取りにおける状況把握の負担は軽減されている。

攻略法　音声を聴く前に対話の場面と選択肢のイラストに目を通し，選択肢の違いを押さえ，聴き取りのポイントを予測しておこう。聴き取りの際は複数の情報を基に，選択肢を絞り込んだり，場合によっては**消去法**を用いたりすると効果的であるので試してみるとよい。

第3問　対話文質問選択問題

読み上げ英文の分量：50 words 程度／1問

読み上げ平均速度(2023年度)：151 wpm

形式：短い対話を聴き取り，日本語で書かれた対話の場面を参考にして，問いの答えとして最も適切な選択肢を選ぶ形式。

ねらい：身の回りの事柄に関して平易な英語で話される短い対話を，場面の情報を参考にしながら聴き取ることを通じて，概要や要点を目的に応じて把握する力を問うことをねらいとしている。

特徴：日常生活での出来事に関して**場面状況が日本語で記されている**ので，それをヒントにしながら MWMWMW(男/女/男/女/男/女)または WMWMWM(女/男/女/男/女/男)の4から7発話の対話文を聴き取り，対話内容の概要や要点を理解することが求められている。

攻略法　音声を聴く前に対話の場面と選択肢に素早く目を通し，対話のポイントを予測しておこう。対話で**聞こえてくる音**を使って誤答の選択肢がつくられていたり，**聞こえてこない音**で正答の選択肢がつくられていたりすることがあるので注意しよう。

第4問A　モノローグ型図表完成問題

読み上げ英文の分量：159 words／2問

読み上げ速度(2023年度)：問18～21(113 wpm)，問22～25(198 wpm)

形式：読み上げられる説明を聴き取り，ワークシートの中のグラフを完成する形式と，聴き取った複数情報を整理し空所に最も適切な選択肢を選ぶ形式。

ねらい：必要な情報を聴き取り，図表を完成させたり，分類や並べかえをしたりすることを通じて，話し手の意図を把握する力を問うことをねらいとしている。

特徴：読み上げられる説明を聴き取り，**出来事を時系列に並べる力**や聴き取った**複数情報を整理し，表を見ながら空所を埋めていく力**が求められている。

攻略法　音声を聴く前に指示文にある場面状況とイラストや図表から聴き取るべき情報を押さえておき，音声を聴きながらイラストや図表に簡単なメモを書き込んでいくとよい。なお，数の聴き取りが出題された場合，**数をメモしておき，必要に応じて聴き取りの後で計算**をすると情報の聞き逃しと計算ミスを防ぐことができる。

第4問B　モノローグ型質問選択問題

読み上げ英文の分量：170 words

読み上げ平均速度(2023年度)：124 wpm

形式：4人の説明を聴き取り，問いの答えとして最も適切な選択肢を選ぶ形式。

ねらい：複数の情報を聴き，条件に最も合うものを選ぶことを通じて，状況・条件に基づき比較して判断する力を問うことをねらいとしている。

特徴：複数の情報を聴き取り，その情報を状況・条件に基づき**比較し判断する力**や**取捨選択する力**が求められている。

攻略法　音声を聴く前に指示文にある状況・条件を素早く読み，音声を聴きながら図表に○×を書き込んでいくと効率よく解答ができる。なお，発話者がアメリカ人，イギリス人だけでなく**多国籍**になる傾向にあるのでさまざまな音声に慣れておくとよい。

第５問　モノローグ型長文ワークシート完成・選択問題

読み上げ英文の分量：273 words／49 words

読み上げ速度（2023年度）：113 wpm／130 wpm

形式：講義を聴き取り，ワークシートの空所に入るものや問いの答えとして最も適切な選択肢を選んだり，図表から読み取れる情報と講義全体の内容に合った最も適切な選択肢を選んだりする形式。

ねらい：身近な話題や知識基盤のある社会的な話題に関する講義を聴きメモを取ることを通じて，概要や要点をとらえる力や，聞き取った情報と図表から読み取れる情報を組み合わせて判断する力を問うことをねらいとしている。

特徴：講義を聴き取り，要点を把握しながらワークシートを埋めて行く。問27～31では**ワークシートの完成**が求められ，問32では講義内容の把握が求められている。さらに，問33では講義から聴き取った内容をグラフから読み取った情報に重ね合わせて要点を把握する**「読む」**と**「聞く」**の**技能統合力**が求められている。

攻略法　音声を聴く前に，**状況と選択肢を素早く読み**，ワークシートの内容をできるだけ素早く理解し，講義の**テーマと展開を予測**しよう。

第６問Ａ　対話文質問選択問題

読み上げ英文の分量：161 words

読み上げ速度（2023年度）：146 wpm

形式：２人の対話を聴き取り，それぞれの話し手についての問いの答えとして最も適切な選択肢を選ぶ形式。

ねらい：身近な話題や馴染みのある社会的な話題に関する対話や議論を聴き，話し手の発話の要点を選ぶことを通じて，必要な情報を把握する力や，それらの情報を統合して要点を整理，判断する力を問うことをねらいとしている。

特徴：発話全体から，**話し手の発話の要点を把握する力**が求められている。

攻略法　音声を聴く前に対話の状況と選択肢に目を通し，対話のポイントを予測しておこう。**繰り返し述べている主張**を意識しながら聴き取ることで，論点を把握することができる。

第６問Ｂ　会話長文意見・図表選択問題

読み上げ英文の分量：223 words

読み上げ速度（2023年度）：131 wpm

形式：４人の会話を聴き取り，話し手の意見として最も適切な選択肢を選ぶ形式。および，ある特定の話し手の意見を最もよく表している図表を選ぶ形式。

ねらい：身近な話題や馴染みのある社会的な話題に関する会話や議論を聴き，それぞれの話し手の立場を判断し，意見を支持する図表を選ぶことを通じて，必要な情報を把握する力や，それらの**情報を統合して要点を整理，判断する力**を問うことをねらいとしている。

特徴：**意見と事実**を区別し，それぞれの話し手が**賛成の立場か反対の立場かを判断する力**と，意見に合う**図表を判断する力**が求められている。

攻略法 発話数の多い長めの会話が予測されるので，音声を聴く前に会話の状況と選択肢，図表に目を通し，ポイントを予測し，図表のタイトルを素早く読み取っておくと聴き取りに余裕が持てる。誰の発言なのか，議論のテーマに対して賛成なのか反対なのかを正確に聴き取り，**複数情報を比較したり判断したりする力**が求められるので，長めの会話文を繰り返し聴き取ることで対策ができる。

2023年度共通テスト本試験リスニング　出題内容一覧

23本試	分野	配点	読み上げ回数	語数(本文/設問)	テーマ	難易度
第1問	A：短文発話内容一致問題	4	2	13/38	問1　うるさいのでドアを閉めて	易
		4		12/26	問2　洗い物はここまで終わった	やや易
		4		10/34	問3　叔父が送ってくれた絵はがき	易
		4		14/41	問4　昼食後の生徒数	やや易
	B：短文発話イラスト選択問題	3		8/0	問5　瓶の中のお茶の量	やや易
		3		12/0	問6　牛の位置	普通
		3		11/0	問7　私はどれか	易
第2問	対話文イラスト選択問題	4		27/5	問8　女性のアバターはどれか	易
		4		30/6	問9　女性が持っているゴミはどれか	難
		4		26/8	問10　どの靴を買うか	易
		4		25/8	問11　どこで待ち合わせるか	易
第3問	対話文質問選択問題	3	1	51/20	問12　目的の駅への行き方	やや易
		3		45/22	問13　外食の代わりに家で料理	易
		3		51/32	問14　男の子の行動は？	普通
		3		42/28	問15　出身はどちら	やや難
		3		51/32	問16　薬を持っているか	やや難
		3		54/19	問17　猫を飼う	普通

第４問	A：モノローグ型図表完成問題	4 （完答）	1	81/7 （図表９）	問18	仕事を選ぶ理由	易
					問19		やや易
					問20		やや易
					問21		普通
		1		78/9 （図表35）	問22	国際ゲーム大会にオンライン参加	易
		1			問23		易
		1			問24		やや易
		1			問25		やや易
	B：モノローグ型質問選択問題	4		170/13 （図表11）	問26	生徒会長候補者の演説	易
第５問	モノローグ型長文ワークシート完成・選択問題	3		273/77 （図表54）	問27	アジアゾウに関する講義	普通
		2 （完答）			問28		易
					問29		やや易
		2 （完答）			問30		やや易
					問31		やや難
		4			問32		普通
		4		49/61 （図表13）	問33		やや難
第６問	A：対話文質問選択問題	3		161/72	問34	ソロハイキングについて	やや易
		3			問35		普通
	B：会話長文意見・図表選択問題	4		223/6 （図表47）	問36	就職後に住む場所について	やや難
		4			問37		やや易
合　計		100		1,517/564			

学習対策

大学入学共通テスト英語(リスニング)では，選択肢を素早く読み取り，情報を整理する力に加え，図表やワークシートなどを正しく読み取り，聴き取った情報と重ね合わせて判断する力が求められている。

高得点を取るためには，普段から英語の音声に親しみ，模擬試験などを用いた繰り返しの練習は欠かせない。以下に学習対策の設問別ポイントを記しておく。

■第１問Ａ　直接表現はしていないが，その意味を内蔵している含意関係を考えたり，状況を１文で言い換えたりする練習。

■第１問Ｂ　語彙の正確な意味や「時制」,「比較」などの基礎的な文法を音声で理解する練習。

■第２問　場面の情報を参考にし，イラストを見ながら必要な情報を聴き取る練習。

■第３問　場面の情報を参考にしながら，概要や要点を目的に応じて把握する練習。

■第４問Ａ　比較表現を聴き取ったり，複数情報を整理したりする練習。
(なお，数字や数の表現を聴き取り比較したり，単純な計算をしたりする練習もしておくこと)

■第４問Ｂ　複数の情報を聴き，状況・条件に基づき比較し判断する練習。

■第５問　社会的な話題に関する英文を聴き，聴き取った情報を図表から読み取った情報と組み合わせて判断する練習。

■第６問Ａ　必要な情報を把握し，それらの情報を統合して要点を整理し判断する練習。

■第６問Ｂ　複数の話し手の意見を比較検討し，賛成や反対，類似点や相違点を判断する練習。

聴き取り練習では，まずスクリプトを見ずに読み上げられる英文の音声に注意を集中し，**話の流れが理解できる**まで繰り返し聴いてみよう。慣れてきたら，今度はスクリプトを見ながら読み上げられる音声に自分の音声をかぶせるように読んでいく**オーバーラッピング**や正確に速く復唱する**シャドーイング**を試してみるとよい。また，ポイントとなる箇所を書き取る**ディクテーション**などを練習に取り入れると効果的な学習ができる。

「全部，完璧に聴き取れなければならない」と思う必要はない。英語の音《オン》を怖がらず，繰り返し英語を聴き，声に出す練習をすることが大切である。

英語（リスニング）の音声は，ダウンロードして利用することと，そのまま配信サイトから聴くことができます。

音声のダウンロードについて

パソコンから下記のURLにアクセスしてください。

http://www.kawai-publishing.jp/onsei/03/index.html

※ホームページより直接スマートフォンへのダウンロードはできません。パソコンにダウンロードしていただいた上で，スマートフォンへお取り込みいただきますよう，お願いいたします。

・ファイルはZIP形式で圧縮されていますので，解凍ソフトが必要です。
・ファイルはMP3形式の音声です。再生するには，Windows Media PlayerやiTunesなどの再生ソフトが必要です。
・4101～4645，41A，42A，43A，44A，45A，46Aの全276ファイル構成となっています。
・掲載されている音声ファイルのデータは著作権法で保護されています。データを使用できるのは，本教材の購入者がリスニングの学習を目的とする場合に限られます。

音声の配信について

パソコンやスマートフォンから下記のURLにアクセスしてください。
QRコードからも読み取りいただけます。

http://www.kawai-publishing.jp/onsei/03/index.html

・ファイルはMP4形式の音声です。再生するには，最新版のOSをご利用ください。
・掲載されている音声ファイルのデータは著作権法で保護されています。データを使用できるのは，本教材の購入者がリスニングの学習を目的とする場合に限られます。

＜注意＞
(1) 当サイトに掲載されている音声ファイルのデータは著作権法で保護されています。本データあるいはそれを加工したものを複製・譲渡・配信・販売することはできません。
(2) お客様のパソコンやネット環境により音声を再生できない場合，当社は責任を負いかねます。ご理解とご了承をいただきますよう，お願いいたします。
(3) ダウンロードや配信サイトから聴くことができるのは，2025年３月までの期間です。

第 1 回

問題を解くまえに

◆ 本問題は100点満点です。次の対比表を参考にして，**目標点**を立てて解答しなさい。

共通テスト換算得点	36以下	37～47	48～57	58～67	68～75	76～82	83以上
偏差値 ➡	37.5	42.5	47.5	52.5	57.5	62.5	
得　点	26以下	27～34	35～41	42～49	50～57	58～65	66以上

〔注〕 上の表の，
「共通テスト換算得点」は，'21年度全統共通テスト模試と'22年度大学入学共通テストとの相関をもとに得点を換算したものです。

「得点」帯は，'22第１回全統共通テスト模試の結果より推計したものです。

◆ 問題解答時間は30分です。

◆ 問題を解いたら必ず自己採点により学力チェックを行い，解答・解説，学習対策を参考にしてください。

◆ 以下は，'22第１回全統共通テスト模試の結果を表したものです。

人　　数	213,433
配　　点	100
平 均 点	45.8
標準偏差	15.5
最 高 点	100
最 低 点	0

（解答番号 1 ～ 37 ）

第1問 （配点 25） 音声は2回流れます。

第1問はAとBの二つの部分に分かれています。

A 第1問Aは問1から問4までの4問です。英語を聞き，それぞれの内容と最もよく合っているものを，四つの選択肢（①～④）のうちから一つずつ選びなさい。

問1 1

① The speaker is excited about the festival.
② The speaker is upset about schedule changes.
③ The speaker wants more time to practice.
④ The speaker wants to find a dance partner.

問2 2

① Daisy has been in the hospital since last month.
② Daisy has been practicing soccer for a month.
③ Daisy missed a soccer game because of an injury.
④ Daisy was absent from school for a week.

問３ [3]

① The speaker wants to know the time of the last train.
② The speaker wants to know the city the train is bound for.
③ The speaker wants to know which track the train leaves from.
④ The speaker wants to know which train he should take.

問４ [4]

① The speaker is offering to draw a map.
② The speaker needs help with directions.
③ The speaker wants to stop and rest.
④ The speaker wants to stop traveling.

これで第１問Ａは終わりです。

B　**第１問B**は**問５**から**問７**までの３問です。英語を聞き，それぞれの内容と最もよく合っている絵を，四つの選択肢（①～④）のうちから一つずつ選びなさい。

問５　5

①

②

③

④

問6 　6

①

②

③

④

問7 　7

①

②

③

④

これで第1問Bは終わりです。

第2問 （配点 16） 音声は2回流れます。

第2問は**問**8から**問**11までの4問です。それぞれの問いについて，対話の場面が日本語で書かれています。対話とそれについての問いを聞き，その答えとして最も適切なものを，四つの選択肢（①～④）のうちから一つずつ選びなさい。

問8 友人同士が傘について話をしています。 8

①

②
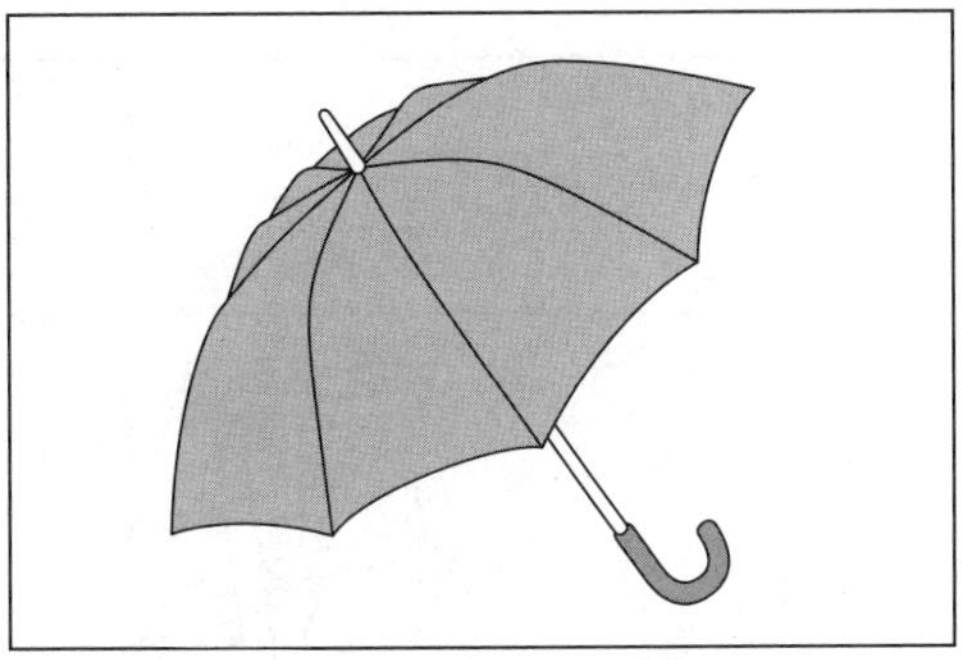

③

④

問9　夫婦がどの道具を使うか話をしています。 9

①

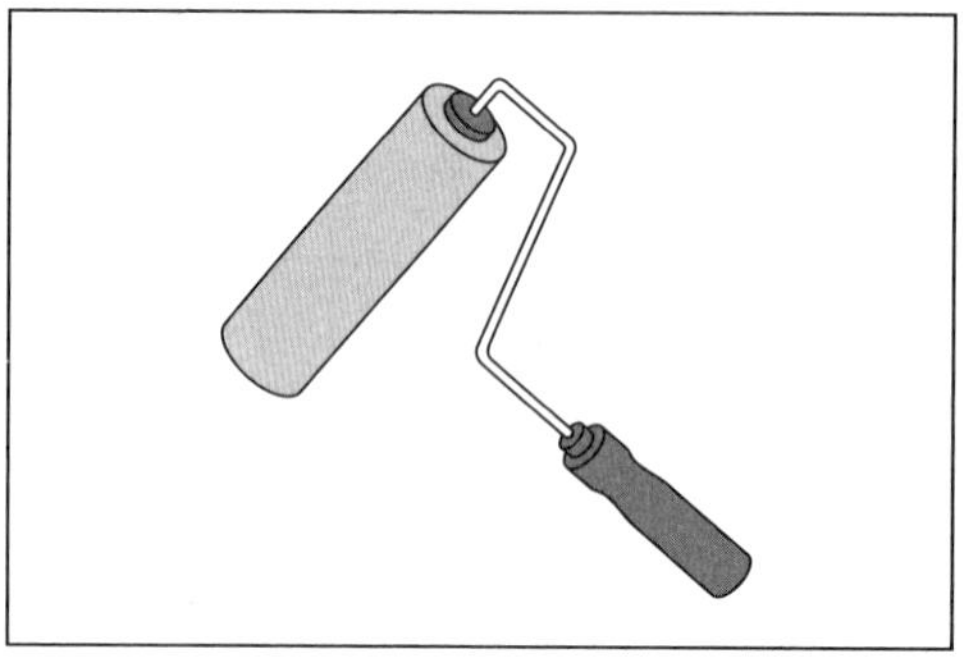

②

③

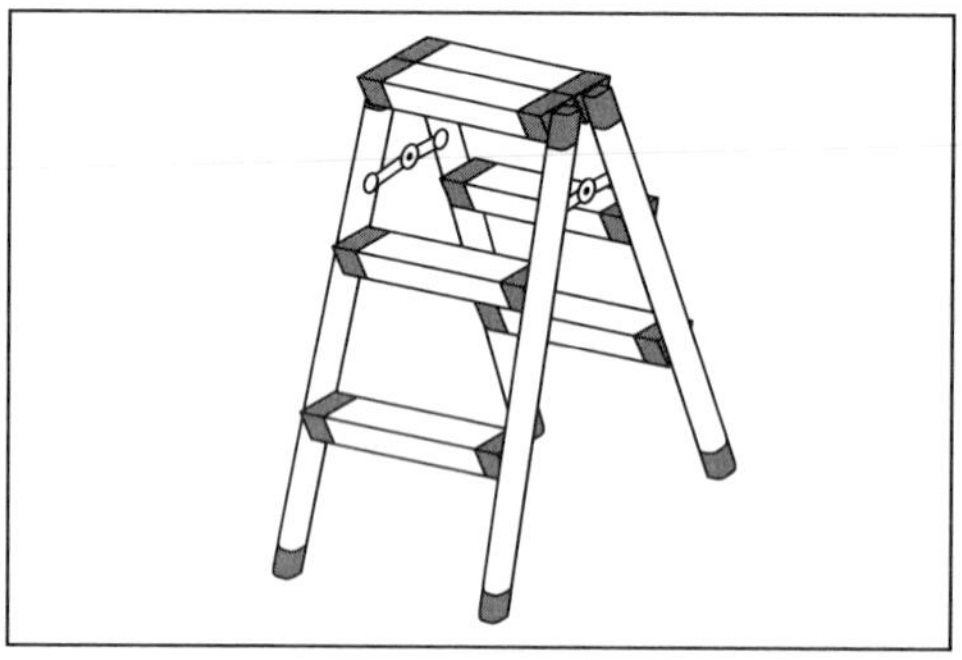

④

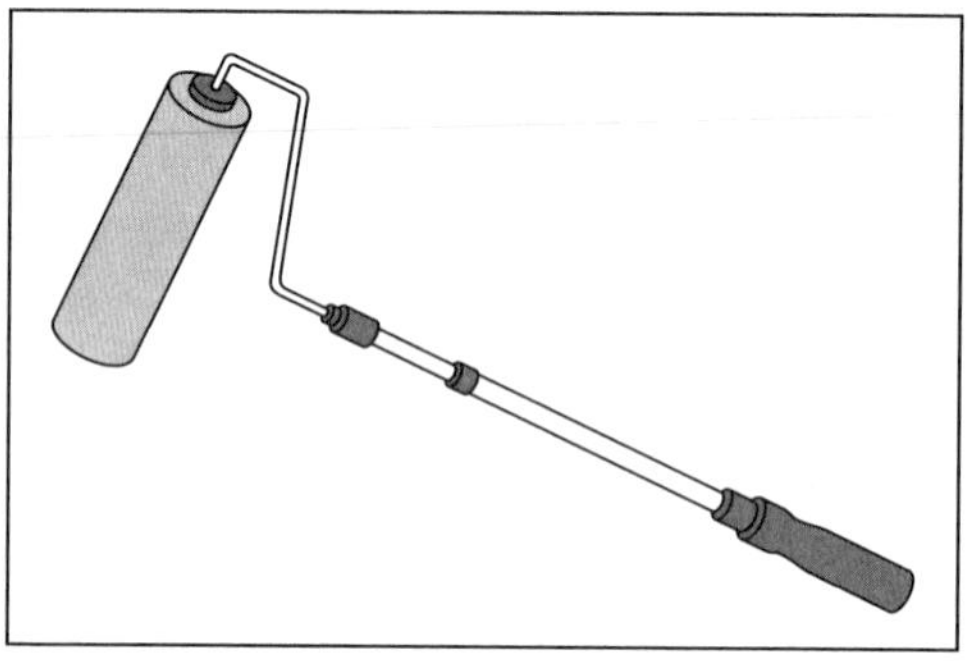

問10 友人同士が，明日のパーティーのために買い物をしています。 10

①

②

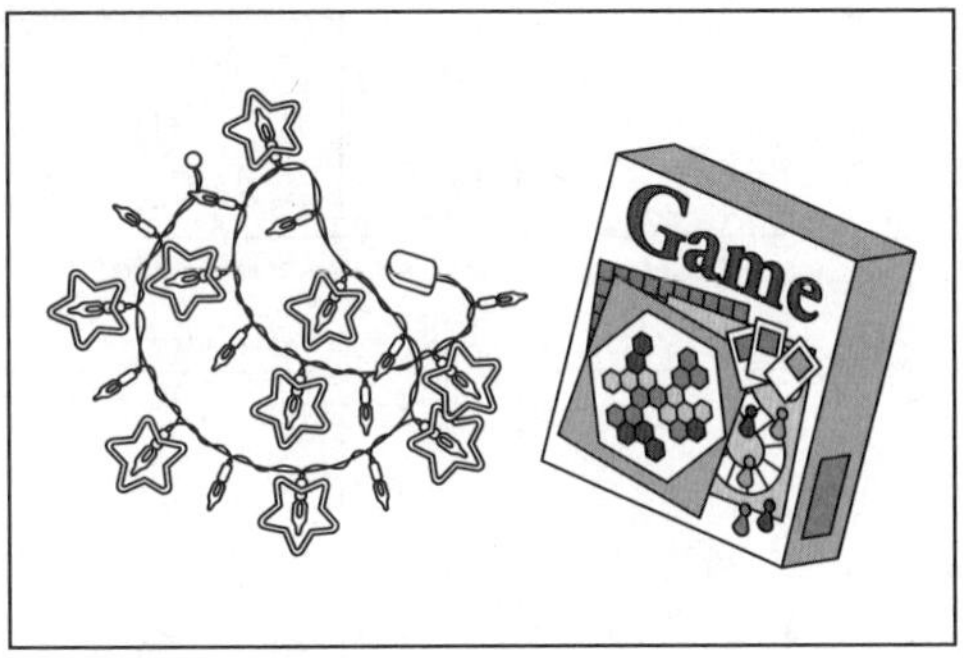

③

④

問11　学生が，職員に質問をしています。 11

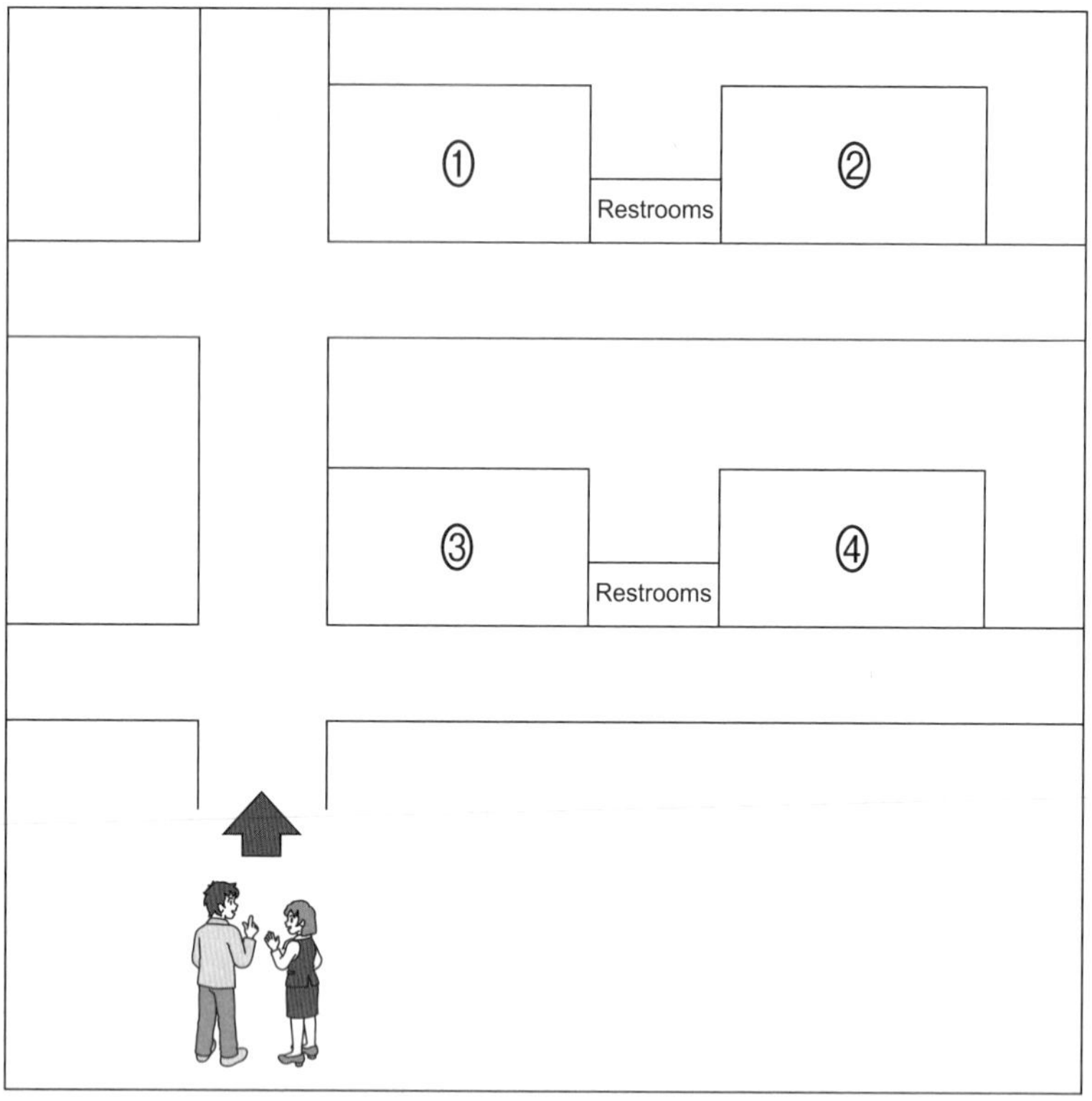

これで第２問は終わりです。

第３問 （配点　18） 音声は１回流れます。

第３問は**問**12から**問**17までの６問です。それぞれの問いについて，対話の場面が日本語で書かれています。対話を聞き，問いの答えとして最も適切なものを，四つの選択肢（①～④）のうちから一つずつ選びなさい。（問いの英文は書かれています。）

問12　美術館の入口で，友人同士が話をしています。

Which is true according to the conversation? 12

① They have seen the portraits before.
② They planned for the portrait cleaning.
③ They will enjoy the attractions on Monday.
④ They will see the portraits today.

問13　息子が母親と話をしています。

Why is the boy excited? 13

① He enjoyed the view from an airplane.
② He is going to try something new.
③ His friend gave him a model plane.
④ His mother is offering to help him.

問14　バスケットボールの試合を見に来た友人同士が話をしています。

When would be the worst time to go and get snacks? 14

① Before the game begins
② Before the second quarter
③ During the second quarter
④ During the third quarter

問15　女性が男性と話をしています。

What will the woman do this weekend? 15

① Celebrate with friends
② Learn with coworkers
③ Speak with customers
④ Work out at the hotel

問16　夫婦が毛布を編むことについて話をしています。

What will the couple do? 16

① They will adopt the husband's idea.
② They will adopt the wife's idea.
③ They will combine both of their ideas.
④ They will come up with a new idea.

問17　ショッピングモールで，友人同士が話をしています。

What did the woman do? 17

① She admired the store's decorations.
② She enjoyed looking in the display windows.
③ She purchased items from the store.
④ She visited the store with her father.

これで第3問は終わりです。

第 4 問 (配点 12) 音声は 1 回流れます。

第 4 問は**A**と**B**の二つの部分に分かれています。

A **第 4 問A**は**問** 18 から**問** 25 までの 8 問です。話を聞き，それぞれの問いの答えとして最も適切なものを，選択肢から選びなさい。**問題文と図表を読む時間が与えられた後，音声が流れます**。

問18〜21 あなたは，授業で配られたワークシートのグラフを完成させようとしています。先生の説明を聞き，四つの空欄 18 〜 21 に入れるのに最も適切なものを，四つの選択肢（①〜④）のうちから一つずつ選びなさい。

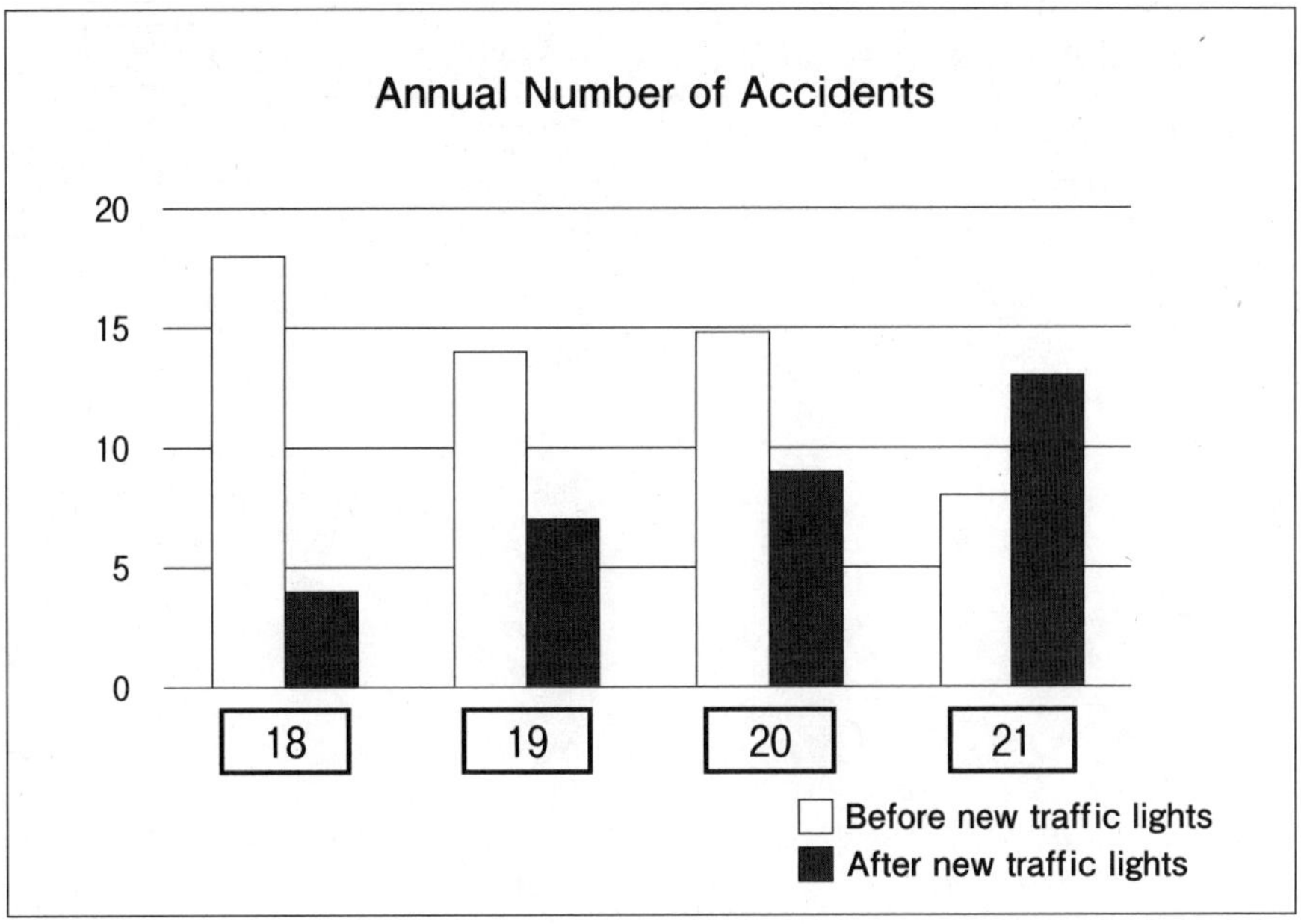

① Chase and North
② County and Highland
③ Main and South
④ Springfield and Michigan

問22〜25 あなたは，留学先で，ホストファミリーのガレージセールを手伝っています。話を聞き，次の表の四つの空欄 [22] 〜 [25] に入れるのに最も適切なものを，五つの選択肢（①〜⑤）のうちから一つずつ選びなさい。選択肢は２回以上使ってもかまいません。

Garage Sale

Items	Original Price	Discount
T-shirt	$12	[22]
Mixing bowl	$19	
Light jacket	$26	[23]
Coffee maker	$38	[24]
Gold lamp	$74	[25]
Oak desk	$235	

① 50%
② 55%
③ 60%
④ 65%
⑤ 75%

これで第４問Ａは終わりです。

B　第４問Ｂは問 26 の１問です。話を聞き，示された条件に最も合うものを，四つの選択肢（①～④）のうちから一つ選びなさい。後の表を参考にしてメモを取ってもかまいません。**状況と条件を読む時間が与えられた後，音声が流れます**。

状況
　あなたは，アメリカの大学に留学しており，学内のカフェでアルバイトをしています。店内の一角を飾る植物を選ぶために，四人の友人が推薦する植物の説明を聞いています。

あなたが考えている条件
　Ａ．手間がかからないこと
　Ｂ．明るい色であること
　Ｃ．直射日光を必要としないこと

Plant names	Condition A	Condition B	Condition C
① Valley Orchid			
② Fernando Aloe			
③ Holtzman Yucca			
④ Pacific Ivy			

問26　[26] is the plant you are most likely to choose.

① Valley Orchid
② Fernando Aloe
③ Holtzman Yucca
④ Pacific Ivy

これで第４問Ｂは終わりです。

第５問 （配点　15） 音声は１回流れます。

第５問は**問** 27 から**問** 33 までの７問です。

最初に講義を聞き，**問** 27 から**問** 32 に答えなさい。次に続きを聞き，**問** 33 に答えなさい。**状況・ワークシート，問い及び図表を読む時間が与えられた後，音声が流れます。**

状況

あなたは大学で，「緑の革命(green revolution)」がもたらした農業改革についての講義を，ワークシートにメモを取りながら聞いています。

ワークシート

○ **The Green Revolution**

- When? → In the 1960s and 1970s
- What? → Application of scientific breakthroughs to farming
- Impact: ＿＿ 27 ＿＿ for people in developing countries

↓

○ **Two Types of Farming**

	Conventional	Organic
Effects on Soil	28	29
Nutrition	30	31
Source of Fertilizer	chemicals	compost

問27　ワークシートの空欄 [27] に入れるのに最も適切なものを，四つの選択肢（①～④）のうちから一つ選びなさい。

① Increased food availability
② Increased land value
③ Reduced agricultural jobs
④ Reduced cost of farming

問28～31　ワークシートの空欄 [28] ～ [31] に入れるのに最も適切なものを，六つの選択肢（①～⑥）のうちから一つずつ選びなさい。選択肢は２回以上使ってもかまいません。

① positive　　② neutral　　③ negative
④ more　　⑤ equal　　⑥ less

問32　講義の内容と一致するものはどれか。最も適切なものを，四つの選択肢（①～④）のうちから一つ選びなさい。 [32]

① Modern organic farming is based on the rebirth of ancient knowledge.
② Modern organic farming is made possible by government investment.
③ Modern organic farming is only practiced in developing countries.
④ Modern organic farming uses techniques unknown before this century.

第５問はさらに続きます。

問33　講義の続きを聞き，**次の図から読み取れる情報と講義全体の内容から**どのようなことが言えるか，最も適切なものを，四つの選択肢（①～④）のうちから一つ選びなさい。 33

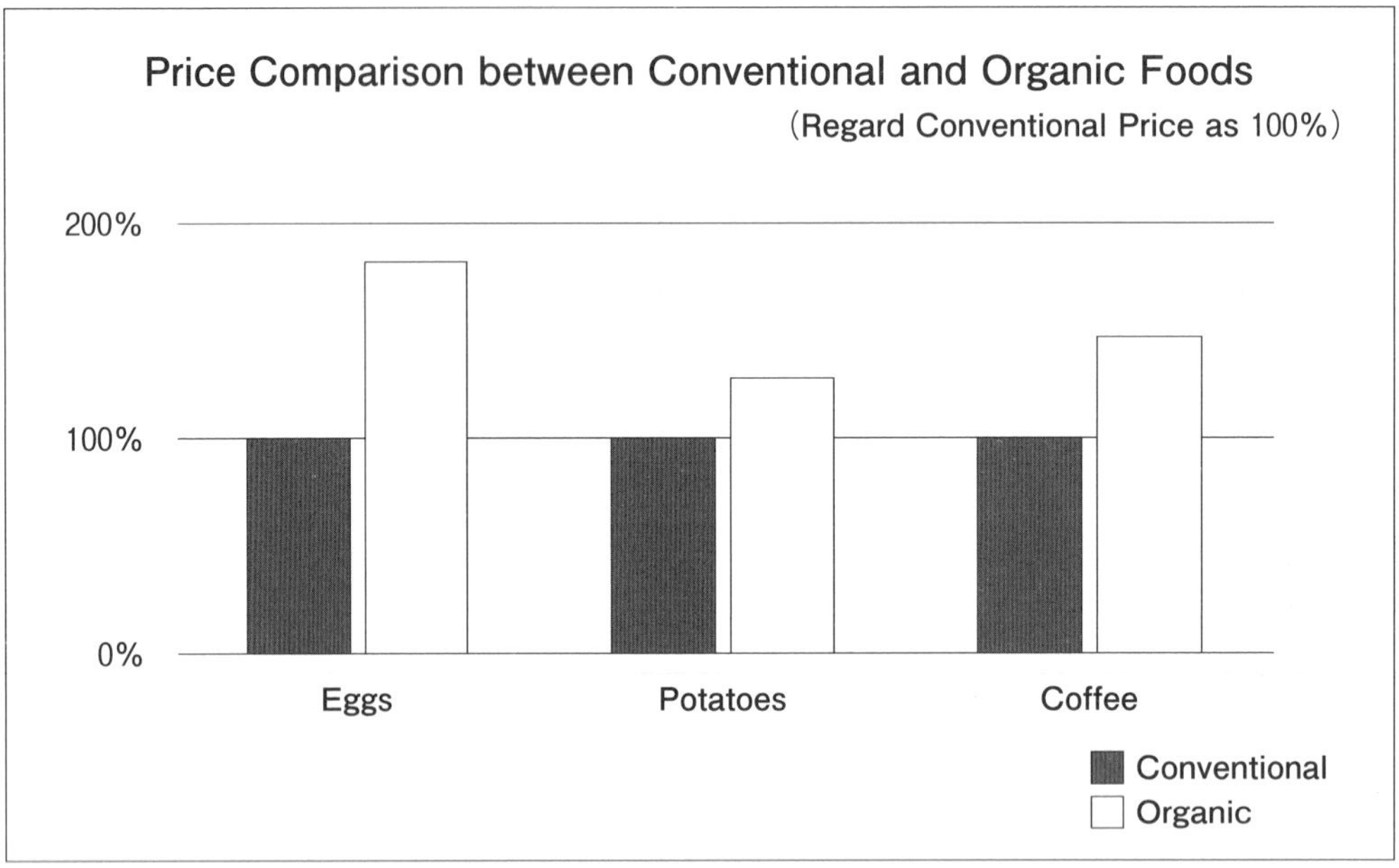

① Conventional farming should be totally replaced by organic farming.
② Organic coffee is a riskier investment than conventional coffee.
③ Organic potatoes and coffee are much cheaper than organic eggs.
④ The challenge for the future is to bring down the prices of organic foods.

これで第5問は終わりです。

第６問 （配点　14） 音声は１回流れます。

第６問はＡとＢの二つの部分に分かれています。

Ａ　第６問Ａは問 34・問 35 の２問です。二人の対話を聞き，それぞれの問いの答えとして最も適切なものを，四つの選択肢（①～④）のうちから一つずつ選びなさい。（問いの英文は書かれています。）**状況と問いを読む時間が与えられた後，音声が流れます。**

状況
Nozomi が，Sam と大学でのテストについて話をしています。

問34　**What is Sam's main point?**　[34]

① Being mentally relaxed can lead to good test results.
② Listening to music works better when taking long tests.
③ Reviewing notes before a test creates unnecessary confusion.
④ Spending time learning material on a test day is effective.

問35　**What will Nozomi do before her next test?**　[35]

① She will combine her test taking strategy with Sam's.
② She will continue to read her notes as many times as possible.
③ She will listen to familiar music just before the test.
④ She will listen to the music Sam recommends to reduce stress.

これで第６問Ａは終わりです。

B　**第6問B**は**問36・問37**の2問です。会話を聞き，それぞれの問いの答えとして最も適切なものを，選択肢のうちから一つずつ選びなさい。後の表を参考にしてメモを取ってもかまいません。**状況と問いを読む時間が与えられた後，音声が流れます**。

状況
四人の学生(Robert，Chisa，Liz，Andy)が，危険な行為を売り物にしたテレビ番組について話しています。

Robert	
Chisa	
Liz	
Andy	

問36　四人のうち危険な行為を売り物にするのが良くないことに**賛成している**のは何人ですか。四つの選択肢(①～④)のうちから一つ選びなさい。 36

① 1人
② 2人
③ 3人
④ 4人

問37　会話を踏まえて，Robert の考えの根拠となる図表を，四つの選択肢（①～④）のうちから一つ選びなさい。 37

①

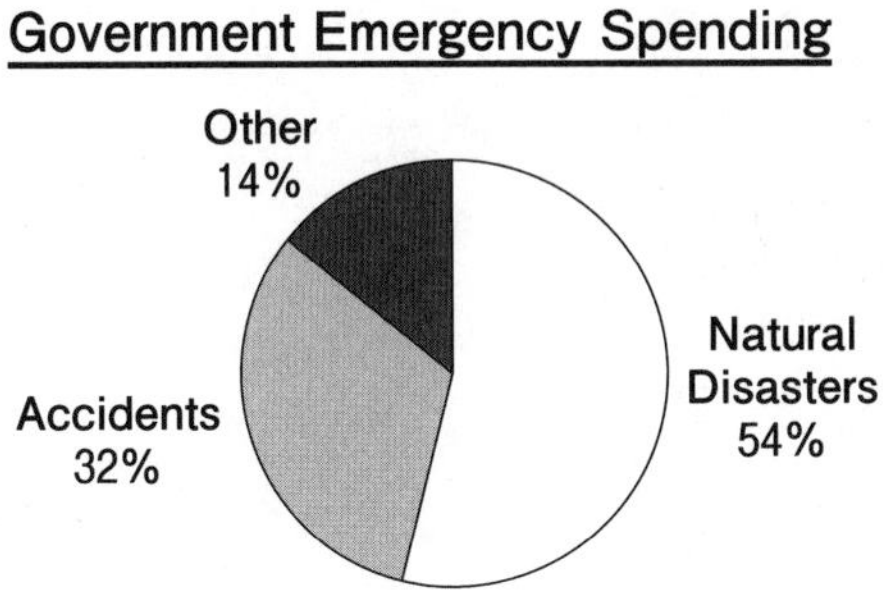

②

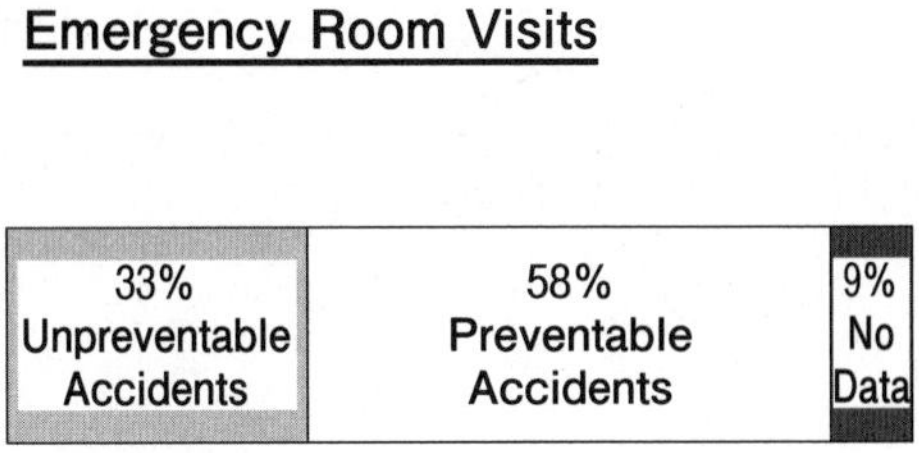

③

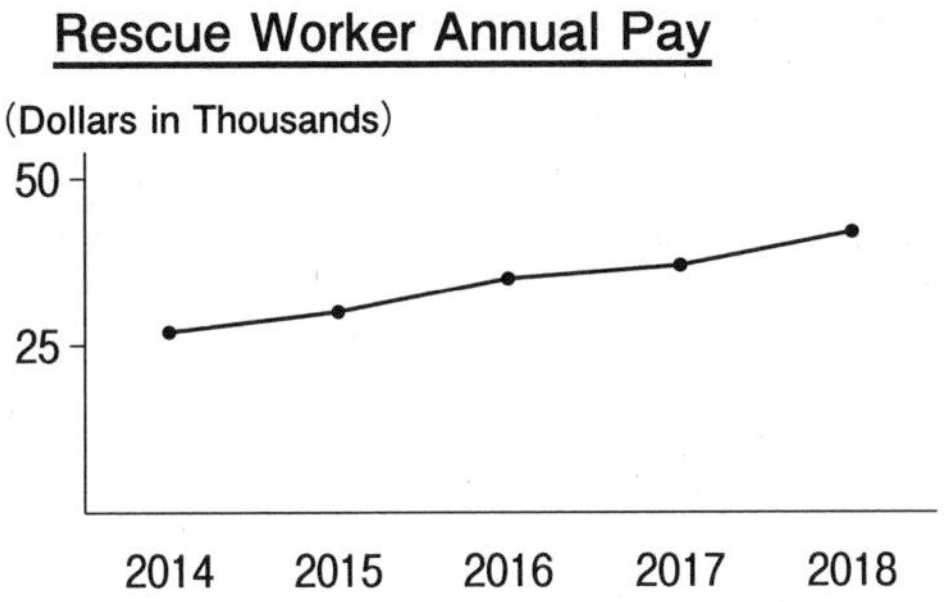

④

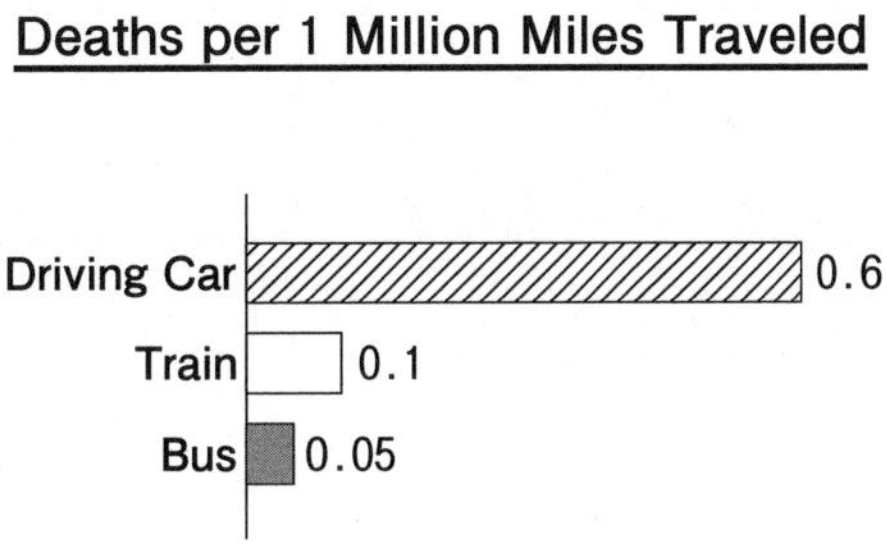

これで第６問Ｂは終わりです。

第 2 回

問題を解くまえに

◆ 本問題は100点満点です。次の対比表を参考にして，**目標点**を立てて解答しなさい。

共通テスト換算得点	38以下	39～47	48～56	57～64	65～72	73～80	81以上
偏差値 ➡	37.5	42.5	47.5	52.5	57.5	62.5	
得　点	35以下	36～43	44～52	53～61	62～70	71～79	80以上

〔注〕 上の表の，
「共通テスト換算得点」は，'21年度全統共通テスト模試と'22年度大学入学共通テストとの相関をもとに得点を換算したものです。

「得点」帯は，'22第2回全統共通テスト模試の結果より推計したものです。

◆ 問題解答時間は30分です。

◆ 問題を解いたら必ず自己採点により学力チェックを行い，解答・解説，学習対策を参考にしてください。

◆ 以下は，'22第2回全統共通テスト模試の結果を表したものです。

人　数	321,800
配　点	100
平均点	57.4
標準偏差	17.8
最高点	100
最低点	0

（解答番号 1 ～ 37 ）

第1問 （配点 25） 音声は2回流れます。

第1問はAとBの二つの部分に分かれています。

A 第1問Aは問1から問4までの4問です。英語を聞き，それぞれの内容と最もよく合っているものを，四つの選択肢（①～④）のうちから一つずつ選びなさい。

問1 1

① The speaker thinks the exams are hard.
② The speaker thinks the music is too loud.
③ The speaker wants to listen to music.
④ The speaker wants to study music.

問2 2

① Sachiko cooks dinner for her family.
② Sachiko does the dishes with her brother.
③ Sachiko helps her brother do the dishes.
④ Sachiko helps her parents by cleaning.

問3 [3]

① The speaker wants to buy Ann a new phone.
② The speaker wants to give Ann a phone case.
③ The speaker wants to hold a birthday party for Ann.
④ The speaker wants to order a birthday cake for Ann.

問4 [4]

① John called back the speaker today.
② John talked to the speaker today.
③ The speaker didn't get John's message yesterday.
④ The speaker didn't talk to John yesterday.

これで第1問Aは終わりです。

B **第1問B**は**問5**から**問7**までの3問です。英語を聞き，それぞれの内容と最もよく合っている絵を，四つの選択肢（①～④）のうちから一つずつ選びなさい。

問5 5

①

②

③

④

問6 6

①

②

③

④

問7　7

①

②

③

④

これで第1問Bは終わりです。

第２問 （配点　16） 音声は２回流れます。

第２問は**問８**から**問11**までの４問です。それぞれの問いについて，対話の場面が日本語で書かれています。対話とそれについての問いを聞き，その答えとして最も適切なものを，四つの選択肢（①～④）のうちから一つずつ選びなさい。

問８　バックパックについて話をしています。［ 8 ］

①

②

③

④

問9　どのヘアブラシを買うか，話をしています。 9

①

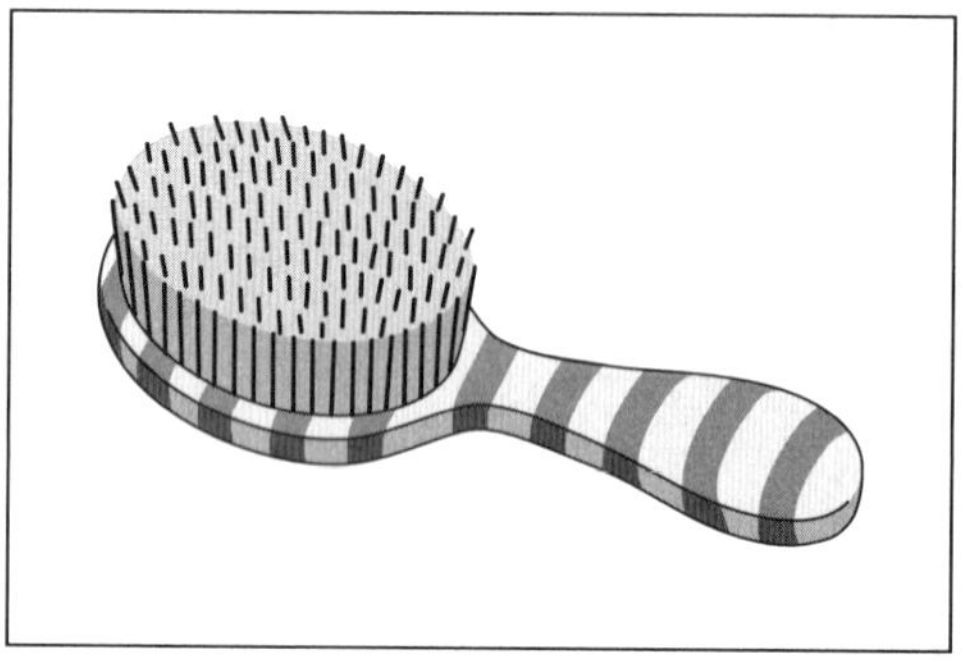

②

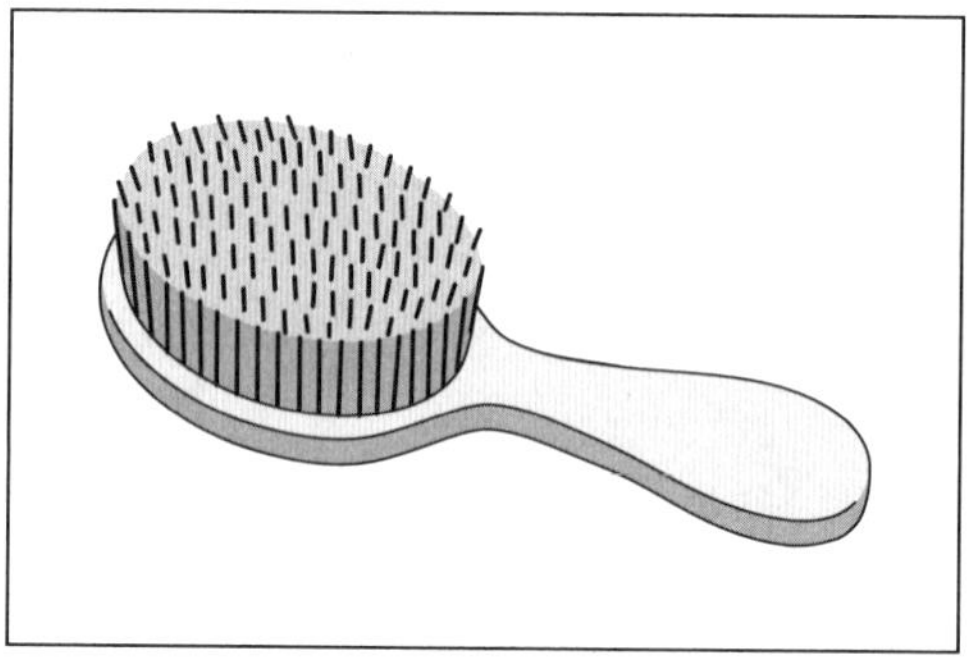

③

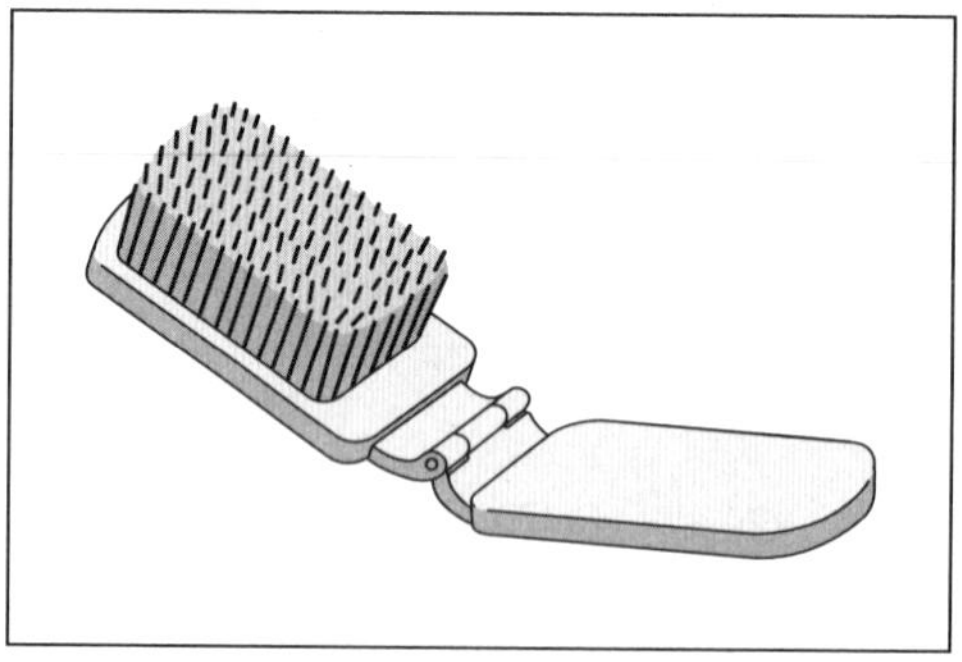

④

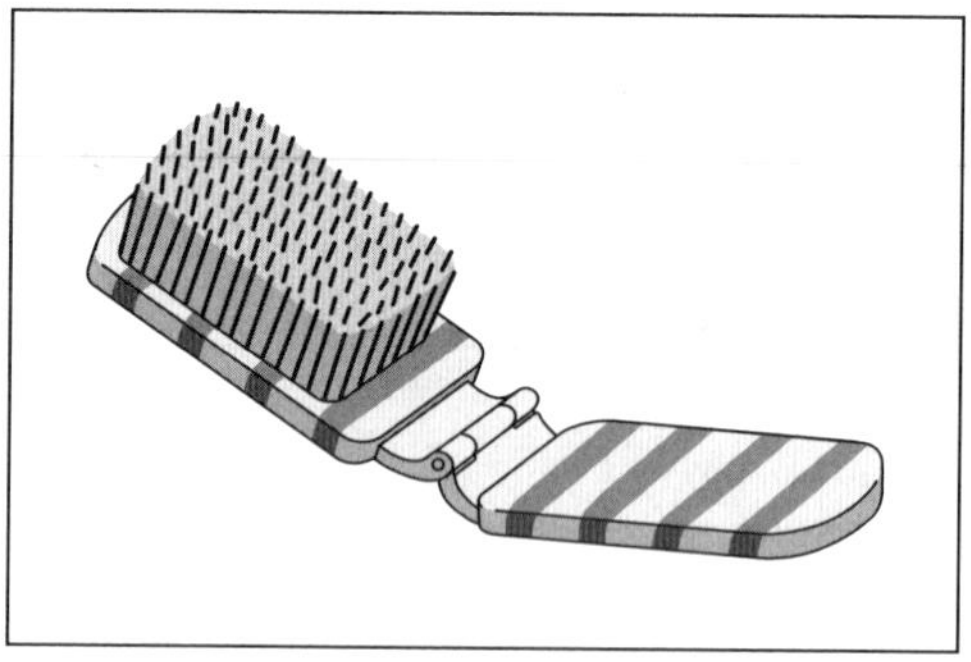

問10 母親が息子と，屋外活動に持って行くものについて話をしています。 10

①

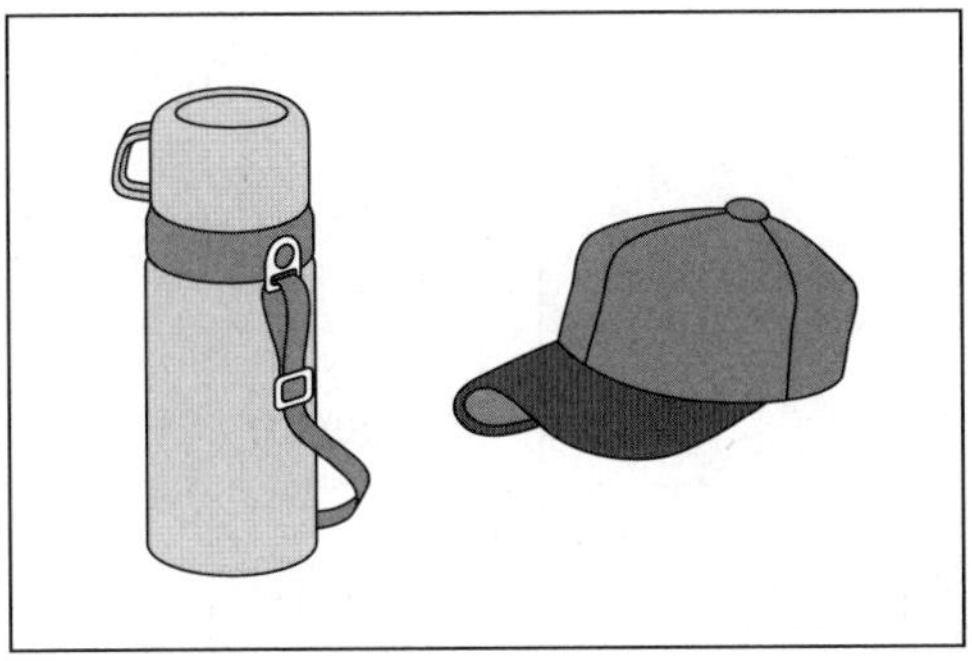

②

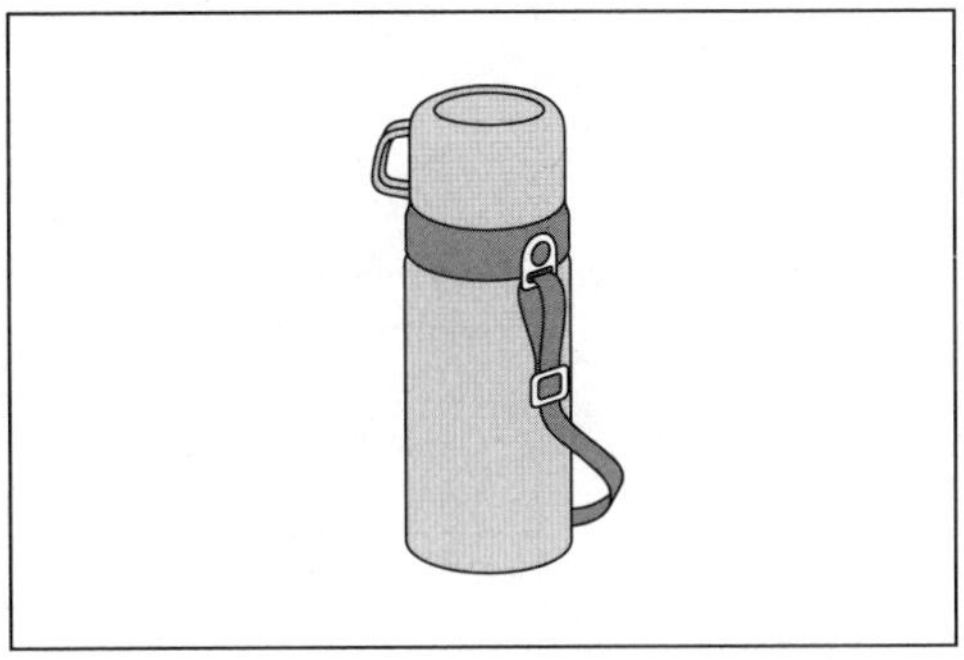

③

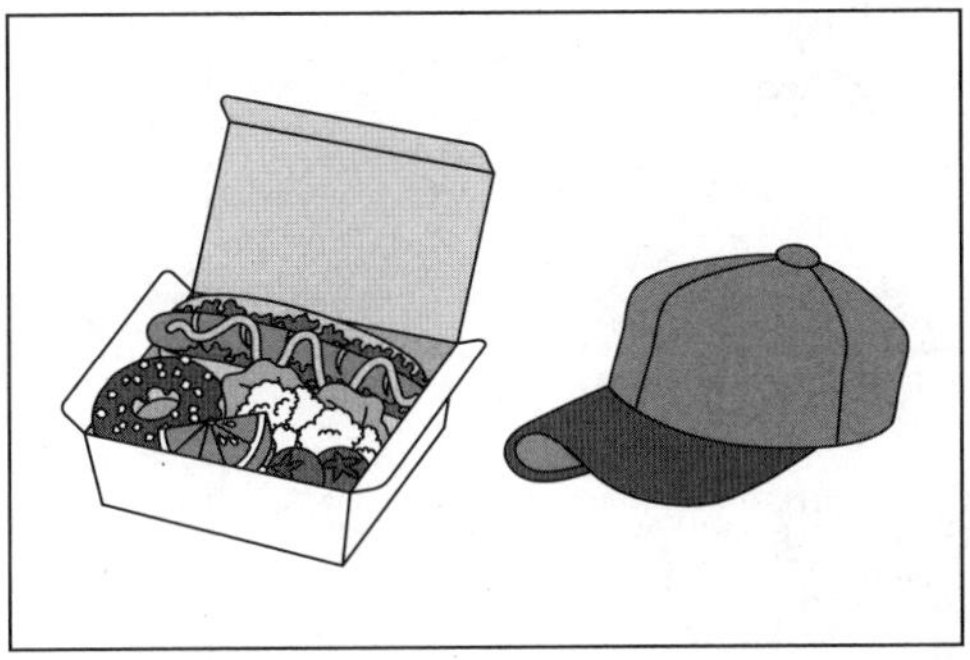

④

問11　ショッピングモールで，女性が質問をしています。 11

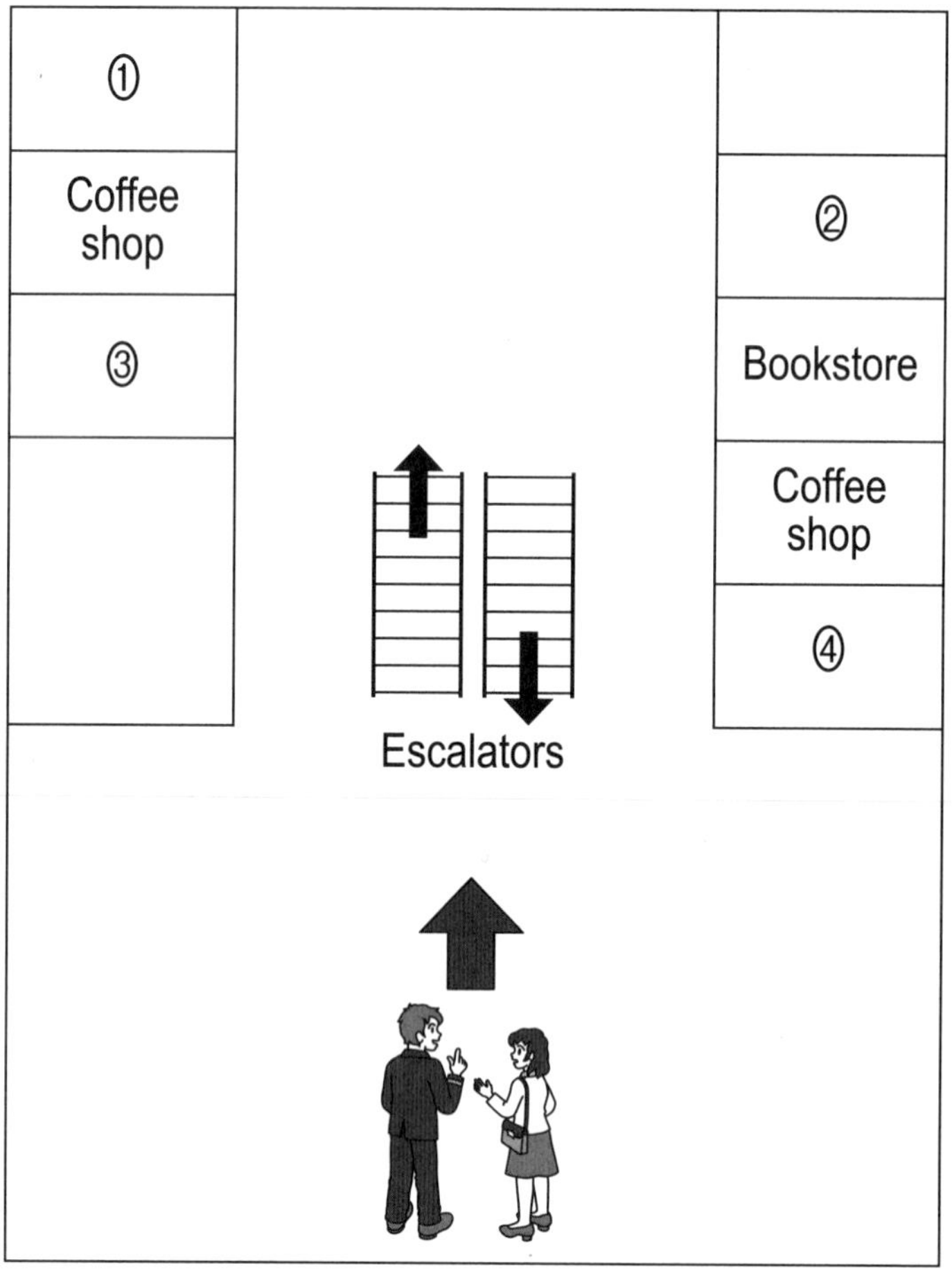

これで第２問は終わりです。

第3問 (配点 18) 音声は1回流れます。

第3問は**問**12から**問**17までの6問です。それぞれの問いについて，対話の場面が日本語で書かれています。対話を聞き，問いの答えとして最も適切なものを，四つの選択肢(①～④)のうちから一つずつ選びなさい。(問いの英文は書かれています。)

問12 学校で，友人同士が話をしています。

When might Jane go to a baseball game? 12

① June 1st
② June 2nd
③ June 3rd
④ June 4th

問13 生徒が美術の先生と話をしています。

Where will the student put the paper? 13

① In the cabinet
② In the drawer
③ Next to the sink
④ On the counter

問14 男性が女性と話をしています。

Which is true according to the conversation? 14

① The man asked Mr. Jones to attend the meeting.
② The man will send Mr. Jones an email right now.
③ The woman thought Room A was too small.
④ The woman will move the meeting to the larger room.

問15 電話で，友人同士が話をしています。

What does the woman suggest the man do? [15]

① Get information first
② Stay for one month
③ Visit her in August
④ Wait until autumn

問16 友人同士がアルバイトについて話をしています。

Why is the man happy? [16]

① He found the perfect person for the job.
② He is able to have the job he wanted.
③ The woman called him with an offer.
④ The woman will work at a bookstore.

問17 友人同士が買い物をしながら話をしています。

What does the man say about the dress? [17]

① It is cheaper than it was before.
② It is the right size for the woman.
③ It is the wrong color for the woman.
④ It is too expensive for her to afford.

これで第3問は終わりです。

第４問 (配点　12)　音声は１回流れます。

第４問はＡとＢの二つの部分に分かれています。

Ａ　第４問Ａは問18から問25までの８問です。話を聞き，それぞれの問いの答えとして最も適切なものを，選択肢から選びなさい。**問題文と図表を読む時間が与えられた後，音声が流れます。**

問18〜21　女の子が，母親の誕生日のケーキについて話しています。話を聞き，その内容を表した四つのイラスト（①〜④）を，出来事が起きた順番に並べなさい。［18］→［19］→［20］→［21］

①

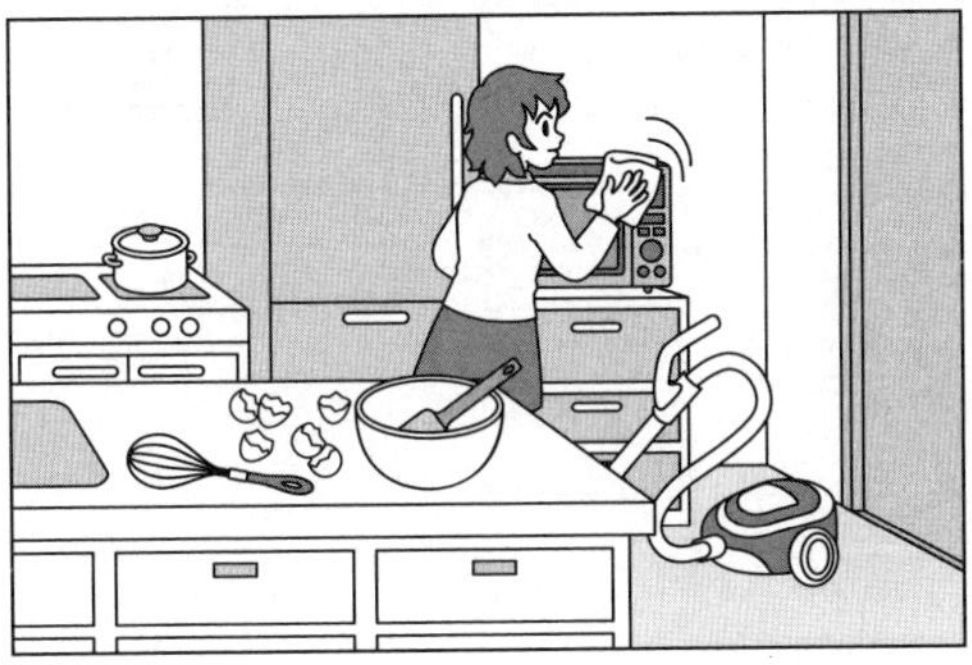

②

③

④

問22〜25 あなたは，留学先で，ホストファミリーの経営するドーナツ店を手伝っています。話を聞き，次の表の四つの空欄 [22] ～ [25] に入れるのに最も適切なものを，五つの選択肢（①～⑤）のうちから一つずつ選びなさい。選択肢は２回以上使ってもかまいません。

Menu

Food / Drinks	Price	Points earned
Plain donuts	$1.00 each	[22]
Glazed donuts	$1.50 each	
Seasonal donuts	$2.00 each	[23]
Muffins	$2.50 each	[24]
Coffee	$2.00	
Tea	$2.00	[25]

① 1 point
② 2 points
③ 3 points
④ 4 points
⑤ no points

これで第４問Aは終わりです。

B **第4問Bは問26**の1問です。話を聞き，示された条件に最も合うものを，四つの選択肢（①～④）のうちから一つ選びなさい。後の表を参考にしてメモを取ってもかまいません。**状況と条件を読む時間が与えられた後，音声が流れます**。

状況
　あなたが留学している大学に動物行動学の教授が来て，講演を行う予定です。案内役兼講演会の司会者を選ぶために，四人の友人が推薦する人の紹介を聞いています。

あなたが考えている条件
A．人前で話すのがうまいこと
B．動物に興味があること
C．金曜日の午前中に都合をつけられること

Names	Condition A	Condition B	Condition C
① Cindy Banks			
② Greg Valdez			
③ Jennifer Hamilton			
④ Marcus Spellman			

問26 [26] is the person you are most likely to choose.

① Cindy Banks
② Greg Valdez
③ Jennifer Hamilton
④ Marcus Spellman

これで第4問Bは終わりです。

第5問 （配点　15） 音声は1回流れます。

第5問は**問**27から**問**33までの7問です。

最初に講義を聞き，**問**27から**問**32に答えなさい。次に続きを聞き，**問**33に答えなさい。**状況・ワークシート，問い及び図表を読む時間が与えられた後，音声が流れます。**

状況
あなたはアメリカの大学で，水資源についての講義を，ワークシートにメモを取りながら聞いています。

ワークシート

Securing Water Resources

○**Purpose: To promote** ［ 27 ］.

・Different ways according to the local economy, geology, etc.

⬇

○**Solutions to Water Shortages:**

	Digging Wells	Harvesting Rainwater
Where does it fit?	28	29
What does it help with?	access to water	＊＊＊＊＊
What results does it bring?	30	31

問27 ワークシートの空欄 [27] に入れるのに最も適切なものを，四つの選択肢（①～④）のうちから一つ選びなさい。

① the development of a tap water system
② the development of natural resources
③ universal access to safe drinking water
④ water distribution systems in the world

問28～31 ワークシートの空欄 [28] ～ [31] に入れるのに最も適切なものを，六つの選択肢（①～⑥）のうちから一つずつ選びなさい。選択肢は２回以上使ってもかまいません。

① developed countries
② developing countries
③ everywhere
④ improvement in people's lives
⑤ sensible water use
⑥ technological progress

問32 講義の内容と一致するものはどれか。最も適切なものを，四つの選択肢（①～④）のうちから一つ選びなさい。 [32]

① Considering the local features is the key to solving a water shortage.
② Developed countries should make use of wells to provide drinking water.
③ Filtering technology helps turn salty seawater into drinking water.
④ Harvested rainwater is what many countries use for drinking water.

第５問はさらに続きます。

問33　講義の続きを聞き，**次の図から読み取れる情報と講義全体の内容から**どのようなことが言えるか，最も適切なものを，四つの選択肢（①～④）のうちから一つ選びなさい。 33

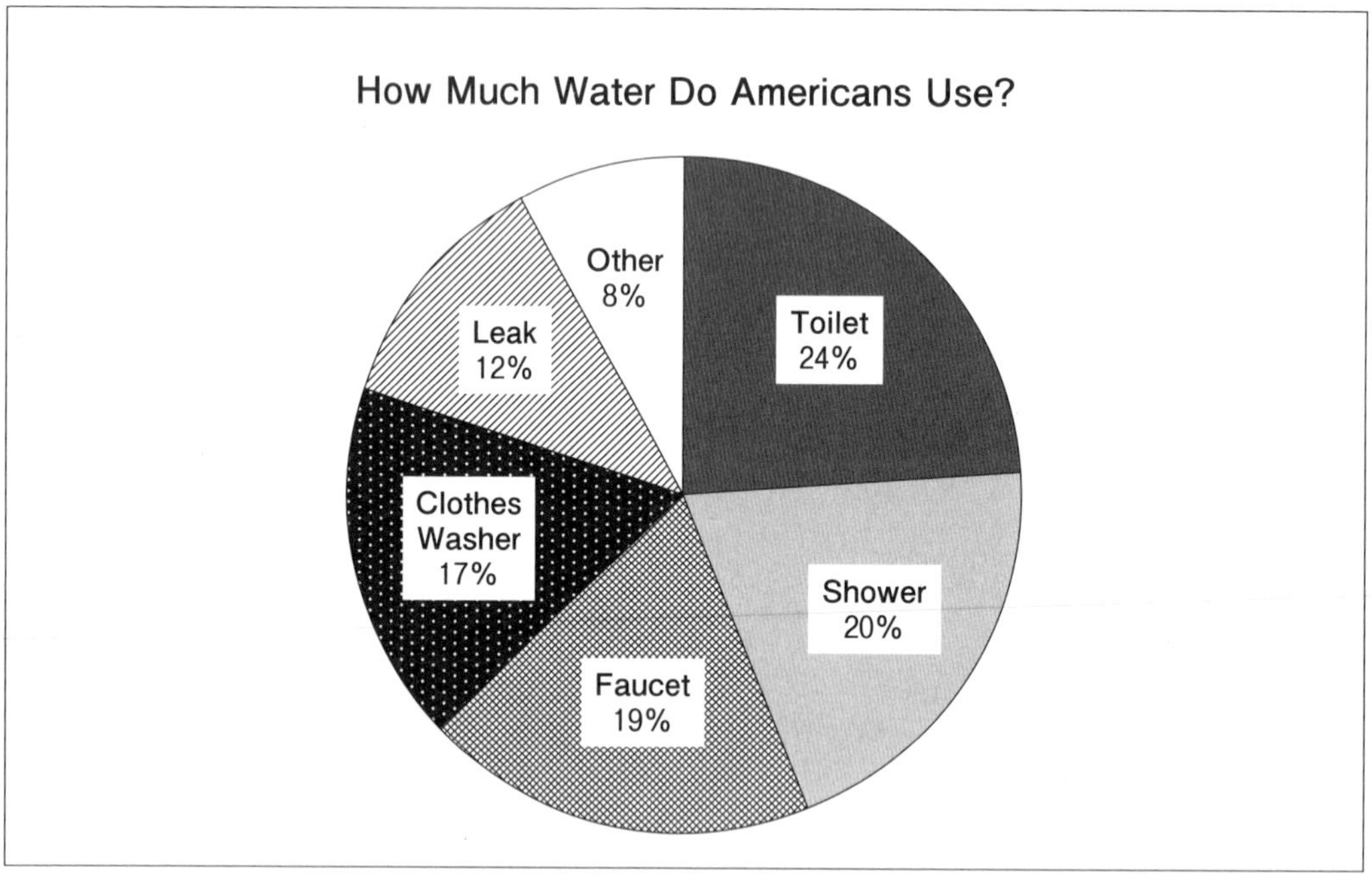

① Americans use less water for flushing toilets than for washing clothes.
② Harvested rainwater accounts for 24% of the water used in America.
③ In America, there is room for conserving water in daily use.
④ Water leaks are one of the biggest problems for American people.

これで第５問は終わりです。

第6問 (配点 14) 音声は1回流れます。

第6問はAとBの二つの部分に分かれています。

A 第6問Aは問34・問35の2問です。二人の対話を聞き，それぞれの問いの答えとして最も適切なものを，四つの選択肢(①～④)のうちから一つずつ選びなさい。(問いの英文は書かれています。)**状況と問いを読む時間が与えられた後，音声が流れます。**

状況
Yoshiが，Kellyと外国語学習について話をしています。

問34 **What is Yoshi's main point?** [34]

① Studying one foreign language deeply is a good idea.
② Studying three languages helps you understand cultures.
③ You can learn many languages if you travel abroad.
④ You should travel abroad if you are fluent in Spanish.

問35 **What choice does Kelly need to make?** [35]

① Whether to continue with her Spanish classes or not
② Whether to go abroad to study a foreign language or not
③ Whether to take a class in a second foreign language or not
④ Whether to travel to Spanish-speaking countries or not

これで第6問Aは終わりです。

B　**第6問B**は**問36・問37**の2問です。会話を聞き，それぞれの問いの答えとして最も適切なものを，選択肢のうちから一つずつ選びなさい。後の表を参考にしてメモを取ってもかまいません。**状況と問いを読む時間が与えられた後，音声が流れます**。

状況
四人の学生(Emiko, Michelle, Steve, William)が，自分たちの大学の教授について話をしています。

Emiko	
Michelle	
Steve	
William	

問36　会話が終わった時点で，授業を**継続しないことに決めた人**は何人ですか。四つの選択肢(①～④)のうちから一つ選びなさい。 36

① 1人
② 2人
③ 3人
④ 4人

問37　会話を踏まえて，William の考えの根拠となる図表を，四つの選択肢（①～④）のうちから一つ選びなさい。 37

①

Most Popular Majors

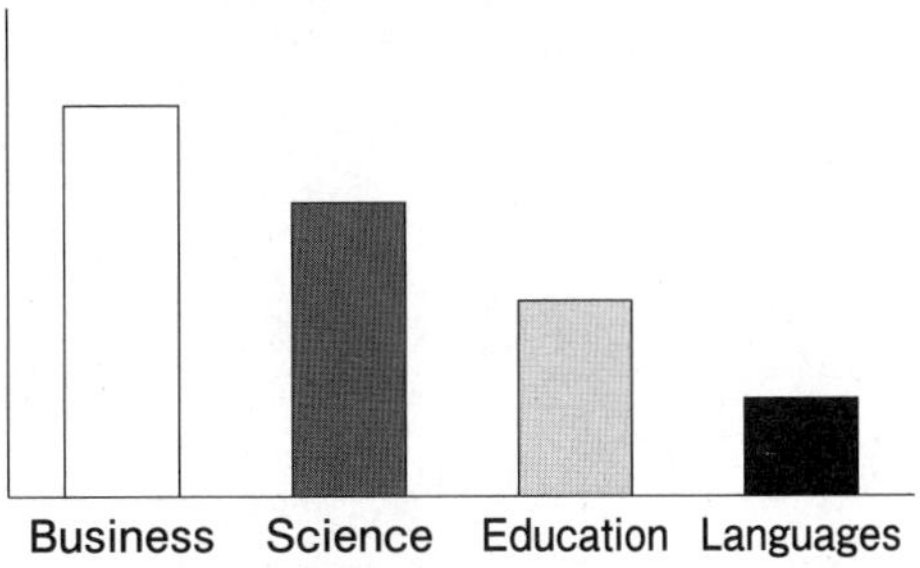

②

Number of Award Winning Professors by Year

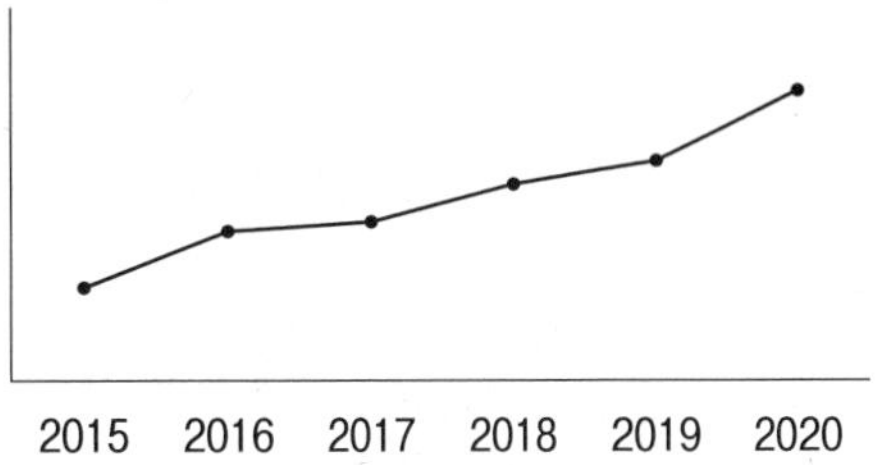

③

Number of Science Classes Offered

Biology	18
Chemistry	16
Physics	12
Geology	8

④

Types of Teachers Students Think They Learn a Lot from（%）

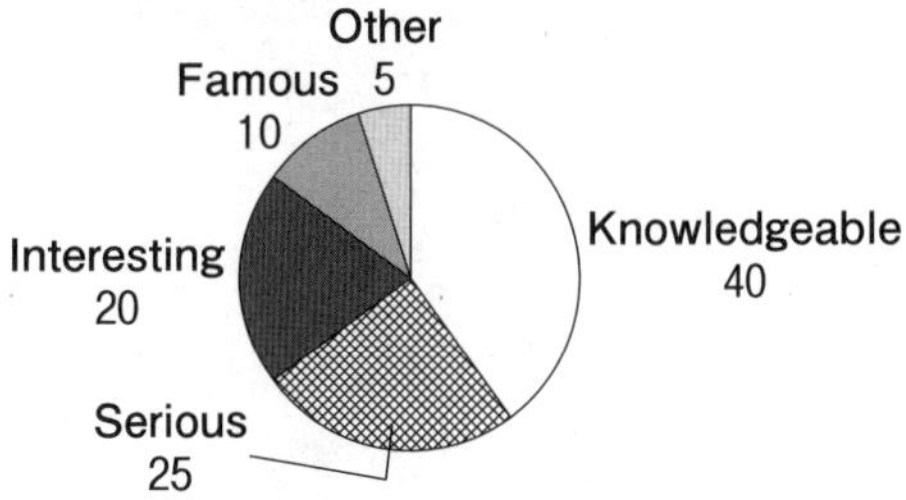

これで第6問Bは終わりです。

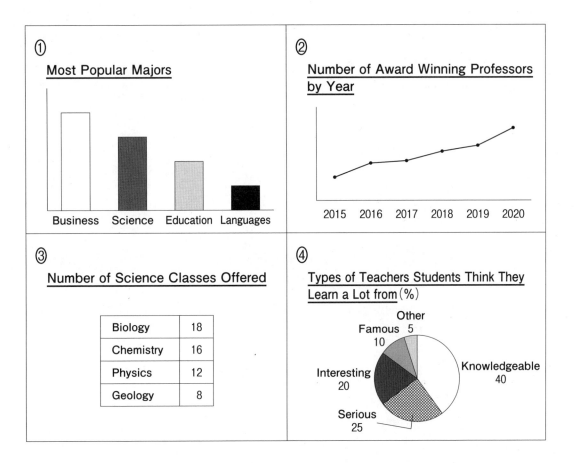

第 3 回

問題を解くまえに

◆ 本問題は100点満点です。次の対比表を参考にして，**目標点**を立てて解答しなさい。

共通テスト換算得点	40以下	41～48	49～57	58～66	67～74	75～83	84以上
偏差値 ➡	37.5	42.5	47.5	52.5	57.5	62.5	
得　点	38以下	39～45	46～53	54～61	62～69	70～77	78以上

〔注〕 上の表の，
「共通テスト換算得点」は，'21年度全統共通テスト模試と'22年度大学入学共通テストとの相関をもとに得点を換算したものです。

「得点」帯は，'22第３回全統共通テスト模試の結果より推計したものです。

◆ 問題解答時間は30分です。

◆ 問題を解いたら必ず自己採点により学力チェックを行い，解答・解説，学習対策を参考にしてください。

◆ 以下は，'22第３回全統共通テスト模試の結果を表したものです。

人　数	232,560
配　点	100
平均点	58.0
標準偏差	15.9
最高点	100
最低点	0

（解答番号 1 ～ 37 ）

第1問 （配点 25） 音声は2回流れます。

第1問はAとBの二つの部分に分かれています。

A 第1問Aは問1から問4までの4問です。英語を聞き，それぞれの内容と最もよく合っているものを，四つの選択肢（①～④）のうちから一つずつ選びなさい。

問1 1

① The speaker ate lunch at the mall food court.
② The speaker couldn't find a shirt he liked.
③ The speaker didn't stay to shop at the mall.
④ The speaker found something to buy at the mall.

問2 2

① The speaker will bring Karen more food.
② The speaker will clean Karen's plate after she eats.
③ The speaker will eat the same thing as Karen.
④ The speaker will have some of Karen's food.

問3 3

① The speaker enjoyed watching people surf.
② The speaker left the beach because it was crowded.
③ The speaker practiced surfing after his vacation.
④ The speaker visited a popular beach on vacation.

問4 4

① Victoria didn't believe Roger would forget his paints.
② Victoria encouraged Roger to be more responsible.
③ Victoria was ready to help Roger in class.
④ Victoria wouldn't share art supplies in class.

これで第1問Aは終わりです。

B　**第１問B**は**問５**から**問７**までの３問です。英語を聞き，それぞれの内容と最もよく合っている絵を，四つの選択肢（①～④）のうちから一つずつ選びなさい。

問５　[5]

①

②

③

④

問6 [6]

①

②

③

④

問7　7

①

②

③

④

これで第1問Bは終わりです。

第2問 （配点　16） 音声は2回流れます。

第2問は**問**8から**問**11までの4問です。それぞれの問いについて，対話の場面が日本語で書かれています。対話とそれについての問いを聞き，その答えとして最も適切なものを，四つの選択肢（①～④）のうちから一つずつ選びなさい。

問8　男性が探し物をしています。 8

問9　店員が，客から注文を受けています。 9

①

②

③

④

問10　娘が，父親に食品の取り扱い表示について尋ねています。 10

①

②

③

④

問11　駐車場のどこに車を停めるか，話をしています。 11

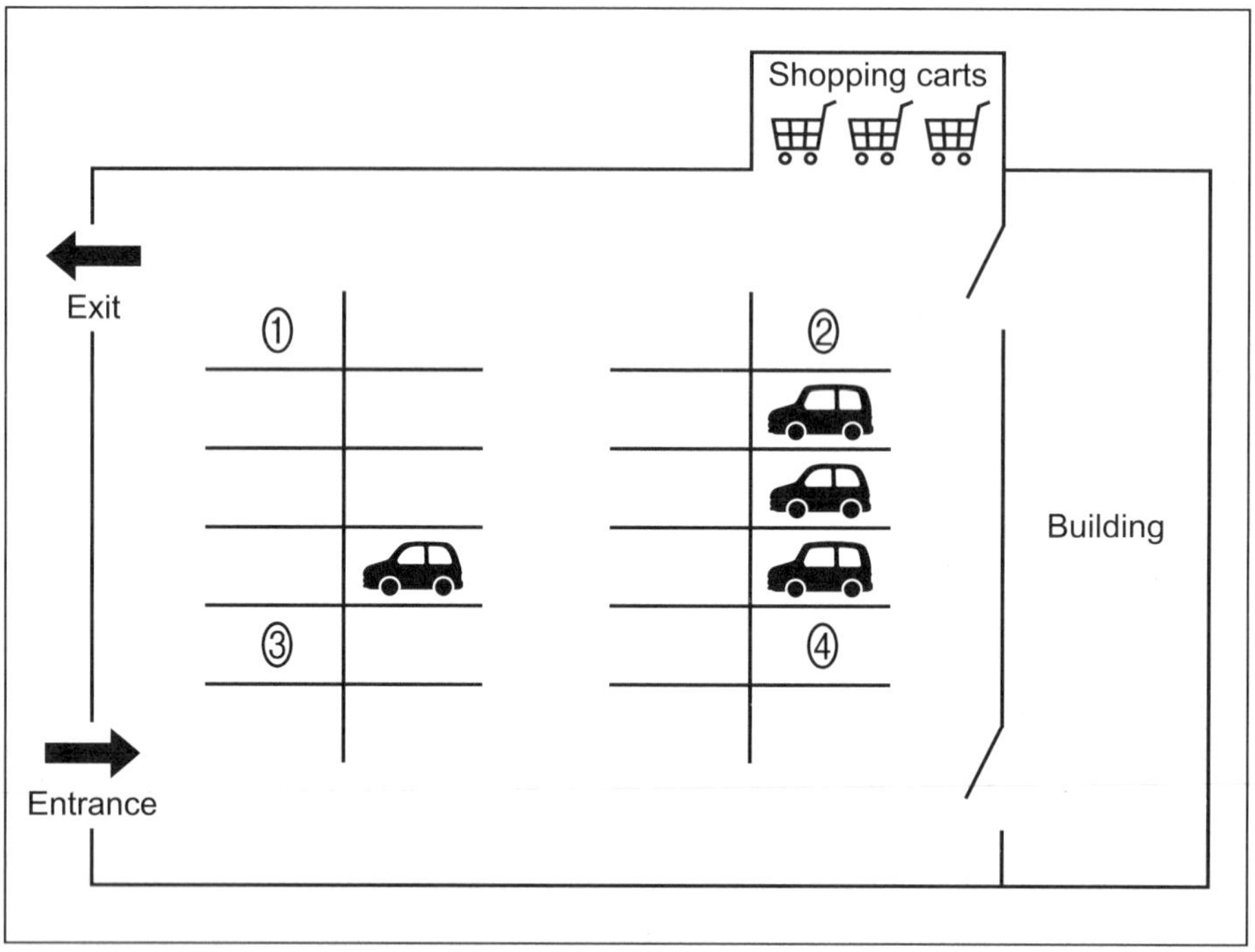

これで第2問は終わりです。

第3問 (配点 18) 音声は1回流れます。

第3問は**問**12から**問**17までの6問です。それぞれの問いについて，対話の場面が日本語で書かれています。対話を聞き，問いの答えとして最も適切なものを，四つの選択肢(①～④)のうちから一つずつ選びなさい。(問いの英文は書かれています。)

問12 空港で，男女が話をしています。

Which is true according to the conversation? [12]

① Their flight is delayed due to bad weather.
② There was no announcement about the delay.
③ They canceled their friend's wedding.
④ They made it to the flight on time.

問13 兄妹が祖母の誕生日について話をしています。

When will they celebrate their grandmother's birthday? [13]

① September 15th
② September 16th
③ September 17th
④ September 18th

問14 職場で，同僚同士が話をしています。

What is the man most likely to do? [14]

① Ask the repairman to come sooner
② Delay his presentation for an hour
③ Give up trying to print out his handouts
④ Try to repair the printer by himself

問15　女子学生が教員と話をしています。

Why is the student happy? [15]

① She got a good score on her essay.
② She has more time to write her essay.
③ The essay should only be three pages.
④ The teacher suggested an essay topic.

問16　駅で，男性が質問をしています。

What is the man most likely to do? [16]

① Ride the train for about five minutes
② Take the express train to Queen's Park
③ Wait where he is for a local train
④ Walk to another part of the station

問17　友人同士が話をしています。

Why was the woman late? [17]

① She broke her phone.
② She lost her wallet.
③ She was stuck in traffic.
④ She went back to her house.

これで第3問は終わりです。

第4問 （配点　12） 音声は1回流れます。

第4問は**A**と**B**の二つの部分に分かれています。

A　**第4問A**は**問**18から**問**25までの8問です。話を聞き，それぞれの問いの答えとして最も適切なものを，選択肢から選びなさい。**問題文と図表を読む時間が与えられた後，音声が流れます**。

問18〜21　女の子が，週末にあった出来事について話しています。話を聞き，その内容を表した四つのイラスト（①〜④）を，出来事が起きた順番に並べなさい。

18 → 19 → 20 → 21

①

②

③

④

問22～25 あなたは，留学先で，ホストファミリーが経営する雑貨店を手伝っています。話を聞き，次の表の四つの空欄 [22] ～ [25] に入れるのに最も適切なものを，五つの選択肢（①～⑤）のうちから一つずつ選びなさい。選択肢は2回以上使ってもかまいません。

Item number	Category	Item	Aisle number
0001	Tools	hammer	
0002	Bathroom accessories	shower curtain	[22]
0003	Decorations	picture frame	[23]
0004	Decorations	★Christmas wreath	[24]
0005	Toiletries	shampoo	[25]
0006	Storage	closet organizer	

① Aisle 1
② Aisle 2
③ Aisle 3
④ Aisle 4
⑤ Aisle 5

これで第4問Aは終わりです。

B 　**第4問B**は**問26**の１問です。話を聞き，示された条件に最も合うものを，四つの選択肢（①～④）のうちから一つ選びなさい。後の表を参考にしてメモを取ってもかまいません。**状況と条件を読む時間が与えられた後，音声が流れます**。

状況
あなたは，留学先のアメリカで，ビデオゲームを買うために，四人の友人が推薦するゲームの説明を聞いています。

あなたが考えている条件
A．価格が20ドルを超えないこと
B．何らかの教育的効果があること
C．最新のグラフィック技術を用いていること

Product names	Condition A	Condition B	Condition C
① Desert Planet			
② Rose Dynasty			
③ Simon's Journey			
④ Witches and Wizards			

問26 　[26] is the game you are most likely to choose.

① Desert Planet
② Rose Dynasty
③ Simon's Journey
④ Witches and Wizards

これで第4問Bは終わりです。

第５問 （配点　15） 音声は１回流れます。

第５問は**問**27から**問**33までの７問です。

最初に講義を聞き，**問**27から**問**32に答えなさい。次に続きを聞き，**問**33に答えなさい。**状況，ワークシート，問い及び図表を読む時間が与えられた後，音声が流れます。**

> 状況
> あなたは大学で，働き方についての講義を，ワークシートにメモを取りながら聞いています。

ワークシート

Job Hopping: A Way to Increase Earning Potential

○What is "Job Hopping"?

・Job hopping refers to 〔 27 〕.

○What Motivates Job Hopping?

Professional motivation	higher salary	28
Personal motivation	29	unfriendly coworkers

○Potential Problems for Job Hoppers

short term: 30 ⟫ long term: 31 ⟫➡

問27　ワークシートの空欄 27 に入れるのに最も適切なものを，四つの選択肢（①～④）のうちから一つ選びなさい。

① having many different responsibilities for a single company
② having two or more part-time jobs within the same industry
③ leaving for a new job within two years of being hired
④ using the skills gained from one job to succeed at another

問28～31　ワークシートの空欄 28 ～ 31 に入れるのに最も適切なものを，六つの選択肢（①～⑥）のうちから一つずつ選びなさい。選択肢は2回以上使ってもかまいません。

① bad reputation　② constant learning　③ generation gap
④ job difficulty　⑤ mental health　⑥ promotion opportunities

問32　講義の内容と一致するものはどれか。最も適切なものを，四つの選択肢（①～④）のうちから一つ選びなさい。 32

① Companies regularly fire workers who are not willing to job hop.
② Employees who job hop are responding to the way companies treat them.
③ Job hopping is a way of punishing companies for focusing on profits.
④ The practice of job hopping will not continue beyond today's generation.

第5問はさらに続きます。

問33　講義の続きを聞き，**次の図から読み取れる情報と講義全体の内容から**どのようなことが言えるか，最も適切なものを，四つの選択肢（①～④）のうちから一つ選びなさい。 33

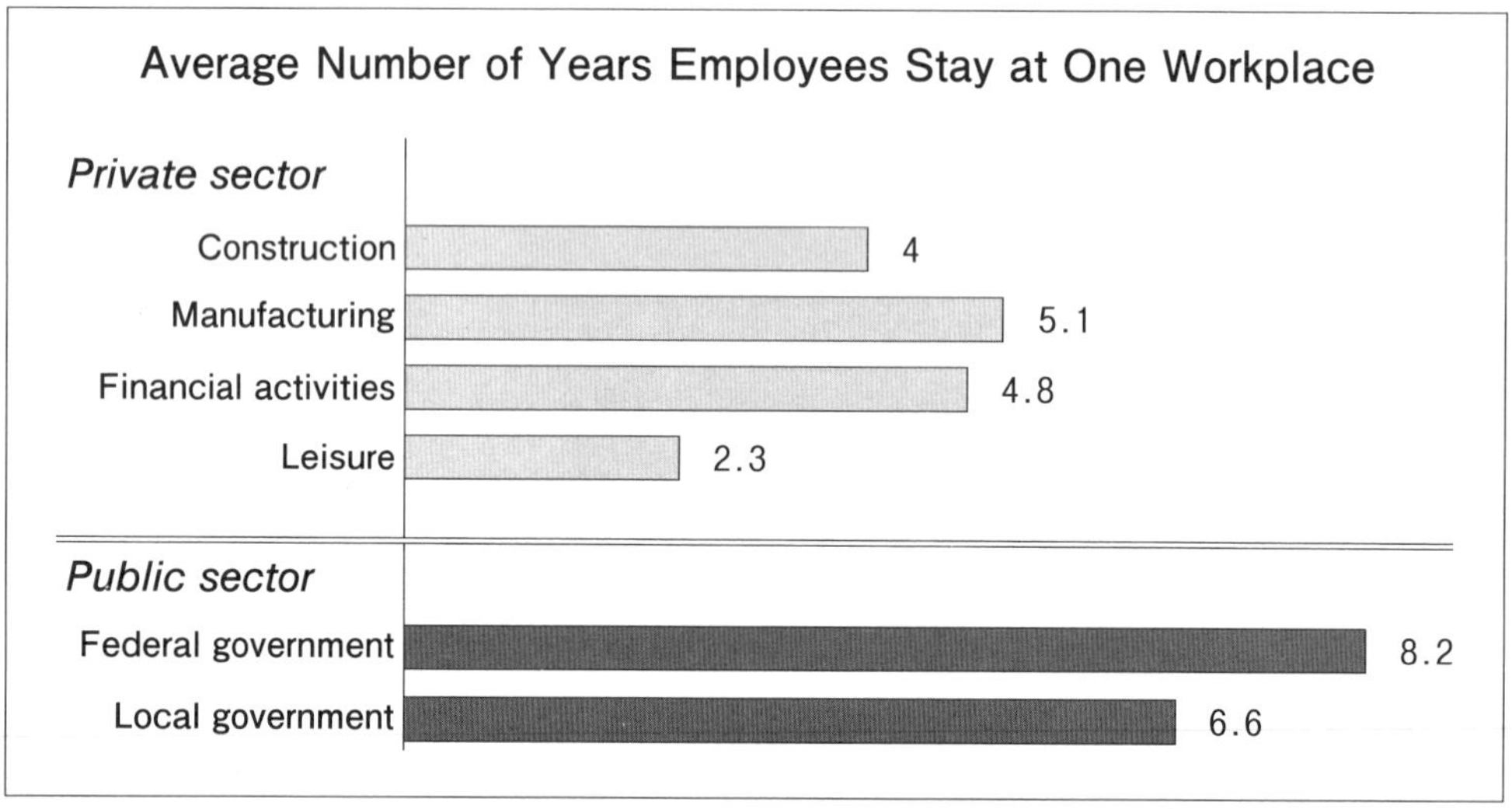

① Construction workers suffer from lower amounts of workplace stress.

② Government employees are likely to job hop in times of financial crisis.

③ Leisure employees seem more likely to job hop than those in any other job sector.

④ Manufacturing employees need more chances to move up in their companies.

これで第５問は終わりです。

第6問 (配点 14) 音声は1回流れます。

第6問はAとBの二つの部分に分かれています。

A 第6問Aは問34・問35の2問です。二人の対話を聞き，それぞれの問いの答えとして最も適切なものを，四つの選択肢(①～④)のうちから一つずつ選びなさい。(問いの英文は書かれています。)**状況と問いを読む時間が与えられた後，音声が流れます。**

状況 Doris が，Max と健康と運動について話をしています。

問34 What is Doris's main point? 34

① Competitive sports are a good way to stay motivated.
② Having discipline improves physical and mental health.
③ Healthy eating must be balanced with physical activity.
④ Physical exercise is easy to fit into a work schedule.

問35 Which of the following statements would Max agree with? 35

① Dieting is a difficult but rewarding process.
② Eating less makes sense physically and financially.
③ Jogging is the best way to lose weight.
④ There are no perfect weight loss strategies.

これで第6問Aは終わりです。

B　**第6問Bは問36・問37の2問です。**会話を聞き，それぞれの問いの答えとして最も適切なものを，選択肢のうちから一つずつ選びなさい。後の表を参考にしてメモを取ってもかまいません。**状況と問いを読む時間が与えられた後，音声が流れます**。

状況
四人の学生（Gerald, Lucy, Mike, Takako）が，体調不良と欠勤について話しています。

Gerald	
Lucy	
Mike	
Takako	

問36　四人のうち病気のときには欠勤するべきだという考えに**賛成している人**は何人ですか。四つの選択肢（①～④）のうちから一つ選びなさい。［36］

① 1人
② 2人
③ 3人
④ 4人

問37　会話を踏まえて，Geraldの考えの根拠となる図表を，四つの選択肢（①～④）のうちから一つ選びなさい。 37

①

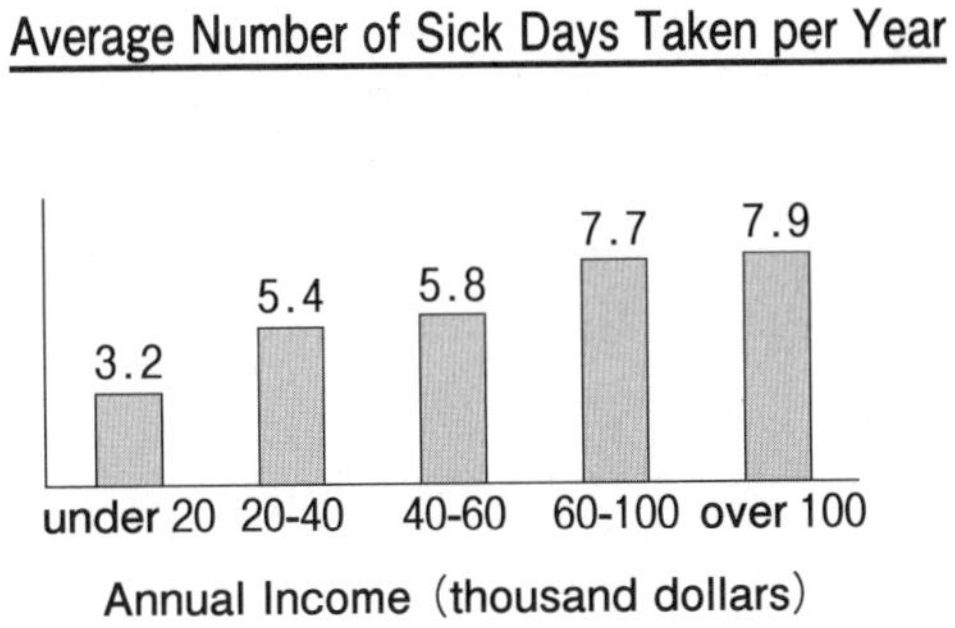

②

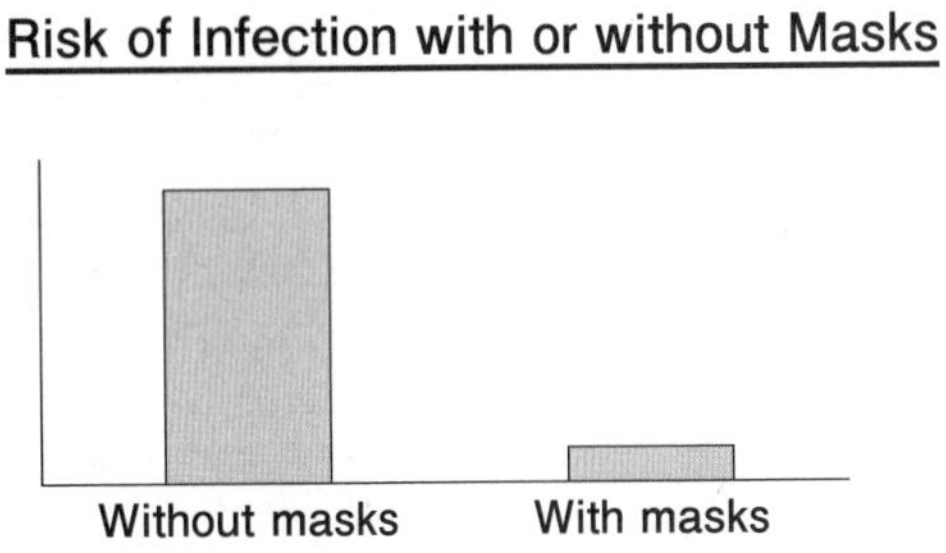

③

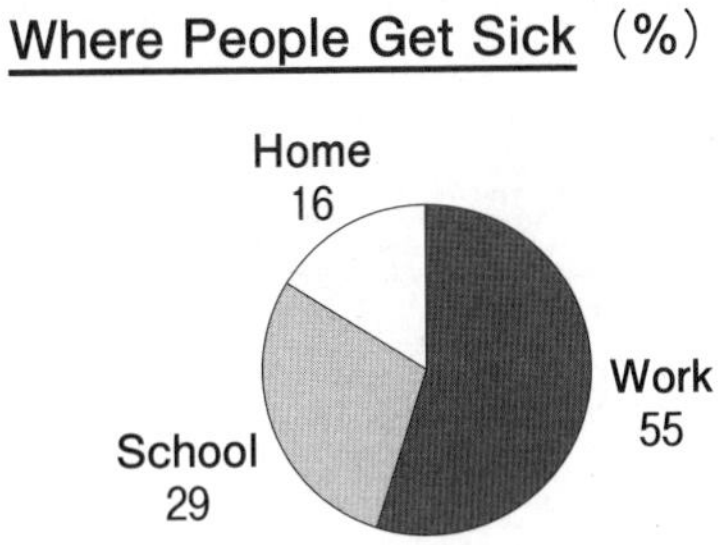

④

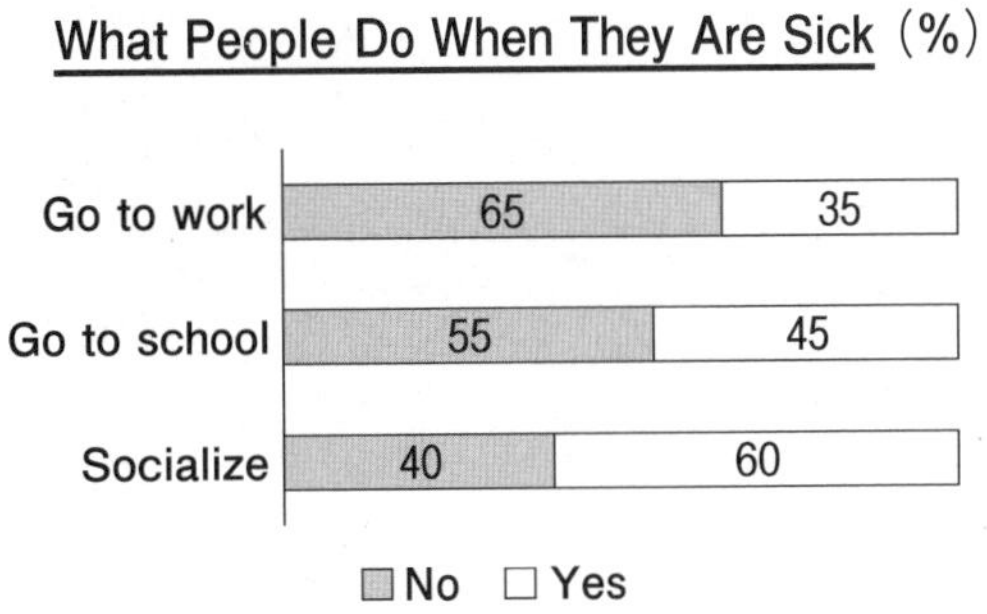

これで第6問Bは終わりです。

第 4 回

問題を解くまえに

◆ 本問題は100点満点です。次の対比表を参考にして，**目標点**を立てて解答しなさい。

共通テスト換算得点	39以下	40～48	49～57	58～66	67～74	75～83	84以上
偏差値 ➡	37.5	42.5	47.5	52.5	57.5	62.5	
得　点	40以下	41～47	48～54	55～61	62～68	69～76	77以上

〔注〕 上の表の，
「共通テスト換算得点」は，'21年度全統共通テスト模試と'22年度大学入学共通テストとの相関をもとに得点を換算したものです。

「得点」帯は，'22全統プレ共通テストの結果より推計したものです。

◆ 問題解答時間は30分です。

◆ 問題を解いたら必ず自己採点により学力チェックを行い，解答・解説，学習対策を参考にしてください。

◆ 以下は，'22全統プレ共通テストの結果を表したものです。

人　数	248,005
配　点	100
平均点	58.1
標準偏差	14.4
最高点	100
最低点	0

（解答番号 1 ～ 37 ）

第1問 （配点 25） 音声は2回流れます。

第1問は**A**と**B**の二つの部分に分かれています。

A **第1問A**は**問1**から**問4**までの4問です。英語を聞き，それぞれの内容と最もよく合っているものを，四つの選択肢（①～④）のうちから一つずつ選びなさい。

問1 1

① Tony didn't realize that it was snowing.
② Tony looked at the snow from inside.
③ Tony wasn't able to open the window.
④ Tony went outside to see the snow.

問2 2

① The speaker will check if the stairs are safe.
② The speaker will help Sharon climb the stairs.
③ The speaker will search for a different way.
④ The speaker will stay away from Sharon.

問 3 [3]

① The speaker bought a painting of a dog.

② The speaker entered the painting in a competition.

③ The speaker practiced his painting skills.

④ The speaker trained his dog for a competition.

問 4 [4]

① Mark cannot help Jennifer move this weekend.

② Mark didn't tell Jennifer if he could help her move.

③ Mark told Jennifer he had other plans for the weekend.

④ Mark will help Jennifer instead of going to the concert.

これで第1問Aは終わりです。

B　**第1問B**は**問**5から**問**7までの3問です。英語を聞き，それぞれの内容と最もよく合っている絵を，四つの選択肢（①～④）のうちから一つずつ選びなさい。

問5　[5]

①

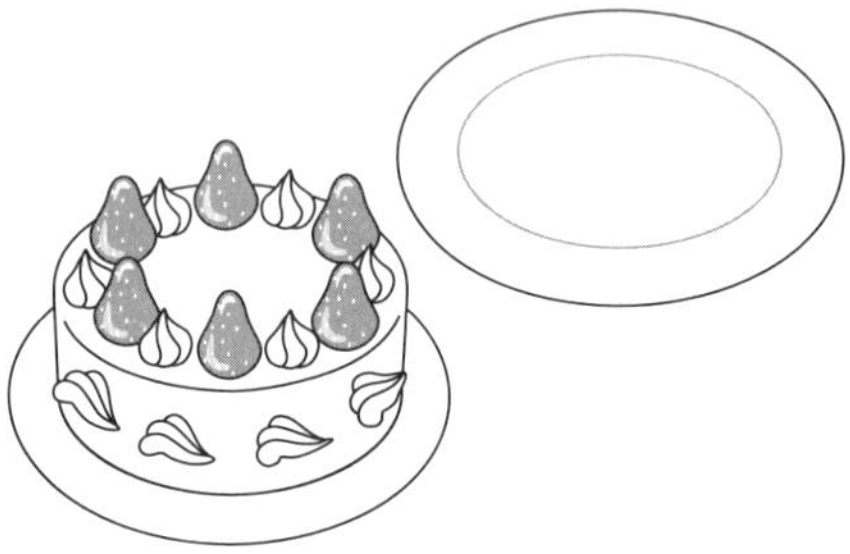

②

③

④

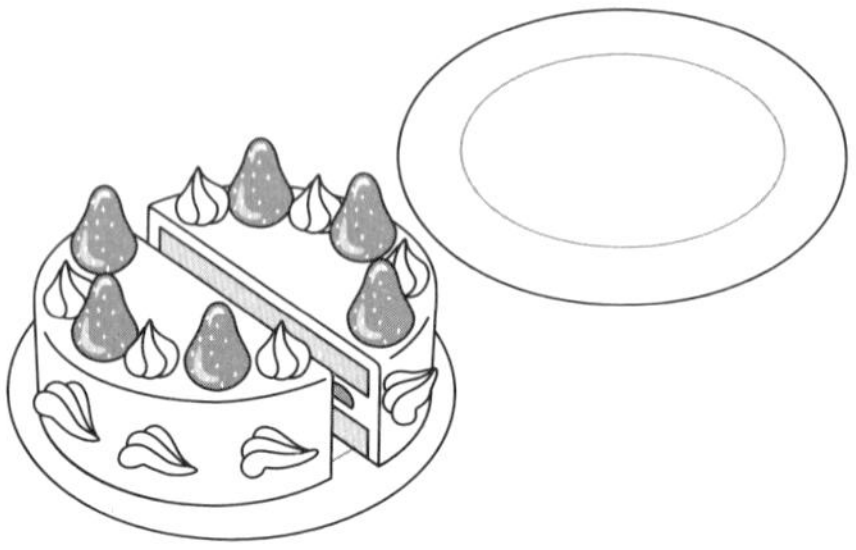

問６ 6

①

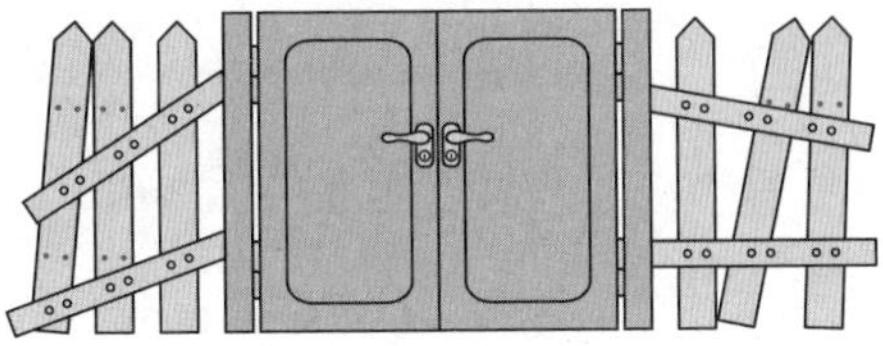

②

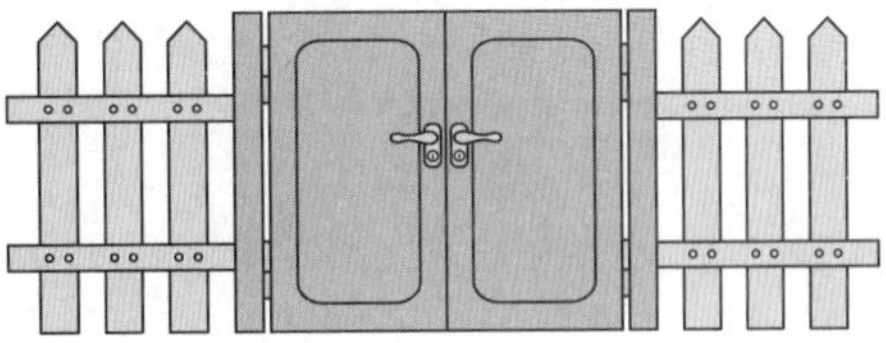

③

④

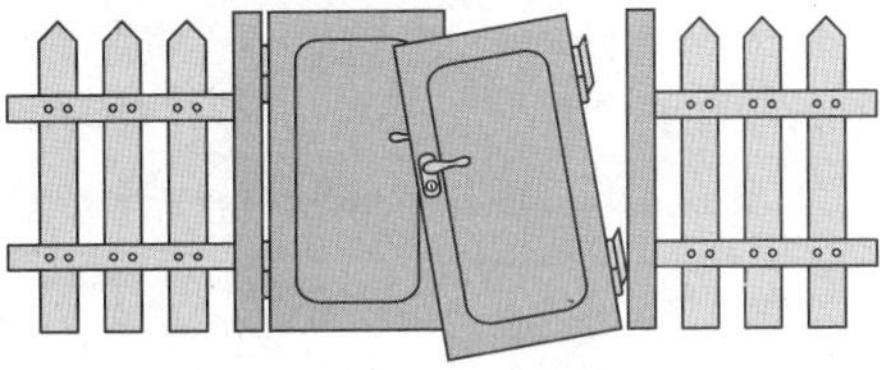

問 7 [7]

①

②

③

④

これで第1問Bは終わりです。

第2問 (配点　16)　音声は2回流れます。

第2問は**問**8から**問**11までの4問です。それぞれの問いについて，対話の場面が日本語で書かれています。対話とそれについての問いを聞き，その答えとして最も適切なものを，四つの選択肢(①～④)のうちから一つずつ選びなさい。

問 8　Tシャツをしまっています。 8

問 9　生徒が，友人に明日の授業の持ち物を尋ねています。 9

①

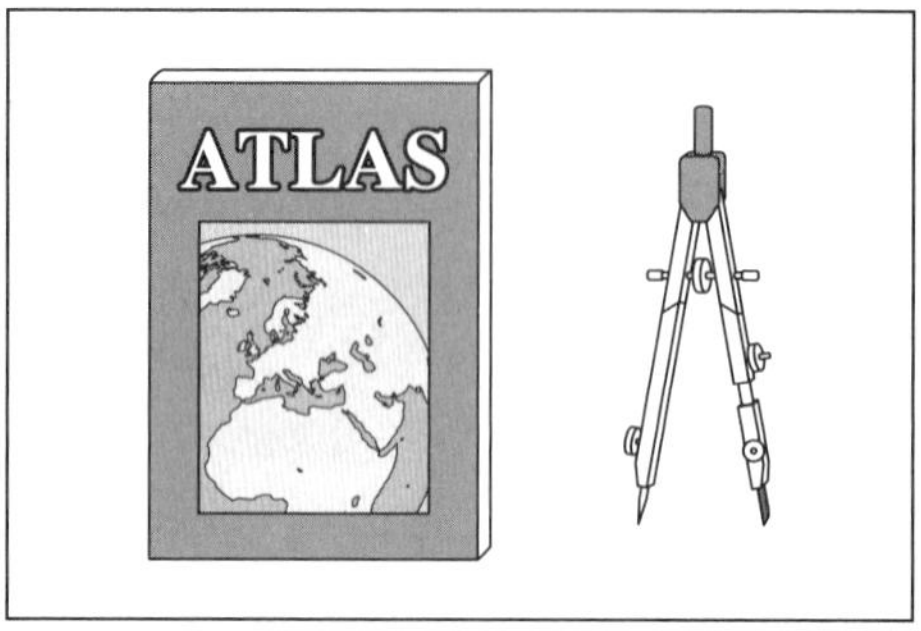

②

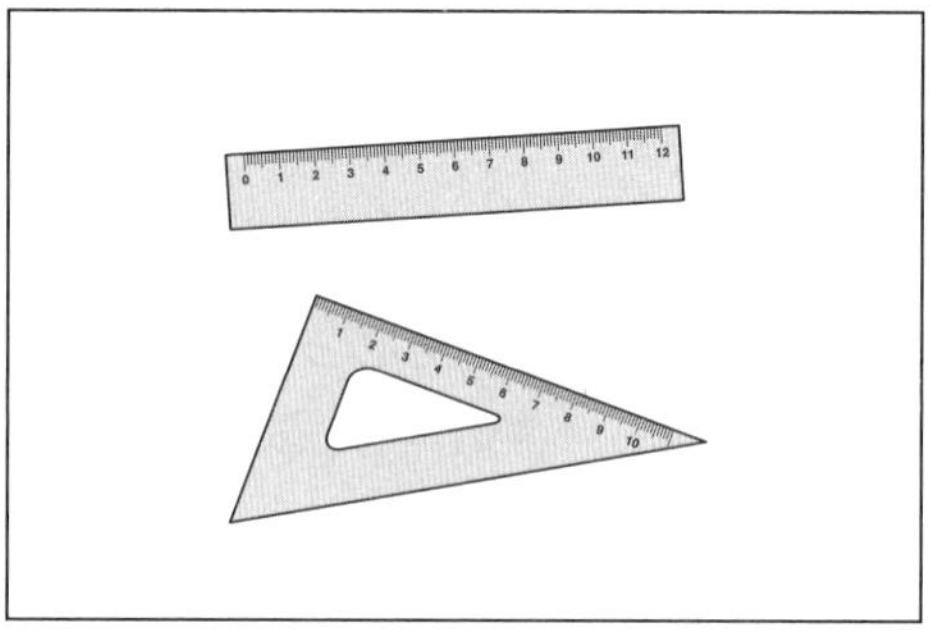

③

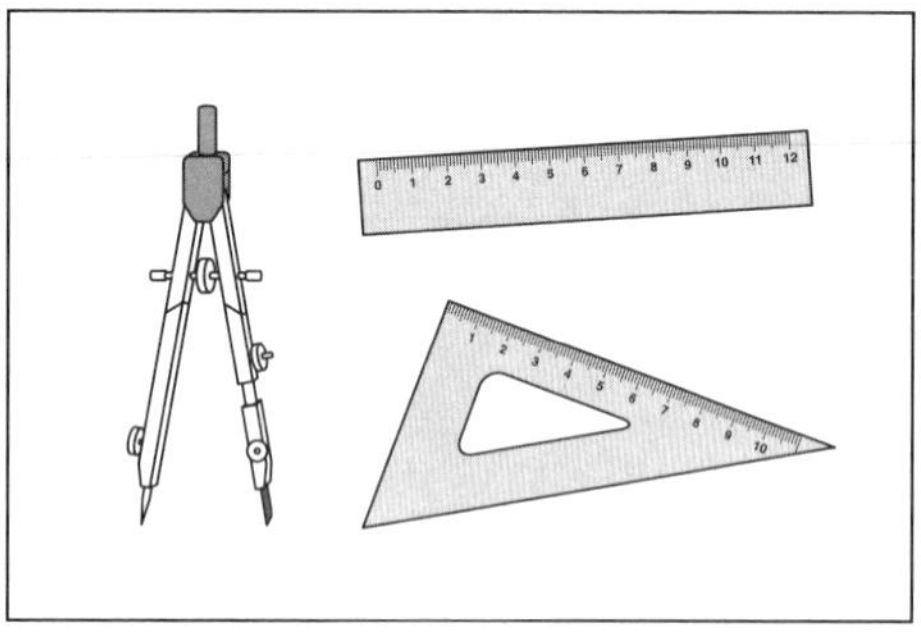

④

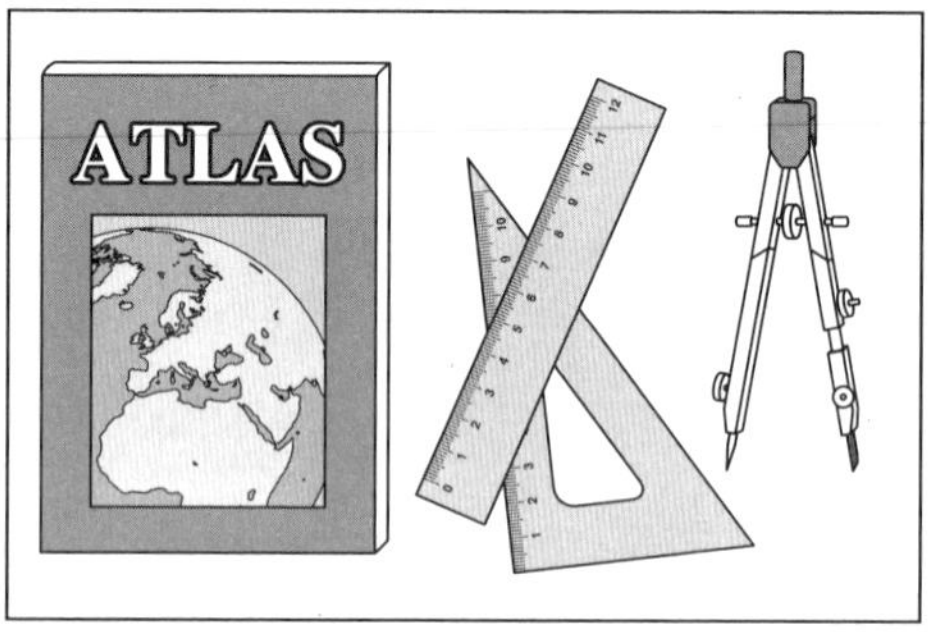

問10　娘が，父親にドアにある矢印の表示について尋ねています。 10

①

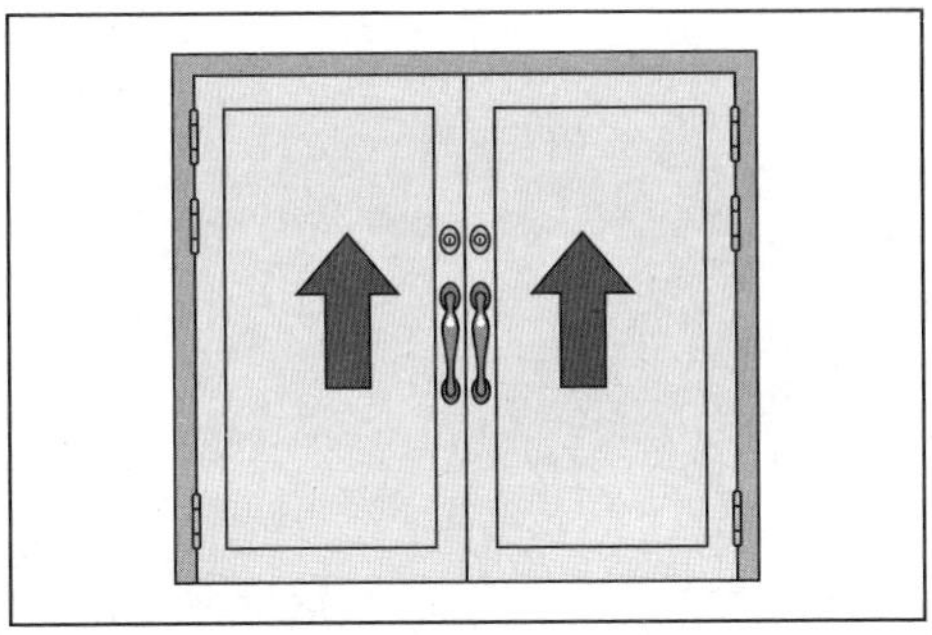

②

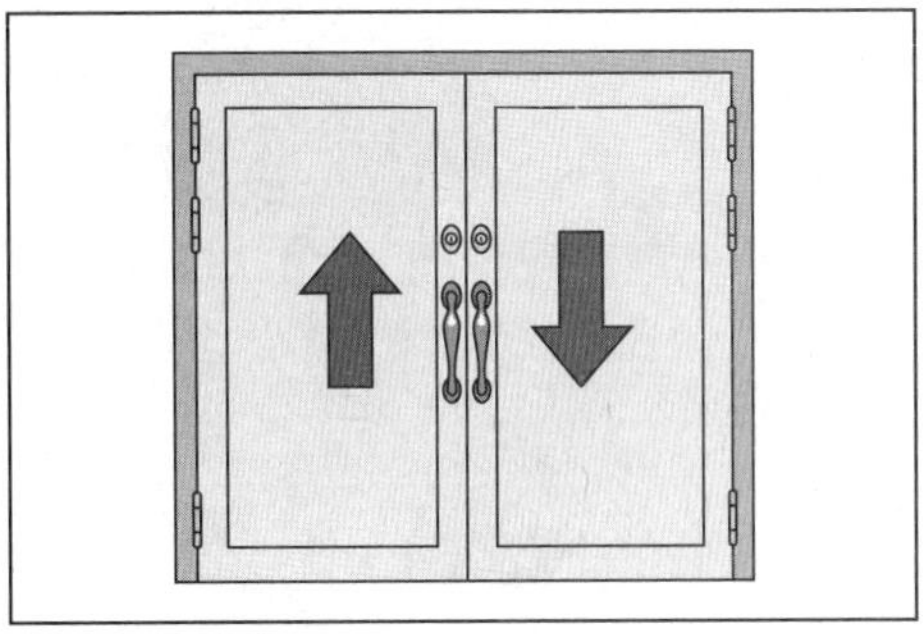

③

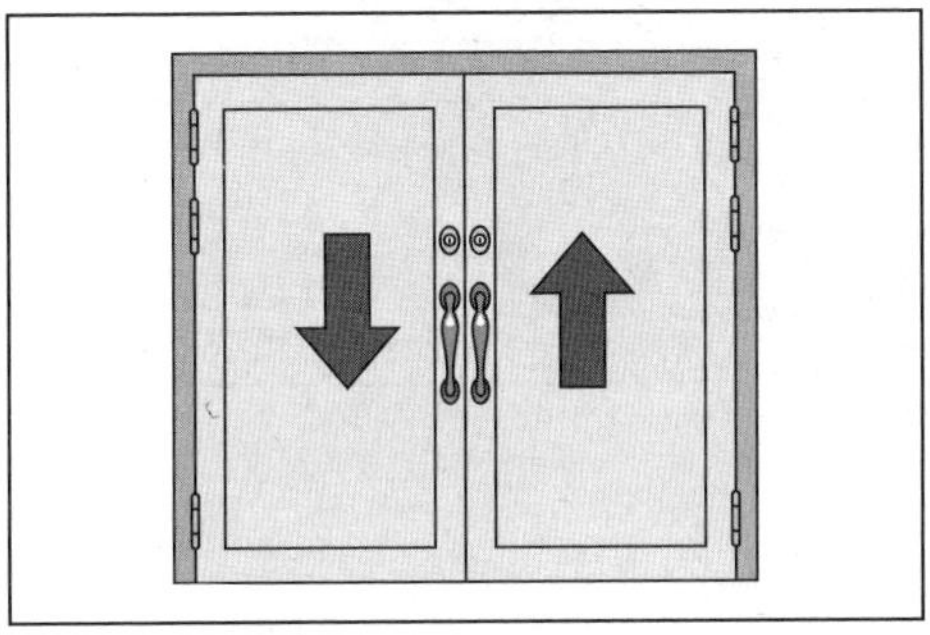

④

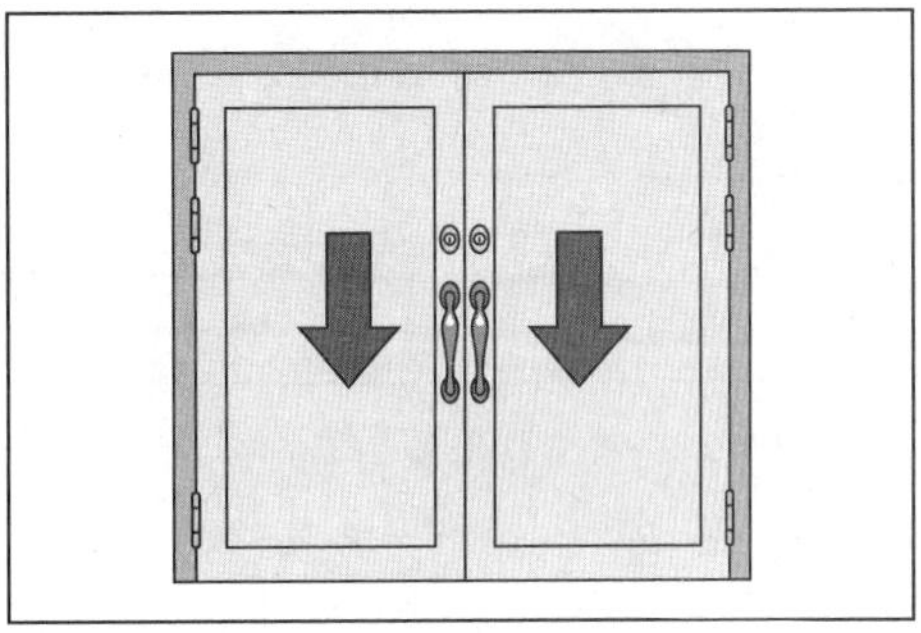

問11　キャンプ場で，テントを張る場所を決めています。 11

これで第2問は終わりです。

第3問 (配点 18) 音声は1回流れます。

第3問は**問**12から**問**17までの6問です。それぞれの問いについて，対話の場面が日本語で書かれています。対話を聞き，問いの答えとして最も適切なものを，四つの選択肢(①〜④)のうちから一つずつ選びなさい。(問いの英文は書かれています。)

問12 レストランで，夫婦が話をしています。

What is the woman's problem? 12

① One of the table legs is broken.
② She can't see out the restaurant window.
③ Something is stuck under her chair.
④ Something is wrong with her chair.

問13 植物園で，友人同士が話をしています。

What are they likely to do? 13

① Follow the woman's suggestion
② Go back toward the entrance now
③ Visit the rose garden later
④ Walk on to the fountain first

問14 大学生同士が実験室について話をしています。

Why is the woman pleased? 14

① She can recover her lost items.
② She will be able to work until later.
③ The lab will be open on Sundays.
④ The professor accepted her idea.

問15　学校で，友人同士が学園祭の準備の話をしています。

What is the boy likely to do? 15

① Ask the girl to help him
② Begin working on his project
③ Finish his task late at night
④ Work with the girl until midnight

問16　ホテルのフロントで，女性がスタッフと話をしています。

What time will the woman return to the hotel? 16

① 1:35 p.m.
② 2:00 p.m.
③ 2:30 p.m.
④ 2:35 p.m.

問17　店で，友人同士が話をしています。

What do they say about the store? 17

① It's crowded with too many customers.
② The goods are rather expensive.
③ The products are badly organized.
④ They carry a small number of items.

これで第3問は終わりです。

第４問 （配点　12） 音声は１回流れます。

第４問はＡとＢの二つの部分に分かれています。

A 第４問Ａは問18から問25までの８問です。話を聞き，それぞれの問いの答えとして最も適切なものを，選択肢から選びなさい。**問題文と図表を読む時間が与えられた後，音声が流れます。**

問18～21 あなたは，授業で配られたワークシートのグラフを完成させようとしています。先生の説明を聞き，四つの空欄 18 ～ 21 に入れるのに最も適切なものを，四つの選択肢（①～④）のうちから一つずつ選びなさい。

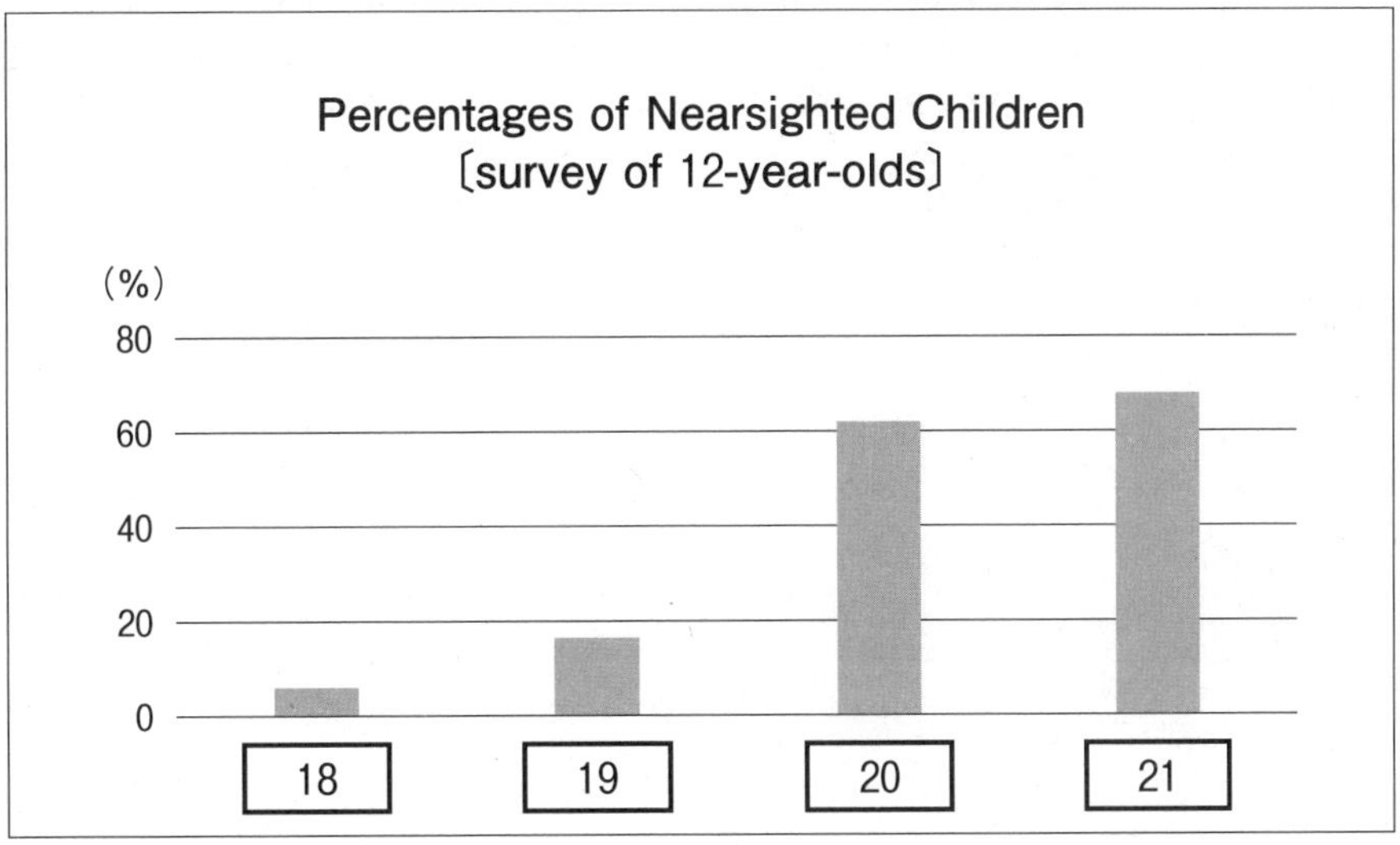

① Cambodia
② Japan
③ Nepal
④ Singapore

問22～25　あなたは，留学先で，地元のボランティア団体が主催する古本市を手伝っています。話を聞き，次の表の四つの空欄 [22] ～ [25] に入れるのに最も適切なものを，五つの選択肢（①～⑤）のうちから一つずつ選びなさい。選択肢は２回以上使ってもかまいません。

Item number	Book title	Reading level	Shelf
0001	*Animal Kingdom*	Intermediate	[22]
0002	*Land of Fantasy*	Advanced	[23]
0003	*Summer Plans*	Advanced	
0004	*Wild Animals*	Beginner	[24]
0005	*History of India*	Advanced	
0006	*Introduction to Science*	Beginner	[25]

① Shelf 1
② Shelf 2
③ Shelf 3
④ Shelf 4
⑤ Shelf 5

これで第４問Ａは終わりです。

B　**第４問Bは問26の１問です。**話を聞き，示された条件に最も合うものを，四つの選択肢（①～④）のうちから一つ選びなさい。後の表を参考にしてメモを取ってもかまいません。**状況と条件を読む時間が与えられた後，音声が流れます**。

状況
　あなたは，留学する予定で学生寮を選ぶために，オンライン動画で四人の学生が推薦する寮の説明を聞いています。

あなたが考えている条件
　A．各部屋にトイレがあること
　B．居住階に台所があること
　C．１人の居住面積が 15 m^2 を超えていること

Dorm names	Condition A	Condition B	Condition C
① Chambers			
② Forsythe Building			
③ Larson Hall			
④ Rootfield Hall			

問26　[26] is the dorm you are most likely to choose.

① Chambers
② Forsythe Building
③ Larson Hall
④ Rootfield Hall

これで第４問Bは終わりです。

第５問 （配点　15） 音声は１回流れます。

第５問は**問 27** から**問 33** までの７問です。

最初に講義を聞き，**問 27** から**問 32** に答えなさい。次に続きを聞き，**問 33** に答えなさい。**状況，ワークシート，問い及び図表を読む時間が与えられた後，音声が流れます。**

状況

あなたは大学で，ヨガについての講義を，ワークシートにメモを取りながら聞いています。

ワークシート

Yoga: From Ancient Practice to Modern Popularity

○ **Hatha Yoga is One of Many Different Styles of Yoga**

- The Main Emphasis: 〔 27 〕

○ **Characteristics of Yoga**

	Historical	Modern
Place	India	throughout the world
Goal	28	29

○ **Change: From 500 Years Ago to Today**

500 years ago		today
30	›››	31

問27　ワークシートの空欄 27 に入れるのに最も適切なものを，四つの選択肢（①〜④）のうちから一つ選びなさい。

① To find the harmonious balance between mind and body
② To improve the way of breathing through physical activities
③ To promote physical health through exercises and poses
④ To spread Indian religious beliefs throughout the world

問28〜31　ワークシートの空欄 28 〜 31 に入れるのに最も適切なものを，六つの選択肢（①〜⑥）のうちから一つずつ選びなさい。選択肢は2回以上使ってもかまいません。

① enlightenment　② mental health　③ overall health
④ philosophy　⑤ religion　⑥ science

問32　講義の内容と一致するものはどれか。最も適切なものを，四つの選択肢（①〜④）のうちから一つ選びなさい。 32

① Doing yoga gives people the ability to manage their psychological problems.
② Physical fitness problems in modern countries are solved by yoga instructors.
③ Practicing yoga has been proved to be the most effective way to lose weight.
④ Yoga is finally being accepted after decades of attacks from American doctors.

第5問はさらに続きます。

問33 講義の続きを聞き，**次の図から読み取れる情報と講義全体の内容から**どのようなことが言えるか，最も適切なものを，四つの選択肢（①～④）のうちから一つ選びなさい。 33

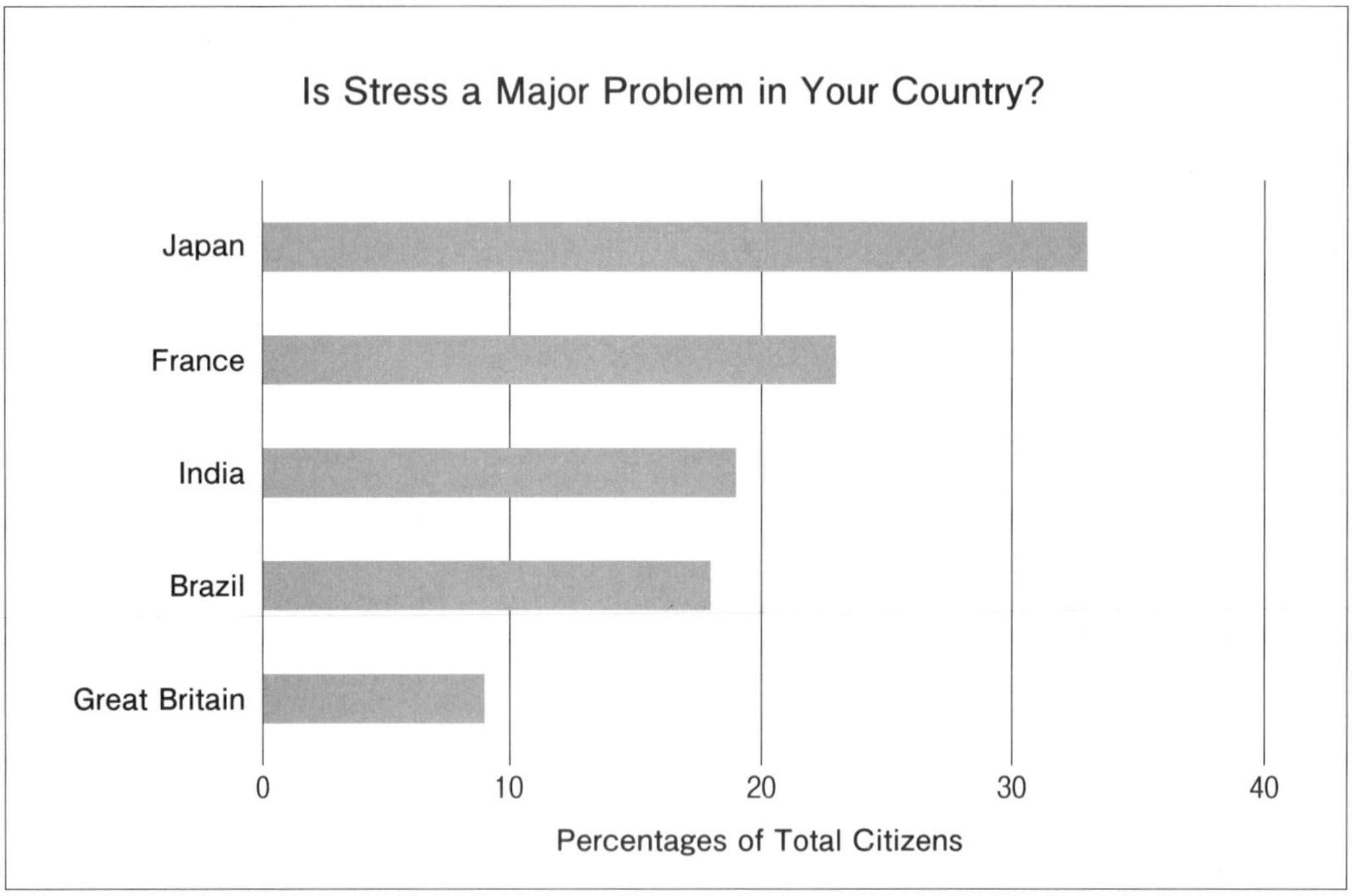

① British citizens need yoga exercises more than those in the other countries.

② Japanese citizens should experience the greatest benefits from practicing yoga.

③ Yoga is no longer commonly practiced in the country where it was invented.

④ Yoga would be equally effective at solving health problems in Asia and Europe.

これで第5問は終わりです。

第6問 (配点 14) 音声は1回流れます。

第6問はAとBの二つの部分に分かれています。

A 第6問Aは問34・問35の2問です。二人の対話を聞き，それぞれの問いの答えとして最も適切なものを，四つの選択肢(①～④)のうちから一つずつ選びなさい。(問いの英文は書かれています。) **状況と問いを読む時間が与えられた後，音声が流れます。**

状況
Alice が，Noah と家の中の片付けについて話をしています。

問34 **What is Noah's main point?** [34]

① Keeping fewer things in the house relaxes you.
② Saved possessions should have sentimental value.
③ Storing possessions becomes expensive over time.
④ The past is generally less important than the present.

問35 **What will Alice probably do?** [35]

① Make more space for her old stuff
② Pay to have her house cleaned
③ Sort out what she has in her house
④ Throw away most of her pictures

これで第6問Aは終わりです。

B　**第6問Bは問36・問37の2問です。**会話を聞き，それぞれの問いの答えとして最も適切なものを，選択肢のうちから一つずつ選びなさい。後の表を参考にしてメモを取ってもかまいません。**状況と問いを読む時間が与えられた後，音声が流れます。**

状況
レストランで，四人の学生(Laura, Malcolm, Peter, Reiko)が，地元に大型ショッピングモールができることについて話しています。

Laura	
Malcolm	
Peter	
Reiko	

問36　四人のうちショッピングモールができることに**賛成している**のは何人ですか。四つの選択肢(①～④)のうちから一つ選びなさい。 36

① 1人
② 2人
③ 3人
④ 4人

問37 会話を踏まえて，Malcolm の考えの根拠となる図表を，四つの選択肢（①～④）のうちから一つ選びなさい。 37

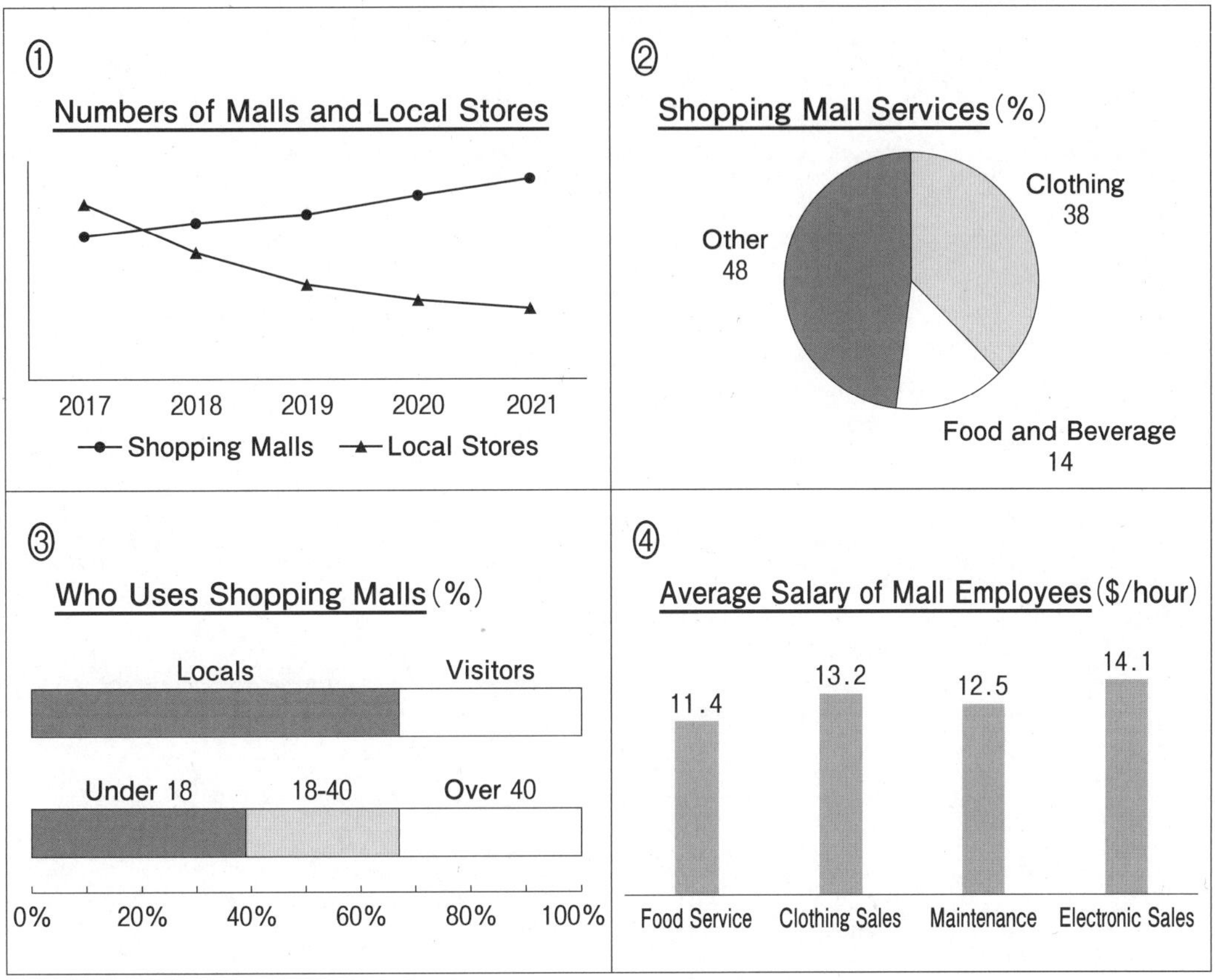

これで第6問Bは終わりです。

第 5 回

問題を解くまえに

◆ 本問題は100点満点です。

◆ 問題解答時間は30分です。

◆ 問題を解いたら必ず自己採点により学力チェックを行い，解答・解説，学習対策を参考にしてください。

◆ 以下は，'21全統共通テスト高２模試の結果を表したものです。

人　数	106,118
配　点	100
平均点	50.2
標準偏差	18.5
最高点	100
最低点	0

(解答番号 [1] ～ [37])

第1問 (配点 25) 音声は2回流れます。

第1問はAとBの二つの部分に分かれています。

A 第1問Aは問1から問4までの4問です。英語を聞き，それぞれの内容と最もよく合っているものを，四つの選択肢(①～④)のうちから一つずつ選びなさい。

問1 [1]

① The speaker ate an apple.
② The speaker ate an apple and an orange.
③ The speaker ate an orange.
④ The speaker did not eat any fruit.

問2 [2]

① The speaker caught the ball.
② The speaker does not like cold weather.
③ The speaker is not feeling well.
④ The speaker played baseball today.

問3 [3]

① Ken came in first place in the race.
② Ken is getting ready for his next race.
③ Ken is too weak to run in the race.
④ Ken will run in his first race next week.

問4 [4]

① Michael will arrive at work earlier than usual.
② Michael will come to work in the morning as usual.
③ Michael will leave the workplace earlier than usual.
④ Michael will start work in the afternoon today.

これで第1問Aは終わりです。

B 　**第１問Ｂは問５から問７までの３問です。**英語を聞き，それぞれの内容と最もよく合っている絵を，四つの選択肢（①～④）のうちから一つずつ選びなさい。

問５ 　5

①

②

③

④

問6　6

①

7
15
2

②

1 CENT
2000
CANADA
UNITED STATES OF AMERICA
QUARTER DOLLAR
TWO DOLLARS
20
ONE DIME

③

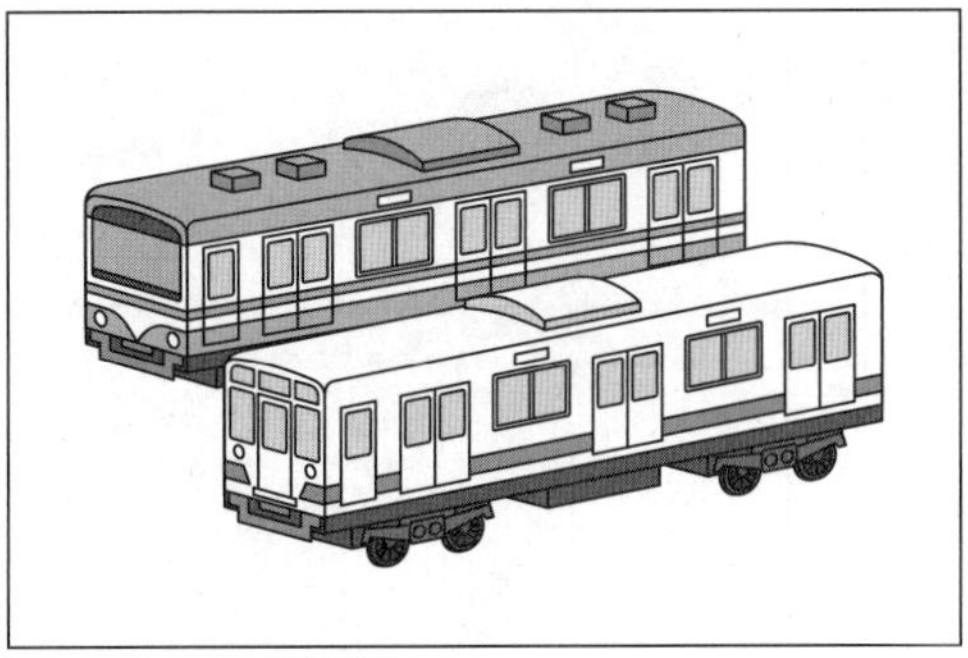

④

問7 [7]

①

②

③

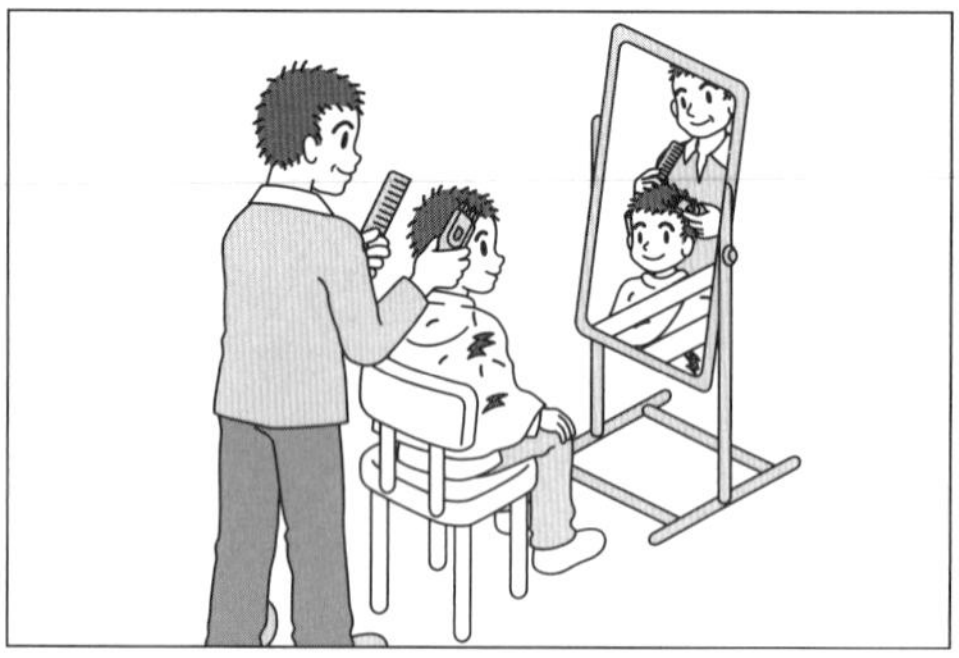

④

これで第１問Ｂは終わりです。

第２問 （配点　16） 音声は２回流れます。

第２問は**問８**から**問11**までの４問です。それぞれの問いについて，対話の場面が日本語で書かれています。対話とそれについての問いを聞き，その答えとして最も適切なものを，四つの選択肢（①〜④）のうちから一つずつ選びなさい。

問８　動物園のサルの檻の前で話をしています。 [8]

①

②

③

④

問9　映画館への移動手段について話をしています。 9

①

②

③

④

問10　男性が，数学コンテストに出かける娘と話をしています。 10

①

②

③

④

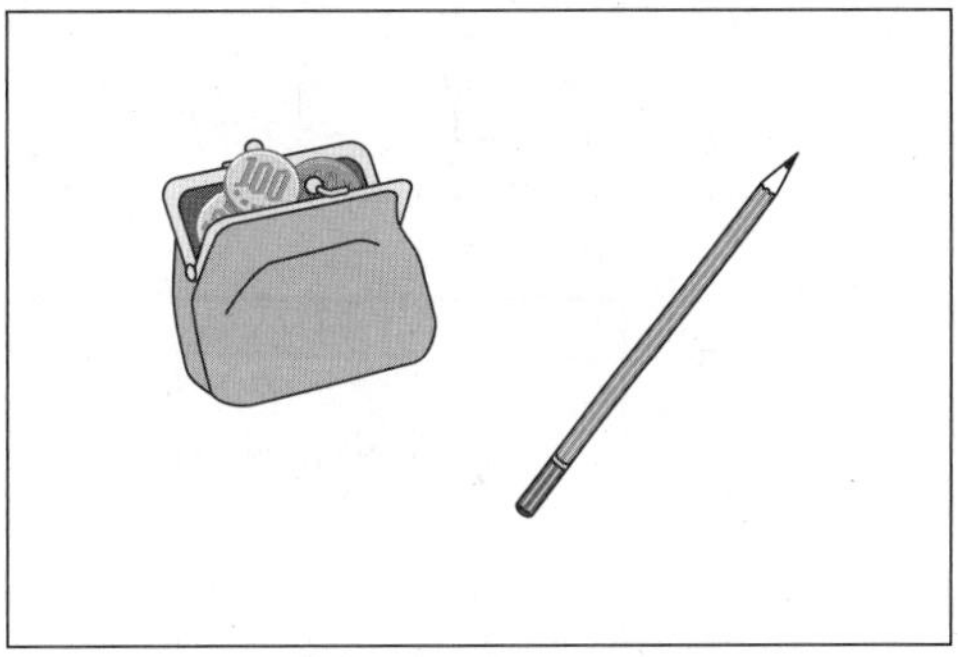

問11　男性が駅の案内所で職員に質問をしています。 11

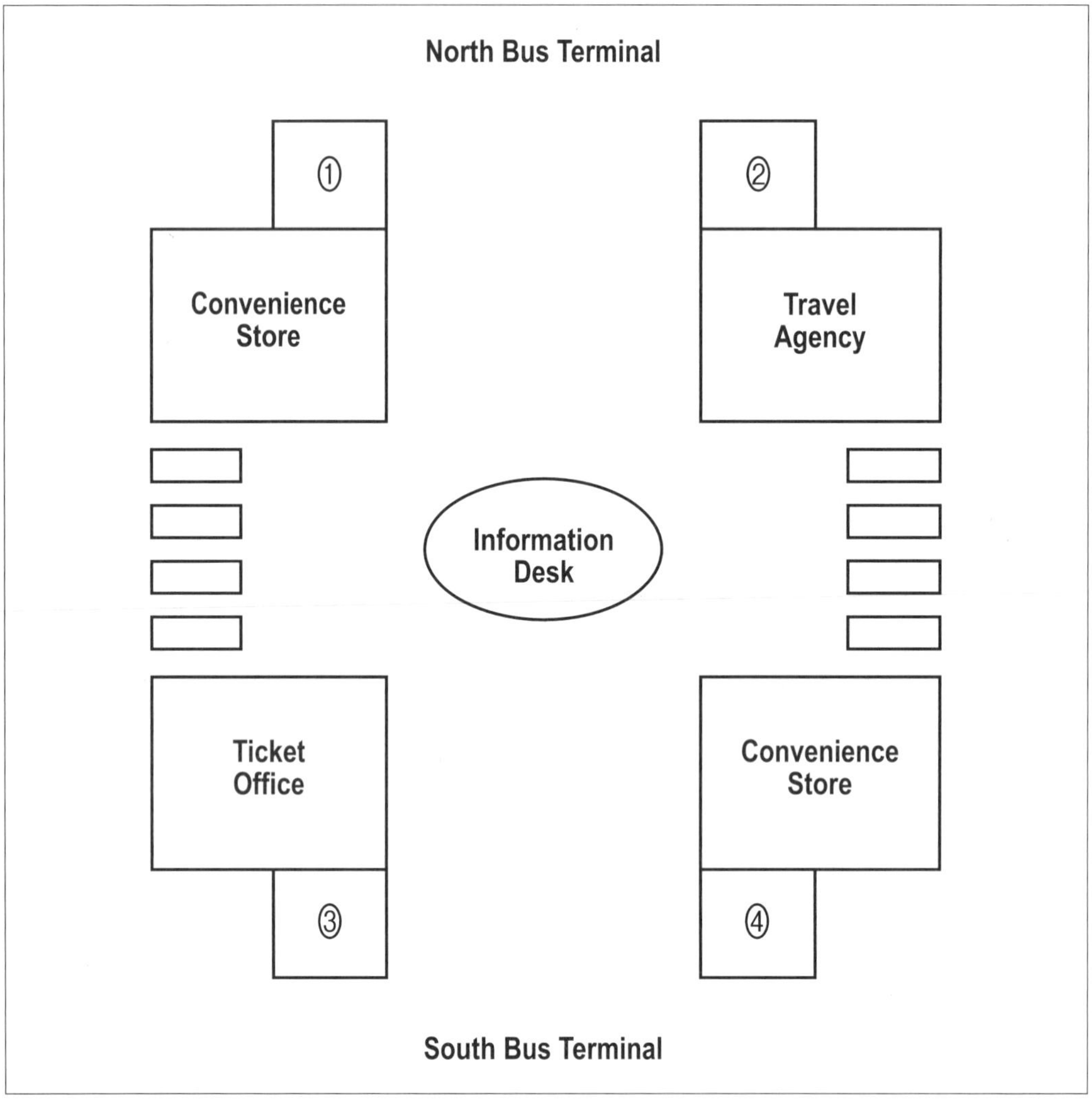

これで第２問は終わりです。

第3問 （配点　18） 音声は1回流れます。

第3問は**問**12から**問**17までの6問です。それぞれの問いについて，対話の場面が日本語で書かれています。対話を聞き，問いの答えとして最も適切なものを，四つの選択肢（①～④）のうちから一つずつ選びなさい。（問いの英文は書かれています。）

問12　母親が帰宅して来た息子と話をしています。

What was the son doing? 12

① Cutting the grass
② Moving some furniture
③ Playing with friends
④ Walking the dog

問13　夫婦が夕食の準備について話をしています。

What will the woman start making first? 13

① Cake
② Chicken
③ Fried Eggs
④ Salad

問14　友人同士がバイト先で服装について話をしています。

Which is true according to the conversation? 14

① The boy didn't give the notice to the girl.
② The boy didn't receive the notice.
③ The girl forgot to read the notice.
④ The girl gave the boy the wrong notice.

問15 男性が耳鼻咽喉科の医師と薬の服用について話をしています。

What does the doctor say the man should do? [15]

① Eat certain foods that are good for his ear.
② Get a different kind of medicine for pain.
③ Make sure to avoid eating certain foods.
④ Schedule another appointment in a week.

問16 友人同士がテニスの試合について話をしています。

Why is the girl in a good mood? [16]

① Her father saw her play tennis.
② Her father took her to Europe.
③ She beat her father at tennis.
④ She won her tennis match.

問17 友人同士がコンピュータについて話をしています。

What did the man do? [17]

① He fixed his computer by himself.
② He talked to a computer repairman.
③ He took his computer to a repair shop.
④ He went shopping for a new computer.

これで第3問は終わりです。

第４問 （配点　12） 音声は１回流れます。

第４問はＡとＢの二つの部分に分かれています。

A　第４問Ａは問 18 から問 25 の８問です。話を聞き，それぞれの問いの答えとして最も適切なものを，選択肢から選びなさい。**問題文と図表を読む時間が与えられた後，音声が流れます。**

問18〜21　あなたは，授業で配られたワークシートのグラフを完成させようとしています。先生の説明を聞き，四つの空欄 [18] 〜 [21] に入れるのに最も適切なものを，四つの選択肢（①〜④）のうちから一つずつ選びなさい。

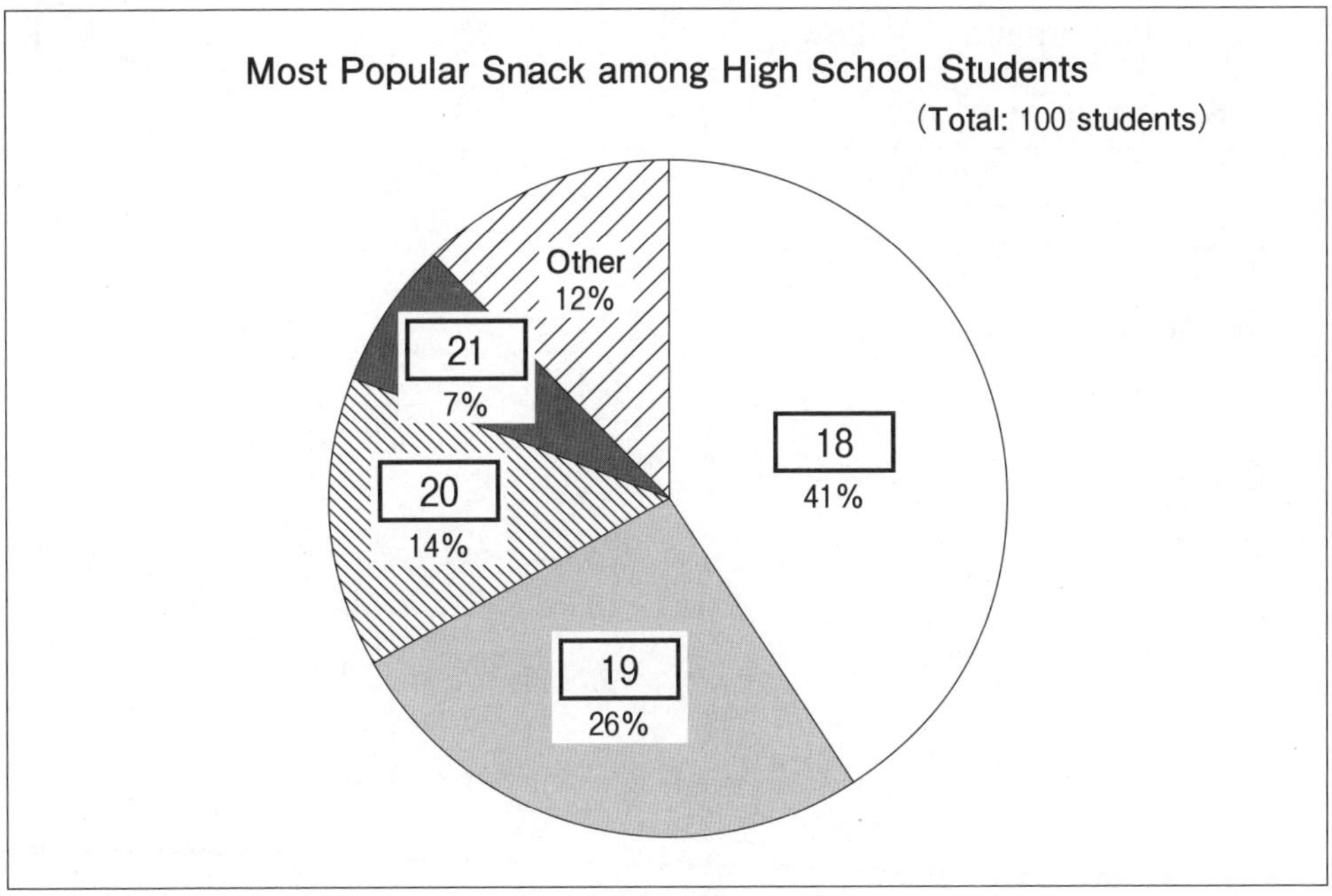

① Chocolate
② Ice cream
③ Popcorn
④ Potato chips

問22～25　あなたは，ホームステイ先のホストファミリーが経営している店で手伝いをしていて，スマホケースの割引についての説明を聞いています。話を聞き，下の表の四つの空欄 [22] ～ [25] に入れるのに最も適切なものを，五つの選択肢（①～⑤）のうちから一つずつ選びなさい。選択肢は２回以上使ってもかまいません。

Color	Stock	Discount
Antigua blue	68	[22]
Bay mint green	12	[23]
Cactus gray	6	
★ Metallic orange	22	[24]
Pale mustard yellow	46	[25]
★ Space pearl black	53	

① 10 %
② 20 %
③ 30 %
④ 40 %
⑤ 50 %

これで第４問Ａは終わりです。

B **第4問B**は**問26**の1問です。話を聞き，示された条件に最も合うものを，四つの選択肢（①～④）のうちから一つ選びなさい。下の表を参考にしてメモを取ってもかまいません。**状況と条件を読む時間が与えられた後，音声が流れます**。

状況

あなたは，アメリカの大学に留学しており，長期休暇の時期に家族を呼んで一緒にカリブ海へ旅行するつもりです。ビーチリゾートを選ぶために，四人の友人のアドバイスを聞いています。

あなたが考えている条件

A．リゾート内に2軒以上レストランがあること

B．朝の運動プログラムが用意されていること

C．13歳未満の子どもが来ないこと

Resorts	Condition A	Condition B	Condition C
① Blue Sand Bay			
② Coral Continental			
③ Oceanista South			
④ The Anemone Expanse			

問26 [26] is the resort you are most likely to choose.

① Blue Sand Bay
② Coral Continental
③ Oceanista South
④ The Anemone Expanse

これで第4問Bは終わりです。

第５問　（配点　15）　**音声は１回流れます。**

第５問は**問 27** から**問 33** の７問です。

最初に講義を聞き，**問 27** から**問 32** に答えなさい。次に続きを聞き，**問 33** に答えなさい。**状況・ワークシート，問い及び図表を読む時間が与えられた後，音声が流れます。**

> 状況
>
> あなたはアメリカの大学で，エネルギー源についての講義を，ワークシートにメモを取りながら聞いています。

ワークシート

○ **A Carbon-Free Future**

- Use of renewable energy sources: wind and solar
- Problems: Providing energy is unstable
  ⇒ Sometimes energy is wasted; other times energy is short
- In order to end our dependence on fossil fuels
  ↓
  [27] ⇒ necessary to increase renewable energy efficiency

○ **Hydrogen Comparison**

	Sources	Characteristics
Gray	natural gas	most common
Blue	[28]	[29]
Brown	＊＊＊＊＊	＊＊＊＊＊
Green	[30]	[31]

問27　ワークシートの空欄 [27] に入れるのに最も適切なものを，四つの選択肢（①～④）のうちから一つ選びなさい。

① Alternatives to wind and solar energy
② Changes in human behavior
③ Energy storage technologies
④ Less dependence on electricity

問28～31　ワークシートの空欄 [28] ～ [31] に入れるのに最も適切なものを，六つの選択肢（①～⑥）のうちから一つずつ選びなさい。選択肢は２回以上使ってもかまいません。

① coal　　② natural gas　　③ wind or solar
④ cheap　　⑤ clean　　⑥ low carbon

問32　講義の内容と一致するものはどれか。最も適切なものを，四つの選択肢（①～④）のうちから一つ選びなさい。[32]

① Hydrogen cannot be produced as quickly as natural gas.
② Hydrogen is less expensive than natural gas to produce.
③ Hydrogen will not satisfy the global energy storage demand.
④ Hydrogen will play a big role in realizing a carbon-free society.

第５問はさらに続きます。

問33　講義の続きを聞き，**下の図から読み取れる情報と講義全体の内容から**どのようなことが言えるか，最も適切なものを，四つの選択肢（①～④）のうちから一つ選びなさい。 33

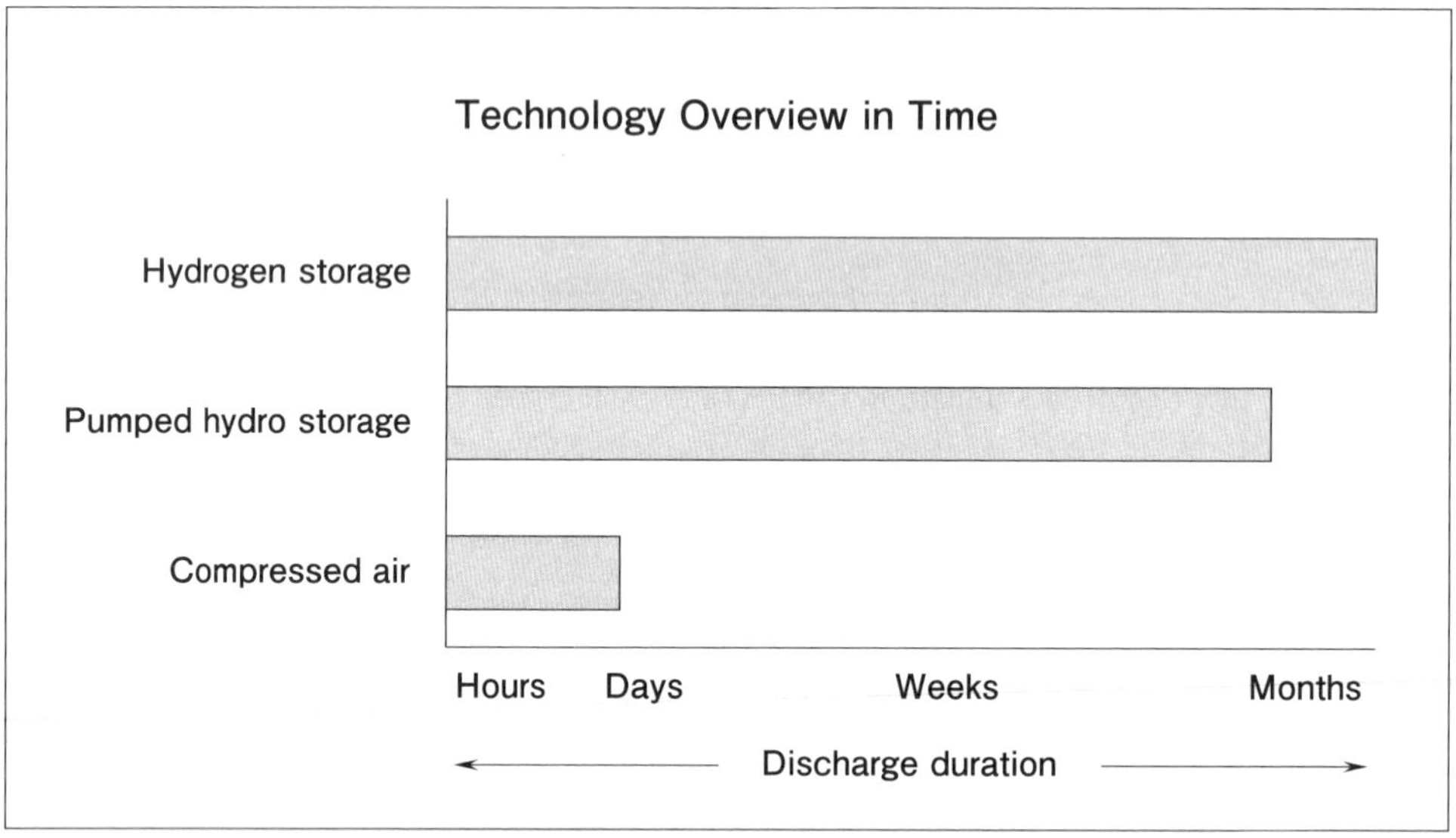

① Both gases and liquids can be used to store energy for months.
② Compressed air is the safest technology for the environment.
③ Technologies using pumped hydro storage are cheaper than fossil fuels.
④ The cleanest storage technology is the quickest to provide electricity.

これで第５問は終わりです。

第6問 （配点　14） 音声は1回流れます。

第6問はAとBの二つの部分に分かれています。

A　第6問Aは問34・問35の2問です。二人の対話を聞き，それぞれの問いの答えとして最も適切なものを，四つの選択肢（①～④）のうちから一つずつ選びなさい。（問いの英文は書かれています。）**状況と問いを読む時間が与えられた後，音声が流れます。**

> 状況
> Sachi と Bob が e スポーツについて話をしています。

問34　**What is Sachi's main point?**　[34]

① Joining a team means you have a responsibility to your teammates.
② People should take every opportunity to enjoy their hobbies.
③ Physical activities are good for improving teamwork and cooperation.
④ Spending too much time on a hobby makes it less enjoyable.

問35　**What choice does Bob need to make?**　[35]

① Whether to join the school's e-sports club or not
② Whether to start playing video games as a hobby
③ Whether to talk to his teammates about his concerns
④ Whether to work out at the school gym or not

これで第6問Aは終わりです。

B　**第6問Bは問36・問37の2問です。**会話を聞き，それぞれの問いの答えとして最も適切なものを，選択肢のうちから一つずつ選びなさい。下の表を参考にしてメモを取ってもかまいません。**状況と問いを読む時間が与えられた後，音声が流れます**。

状況
四人の学生(Kenji，Mark，Nancy，Olivia)が，図書館に置く本の内容に異議を唱える(challenge)ことの是非について意見交換をしています。

Kenji	
Mark	
Nancy	
Olivia	

問36　会話が終わった時点で，本の閲覧禁止に**賛成した人**は四人のうち何人でしたか。四つの選択肢（①～④）のうちから一つ選びなさい。 36

① 1人
② 2人
③ 3人
④ 4人

問37　会話を踏まえて，Oliviaの発言内容を最もよく表している図表を，四つの選択肢（①～④）のうちから一つ選びなさい。 37

①
Number of challenged books per year

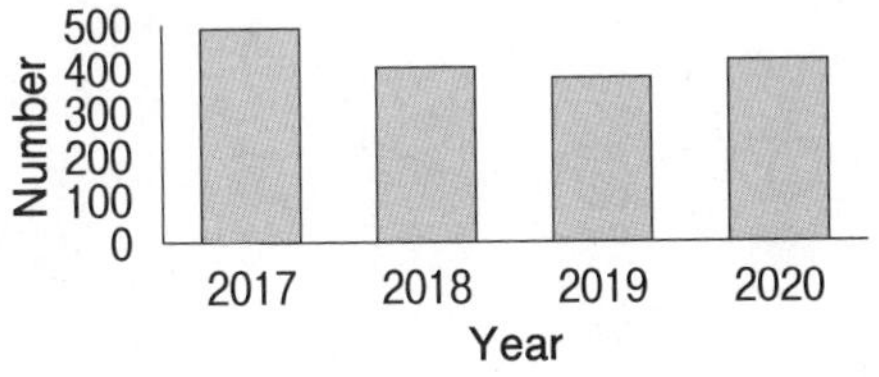

②
Where are books challenged?

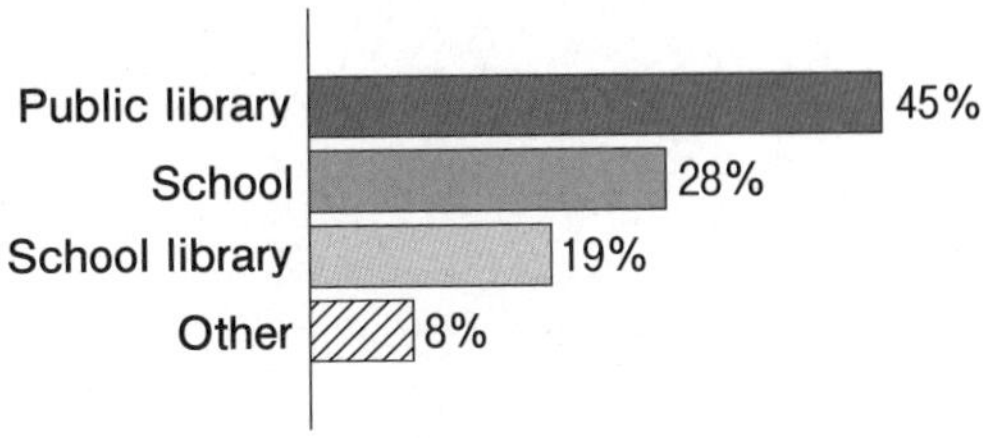

③
Top 5 reasons for challenging books

1．Explicit imagery
2．Offensive language
3．Excessive violence
4．Inappropriate religious viewpoint
5．Racism

④
Who challenges books?

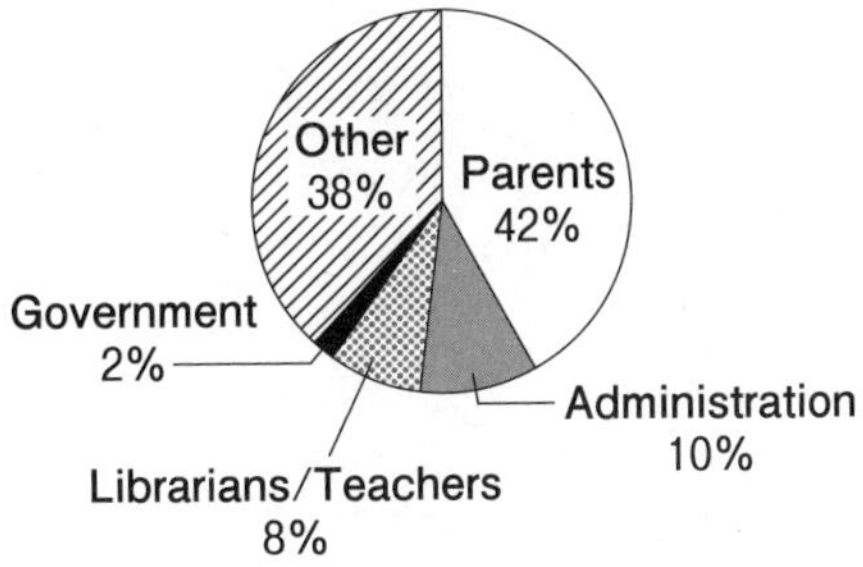

これで第6問Bは終わりです。

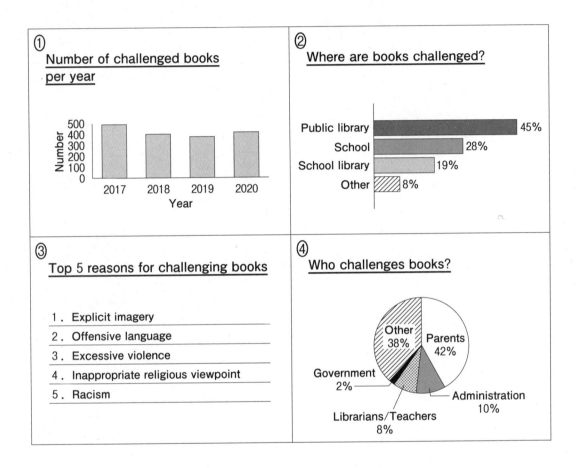

大学入学共通テスト

’23　本試験

（2023 年 1 月実施）

（解答時間）
30分　100点

☆音声問題を用い30分間で解答を行うが，解答開始前に受験者に配付した IC プレーヤーの作動確認，音量調節を受験者本人により行うため，試験時間は60分です。
☆本書で用いる MP 3 および MP 4 ファイルは大学入試センターから公表された音声を河合出版が独自に編集したものです。

（解答番号 1 ～ 37 ）

第１問 （配点　25） 音声は２回流れます。

第１問はＡとＢの二つの部分に分かれています。

A　第１問Ａは問１から問４までの４問です。英語を聞き，それぞれの内容と最もよく合っているものを，四つの選択肢（①～④）のうちから一つずつ選びなさい。

問１ 1

① The speaker is asking Sam to shut the door.
② The speaker is asking Sam to turn on the TV.
③ The speaker is going to open the door right now.
④ The speaker is going to watch TV while working.

問２ 2

① The speaker finished cleaning the bowl.
② The speaker finished washing the pan.
③ The speaker is cleaning the pan now.
④ The speaker is washing the bowl now.

問 3 [3]

① The speaker received a postcard from her uncle.

② The speaker sent the postcard to her uncle in Canada.

③ The speaker's uncle forgot to send the postcard.

④ The speaker's uncle got a postcard from Canada.

問 4 [4]

① There are fewer than 20 students in the classroom right now.

② There are 22 students in the classroom right now.

③ There will be just 18 students in the classroom later.

④ There will be more than 20 students in the classroom later.

これで第1問Aは終わりです。

B　**第1問B**は**問5**から**問7**までの3問です。英語を聞き，それぞれの内容と最もよく合っている絵を，四つの選択肢（①〜④）のうちから一つずつ選びなさい。

問5　[5]

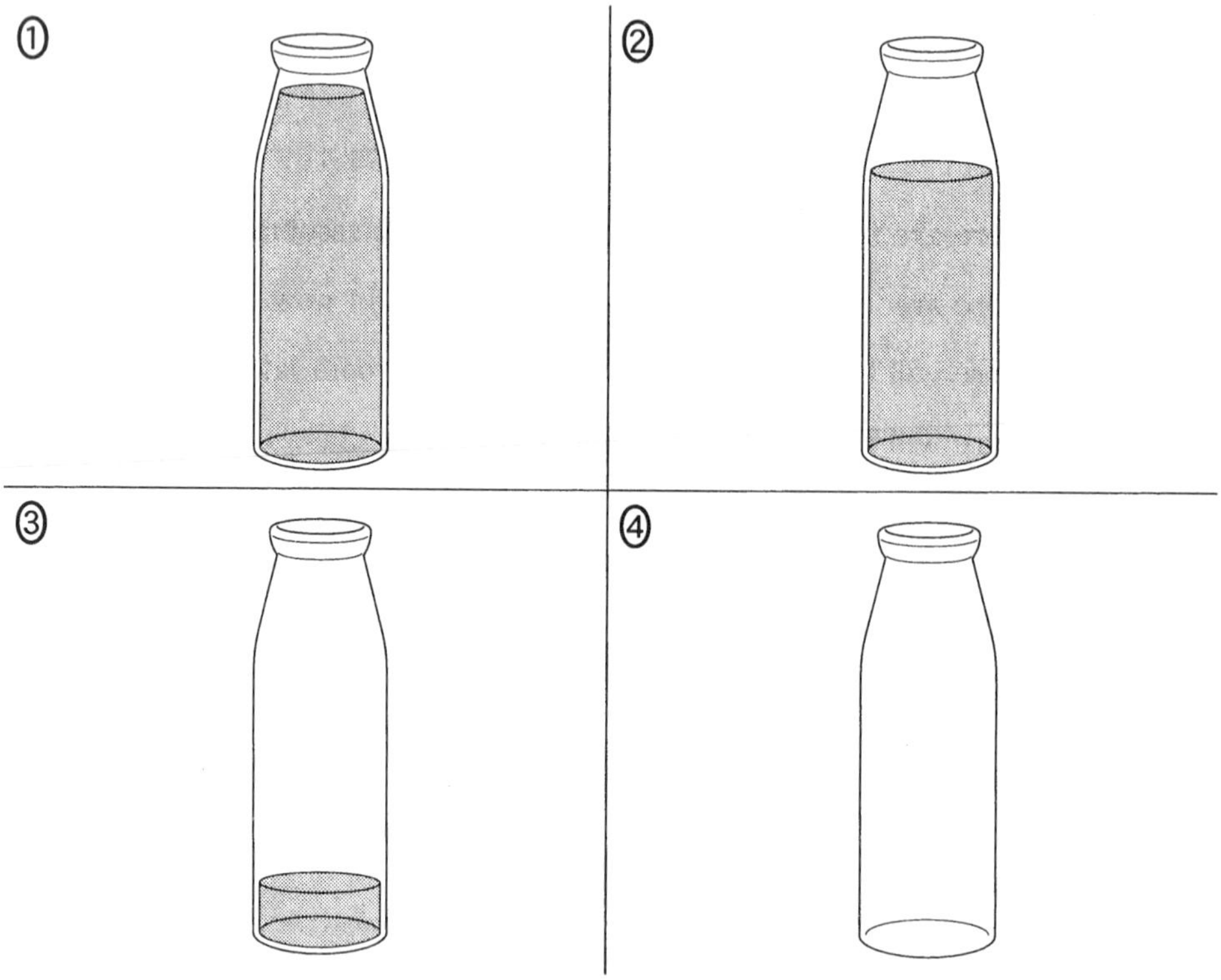

問 6 　6

①

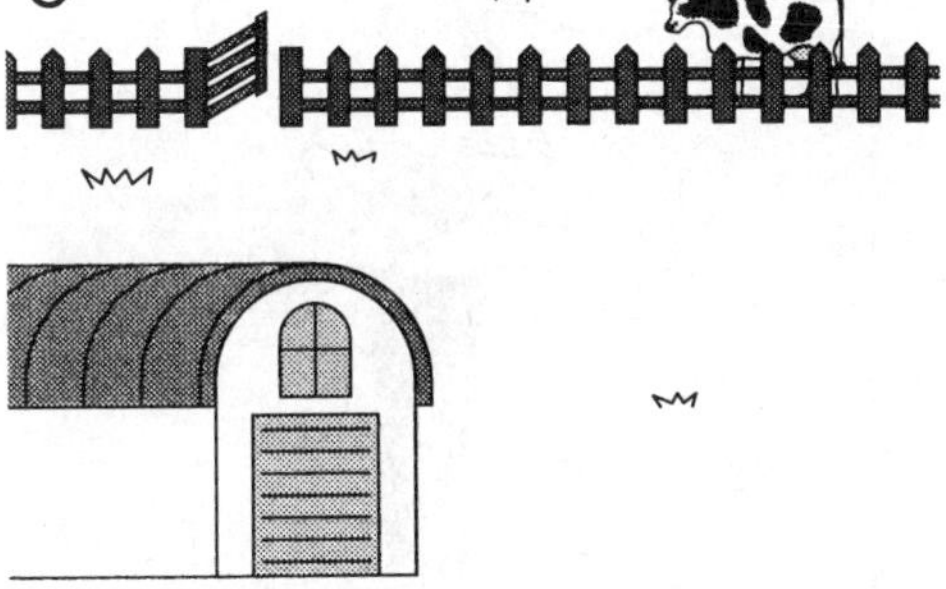

②

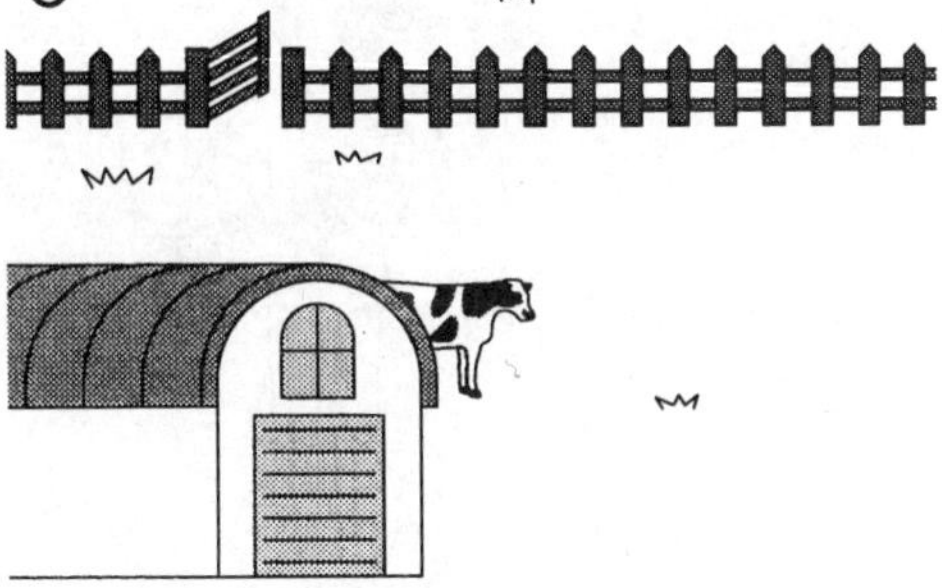

③

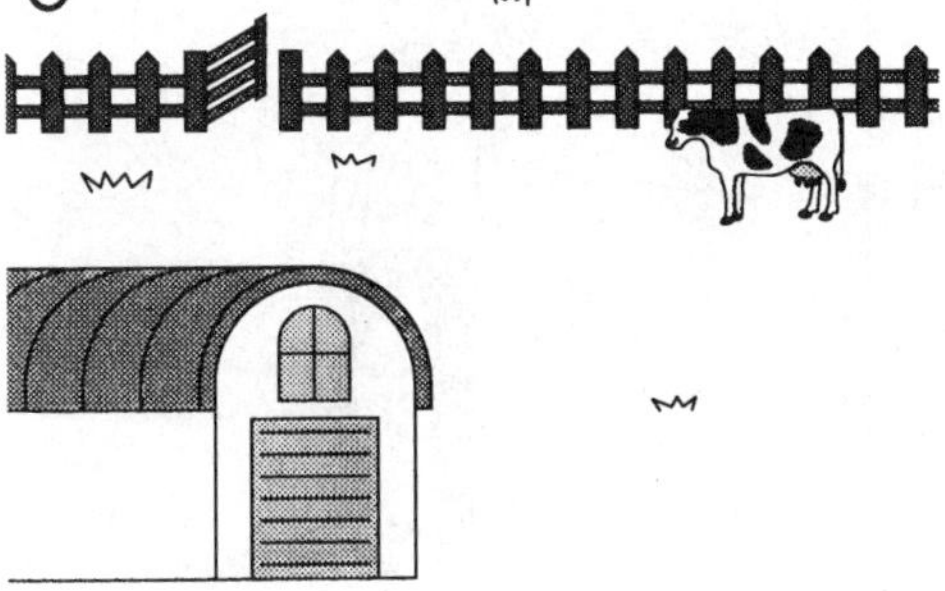

④

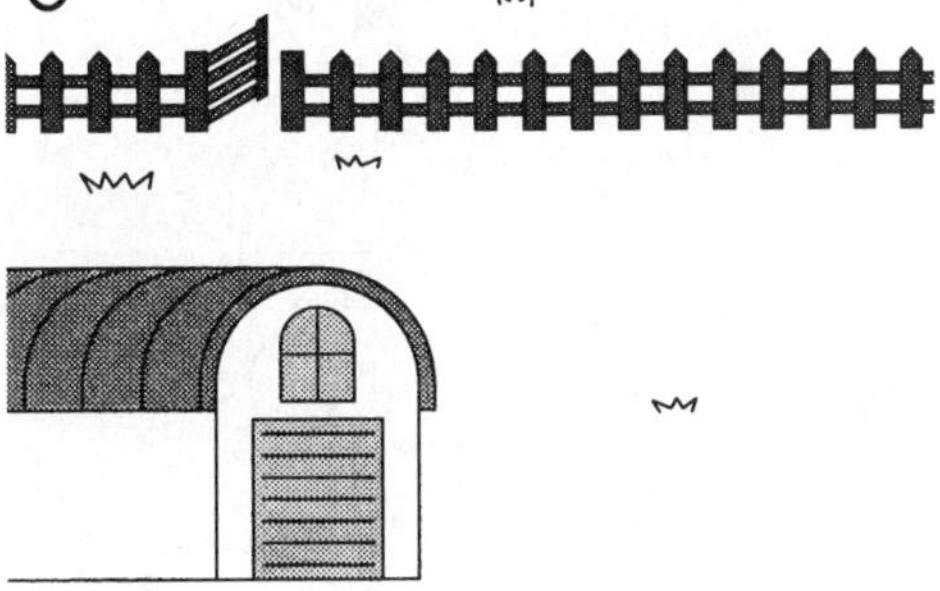

問 7　[7]

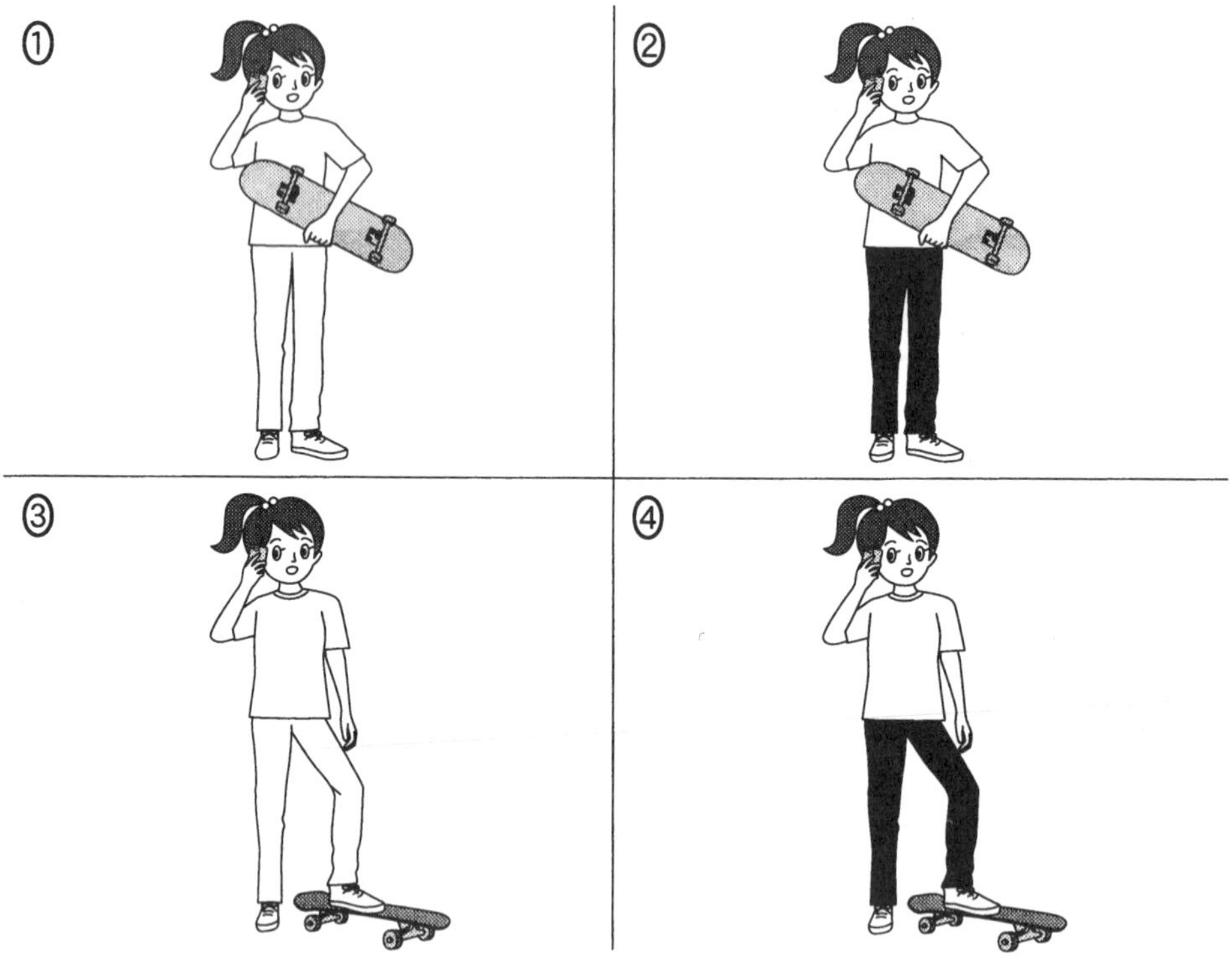

これで第 1 問 B は終わりです。

第2問 (配点 16) 音声は2回流れます。

第2問は**問8**から**問11**までの4問です。それぞれの問いについて，対話の場面が日本語で書かれています。対話とそれについての問いを聞き，その答えとして最も適切なものを，四つの選択肢(①～④)のうちから一つずつ選びなさい。

問8 バーチャルイベントで，友人同士のプロフィール画像(avatar)を当てあっています。 [8]

①

②

③

④

問 9　ホームパーティーの後で，ゴミの分別をしています。 9

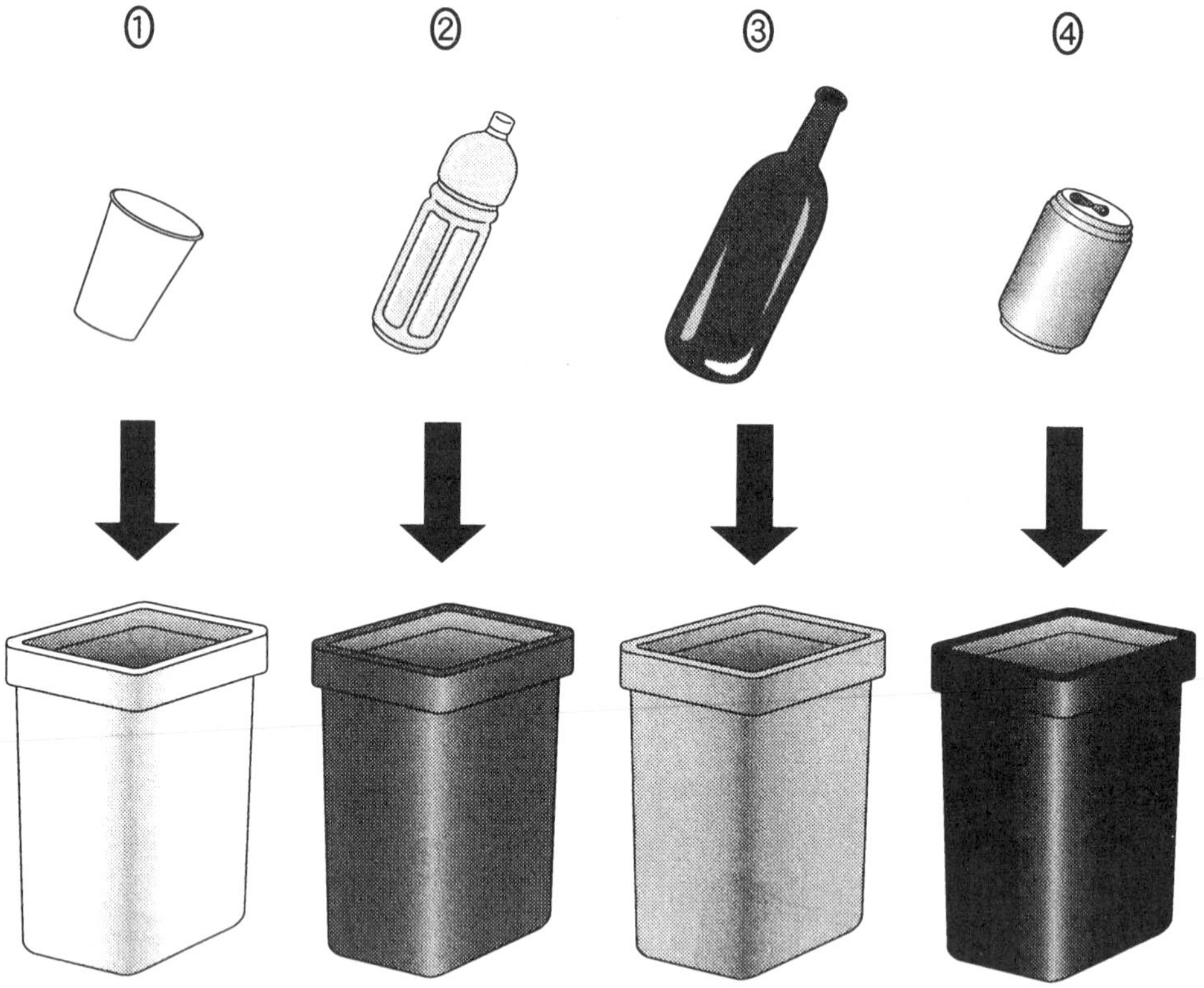

問10　靴屋で，店員と客が会話をしています。 10

①

②

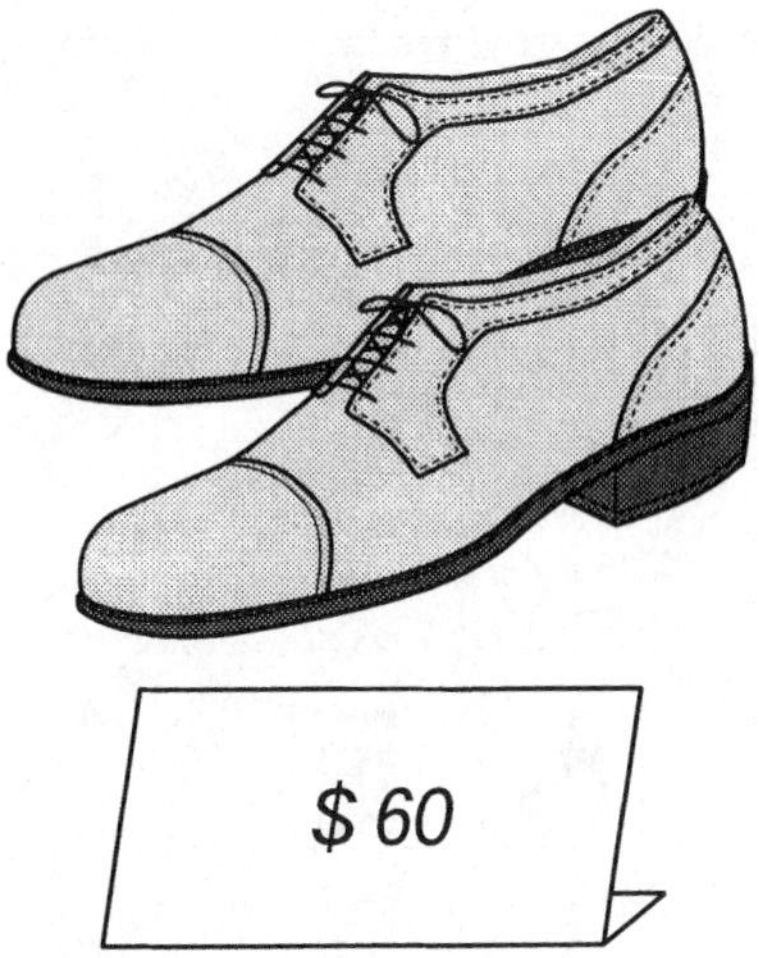

③

④

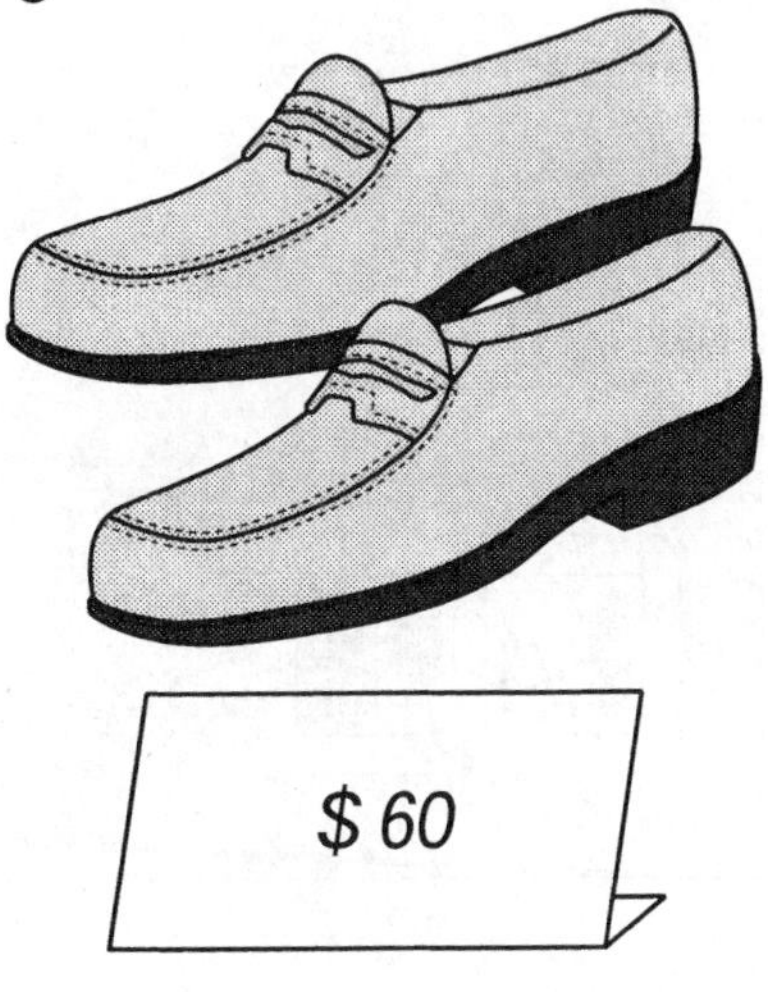

問11　友人同士が，野球場の案内図を見ながら，待ち合わせ場所を決めています。

11

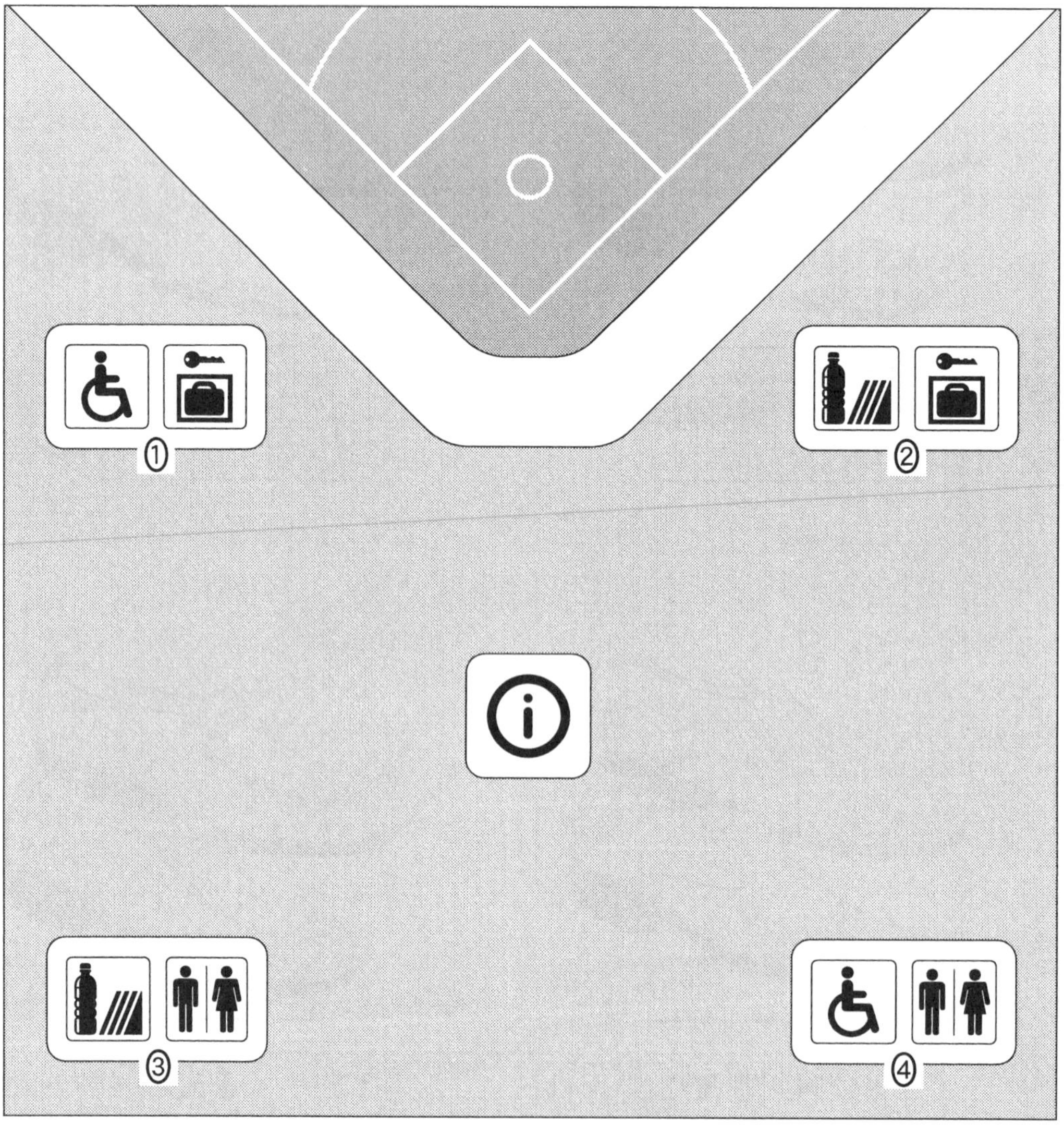

これで第２問は終わりです。

第3問 (配点 18) 音声は1回流れます。

第3問は問12から問17までの6問です。それぞれの問いについて，対話の場面が日本語で書かれています。対話を聞き，問いの答えとして最も適切なものを，四つの選択肢(①～④)のうちから一つずつ選びなさい。(問いの英文は書かれています。)

問12 地下鉄の駅で，男性が目的地への行き方を質問しています。

Which subway line will the man use first? [12]

① The Blue Line
② The Green Line
③ The Red Line
④ The Yellow Line

問13 夫婦が，夕食について話し合っています。

What will they do? [13]

① Choose a cheaper restaurant
② Eat together at a restaurant
③ Have Indian food delivered
④ Prepare Indian food at home

問14 高校生同士が，授業後に話をしています。

What did the boy do? [14]

① He checked his dictionary in class.
② He left his backpack at his home.
③ He took his backpack to the office.
④ He used his dictionary on the bus.

問15 寮のパーティーで，先輩と新入生が話をしています。

What is true about the new student? [15]

① He grew up in England.
② He is just visiting London.
③ He is studying in Germany.
④ He was born in the UK.

問16 同僚同士が話をしています。

What will the man do? [16]

① Buy some medicine at the drugstore
② Drop by the clinic on his way home
③ Keep working and take some medicine
④ Take the allergy pills he already has

問17 友人同士が，ペットについて話をしています。

What is the man going to do? [17]

① Adopt a cat
② Adopt a dog
③ Buy a cat
④ Buy a dog

これで第3問は終わりです。

第4問 (配点 12) 音声は1回流れます。

第4問はAとBの二つの部分に分かれています。

A 第4問Aは問18から問25までの8問です。話を聞き，それぞれの問いの答えとして最も適切なものを，選択肢から選びなさい。**問題文と図表を読む時間が与えられた後，音声が流れます。**

問18～21 あなたは，大学の授業で配られたワークシートのグラフを完成させようとしています。先生の説明を聞き，四つの空欄 [18] ～ [21] に入れるのに最も適切なものを，四つの選択肢（①～④）のうちから一つずつ選びなさい。

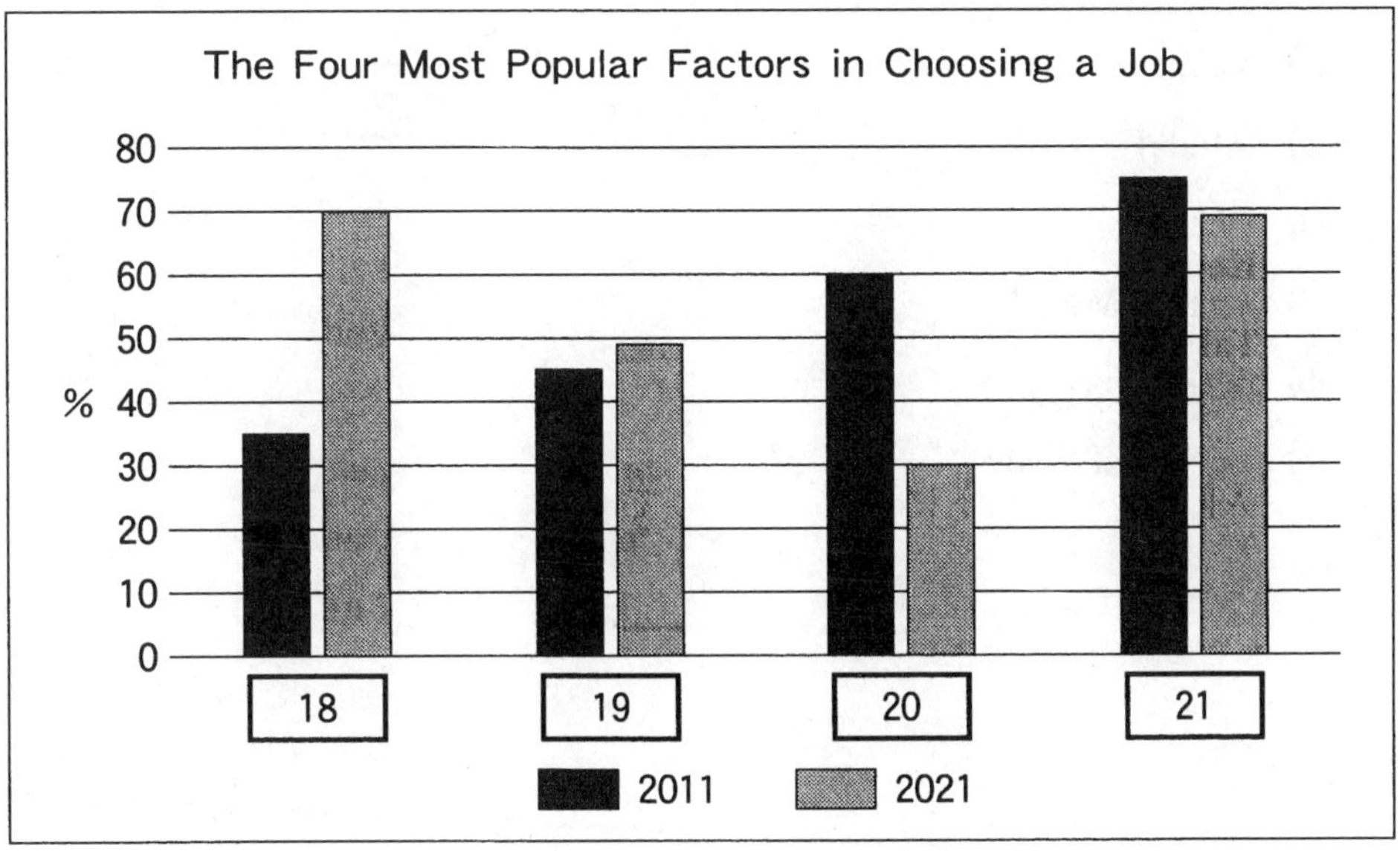

① Content of work

② Income

③ Location

④ Working hours

問22～25　あなたは，自宅のパソコンから，ゲームの国際大会にオンラインで参加しています。結果と賞品に関する主催者の話を聞き，次の表の四つの空欄 22 ～ 25 に入れるのに最も適切なものを，六つの選択肢(①～⑥)のうちから一つずつ選びなさい。選択肢は2回以上使ってもかまいません。

International Game Competition: Summary of the Results

Teams	Stage A	Stage B	Final Rank	Prize
Dark Dragons	3rd	3rd	4th	22
Elegant Eagles	1st	2nd	1st	23
Shocking Sharks	4th	1st	2nd	24
Warrior Wolves	2nd	4th	3rd	25

① Game
② Medal
③ Trophy
④ Game, Medal
⑤ Game, Trophy
⑥ Medal, Trophy

これで第4問Aは終わりです。

B　第４問Ｂは問26の１問です。話を聞き，示された条件に最も合うものを，四つの選択肢（①～④）のうちから一つ選びなさい。後の表を参考にしてメモを取ってもかまいません。**状況と条件を読む時間が与えられた後，音声が流れます。**

状況

あなたは，交換留学先の高校で，生徒会の会長選挙の前に，四人の会長候補者の演説を聞いています。

あなたが考えている条件

Ａ．全校生徒のための行事を増やすこと

Ｂ．学校の食堂にベジタリアン向けのメニューを増やすこと

Ｃ．コンピューター室を使える時間を増やすこと

Candidates	Condition A	Condition B	Condition C
① Charlie			
② Jun			
③ Nancy			
④ Philip			

問26　[26] is the candidate you are most likely to choose.

① Charlie
② Jun
③ Nancy
④ Philip

これで第４問Ｂは終わりです。

第5問 (配点 15) 音声は1回流れます。

第5問は**問27**から**問33**までの7問です。

最初に講義を聞き，**問27**から**問32**に答えなさい。次に続きを聞き，**問33**に答えなさい。**状況，ワークシート，問い及び図表を読む時間が与えられた後，音声が流れます**。

状況

あなたは大学で，アジアゾウに関する講義を，ワークシートにメモを取りながら聞いています。

ワークシート

Asian Elephants

◇ **General Information**

- Size: Largest land animal in Asia
- Habitats: South and Southeast Asia
- Characteristics: 〔 27 〕

◇ **Threats to Elephants**

Threat 1: Illegal Commercial Activities

- using elephant body parts for accessories, 28 , medicine
- capturing live elephants for 29

Threat 2: Habitat Loss Due to Land Development

- a decrease in elephant 30 interaction
- an increase in human and elephant 31

問27 ワークシートの空欄 **27** に入れるのに最も適切なものを，四つの選択肢（①～④）のうちから一つ選びなさい。

① Aggressive and strong
② Cooperative and smart
③ Friendly and calm
④ Independent and intelligent

問28～31 ワークシートの空欄 **28** ～ **31** に入れるのに最も適切なものを，六つの選択肢（①～⑥）のうちから一つずつ選びなさい。選択肢は２回以上使ってもかまいません。

① clothing	② cosmetics	③ deaths
④ friendship	⑤ group	⑥ performances

問32 講義の内容と一致するものはどれか。最も適切なものを，四つの選択肢（①～④）のうちから一つ選びなさい。 **32**

① Efforts to stop illegal activities are effective in allowing humans to expand their housing projects.
② Encounters between different elephant groups are responsible for the decrease in agricultural development.
③ Helping humans and Asian elephants live together is a key to preserving elephants' lives and habitats.
④ Listing the Asian elephant as an endangered species is a way to solve environmental problems.

第５問はさらに続きます。

問33　グループの発表を聞き，**次の図から読み取れる情報と講義全体の内容から**どのようなことが言えるか，最も適切なものを，四つの選択肢（①～④）のうちから一つ選びなさい。 33

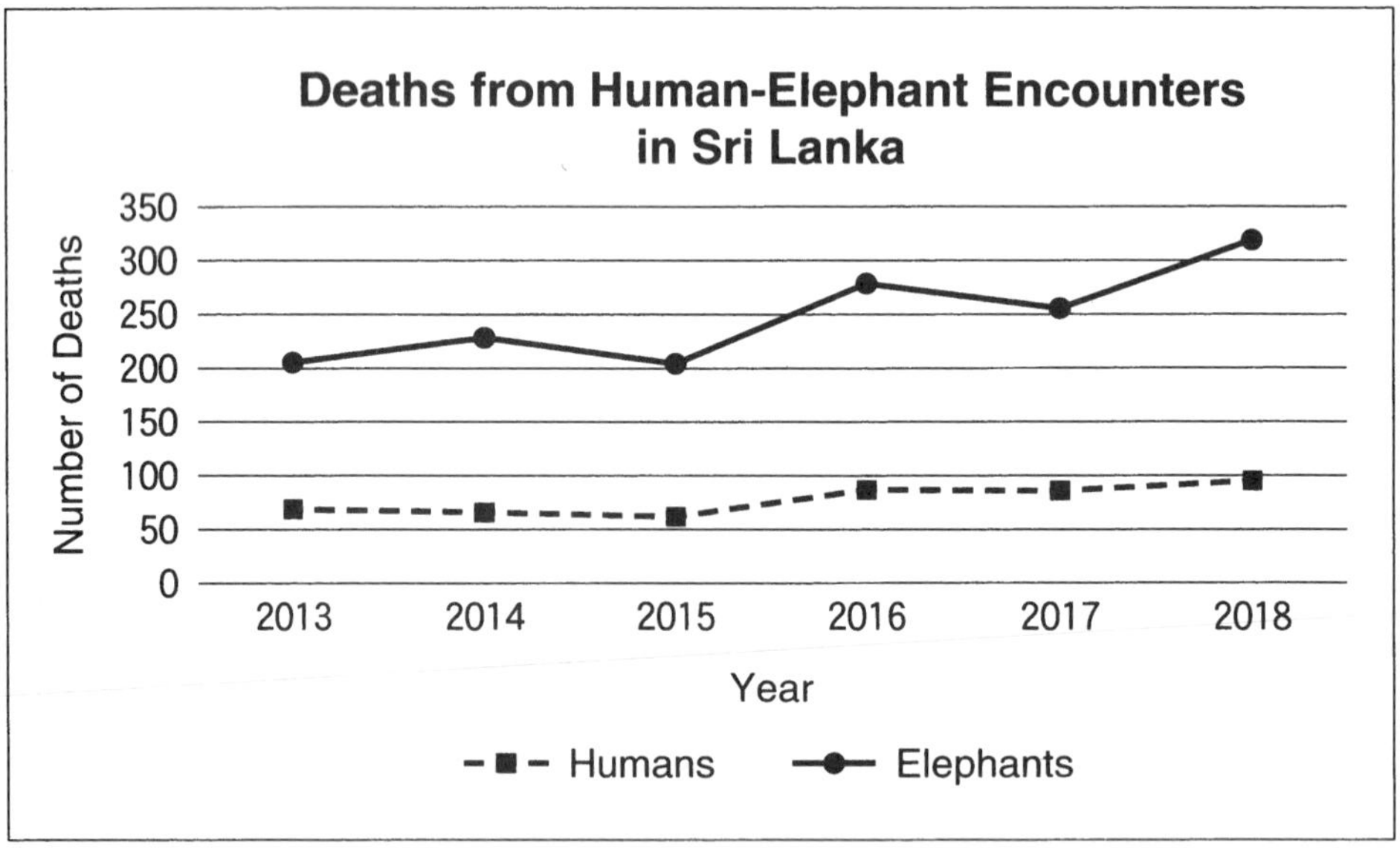

① Efforts to protect endangered animals have increased the number of elephants in Sri Lanka.

② Monitoring illegal activities in Sri Lanka has been effective in eliminating elephant deaths.

③ Sri Lanka has not seen an increase in the number of elephants that have died due to human-elephant encounters.

④ Steps taken to protect elephants have not produced the desired results in Sri Lanka yet.

これで第5問は終わりです。

第6問 (配点 14) 音声は1回流れます。

第6問はAとBの二つの部分に分かれています。

A

第6問Aは問34・問35の2問です。二人の対話を聞き，それぞれの問いの答えとして最も適切なものを，四つの選択肢(①～④)のうちから一つずつ選びなさい。(問いの英文は書かれています。)**状況と問いを読む時間が与えられた後，音声が流れます。**

> **状況**
> David と母の Sue が，ハイキングについて話をしています。

問34 Which statement would David agree with the most? 34

① Enjoyable hiking requires walking a long distance.
② Going on a group hike gives you a sense of achievement.
③ Hiking alone is convenient because you can choose when to go.
④ Hiking is often difficult because nobody helps you.

問35 Which statement best describes Sue's opinion about hiking alone by the end of the conversation? 35

① It is acceptable.
② It is creative.
③ It is fantastic.
④ It is ridiculous.

これで第6問Aは終わりです。

B **第6問Bは問36・問37の2問です。**会話を聞き，それぞれの問いの答えとして最も適切なものを，選択肢のうちから一つずつ選びなさい。後の表を参考にしてメモを取ってもかまいません。**状況と問いを読む時間が与えられた後，音声が流れます。**

状況

寮に住む四人の学生(Mary, Jimmy, Lisa, Kota)が，就職後に住む場所について話し合っています。

Mary	
Jimmy	
Lisa	
Kota	

問36 会話が終わった時点で，**街の中心部に住むことに決めた人**を，四つの選択肢(①～④)のうちから一つ選びなさい。 36

① Jimmy
② Lisa
③ Jimmy, Mary
④ Kota, Mary

問37 会話を踏まえて，Lisa の考えの根拠となる図表を，四つの選択肢（①～④）のうちから一つ選びなさい。 37

①

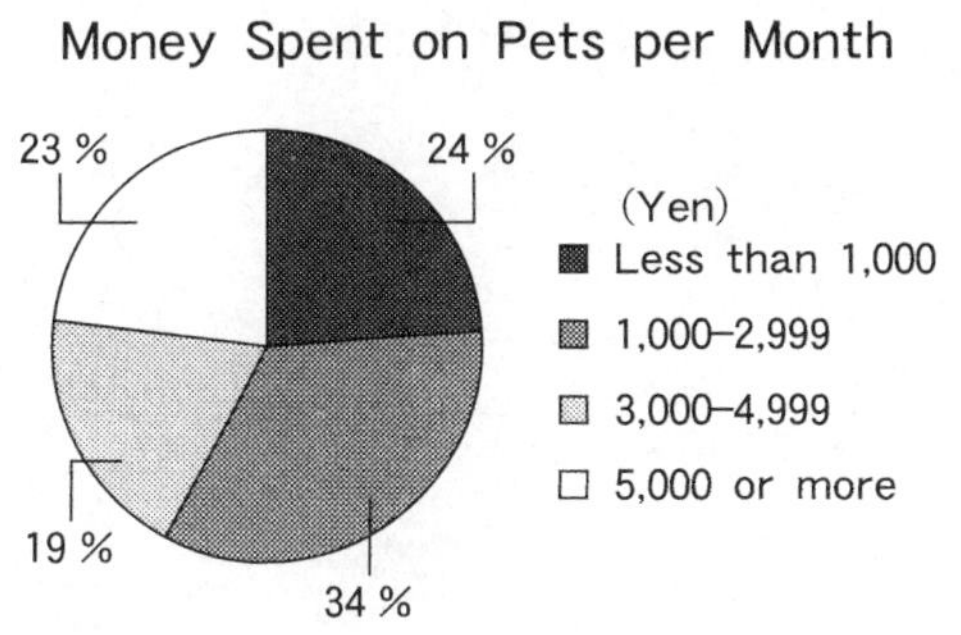

②

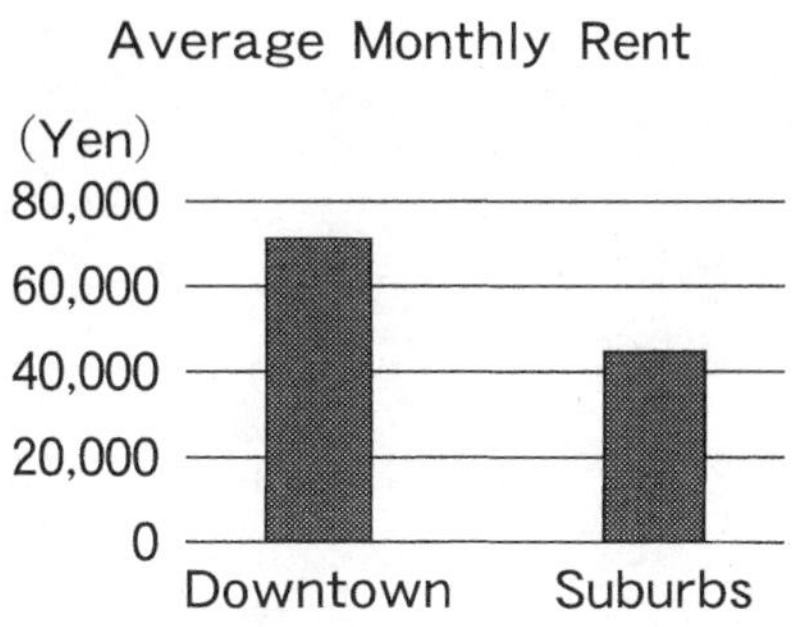

③

Three Popular Activities While Commuting

1	Listening to News
2	Reading Business Magazines
3	Light Physical Exercise

④

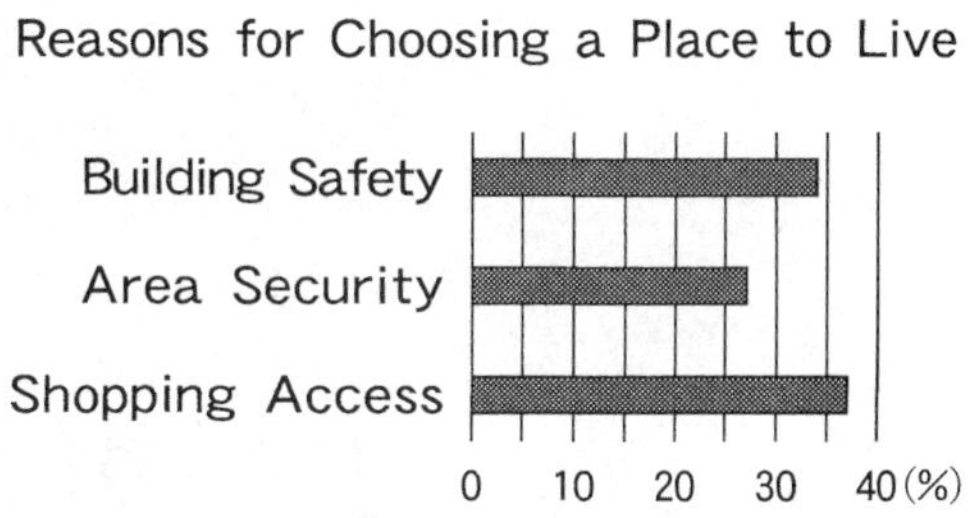

これで第6問Bは終わりです。

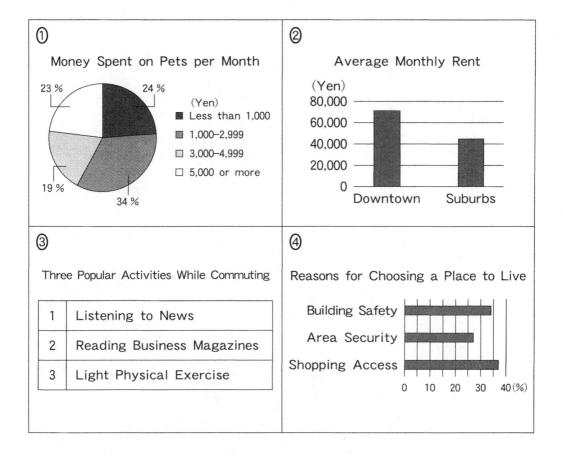

河合出版ホームページ
http://www.kawai-publishing.jp/
E-mail
kp@kawaijuku.jp

表紙イラスト　阿部伸二（カレラ）
表紙デザイン　岡本 健＋

2024共通テスト総合問題集
英　語［リスニング］

発　行　2023年6月10日

編　者　河合塾英語科

発行者　宮本正生

発行所　**株式会社　河合出版**
［東　京］東京都新宿区西新宿 7－15－2
〒160-0023　tel(03)5539-1511
fax(03)5539-1508
［名古屋］名古屋市東区葵 3－24－2
〒461-0004　tel(052)930-6310
fax(052)936-6335

印刷所　協和オフセット印刷株式会社

製本所　望月製本所

・乱丁本，落丁本はお取り替えいたします。
・編集上のご質問，お問い合わせは，編集部までお願いいたします。

ISBN978-4-7772-2655-9

第　回　英語(リスニング)解答用紙

解答科目	英語(リスニング)

注意事項

1　解答は、音声問題の各設問ごとに、この解答用紙にマークしてください。問題冊子に解答したものを解答時間の最後にまとめて転記する時間はありません。

2　解答時間中、ICプレーヤーから音声が聞こえなくなった場合や、問題冊子の印刷不鮮明(解答に支障となるもの)、ページの落丁・乱丁に気付いた場合は、黙って手を高く挙げ、監督者に知らせてください。

良い例	悪い例

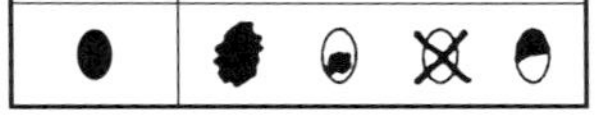

氏名(フリガナ)、クラス、出席番号を記入しなさい。

フリガナ	
氏名	

クラス	クラス	出席番号	番

解答番号	解答欄 1 2 3 4 5 6
1	① ② ③ ④ ⑤ ⑥
2	① ② ③ ④ ⑤ ⑥
3	① ② ③ ④ ⑤ ⑥
4	① ② ③ ④ ⑤ ⑥
5	① ② ③ ④ ⑤ ⑥
6	① ② ③ ④ ⑤ ⑥
7	① ② ③ ④ ⑤ ⑥
8	① ② ③ ④ ⑤ ⑥
9	① ② ③ ④ ⑤ ⑥
10	① ② ③ ④ ⑤ ⑥
11	① ② ③ ④ ⑤ ⑥
12	① ② ③ ④ ⑤ ⑥
13	① ② ③ ④ ⑤ ⑥
14	① ② ③ ④ ⑤ ⑥
15	① ② ③ ④ ⑤ ⑥
16	① ② ③ ④ ⑤ ⑥
17	① ② ③ ④ ⑤ ⑥
18	① ② ③ ④ ⑤ ⑥
19	① ② ③ ④ ⑤ ⑥
20	① ② ③ ④ ⑤ ⑥

解答番号	解答欄 1 2 3 4 5 6
21	① ② ③ ④ ⑤ ⑥
22	① ② ③ ④ ⑤ ⑥
23	① ② ③ ④ ⑤ ⑥
24	① ② ③ ④ ⑤ ⑥
25	① ② ③ ④ ⑤ ⑥
26	① ② ③ ④ ⑤ ⑥
27	① ② ③ ④ ⑤ ⑥
28	① ② ③ ④ ⑤ ⑥
29	① ② ③ ④ ⑤ ⑥
30	① ② ③ ④ ⑤ ⑥
31	① ② ③ ④ ⑤ ⑥
32	① ② ③ ④ ⑤ ⑥
33	① ② ③ ④ ⑤ ⑥
34	① ② ③ ④ ⑤ ⑥
35	① ② ③ ④ ⑤ ⑥
36	① ② ③ ④ ⑤ ⑥
37	① ② ③ ④ ⑤ ⑥
38	① ② ③ ④ ⑤ ⑥
39	① ② ③ ④ ⑤ ⑥
40	① ② ③ ④ ⑤ ⑥

第　回　英語(リスニング)解答用紙

解答科目	英語(リスニング)

注意事項

1　解答は、音声問題の各設問ごとに、この解答用紙にマークしてください。問題冊子に解答したものを解答時間の最後にまとめて転記する時間はありません。

2　解答時間中、ICプレーヤーから音声が聞こえなくなった場合や、問題冊子の印刷不鮮明(解答に支障となるもの)、ページの落丁・乱丁に気付いた場合は、黙って手を高く挙げ、監督者に知らせてください。

良い例	悪い例

氏名(フリガナ)、クラス、出席番号を記入しなさい。

フリガナ	
氏名	

クラス	クラス	出席番号	番

解答番号	解答欄 1	2	3	4	5	6
1	①	②	③	④	⑤	⑥
2	①	②	③	④	⑤	⑥
3	①	②	③	④	⑤	⑥
4	①	②	③	④	⑤	⑥
5	①	②	③	④	⑤	⑥
6	①	②	③	④	⑤	⑥
7	①	②	③	④	⑤	⑥
8	①	②	③	④	⑤	⑥
9	①	②	③	④	⑤	⑥
10	①	②	③	④	⑤	⑥
11	①	②	③	④	⑤	⑥
12	①	②	③	④	⑤	⑥
13	①	②	③	④	⑤	⑥
14	①	②	③	④	⑤	⑥
15	①	②	③	④	⑤	⑥
16	①	②	③	④	⑤	⑥
17	①	②	③	④	⑤	⑥
18	①	②	③	④	⑤	⑥
19	①	②	③	④	⑤	⑥
20	①	②	③	④	⑤	⑥

解答番号	解答欄 1	2	3	4	5	6
21	①	②	③	④	⑤	⑥
22	①	②	③	④	⑤	⑥
23	①	②	③	④	⑤	⑥
24	①	②	③	④	⑤	⑥
25	①	②	③	④	⑤	⑥
26	①	②	③	④	⑤	⑥
27	①	②	③	④	⑤	⑥
28	①	②	③	④	⑤	⑥
29	①	②	③	④	⑤	⑥
30	①	②	③	④	⑤	⑥
31	①	②	③	④	⑤	⑥
32	①	②	③	④	⑤	⑥
33	①	②	③	④	⑤	⑥
34	①	②	③	④	⑤	⑥
35	①	②	③	④	⑤	⑥
36	①	②	③	④	⑤	⑥
37	①	②	③	④	⑤	⑥
38	①	②	③	④	⑤	⑥
39	①	②	③	④	⑤	⑥
40	①	②	③	④	⑤	⑥

第　回　英語(リスニング)解答用紙

解答科目
英語(リスニング)

注意事項

1　解答は、音声問題の各設問ごとに、この解答用紙にマークしてください。問題冊子に解答したものを解答時間の最後にまとめて転記する時間はありません。

2　解答時間中、ICプレーヤーから音声が聞こえなくなった場合や、問題冊子の印刷不鮮明(解答に支障となるもの)、ページの落丁・乱丁に気付いた場合は、黙って手を高く挙げ、監督者に知らせてください。

良い例	悪い例

氏名(フリガナ)、クラス、出席番号を記入しなさい。

フリガナ	
氏名	

クラス	クラス	出席番号	番

解答番号	解答欄 1	2	3	4	5	6
1	①	②	③	④	⑤	⑥
2	①	②	③	④	⑤	⑥
3	①	②	③	④	⑤	⑥
4	①	②	③	④	⑤	⑥
5	①	②	③	④	⑤	⑥
6	①	②	③	④	⑤	⑥
7	①	②	③	④	⑤	⑥
8	①	②	③	④	⑤	⑥
9	①	②	③	④	⑤	⑥
10	①	②	③	④	⑤	⑥
11	①	②	③	④	⑤	⑥
12	①	②	③	④	⑤	⑥
13	①	②	③	④	⑤	⑥
14	①	②	③	④	⑤	⑥
15	①	②	③	④	⑤	⑥
16	①	②	③	④	⑤	⑥
17	①	②	③	④	⑤	⑥
18	①	②	③	④	⑤	⑥
19	①	②	③	④	⑤	⑥
20	①	②	③	④	⑤	⑥

解答番号	解答欄 1	2	3	4	5	6
21	①	②	③	④	⑤	⑥
22	①	②	③	④	⑤	⑥
23	①	②	③	④	⑤	⑥
24	①	②	③	④	⑤	⑥
25	①	②	③	④	⑤	⑥
26	①	②	③	④	⑤	⑥
27	①	②	③	④	⑤	⑥
28	①	②	③	④	⑤	⑥
29	①	②	③	④	⑤	⑥
30	①	②	③	④	⑤	⑥
31	①	②	③	④	⑤	⑥
32	①	②	③	④	⑤	⑥
33	①	②	③	④	⑤	⑥
34	①	②	③	④	⑤	⑥
35	①	②	③	④	⑤	⑥
36	①	②	③	④	⑤	⑥
37	①	②	③	④	⑤	⑥
38	①	②	③	④	⑤	⑥
39	①	②	③	④	⑤	⑥
40	①	②	③	④	⑤	⑥

第　回　英語(リスニング)解答用紙

解答科目	英語(リスニング)

注意事項

1　解答は、音声問題の各設問ごとに、この解答用紙にマークしてください。問題冊子に解答したものを解答時間の最後にまとめて転記する時間はありません。

2　解答時間中、ICプレーヤーから音声が聞こえなくなった場合や、問題冊子の印刷不鮮明(解答に支障となるもの)、ページの落丁・乱丁に気付いた場合は、黙って手を高く挙げ、監督者に知らせてください。

解答番号	解答欄 1	2	3	4	5	6
1	①	②	③	④	⑤	⑥
2	①	②	③	④	⑤	⑥
3	①	②	③	④	⑤	⑥
4	①	②	③	④	⑤	⑥
5	①	②	③	④	⑤	⑥
6	①	②	③	④	⑤	⑥
7	①	②	③	④	⑤	⑥
8	①	②	③	④	⑤	⑥
9	①	②	③	④	⑤	⑥
10	①	②	③	④	⑤	⑥
11	①	②	③	④	⑤	⑥
12	①	②	③	④	⑤	⑥
13	①	②	③	④	⑤	⑥
14	①	②	③	④	⑤	⑥
15	①	②	③	④	⑤	⑥
16	①	②	③	④	⑤	⑥
17	①	②	③	④	⑤	⑥
18	①	②	③	④	⑤	⑥
19	①	②	③	④	⑤	⑥
20	①	②	③	④	⑤	⑥

解答番号	解答欄 1	2	3	4	5	6
21	①	②	③	④	⑤	⑥
22	①	②	③	④	⑤	⑥
23	①	②	③	④	⑤	⑥
24	①	②	③	④	⑤	⑥
25	①	②	③	④	⑤	⑥
26	①	②	③	④	⑤	⑥
27	①	②	③	④	⑤	⑥
28	①	②	③	④	⑤	⑥
29	①	②	③	④	⑤	⑥
30	①	②	③	④	⑤	⑥
31	①	②	③	④	⑤	⑥
32	①	②	③	④	⑤	⑥
33	①	②	③	④	⑤	⑥
34	①	②	③	④	⑤	⑥
35	①	②	③	④	⑤	⑥
36	①	②	③	④	⑤	⑥
37	①	②	③	④	⑤	⑥
38	①	②	③	④	⑤	⑥
39	①	②	③	④	⑤	⑥
40	①	②	③	④	⑤	⑥

良い例	悪　い　例

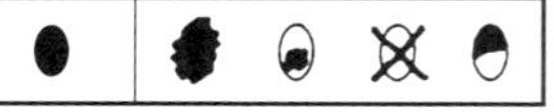

氏名(フリガナ)、クラス、出席番号を記入しなさい。

フリガナ	
氏 名	

クラス	クラス	出席番号	番

第　回　英語(リスニング)解答用紙

解答科目
英語(リスニング)

注意事項

1　解答は、音声問題の各設問ごとに、この解答用紙にマークしてください。問題冊子に解答したものを解答時間の最後にまとめて転記する時間はありません。

2　解答時間中、ICプレーヤーから音声が聞こえなくなった場合や、問題冊子の印刷不鮮明(解答に支障となるもの)、ページの落丁・乱丁に気付いた場合は、黙って手を高く挙げ、監督者に知らせてください。

良い例	悪い例
●	

氏名(フリガナ)、クラス、出席番号を記入しなさい。

フリガナ	
氏名	

クラス	クラス	出席番号	番

解答番号	解答欄 1	2	3	4	5	6
1	①	②	③	④	⑤	⑥
2	①	②	③	④	⑤	⑥
3	①	②	③	④	⑤	⑥
4	①	②	③	④	⑤	⑥
5	①	②	③	④	⑤	⑥
6	①	②	③	④	⑤	⑥
7	①	②	③	④	⑤	⑥
8	①	②	③	④	⑤	⑥
9	①	②	③	④	⑤	⑥
10	①	②	③	④	⑤	⑥
11	①	②	③	④	⑤	⑥
12	①	②	③	④	⑤	⑥
13	①	②	③	④	⑤	⑥
14	①	②	③	④	⑤	⑥
15	①	②	③	④	⑤	⑥
16	①	②	③	④	⑤	⑥
17	①	②	③	④	⑤	⑥
18	①	②	③	④	⑤	⑥
19	①	②	③	④	⑤	⑥
20	①	②	③	④	⑤	⑥

解答番号	解答欄 1	2	3	4	5	6
21	①	②	③	④	⑤	⑥
22	①	②	③	④	⑤	⑥
23	①	②	③	④	⑤	⑥
24	①	②	③	④	⑤	⑥
25	①	②	③	④	⑤	⑥
26	①	②	③	④	⑤	⑥
27	①	②	③	④	⑤	⑥
28	①	②	③	④	⑤	⑥
29	①	②	③	④	⑤	⑥
30	①	②	③	④	⑤	⑥
31	①	②	③	④	⑤	⑥
32	①	②	③	④	⑤	⑥
33	①	②	③	④	⑤	⑥
34	①	②	③	④	⑤	⑥
35	①	②	③	④	⑤	⑥
36	①	②	③	④	⑤	⑥
37	①	②	③	④	⑤	⑥
38	①	②	③	④	⑤	⑥
39	①	②	③	④	⑤	⑥
40	①	②	③	④	⑤	⑥

第　回　英語(リスニング)解答用紙

解答科目	英語(リスニング)

注意事項

1　解答は、音声問題の各設問ごとに、この解答用紙にマークしてください。問題冊子に解答したものを解答時間の最後にまとめて転記する時間はありません。

2　解答時間中、ICプレーヤーから音声が聞こえなくなった場合や、問題冊子の印刷不鮮明(解答に支障となるもの)、ページの落丁・乱丁に気付いた場合は、黙って手を高く挙げ、監督者に知らせてください。

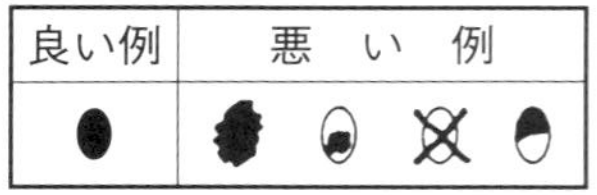

氏名(フリガナ)、クラス、出席番号を記入しなさい。

フリガナ	
氏名	

クラス	クラス	出席番号	番

解答番号	解答欄 1 2 3 4 5 6
1	①②③④⑤⑥
2	①②③④⑤⑥
3	①②③④⑤⑥
4	①②③④⑤⑥
5	①②③④⑤⑥
6	①②③④⑤⑥
7	①②③④⑤⑥
8	①②③④⑤⑥
9	①②③④⑤⑥
10	①②③④⑤⑥
11	①②③④⑤⑥
12	①②③④⑤⑥
13	①②③④⑤⑥
14	①②③④⑤⑥
15	①②③④⑤⑥
16	①②③④⑤⑥
17	①②③④⑤⑥
18	①②③④⑤⑥
19	①②③④⑤⑥
20	①②③④⑤⑥

解答番号	解答欄 1 2 3 4 5 6
21	①②③④⑤⑥
22	①②③④⑤⑥
23	①②③④⑤⑥
24	①②③④⑤⑥
25	①②③④⑤⑥
26	①②③④⑤⑥
27	①②③④⑤⑥
28	①②③④⑤⑥
29	①②③④⑤⑥
30	①②③④⑤⑥
31	①②③④⑤⑥
32	①②③④⑤⑥
33	①②③④⑤⑥
34	①②③④⑤⑥
35	①②③④⑤⑥
36	①②③④⑤⑥
37	①②③④⑤⑥
38	①②③④⑤⑥
39	①②③④⑤⑥
40	①②③④⑤⑥

第　回　英語(リスニング)解答用紙

解答科目
英語(リスニング)

注意事項

1　解答は、音声問題の各設問ごとに、この解答用紙にマークしてください。問題冊子に解答したものを解答時間の最後にまとめて転記する時間はありません。

2　解答時間中、ICプレーヤーから音声が聞こえなくなった場合や、問題冊子の印刷不鮮明(解答に支障となるもの)、ページの落丁・乱丁に気付いた場合は、黙って手を高く挙げ、監督者に知らせてください。

良い例	悪い例
●	(悪い例のマーク)

氏名(フリガナ)、クラス、出席番号を記入しなさい。

フリガナ	
氏名	

クラス	クラス	出席番号	番

解答番号	解答欄 1 2 3 4 5 6
1	① ② ③ ④ ⑤ ⑥
2	① ② ③ ④ ⑤ ⑥
3	① ② ③ ④ ⑤ ⑥
4	① ② ③ ④ ⑤ ⑥
5	① ② ③ ④ ⑤ ⑥
6	① ② ③ ④ ⑤ ⑥
7	① ② ③ ④ ⑤ ⑥
8	① ② ③ ④ ⑤ ⑥
9	① ② ③ ④ ⑤ ⑥
10	① ② ③ ④ ⑤ ⑥
11	① ② ③ ④ ⑤ ⑥
12	① ② ③ ④ ⑤ ⑥
13	① ② ③ ④ ⑤ ⑥
14	① ② ③ ④ ⑤ ⑥
15	① ② ③ ④ ⑤ ⑥
16	① ② ③ ④ ⑤ ⑥
17	① ② ③ ④ ⑤ ⑥
18	① ② ③ ④ ⑤ ⑥
19	① ② ③ ④ ⑤ ⑥
20	① ② ③ ④ ⑤ ⑥

解答番号	解答欄 1 2 3 4 5 6
21	① ② ③ ④ ⑤ ⑥
22	① ② ③ ④ ⑤ ⑥
23	① ② ③ ④ ⑤ ⑥
24	① ② ③ ④ ⑤ ⑥
25	① ② ③ ④ ⑤ ⑥
26	① ② ③ ④ ⑤ ⑥
27	① ② ③ ④ ⑤ ⑥
28	① ② ③ ④ ⑤ ⑥
29	① ② ③ ④ ⑤ ⑥
30	① ② ③ ④ ⑤ ⑥
31	① ② ③ ④ ⑤ ⑥
32	① ② ③ ④ ⑤ ⑥
33	① ② ③ ④ ⑤ ⑥
34	① ② ③ ④ ⑤ ⑥
35	① ② ③ ④ ⑤ ⑥
36	① ② ③ ④ ⑤ ⑥
37	① ② ③ ④ ⑤ ⑥
38	① ② ③ ④ ⑤ ⑥
39	① ② ③ ④ ⑤ ⑥
40	① ② ③ ④ ⑤ ⑥

第　回　英語(リスニング)解答用紙

解答科目	英語(リスニング)

注意事項

1　解答は、音声問題の各設問ごとに、この解答用紙にマークしてください。問題冊子に解答したものを解答時間の最後にまとめて転記する時間はありません。

2　解答時間中、ICプレーヤーから音声が聞こえなくなった場合や、問題冊子の印刷不鮮明(解答に支障となるもの)、ページの落丁・乱丁に気付いた場合は、黙って手を高く挙げ、監督者に知らせてください。

良い例	悪い例

氏名(フリガナ)、クラス、出席番号を記入しなさい。

フリガナ	
氏名	

クラス	クラス	出席番号	番

解答番号	1	2	3	4	5	6
1	①	②	③	④	⑤	⑥
2	①	②	③	④	⑤	⑥
3	①	②	③	④	⑤	⑥
4	①	②	③	④	⑤	⑥
5	①	②	③	④	⑤	⑥
6	①	②	③	④	⑤	⑥
7	①	②	③	④	⑤	⑥
8	①	②	③	④	⑤	⑥
9	①	②	③	④	⑤	⑥
10	①	②	③	④	⑤	⑥
11	①	②	③	④	⑤	⑥
12	①	②	③	④	⑤	⑥
13	①	②	③	④	⑤	⑥
14	①	②	③	④	⑤	⑥
15	①	②	③	④	⑤	⑥
16	①	②	③	④	⑤	⑥
17	①	②	③	④	⑤	⑥
18	①	②	③	④	⑤	⑥
19	①	②	③	④	⑤	⑥
20	①	②	③	④	⑤	⑥

解答番号	1	2	3	4	5	6
21	①	②	③	④	⑤	⑥
22	①	②	③	④	⑤	⑥
23	①	②	③	④	⑤	⑥
24	①	②	③	④	⑤	⑥
25	①	②	③	④	⑤	⑥
26	①	②	③	④	⑤	⑥
27	①	②	③	④	⑤	⑥
28	①	②	③	④	⑤	⑥
29	①	②	③	④	⑤	⑥
30	①	②	③	④	⑤	⑥
31	①	②	③	④	⑤	⑥
32	①	②	③	④	⑤	⑥
33	①	②	③	④	⑤	⑥
34	①	②	③	④	⑤	⑥
35	①	②	③	④	⑤	⑥
36	①	②	③	④	⑤	⑥
37	①	②	③	④	⑤	⑥
38	①	②	③	④	⑤	⑥
39	①	②	③	④	⑤	⑥
40	①	②	③	④	⑤	⑥

河合塾
SERIES

2024 共通テスト総合問題集

英語［リスニング］

河合塾 編

解答・解説編

河合出版

第1回 解答・解説

設問別正答率

解答番号	1	2	3	4	5	6	7	8	9	10
配点	4	4	4	4	3	3	3	4	4	4
正答率(%)	38.9	52.8	59.6	60.5	51.7	31.3	93.4	76.7	89.9	73.2
解答番号	11	12	13	14	15	16	17	18-21	22	23
配点	4	3	3	3	3	3	3	4	1	1
正答率(%)	82.3	11.4	22.7	9.8	13.8	40.5	65.8	15.7	9.0	12.9
解答番号	24	25	26	27	28-29	30-31	32	33	34	35
配点	1	1	4	3	2	2	4	4	3	3
正答率(%)	48.4	48.5	38.5	61.6	22.2	17.3	21.4	38.0	45.0	37.5
解答番号	36	37								
配点	4	4								
正答率(%)	47.1	36.7								

設問別成績一覧

設問	設　問　内　容	配　点	全　体	現　役	高　卒	標準偏差
合計		100	45.8	44.7	56.6	15.5
1	短文発話内容一致問題	25	13.8	13.4	17.7	6.7
2	対話文イラスト選択問題	16	12.9	12.7	14.2	3.8
3	対話文質問選択問題	18	4.9	4.8	6.1	3.2
4	モノローグ型中文内容把握問題	12	3.4	3.2	4.6	2.9
5	モノローグ型長文内容把握問題	15	5.0	4.8	6.8	3.8
6	会話長文質問選択問題	14	5.8	5.7	7.1	3.7

（100点満点）

問題番号	設問		解答番号	正解	配点	自己採点
第1問	A	問1	1	②	4	
		問2	2	④	4	
		問3	3	①	4	
		問4	4	②	4	
	B	問5	5	②	3	
		問6	6	②	3	
		問7	7	①	3	
第1問　自己採点小計					(25)	
第2問		問8	8	③	4	
		問9	9	④	4	
		問10	10	②	4	
		問11	11	②	4	
第2問　自己採点小計					(16)	
第3問		問12	12	④	3	
		問13	13	②	3	
		問14	14	①	3	
		問15	15	②	3	
		問16	16	③	3	
		問17	17	②	3	
第3問　自己採点小計					(18)	

問題番号	設問		解答番号	正解	配点	自己採点
第4問	A	問18	18	④	4※	
		問19	19	③		
		問20	20	①		
		問21	21	②		
		問22	22	④	1	
		問23	23	④	1	
		問24	24	③	1	
		問25	25	①	1	
	B	問26	26	③	4	
第4問　自己採点小計					(12)	
第5問		問27	27	①	3	
		問28	28	③	2※	
		問29	29	①		
		問30	30	⑥	2※	
		問31	31	④		
		問32	32	①	4	
		問33	33	④	4	
第5問　自己採点小計					(15)	
第6問	A	問34	34	①	3	
		問35	35	③	3	
	B	問36	36	②	4	
		問37	37	④	4	
第6問　自己採点小計					(14)	
自己採点合計					(100)	

（注）　※は，全部正解の場合のみ点を与える。

※【読み上げられた英文】および【訳】で太字になっている部分は，聴き取りの上で重要な部分を示しています。

第１問

A　短文発話内容一致問題

問１　[1]　②

4103【読み上げられた英文】

The festival has been canceled. I wasted my time practicing my dance for it.

【英文と選択肢の訳】

フェスティバルは中止になった。そのためのダンスの**練習をして時間を無駄にしてしまった**よ。

① 話し手はフェスティバルにわくわくしている。
② 話し手はスケジュール変更にがっかりしている。
③ 話し手は練習する時間がもっとほしい。
④ 話し手はダンスのパートナーを見つけたい。

【ポイントと解説】

The festival has been canceled. と I wasted my time practicing を聴き取り，練習して準備をしていたのにフェスティバルが中止になり，話し手はがっかりしていることを理解する。

問２　[2]　④

4104【読み上げられた英文】

Because **she was injured** in a soccer game last month, **Daisy missed a week of school**.

【英文と選択肢の訳】

デイジーは先月サッカーの試合で**怪我をした**ので，**学校を１週間欠席した**。

① デイジーは先月から入院している。
② デイジーは１カ月間サッカーの練習をしてきている。
③ デイジーは怪我のためサッカーの試合に出られなかった。
④ デイジーは学校を１週間欠席した。

【ポイントと解説】

she was injured と Daisy missed a week of school を聴き取り，デイジーは怪我をして学校を１週間欠席したことを理解する。

問３　[3]　①

4105【読み上げられた英文】

I need to get back to Boston. **When does the last train leave?**

【英文と選択肢の訳】

ボストンに戻る必要があります。**終電はいつ出ますか**。

① 話し手は終電の時刻を知りたい。
② 話し手はその電車の行先の都市を知りたい。
③ 話し手はその電車が何番線から出るかを知りたい。
④ 話し手はどの電車に乗るべきかを知りたい。

【ポイントと解説】

When does the last train leave? を聴き取り，話し手が終電の時刻を知りたがっていることを理解する。

問４　[4]　②

4106【読み上げられた英文】

Do you have a map? I think **I'm lost**.

【英文と選択肢の訳】

地図を持っていますか。**道に迷った**ようです。

① 話し手は地図を描くことを申し出ている。
② 話し手は道案内の手伝いが必要だ。
③ 話し手は立ち止まって休憩したい。
④ 話し手は旅行をやめたい。

【ポイントと解説】

Do you have a map? と I'm lost を聴き取り，話し手が道案内の手伝いを必要としていることを理解する。

B　短文発話イラスト選択問題

問５　[5]　②

4109【読み上げられた英文】

When she left, Jolie forgot to close the bird's cage.

【英文の訳】

立ち去るときに，ジョリーは鳥かごを閉め忘れた。

【ポイントと解説】

When she left, Jolie forgot to close the bird's cage. を聴き取り，鳥かごが開いた状態のまま，女性が立ち去ろうとしているイラストを選ぶ。

問６　[6]　②

4110【読み上げられた英文】

Almost all the students sitting on the bench **are wearing caps**.

【英文の訳】

ベンチに座っている**ほとんどすべての生徒が帽子を被っている**。

【ポイントと解説】

Almost all the students と are wearing caps を聴き取り，ほぼ全員が帽子を被っているイラストを選ぶ。

問7 7 ①

【読み上げられた英文】

The brother and sister are moving a table while **their mother is giving advice**.

【英文の訳】

母親がアドバイスするなか，**兄妹はテーブルを動かしている**。

【ポイントと解説】

The brother and sister are moving a table と their mother is giving advice を聴き取り，母親がアドバイスをしていて，兄妹がテーブルを動かしているイラストを選ぶ。

第2問　対話文イラスト選択問題

問8 8 ③

【読み上げられた英文】

M: Stacy, you left your umbrella at my house.

W: **Does it have a string on the handle?**

M: **Yes**, and a pretty animal pattern.

W: Hmm, **mine has no design on it**.

Question: Which umbrella is Stacy's?

【対話と質問の訳】

男性：ステイシー，君は僕の家に傘を置き忘れていたよ。

女性：**それ，柄のところに紐がついている？**

男性：**うん**。それにかわいい動物の絵があるね。

女性：あの，**私のは無地よ**。

質問：どの傘がステイシーのものか。

【ポイントと解説】

女性が最初の発話で Does it have a string on the handle? と尋ねたのに対し，男性は Yes と答えている。また，女性が2回目の発話で mine has no design on it と言っているのを聴き取り，無地で柄のところに紐がついている傘のイラストを選ぶ。

問9 9 ④

【読み上げられた英文】

W: **This one will be easy to paint with.**

M: **It will**, but we are going to **paint the ceiling, too**.

W: Ah, so **it must be long enough to reach there**.

M: **Right.**　Like that one.

Question: Which tool will the couple use?

【対話と質問の訳】

女性：**これなら塗りやすいでしょうね。**

男性：**そうだね**。でも，**天井も塗る**んだよ。

女性：ああ，じゃあ**そこまで届くくらいの長さでないといけないわね**。

男性：**そうだよ**。あれみたいなやつ。

質問：夫婦はどの道具を使うか。

【ポイントと解説】

女性の最初の発話 This one will be easy to paint with. に対して，男性が It will と応え，さらに天井も塗るつもりだと述べている。これに対して，女性が it must be long enough to reach there と応え，男性が Right. と言っているのを聴き取り，there が the ceiling を指していることを押さえた上で，天井まで届くペンキ塗りの道具を表すイラストを選ぶ。

問10 10 ②

【読み上げられた英文】

M: **Should we get lights for decoration?**

W: **Yes.**　**Should we also order a cake?**

M: Oh, **that's already been taken care of**.

W: I see.　**Let's get this just in case people get bored.**

Question: What will they buy for the party?

【対話と質問の訳】

男性：**装飾用の豆電球を買ったほうがいいかな？**

女性：**うん。ケーキも注文したほうがいいかしら？**

男性：あっ，**それはもう手配ができているよ。**

女性：そうなのね。**退屈するといけないからこれも買っておきましょう。**

質問：彼らはパーティーに何を買うか。

【ポイントと解説】

男性の最初の発話 Should we get lights for decoration? に対し女性が Yes. と答え，Should we also order a cake? と尋ねたのに対して，男性は that's already been taken care of と答えている。最後に女性が Let's get this just in case people get bored. と言っているのを聴き取り，2人が買うものを表すイラストを特定する。

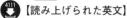

問11 11 ②

4117 【読み上げられた英文】

M：Can you please point me to the lecture hall?

W：**Go inside and take the second right turn.**

M：And it will be down that hallway?

W：**Yes, after you pass the restrooms.**

Question: Where is the lecture hall?

【対話と質問の訳】

男性：講義室への行き方を教えてくれますか。

女性：**中に入って行って，２つ目を右に曲がってください。**

男性：それはその廊下の先にあるのですか。

女性：**はい，トイレを通り過ぎたところです。**

質問：講義室はどこか。

【ポイントと解説】

女性(職員)が最初の発話で Go inside and take the second right turn. と述べ，それを受けて廊下の先にあるかと男性(学生)が尋ねたのに対し，女性が Yes, after you pass the restrooms. と答えているのを聴き取り，講義室の場所を特定する。

第３問　対話文質問選択問題

問12 12 ④

4120 【読み上げられた英文】

W：Hey, **let's go look at the historical portraits**.

M：I saw a sign that says **the area will be closed for cleaning**.

W：Oh, no!　But **it's Saturday**!

M：Now that I think about it, **I believe the sign said Monday**.

W：**It would be silly to close attractions on the weekend.**

【対話の訳】

女性：ねえ，**歴史的な肖像画を見に行きましょう**。

男性：**その展示部門が清掃で閉鎖される**っていう掲示を見たよ。

女性：えっ，そんな！　でも**今日は土曜日よ**！

男性：考えてみれば，**掲示には月曜日って書いてあったと思うな**。

女性：**週末に展示を見せないなんてばかげているわ。**

【質問と選択肢の訳】

質問：会話によると，正しいのはどれか。

① 彼らはその肖像画を以前に見たことがある。

② 彼らはその肖像画の洗浄を計画した。

③ 彼らは月曜日にその展示を楽しむだろう。

④ 彼らは今日その肖像画を見るだろう。

【ポイントと解説】

女性が最初の発話で let's go look at the historical portraits と言い，それに対して男性がその展示部門は清掃で閉まっていると述べている。そこで女性が今日は土曜日だと言ったことを受け，男性がそれは月曜日だったと勘違いを認めている。さらに女性が３回目の発話で It would be silly to close attractions on the weekend. と言っているのを聴き取り，２人が歴史的な肖像画を今日，見に行くことを理解する。

問13 13 ②

4121 【読み上げられた英文】

M：**I can't wait to put together this model plane!**

W：I thought you liked making model cars.

M：Yeah, **this is the first plane I'm going to make**.

W：What got you interested in planes?

M：My friend Tom showed me his model plane, and it was cool.

W：I'm looking forward to seeing your plane.

【対話の訳】

男性：**この飛行機のプラモデルを組み立てるのが待ちきれないよ！**

女性：車のプラモデルを作るのが好きなんだと思っていたわ。

男性：そうだよ，**これは僕が作る初めての飛行機なんだ**。

女性：なぜ飛行機に興味を持ったの？

男性：友だちのトムが飛行機のプラモデルを見せてくれて，それがかっこよかったんだよ。

女性：あなたが作った飛行機を見るのが楽しみだわ。

【質問と選択肢の訳】

質問：男の子はなぜわくわくしているか。

① 彼は飛行機から見える景色を楽しんだ。

② 彼は何か新しいことに挑戦しようとしている。

③ 彼の友だちが飛行機のプラモデルを彼にあげた。

④ 彼の母親が彼を手伝うと申し出ている。

【ポイントと解説】

男性(息子)が最初の発話で I can't wait to put together this model plane! と言い，２回目の発話で this is the first plane I'm going to make と言っているのを聴き取り，男の子が初めて飛行機のプラモデルを作るのでわくわくしていることを理解する。

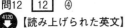

問14 14 ①

4122 【読み上げられた英文】

W: **The game starts soon.** Should we get snacks?

M: **Everybody's doing that now. We should wait, or we'll miss a lot of the game.**

W: All right, so do we go after the second quarter?

M: That would be nearly as bad. We should just go during the second or third quarter.

【対話の訳】

女性：**試合がもうすぐ始まるわね**。スナックを買ったほうがいいかしら？

男性：**みんなが今そうしているんだ。待つべきだね。そうしないと，試合をかなり見逃すことになるよ**。

女性：わかったわ。じゃあ，第2クォーターの後で行くの？

男性：それもあまり変わらないよ。第2クォーターか第3クォーターの最中に行くほうがいいよ。

【質問と選択肢の訳】

質問：スナックを買いに行くのに一番よくない時間はいつだろうか。

① 試合が始まる前

② 第2クォーターの前

③ 第2クォーターの最中

④ 第3クォーターの最中

【ポイントと解説】

女性が最初の発話で試合が始まりそうだからスナックを買ったほうがいいかと尋ねたのに対し，男性は Everybody's doing that now. We should wait, or we'll miss a lot of the game. と言っているのを聴き取り，試合が始まる前はスナックを買うのに適した時間ではないことを理解する。

問15 15 ②

4123 【読み上げられた英文】

W: Are you coming to my cousin's birthday party this weekend?

M: I can't. **We have safety training on Saturday.**

W: Do I need to attend that?

M: **Everyone who has worked at the hotel for less than a year has to.**

W: **I've been here eight months.**

M: Then you'd better talk to your cousin.

【対話の訳】

女性：今週末，あなたは私のいとこの誕生日パーティーに来るつもり？

男性：無理なんだ。**土曜日に安全研修があるから**。

女性：私もそれに出る必要があるの？

男性：**ホテルでの勤務期間が1年未満の人は皆そうしないといけないんだ**。

女性：**ここでの勤務は8カ月だわ**。

男性：じゃあ，君はいとこに相談しないといけないね。

【質問と選択肢の訳】

質問：女性は今週末に何をするか。

① 友だちとお祝いをする

② 同僚と研修を受ける

③ 顧客と話をする

④ ホテルで運動をする

【ポイントと解説】

男性が最初の発話で土曜日に研修があると述べ，女性は自分も出席しないといけないかと尋ねたのに対し，男性が2回目の発話で Everyone who has worked at the hotel for less than a year has to. と答えている。女性が3回目の発話で I've been here eight months. と述べているのを聴き取り，女性は今週末，研修を受けなければいけないことを理解する。

問16 16 ③

4124 【読み上げられた英文】

M: **These bright reds and blues will look beautiful together.**

W: **What about more relaxing colors?**

M: Like **brown and green that remind you of the forest**?

W: That kind of blanket should make people feel relaxed, which will help them fall asleep.

M: **What if we knitted a tree pattern with some colorful birds in it?**

W: **OK.**

【対話の訳】

男性：**これらの明るい赤と青が一緒になるときれいに見えるだろうね**。

女性：**もっと落ち着ける色はどう？**

男性：**森を思い出させるような茶色とか緑色**みたいな？

女性：そういう毛布は人を落ち着かせて，それが眠りに入る助けになるのよ。

男性：**色鮮やかな鳥がいる木の柄を編んだらどうかな？**

女性：**いいわよ**。

【質問と選択肢の訳】

質問：夫婦は何をするか。

① 彼らは夫の考えを取り入れる。

② 彼らは妻の考えを取り入れる。

③ 彼らは自分たちの両方の考えを組み合わせる。

④ 彼らは新しいことを思いつく。

【ポイントと解説】

男性が最初の発話で赤や青を一緒に組み合わせるときれいだと述べたのに対し，女性はもっと落ち着ける色を提案し，男性は森を思い出させるような茶色や緑色かと尋ね，続く３回目の発話で What if we knitted a tree pattern with some colorful birds in it? と提案したのに対し，女性が OK. と答えていることから，２人が鮮やかな色と落ち着いた色というそれぞれの提案を組み合わせた柄の毛布を編むことを理解する。

問17 17 ②

4125 【読み上げられた英文】

W: Look, that gift shop by the restaurant closed.

M: That's a shame. My dad used to take me there when I did well in school.

W: **I loved walking by and looking at the beautiful window displays**, but I never bought anything.

M: And it looks like you never will.

【対話の訳】

女性：見て，レストランの隣のあのギフトショップが店じまいしたわ。

男性：それは残念だね。学校の成績がいいときに，お父さんがそこに連れて行ってくれたものだったよ。

女性：**そばを通ってきれいなショーウィンドーを見るのが大好きだった**んだけど，ものを買ったことは一度もなかったわ。

男性：それに，そうすることはもうないようだね。

【質問と選択肢の訳】

質問：女性は何をしたか。

① 彼女は店の飾りつけを称賛した。

② 彼女はショーウィンドーをのぞき見るのを楽しんだ。

③ 彼女は店の商品を購入した。

④ 彼女は父と店を訪れた。

【ポイントと解説】

２人がギフトショップの店じまいについて話していることを押さえた上で，女性の２回目の発話にある I loved walking by and looking at the beautiful window displays を聴き取り，女性が何をしたかを特定する。

第４問

A　モノローグ型図表完成問題

問18〜21 18 ④，19 ③，20 ①，21 ②

4128 【読み上げられた英文】

To reduce car accidents, a city installed new traffic lights at four intersections. The intersections chosen were "Chase and North," "County and Highland," "Main and South," and "Springfield and Michigan." Over the following year, (19)**the results at "Main and South" were closest to the city's predictions, with its number of accidents cut in half.** (20)**"Chase and North" was slightly less successful**, but still effective. (18)**"Springfield and Michigan" had the greatest decrease in accidents.** Surprisingly, (21)**"County and Highland" saw its safety record actually get worse.**

【全訳】

車の事故を減らすために，ある都市が４つの交差点に新しい信号機を設置しました。選ばれた交差点は Chase and North，County and Highland，Main and South，そして Springfield and Michigan でした。次の１年間で，(19)**Main and South での結果はこの都市の予測に最も近く，事故の件数は半減しました。**(20)**Chase and North はそれよりわずかに成功率が低かった**のですが，それでも効果はありました。(18)**Springfield and Michigan は事故の件数が最も減少しました。**驚いたことに，(21)**County and Highland では，実際には安全性の記録の悪化が見られました。**

【ポイントと解説】

the results at "Main and South" were closest to the city's predictions, with its number of accidents cut in half を聴き取り，棒グラフで事故の件数が半分になっている**問19**の解答を特定する。次に，"Chase and North" was slightly less successful を聴き取り，"Main and South" よりも事故の件数の減少幅がわずかに小さいことを理解して，**問20**の解答を特定する。さらに "Springfield and Michigan" had the greatest decrease in accidents. を聴き取り，事故件数の減少幅が最も大きいことを理解して，**問18**の解答を特定する。そして "County and Highland" saw its safety record actually get worse

を聴き取り，安全性の記録の悪化が見られたこと，つまり事故の件数が逆に増えてしまったことを理解して，**問21**の解答を特定する。

問22～25 [22] ④，[23] ④，[24] ③，[25] ①

4130 **【読み上げられた英文】**

We're selling our old things based on the price we paid for them. The cheaper the item was when we bought it, the greater the discount that we're giving. On anything that we bought for less than $20, we're giving a 75% discount. (24)**Items from $20 to $50 will get customers a 60% discount.** (25)**Anything over $50 is 50% off.** Remember, (22)(23)**clothing is 65% off no matter what it cost originally**.

【全訳】

私たちは払った額に基づいて中古の品物を売っています。買ったときの品物が安いほど，提供している割引はより大きくなります。20ドル未満で買ったものは何でも，75パーセントの割引を提供しています。(24)**20ドルから50ドルの品物は，お客さんに60パーセントの割引をします。**(25)**50ドルを超えるものは何でも50パーセントの割引となります。**覚えておいてください，(22)(23)**元の値段がいくらだったかにかかわらず，衣類は65パーセントの割引となります。**

【ポイントと解説】

Items from $20 to $50 will get customers a 60% discount. を聴き取り，**問24**の解答を特定する。次に Anything over $50 is 50% off. を聴き取り，**問25**の解答を特定する。そして clothing is 65% off no matter what it cost originally を聴き取り，衣類が65%の割引になることを理解して，**問22**と**問23**の解答を特定する。

B　モノローグ型質問選択問題

問26 [26] ③

4133 **【読み上げられた英文】**

1．My sister has a Valley Orchid, and she loves it. **It has beautiful yellow flowers** that bloom all year. **You don't need a bright room**, and as long as you give it plenty of attention, it will look great.
2．The Fernando Aloe is **a perfect plant for inexperienced owners**. It's almost impossible to kill — **you can put it in a closet and it will still survive for weeks**. The plant also gives off a pleasant smell that helps you relax after a hard day.
3．A Holtzman Yucca will really add life to your room. **It does well in shady places with partial light**, and **you hardly need to water it**. Once it gets older, **yellow flowers will grow** from the top.
4．I think what you want is a Pacific Ivy. **It has a mix of small red and white flowers**, and **it needs a minimal amount of water**. Make sure you put it next to a big window, though, because it needs plenty of sun.

【全訳】

1．姉は Valley Orchid を持っていて，姉はそれを大変気に入っています。一年中**きれいな黄色の花**を咲かせます。**明るい部屋は必要ありません**し，十分な注意を払ってさえいれば，立派になるでしょう。
2．Fernando Aloe は，**初心者にうってつけの植物**です。枯らすことはほぼありえません。**洋服ダンスに入れることもでき，それでも何週間も枯れずにいるでしょう。**またこの植物はかぐわしい香りを放ち，その香りのおかげで忙しかった一日の終わりにリラックスすることができます。
3．Holtzman Yucca は本当に部屋に活気を与えてくれます。**部分的にしか光が射さない日陰の場所でよく育ちますし，水やりの必要がほとんどありません。**成長すると，上部から**黄色の花が顔を出すでしょう。**
4．あなたが求めているのは Pacific Ivy だと思います。**赤と白が混ざった小さい花が咲き，水は最小限ですみます。**ただし，たくさんの日光を必要としますので，必ず大きな窓のすぐそばに置いてください。

【ポイントと解説】

Holtzman Yucca に関して，you hardly need to water it（A の条件），yellow flowers will grow（B の条件），It does well in shady places with partial light（C の条件）を聴き取り，すべての条件を満たしていることを理解する。

Valley Orchid は，B と C の条件を満たしているが，A の条件に関しては明確に述べられていない。

Fernando Aloe は，A と C の条件を満たしているが，B の条件に関しては述べられていない。

Pacific Ivy は，A と B の条件を満たしているが，C の条件を満たしていない。

第5問　モノローグ型長文ワークシート完成・選択問題

問27～32　[27] ～ [32]

【読み上げられた英文】

The "green revolution" of the 1960s and 70s was widely seen as a social and economic miracle. (27)**By using new techniques and technologies, developing countries around the world were suddenly able to produce vast quantities of food.** This did not solve the problem of global hunger, but (27)**it meant that lots of struggling people no longer had to worry about whether their next meal would be available**. However, the possible long term health risks of the "green revolution" were not well understood. So, in the 21st century, concerns about modern farming methods have led to debates over the value of conventional farming versus organic farming.

Unlike conventional farmers, who rely on chemicals, (29)**organic farmers use a variety of natural processes to produce their food. Crop rotation, or a system of growing certain plants in annual cycles, ensures that important elements are returned to the soil. This actively improves soil health**, while (28)**conventional farming causes it to become weakened.** Many people believe that conventional farming leads to bigger, healthier vegetables with more nutrients. In fact, studies have shown that (30)(31)**organic foods contain more vitamins and minerals than conventionally grown crops.**

(32)**Now, the long term effects of organic agricultural practices are well known. Crop rotation, for example, has been used by Chinese farmers since approximately 200 B.C. Composting, or the use of plant and animal waste to increase soil health, was used in Southwest Asia before that.** (33)**The challenge for less developed countries is to use these methods to produce affordable food for citizens with limited incomes.** In more developed, wealthier countries, organic agriculture should have no trouble meeting demand without harming the environment. (33)**No matter where it is used, organic agriculture represents an investment in the future of the planet.**

【全訳】

1960年代と1970年代の「緑の革命」は社会的にも経済的にも驚異的な出来事と広く考えられていました。(27)**新しい技法と技術を用いることで，世界中の発展途上国は突然，膨大な量の食糧を生産することができるようになりました。**これで世界の飢餓という問題が解決されたわけではありませんが，(27)**貧困にあえいでいるたくさんの人々が次の食事が手に入るかどうかを心配する必要はもはやなくなったということを意味しました。**しかし，「緑の革命」がもたらす可能性がある長期的な健康被害はよくわかっていませんでした。それで21世紀に入って，近代の農業の方法に対する懸念から有機農業と比べて慣行農業の価値をめぐる論争へと至ったのです。

農薬に依存する慣行栽培農家と異なり，(29)**有機栽培農家は食糧を生産するために自然界のさまざまなプロセスを用います。作物の輪作，すなわち1年周期で特定の複数の植物を栽培するシステムでは重要な成分が確実に土壌に戻されるようにします。これは土壌の健康を積極的に改善しますが，**その一方，(28)**慣行農業は土壌の健康を損ねてしまうのです。**多くの人は，慣行農業でより多くの栄養素を含む，より大きな，健康により良い野菜ができると信じています。ところが実際には，(30)(31)**有機栽培の食べ物のほうが従来の方法で栽培された作物よりもビタミンやミネラルを多く含む**ということが研究からわかってきています。

(32)**現在は，有機農業を実践することの長期的な影響は十分知られています。例えば，作物の輪作は紀元前200年頃から中国人の農家によって行われてきています。堆肥化，すなわち土壌の健康を高めるために植物のくずや動物の排泄物を使うことは，それよりも前に西南アジアで行われていました。**(33)**それほど発展していない国にとっての課題は，収入の限られた国民が無理なく買える食べ物を生産するためにこういった方法を用いることなのです。**より発展した，より裕福な国では，有機農業で環境を害することなく需要を満たすのになんら苦労することはないはずです。(33)**どこで行われようとも，有機農業は地球の未来への投資を表しています。**

問27　[27]　①

【選択肢の訳】

① 食糧入手の可能性の増大
② 地価の高騰
③ 農業関連の仕事の減少
④ 農業経営の費用の減少

【ポイントと解説】

英文前半にある By using new techniques and technologies, developing countries around the world were suddenly able to produce vast quantities of food. ならびに it meant that lots of struggling people no longer had to worry about whether their next meal would be available を聴き取り，緑の革命(green revolution)で新しい技法と技術によって食糧の増産が可能になり，発展途上国は食糧確保の可能性が増大したことを理解する。

問28〜31 28 ③，29 ①，30 ⑥，31 ④

【選択肢の訳】

① プラスの
② どちらでもない
③ マイナスの
④ より多い
⑤ 等しい
⑥ より少ない

【ポイントと解説】

土壌への影響(Effects on Soil)に関しては，英文中程の organic farmers use a variety of natural processes to produce their food. Crop rotation, or a system of growing certain plants in annual cycles, ensures that important elements are returned to the soil. This actively improves soil health ならびに conventional farming causes it to become weakened を聴き取り，有機農業ではプラスの影響が，慣行農業ではマイナスの影響がもたらされることを理解する。

栄養(Nutrition)に関しては，英文中程の organic foods contain more vitamins and minerals than conventionally grown crops を聴き取り，有機栽培の食べ物のほうが栄養素はより多く，従来の方法で栽培された食べ物のほうが栄養素はより少ないことを理解する。

問32 32 ①

【選択肢の訳】

① 近代の有機農業は古代の知識の復活に基づいている。
② 近代の有機農業は政府の投資により可能になっている。
③ 近代の有機農業は発展途上国でしか行われていない。
④ 近代の有機農業は今世紀以前には知られていなかった技法を用いている。

【ポイントと解説】

英文後半の Now, the long term effects of organic agricultural practices are well known. Crop rotation, for example, has been used by Chinese farmers since approximately 200 B.C. Composting, or the use of plant and animal waste to increase soil health, was used in Southwest Asia before that. を聴き取り，近代の有機農業は紀元前から実践されている技法を用いている，つまり古代の知識に基づいていることを理解する。

問33 33 ④

4138 **【読み上げられた英文】**

This graph is provided by the United States Department of Agriculture. **One major obstacle right now for organic foods is the fact that they cost more per unit. For less wealthy shoppers, this makes them an unattractive alternative to conventional foods.** What conclusions can we draw?

【全訳】

このグラフはアメリカ合衆国農務省により提供されています。**現在，有機栽培の食料品にとっての１つの大きな障害は，単位あたりの費用がより高いという事実です。このことが原因で，それほど裕福でない買い物客にとっては有機栽培の食料品は慣行栽培の食料品に代わるものとして魅力がないものになっています。**私たちはどんな結論を導き出すことができるでしょうか。

【選択肢の訳】

① 慣行農業は有機農業に全面的に取って代わられるべきである。
② 有機栽培のコーヒーは慣行栽培のコーヒーよりもリスクの高い投資である。
③ 有機栽培のジャガイモとコーヒーは有機栽培のタマゴよりずっと安い。
④ 将来に向けての課題は有機栽培の食料品の値段を下げることである。

【ポイントと解説】

グラフから有機栽培の食料品(タマゴ・ジャガイモ・コーヒー)は慣行栽培のものより値段が高いことを読み取った上で，読み上げられた英文の One major obstacle right now for organic foods is the fact that they cost more per unit. For less wealthy shoppers, this makes them an unattractive alternative to conventional foods. を聴き取る。そしてこれらの情報と，最初の講義の後半で読み上げられた The challenge for less developed countries is to use these methods to produce affordable food for citizens with limited incomes. や No matter where it is used, organic agriculture represents an investment in the future of the planet. の内容と重ね合わせて判断する。

第６問

A　対話文質問選択問題

問34・35　34　35

4141【読み上げられた英文】

Nozomi: What a long test!　How did you do, Sam?

Sam: I think I did all right, Nozomi.　What about you?

Nozomi: Hmm, hard to say.　I was reviewing my notes right before class, so I think I was pretty prepared.

Sam: Studying right before the test is way too stressful for me.

Nozomi: You did have your earphones in before the test, and it looked like you were listening to music.

Sam: (34)(35)**Yeah, I always listen to some of my favorite songs before a test — it helps me get the best possible score.**

Nozomi: Doesn't that make you feel unprepared?

Sam: Not at all.　I studied all week.　That's what matters.

Nozomi: There's just so much material.　I feel like every time I study before a test, I learn something new.

Sam: There's always another fact to learn. (34)**Studying right before a test just doesn't seem as helpful to me as being relaxed and mentally prepared to use what I've learned.**

Nozomi: That's a good point.　(35)**I'll try it on the next test.**

Sam: Remember to use music that you're comfortable with.　(35)**No new stuff.**

Nozomi: (35)**Of course.**　I have something in mind that will be perfect.

Sam: Good luck!

【対話の訳】

ノゾミ：何て長いテストだったのかしら！ 出来はどうだった，サム？

サム：まあ良かったんじゃないかと思うよ，ノゾミ。君はどう？

ノゾミ：うーん，わからないわ。授業の直前に自分のメモを見返していたから，そこそこ準備はできていたと思うけど。

サム：テスト直前に勉強するのは僕にはあまりにもストレスになるなあ。

ノゾミ：テスト前に確かにイヤホンをしていて，音楽を聴いているようだったわね。

サム：(34)(35)**そうだよ。僕はいつもテスト前にはお気に入りの曲を何曲か聴くのさ。そのおかげで自分ではできる限りの最高点を取れるんだ。**

ノゾミ：そんなことをして準備不足だと感じることはないの？

サム：全然ないよ。１週間ずっと勉強したんだ。それが肝心なことだよ。

ノゾミ：とにかくたくさんのことがあるわ。テスト前に勉強するたびに何か新しいことを覚えるような気分になるの。

サム：学ぶべきことというのは常に出てくるものだよ。(34)**テスト直前に勉強するのは，学んだことを活用できるようリラックスして精神的に準備ができているというのに比べてそれほど僕に役に立つとはまったく思えないな。**

ノゾミ：それは一理あるわね。(35)**次のテストではそれ，試してみるわ。**

サム：自分が心地よいと感じる音楽を利用するのを忘れずにね。(35)**新しいのじゃなくて。**

ノゾミ：(35)**もちろんよ。**これならぴったりっていうのが頭にあるの。

サム：頑張ってね！

【質問と選択肢の訳】

問34　34　①

サムの主な論点は何か。

① 精神的にリラックスすることが良いテスト結果につながることがある。
② 長いテストを受けているときは音楽を聴くほうがうまくいく。
③ テスト前にメモを見返すと不要な混乱を生んでしまう。
④ テスト当日に資料を覚えることに時間を費やすのは効果的だ。

問35　35　③

次回のテスト前にノゾミは何をするか。

① 彼女は自分のテスト受験の戦略をサムのものと組み合わせる。
② 彼女はできるだけ回数を多く自分のメモを読み続ける。

③　テスト直前に聞き覚えのある音楽を聴く。
④　ストレス軽減のためにサムが薦める音楽を聴く。

【ポイントと解説】

問34 [34]

サムの3回目の発話 Yeah, I always listen to some of my favorite songs before a test — it helps me get the best possible score. と，5回目の発話にある Studying right before a test just doesn't seem as helpful to me as being relaxed and mentally prepared to use what I've learned. を聴き取り，音楽を聴いてリラックスすることで良いテスト結果が得られるというサムの主な論点を理解する。

問35 [35]

ノゾミの6回目の発話にある I'll try it on the next test. を聴き取り，it はサムのテスト前の行動を指しており，その具体的内容はサムの3回目の発話にある Yeah, I always listen to some of my favorite songs before a test — it helps me get the best possible score. であることを捉え，さらにサムの6回目の発話にある No new stuff. に対し，ノゾミが Of course. と応えているのを聴き取り，ノゾミが次回のテストではサムのやり方を試してみようとしていることを判断する。

B　会話長文意見・図表選択問題

問36・37 [36] ②，[37] ④

【読み上げられた英文】

Robert: Oh, my goodness, Chisa, I can't watch this show anymore.

Chisa: Same here, Robert. These people are taking too many risks.

Liz: (36)**But if they enjoy it, then it's good for them.**

Andy: The rescue workers who have to help them if there's an accident don't have a choice, Liz.

Liz: Well, Andy, it's their choice to work in a field where there might be serious accidents.

Robert: How about people doing dangerous things on the street? Seeing someone fall off a building could cause mental health problems.

Chisa: Right, and I don't think that our tax money should be paid for rescue workers to help people who intentionally take major risks.

Liz: So do you think we should make it illegal to climb without a rope or walk between skyscrapers?

Andy: (36)**Hmm ... it'd be very hard to define what is legal and what is not.**

Robert: (37)**Just driving a car could be considered an unnecessary risk compared to taking the train.**

Chisa: (36)**I still don't think we should celebrate this very behavior we're watching on TV.**

Robert: (36)**Neither do I, Chisa.**

Liz: (36)**People should do whatever brings them joy, Robert.**

Andy: (36)**It's a tricky issue with no clear answer, Liz.**

【会話の訳】

ロバート：あー，なんてことだ，チサ。もうこれ以上この番組，見ていられないよ。

チサ：私も同じよ，ロバート。この人たちはあまりにも多くの危険を冒しているわ。

リズ：(36)**でも，それが楽しいんだったら彼らにとっては良いことだわ。**

アンディ：事故があった場合に彼らを助けなければならない救助隊員は選択なんてしていられないよ，リズ。

リズ：でもね，アンディ，重大な事故が起こるかもしれない分野で働くのはその人たちの選択よ。

ロバート：町中で危険なことをする人はどうなんだい？ 人がビルから落下するのを見るのって，精神衛生上の問題を引き起こすこともあるよ。

チサ：そうね。それに，意図的に大きな危険を冒す人を救助隊員が助けることに私たちの税金が支払われるべきではないと思うわ。

リズ：それで，高層ビルをロープなしで登ったりその間を歩いて渡ったりすることを違法にすべきだと考えるの？

アンディ：(36)**うーん，何が合法で何が合法でないかを定義するのはすごく難しいだろうね。**

ロバート：(37)**ただ車を運転することだって電車に乗ることに比べれば不要な危険だとみなすことができるだろうし。**

チサ：(36)**それでも私は，いま私たちがテレビで見ているまさにこの行為をほめたたえるべき**

だとは思わないわ。

ロバート：(36)**僕も思わないよ，チサ。**

リズ：(36)**人は自分に喜びをもたらすことは何でもするべきよ，ロバート。**

アンディ：(36)**これは明確な答えのない何とも微妙な問題だね，リズ。**

【ポイントと解説】

問36 36

チサは3回目の発話 I still don't think we should celebrate this very behavior we're watching on TV. から危険な行為を売り物にすることは良くないと首尾一貫して考えていることがわかり，それに応えてロバートは4回目の発話で Neither do I, Chisa. と言って同調している。リズは1回目の発話 But if they enjoy it, then it's good for them. や4回目の発話 People should do whatever brings them joy, Robert. から正反対の考えを持っていることがわかる。アンディは2回目の発話 Hmm ... it'd be very hard to define what is legal and what is not. や，3回目の発話 It's a tricky issue with no clear answer, Liz. からわかるように賛否の立場を明確にしていない。以上を聴き取り，危険な行為を売り物にするのは良くないということに賛成している人の数を理解する。

問37 37

ロバートの3回目の発話 Just driving a car could be considered an unnecessary risk compared to taking the train. を聴き取り，電車利用に比べて車の運転は死亡リスクが高いことを示すグラフを選ぶ。

MEMO

第2回 解答・解説

設問別正答率

解答番号	1	2	3	4	5	6	7	8	9	10
配点	4	4	4	4	3	3	3	4	4	4
正答率(%)	50.5	51.1	87.9	49.5	90.4	37.3	61.2	97.0	58.1	87.4
解答番号	11	12	13	14	15	16	17	18-21	22	23
配点	4	3	3	3	3	3	3	4	1	1
正答率(%)	33.7	65.3	61.4	55.3	36.4	62.6	69.8	55.0	88.2	85.4
解答番号	24	25	26	27	28-29	30-31	32	33	34	35
配点	1	1	4	3	2	2	4	4	3	3
正答率(%)	69.0	75.0	59.4	73.2	22.9	24.1	32.2	43.3	56.5	56.7
解答番号	36	37								
配点	4	4								
正答率(%)	28.5	53.0								

設問別成績一覧

設問	設　問　内　容	配　点	全　体	現　役	高　卒	標準偏差
合計		100	57.4	56.6	66.7	17.8
1	短文発話内容一致問題	25	15.2	15.0	17.7	6.2
2	対話文イラスト選択問題	16	11.1	11.0	12.1	3.4
3	対話文質問選択問題	18	10.5	10.4	12.0	4.6
4	モノローグ型中文内容把握問題	12	7.8	7.7	8.9	3.6
5	モノローグ型長文内容把握問題	15	6.2	6.0	8.0	3.9
6	会話長文質問選択問題	14	6.7	6.6	8.0	3.9

（100点満点）

問題番号	設問		解答番号	正解	配点	自己採点
第1問	A	問1	1	②	4	
		問2	2	①	4	
		問3	3	②	4	
		問4	4	④	4	
	B	問5	5	④	3	
		問6	6	①	3	
		問7	7	②	3	
第1問　自己採点小計					(25)	
第2問	問8		8	③	4	
	問9		9	③	4	
	問10		10	①	4	
	問11		11	③	4	
第2問　自己採点小計					(16)	
第3問	問12		12	④	3	
	問13		13	②	3	
	問14		14	④	3	
	問15		15	③	3	
	問16		16	②	3	
	問17		17	①	3	
第3問　自己採点小計					(18)	

問題番号	設問		解答番号	正解	配点	自己採点
第4問	A	問18	18	②	4※	
		問19	19	①		
		問20	20	④		
		問21	21	③		
		問22	22	①	1	
		問23	23	③	1	
		問24	24	④	1	
		問25	25	⑤	1	
	B	問26	26	③	4	
第4問　自己採点小計					(12)	
第5問	問27		27	③	3	
	問28		28	②	2※	
	問29		29	①		
	問30		30	④	2※	
	問31		31	⑤		
	問32		32	①	4	
	問33		33	③	4	
第5問　自己採点小計					(15)	
第6問	A	問34	34	①	3	
		問35	35	③	3	
	B	問36	36	①	4	
		問37	37	④	4	
第6問　自己採点小計					(14)	
自己採点合計					(100)	

（注）　※は，全部正解の場合のみ点を与える。

※**【読み上げられた英文】**および**【訳】**で太字になっている部分は，聴き取りの上で重要な部分を示しています。

第1問

A　短文発話内容一致問題

問1　[1]　②

【読み上げられた英文】

Can you turn the music down?　I'm trying to study hard for my exams.

【英文と選択肢の訳】

音楽のボリュームを下げてくれない？ 試験のために**頑張って勉強をしようとしているんだ。**

① 話し手は試験が難しいと思っている。
② 話し手は音楽がうるさすぎると思っている。
③ 話し手は音楽を聴きたいと思っている。
④ 話し手は音楽を勉強したいと思っている。

【ポイントと解説】

Can you turn the music down? と I'm trying to study hard を聴き取り，話し手は頑張って勉強しようとしているのに，音楽がうるさすぎると思っていることを理解する。

問2　[2]　①

【読み上げられた英文】

To help their parents, Sachiko makes dinner and her brother does the dishes.

【英文と選択肢の訳】

両親を手伝うため，サチコは夕食を作り，弟は皿洗いをする。

① サチコは家族のために夕食を作る。
② サチコは弟と皿洗いをする。
③ サチコは弟の皿洗いを手伝う。
④ サチコは掃除をして両親を手伝う。

【ポイントと解説】

To help their parents, Sachiko makes dinner を聴き取り，サチコは家族のために夕食を作っていることを理解する。

問3　[3]　②

【読み上げられた英文】

I'm wondering **what we should get Ann for her birthday**.　**How about a phone case?**

【英文と選択肢の訳】

アンの誕生日に何を買ってあげたらいいかな。電話ケースはどうだろう？

① 話し手はアンに新しい電話を買ってあげたい。
② 話し手はアンに電話ケースをあげたい。
③ 話し手はアンのために誕生日パーティーを開きたい。
④ 話し手はアンのために誕生日ケーキを注文したい。

【ポイントと解説】

what we should get Ann for her birthday と How about a phone case? を聴き取り，話し手はアンの誕生日に電話ケースを買ってあげたいと思っていることを理解する。

問4　[4]　④

【読み上げられた英文】

John left a message yesterday.　I tried to call him back today but couldn't reach him.

【英文と選択肢の訳】

昨日ジョンが伝言を残していた。今日折り返し彼に電話をかけてみたが，連絡がつかなかった。

① ジョンは今日，話し手に折り返し電話をかけた。
② ジョンは今日，話し手と話をした。
③ 話し手は昨日，ジョンのメッセージを受け取らなかった。
④ 話し手は昨日，ジョンと話さなかった。

【ポイントと解説】

John left a message yesterday.　I tried to call him back today but couldn't reach him. を聴き取り，話し手は昨日ジョンと話をしていないことを理解する。

B　短文発話イラスト選択問題

問5　[5]　④

【読み上げられた英文】

The cat is in the cat tower by the window.　See him in the house?

【英文の訳】

ネコは窓のそばにあるキャットタワーにいるよ。ハウスの中にいるのが見える？

【ポイントと解説】

The cat is in the cat tower by the window. See him in the house? を聴き取り，ネコが窓際のキャットタワーのハウスの中にいるイラストを選ぶ。

問6 [6] ①

【読み上げられた英文】

Richard already has many **mountain postcards and ocean postcards. Now he's buying a different one.**

【英文の訳】

リチャードはすでに**山の絵はがきと海の絵はがき**をたくさん持っている。**今，彼は違うのを買っている。**

【ポイントと解説】

mountain postcards and ocean postcards と Now he's buying a different one. を聴き取り，山でも海でもない絵はがきのイラストを選ぶ。

問7 [7] ②

【読み上げられた英文】

When coming into the room, Mary noticed the window had been left open.

【英文の訳】

部屋に入ると，メアリーは窓が開けっ放しになっていたのに気づいた。

【ポイントと解説】

When coming into the room, Mary noticed the window had been left open. を聴き取り，女性が部屋に入り，窓が開いているイラストを選ぶ。

第2問　対話文イラスト選択問題

問8 [8] ③

【読み上げられた英文】

M: Katy, which backpack is yours?

W: **It's the one with the side pocket.**

M: **Does it have a big letter K on the front?**

W: **No, but it has a handle on top.**

Question: Which backpack is Katy's?

【対話と質問の訳】

男性：ケイティー，どのバックパックが君の？

女性：**サイドポケットがついているやつよ。**

男性：**前に大きい K の文字がついている？**

女性：**いいえ，でも上部に取っ手がついているわ。**

質問：どのバックパックがケイティーのか。

【ポイントと解説】

男性からどのバックパックが自分のかと尋ねられ，女性が最初の発話で It's the one with the side pocket. と答えている。また，男性が2回目の発話で Does it have a big letter K on the front? と尋ねたのに対して，女性は No と答え，さらに but it has a handle on top と言っているのを聴き取り，女性のバックパックを特定する。

問9 [9] ③

【読み上げられた英文】

M: What about this striped one?

W: **I don't like stripes.** And **I need a travel-sized one.**

M: Oh, I see. So **the foldable one would be good.**

W: **Right.** That one's perfect.

Question: Which hairbrush will the woman buy?

【対話と質問の訳】

男性：このストライプのはどう？

女性：**ストライプは好きじゃないわ。**それに**旅行用サイズのが必要なの。**

男性：あー，なるほど。じゃあ**折りたためるのがいいだろうね。**

女性：**そうね。**あれなら完璧ね。

質問：女性はどのヘアブラシを買うか。

【ポイントと解説】

男性が最初の発話でストライプ柄はどうかと尋ねたのに対して，女性は I don't like stripes. と答え，さらに I need a travel-sized one と述べている。それに対して男性が2回目の発話で the foldable one would be good と述べたのに対し，女性が Right. と答えているのを聴き取り，女性が買うヘアブラシを特定する。

問10 [10] ①

【読み上げられた英文】

W: **Don't you need a boxed lunch?**

M: **No,** we're eating in the cafeteria. But **I'll take this.**

W: **Yes, you will be thirsty.** And **it will be pretty sunny all day.**

M: **Right, so I'll take this too.**

Question: What will the son take?

【対話と質問の訳】

女性：**お弁当は要らないの？**

男性：**要らないよ，**食堂で食べるんだ。でも**これは持って行くよ。**

女性：**そうね，喉が渇くでしょう。**それに**一日中けっこう日が差すわよ。**

男性：**そうだね，だからこれも持って行くよ。**

質問：息子は何を持って行くか。

【ポイントと解説】

女性(母親)が最初の発話で Don't you need a boxed lunch? と尋ねたのに対して，男性(息子)は必要ないと答えている。息子が続けて I'll take this と述べたのに対して，母親は Yes, you will be thirsty. と答えている。母親がさらに2回目の発話で it will be pretty sunny all day と述べたのに対して，息子は Right, so I'll take this too. と答えているのを聴き取り，息子が持って行くものを特定する。

問11 [11] ③

4217 【読み上げられた英文】

W: Excuse me. Could you tell me where the flower stand is?

M: **It's just past the escalators over there.**

W: **Next to the bookstore?**

M: **No. Right before the coffee shop.**

Question: Where is the flower stand?

【対話と質問の訳】

女性：すみません。花売り場がどこか教えてくださいますか。

男性：**あちらのエスカレーターを過ぎてすぐのところです。**

女性：**本屋の隣ですか。**

男性：**いいえ。コーヒーショップのすぐ手前です。**

質問：花売り場はどこか。

【ポイントと解説】

花売り場の場所を女性が尋ねたのに対し，男性が It's just past the escalators over there. と答えている。さらに女性が2回目の発話で Next to the bookstore? と尋ねたのに対して，男性は No. Right before the coffee shop. と答えているのを聴き取り，花売り場の場所を特定する。

第3問　対話文質問選択問題

問12 [12] ④

4220 【読み上げられた英文】

W: Hello, Matthew. Congratulations on winning the baseball game yesterday!

M: Thank you, Jane. We have a tournament soon.

W: Oh? When does it start?

M: **It starts on June 2nd and ends on the 4th.**

W: **I can't make it on June 2nd or 3rd, but I'll try to go on the last day.**

【対話の訳】

女性：こんにちは，マシュー。おめでとう，昨日は野球の試合に勝ったのね！

男性：ありがとう，ジェーン。もうすぐトーナメントがあるんだ。

女性：そうなの？ いつ始まるの？

男性：**6月2日に始まって，4日に終わるよ。**

女性：**6月2日と3日は都合がつかないけど，最終日に行くように努力するわ。**

【質問と選択肢の訳】

質問：ジェーンはいつ野球の試合に行く可能性があるか。

① 6月1日
② 6月2日
③ 6月3日
④ 6月4日

【ポイントと解説】

男性の2回目の発話から野球の試合が6月2日～4日に行われることを理解した上で，女性が3回目の発話で I can't make it on June 2nd or 3rd, but I'll try to go on the last day. と言っているのを聴き取り，女性は6月2日と3日には都合がつかないことを理解し，女性が試合を見に行く可能性のある日を特定する。

問13 [13] ②

4221 【読み上げられた英文】

W: Where should I put these brushes?

M: They go in the cabinet above the sink.

W: I see. Does the paint go next to them?

M: Yes, it does.

W: How about this paper and the box of clay?

M: Just leave the clay on the counter and **put the paper in the drawer.**

【対話の訳】

女性：これらの絵筆はどこにしまえばいいですか。

男性：シンクの上のキャビネットの中だよ。

女性：わかりました。絵具はその隣ですか。

男性：うん，そうだね。

女性：この紙と粘土の箱はどうしますか。

男性：粘土はカウンターの上に置いたままにして，**紙は引出しの中に入れてくれるかい。**

【質問と選択肢の訳】

質問：生徒はどこに紙をしまうか。

① キャビネットの中
② 引出しの中

③　シンクの隣
④　カウンターの上

【ポイントと解説】

女性(生徒)が3回目の発話で紙はどこに入れるか尋ねたのに対して，男性(先生)が put the paper in the drawer と答えているのを聴き取り，生徒が紙をしまう場所を特定する。

問14　14　④

4222 **【読み上げられた英文】**

M: Where are we meeting, Room A or Room B?
W: **I reserved the smaller room.**
M: **You mean Room A?　That's too small for ten people.**
W: But we only have eight on our team.
M: Our client, Mr. Jones, emailed me yesterday. He's coming with his assistant.
W: Oh.　Then **I'll change it to Room B.**

【対話の訳】

男性：私たちはどこで会議をするの？ ルームA，それともルームB?
女性：**小さいほうの部屋を予約したわ。**
男性：**ルームAのこと？ 10人には狭すぎるよ。**
女性：でも私たちのチームは8人しかいないわよ。
男性：顧客のジョーンズさんから昨日Eメールが来たんだ。彼はアシスタントと一緒に来ることになっているんだよ。
女性：そうなのね。じゃあ**ルームBに変えるわ。**

【質問と選択肢の訳】

質問：会話によると，正しいのはどれか。
①　男性はジョーンズ氏に会議に出席するよう頼んだ。
②　男性はジョーンズ氏に今すぐ，Eメールを送る。
③　女性はルームAが狭すぎると思った。
④　女性は会議の場所を広いほうの部屋に移す。

【ポイントと解説】

女性が最初の発話で I reserved the smaller room. と述べたのに対して，男性が You mean Room A?　That's too small for ten people. と言っていることから，ルームBのほうが広い部屋であることを理解する。さらに女性が3回目の発話で I'll change it to Room B と言っているのを聴き取り，女性が会議の部屋を広いほうの部屋に変更することを理解する。

問15　15　③

4223 **【読み上げられた英文】**

M: **I want to visit you in July.**　Could you show me around?
W: Sure.　But **if you wait one more month, you can go to the festival.**
M: Oh, that's a good idea.　I've heard a lot about it.
W: It's one of the biggest events of the year.
M: I don't want to miss it.

【対話の訳】

男性：**7月に君のところを訪れたいんだ。**案内してくれない？
女性：もちろん。でも**あと1カ月待てば，フェスティバルに行けるわよ。**
男性：そうか，それはいい考えだね。それについてはいろいろ聞いているよ。
女性：1年で最大のイベントの1つなのよ。
男性：それは見逃したくないね。

【質問と選択肢の訳】

質問：女性は男性が何をするように提案しているか。
①　まず情報を得る
②　1カ月滞在する
③　8月に彼女を訪れる
④　秋まで待つ

【ポイントと解説】

男性が最初の発話で7月に女性のところを訪れたいと言ったのに対して，女性は if you wait one more month, you can go to the festival と言っているのを聴き取り，1カ月後の8月に訪れることを女性は男性に提案していることを理解する。

問16　16　②

4224 **【読み上げられた英文】**

W: Hi, Michael.　You look happy.
M: Hi, Grace.　Remember that I applied for a part-time job at the bookstore?
W: Yes, but they had already offered it to someone else, right?
M: **Well, they just called me and said someone quit.　So I can work there!**
W: Great!　It's the perfect job for you.

【対話の訳】

女性：こんにちは，マイケル。うれしそうね。
男性：やあ，グレース。僕が本屋のバイトの仕事に応募したのを覚えている？
女性：ええ，でも店はすでに他の人にオファーをしていたのよね？

男性：**実は，さっき店から僕に電話があって言われたんだ。一人辞めたって。だからそこで働けるんだ！**

女性：よかったわね！ それ，あなたにぴったりの仕事だわ。

【質問と選択肢の訳】

質問：男性はなぜうれしいのか。

① 彼はその仕事にうってつけの人を見つけた。

② 彼は求めていた仕事を得られる。

③ 女性は彼にオファーの電話をかけた。

④ 女性は本屋で働く。

【ポイントと解説】

冒頭のやり取りから，男性がアルバイトの応募をした本屋はすでに他の人にオファーを出していたことを押さえた上で，男性の２回目の発話にある Well, they just called me and said someone quit. と So I can work there! を聴き取り，男性がうれしく思っている理由を理解する。

問17 17 ①

【読み上げられた英文】

W: Oh, I really want to buy this yellow dress.

M: It looks nice on you. Why don't you buy it?

W: I don't have enough money. **It's $75.**

M: But **the store is having a sale. Now it's only $50.**

W: Oh, you're right. I think I can afford to buy it!

M: You're lucky!

【対話の訳】

女性：あー，この黄色のドレスを是非買いたいわ。

男性：君に似合っているよ。買えば？

女性：お金が足りないの。**75ドルよ。**

男性：でも**店はセール中だよ。今はたったの50ドルだよ。**

女性：あら，ほんとね。それなら買うことができると思うわ！

男性：ラッキーだね！

【質問と選択肢の訳】

質問：ドレスについて男性は何と言っているか。

① それは以前より安くなっている。

② それは女性にちょうどいいサイズだ。

③ それは女性には似合わない色だ。

④ それは彼女には高すぎて買う余裕がない。

【ポイントと解説】

女性が黄色のドレスを気に入ったが，75ドルのためお金が足りないと述べたのに対して，男性が２回目の発話で the store is having a sale と Now it's only $50. と言っているのを聴き取り，男性はドレスの値段が以前より安くなっていると述べていることを理解する。

第４問

A　モノローグ型図表完成問題

問18〜21 18 ②，19 ①，20 ④，21 ③

【読み上げられた英文】

On Sunday morning, (18)**I found my brother making a mess in the kitchen, and there was smoke coming out of the oven.** He said he was trying to bake a cake for our mother's birthday. I said he should have been more careful. He looked sad as I told him to go watch TV while (19)**I cleaned up the kitchen.** When I finished, I took out some sugar and eggs to make a new cake. Then, (20)**my father walked in.** He said I should stop because the oven was broken and that he would buy a cake. (21)**I immediately found my brother and apologized to him.**

【全訳】

日曜日の朝，(18)**弟が台所を散らかしているのに気づき，またオーブンから煙が出ていました。**弟はお母さんの誕生日にケーキを焼こうとしているんだと言いました。私は弟にもっと気をつけるべきだったのにと言いました。(19)**私が台所を片付けている**あいだ，あっちへ行ってテレビを見ているようにと言うと，弟は悲しそうな顔をしました。片付けが終わると，私は新たにケーキを作るために砂糖と卵を取り出しました。そのとき，(20)**お父さんが入ってきました。**お父さんは，オーブンが壊れているので私に作るのをやめるように言い，自分がケーキを買ってくると言いました。(21)**私はすぐに弟を見つけて謝りました。**

【ポイントと解説】

話の展開が，I found my brother making a mess in the kitchen, and there was smoke coming out of the oven → I cleaned up the kitchen → my father walked in → I immediately found my brother and apologized to him. となっているのを理解し，その内容を表すイラストを順に並べる。

問22〜25 22 ①，23 ③，24 ④，25 ⑤

【読み上げられた英文】

Customers get a different number of points

depending on what they buy. First of all, (25)**we don't give any points for drinks**, only for food. (24)**We give four points for all muffins.** (22)**The plain donuts are the cheapest, so they are worth one point each.** Next are the glazed donuts, which are worth two points each. Finally, (23)**the donuts we make only in the winter, spring, summer and fall are worth 3 points each.**

【全訳】

お客さんは買うものに応じてもらえるポイント数が異なります。まず，(25)**当店では飲み物にはポイントをつけず，**食べ物に対してのみつけます。(24)**すべてのマフィンには４ポイントをつけます。**(22)**プレーンドーナツは一番安いので，１個につき１ポイントになります。**次はグレーズドドーナツで，１個につき２ポイントになります。最後に，(23)**当店が冬，春，夏そして秋にのみ作るドーナツは１個につき３ポイントになります。**

【ポイントと解説】

we don't give any points for drinks を聴き取り，飲み物にはポイントがつかないことを理解して，**問25**の解答を特定する。次に，We give four points for all muffins. を聴き取り，マフィンには４ポイントつくことを理解して，**問24**の解答を特定する。そして，The plain donuts are the cheapest, so they are worth one point each. を聴き取り，プレーンドーナツは１個につき１ポイントになることを理解して**問22**の解答を特定する。最後に，the donuts we make only in the winter, spring, summer and fall are worth 3 points each を聴き取り，季節限定のドーナツは１個につき３ポイントになることを理解して，**問23**の解答を特定する。

B　モノローグ型質問選択問題

問26　26　③

4233 【読み上げられた英文】

1．Cindy and I did a project together in biology last semester. **She knows so much about all kinds of water animals. We got a good grade, mostly because of her speech.** She works part-time during the day on Fridays, Saturdays, and Sundays.

2．**Greg used to work at an animal shelter. His family also raises chickens, so he is almost an expert on different kinds of animals**, although he's a little shy around people. **He has classes all day on Monday, Wednesday, and Thursday.**

3．**Jennifer is very concerned about animals. She organized the animal rights march on campus last year. She gave a really good speech** at the beginning of the march. She has afternoon classes every day and **one morning class on Tuesdays.**

4．Marcus really likes photography and has a lot of cameras. He showed me a picture of a bear he saw once when he was camping. He prefers taking pictures of people to talking to them. **He's got no classes on Fridays.**

【全訳】

1．シンディと私は前の学期で，生物学の研究課題に一緒に取り組みました。**彼女はあらゆる種類の水生動物についてとてもよく知っています。私たちは良い成績をとりましたが，それは主に彼女のスピーチのおかげでした。**彼女は毎週金曜日，土曜日そして日曜日の日中，アルバイトをしています。

2．**グレッグは以前，動物保護施設で働いていました。また彼の家族はニワトリを飼育していますので，彼はさまざまな種類の動物の専門家であると言ってもいいくらいです。**もっとも，彼は周りに人がいると少し尻込みしますが。**月曜日，水曜日そして木曜日には終日授業があります。**

3．**ジェニファーは動物にとても関心をもっています。去年，キャンパスで動物の権利に関するデモ行進を主催しました。**その行進の始めに**彼女は実に見事なスピーチをしました。**彼女は毎日午後に授業があり，**毎週火曜日には午前にも１つ授業があります。**

4．マーカスは写真撮影が本当に好きで，カメラをたくさん持っています。彼がキャンプしていたあるときに見たクマの写真を私に見せてくれました。彼は人と話をするより，人の写真を撮っているほうが好きです。**毎週金曜日には１つも授業がありません。**

【ポイントと解説】

Jennifer Hamilton に関して，Jennifer is very concerned about animals. She organized the animal rights march on campus last year.（B の条件），She gave a really good speech（A の条件），one morning class on Tuesdays（C の条件）を聴き取り，すべての条件を満たしていることを理解する。

Cindy Banks は A と B の条件を満たしているが，C の条件を満たしていない。
Greg Valdez は，B と C の条件を満たしているが，A の条件に関しては明確に述べられていない。
Marcus Spellman に関しては，C の条件を満たしているが，A と B の条件に関しては明確に述べられていない。

第5問 モノローグ型長文ワークシート完成・選択問題

問27～32 [27] ～ [32]

4236 【読み上げられた英文】

Today, water shortage is a problem that needs solving in many parts of the world. Close to ten percent of the world's population doesn't have access to safe sources of drinking water. Freshwater is one of the most underappreciated resources humanity has, although it represents only three percent of the water on earth — the remaining ninety seven percent is salty seawater unfit for drinking. (27)**Finding solutions for water shortages and taking action to help people around the world gain access to safe drinking water are some of the most important tasks facing us today.**

Water problems must be addressed locally because every area has its unique economy, geology, and climate, and it is difficult to come up with solutions that work everywhere. (28)**In developing countries that lack water distribution infrastructure, digging wells equipped with filtering systems is the best way to help local communities gain access to drinking water.** (30)**Digging wells is reported to almost immediately improve the quality of life of the local people.** Women have more time to work, and children have more time to go to school because they don't have to bring water from afar anymore.

(29)**Developed countries suffering from water shortages** have a different set of issues. (33)**Often too much drinking water is used up in agriculture, industry, or in everyday life.** (29)**Harvesting or collecting rainwater for farming, industry, or daily use, is possibly the easiest solution to implement —** (31)**a sensible way to irrigate farms, cool machines, water people's gardens, and so on.**

(32)**Issues related to water must be taken care of at the local level first, to make sure the solutions match the unique features of each country or area.**

【全訳】

今日，水不足は世界の多くの地域で解決しなければならない問題です。世界の人口の10パーセント近くが安全な水源から来る飲料水を利用することができていません。真水は人間が手にしている資源の中で最も正当に評価されていないものの1つです。それは地球の水の3パーセントしか占めておらず，残りの97パーセントは，飲料に適さない塩水なのですが。(27)**水不足の解決策を見つけ，世界中の人が安全な飲料水を入手できるようにするために行動を起こすことが，今日私たちが直面している最も重要な課題の一部なのです。**

水の問題は地域ごとに取り組まなければいけません。それぞれの地域には独自の経済や地質学ならびに気候があるからであり，すべての場所で功を奏する解決策を考えだすことは難しいからです。(28)**配水のインフラが欠如している開発途上国では，井戸を掘り，濾過装置を備えることが，地域社会の人々が飲料水を得られるようにするための最善の方法です。**(30)**井戸を掘ることは，その地域の人々の生活の質をほぼ即座に改善すると報告されています。**遠い場所から水を運んでくる必要がもはやなくなるので，女性は働く時間が増え，子どもたちは学校に行く時間が増えるのです。

(29)**水不足で苦しんでいる先進国**は別の一連の問題を抱えています。(33)**あまりにも多くの飲料水が往々にして農業，工業，さらには日常生活において使われてしまっています。**(29)**農業，工業，あるいは日々の生活で使用するために雨水を収穫する，すなわち集めることが，ひょっとすると実行するのが最も容易な解決策，**(31)**例えば農地を灌漑したり，機械を冷却したり，人々の庭に水を撒いたりするための賢明な方法になるかもしれません。**

(32)**水に関連した問題は，解決策が必ず各国あるいは各地域の固有の特徴に合ったものになるように，まず地域ごとに対処されなければなりません。**

問27 [27] ③

【選択肢の訳】

① 上水道設備の整備
② 天然資源の開発
③ 誰もが安全な飲料水を得る機会
④ 世界における配水設備

【ポイントと解説】

Securing Water Resources「水資源の確保」の Purpose「目的」は，英文前半の Finding solutions for water shortages and taking action to help people around the world gain access to safe drinking water are some of the most important tasks facing us today. を聴き取り，世界中の人が安全な飲料水を得られるようにするためであることを理解する。

問28～31 28 ②，29 ①，30 ④，31 ⑤

【選択肢の訳】

① 先進国
② 開発途上国
③ あらゆる所
④ 人々の生活の改善
⑤ 賢明な水の使用
⑥ 技術の進歩

【ポイントと解説】

Digging Wells「井戸を掘ること」に関して，適合する国は英文中程の In developing countries that lack water distribution infrastructure, digging wells equipped with filtering systems is the best way to help local communities gain access to drinking water. を聴き取り，開発途上国であることを理解する。そして井戸掘りがもたらす結果については，Digging wells is reported to almost immediately improve the quality of life of the local people. を聴き取り，地域の人々の生活の質を改善するということを理解する。

Harvesting Rainwater「雨水を収穫すること」に関して，適合する国は英文後半の Developed countries suffering from water shortages と Harvesting or collecting rainwater for farming, industry, or daily use, is possibly the easiest solution to implement を聴き取り，先進国であることを理解する。そして雨水の収穫がもたらす結果については，a sensible way to irrigate farms, cool machines, water people's gardens, and so on を聴き取り，賢明な水の使用であることを理解する。

問32 32 ①

【選択肢の訳】

① 地域の特徴を考慮することが水不足解決の鍵である。
② 先進諸国は飲料水を提供するために井戸を利用するべきである。
③ 濾過技術は塩水を飲料水に変えるのに役立つ。
④ 収穫された雨水は多くの国が飲料水として使っているものである。

【ポイントと解説】

英文最後の Issues related to water must be taken care of at the local level first, to make sure the solutions match the unique features of each country or area. を聴き取り，水不足を解決するには地域の固有の特徴を考慮して地域ごとに取り組まなければならないことを理解する。

問33 33 ③

4238 **【読み上げられた英文】**

Let's look at this pie chart. **It gives us ideas about how we can conserve water. Not letting the water run while taking a shower or washing the dishes might help conserve water. Fixing water leaks as soon as possible can also help.** What can we learn from all this?

【全訳】

この円グラフを見てみましょう。**グラフから，私たちがどのように節水できるかについてのアイディアが得られます。シャワーを浴びているときや皿洗いをしているときに水を流しっぱなしにしないことは節水に役立つでしょう。水漏れをなるべく早く修理することもまた役立つことになるのです。**私たちはこういったことすべてから何がわかりますか。

【選択肢の訳】

① アメリカ人は衣服の洗濯に使うよりもトイレの水を流すのに使う水のほうが少ない。
② 収穫された雨水はアメリカで使用される水の24パーセントを占めている。
③ アメリカでは日常生活で節水する余地がある。
④ アメリカ人にとって水漏れが最大の問題の1つである。

【ポイントと解説】

グラフからアメリカ人の水の使途別の割合を押さえておき，読み上げられた英文の It gives us ideas about how we can conserve water. Not letting the water run while taking a shower or washing the dishes might help conserve water. Fixing water leaks as soon as possible can also help. を聴き取る。そして先に読み上げられた講義の後半で，先進国に関して説明されている Often too much drinking water is used up in agriculture, industry, or in everyday life. の内容と重ね合わせて判断する。

第6問

A 対話文質問選択問題

問34・35 [34] [35]

4241 【読み上げられた英文】

Yoshi: Hi, Kelly. What's that?

Kelly: Oh, hi, Yoshi. It's a list of next semester's classes. I'm thinking of taking Spanish or Chinese.

Yoshi: You're already taking Japanese. Isn't one foreign language enough?

Kelly: (35)**Well, I thought if I added a second foreign language, I could travel more easily.** I really want to see the world.

Yoshi: English is spoken in most countries, isn't it?

Kelly: Yes, but studying a foreign language allows you to understand the culture of the country more deeply.

Yoshi: (34)**Well, if you start studying another language, you might only learn the basics of it.** You're not even fluent in Japanese yet.

Kelly: I know. Japanese is really hard. I thought Spanish would be easier.

Yoshi: (34)**It's better to focus on one foreign language at a time, in my opinion.**

Kelly: You mean I should drop Japanese and start taking Spanish?

Yoshi: No, no! You've already spent a lot of time learning Japanese. Don't give up!

Kelly: (35)**Maybe you're right. Thanks for your advice, Yoshi.**

【対話の訳】

ヨシ：やあ，ケリー。それ何だい？

ケリー：あら，こんにちは，ヨシ。これは次学期の授業のリストよ。スペイン語か中国語を取ろうと考えているの。

ヨシ：君はすでに日本語を取っているよね。1つの外国語で十分じゃないの？

ケリー：(35)**あのね，もしもう1つ外国語をプラスしたらもっと楽に旅行ができると思ったの。**世界をとても見てみたいわ。

ヨシ：英語はほとんどの国で話されているよね。

ケリー：ええ，でも外国語を勉強することでその国の文化をより深く理解することができるわ。

ヨシ：(34)**でも別の言語を勉強し始めたら，その言語の基礎しか身につかないかもしれないよ。**君はまだ日本語ですら流暢ではないんだ。

ケリー：わかってるわ。日本語って本当に難しいのよ。スペイン語のほうが簡単だろうと思ったの。

ヨシ：(34)**僕の意見では，一度に1つの言語に焦点を絞るほうがいいと思うな。**

ケリー：日本語をやめてスペイン語の授業を受け始めるべきだっていうこと？

ヨシ：いや，違うよ！ 君はもうすでに多くの時間を日本語学習に費やしてきたんだよ。あきらめないで！

ケリー：(35)**あなたの言うとおりかもね。アドバイスありがとう，ヨシ。**

【質問と選択肢の訳】

問34 [34] ①

ヨシの主な論点は何か。

① 1つの外国語を深く勉強するのが良い考えだ。
② 3つの言語を勉強することが文化を理解するのに役立つ。
③ 外国を旅行すれば多くの言語を身につけることができる。
④ スペイン語が流暢であれば外国を旅行すべきだ。

問35 [35] ③

ケリーはどの選択をする必要があるか。

① スペイン語の授業に出席し続けるべきか否か。
② 外国語を勉強するために外国へ行くべきか否か。
③ もう1つ外国語の授業を取るべきか否か。
④ スペイン語を話す国に旅行をすべきか否か。

【ポイントと解説】

問34 [34]

ヨシの4回目の発話にある Well, if you start studying another language, you might only learn the basics of it. や，5回目の発話 It's better to focus on one foreign language at a time, in my opinion. を聴き取り，外国語学習は1つの言語に絞って深く勉強したほうが良いというヨシの主な論点を理解する。

問35 [35]

ケリーの2回目の発話にある Well, I thought if I added a second foreign language, I could travel more easily. や，6回目の発話 Maybe you're right. Thanks for your advice, Yoshi. を聴き取り，2つ目の外国語を追加で取ろうと考えていたケリーが，

1つに絞ったほうが良いというヨシの意見を理解した上で，どんな選択をする必要があるかを判断する。

B　会話長文意見・図表選択問題

問36・37　36　①，37　④

4244 **【読み上げられた英文】**

Emiko: Wow, Michelle. I almost fell asleep in that class!

Michelle: Yeah, I know, Emiko. Professor Davis is really smart and I enjoy reading his books on chemistry, but his classes are so boring.

Steve: I agree with you both. I don't know if I'm going to continue in the class. After all, it's an optional course.

William: Really, Steve? You would consider dropping the class just because the teacher is dull?

Steve: Yes. I can't learn anything with his teaching style.

Michelle: I'm with Steve. My geography teacher asks us questions and we do group projects. I'm learning a lot in that class.

William: (37)**But Professor Davis is the top chemist in the region. He's won a lot of awards. He is so knowledgeable. You can learn a lot from him even if he isn't entertaining.** What do you think, Emiko?

Emiko: I'm not sure. I understand that the professor is smart and good at chemistry. I want to learn from him, but I can't do that if I'm asleep.

William: Have you tried talking with him? He'll understand and consider making the class more stimulating by including activities like group work.

Michelle: I guess I could try that before I decide whether or not I should continue attending the class, William.

Steve: Yeah. That's a good idea.

Emiko: (36)**I'm going to quit the class. I'll make up for the credits with another class next year.**

William: That's a mistake.

【会話の訳】

エミコ：うわー，ミシェル。私，あの授業で寝てしまうところだったわ！

ミシェル：ええ，わかるわ，エミコ。デイビス教授って本当に頭脳明晰で，彼の化学に関する本は読んでいて楽しいのだけれど，授業はとても退屈よね。

スティーブ：君たち二人に同感だな。僕はあの授業を受け続けるかどうかわからないよ。そもそも選択科目だし。

ウィリアム：本当かい，スティーブ？ ただ先生が退屈だというだけでその授業の受講をやめることを考えるのかい？

スティーブ：そうだよ。彼の授業スタイルでは僕には何も身につかないよ。

ミシェル：私はスティーブと同じ考え。私が受けている地理の先生は質問を投げかけてくれるし，学生はグループワークもするの。あの授業ではたくさん学んでいるわ。

ウィリアム：(37)**でもデイビス教授は地域でトップの化学者だよ。これまでに多くの賞を受賞してきたんだ。とても知識豊富なんだよ。たとえ人を楽しませることはなくても彼からは多くを学ぶことができるさ。**君はどう思う，エミコ？

エミコ：どうかしら。教授が頭脳明晰で化学に秀でていることは理解できるわ。彼から学びたいけど，寝てしまってはそれができないもの。

ウィリアム：先生と話をしてみた？ 彼はわかってくれるだろうし，グループワークのような活動を入れることで授業をより刺激的にするよう考慮してくれるさ。

ミシェル：あの授業に出席し続けるべきか否かを決断する前にそうしてみるのもありだと思うわ，ウィリアム。

スティーブ：うん。それはいい考えだね。

エミコ：(36)**私はあの授業をやめるつもりよ。来年，別の授業でその分の単位を埋め合わせるわ。**

ウィリアム：それは間違っているよ。

【ポイントと解説】

問36　36

エミコの3回目の発話 I'm going to quit the class. I'll make up for the credits with another class next year. を聴き取り，エミコがデイビス教授の授業を継続しないと決断していることを理解する。

問37 37

ウィリアムの２回目の発話にある But Professor Davis is the top chemist in the region. He's won a lot of awards. He is so knowledgeable. You can learn a lot from him even if he isn't entertaining. を聴き取り，デイビス教授は知識豊富であり彼から学ぶことが大いにあるとウィリアムが考えていることを理解し，その考えの根拠となる図表を選ぶ。

MEMO

第３回 解答・解説

設問別正答率

解答番号	1	2	3	4	5	6	7	8	9	10
配点	4	4	4	4	3	3	3	4	4	4
正答率(%)	70.4	49.4	39.7	50.3	75.2	64.4	48.3	90.7	96.3	96.2
解答番号	11	12	13	14	15	16	17	18-21	22	23
配点	4	3	3	3	3	3	3	4	1	1
正答率(%)	61.4	67.8	54.4	45.3	72.6	42.3	32.8	56.1	42.7	76.7
解答番号	24	25	26	27	28-29	30-31	32	33	34	35
配点	1	1	4	3	2	2	4	4	3	3
正答率(%)	60.8	16.1	91.4	65.5	13.8	17.7	46.3	45.7	24.1	38.7
解答番号	36	37								
配点	4	4								
正答率(%)	50.9	66.7								

設問別成績一覧

設問	設問内容	配点	全体	現役	高卒	標準偏差
合計		100	58.0	57.3	65.0	15.9
1	短文発話内容一致問題	25	14.0	13.8	15.9	5.8
2	対話文イラスト選択問題	16	13.8	13.7	14.4	2.9
3	対話文質問選択問題	18	9.5	9.3	11.1	4.7
4	モノローグ型中文内容把握問題	12	7.9	7.8	8.6	2.9
5	モノローグ型長文内容把握問題	15	6.3	6.1	7.6	3.9
6	会話長文質問選択問題	14	6.6	6.5	7.3	3.3

（100点満点）

問題番号	設問		解答番号	正解	配点	自己採点
第1問	A	問1	1	④	4	
		問2	2	③	4	
		問3	3	④	4	
		問4	4	③	4	
	B	問5	5	①	3	
		問6	6	①	3	
		問7	7	③	3	
第1問 自己採点小計					(25)	
第2問	問8		8	①	4	
	問9		9	②	4	
	問10		10	④	4	
	問11		11	③	4	
第2問 自己採点小計					(16)	
第3問	問12		12	①	3	
	問13		13	③	3	
	問14		14	④	3	
	問15		15	②	3	
	問16		16	③	3	
	問17		17	④	3	
第3問 自己採点小計					(18)	

問題番号	設問		解答番号	正解	配点	自己採点
第4問	A	問18	18	④	4 ※	
		問19	19	①		
		問20	20	③		
		問21	21	②		
		問22	22	①	1	
		問23	23	③	1	
		問24	24	⑤	1	
		問25	25	①	1	
	B	問26	26	②	4	
第4問 自己採点小計					(12)	
第5問	問27		27	③	3	
	問28		28	⑥	2 ※	
	問29		29	⑤		
	問30		30	②	2 ※	
	問31		31	①		
	問32		32	②	4	
	問33		33	③	4	
第5問 自己採点小計					(15)	
第6問	A	問34	34	②	3	
		問35	35	②	3	
	B	問36	36	②	4	
		問37	37	②	4	
第6問 自己採点小計					(14)	
自己採点合計					(100)	

（注） ※は，全部正解の場合のみ点を与える。

※【読み上げられた英文】および【訳】で太字になっている部分は，聴き取りの上で重要な部分を示しています。

第1問

A　短文発話内容一致問題

問1　1　④

4303 【読み上げられた英文】

I bought a shirt from the store near the food court **at the mall**.

【英文と選択肢の訳】

僕はショッピングモールのフードコートの近くにある店**でシャツを買った**。

① 話し手はショッピングモールのフードコートで昼食を取った。
② 話し手は気に入ったシャツを見つけられなかった。
③ 話し手はショッピングモールに留って買い物をしなかった。
④ 話し手はショッピングモールで買う物を見つけた。

【ポイントと解説】

I bought a shirt と at the mall を聴き取り，話し手はショッピングモールで買い物をしたことを理解する。

問2　2　③

4304 【読み上げられた英文】

Karen, what's that on your plate? It looks good. **I'll go get some from the table.**

【英文と選択肢の訳】

カレン，君の皿に乗っているそれ，何？ おいしそうだね。**僕もテーブルから少し取ってくるよ。**

① 話し手はカレンに食べ物をもっと持って来る。
② 話し手はカレンが食べた後で彼女の皿を洗う。
③ 話し手はカレンと同じ物を食べる。
④ 話し手はカレンの食べ物を少し食べる。

【ポイントと解説】

Karen, what's that on your plate? と I'll go get some from the table. を聴き取り，話し手はカレンと同じ物を食べることを理解する。

問3　3　④

4305 【読み上げられた英文】

I tried to learn how to surf on vacation, but **the beach was too crowded**.

【英文と選択肢の訳】

僕は休暇中にサーフィンの仕方を習おうとしたけど，**ビーチは混み過ぎていた。**

① 話し手は人々がサーフィンをするのを見て楽しんだ。
② 話し手は混んでいたのでビーチを後にした。
③ 話し手は休暇の後でサーフィンを練習した。
④ 話し手は休暇中に人気のビーチを訪れた。

【ポイントと解説】

I tried to learn how to surf on vacation と the beach was too crowded を聴き取り，話し手は休暇中に混み合っている人気のビーチを訪れたことを理解する。

問4　4　③

4306 【読み上げられた英文】

Victoria expected Roger to forget his paints, so **she brought extra ones to class**.

【英文と選択肢の訳】

ヴィクトリアはロジャーが自分の絵の具を忘れるだろうと思ったので，**余分にいくつか授業に持って来た**。

① ヴィクトリアはロジャーが絵の具を忘れるだろうと思わなかった。
② ヴィクトリアはロジャーにもっとしっかりするように励ました。
③ ヴィクトリアは授業でロジャーを助けるつもりでいた。
④ ヴィクトリアは授業で美術の道具を一緒に使おうとしなかった。

【ポイントと解説】

Victoria expected Roger to forget his paints と she brought extra ones to class を聴き取り，ヴィクトリアはロジャーが自分の絵の具を忘れることを予想して，授業で助けるつもりでいたことを理解する。

B　短文発話イラスト選択問題

問5　5　①

4309 【読み上げられた英文】

Michael **is taking a picture of a cat lying on her back**.

【英文の訳】

マイケルは**仰向けに寝ているネコの写真を撮っている**。

【ポイントと解説】
is taking a picture of a cat lying on her back を聴き取り，仰向けに寝ているネコの写真を撮っているイラストを選ぶ。

問6 6 ①

4310 【読み上げられた英文】

That painting over the sofa should be higher. It's **lower than the bookcase**.

【英文の訳】

ソファーの上にあるあの絵はもっと高いほうがいいですね。それは**本棚より低い**ところにあります。

【ポイントと解説】
That painting over the sofa と lower than the bookcase を聴き取り，絵がソファーの上の方にあり，本棚より低い位置にあるイラストを選ぶ。

問7 7 ③

4311 【読み上げられた英文】

This is mine. **It has no snowflake pattern, and no pom-pom on top.**

【英文の訳】

これは私のです。**それには雪の結晶の柄はなくて，てっぺんにポンポンはついていません。**

【ポイントと解説】
It has no snowflake pattern, and no pom-pom on top. を聴き取り，雪の結晶の柄はなく，てっぺんにポンポンがついていない帽子のイラストを選ぶ。

第2問 対話文イラスト選択問題

問8 8 ①

4314 【読み上げられた英文】

M: Where is my baseball hat? I thought I left it in the drawer.

W: **It's in the top part of the closet.**

M: **Above the clothes?**

W: **Yes, the pants.**

Question: Where is the man's hat?

【対話と質問の訳】

男性：僕の野球帽はどこかな？ 引出しの中に入れておいたと思うんだけど。

女性：**クローゼットの一番上の所に入ってるわ。**

男性：**服の上？**

女性：**そうよ，ズボンのね。**

質問：男性の帽子はどこにあるか。

【ポイントと解説】
男性が最初の発話で野球帽がしまってある場所を尋ねたのに対し，女性が It's in the top part of the closet. と答え，男性が続けて服の上かと尋ねたのに対し，女性が Yes, the pants. と答えているのを聴き取り，男性の帽子がしまってある場所を特定する。

問9 9 ②

4315 【読み上げられた英文】

M: Would you like Hamburger Combo A or Combo B?

W: What's the difference?

M: **Both come with a drink. Combo A has French fries**, and B has a slice of pie.

W: OK, **I'll have Combo A.**

Question: What did the woman order?

【対話と質問の訳】

男性：ハンバーガーコンボ A かコンボ B はいかがですか。

女性：違いは何ですか。

男性：**どちらもドリンクがついています。コンボ A にはフライドポテトがついていて，**コンボ B にはパイが一切れついています。

女性：では，**コンボ A をください。**

質問：女性は何を注文したか。

【ポイントと解説】
男性(店員)が2回目の発話で Both come with a drink. Combo A has French fries と言ったのに対し，女性(客)が I'll have Combo A と言っているのを聴き取り，女性の注文を表すイラストを特定する。

問10 10 ④

4316 【読み上げられた英文】

W: **Are these noodles microwave safe?**

M: **This symbol means it's OK.**

W: And **should I throw away the bowl in the recycling bin** after I eat?

M: **No, that symbol is crossed out.**

Question: Which one are the speakers talking about?

【対話と質問の訳】

女性：**この麺は電子レンジを使っても安全なの？**

男性：**このマークは大丈夫という意味だよ。**

女性：それから，食べた後に**容器はリサイクルボックスに捨てたほうがいい？**

男性：**いや，そのマークはバツ印がつけられているよ。**

質問：話し手たちが話題にしているのはどれか。

【ポイントと解説】

女性（娘）の最初の発話 Are these noodles microwave safe? に対して，男性（父親）が This symbol means it's OK. と答えている。さらに，女性が２回目の発話で should I throw away the bowl in the recycling bin と尋ねたのに対し，男性が No, that symbol is crossed out. と答えているのを聴き取り，二人が話題にしている表示を特定する。

問11 11 ③

4317 **【読み上げられた英文】**

W: **I want to park close to the entrance.**

M: But it's so crowded there.

W: No, **not the entrance to the building**.

M: Oh, I see. **That's a little far from the shopping carts, but OK.**

Question: Where will the speakers park?

【対話と質問の訳】

女性：**入口の近くに駐車したいわ。**

男性：でもそこはかなり混んでいるよ。

女性：いいえ，**建物の入り口ではないわ。**

男性：あー，わかった。**そこはショッピングカート置き場からちょっと遠いけど，いいよ。**

質問：話し手たちはどこに駐車するか。

【ポイントと解説】

女性の最初の発話 I want to park close to the entrance. に対し，男性がそこは混んでいると言ったのを受け，女性が２回目の発話で not the entrance to the building と応え，男性が That's a little far from the shopping carts, but OK. と言っているのを聴き取り，二人が駐車する場所を特定する。

第３問　対話文質問選択問題

問12 12 ①

4320 **【読み上げられた英文】**

M: Did the airline announce how long we'll be waiting?

W: They said another hour.

M: Then we won't make it to our friend's wedding! Did you ask the ground staff why?

W: They said **all the flights are delayed due to dense fog**.

M: I hope it'll clear soon.

【対話の訳】

男性：どのくらい待つことになるかって，航空会社はアナウンスした？

女性：あと１時間だって言っていたわよ。

男性：それじゃあ僕らの友達の結婚式に間に合わないよ！ 地上係員に理由を聞いた？

女性：**濃霧のせいですべての便が遅延しているって**言っていたわ。

男性：すぐに晴れてほしいなあ。

【質問と選択肢の訳】

質問：会話によると正しいのはどれか。

① 彼らが乗る便は悪天候のため遅延している。

② 遅延についてのアナウンスはなかった。

③ 彼らは友達の結婚式をキャンセルした。

④ 彼らは搭乗便の時間に間に合った。

【ポイントと解説】

男性が２回目の発話で遅延している理由を地上係員に聞いたかと尋ねたのに対し，女性が all the flights are delayed due to dense fog と言っているのを聴き取り，濃霧のためにすべての便が遅延していることを理解する。

問13 13 ③

4321 **【読み上げられた英文】**

W: When is Grandma's birthday?

M: It's **September 15th**. **That's a Thursday** this year!

W: Everyone is busy on Thursdays.

M: I know. So **let's celebrate on the weekend instead**.

W: I think **most people will be free on Saturday**.

M: OK, **let's plan on that day**, then.

【対話の訳】

女性：おばあちゃんの誕生日はいつ？

男性：**９月15日**だよ。今年，**その日は木曜日だね！**

女性：みんな毎週木曜日は忙しいわ。

男性：そうだよね。じゃあ**代わりに週末にお祝いをしようよ。**

女性：**土曜日はほとんどの人が空いている**と思うわ。

男性：そうだね。じゃあ**その日で計画しよう。**

【質問と選択肢の訳】

質問：彼らが祖母の誕生日を祝うのはいつか。

① ９月15日

② ９月16日

③ ９月17日

④ ９月18日

【ポイントと解説】

男性(兄)が最初の発話で祖母の誕生日が9月15日の木曜日だと言い，続けて2回目の発話で let's celebrate on the weekend instead と言っている。さらに女性(妹)が3回目の発話で most people will be free on Saturday と言ったのに対し，男性が let's plan on that day と言っているのを聴き取り，彼らが祖母の誕生日を祝う日を特定する。

問14 14 ④

4322 **【読み上げられた英文】**

M: Not again! I can't print out my handouts.

W: That's the second time the printer has broken this month. Let's call the repair service.

M: **I think I can fix it.**

W: But they'll get here in an hour.

M: **There's no time for that. I have to give a presentation in an hour.**

【対話の訳】

男性：またか！ 配付資料をプリントアウトできないよ。

女性：そのプリンターが今月に入って故障したのはこれで2回目よ。修理サービスに電話しましょう。

男性：**自分で直せると思うよ。**

女性：でも1時間でここに来てくれるわよ。

男性：**そのための時間なんてないんだ。1時間後にプレゼンをしなければならないんだよ。**

【質問と選択肢の訳】

質問：男性は何をする可能性が最も高いか。

① 修理屋にもっと早く来るように頼む
② 自分のプレゼンを1時間遅らせる
③ 自分の配付資料をプリントアウトしようとするのをやめる
④ 自分でプリンターを修理しようとする

【ポイントと解説】

プリンターが壊れて配付資料がプリントアウトできないことに対し，男性が2回目の発話で I think I can fix it. と言っている。女性が修理屋が1時間で来てくれると言ったのに対し，男性は3回目の発話で There's no time for that. I have to give a presentation in an hour. と言っているのを聴き取り，男性が修理サービスを呼ばずに自分でプリンターを直そうとしていることを理解する。

問15 15 ②

4323 **【読み上げられた英文】**

W: How long does our essay need to be?

M: Three pages. **You still have a lot of time before the deadline.**

W: Not enough. **I can't finish it in two days.**

M: Didn't you read my email? **You have another week.**

W: Oh, **that's great news**! I'll start working tonight anyway.

M: Good luck!

【対話の訳】

女性：エッセイはどれくらいの長さじゃないといけないんですか。

男性：3ページだよ。**締め切りまで時間はまだたくさんあるよ。**

女性：十分ではありません。**2日ではそれを終わらせることができません。**

男性：僕のEメールを読まなかったの？ **もう1週間あるんだよ。**

女性：あー，**それを聞いてよかったです！** いずれにせよ今夜取りかかります。

男性：頑張って！

【質問と選択肢の訳】

質問：学生はなぜうれしいか。

① 彼女はエッセイでいい点を取った。
② 彼女はエッセイを書く時間がもっとある。
③ エッセイは3ページだけでよい。
④ 教員はエッセイのトピックを提案した。

【ポイントと解説】

男性(教員)が最初の発話で You still have a lot of time before the deadline. と言ったのに対し，女性(学生)が I can't finish it in two days. と応えている。これに対し，男性が2回目の発話で You have another week. と言い，女性が that's great news と応えているのを聴き取り，女性がうれしく思っている理由を理解する。

問16 16 ③

4324 **【読み上げられた英文】**

M: Excuse me, does this train stop at Queen's Park?

W: No, this is the express train.

M: So do I have to go to a different platform and catch a train there?

W: **In about five minutes a local one will get**

here, and you can just take that.

M: Thank you so much!

【対話の訳】

男性：すみません。この電車はクイーンズ・パークに停まりますか。

女性：いいえ，これは急行電車です。

男性：では別のホームに行ってそこで電車に乗らないといけませんか。

女性：約5分後に各駅停車がここに着きますので，それに乗ればいいですよ。

男性：ありがとうございます！

【質問と選択肢の訳】

質問：男性は何をする可能性が最も高いか。

① 約5分間電車に乗る
② クイーンズ・パークまで急行電車に乗る
③ 今いるところで各駅停車を待つ
④ 駅の別の場所に歩いて行く

【ポイントと解説】

男性が2回目の発話で別のホームに行かないといけないかと尋ねたのに対し，女性が In about five minutes a local one will get here, and you can just take that. と答えているのを聴き取り，男性が何をする可能性が最も高いかを理解する。

問17 17 ④

4325 **【読み上げられた英文】**

W: Sorry I'm late.

M: No problem. What happened?

W: **When I got to the station, I realized I'd left my wallet at home.**

M: Can't you pay for things with your phone?

W: Normally yes, but that hasn't been working well lately.

M: Anyway, I was late, too. Traffic was terrible!

W: Is that right?

【対話の訳】

女性：遅れてごめんなさい。

男性：大丈夫だよ。何があったの？

女性：駅に着いたとき，財布を家に置き忘れたことに気づいたの。

男性：携帯電話で支払いができないの？

女性：通常はできるんだけど，最近はそれがうまく機能してないの。

男性：いずれにせよ，僕も遅れたんだ。渋滞がひどかったよ！

女性：そうだったの？

【質問と選択肢の訳】

質問：女性が遅れたのはなぜか。

① 彼女は電話を壊した。
② 彼女は財布をなくした。
③ 彼女は渋滞で身動きがとれなかった。
④ 彼女は家に戻った。

【ポイントと解説】

女性が2回目の発話で When I got to the station, I realized I'd left my wallet at home. と言っているのを聴き取り，女性が遅れた理由を理解する。

第4問

A　モノローグ型図表完成問題

問18〜21 18 ④，19 ①，20 ③，21 ②

4328 **【読み上げられた英文】**

It was so hot last weekend! In the morning, (18)**my parents and I stood in front of the air conditioner to stay cool.** Suddenly, all the electricity in the house went out. I read a book for a while and then got hungry. (19)**My mom stopped me from opening the refrigerator and said, "Keep it closed, or the food will go bad."** By noon, (20)**it was so hot that we had to use traditional fans to cool down.** When the power came back at last, (21)**I was startled by the television turning back on.**

【全訳】

先週末はとても暑かったです！ 午前中，(18)**両親と私はエアコンの前に立って涼んでいました。**突然，家の中のすべての電気が消えました。私はしばらく本を読むとお腹が空きました。(19)**お母さんは私が冷蔵庫を開けるのを止め，「閉めたままにしておかないと，食べ物が傷むわよ」と言いました。**正午までには，(20)**とても暑くなったので私たちは昔ながらのうちわを使って涼まなければなりませんでした。**ようやく電気が復旧すると，(21)**テレビのスイッチが入り直したことに私はドキッとしました。**

【ポイントと解説】

話の展開が，my parents and I stood in front of the air conditioner to stay cool → My mom stopped me from opening the refrigerator and said, "Keep it closed, or the food will go bad." → it was so hot that we had to use traditional fans to cool down → I was startled by the television turning back on となっているのを理解し，その内容を表すイラストを順に並べる。

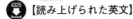

問22〜25 [22] ①，[23] ③，[24] ⑤，[25] ①

4330 【読み上げられた英文】

I need your help rearranging some items in the store. From now on, (22)(25)**Aisle 1 will be for everything for the bathroom, so anything you'd keep or use in a bathroom goes there**. Aisle 2 will be for tools, ones that you use for repairing things around the house. (23)**Please put decorations in Aisle 3**, and anything else in Aisle 4. Oh, (24)**items with a star are for holidays, so they should go in Aisle 5**.

【全訳】

店の一部の商品を並べ直すのを手伝ってもらう必要があります。これからは，(22)(25)**通路１はバスルームに関するすべての物で，バスルームに置いておくか，使う物は何でもそこに置きます**。通路２は道具で，家周りの物を修理するために使う物です。(23)**装飾品は通路３に置いて**，その他の物は何でも通路４に置いてください。あっ，(24)**星印のついた商品は祝祭日用の物なので，それらは通路５に置きます**。

【ポイントと解説】

Aisle 1 will be for everything for the bathroom, so anything you'd keep or use in a bathroom goes there を聴き取り，**問22**と**問25**の解答を特定する。次に，Please put decorations in Aisle 3を聴き取り，**問23**の解答を特定する。最後に，items with a star are for holidays, so they should go in Aisle 5を聴き取り，**問24**の解答を特定する。

B　モノローグ型質問選択問題

問26 [26] ②

4333 【読み上げられた英文】

1．I just saw a game that looks like nothing I've ever seen before, named Desert Planet. **It's on sale for $15**, and programming is a big part of the game, so **it teaches you basic computer science**.

2．There's a game **you can get right now for $10** called Rose Dynasty. **It has the high-tech graphics that use the latest 3-D technology.** It's set in ancient China, so **you learn a lot of history** when playing it.

3．My favorite game is called Simon's Journey. The price changes all the time, but it's easy to find on sale. The designers did a cool thing **by using the latest graphics technology** where they animated over actual images.

4．For **only $5**, you can download Witches and Wizards on any system. It's set in a fictional version of Europe during the time of kings and queens, and it's all completely hand-drawn. I've been playing this game for years and I still love it.

【全訳】

1．Desert Planet という名前の，これまで見たことのないようなゲームを今見たばかりです。**セールになっていて15ドルです**。プログラミングがゲームの大きな要素になっているので，**それは基本的なコンピュータサイエンスを教えてくれます**。

2．Rose Dynasty と呼ばれる**今だと10ドルで買うことができる**ゲームがあります。**最新の3-D技術を用いたハイテクのグラフィックを備えています**。古代中国を舞台にしていますので，ゲームをしながら**歴史をたくさん学びます**。

3．Simon's Journey と呼ばれる私のお気に入りのゲームがあります。値段は常に変動しますが，それが特価になっているのを見つけるのは簡単です。デザイナーは，実際の画像をアニメーション化する**最新のグラフィック技術を使って**すばらしいことをしました。

4．**たった５ドル**で，どんなシステムにも Witches and Wizards をダウンロードすることができます。それは架空のヨーロッパで，王と王妃が支配していた時代を舞台にしていて，すべて完全に手描きです。私はこのゲームを何年もプレイしていますが，いまだに大好きです。

【ポイントと解説】

Rose Dynasty に関して，you can get right now for $10（A の条件），It has the high-tech graphics that use the latest 3-D technology.（C の条件），you learn a lot of history（B の条件）を聴き取り，すべての条件を満たしていることを理解する。

Desert Planet は，A と B の条件を満たしているが，C の条件については述べられていない。

Simon's Journey は，C の条件を満たしているが，A の条件については具体的に述べられておらず，B の条件については述べられていない。

Witches and Wizards は，A の条件を満たしているが，B と C の条件については述べられていない。

第5問　モノローグ型長文ワークシート完成・選択問題

問27〜32　[27] 〜 [32]

4336 【読み上げられた英文】

Have any of you heard of something called "job hopping"? It's a work trend that has become popular in America and Europe over the last decade. Instead of staying at one company for their whole lives like older generations did, (27)(33)**young workers might quit and take a new job after less than two years**. Why are they doing this?

There are some reasons for this. (28)**The most common concerns are simply not being paid enough in their current position or not having a clear path to advance in the company.** However, (29)**some job hoppers have pointed to emotional problems, such as stress or an unfriendly workplace culture**. Whatever the reason, changing jobs can be a way to quickly address issues that a person is having at work. Furthermore, statistics support the idea that some amount of job hopping is essential for young workers who want to increase their salary.

Of course, this strategy comes with potential costs. (30)**In the short term, job hopping can be a problem, since job hoppers always have to learn new skills and responsibilities.** (31)**In the long term, job hopping may cause damage to the reputation of people who constantly change their jobs** because they may look unreliable to employers that are considering hiring them. Moreover, after a decade of job hopping, they may have a high salary, but few companies are willing to pay it.

(32)**The shift toward job hopping illustrates the changing attitudes that young people have toward the companies they work for.** The concept of loyalty is largely being discarded, particularly following the 2008 financial crisis. (32)**With companies firing a shocking number of long-term employees, workers reacted by treating their employers as disposable.**

【全訳】

皆さん方の中で，「ジョブホッピング(職を転々とすること)」と呼ばれるものを聞いたことがある人はいますか。それは，この10年の間にアメリカやヨーロッパで一般的になった仕事の風潮です。古い世代がしていたように生涯ずっと１つの企業に居続けるのではなく，(27)(33)**若い労働者は２年も経たないうちに辞めて新たな仕事に就くかもしれないのです**。彼らはなぜこのようなことをしているのでしょうか。

それにはいくつかの理由があります。(28)**一番よくある懸念事項は，現在の地位での給料がまったく十分でないということだったり，その企業で昇進する明確な道がまったくなかったりするということです**。しかし，(29)**職を転々とする人の中には，ストレスや馴染めない社風といった情緒面の問題を指摘した人もいます**。その理由が何であれ，転職することはある人が職場で抱えている問題に素早く対処する方法になり得るのです。さらに，ある程度職を転々とすることは給料を増やしたいと思う若者には欠かせないのだという考えを，統計が裏づけています。

もちろんこのような戦略は潜在的に代償を伴っています。(30)**短期的には，職を転々とする人は常に新しい技能を身につけたり，責任感をもてるようにしなければならないため，職を転々とすることは問題になることがあるのです**。(31)**長期的には，職を転々とすることは，絶えず仕事を変える人の評判に傷をつけるかもしれません**。なぜなら，彼らを雇用することを考えている雇用主には彼らは信頼できないように見えるかもしれないからです。その上，10年間職を転々とした後では，彼らは高い給料を取るようになっているかもしれませんが，それを喜んで支払う企業はほとんどありません。

(32)**職を転々とすることへの変化は，若者が自分の勤める企業に対して持っている考え方が変わりつつあることを示しています**。忠誠心という概念はほぼ捨てられつつあります。とりわけ2008年の金融危機以降は。(32)**企業が長年働いてきた従業員を驚くほどたくさん解雇したので，労働者は自分の雇用主を使い捨てとして扱うことで応戦したのです。**

問27　[27]　③

【選択肢の訳】

① １つの企業に対し異なる責任をたくさん持つこと

② 同じ業界内で非正規の仕事を２つ以上持つこと

③ 雇用されてから２年以内に新たな仕事のために辞めること

④ ある仕事で身につけた技能を使って別の仕事で成功すること

【ポイントと解説】

英文冒頭で "job hopping"「職を転々とすること」

という働き方に対する最近の風潮を紹介し，その説明として young workers might quit and take a new job after less than two years と言っているのを聴き取り，Job hopping の指し示す内容を理解する。

問28～31 [28] ⑥，[29] ⑤，[30] ②，[31] ①

【選択肢の訳】

① 悪い評判
② 絶えず続く学習
③ 世代間ギャップ
④ 職務の困難性
⑤ 心の健康
⑥ 昇進の機会

【ポイントと解説】

Job Hopping「職を転々とすること」の Professional motivation「職業上の動機」に関しては，英文前半の The most common concerns are simply not being paid enough in their current position or not having a clear path to advance in the company. を聴き取り，昇給や昇進の機会を求めることだと理解する。Personal motivation「個人的動機」に関しては，some job hoppers have pointed to emotional problems, such as stress or an unfriendly workplace culture を聴き取り，心の健康や馴染めない社風が原因になっていることを理解する。

Potential Problems for Job Hoppers「職を転々とする人にとっての潜在的な問題」のうち，short term「短期」に関しては，英文後半の In the short term, job hopping can be a problem, since job hoppers always have to learn new skills and responsibilities. を聴き取り，絶えず学習を続けなければならないことだと理解する。long term「長期」に関しては，In the long term, job hopping may cause damage to the reputation of people who constantly change their jobs を聴き取り，評判が悪化するかもしれないことだと理解する。

問32 [32] ②

【選択肢の訳】

① 企業は自ら進んで職を転々としない労働者を定期的に解雇する。
② 職を転々とする従業員は，企業が自分たちを処遇する方法に応戦している。
③ 職を転々とすることは，利益追求を重視する企業を罰する方法である。
④ 職を転々とするという慣行は，今日の世代を越えて続くことはないだろう。

【ポイントと解説】

英文最後の The shift toward job hopping illustrates the changing attitudes that young people have toward the companies they work for. と With companies firing a shocking number of long-term employees, workers reacted by treating their employers as disposable. を聴き取り，job hopping「職を転々とすること」は，企業に対して変わりつつある若者の考え方を示しており，企業が長年働いてきた従業員を解雇することに労働者が応戦する形で生まれたものであることを理解する。

問33 [33] ③

4338 【読み上げられた英文】

Job hopping rates vary widely in the private and public sectors. This graph has data from some of the major types of work in America. **It shows how long employees tend to stay at their jobs.** What conclusion can you draw based on this?

【全訳】

職を転々とする割合は民間部門と公共部門で大きく異なっています。このグラフはアメリカの主要な職種の一部からのデータです。**それは従業員がどのくらいの期間在職する傾向にあるかを示しています。**これに基づきどんな結論を導き出すことができますか。

【選択肢の訳】

① 建設作業員は職場でのストレスで悩むことが少ない。
② 公務員は金融危機のときに職を転々とする可能性が高い。
③ 娯楽産業の従業員はほかのいかなる部門の従業員よりも職を転々とする可能性が高いようである。
④ 製造業の従業員は自分が勤めている企業で出世する機会をずっと多く必要としている。

【ポイントと解説】

グラフから娯楽産業の従業員はほかの部門の従業員よりも在職期間が短いことを読み取った上で，読み上げられた英文の It shows how long employees tend to stay at their jobs. を聴き取る。そしてこれらの情報と，最初の講義で，若者は雇用されてから2年以内に job hop「職を転々とする」と説明されていたことを重ね合わせて判断する。

第6問

A 対話文質問選択問題

問34・35 34 35

4341 【読み上げられた英文】

Doris: Wow, it's four o'clock already. I have to go.
Max: Really, Doris? Where are you going?
Doris: I need to jog five miles before the sun goes down, Max.
Max: Are you training for a race?
Doris: No, I'm just trying to lose weight.
Max: (35)**If that's all, it's much easier to watch what you eat.**
Doris: I have a lot of trouble sticking to a diet.
Max: (35)**It's hard, but you can also save money by eating less.**
Doris: For me, it's much simpler to eat what I want and force myself to go running.
Max: Between my job and housework, I can never find the time for exercise.
Doris: (34)**You just need to manage your time more wisely.** You might be surprised how much free time you have.
Max: That would probably be a good idea ...
Doris: (34)**Plus, if you stay disciplined when it comes to your exercise schedule, you will feel confident and get an energy boost.**
Max: I'll think about it while eating my salad.
Doris: Let's talk more later. Bye.

【対話の訳】

ドリス：うわー，もう4時だわ。行かなきゃ。
マックス：本当かい，ドリス？ どこへ行くんだい？
ドリス：日が沈む前に5マイル，ジョギングしなければいけないのよ，マックス。
マックス：レースに向けてトレーニングしているの？
ドリス：いいえ。ただ，体重を落とそうとしているだけよ。
マックス：(35)**それだけのことなら，食べる物に気をつけるほうがずっと簡単だよ。**
ドリス：ダイエットをきちんと続けるって私にはなかなか大変なのよ。
マックス：(35)**それは難しいことだけど，食べる量を減らすことでお金を節約することもできるよ。**
ドリス：私にとっては，食べたいものを食べて自らにランニングを強いるほうがずっと簡単なの。
マックス：僕は仕事と家事の間に運動の時間なんてまったく取れないよ。
ドリス：(34)**とにかくもっと賢く時間をやりくりするだけでいいのよ。**いかに多くの自由な時間があるかということに驚くかもしれないわ。
マックス：それはおそらくいい考えだろうね…。
ドリス：(34)**それと運動のスケジュールのことになると，規律を守っていれば自信がつくし活力がみなぎってくるわよ。**
マックス：サラダを食べながらそのことを考えてみるよ。
ドリス：後でもっと話しましょう。じゃあね。

【質問と選択肢の訳】

問34 34 ②

ドリスの主な論点は何か。

① 競技スポーツはモチベーションを維持する良い方法だ。
② 規律を守っていることは肉体的，精神的健康を増進させる。
③ 健康的な食事は身体活動とバランスを取らなければならない。
④ 運動は仕事のスケジュールに組み込みやすい。

問35 35 ②

次の説明のうち，どれにマックスは賛同するだろうか。

① ダイエットは困難だが見返りのある作業だ。
② 食べる量を減らすことは身体的にも金銭的にも理にかなっている。
③ ジョギングは体重を落とすのに最も良い方法だ。
④ 完璧な減量方法などない。

【ポイントと解説】

問34 34

ドリスの6回目の発話にある You just need to manage your time more wisely. や，7回目の発話 Plus, if you stay disciplined when it comes to your exercise schedule, you will feel confident and get an energy boost. を聴き取り，規律正しく計画的に運動することで肉体的にも精神的にも健康増進になるというドリスの主な論点を理解する。

問35 35

マックスの3回目の発話 If that's all, it's much easier to watch what you eat. や，4回目の発話 It's hard, but you can also save money by eating less. を聴き取り，体重を減らすには食べる物を減らすことが有効であり，食費も低く抑えられるという考えにマックスは賛同するであろうことを理解する。

B　会話長文意見・図表選択問題

問36・37　36　②，37　②

【読み上げられた英文】

Gerald: Lucy, did you notice that the waiter serving our pizza was coughing?

Lucy: I did, Gerald. (36)**He definitely shouldn't be working if he's sick.**

Gerald: Or (37)**he could at least wear a mask.**

Mike: It's awful that people are forced to work at all when they're sick.

Lucy: Are they being forced, Mike?

Mike: Lots of lower income workers are, Lucy. If they take too many sick days, they get fired.

Lucy: But I don't think companies are allowed to do that.

Mike: Companies do lots of things they aren't supposed to.

Gerald: Whether or not those employees are forced to work while they're sick, (37)**they should wear masks to avoid infecting others.**

Mike: That's certainly true. Have you ever gone into work sick, Takako?

Takako: Personally, I haven't, Mike. But some people have no choice.

Mike: That's what I'm saying! Businesses make people work when they're sick.

Takako: I'm not sure about that. I think lots of people just need the money.

Lucy: Is one day of work worth possibly spreading a disease to others, Takako?

Takako: Well, Lucy, it might be if you need to work that day to pay your bills on time.

Gerald: (37)**In that case, they should just wear a mask** and I wouldn't mind too much.

Takako: That seems logical to me too, Gerald.

Lucy: Sorry, Takako. (36)**I just can't accept putting others at risk.**

Mike: You're blaming the wrong people, Lucy. (36)**It's the business's responsibility to make employees take sick leave.**

【会話の訳】

ジェラルド：ルーシー，ピザを持ってきたウェイター，咳き込んでいたのに気づいたかい？

ルーシー：気づいたわ，ジェラルド。(36)**具合が悪いなら仕事をしていては絶対だめよね。**

ジェラルド：それか，(37)**せめてマスクぐらいは着用したっていいのにね。**

マイク：そもそも人が病気のときに働かされるなんてひどいよ。

ルーシー：彼ら，強制されているの，マイク？

マイク：多くの低所得労働者はそうだよ，ルーシー。あまり病欠が多いと首になってしまうんだ。

ルーシー：でも，会社がそんなことをするのは許されていないと思うわ。

マイク：会社はしてはいけないことをたくさんやっているんだ。

ジェラルド：あの従業員たちが病気のときに働かされているにせよそうでないにせよ，(37)**他の人を感染させるのを防ぐためにマスクを着用するべきだよ。**

マイク：確かにそのとおりだね。タカコ，君は身体の具合が悪いまま仕事に行ったことはあるかい？

タカコ：個人的にはないわよ，マイク。でも，選択の余地がない人もいるわ。

マイク：僕の言っていることはそれだよ！ 会社は人を病気なのに働かせるんだ。

タカコ：それはどうかよくわからないけど。多くの人はとにかくお金が必要なんだと思うわ。

ルーシー：１日の仕事はひょっとすると他の人に病気をまき散らしてしまうほどの価値があるのかしら，タカコ？

タカコ：えっと，あるかもしれないわよ，ルーシー。予定どおり期日に請求書の支払いをするためにその日仕事をする必要があるなら。

ジェラルド：(37)**そういう場合は，マスクを着用するだけでいいんだよ。**そうすれば僕はあまり気にならないな。

タカコ：私にもそれは筋が通っているように思えるわ，ジェラルド。

ルーシー：ごめんなさい，タカコ。(36)**他人をリスクにさらすことなんて私は絶対に受け入れられないわ。**

マイク：非難する相手を間違えているよ，ルーシー。(36)**従業員に病欠を取らせるのは会社側の責任なんだ。**

【ポイントと解説】

問36 36

ルーシーの最初の発話にある He definitely shouldn't be working if he's sick. と，5回目の発話にある I just can't accept putting others at risk. を聴き取り，さらにマイクの6回目の発話にある It's the business's responsibility to make employees take sick leave. を聴き取り，この2人が病気のときには病欠を取って休むべきだという考えに賛成であることを理解する。

問37 37

ジェラルドの2回目の発話にある he could at least wear a mask，3回目の発話にある they should wear masks to avoid infecting others と，4回目の発話にある In that case, they should just wear a mask を聴き取り，ジェラルドは病気の感染予防にマスクの着用が有効だと考えていることを理解し，この考えの根拠になる図表を選ぶ。

MEMO

第４回　解答・解説

設問別正答率

解答番号	1	2	3	4	5	6	7	8	9	10
配点	4	4	4	4	3	3	3	4	4	4
正答率(%)	78.4	81.6	45.9	61.1	91.3	37.0	90.8	93.8	79.3	94.6
解答番号	11	12	13	14	15	16	17	18-21	22	23
配点	4	3	3	3	3	3	3	4	1	1
正答率(%)	52.6	64.8	21.5	25.5	23.9	56.4	31.6	49.3	68.7	65.8
解答番号	24	25	26	27	28-29	30-31	32	33	34	35
配点	1	1	4	3	2	2	4	4	3	3
正答率(%)	52.1	53.2	64.3	68.9	15.2	14.9	49.9	62.2	46.8	45.5
解答番号	36	37								
配点	4	4								
正答率(%)	52.8	59.1								

第4回

設問別成績一覧

設問	設　問　内　容	配　点	全　体	現　役	高　卒	標準偏差
合計		100	58.1	57.5	64.6	14.4
1	短文発話内容一致問題	25	17.3	17.1	19.1	5.1
2	対話文イラスト選択問題	16	12.8	12.7	13.5	3.2
3	対話文質問選択問題	18	6.7	6.6	7.5	3.7
4	モノローグ型中文内容把握問題	12	6.9	6.9	7.7	3.3
5	モノローグ型長文内容把握問題	15	7.2	7.0	8.6	3.8
6	会話長文質問選択問題	14	7.2	7.1	8.3	3.9

（100点満点）

問題番号	設問		解答番号	正解	配点	自己採点
第1問	A	問1	1	②	4	
		問2	2	③	4	
		問3	3	③	4	
		問4	4	④	4	
	B	問5	5	③	3	
		問6	6	④	3	
		問7	7	②	3	
第1問　自己採点小計					(25)	
第2問		問8	8	②	4	
		問9	9	③	4	
		問10	10	③	4	
		問11	11	①	4	
第2問　自己採点小計					(16)	
第3問		問12	12	④	3	
		問13	13	③	3	
		問14	14	④	3	
		問15	15	③	3	
		問16	16	②	3	
		問17	17	③	3	
第3問　自己採点小計					(18)	
第4問	A	問18	18	①	4 ※	
		問19	19	③		
		問20	20	④		
		問21	21	②		
		問22	22	④	1	
		問23	23	①	1	
		問24	24	⑤	1	
		問25	25	⑤	1	
	B	問26	26	④	4	
第4問　自己採点小計					(12)	
第5問		問27	27	③	3	
		問28	28	①	2 ※	
		問29	29	③		
		問30	30	⑤	2 ※	
		問31	31	⑥		
		問32	32	①	4	
		問33	33	②	4	
第5問　自己採点小計					(15)	
第6問	A	問34	34	①	3	
		問35	35	③	3	
	B	問36	36	③	4	
		問37	37	①	4	
第6問　自己採点小計					(14)	
自己採点合計					(100)	

（注）　※は，全部正解の場合のみ点を与える。

※【読み上げられた英文】および【訳】で太字になっている部分は，聴き取りの上で重要な部分を示しています。

第1問

A　短文発話内容一致問題

問1　[1]　②

4403【読み上げられた英文】

When Tony went to the window, he realized it was snowing outside.

【英文と選択肢の訳】

トニーは窓のところに行ったとき，外では雪が降っていることに気づいた。

① トニーは雪が降っていることに気づかなかった。
② トニーは屋内から雪を見た。
③ トニーは窓を開けることができなかった。
④ トニーは外に出て雪を見た。

【ポイントと解説】

When Tony went to the window, he realized it was snowing outside. を聴き取り，トニーは屋内から雪を見たことを理解する。

問2　[2]　③

4404【読み上げられた英文】

Be careful, Sharon. **Those stairs are broken. Let's find another way.**

【英文と選択肢の訳】

シャロン，気をつけて。**その階段は壊れているよ。別の行き方を見つけよう。**

① 話し手は階段が安全かどうか調べる。
② 話し手はシャロンが階段を上るのを手伝う。
③ 話し手は別の行き方を探す。
④ 話し手はシャロンに近づかないようにする。

【ポイントと解説】

Those stairs are broken. Let's find another way. を聴き取り，話し手は壊れている階段とは別の行き方を探すことを理解する。

問3　[3]　③

4405【読み上げられた英文】

This painting of my dog was for practice. I won't enter it in any competitions.

【英文と選択肢の訳】

僕の犬のこの絵は練習用だったんだ。それをどんなコンクールにも出品するつもりはないよ。

① 話し手は犬の絵を買った。
② 話し手はその絵をコンクールに出品した。
③ 話し手は絵の技能を高める練習をした。
④ 話し手は競技会のために自分の犬を訓練した。

【ポイントと解説】

This painting of my dog was for practice. を聴き取り，話し手は絵の技能を高める練習をしたことを理解する。

問4　[4]　④

4406【読み上げられた英文】

Mark promised to help Jennifer move this weekend, **so he can't go to the concert.**

【英文と選択肢の訳】

マークはジェニファーが今週末に引っ越しするの**を手伝う約束をしたので，コンサートに行くことができない。**

① マークはジェニファーが今週末に引っ越しするのを手伝うことができない。
② マークはジェニファーが引っ越しするのを手伝うことができるかどうかを彼女に伝えなかった。
③ マークは週末に別の予定があるとジェニファーに言った。
④ マークはコンサートに行く代わりに，ジェニファーを手伝う。

【ポイントと解説】

Mark promised to help Jennifer と so he can't go to the concert を聴き取り，マークはコンサートに行く代わりに，ジェニファーを手伝うことを理解する。

B　短文発話イラスト選択問題

問5　[5]　③

4409【読み上げられた英文】

Stacy cut the cake in half and put the two pieces on separate plates.

【英文の訳】

ステイシーはケーキを半分に切って2つを別々の皿に乗せた。

【ポイントと解説】

Stacy cut the cake in half and put the two pieces on separate plates. を聴き取り，半分に切ったケーキが2つの皿に乗っているイラストを選ぶ。

問6 [6] ④

【読み上げられた英文】

That fence has a broken gate. Someone really should fix it.

【英文の訳】

その柵は門扉が壊れている。実際に誰かがそれを直さないといけない。

【ポイントと解説】

That fence has a broken gate. を聴き取り，柵は壊れておらず門扉が壊れているイラストを選ぶ。

問7 [7] ②

【読み上げられた英文】

I like **the cushion with the birds**. Not the round one, but **the square one**.

【英文の訳】

鳥柄のクッションが気に入ったわ。丸いのじゃなくて，**四角いの**。

【ポイントと解説】

the cushion with the birds と the square one を聴き取り，適切なクッションのイラストを選ぶ。

第2問　対話文イラスト選択問題

問8 [8] ②

【読み上げられた英文】

M: Where do these T-shirts go?

W: **Just put them in one of the top drawers.**

M: **Next to the caps?**

W: **Yes, but not above the bags.**

Question: Where will the man put the T-shirts?

【対話と質問の訳】

男性：これらのTシャツはどこにしまうの？

女性：**上の引出しの1つに入れてもらえるかしら。**

男性：**帽子の隣？**

女性：**そうよ。でもカバンの上じゃないわ。**

質問：男性はどこにTシャツをしまうか。

【ポイントと解説】

男性が最初の発話でTシャツをどこにしまうか尋ねたのに対し，女性が Just put them in one of the top drawers. と言い，男性が続けて帽子の隣かと尋ねたのに対し，女性が Yes, but not above the bags. と応えているのを聴き取り，男性がTシャツをしまう場所を特定する。

問9 [9] ③

【読み上げられた英文】

W: Are we using atlases tomorrow?

M: No, we aren't. **Tomorrow we'll need compasses and rulers for geometry.**

W: Does the teacher have extra ones?

M: Maybe not. **We should bring our own.**

Question: What will they bring?

【対話と質問の訳】

女性：明日，地図帳使うかしら？

男性：いや，使わないよ。**明日は幾何でコンパスと定規が必要だね。**

女性：先生は余分に持っているかしら？

男性：たぶん持っていないよ。**僕たちは自分のを持って来たほうがいいね。**

質問：彼らが持って来るのは何か。

【ポイントと解説】

女性が最初の発話で明日地図帳を使うか尋ねたのに対し，男性がそれを否定した後 Tomorrow we'll need compasses and rulers for geometry. と言い，さらに2回目の発話で We should bring our own. と言っているのを聴き取り，彼らが持って来るもののイラストを特定する。

問10 [10] ③

【読み上げられた英文】

W: Is this the way in?

M: Yes, **there's an arrow on the door pointing up**.

W: But **there's one on the left pointing down**.

M: That means it's an entrance and an exit.

Question: Which picture shows what they are looking at?

【対話と質問の訳】

女性：ここは入り口なの？

男性：そうだよ。**ドアに上向きの矢印があるからね。**

女性：でも**下向きの矢印が左側にあるわよ。**

男性：その意味は，ここは入口であり出口でもあるということだよ。

質問：彼らが見ているものを示すのはどの絵か。

【ポイントと解説】

男性(父親)の最初の発話にある there's an arrow on the door pointing up と，女性(娘)の2回目の発話にある there's one on the left pointing down を聴き取り，二人が見ているものを示すイラストを特定する。

問11 11 ①

【読み上げられた英文】

W: **Let's put up our tent by a big tree.**

M: **OK, and let's go far from the river.**

W: **I don't want to be near other tents.**

M: Then, there's only one choice.

Question: Where will the speakers put up their tent?

【対話と質問の訳】

女性：**大きな木のそばにテントを張りましょう。**

男性：**いいよ。でも川からは遠く離れよう。**

女性：**他のテントの近くは嫌だわ。**

男性：じゃあ，選択肢は1つしかないね。

質問：話し手たちはどこにテントを張るか。

【ポイントと解説】

女性の最初の発話 Let's put up our tent by a big tree. に対し，男性は OK, and let's go far from the river. と応えている。さらに女性が2回目の発話で I don't want to be near other tents. と言っているのを聴き取り，二人がテントを張る場所を特定する。

第3問　対話文質問選択問題

問12 12 ④

【読み上げられた英文】

W: Do you think we can move to a different table?

M: Why?　Do you want a better view?

W: No, **it's my chair.**

M: What seems to be the problem?

W: **I think one of the legs is a little unstable.**

M: Let's ask them if we can move to another table.

【対話の訳】

女性：私たち，別のテーブルに移動できると思う？

男性：どうして？ もっと景色の良い場所がいいのかい？

女性：そうじゃなくて，**私の椅子なの。**

男性：どうかしたの？

女性：**脚の1つがちょっとガタガタすると思うわ。**

男性：僕たちが別のテーブルに移動できるか聞いてみよう。

【質問と選択肢の訳】

質問：女性がかかえている問題は何か。

① テーブルの脚の1つが壊れている。
② 彼女はレストランの窓から外を見ることができない。
③ 彼女の椅子の下に何かがはさまっている。
④ 彼女の椅子に問題がある。

【ポイントと解説】

女性(妻)の2回目の発話にある it's my chair と3回目の発話 I think one of the legs is a little unstable. を聴き取り，女性がかかえている問題は何かを理解する。

問13 13 ③

【読み上げられた英文】

M: How much farther is it to the rose garden?

W: Actually, it's in the other direction, near the entrance.

M: Seriously?

W: Yeah, near the fountain. Shall we go back now?

M: We've walked this far, so **I'd rather finish this trail.**

W: **The garden will still be open when we get back.**

M: **OK.**

【対話の訳】

男性：ローズ・ガーデンまではあとどれくらいあるの？

女性：実は，逆の方向で，入口の近くよ。

男性：本当かい？

女性：ええ，噴水の近くよ。今から戻りましょうか。

男性：ここまで歩いてきたから，**僕はできればこの散策コースを終わらせてしまいたいな。**

女性：**私たちが後で戻ってもガーデンはまだ開いているわ。**

男性：**そうだね。**

【質問と選択肢の訳】

質問：彼らは何をする可能性が高いか。

① 女性の提案に従う
② 今すぐ入口の方に戻る
③ ローズ・ガーデンを後で訪れる
④ まず噴水まで歩き続ける

【ポイントと解説】

女性が2回目の発話でローズ・ガーデンに向かって戻ろうかと提案したのに対し，男性が3回目の発話で I'd rather finish this trail と言っている。さらに女性の3回目の発話 The garden will still be open when we get back. に対して，男性が OK. と応えているのを聴き取り，二人は何をする可能性が高いかを理解する。

問14 [14] ④

【読み上げられた英文】

M: **Did you hear that we're getting individual keys?**

W: **Finally! I suggested that to our professor months ago.**

M: Now we can get into the lab any time.

W: Probably not on Sundays.

M: No, but I can come back at night.

W: Why would you want to do that?

M: Sometimes I accidentally leave things there.

【対話の訳】

男性：**僕たち，個別のカギをもらえるって聞いた？**

女性：**ついにやったわ！ 私，何カ月も前にそれを教授に提案したのよ。**

男性：これでいつでも実験室に入れるね。

女性：おそらく日曜日には入れないでしょうけど。

男性：そうだね。でも夜に戻ってくることができるよ。

女性：なぜそんなことしたいの？

男性：ときどきそこに物をうっかり置き忘れるんだ。

【質問と選択肢の訳】

質問：女性はなぜ喜んでいるか。

① 彼女は失くした物を取り戻せる。
② 彼女はもう少し遅くまで作業ができる。
③ 実験室が毎週日曜日に開く。
④ 教授が彼女の考えを受け入れた。

【ポイントと解説】

男性の最初の発話 Did you hear that we're getting individual keys? に対して，女性が Finally! I suggested that to our professor months ago. と言っているのを聴き取り，女性はなぜ喜んでいるかを理解する。

問15 [15] ③

【読み上げられた英文】

W: **Are you finished with your part of the project?**

M: **No. Looks like it'll take me until midnight.**

W: Will that be enough time?

M: Yes, I'm almost done. What about you?

W: I still have a lot to do. I don't know when I'll finish it.

M: OK. When I'm done, I'll help you.

【対話の訳】

女性：**プロジェクトの自分のパート，終わった？**

男性：**いや，どうやら真夜中の12時までかかりそうだよ。**

女性：それで時間は足りるの？

男性：そうだね。もうほとんど終わっているから。君はどう？

女性：まだやることがたくさんあるの。いつ終わるかわからないわ。

男性：わかった。僕が終わったら，手伝うよ。

【質問と選択肢の訳】

質問：男の子は何をする可能性が高いか。

① 女の子に手伝ってくれるように頼む
② 自分のプロジェクトに取り組み始める
③ 夜遅くに自分のパートを終わらせる
④ 真夜中の12時まで女の子と作業をする

【ポイントと解説】

女性の最初の発話 Are you finished with your part of the project? に対し，男性が No. Looks like it'll take me until midnight. と言っているのを聴き取り，男の子は何をする可能性が高いかを理解する。

問16 [16] ②

【読み上げられた英文】

W: Hello, I'd like to check in. I'm a bit early.

M: I'm afraid your room isn't ready yet.

W: I have an appointment at Café Viva at 2:30, so I'd like to check in before that.

M: That's a five-minute walk away, and **we can have it ready by 2:00.**

W: Great! **See you then.**

【対話の訳】

女性：こんにちは。チェックインをお願いします。少し早いのですが。

男性：あいにく，まだお客様のお部屋は準備ができておりません。

女性：Café Viva で２時半に約束があるので，その前にチェックインしたいのですが。

男性：そこは歩いて５分ですし，**２時までにはご用意できます。**

女性：よかった！ **ではまたそのときに。**

【質問と選択肢の訳】

質問：女性は何時にホテルに戻って来るか。

① 午後１時35分
② 午後２時
③ 午後２時30分
④ 午後２時35分

【ポイントと解説】

女性が２回目の発話で２時半の約束の前にチェックインしたいと言ったのに対し，男性（スタッフ）が２回目の発話で we can have it ready by 2:00と言い，これに女性が３回目の発話で See you then. と応えているのを聴き取り，女性が何時にホテルに戻って来るかを理解する。

問17 [17] ③

4425【読み上げられた英文】

M：**I can't find the things I'm looking for.**

W：**There are so many different kinds of things all over the place that I can't figure out where to look.**

M：And many items don't have price tags on them.

W：It's really annoying.

M：The only good thing here is that the prices are low.

【対話の訳】

男性：**探している物が見つからないな。**

女性：**店中にあまりにもいろいろな物がたくさんあって，どこを見ればいいかわからないわね。**

男性：それに多くの商品に値札がついてないよ。

女性：本当にいらっとするわ。

男性：この店の良いところは，値段が安いっていうことだけだね。

【質問と選択肢の訳】

質問：彼らは店について何と言っているか。

① あまりに多くの客で込んでいる。
② 品物は値段が結構高い。
③ 商品の整理の仕方がひどい。
④ 扱っている品物の数が少ない。

【ポイントと解説】

男性が最初の発話で I can't find the things I'm looking for. と言ったのに対し，女性は There are so many different kinds of things all over the place that I can't figure out where to look. と応えているのを聴き取り，彼らは店について何と言っているかを理解する。

第４問

A モノローグ型図表完成問題

問18～21 [18] ①，[19] ③，[20] ④，[21] ②

4428【読み上げられた英文】

A large survey compared the eyesight of 12-year-old children in different countries in Asia, including Cambodia, Japan, Nepal, and Singapore. The researchers tested whether the children were nearsighted, meaning that they were not able to clearly see things far away. Developed countries had a higher percentage of this problem, (20)(21)**with Japan at the top of the list followed by Singapore.** By contrast, (18)**almost no children in Cambodia were nearsighted.** (19)**A slightly higher percentage of those in Nepal had difficulty seeing things far away.**

【全訳】

大規模な調査で，カンボジア，日本，ネパールとシンガポールを含めたアジアのさまざまな国における12歳の子どもの視力が比較されました。研究者らは子どもたちが近視かどうか，つまり遠くにあるものがはっきりと見えないかどうかを調査しました。先進国はこの問題の割合がより高く，(20)(21)**日本がリスト上で一番となり，それにシンガポールが続きました。**対照的に，(18)**カンボジアでは近視の子どもはほとんどいませんでした。**(19)**ネパールではそれよりわずかに高い割合の子どもが遠くのものを見るのに苦労していました。**

【ポイントと解説】

英文後半の with Japan at the top of the list followed by Singapore を聴き取り，**問21**と**問20**の解答を特定する。次に，almost no children in Cambodia were nearsighted を聴き取り，**問18**の解答を特定する。最後に，A slightly higher percentage of those in Nepal had difficulty seeing things far away. を聴き取り，**問19**の解答を特定する。

問22～25 [22] ④，[23] ①，[24] ⑤，[25] ⑤

4430【読み上げられた英文】

We have so many donations that the book fair this year is sure to be a huge success. Here are some boxes of books that we need to put on the right shelves. (23)**Shelf 1 is for fantasy books.** Put history books on Shelf 2, and all science books should be on Shelf 3. (22)**All books about animals go on Shelf 4.** Oh, there's one more thing! (24)(25)**The beginner level books belong on Shelf 5 regardless of genre.**

【全訳】

私たちは非常にたくさん寄贈していただいているので，今年のブックフェアは大成功となるでしょう。ここにあるいくつかの箱に入った本を適切な棚に入れる必要があります。(23)**棚1はファンタジーの本用です。**歴史の本は棚2に入れて，科学の本はすべて棚3です。(22)**動物に関する本はすべて棚4になります。**あっ，それともうひとつ！(24)(25)**初心者レベルの本はジャンルに関わらず棚5になります。**

【ポイントと解説】

Shelf 1 is for fantasy books. を聴き取り，**問23**の解答を特定する。そして All books about animals go on Shelf 4. を聴き取り，**問22**の解答を特定する。さらに The beginner level books belong on Shelf 5 regardless of genre. を聴き取り，**問24**と**問25**の解答を特定する。

B　モノローグ型質問選択問題

問26 [26] ④

4433 **【読み上げられた英文】**

1. You can get **a private room with a bathroom** at the Chambers. There's a kitchen with all modern appliances, so you don't have to go out to eat. Rooms are actually not small — they're **over 20 square meters**.
2. New students who are away from home for the first time should live in the Forsythe Building. Rooms have 25 square meters for two residents, **with their own bathroom**, and **there's a kitchen down the hall**.
3. If you don't mind taking the stairs down to the first floor to cook, Larson Hall is the best. The rooms are huge, with **60 square meters split between three students**. Bathrooms are semi-private, meaning they're shared with another room.
4. The rooms in Rootfield Hall are big, **over 60 square meters, although you share that space with three other students**. It's worth it, though, because **each room has a nice bathroom**, and **every floor has its own kitchen**.

【質問の訳】

[26] は，あなたが選ぶ可能性が最も高い学生寮である。

【全訳】

1. Chambers では**トイレつきの個室**を借りることができます。あらゆる最新式の設備を備えている台所が1つありますので，食事のために外出する必要はありません。部屋は実際，狭くはなく，**20 m^2 を超えています。**
2. 初めて親元を離れて暮らす新入生は Forsythe Building で生活するとよいでしょう。部屋は25 m^2 の広さがあり寮生2人で使い，**部屋にトイレがついています。台所は廊下を少し行ったところにあります。**
3. 料理をするのに1階まで階段を下りて行くのが気にならなければ Larson Hall が最適です。部屋はとても広く，**60 m^2 の広さを3人の学生で共用します。**トイレはセミプライベート，つまり他の部屋の人と共同使用になります。
4. Rootfield Hall の部屋は広く，**60 m^2 を超えています。ただしそのスペースを3人の他の学生と一緒に使います。**でも，その価値はあります。**各部屋には小綺麗なトイレがあり，各階に台所があるか**らです。

【ポイントと解説】

Rootfield Hall に関して，over 60 square meters, although you share that space with three other students（C の条件），each room has a nice bathroom（A の条件），every floor has its own kitchen（B の条件）を聴き取り，すべての条件を満たしていることを理解する。

Chambers は，A と C の条件を満たしているが，B の条件に関しては明確に述べられていない。

Forsythe Building は，A と B の条件を満たしているが，C の条件を満たしていない。

Larson Hall は，C の条件を満たしているが，A と B の条件を満たしていない。

第5問　モノローグ型長文ワークシート完成・選択問題

問27〜32 [27] 〜 [32]

4436 **【読み上げられた英文】**

I'd like to explain some things about yoga. Around 2700 BC, yoga started in India as philosophy and developed into many different styles. What we normally call yoga today is actually called "hatha yoga," which is one of those styles. (27)**What makes hatha yoga unique is its emphasis on improving the body through exercises and poses.** From now on, when I say "yoga," I will be referring to hatha yoga.

(30)**When yoga was developing in India over five hundred years ago, it was centered much more on religion than it is now.** (28)**Yoga students back then used various techniques to try and achieve**

enlightenment, or a higher level of understanding of the spiritual world. In the 1920s, the current era of yoga began when hatha yoga experts began demonstrating their style all over India. People observed the health benefits, and they were eager to learn more. Yoga quickly became popular all across the world. In America, (31)**Indian immigrants did experimental research with doctors to establish clear evidence of yoga's positive effects**, which led to wide acceptance.

(29)**Today, yoga helps people take control of their personal health** in ways they might not have considered before. Interestingly, although modern yoga is mainly a physical activity, (32)(33)**the greatest effects are seen in dealing with psychological issues.** (33)**By helping to combat anxiety and stress, yoga reduces the urge to overeat or engage in other physically harmful activities.** Of course, improving flexibility is also useful when it comes to preventing injuries of any kind. These days, people interested in yoga in almost any city in the world can find a yoga studio where they can practice the basic positions.

【全訳】

ヨガについていくつかの事を説明したいと思います。ヨガは，紀元前2700年頃，インドで哲学として始まり，多くのさまざまな様式へ発展しました。今日私たちが通常ヨガと呼んでいるものは，実は「ハタ・ヨガ」と呼ばれており，それはそれらの様式の1つなのです。(27)**なぜハタ・ヨガが独特なのかというと，運動とポーズを通して身体を改善することに力点を置いているからです。**これから私が「ヨガ」と言うときにはハタ・ヨガのことを指しているものとします。

(30)**ヨガが500年以上も前にインドで発展していたとき，現在よりも宗教にずっと重きが置かれていました。**(28)**その当時，ヨガを学んでいた人たちはさまざまな方法を用いて，悟り**つまり精神世界の高度な理解**を得ようとしていました。**1920年代，ハタ・ヨガの達人がインド全土でその様式を実際にやってみせ始めたときに今日のヨガの時代が始まりました。人々は健康に与える利点に気づき，もっと学ぼうとしきりに思うようになりました。ヨガは急速に世界中に普及しました。アメリカにおいて，(31)**インド人の移民が医師と実験的研究を行い，ヨガがもたらすプラスの効果に関する明らかな証拠を打ち立て，**それによってヨガが広く受け入れられるようになったのです。

(29)**今日，ヨガは**人々が以前は考えもしなかったであろう方法で**自らの健康を管理するのに役立っています。**興味深いことに，現代のヨガは主に身体活動ですが，(32)(33)**最大の効果は心の問題に対処することに見て取ることができます。**(33)**ヨガは，不安やストレスと戦うのを助け，過食や身体に有害な他の行動をしたいという衝動を抑えます。**もちろん，柔軟性の向上は，どういう類のけがであれ，それを防止するのに役立ちます。最近では，世界のほぼすべての都市で，ヨガに関心がある人は，基本的な姿勢を練習することができるヨガスタジオを見つけることができます。

問27 27 ③

【選択肢の訳】

① 心と体の調和がとれたバランスを見つけること
② 身体活動を通して呼吸法を改善すること
③ 運動とポーズを通して身体の健康を増進すること
④ インドの宗教的信条を世界に広めること

【ポイントと解説】

Hatha Yoga「ハタ・ヨガ」の The Main Emphasis「力点」は，英文前半の What makes hatha yoga unique is its emphasis on improving the body through exercises and poses. を聴き取り，運動とポーズを通して身体の健康を増進することだと理解する。

問28〜31 28 ①, 29 ③, 30 ⑤, 31 ⑥

【選択肢の訳】

① 悟り
② 心の健康
③ 健康全般
④ 哲学
⑤ 宗教
⑥ 科学

【ポイントと解説】

Characteristics of Yoga「ヨガの特徴」に関して，昔のインドでの Goal「目標」は英文中程の Yoga students back then used various techniques to try and achieve enlightenment を聴き取り，enlightenment「悟り」を得ることであったことを理解する。現代の世界における Goal「目標」は英文後半の Today, yoga helps people take control of their personal health を聴き取り，overall health「健康全般」の管理であることを理解する。

500年前からの変化に関して，500年前については英文中程の When yoga was developing in India over five hundred years ago, it was centered much more on religion than it is now. を聴き取り，宗教的であったことを理解する。現代については英文中程の Indian immigrants did experimental research with doctors to establish clear evidence of yoga's positive effects を聴き取り，科学的であることを理解する。

問32 32 ①

【選択肢の訳】

① ヨガをすることで人々は心の問題に対処する能力を身につける。

② 近代国家における身体の健康に関する問題はヨガのインストラクターによって解決される。

③ ヨガをすることは体重を減らすのに最も効果的な方法であると証明されてきた。

④ ヨガはアメリカ人医師から何十年も批判されてようやく現在受け入れられつつある。

【ポイントと解説】

英文後半の the greatest effects are seen in dealing with psychological issues を聴き取り，ヨガが心の問題に対処するのに効果があることを理解する。

問33 33 ②

4438 【読み上げられた英文】

People around the world today have concerns about their mental health. **Here, we have data from five different countries that show what percentage of citizens think that stress is one of the major health problems in their countries.** What can we learn from all this?

【全訳】

今日，世界中の人々は，心の健康に関心を持っています。**ここに5つの異なる国のデータがあり，それぞれの国でストレスが主な健康問題の1つであると国民の何パーセントが思っているかを示しています。**私たちはこういったことすべてから何がわかりますか。

【選択肢の訳】

① 英国民は他のどの国よりもヨガを行う必要がある。

② 日本国民はヨガをすることで最大の恩恵を受けるはずである。

③ ヨガはその発祥の国ではもはや一般的に行われていない。

④ ヨガは健康の問題を解決するのにアジアとヨーロッパで同様に効果的だろう。

【ポイントと解説】

グラフから，ストレスを自国の健康問題であると思っている国民が5カ国の中で日本が最も多いことを押さえておき，読み上げられた英文の Here, we have data from five different countries that show what percentage of citizens think that stress is one of the major health problems in their countries. を聴き取る。そして先に読み上げられた講義の後半で，ヨガが心の問題に対処するのに効果があると説明されている the greatest effects are seen in dealing with psychological issues. By helping to combat anxiety and stress, yoga reduces the urge to overeat or engage in other physically harmful activities. の内容と重ね合わせて判断する。

第6問

A 対話文質問選択問題

問34・35 34 35

4441 【読み上げられた英文】

Alice: I can't find my phone anywhere. It's so hard to find anything in my house!

Noah: Have you thought about throwing away some of your old stuff?

Alice: I do throw things out! And everything I keep means something to me.

Noah: Sure, but do you use it?

Alice: Not really ... but these things remind me of different times in my life.

Noah: That's why I take pictures.

Alice: Me, too. But it isn't the same. These connections to the past are important.

Noah: What about the present state of your room? (34)**Having a messy house would make me feel stressed and annoyed.**

Alice: Sometimes being annoyed is the price you have to pay for holding onto things that make you happy.

Noah: That cost seems a little too high. (34)**Keeping one or two things is OK, as long as they don't take up much space.**

Alice: (35)**I suppose I could make a list of the most important things and see what I could live without.**

Noah: Great! I'll help.

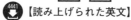

【対話の訳】

アリス：電話がどこにも見つからないわ。私の家の中ではどんなものでも見つけるのがすごく大変なの！

ノア：古い持ち物の一部を捨てようと考えたことはないのかい？

アリス：これでも本当にいろいろ捨てているのよ！そして取っておいてあるものはすべて，私にとって何らかの意味があるの。

ノア：もちろんそうだろうけど，それって使うの？

アリス：ううん，あんまり…でも，こういうものって，これまでのいろんな時のことを思い出させてくれるの。

ノア：だから僕は写真を撮るのさ。

アリス：私もよ。でも，それは同じじゃないわ。過去とのこうしたつながりが大切なの。

ノア：君の部屋の現状はどうなんだい？ (34)**家が散らかっているというのは，僕にとってはストレスになってうっとうしく感じるだろうな。**

アリス：時々うっとうしく思うというのは，幸せな気持ちにさせてくれるものを手放さずにいることとの引き換えに払わなければならない代償よ。

ノア：その代償はちょっと高すぎるように思えるなあ。(34)**1つ2つのものを取っておくのはいいよ。それが多くのスペースを取ってしまわないということであれば。**

アリス：(35)**最も大切なもののリストを作って，それなしでも生きていけるものは何か考えてみてもいいかもしれないわね。**

ノア：いいね！ 手伝うよ。

【質問と選択肢の訳】

問34 [34] ①

ノアの主な論点は何か。

① 家の中にあるものは少ないほうがくつろげる。
② 捨てずにおいた持ち物には思い入れがあって当然だ。
③ 持ち物を保管することは時間が経つにつれ高くつくようになる。
④ 過去は概して現在ほど重要ではない。

問35 [35] ③

アリスはおそらく何をするか。

① 古い持ち物にもっとスペースを作る
② お金を払って家を掃除してもらう
③ 家の中にある物を整理する
④ 自分が持っている写真の大部分を捨てる

【ポイントと解説】

問34 [34]

ノアの4回目の発話にある Having a messy house would make me feel stressed and annoyed. や，5回目の発話にある Keeping one or two things is OK, as long as they don't take up much space. を聴き取り，古い持ち物で部屋がいっぱいになるのはストレスになるので，部屋に置くものはなるべく少なくしたほうがいいというノアの主な論点を理解する。

問35 [35]

アリスの6回目の発話 I suppose I could make a list of the most important things and see what I could live without. を聴き取り，ノアの話を聞いたアリスが持ち物を整理しようと考えていることを理解する。

B　会話長文意見・図表選択問題

問36・37 [36] ③，[37] ①

4444 【読み上げられた英文】

Laura: Wow, look at that! The new shopping mall is almost finished.

Malcolm: Wait. Are you excited about it, Laura?

Laura: Sure, Malcolm. (36)**This town is so quiet, and a mall will be a great place to hang out with friends.**

Malcolm: (37)**But what about places like this family owned restaurant? The mall will put them out of business.**

Laura: I'm not worried. Everyone loves this place. What do you think, Peter?

Peter: The mall is going to cause traffic jams, Laura.

Laura: Oh, I doubt people will be coming from out of town to visit our mall.

Peter: You might be surprised. A big parking lot is being built now.

Malcolm: (37)**And generally speaking, such changes make it harder for small businesses to keep operating because people will seldom go to old local stores.**

Laura: You guys are so negative! What do you think, Reiko?

Reiko: Unlike Malcolm, (36)**I think there will be a positive effect on the local economy.**

Malcolm: What? How does that make sense?

Reiko: Some small businesses might suffer, but the mall will create many jobs.

Laura: And those big stores employ more people than small ones do.

Reiko: That's right, Laura. And it's our responsibility to continue visiting places like this restaurant.

Peter: Hm, that makes sense, Reiko. (36)**If we don't forget about the other businesses in town, I'm for the new shopping mall.**

Laura: I'm glad to hear you've changed your mind.

Malcolm: I'm still against having a mall in town.

【会話の訳】

ローラ：わあ，あれを見て！ 新しいショッピングモール，完成まであと少しね。

マルコム：待った。君はそのことでわくわくしているのかい，ローラ？

ローラ：もちろんよ，マルコム。(36)**この町は閑散としているから，モールができれば友達とぶらぶら時間を過ごすのに持ってこいの場所になるわ。**

マルコム：(37)**でも，この家族経営のレストランのような所はどうなんだい？ モールはそういった所の経営を立ち行かなくさせるよ。**

ローラ：私は心配していないわ。みんなこの場所が大好きだもの。どう思う，ピーター？

ピーター：モールは渋滞を引き起こすことになるよ，ローラ。

ローラ：あら，ここのモールを訪れるのに町の外から人々がやって来るとは思えないわ。

ピーター：驚くかもしれないが，大きな駐車場が現在建設中なんだ。

マルコム：(37)**それに一般的に言って，そういった変化で小規模企業は経営を続けることがより難しくなってしまうんだ。人々が古くからのその土地の店にめったに行かなくなってしまうからね。**

ローラ：あなたたちはとてもネガティブよ！ どう思う，レイコ？

レイコ：マルコムとは違って，(36)**私は地域経済にプラスの影響があるだろうと思うの。**

マルコム：何だって？ それはどういうことなんだい？

レイコ：小規模企業では苦しくなるところもあるかもしれないけど，モールは多くの雇用を創出するわ。

ローラ：それにそういう大きな店は小さい店よりも多くの人を雇うわね。

レイコ：そのとおりよ，ローラ。そして，このレストランのような所に通い続けるのは私たちの責任よ。

ピーター：なるほど，それは筋が通っているね，レイコ。(36)**僕たちが町の他の商売のことも忘れずにいるということなら，僕は新しいショッピングモールに賛成だな。**

ローラ：考えが変わったと聞いて嬉しいわ。

マルコム：僕はそれでも，町にモールができることには反対だな。

【ポイントと解説】

問36 36

ローラは２回目の発話で This town is so quiet, and a mall will be a great place to hang out with friends. と言っている。レイコは最初の発話で I think there will be a positive effect on the local economy と言っている。ピーターは，最初はショッピングモールに否定的だったが，レイコの意見を聞いて考えを変え，３回目の発話で If we don't forget about the other businesses in town, I'm for the new shopping mall. と言っている。以上を聴き取り，この３人が，ショッピングモールができることに賛成していることを理解する。

問37 37

マルコムの２回目の発話 But what about places like this family owned restaurant? The mall will put them out of business. や，３回目の発話 And generally speaking, such changes make it harder for small businesses to keep operating because people will seldom go to old local stores. を聴き取り，ショッピングモールの進出が地元の小規模企業の衰退につながるというマルコムの考えを理解し，その根拠となる図表を選ぶ。

第5回 解答・解説

設問別正答率

解答番号	1	2	3	4	5	6	7	8	9	10
配点	4	4	4	4	3	3	3	4	4	4
正答率(%)	40.0	72.0	58.0	46.6	39.9	32.8	34.9	65.7	86.5	45.4
解答番号	11	12	13	14	15	16	17	18-21	22	23
配点	4	3	3	3	3	3	3	4	1	1
正答率(%)	89.7	57.0	49.2	34.8	43.0	51.0	65.0	64.4	53.0	54.7
解答番号	24	25	26	27	28-29	30-31	32	33	34	35
配点	1	1	4	3	2	2	4	4	3	3
正答率(%)	38.3	48.5	25.6	54.5	60.0	26.5	55.0	27.7	44.7	38.9
解答番号	36	37								
配点	4	4								
正答率(%)	18.2	57.9								

第5回

設問別成績一覧

設問	設　問　内　容	配　点	平均点	標準偏差
合計		100	50.2	18.5
1	短文発話内容一致問題	25	11.9	7.5
2	対話文イラスト選択問題	16	11.5	3.7
3	対話文質問選択問題	18	9.0	4.5
4	モノローグ型中文内容把握問題	12	5.5	3.2
5	モノローグ型長文内容把握問題	15	6.7	3.9
6	会話長文質問選択問題	14	5.6	3.6

（100点満点）

問題番号	設問		解答番号	正解	配点	自己採点
第1問	A	問1	1	④	4	
		問2	2	③	4	
		問3	3	②	4	
		問4	4	①	4	
	B	問5	5	②	3	
		問6	6	④	3	
		問7	7	①	3	
第1問 自己採点小計					(25)	
第2問		問8	8	③	4	
		問9	9	③	4	
		問10	10	④	4	
		問11	11	③	4	
第2問 自己採点小計					(16)	
第3問		問12	12	②	3	
		問13	13	②	3	
		問14	14	③	3	
		問15	15	③	3	
		問16	16	①	3	
		問17	17	①	3	
第3問 自己採点小計					(18)	

問題番号	設問		解答番号	正解	配点	自己採点
第4問	A	問18	18	③	4 ※	
		問19	19	④		
		問20	20	①		
		問21	21	②		
		問22	22	③	1	
		問23	23	①	1	
		問24	24	⑤	1	
		問25	25	②	1	
	B	問26	26	②	4	
第4問 自己採点小計					(12)	
第5問		問27	27	③	3	
		問28	28	②	2 ※	
		問29	29	⑥		
		問30	30	③	2 ※	
		問31	31	⑤		
		問32	32	④	4	
		問33	33	①	4	
第5問 自己採点小計					(15)	
第6問	A	問34	34	①	3	
		問35	35	①	3	
	B	問36	36	①	4	
		問37	37	④	4	
第6問 自己採点小計					(14)	
自己採点合計					(100)	

（注） ※は，全部正解の場合のみ点を与える。

※【読み上げられた英文】および【訳】で太字になっている部分は，聴き取りの上で重要な部分を示しています。

第1問

A 短文発話内容一致問題

問1 [1] ④

4503 【読み上げられた英文】

I would've had an apple or orange **if there had been any fruit** at the party.

【英文と選択肢の訳】

リンゴかオレンジを**僕は食べたのに，もしパーティーでフルーツがあったら。**

① 話し手はリンゴを食べた。
② 話し手はリンゴとオレンジを食べた。
③ 話し手はオレンジを食べた。
④ 話し手はフルーツをまったく食べなかった。

【ポイントと解説】

I would've had ... if there had been any fruit を聴き取り，この文が過去の事実に反する仮定を表していることを理解して，話し手はフルーツをまったく食べなかったことを理解する。

問2 [2] ③

4504 【読み上げられた英文】

I've caught a cold and have a fever, so I can't play in today's baseball game.

【英文と選択肢の訳】

僕は風邪を引いてしまい，熱があるから，今日の野球の試合には出られない。

① 話し手はボールを捕った。
② 話し手は寒い気候が好きではない。
③ 話し手は体調が良くないと感じている。
④ 話し手は今日野球をした。

【ポイントと解説】

I've caught a cold and have a fever を聴き取り，話し手は体調が良くないと感じていることを理解する。

問3 [3] ②

4505 【読み上げられた英文】

Ken ran his first race last week. **Now he's training hard for his second one.**

【英文と選択肢の訳】

先週ケンは初めてのレースで走った。**今，彼は2度目のレースに向けて練習に励んでいる。**

① ケンはレースで1着になった。
② ケンは次のレースに向けて準備している。
③ ケンは体がとても弱っていてレースで走ることができない。
④ ケンは来週初めてのレースで走る予定だ。

【ポイントと解説】

Now he's training hard for his second one. を聴き取り，ここの one が race を表していることを押さえ，ケンが次のレースに向けて準備していることを理解する。

問4 [4] ①

4506 【読み上げられた英文】

Michael usually starts work in the afternoon, but today he's supposed to come in in the morning.

【英文と選択肢の訳】

マイケルは普段は午後に仕事を始めるが，今日は午前中に出勤することになっている。

① マイケルはいつもより早く職場に着くだろう。
② マイケルはいつもどおり午前に職場に来るだろう。
③ マイケルはいつもより早く職場を出るだろう。
④ マイケルは今日は午後に仕事を始めるだろう。

【ポイントと解説】

Michael usually starts work in the afternoon, but today he's supposed to come in in the morning. を聴き取り，マイケルは今日はいつもより早い時間帯に職場に来ることを理解する。

B 短文発話イラスト選択問題

問5 [5] ②

4509 【読み上げられた英文】

Almost all the students climbed to the top of the ropes.

【英文の訳】

ほぼすべての生徒がロープの頂上まで到達した。

【ポイントと解説】

Almost all the students climbed to the top of the ropes. を聴き取り，ほぼ全員がロープの頂上まで到達しているイラストを選ぶ。

問6 [6] ④

4510 【読み上げられた英文】

Jim is more interested in collecting living things than anything else.

【英文の訳】

ジムは他のどんなものよりも生き物の収集に興味がある。

【ポイントと解説】

Jim is more interested in collecting living things than anything else. を聴き取り，生き物のイラストを選ぶ。

問7 7 ①

4511 【読み上げられた英文】

The boy is cutting his hair to match his father's.

【英文の訳】

男の子は父親の髪と同じにしようと自分の髪を切っている。

【ポイントと解説】

The boy is cutting his hair to match his father's. を聴き取り，男の子が父親の髪型を見ながら自分の髪を切っているイラストを選ぶ。

第2問　対話文イラスト選択問題

問8 8 ③

4514 【読み上げられた英文】

M: Isn't that a funny-looking monkey?

W: Yes, it has really big eyes, doesn't it?

M: **No, it doesn't. I mean the monkey with the beard.**

W: **Oh, that one. What a long tail!**

Question: Which monkey is the man talking about?

【対話と質問の訳】

男性：あのサル，おかしな顔じゃない？

女性：ええ，目が本当に大きいわね。

男性：**いや，目はそんなに大きくない。僕が言っているのは髭をはやしているサルのことだよ。**

女性：**ああ，あれね。なんて長いしっぽなの！**

質問：男性が話しているサルはどれか。

【ポイントと解説】

目が本当に大きいという女性の発話に対し，男性が2回目の発話で No, it doesn't. I mean the monkey with the beard. と応答し，それに対し女性が Oh, that one. What a long tail! と言っているのを聴き取り，目が大きくなく，髭をはやし，しっぽの長いサルのイラストを選ぶ。

問9 9 ③

4515 【読み上げられた英文】

W: Beautiful day. Shall we walk or ride a bicycle there?

M: Well, I got too much exercise yesterday.

W: **Grab a taxi then?**

M: **Yeah.** That way we won't be bothered by other passengers.

Question: How will the couple go to the theater?

【対話と質問の訳】

女性：いい天気ね。そこへは歩いて行くか自転車に乗って行く？

男性：そうだな。僕は昨日運動をやりすぎてしまったんだ。

女性：**それならタクシーをつかまえる？**

男性：**そうしよう。**そうすれば他の乗客に煩わされなくてすむよ。

質問：二人は映画館までどうやって行くか。

【ポイントと解説】

女性が2回目の発話で Grab a taxi then? と提案したことに対し，男性が Yeah. と答えていることを聴き取り，二人がタクシーに乗ろうとしているイラストを選ぶ。

問10 10 ④

4516 【読み上げられた英文】

M: Will you need this?

W: No, no calculators are allowed. But **I'll take this.**

M: **Yes, you'll need something to write with.**

W: **I'll take this, too, to buy a snack** during the break.

Question: What will the daughter take?

【対話と質問の訳】

男性：これは必要になる？

女性：いいえ，計算機の使用は認められていないの。でも**これを持って行くわ。**

男性：**そうだね，何か書くものが必要になるね。**

女性：**これも持って行くわ，**休憩時間に**スナックを買うために。**

質問：娘は何を持って行くか。

【ポイントと解説】

女性(娘)の最初の発話の I'll take this に対する男性の発話の Yes, you'll need something to write with. と，女性の2回目の発話 I'll take this, too, to buy a snack を聴き取り，娘が持って行くものを特定する。

問11 11 ③

4517 【読み上げられた英文】

M: Could you direct me to an ATM?

W: Certainly! **Head toward the south bus terminal.**

M: **So it's near the convenience store?**

W: **No. It's on the other side, after the ticket office.**

Question: Where is the ATM?

【対話と質問の訳】

男性：ATM への行き方を教えていただけますか。

女性：もちろんです！ **南口のバスターミナルの方へ向かってください。**

男性：**じゃあ，コンビニの近くですか。**

女性：**いいえ。それは通路の反対側で，切符売り場を過ぎたところです。**

質問：ATM はどこにあるか。

【ポイントと解説】

ATM への行き方を尋ねる男性に女性が最初の発話で Head toward the south bus terminal. と答え，男性が2回目の発話で So it's near the convenience store? と聞いたことに対し，女性は No. と答えた上で It's on the other side, after the ticket office. と言っているのを聴き取り，ATM のある場所を特定する。

第3問　対話文質問選択問題

問12 12 ②

4520 【読み上げられた英文】

M: Hi, Mom. Did you take the dog out?

W: That was your job! Were you out somewhere with your friends?

M: No, **I was helping the neighbor**.

W: Did she need help cutting the grass again?

M: Not this time. **She had some heavy furniture that she wanted to put outside.**

W: Oh, I see.

【対話の訳】

男性：ねえ，お母さん。犬を散歩に連れて行ってくれた？

女性：それはあなたの仕事だったでしょ！ 友達とどこかへ出かけていたの？

男性：違うよ。**隣の人の手伝いをしていたんだ。**

女性：お隣さんはまた芝刈りの手伝いが必要だったの？

男性：今回は違うんだ。**外に出したい重い家具があったんだよ。**

女性：あら，そうだったのね。

【質問と選択肢の訳】

質問：息子は何をしていたか。

① 芝刈り
② 家具の移動
③ 友達との遊び
④ 犬の散歩

【ポイントと解説】

男性(息子)の2回目の発話の I was helping the neighbor と3回目の発話の She had some heavy furniture that she wanted to put outside. を聴き取り，息子が何をしていたかを理解する。

問13 13 ②

4521 【読み上げられた英文】

W: **Should I make some fried eggs first?**

M: **No, do them after you put the chicken in the oven**, to save time.

W: **OK.** In that case, I'll prepare the salad after the eggs. Why don't you work on making dessert?

M: Oh, I already picked up a cake on my way home.

【対話の訳】

女性：**目玉焼きを最初に作ったらいいかしら？**

男性：**いや，それはチキンをオーブンに入れた後にして，**時間を節約するために。

女性：**わかった。**それなら卵の後にサラダを用意することにするわ。あなたはデザート作りに取りかかったらどう？

男性：ああ，すでに帰宅途中でケーキを買ったんだ。

【質問と選択肢の訳】

質問：女性は最初に何を作り始めるか。

① ケーキ
② チキン
③ 目玉焼き
④ サラダ

【ポイントと解説】

女性が最初の発話で Should I make some fried eggs first? と尋ねたことに対し，男性が No, do them after you put the chicken in the oven と答え，それに対し女性が OK. と応答しているのを聴き取り，女性が最初に作り始めるのは何かを理解する。

問14 14 ③

【読み上げられた英文】

M: Why are you wearing such nice clothes?

W: What's wrong with dressing up occasionally?

M: **I guess you didn't read the notice the manager handed out yesterday.**

W: **No, I put it away and forgot about it.**

M: Well, we're painting today, so we'll probably get messy.

W: Uh-oh. I'd better run home and change.

【対話の訳】

男性：どうしてそんなに素敵な洋服を着ているの？

女性：時々オシャレして何が悪いの？

男性：**思うに，君は昨日店長が配ったお知らせを読まなかったんだね。**

女性：**読まなかったわ。それはしまってしまい，それについては忘れてしまったの。**

男性：だけど，今日ペンキ塗りをする予定だから，多分汚れるよ。

女性：あーあ。家に飛んで帰って着替えないとまずいわね。

【質問と選択肢の訳】

質問：会話によれば正しいのはどれか。

① 男性は女性にお知らせを渡さなかった。
② 男性はお知らせを受け取らなかった。
③ 女性はお知らせを読むのを忘れた。
④ 女性は男性に違うお知らせを渡した。

【ポイントと解説】

男性の２回目の発話 I guess you didn't read the notice the manager handed out yesterday. に対し，女性が No, I put it away and forgot about it. と言っているのを聴き取り，女性は店長から渡されたお知らせを読むのを忘れたことを理解する。

問15 15 ③

【読み上げられた英文】

M: You said I need two different kinds of medicine?

W: Yes, one is to treat the infection, and the other is to make your ear feel better.

M: And I take them for a week?

W: Yes, but be careful. **Certain foods will make the medicine less effective, so read the instruction label carefully.**

【対話の訳】

男性：先生は，私には２種類の薬が必要だとおっしゃいました？

女性：そうです。１つは感染治療のためで，もう１つは耳の具合をよくするためのものです。

男性：それでその薬を１週間飲むんですか。

女性：そうです。でも注意してください。**特定の食べ物は薬の効果を弱めますので，薬の説明書きを入念に読んでください。**

【質問と選択肢の訳】

質問：医師は男性が何をすべきだと言っているか。

① 耳によい特定の食物を食べる。
② 違う種類の痛み止めの薬を貰う。
③ 必ず特定の食物を食べるのを避ける。
④ １週間後の次の予約を入れる。

【ポイントと解説】

女性(医師)の２回目の発話の Certain foods will make the medicine less effective, so read the instruction label carefully. を聴き取り，女性は男性に特定の食物を食べるのを避けるよう言っていることを理解する。

問16 16 ①

【読み上げられた英文】

M: **You look like you're in a good mood.**

W: **I am!**

M: But you didn't win your tennis match.

W: No, it wasn't a good game. But **my dad was there to see me!**

M: I thought he was supposed to be working in Europe all year.

W: He was, but he arranged to return sooner.

【対話の訳】

男性：**機嫌がよさそうだね。**

女性：**そうなの！**

男性：でも君はテニスの試合には勝たなかったじゃない。

女性：ええ，あれはいい試合ではなかったわ。でも**お父さんが見に来てくれていたの！**

男性：君のお父さんは１年ずっとヨーロッパで仕事している予定になっているんだと思っていたよ。

女性：そうだったんだけど，早めに帰国できるようにしたの。

【質問と選択肢の訳】

質問：なぜ女性は機嫌がいいか。

① 彼女がテニスをするのを父親が見てくれたから。
② 父親が彼女をヨーロッパに連れて行ってくれたから。

③　彼女は父親をテニスで打ち負かしたから。

④　彼女はテニスの試合に勝ったから。

【ポイントと解説】

男性に機嫌がよさそうだねと言われ，女性は最初の発話で I am！と応答し，２回目の発話で my dad was there to see me！と言っているのを聴き取り，女性が機嫌がいい理由を特定する。

問17　17　①

4525 **【読み上げられた英文】**

W：Did you get your computer back from the shop?

M：Oh, I never took it there.

W：Really?　So it wasn't in such bad shape after all.

M：No, luckily.　**I used my smartphone to look up my problem online and was able to fix it myself.**

W：Wow, you could be a computer repairman！

【対話の訳】

女性：コンピュータは店から戻ってきた？

男性：ああ，店には持って行かなかったんだ。

女性：そうなの？ ということは，そもそもあなたのコンピュータはそんなに具合が悪くなかったということね。

男性：幸いなことにそうだったんだ。**スマホを使ってネットで問題を調べて，自分でそれを解決することができたんだ。**

女性：すごい，あなた，コンピュータの修理人にもなれるわね！

【質問と選択肢の訳】

質問：男性は何をしたか。

①　コンピュータを１人で修理した。

②　コンピュータの修理人と話をした。

③　コンピュータを修理店に持って行った。

④　新しいコンピュータを買いに行った。

【ポイントと解説】

女性が男性のコンピュータについて尋ねていることを押さえ，男性の２回目の発話の I used my smartphone to look up my problem online and was able to fix it myself. を聴き取り，男性が何をしたかを理解する。

第４問

A　モノローグ型図表完成問題

問18〜21　18　③，19　④，20　①，21　②

4528 **【読み上げられた英文】**

One hundred high school students were asked this question: Which of the following is your favorite snack?　They were asked to select only one item from five choices: "chocolate," "ice cream," "popcorn," "potato chips," and "other."　(18)**"Popcorn" was at the top of the list with more than a third of all votes.**　(19)**Twenty-six percent of students chose "potato chips."**　(20)**Just over half that percentage selected "chocolate."**　(21)**The least popular snack was "ice cream," with only 7 percent of the votes.** What do you think the other people liked?

【全訳】

100人の高校生が次のような質問をされました。それは「あなたが大好きなスナックは次のうちどれですか」というものでした。彼らは５つの選択肢，「チョコレート」「アイスクリーム」「ポップコーン」「ポテトチップス」そして「その他」から１つの品目だけ選ぶように言われました。(18)**「ポップコーン」が総数の３分の１を超える票を獲得し１位でした。**(19)**高校生の26%が「ポテトチップス」を選びました。**(20)**その割合の半分をわずかに上回る人が「チョコレート」を選択しました。**(21)**最も人気がないスナックは「アイスクリーム」で，７%の票しか獲得しませんでした。**他の人の好みは何だったと思いますか。

【ポイントと解説】

"Popcorn" was at the top of the list with more than a third of all votes. を聴き取り，円グラフの中でトップのものが41%となっており，これが３分の１を超えていることを理解し，問18の解答を特定する。次に Twenty-six percent of students chose "potato chips." を聴き取り，問19の解答を特定する。さらに Just over half that percentage selected "chocolate." を聴き取り，Just over half that percentage が26 %の半分をわずかに上回る値，すなわち14%を表していることを理解し，問20の解答を特定する。そして The least popular snack was "ice cream," with only 7 percent of the votes. を聴き取り，最も人気がなく７%という割合を示している問21の解答を特定する。

問22〜25 [22] ③, [23] ①, [24] ⑤, [25] ②

4530 【読み上げられた英文】

Some colors aren't selling, so we're putting them on sale. Basically, the discount rate depends on our stock. (22)**If we have more than 50 cases of a certain color, it's 30% off.** (25)**Between 25 and 49 cases means a 20% price reduction.** And (23)**if we have fewer than 25 of a color, it's 10% off.** Oh, also — see (24)**those colors marked with a star**? Those almost never sell, (24)**so we're making all those half price**.

【全訳】

売れ行きがよくない色があるから，それらはセール価格にするの。基本的に，割引率は在庫によって異なるのよ。(22)**在庫が50個より多い色のケースは30%の割引**。(25)**25個から49個なら20%の値引にするの**。それから，(23)**25個より少ない色は10%の割引よ**。あっ，それと(24)**星印がついた色**があるでしょう？ それらはほとんど売れないの，(24)**だからそのすべてを半額にするわ**。

【ポイントと解説】

If we have more than 50 cases of a certain color, it's 30% off. を聴き取り，問22の解答を特定する。次に Between 25 and 49 cases means a 20% price reduction. を聴き取り，問25の解答を特定する。さらに if we have fewer than 25 of a color, it's 10% off を聴き取り，問23の解答を特定する。そして those colors marked with a star と so we're making all those half price を聴き取り，星印がついているものは半額，つまり50%の割引になることを理解して，問24の解答を特定する。

B　モノローグ型質問選択問題

問26 [26] ②

4533 【読み上げられた英文】

1. Blue Sand Bay is a real bargain. **They have four fancy restaurants in the resort.** They have an evening exercise program to help burn off calories. I wish I could have brought my kids, but **guests must be at least 16**.
2. Coral Continental is so peaceful. **Guests under 18 aren't allowed**, so it's always so quiet. **Their beach yoga is a great reason to wake up at 8 a.m. Stick with their Italian restaurant, though — their American restaurant isn't very good.**
3. Make sure to visit Oceanista South. They're known for their amazing three-star restaurant. I also liked the gym because I could get a personal trainer by paying extra. My twelve-year-old particularly enjoyed their arts and crafts program.
4. **The Anemone Expanse is for adults only**, so it's perfect for you. **They have pool aerobics every morning at 10**, so it's a nice way to start your day. There's also a free shuttle bus to a nearby market that has three different restaurants.

【全訳】

1. Blue Sand Bay は本当にお得です。**リゾート内に素敵なレストランが4軒あります**。カロリー消費に役立つ夕方のエクササイズ・プログラムがあります。子どもを連れて来ることができたらよかったんですが，**客は16歳以上でなければいけないんです**。
2. Coral Continental はとても気持ちが落ち着きます。**18歳未満の客は利用できない**ので，いつもかなり静かです。**リゾートが提供しているビーチヨガのプログラムは朝8時に起きる十分な動機になります。ただし，とにかくイタリア料理店を利用してください。リゾートのアメリカ料理店はあまりよくありません。**
3. 必ず Oceanista South を訪れてください。素晴らしい三ツ星のレストランで知られています。追加料金を払えば個人のトレーナーを頼めるので，ジムも気に入りました。12歳の私の子どもは美術と工芸のプログラムを特に楽しみました。
4. **The Anemone Expanse は大人のみが対象**なので，あなたにぴったりです。**毎朝10時にプールエアロビクスがある**ので，いい形で1日を始められます。3つの異なるレストランのある近くのマーケットまで無料のシャトルバスもあります。

【ポイントと解説】

Coral Continental に関して，Guests under 18 aren't allowed (C の条件), Their beach yoga is a great reason to wake up at 8 a.m. (B の条件), Stick with their Italian restaurant, though — their American restaurant isn't very good. (A の条件) を聴き取り，すべての条件を満たしていることを理解する。

Blue Sand Bay は，A と C の条件を満たしているが，B の条件を満たしていない。

Oceanista South は，Ｃの条件を満たしていない。ＡとＢの条件に関しては，明確に述べられていない。

The Anemone Expanse は，ＢとＣの条件を満たしているが，Ａの条件を満たしていない。

第５問　モノローグ型長文ワークシート完成・選択問題

問27～32　27 ～ 32

4536【読み上げられた英文】

A carbon-free future requires the use of renewable energy sources like wind and solar power. Sometimes, these sources provide more energy than required to meet demand, so with nowhere to go, the energy gets wasted. At other times, circumstances prevent these sources from providing any energy at all. We then frequently turn to fossil fuels, which pollute the environment. (27)**In order to eliminate fossil fuel dependence, we must increase the adoption of large-scale batteries and other energy storage technologies.**

(33)**One storage technology gaining popularity is hydrogen.** Although it is expensive, burning it releases no carbon emissions. (33)**It can be stored as a gas or a liquid.** It is produced in a number of different ways. According to the sources hydrogen is produced from, there are several different types of hydrogen: gray, blue, brown, green and so on.

Gray hydrogen makes use of natural gas. It is the most common form of hydrogen and releases CO_2 into the atmosphere. (28)**Blue hydrogen also makes use of natural gas**, but it differs from gray hydrogen in that (29)**most of the CO_2 gets captured and stored underground, making it a low-carbon technology**. Meanwhile, brown hydrogen is produced by using coal. While it is the cheapest form of hydrogen, it is also the worst for the environment. (30)(31)**Green hydrogen, often also called clean hydrogen, is produced by using a combination of renewable energy sources such as wind or solar.** It currently accounts for only around 1% of the overall hydrogen production. It seems that the future is a transition from gray, through blue, to green hydrogen. That is, (32)**increasing the use of green hydrogen is essential for realizing a carbon-free society**.

【全訳】

カーボンフリーの未来には，風力や太陽光発電のような再生可能エネルギー源の利用が必要です。時には，このようなエネルギー源は需要を満たすのに必要な量を超えるエネルギーを供給することがあり，行き場がなくなると，そのエネルギーは無駄になってしまいます。またある時には，状況によりこのようなエネルギー源は，エネルギーをまったく供給することができないこともあります。そこで私たちは化石燃料に頻繁に頼るのですが，化石燃料は環境を汚染します。(27)**化石燃料への依存を止めるために，私たちは大規模なバッテリーや他のエネルギー貯蔵技術の採用を増やさなければなりません。**

(33)**高い評判を得つつある貯蔵技術の１つは水素です。**水素は高価なものの，燃やしてもカーボンを排出しません。(33)**気体または液体として貯蔵することができます。**水素はいくつもの異なる方法で生産されます。水素が生産されるエネルギー源に応じて，いくつかの異なるタイプの水素，つまりグレー，ブルー，ブラウン，グリーンなどがあります。

グレー水素は天然ガスを利用します。天然ガスを利用するグレー水素は，水素の最も一般的な形態で，二酸化炭素を大気中に放出します。(28)**ブルー水素も天然ガスを利用しますが，**(29)**二酸化炭素の大半が回収されて地下に貯蔵されることで，ブルー水素は低炭素化技術として役立ち，**この点でグレー水素と異なります。一方，ブラウン水素は石炭を利用して生産されます。これは水素の最も安価な形態である一方，環境にとって最も害を及ぼすものでもあります。(30)(31)**グリーン水素はクリーン水素と呼ばれることも多いのですが，風力や太陽光などの再生可能エネルギー源の組み合わせを利用することによって生産されます。**これは現在，水素の生産量全体のわずか１％ほどしか占めていません。将来はグレーからブルーを経て，グリーン水素へと移行するように思えます。つまり，(32)**グリーン水素の利用を増やすことがカーボンフリー社会の実現に必要不可欠なのです。**

問27　27　③

【選択肢の訳】

① 風力と太陽エネルギーの代替手段
② 人間の行動における変化
③ エネルギー貯蔵の技術
④ 電気へのより少ない依存

【ポイントと解説】

英文前半の In order to eliminate fossil fuel

dependence, we must increase the adoption of large-scale batteries and other energy storage technologies. を聴き取り，化石燃料への依存を止めるためには，エネルギー貯蔵の技術が必要であることを理解する。

問28〜31 [28] ②，[29] ⑥，[30] ③，[31] ⑤

【選択肢の訳】

① 石炭
② 天然ガス
③ 風力や太陽光
④ 安価な
⑤ クリーンな
⑥ 低炭素の

【ポイントと解説】

ブルー水素に関しては，英文中程の Blue hydrogen also makes use of natural gas を聴き取り，天然ガスから得られることを理解する。その特徴に関しては，most of the CO_2 gets captured and stored underground, making it a low-carbon technology を聴き取り，二酸化炭素を地中に取り込むため，ブルー水素は低炭素化技術として役立つことを理解する。

グリーン水素に関しては，英文後半の Green hydrogen, often also called clean hydrogen, is produced by using a combination of renewable energy sources such as wind or solar. を聴き取り，風力や太陽光から得られることと，クリーンエネルギーであることを理解する。

問32 [32] ④

【選択肢の訳】

① 水素は天然ガスほど素早く生産できない。
② 水素は生産するのに天然ガスほど高価ではない。
③ 水素は世界のエネルギー貯蔵の需要を満たすことはないだろう。
④ 水素はカーボンフリー社会の実現において大きな役割を果たすだろう。

【ポイントと解説】

英文前半から，カーボンフリーの未来には化石燃料への依存を止め，その代替手段としてエネルギー貯蔵に適していると言われている水素の利用が不可欠であると述べられていることを押さえ，英文最後の increasing the use of green hydrogen is essential for realizing a carbon-free society を聴き取り，カーボンフリー社会の実現に水素が大きな役割を果たすようになることを理解する。

問33 [33] ①

4538 【読み上げられた英文】

Look at this graph, which compares energy storage technologies such as **pumped hydro storage, compressed air, and hydrogen storage**. Aside from the technological differences, you can see that **they differ in how long they can store energy**. What can we learn from this?

【全訳】

揚水発電や圧縮空気，水素貯蔵などのエネルギー貯蔵の技術を比較したこのグラフを見てください。技術的な違いはさておき，**それらはエネルギーを貯蔵できる期間において異なる**ことがわかります。このことから何がわかりますか。

【選択肢の訳】

① 気体と液体のどちらも数カ月間エネルギーを貯蔵するのに利用することができる。
② 圧縮空気は環境にとって最も安全な技術である。
③ 揚水発電を利用する技術は化石燃料より安価である。
④ 最もクリーンな貯蔵技術は最も素早く電気を提供する。

【ポイントと解説】

最初の講義に続いて読み上げられた英文の they differ in how long they can store energy を聴き取り，they が pumped hydro storage, compressed air, and hydrogen storage を指すことを押さえた上で，hydrogen storage「水素貯蔵」が数カ月間エネルギーを貯蔵できることをグラフから読み取る。そして，最初の講義で読み上げられた One storage technology 以降から，水素が気体または液体として貯蔵できるということを聴き取り，その内容とグラフの情報を重ね合わせて判断する。

第6問

A 対話文質問選択問題

問34・35 [34] [35]

4541 【読み上げられた英文】

Sachi: What's troubling you, Bob?

Bob: Hi, Sachi. (35)**I heard there's a new e-sports club at school, and I'm thinking about joining.**

Sachi: And quitting the soccer team?

Bob: Yeah.

Sachi: You do like playing video games a lot, right?

Bob: Yeah, and I can relieve stress playing them.

Sachi: Hmm. You probably wouldn't get as much exercise as you do on the soccer team.

Bob: Actually, club members run at least an hour each day to keep in good physical shape.

Sachi: So ... what's the problem?

Bob: Playing games is fun — it's a hobby. But playing on the team and working with other members every day? (35)**I worry I might start to hate it and want to rejoin the soccer team.**

Sachi: That could certainly happen, although you play soccer every day and don't hate it, right?

Bob: No, I suppose not.

Sachi: (34)**Well, whatever you do, keep in mind that you can't keep switching clubs because you are responsible to the other team members.**

Bob: (35)**Even if I decide I don't like playing e-sports on the team?**

Sachi: That's right. (34)**All the time your teammates invested in working with you would be wasted.**

Bob: You're right — that wouldn't be fair.

【対話の訳】

サチ：何を悩んでいるの，ボブ？

ボブ：やあ，サチ。(35)**学校で新しくｅスポーツクラブができるって聞いて，入部しようかと考えているんだ。**

サチ：そしてサッカー部をやめるの？

ボブ：ああ。

サチ：あなたって本当にビデオゲームをするのが好きなのね。そうでしょ？

ボブ：うん，それにゲームをすることでストレスを発散できるんだ。

サチ：ふーん。おそらくサッカー部にいるときほど運動をしなくなるでしょうね。

ボブ：実は，部員はよい体調を維持するために毎日最低１時間は走るんだ。

サチ：それなら…何が問題なの？

ボブ：ゲームをするのは楽しいよ。趣味なんだから。でも，毎日チームでプレーして他のメンバーと力を合わせるの？ (35)**それが嫌になり始めてサッカー部に再入部したくなるんじゃないかって不安だなあ。**

サチ：それは確かに起こりうるわね。サッカーは毎日やっても嫌いにはならないけれど，そうでしょ？

ボブ：ああ，嫌いにはならないと思う。

サチ：(34)**でも，何をするにせよ，クラブを転々とすることはできないことは覚えておいて。だってチームの他のメンバーに対して責任があるんだから。**

ボブ：(35)**ｅスポーツをチームでするのは好きじゃないって，たとえ心が決まったとしても？**

サチ：そのとおりよ。(34)**チームメイトがあなたと力を合わせてプレーすることにつぎ込んだすべての時間が無駄になってしまうもの。**

ボブ：君の言うとおりだ。そんなの卑怯だよね。

【質問と選択肢の訳】

問34 [34] ①

サチの主な論点は何か。

① チームに加わることはチームメイトに対し責任があることを意味する。

② 人は自分の趣味を楽しむあらゆる機会を利用するべきだ。

③ 体を動かす活動はチームワークと協力を向上させるのによい。

④ 趣味にあまりに多くの時間を使うとそれは楽しくなくなる。

問35 [35] ①

ボブはどの選択をする必要があるか。

① 学校のｅスポーツクラブに入るべきか否か

② ビデオゲームをするのを趣味として始めるべきかどうか

③ 自分の悩み事をチームメイトに話すべきかどうか

④ 学校のジムでトレーニングをするべきか否か

【ポイントと解説】

問34 [34]

サチの７回目の発話 Well, whatever you do, keep in mind that you can't keep switching clubs because you are responsible to the other team members. や，８回目の発話にある All the time your teammates invested in working with you would be wasted. を聴き取り，チームに加わったらチームメイトに対して責任があるというサチの主な論点を理解する。

問35 [35]

ボブの最初の発話にある I heard there's a new

e-sports club at school, and I'm thinking about joining. や，５回目の発話にある I worry I might start to hate it and want to rejoin the soccer team. と，さらに７回目の発話 Even if I decide I don't like playing e-sports on the team? を聴き取り，ボブが学校のｅスポーツクラブに入るべきか否かで悩んでいることを理解する。

B　会話長文意見・図表選択問題

問36・37　36　①，37　④

4544 **【読み上げられた英文】**

Kenji: Did you find that book in the library, Mark?

Mark: No, Kenji. They didn't have it — it was banned!

Nancy: I'm not surprised. That book is full of controversial ideas.

Olivia: Are you kidding, Nancy? As students, we should be actively exploring difficult topics.

Nancy: Not all topics, Olivia. That book led to students protesting against the authorities in another country, so it's been challenged before.

Mark: Challenged?

Kenji: That's right, Mark. Books often get challenged before a library decides to remove them.

Olivia: And in most cases, challenged books don't get banned at all.

Mark: (37)**Who challenges books, Olivia?**

Olivia: (37)**Governments, teachers, even librarians — but in most cases, it's concerned parents.**

Kenji: That's the opposite of what should happen.

Mark: What do you mean?

Kenji: (36)**Parents should help kids understand our complex world, not keep them away from sensitive issues.**

Olivia: (36)**Kenji, I totally agree with you.**

Kenji: Yeah. Why don't we try to talk the parents into putting that book in the library?

Nancy: You don't realize how much influence a book can have on people. (36)**There are books that should be challenged and banned.**

Mark: Now I'm more interested in what's in that book, Nancy. (36)**I don't think the library should ban that book.**

【会話の訳】

ケンジ：例の本，図書館で見つかったかい，マーク？

マーク：いや，ケンジ。図書館には置いてなかった。閲覧禁止だったよ！

ナンシー：私，驚かないわ。あの本は物議を醸すような考えでいっぱいだもの。

オリビア：冗談でしょ，ナンシー？　学生として，私たちは難しい話題を積極的に探究しているべきだわ。

ナンシー：すべての話題というわけではないわよ，オリビア。あの本がきっかけで，他の国では学生たちが当局に抗議したの。それで以前，内容に異議が唱えられたことがあるわ。

マーク：異議が唱えられたの？

ケンジ：そうなんだよ，マーク。本というのは図書館がそれを排除すると決める前に異議が唱えられることがよくあるんだ。

オリビア：そしてほとんどの場合，異議が唱えられた本は閲覧禁止にはまったくならないわ。

マーク：(37)**誰が本の内容に異議を唱えるの，オリビア？**

オリビア：(37)**政府，教師，それに司書ですらも。でもほとんどの場合，それをするのは懸念を示す親たちなの。**

ケンジ：それって起こるべきこととまったく逆のことだなあ。

マーク：どういう意味？

ケンジ：(36)**親が子どもにすべきことは，この複雑な世の中を理解するよう手助けすることで，厄介な問題から遠ざけておくことではないよ。**

オリビア：(36)**ケンジ，私はあなたにまったく同感よ。**

ケンジ：うん。親たちを説得してあの本を図書館に置くように頑張ってみようよ。

ナンシー：あなたたちは本が人々にどれほどの影響力を持ちうるのかをわかっていないわ。(36)**内容に異議が唱えられ閲覧が禁止されるべき本はあるわよ。**

マーク：こうなるとあの本に何が書かれているのかにもっと興味が湧いてきたよ，ナンシー。(36)**図書館はあの本を閲覧禁止にするべきじゃないと思うな。**

【ポイントと解説】

問36 36

ナンシーは3回目の発話で There are books that should be challenged and banned. と言っており，閲覧禁止に賛成の立場だとわかる。ケンジは4回目の発話で Parents should help kids understand our complex world, not keep them away from sensitive issues. と言っており，これに対しオリビアが Kenji, I totally agree with you. と応えている。さらに，マークは5回目(最後)の発話で I don't think the library should ban that book. と言っている。以上のことから，この3人は閲覧禁止に反対だとわかる。以上より，閲覧禁止に賛成している人はナンシー1人であることを理解する。

問37 37

マークの3回目の発話 Who challenges books, Olivia? に対して，オリビアが Governments, teachers, even librarians — but in most cases, it's concerned parents. と答えているのを聴き取り，誰が本の内容に異議を唱えているかを示しているグラフを選ぶ。

MEMO

大学入学共通テスト

'23　本試験　解答・解説

（2023 年 1 月実施）

受験者数　461,993

平 均 点　62.35

'23本試験

（100点満点）

問題番号	設問		解答番号	正解	配点	自己採点
第1問	A	問1	1	①	4	
		問2	2	①	4	
		問3	3	①	4	
		問4	4	④	4	
	B	問5	5	③	3	
		問6	6	①	3	
		問7	7	②	3	
第1問 自己採点小計					(25)	
第2問		問8	8	④	4	
		問9	9	④	4	
		問10	10	③	4	
		問11	11	②	4	
第2問 自己採点小計					(16)	
第3問		問12	12	②	3	
		問13	13	④	3	
		問14	14	④	3	
		問15	15	④	3	
		問16	16	①	3	
		問17	17	①	3	
第3問 自己採点小計					(18)	
第4問	A	問18	18	①	4*	
		問19	19	④		
		問20	20	③		
		問21	21	②		
		問22	22	①	1	
		問23	23	⑥	1	
		問24	24	②	1	
		問25	25	①	1	
	B	問26	26	④	4	
第4問 自己採点小計					(12)	

問題番号	設問		解答番号	正解	配点	自己採点
第5問		問27	27	②	3	
		問28	28	②	2*	
		問29	29	⑥		
		問30	30	⑤	2*	
		問31	31	③		
		問32	32	③	4	
		問33	33	④	4	
第5問 自己採点小計					(15)	
第6問	A	問34	34	③	3	
		問35	35	①	3	
	B	問36	36	①	4	
		問37	37	②	4	
第6問 自己採点小計					(14)	
自己採点合計					(100)	

（注） ＊は，全部正解の場合のみ点を与える。

※【**読み上げられた英文**】および【**訳**】で太字になっている部分は，聴き取りの上で重要な部分を示しています。

第1問

A　短文発話内容一致問題

問1　1　①

4603【読み上げられた英文】

W: Sam, the TV is too loud. I'm working. **Can you close the door?**

【英文の訳】

女性：サム，テレビの音がうるさすぎるわよ。私，仕事をしているの。**ドアを閉めてくれる？**

【選択肢の訳】

① 話し手はサムにドアを閉めるように頼んでいる。
② 話し手はサムにテレビをつけるように頼んでいる。
③ 話し手は今すぐドアを開けるつもりだ。
④ 話し手は仕事をしながらテレビを見るつもりだ。

【ポイントと解説】

「**依頼**」の聴き取りと表現の**言い換え**。

Can you close the door? を聴き取り，話し手がドアを閉めるように「**依頼**」していることを理解する。なお，Can you close the door? が選択肢①では asking Sam to shut the door に言い換えられていることに注意する。

問2　2　①

4604【読み上げられた英文】

W: **I've already washed the bowl**, but **I haven't started cleaning the pan**.

【英文の訳】

女性：**ボウルはもう洗った**けど，**フライパンはまだきれいにし始めていないわ**。

【選択肢の訳】

① 話し手はボウルをきれいにし終えた。
② 話し手はフライパンを洗い終えた。
③ 話し手は今，フライパンをきれいにしている。
④ 話し手は今，ボウルを洗っている。

【ポイントと解説】

「**現在完了形の肯定と否定**」の聴き取り。

I've already washed the bowl と I haven't started cleaning the pan を聴き取り，ボウルは洗い終えたが，フライパンはまだきれいにし始めていないことを理解する。

問3　3　①

4605【読み上げられた英文】

W: Look at **this postcard my uncle sent me from Canada**.

【英文の訳】

女性：**叔父がカナダから私に送ってくれたこの絵はがきを見て**。

【選択肢の訳】

① 話し手は叔父から絵はがきを受け取った。
② 話し手は絵はがきをカナダにいる叔父に送った。
③ 話し手の叔父は絵はがきを送り忘れた。
④ 話し手の叔父はカナダからの絵はがきを受け取った。

【ポイントと解説】

「**関係代名詞を省略した節構造**」の聴き取り。

this postcard (**which**) my uncle sent me from Canada の**名詞句＋関係代名詞を省略した節構造**の個所を聴き取り，話し手がカナダにいる叔父からの絵はがきを受け取ったことを理解する。

問4　4　④

4606【読み上げられた英文】

W: There are **twenty students in the classroom**, and **two more will come after lunch**.

【英文の訳】

女性：**教室には20人の生徒**がいて，**昼食後にもう2人が来る予定よ**。

【選択肢の訳】

① 現時点で，教室には20人足らずの生徒がいる。
② 現時点で，教室には22人の生徒がいる。
③ あとで，教室にはちょうど18人の生徒がいることになるだろう。
④ あとで，教室には20人を超す生徒がいることになるだろう。

【ポイントと解説】

「**two more**」表現と**未来表現**の聴き取り。

twenty students in the classroom と two more will come after lunch の個所を聴き取り，昼食後に生徒の数が22人になることを理解し，選択肢を吟味する。

B　短文発話イラスト選択問題

問5 [5] ③

4609 **【読み上げられた英文】**

W: **There's not much tea left** in the bottle.

【英文の訳】

女性：瓶には**お茶はあまり残っていない。**

〈選択肢のイラスト省略〉

【ポイントと解説】

There's ... left 構文と **not much** の聴き取り。

There's not much tea left の個所を聴き取り，お茶があまり残っていないイラストを選ぶ。

問6 [6] ①

4610 **【読み上げられた英文】**

W: I can't see any cows. Oh, **I see one behind the fence.**

【英文の訳】

女性：牛が1頭も見当たらないの。あら，**柵の向こうに1頭いるわ。**

〈選択肢のイラスト省略〉

【ポイントと解説】

「**代名詞 one と前置詞**」の聴き取り。

I see one behind the fence の one が a cow を指していることを理解し，behind the fence から牛のいる場所を特定する。

問7 [7] ②

4611 **【読み上げられた英文】**

W: I'm over here. **I'm wearing black pants and holding a skateboard.**

【英文の訳】

女性：私はこっちよ。**黒いズボンをはいて，スケートボードを抱えているわ。**

〈選択肢のイラスト省略〉

【ポイントと解説】

情報の**取捨選択**。

I'm wearing black pants and holding a skateboard. を聴き取り，ズボンの色とスケートボードの位置を取捨選択する。

第2問

対話文イラスト選択問題

問8 [8] ④

4614 **【読み上げられた英文】**

M: **This avatar with the glasses must be you!**

W: Why, because **I'm holding my favorite drink**?

M: Of course! And **you always have your computer with you.**

W: **You're right!**

Question: Which avatar is the woman's?

【対話と質問の訳】

男性：**メガネをかけているこのアバターはきっと君だね！**

女性：どうして，**私が大好きな飲み物を持っているから？**

男性：もちろん！　それに**君はいつもコンピューターを持っているじゃない。**

女性：**その通りよ！**

質問：どのアバターが女性のものか。

〈選択肢のイラスト省略〉

【ポイントと解説】

聴き取った情報に基づくイラストの**取捨選択。**

男性が最初の発話で This avatar with the glasses must be you! と言ったことに対して，女性が I'm holding my favorite drink と応答していることを聴き取る。さらに，男性が2回目の発話で，you always have your computer with you と言い，女性が You're right! と応答していることを聴き取り，女性のアバターを特定する。

問9 [9] ④

4615 **【読み上げられた英文】**

M: **Plastic bottles go in here, and paper cups here.**

W: How about this, then? **Should I put this in here?**

M: **No, that one is for glass. Put it over here.**

W: OK.

Question: Which item is the woman holding?

【対話と質問の訳】

男性：**ペットボトルはここに入れて，そして紙コップはここに。**

女性：じゃ，これはどうするの？　**ここに入れた方がいいかな？**

男性：**違うよ，そこはガラス用だから。それはこっちに入れて。**

女性：わかったわ。

質問：女性が手に持っているものはどれか。

〈選択肢のイラスト省略〉

【ポイントと解説】

聴き取った情報を基に**消去法**からイラストを選択。

男性が最初の発話で Plastic bottles go in here, and paper cups here. と言い，女性が Should I put this in here? と聞いたことに対して，男性が No, that one is for glass. Put it over here. と応答していることを聴き取り，消去法から女性が手に持っているものを特定する。

問10 10 ③

4616 **【読み上げられた英文】**

W: How about this pair?

M: **No, tying shoelaces takes too much time.**

W: **Well, this other style is popular. These are 50% off, too.**

M: Nice! **I'll take them.**

Question: Which pair of shoes will the man buy?

【対話と質問の訳】

女性：こちらの靴はいかがですか。

男性：**いやあ，靴紐を結ぶのに時間がかかり過ぎるなあ。**

女性：**それでは，この違う型が人気です。こちらも50パーセント引きです。**

男性：いいですね！ **これを買います。**

質問：男性はどの靴を買うか。

〈選択肢のイラスト省略〉

【ポイントと解説】

「形状と追加情報」の聴き取り。

女性（店員）が薦めた靴に対して，男性が No, tying shoelaces takes too much time. と応答し，女性が2回目の発話で Well, this other style is popular. These are 50% off, too. と言い，男性が I'll take them. と言っていることを聴き取り，男性が買う靴を特定する。

問11 11 ②

4617 **【読み上げられた英文】**

W: Where shall we meet?

M: Well, **I want to get some food before the game.**

W: And **I need to use a locker.**

M: **Then, let's meet there.**

Question: Where will they meet up before the game?

【対話と質問の訳】

女性：どこで待ち合わせる？

男性：えっと，**試合の前にちょっと食べ物を買いたいな。**

女性：それに，**私はロッカーを使う必要があるの。**

男性：**それじゃ，そこで待ち合わせよう。**

質問：試合前に彼らはどこで待ち合わせをするだろうか。

〈選択肢のイラスト省略〉

【ポイントと解説】

聴き取った情報の**組み合わせ。**

待ち合わせ場所を尋ねている女性に対して，男性が最初の発話で I want to get some food before the game と応答したのに対して，女性は I need to use a locker と言い，それを受けて男性が Then, let's meet there. と提案したことを聴き取り，二人が待ち合わせをする場所を特定する。

第3問

対話文質問選択問題

問12 12 ②

4620 **【読み上げられた英文】**

M: Excuse me. I'd like to go to Central Station. What's the best way to get there?

W: **After you take the Green Line, just transfer to the Blue Line or the Yellow Line at Riverside Station.**

M: Can I also take the Red Line first?

W: Usually that's faster, but it's closed for maintenance.

【対話の訳】

男性：すみません。セントラル駅に行きたいのですが。そこに着く一番良い方法は何でしょうか。

女性：**グリーンラインに乗った後，そのままリバーサイド駅でブルーラインかイエローラインに乗り換えてください。**

男性：最初にレッドラインに乗ってもいいですか。

女性：通常はその方が早いのですが，メンテナンスのためその路線は運休しています。

【質問と選択肢の訳】

問12　男性は最初にどの地下鉄の路線を使うか。

① ブルーライン
② グリーンライン
③ レッドライン
④ イエローライン

【ポイントと解説】

質問内容から聴き取りの**ポイントを絞り込み情報を取捨選択する。**

セントラル駅に行く一番良い方法を尋ねている男性に対して，女性が After you take the Green Line, just transfer to the Blue Line or the Yellow Line at Riverside Station. と応答していることを聴き取り，男性が最初に乗る路線を特定する。なお，対話の後半で男性がレッドラインについて女性に尋ねているが，女性は現在その路線はメンテナンスのため運休していると応答していることを聴き取り，③ The Red Line を選択肢から外す。

問13 13 ④

4621 **【読み上げられた英文】**

M: Would you like to go out for dinner?

W: Well, I'm not sure.

M: What about an Indian restaurant?

W: You know, I like Indian food, but **we shouldn't spend too much money this week**.

M: **Then, why don't we just cook it ourselves, instead?**

W: **That's a better idea!**

【対話の訳】

男性：ディナーは外食にしない？

女性：えーと，どうしようかな。

男性：インド料理店はどう？

女性：って言うか，インド料理は好きだけど，**今週はあまりお金を使い過ぎないほうがいいわ。**

男性：**それじゃ，代わりに自分たちでそれを料理しない？**

女性：**そのほうがいいわね！**

【質問と選択肢の訳】

問13 彼らは何をするだろうか。

① もっと安いレストランを選ぶ
② レストランで一緒に食事をする
③ インド料理を配達してもらう
④ 家でインド料理を作る

【ポイントと解説】

質問内容からの聴き取り**ポイントの絞り込みと表現の言い換え。**

インド料理店での外食を提案した男性(夫)に対して，女性(妻)が2回目の発話で we shouldn't spend too much money this week と言って反対し，それを受けて男性が Then, why don't we just cook it ourselves, instead? と提案し，女性が That's a better idea! と同意しているのを聴き取り，二人がこれから取る行動を推測する。

問14 14 ④

4622 **【読み上げられた英文】**

M: I can't find my dictionary!

W: **When did you use it last?** In class?

M: No, but **I took it out of my backpack this morning in the bus to check my homework.**

W: You must have left it there. The driver will take it to the office.

M: Oh, I'll call the office, then.

【対話の訳】

男性：辞書が見つからないんだ！

女性：**それを最後に使ったのはいつ？** 授業中？

男性：じゃないよ，でも**今朝バスの中でバックパックからそれを取り出し，宿題をチェックしたんだ。**

女性：きっとそれをそこに置き忘れたんだよ。運転手さんがそれを事務所に持って行ってくれるんじゃないの。

男性：ああ，じゃ，事務所に電話するよ。

【質問と選択肢の訳】

問14 男の子は何をしたか。

① 彼は授業中に辞書で調べた。
② 彼はバックパックを家に置き忘れた。
③ 彼はバックパックを事務所に持って行った。
④ 彼はバスで辞書を使った。

【ポイントと解説】

対話の展開に沿いながら，**情報を取捨選択**する。

辞書が見つからないと言っている男性に対して，女性が最初の発話で When did you use it last? と尋ね，男性が I took it out of my backpack this morning in the bus to check my homework と応答していることを聴き取り，男性が辞書を最後に使った状況を特定する。

問15 15 ④

4623 **【読み上げられた英文】**

W: How was your first week of classes?

M: Good! I'm enjoying university here.

W: So, **are you originally from here? I mean, London?**

M: **Yes, but my family moved to Germany after I was born.**

W: Then, you must be fluent in German.

M: Yes. That's right.

【対話の訳】

女性：授業の最初の１週間はどうでしたか。

男性：良かったです！　ここの大学を満喫しています。

女性：それで，**あなたはもともとここの出身なの？つまり，ロンドン？**

男性：**はい，でも僕が生まれた後，家族でドイツに引っ越しました。**

女性：じゃ，きっとドイツ語は流暢なのね。

男性：はい。そうです。

【質問と選択肢の訳】

問15　新入生について正しいのはどれか。

① 彼はイングランドで育った。

② 彼はちょうどロンドンを訪れているところだ。

③ 彼はドイツで勉強している。

④ 彼はイギリスで生まれた。

【ポイントと解説】

対話の展開に沿いながら，**聴き取った情報を選択肢に照らし合わせて吟味**する。

男性(新入生)に対して，女性(先輩)が２回目の発話で are you originally from here? I mean, London? と尋ね，男性が Yes, but my family moved to Germany after I was born. と応答していることを聴き取り，男性がイギリス生まれで，ドイツ育ちであり，現在はイギリスの大学で勉強していることを理解して，選択肢を吟味する。

問16　16　①

4624 **【読み上げられた英文】**

W : How are you?

M : Well, I have a runny nose. I always suffer from allergies in the spring.

W : **Do you have some medicine?**

M : **No, but I'll drop by the drugstore on my way home to get my regular allergy pills.**

W : You should leave the office early.

M : Yes, I think I'll leave now.

【対話の訳】

女性：調子はどう？

男性：えーと，鼻水が出るんだ。春になるといつもアレルギーに悩まされるんだ。

女性：**薬はもっているよね？**

男性：**持っていないんだ，でも帰宅途中にドラッグストアに寄って，いつも使っているアレルギーの薬を買うつもりなんだ。**

女性：職場を早退したほうがいいよ。

男性：そうだね，もう出ようと思っているんだ。

【質問と選択肢の訳】

問16　男性は何をするだろうか。

① ドラッグストアで薬を買う

② 帰宅途中に診療所に立ち寄る

③ 仕事を続け，薬を飲む

④ すでに持っているアレルギーの薬を飲む

【ポイントと解説】

質問内容からの聴き取り**ポイントの絞り込み。**

アレルギーに悩む男性に対して，女性が２回目の発話で Do you have some medicine? と尋ね，男性が No, but I'll drop by the drugstore on my way home to get my regular allergy pills. と応答していることを聴き取り，男性が取る行動を推測する。

問17　17　①

4625 **【読み上げられた英文】**

M : What a cute dog!

W : Thanks. Do you have a pet?

M : I'm planning to get a cat.

W : **Do you want to adopt or buy one?**

M : What do you mean by 'adopt'?

W : **Instead of buying one at a petshop, you could give a new home to a rescued pet.**

M : **That's a good idea. I'll do that!**

【対話の訳】

男性：なんてかわいい犬なんだ！

女性：ありがとう。あなたはペットを飼ってるの？

男性：猫を飼おうと思っているんだ。

女性：**猫を引き取るの，それとも買うの？**

男性：「引き取る」ってどういう意味？

女性：**ペットショップで買うんじゃなくて，保護猫に新しい家を与えることができるのよ。**

男性：**それはいい考えだね。そうするよ！**

【質問と選択肢の訳】

問17　男性は何をするつもりか。

① 猫を引き取る

② 犬を引き取る

③ 猫を買う

④ 犬を買う

【ポイントと解説】

質問内容からの聴き取り**ポイントの絞り込み。**

猫を飼いたいという男性に対して，女性は２回目の発話で Do you want to adopt or buy one? と尋ね，３回目の発話で Instead of buying one at a petshop, you could give a new home to a rescued pet. と adopt について説明していることを押さえ，

男性が That's a good idea. I'll do that! と応答していることを聴き取り，男性が取る行動を推測する。

第4問

A　モノローグ型図表完成問題

問18 18 ①，問19 19 ④，問20 20 ③，問21 21 ②

4628 **【読み上げられた英文】**

Each year we survey our graduating students on why they chose their future jobs. We compared the results for 2011 and 2021. The four most popular factors were "content of work," "income," "location," and "working hours." The graph shows that (18) **"content of work" increased the most.** (21) **"Income" decreased a little in 2021 compared with 2011.** (20) **Although "location" was the second most chosen answer in 2011, it dropped significantly in 2021.** Finally, (19) **"working hours" was chosen slightly more by graduates in 2021.**

【英文の訳】

毎年，私たちは卒業予定者を対象に将来の仕事を選んだ理由についてアンケート調査を行っています。2011年と2021年の結果を比較しました。最も支持された4つの要因は「仕事内容」，「収入」，「場所」，「勤務時間」でした。グラフを見ると，(18)**「仕事内容」が最も増えている**ことがわかります。(21)**「収入」は2011年に比べ2021年ではわずかに減っています。**(20)**「場所」は2011年に2番目に多く選ばれた回答でしたが，2021年には大幅に減りました。**最後に，(19)**「勤務時間」は2021年の卒業生によって若干多く選ばれました。**

〈選択肢のグラフ省略〉

【選択肢の訳】

① 仕事内容
② 収入
③ 場所
④ 勤務時間

【ポイントと解説】

最上級表現や**増減表現**の聴き取り。

聴き取った情報をワークシート内にある「仕事を選ぶにあたって最も支持された4つの要因」を表すグラフと重ね合わせながら，グラフが表す4つの要因を特定する。まず，"content of work" increased the most を聴き取り，グラフから 18 が ① Content of work であることを特定する。次に，"Income" decreased a little in 2021 compared with 2011. を聴き取り，グラフから 21 ② Income を特定する。さらに，Although "location" was the second most chosen answer in 2011, it dropped significantly in 2021. を聴き取り，グラフから 20 ③ Location を特定する。最後に，"working hours" was chosen slightly more by graduates in 2021 を聴き取り，グラフから 19 ④ Working hours を特定する。

問22 22 ①，問23 23 ⑥，問24 24 ②，問25 25 ①

4630 **【読み上げられた英文】**

We are delighted to announce the prizes! Please look at the summary of the results on your screen. First, (23) **the top team in Stage A will be awarded medals.** (24) **The top team in Stage B will also receive medals.** Next, (23) **the team that got the highest final rank will win the champion's trophies.** (22)(25) **Team members not winning any medals or trophies will receive a game from our online store.** The prizes will be sent to everyone next week.

【英文の訳】

賞品を発表させていただきます！　画面上の結果の概要を見てください。まず，(23)**ステージAの首位チームにはメダルが授与されます。**(24)**ステージBの首位チームにもメダルが授与されます。**次に，(23)**最終順位で最高位を獲得したチームがチャンピオントロフィーを獲得します。**(22)(25)**メダルもトロフィーも獲得しなかったチームのメンバーはオンラインストアからゲームを受け取れます。**賞品は来週皆様に発送されます。

国際ゲーム大会：結果の概要

チーム	ステージA	ステージB	最終順位	賞品
ダーク・ドラゴンズ	3位	3位	4位	22
エレガント・イーグルズ	1位	2位	1位	23
ショッキング・シャークス	4位	1位	2位	24
ウォリアー・ウルヴズ	2位	4位	3位	25

【選択肢の訳】

① ゲーム
② メダル
③ トロフィー
④ ゲーム，メダル
⑤ ゲーム，トロフィー
⑥ メダル，トロフィー

【ポイントと解説】

複数の情報を重ね合わせて取捨選択する。

まず，the top team in Stage A will be awarded medals. The top team in Stage B will also receive medals を聴き取り，ステージAの首位チームであるエレガント・イーグルズとステージBの首位チームであるショッキング・シャークスにメダルが授与される。次に，the team that got the highest final rank will win the champion's trophies を聴き取り，最終順位が最高位であるエレガント・イーグルズにはトロフィーも授与される。最後の方で聞こえてくる Team members not winning any medals or trophies will receive a game from our online store. を聴き取り，メダルもトロフィーももらえなかった残りの2チームはゲームがもらえることを理解して表を完成する。

B　モノローグ型質問選択問題

問26 26 ④

【読み上げられた英文】

① Hi there! Charlie, here. **I'll work to increase the opening hours of the computer room.** Also, **there should be more events for all students**. Finally, our student athletes need energy! So I'll push for more meat options in the cafeteria.

② Hello! I'm Jun. **I think school meals would be healthier if our cafeteria increased vegetarian choices. The computer lab should also be open longer, especially in the afternoons.** Finally, our school should have fewer events. We should concentrate on homework and club activities!

③ Hi guys! I'm Nancy. I support the school giving all students computers; then we wouldn't need the lab! I also think the cafeteria should bring back our favorite fried chicken. And **school events need expanding**. It's important for all students to get together!

④ Hey everybody! I'm Philip. First, **I don't think there are enough events for students**. We should do more together! Next, **we should be able to use the computer lab at the weekends, too**. Also, **vegans like me need more vegetable-only meals in our cafeteria**.

【英文の訳】

① 皆さんこんにちは！　僕はチャーリーです。**コンピューター室の開室時間を増やすように努力します**。また，**全校生徒のための行事がもっとたくさんあるべきです**。最後に，学生アスリートにはエネルギーが必要です！　だから，学食の肉料理のメニューをもっと増やすように要求します。

② こんにちは！　ジュンです。**学食がベジタリアンのメニューを増やせば，学校の食事はもっとヘルシーになると思います。また，コンピューター室は特に午後は，もっと長く開けておくべきです**。最後に，学校は行事の数を少なくすべきです。私たちは宿題と部活に専念すべきです！

③ こんにちは，皆さん！　私はナンシーです。学校が全生徒にコンピューターを支給することを支持します。そうすればコンピューター室は必要なくなります！　また，学食は私たちの大好きなフライドチキンを復活させるべきだと思います。そして，**学校行事は拡大する必要があります**。全校生徒が一丸となることが大切です！

④ こんにちは，皆さん！　僕はフィリップです。まず，**生徒のための行事が十分ではないと思います**。私たちは一緒にもっと多くのことをすべきです！次に，**週末にもコンピューター室を使うことができるようにすべきです**。また，**僕のようなビーガン**

(完全菜食主義者)は学食に野菜だけの食事がもっと必要です。

【問題文と選択肢の訳】

問26 [26] は，あなたが選ぶ可能性が最も高い候補者です。

① チャーリー
② ジュン
③ ナンシー
④ フィリップ

【ポイントと解説】

複数情報を聴き取り，比較検討しながら取捨選択をする。

④ Philip に関して，I don't think there are enough events for students(条件A)，we should be able to use the computer lab at the weekends, too (条件C)，vegans like me need more vegetable-only meals in our cafeteria(条件B)を聴き取り，3つの条件をすべて満たしていることを理解する。

① Charlie は，条件A，Cは満たしているが，条件Bを満たしていない。

② Jun は，条件B，Cは満たしているが，条件Aを満たしていない。

③ Nancy は，条件Aは満たしているが，条件B, Cを満たしていない。

候補者	条件A	条件B	条件C
① チャーリー	○	×	○
② ジュン	×	○	○
③ ナンシー	○	×	×
④ フィリップ	○	○	○

第5問

モノローグ型長文ワークシート完成・選択問題

問27 [27] ②，問28 [28] ②，問29 [29] ⑥
問30 [30] ⑤，問31 [31] ③，問32 [32] ③

4636 【読み上げられた英文】

Today, our topic is the Asian elephant, the largest land animal in Asia. They are found across South and Southeast Asia. (27)**Asian elephants are sociable animals that usually live in groups and are known for helping each other. They are also intelligent and have the ability to use tools.**

The Asian elephant's population has dropped greatly over the last 75 years, even though this animal is listed as endangered. Why has this happened? One reason for this decline is illegal human activities. Wild elephants have long been killed for ivory. But now, there is a developing market for other body parts, including skin and tail hair. (28)**These body parts are used for accessories, skin care products, and even medicine.** Also, (29)**the number of wild elephants caught illegally is increasing because performing elephants are popular as tourist attractions.**

Housing developments and farming create other problems for elephants. Asian elephants need large areas to live in, but these human activities have reduced their natural habitats and created barriers between elephant groups. As a result, (30)**there is less contact between elephant groups** and their numbers are declining. Also, (31)**many elephants are forced to live close to humans, resulting in deadly incidents for both humans and elephants.**

What actions have been taken to improve the Asian elephant's future? (33)**People are forming patrol units and other groups that watch for illegal activities.** (32)(33)**People are also making new routes to connect elephant habitats, and are constructing fences around local living areas to protect both people and elephants.**

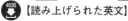

Next, let's look at the current situation for elephants in different Asian countries. Each group will give its report to the class.

【英文の訳】

今日，私たちが取り上げるテーマは，アジア最大の陸生動物であるアジアゾウです。アジアゾウは南アジアと東南アジアの全域にわたって見られます。(27)**アジアゾウは社交的な動物で，普段は群れで生息し，互いに助け合うことで知られています。アジアゾウはまた，知能が高く，道具を使う能力を持っています。**

アジアゾウは絶滅危惧種に指定されているにもかかわらず，過去75年にわたってこの動物の個体数は大幅に減少してきました。なぜこのようなことが起こってしまったのでしょうか。この減少の１つの理由は，人間の違法行為にあります。野生のゾウは長いあいだ象牙を取る目的で殺されてきました。しかし現在では，皮膚や尻尾の毛などの体の他の部位を扱う，成長が見込まれる市場が存在しています。(28)**これらの体の部位は，アクセサリー，スキンケア製品，さらには薬にまで使われています。**また，(29)**密猟される野生のゾウの数が増えている理由は，芸をするゾウが観光客の呼びものとして人気があるからです。**

住宅開発と農業は，ゾウにとって別の問題を引き起こします。アジアゾウは生息するのに広大な土地を必要としますが，これらの人間活動により，ゾウの自然の生息地が減少し，ゾウの群れの間に壁を作ってきました。その結果，(30)**ゾウの群れの間での接触が減り，**ゾウの数が減少しています。また，(31)**多くのゾウが人間の近くで生息することを余儀なくされ，その結果，人間にとってもゾウにとっても致命的な出来事が起こっています。**

アジアゾウの将来をより良いものにするためにどのような行動がとられてきたのでしょうか。(33)**人々は違法行為を監視するパトロール隊や他のグループを編成しています。**(32)(33)**人々はまた，ゾウの生息地をつなぐ新しいルートを作り，人間とゾウの両方を保護するために，地元の居住地域の周りにフェンスを建設しています。**

次に，アジア各国のゾウの現状を見てみましょう。各グループはクラスに報告をしてください。

ワークシート

アジアゾウ

◇ **概説**

- 大きさ：　アジアで最大の陸生動物
- 生息地：　南アジアおよび東南アジア
- 特性：　［ 27 ］

◇ **ゾウにとっての脅威**

脅威１：違法商業活動

- ゾウの体の部位をアクセサリー， 28 ，薬のために使用
- 生きたゾウを 29 のために捕獲

脅威２：土地開発による生息地の喪失

- ゾウの 30 の交流の減少
- 人間とゾウの 31 の増加

問27

【選択肢の訳】

① 攻撃的で強い
② 協力的で賢い
③ 友好的で穏やか
④ 自立的で知能が高い

【ポイントと解説】

講義の内容を聴き取り，**概要を把握**する。

講義の冒頭で語られている Asian elephants are sociable animals that usually live in groups and are known for helping each other. They are also intelligent and have the ability to use tools. を聴き取り，アジアゾウの特性を理解する。

問28～31

【選択肢の訳】

① 衣服
② 化粧品
③ 死
④ 友情
⑤ 群れ
⑥ 芸

【ポイントと解説】

講義の内容を聴き取り，**概要を把握**する。

One reason for this decline is illegal human activities. の後に語られる野生のゾウの密猟目的を聴き取り，ワークシートの Threat 1: Illegal Commercial Activities の欄に適するように整理して，2つの空所を埋めていく。まず，違法商業活動によるゾウの体の部位の転用は，英文中程で聞こえてくる These body parts are used for accessories, skin care products, and even medicine. を聴き取り，skin care products を言い換えて，28 には② cosmetics を入れる。次に，生きたゾウを捕獲する目的は，the number of wild elephants caught illegally is increasing because performing elephants are popular as tourist attractions を聴き取り，29 には⑥ performances を入れる。それから，Threat 2: Habitat Loss Due to Land Development の欄に適するように整理して，2つの空所を埋めていく。土地開発による生息地の喪失により減少したものは，講義の後半で聞こえてくる there is less contact between elephant groups を聴き取り，これを言い換えて，30 には⑤ group を入れる。また，増加したものは，続けて聞こえてくる Also を手がかりに，many elephants are forced to live close to humans, resulting in deadly incidents for both humans and elephants を聴き取り，31 には③ deaths を入れ，ワークシートを完成する。

問32

【選択肢の訳】

① 違法行為を阻止する取り組みは，人間が住宅計画を拡大できる点で効果がある。
② ゾウの異なる群れ同士の遭遇は，農業発展を衰えさせる原因である。
③ 人間とアジアゾウとの共生を助けることは，ゾウの命と生息地を守るカギである。
④ アジアゾウを絶滅危惧種に指定することは，環境問題を解決する1つの方法である。

【ポイントと解説】

聴き取った内容を選択肢に重ね合わせて真偽を判断する。

ワークシートにある2つの Threat に対し，講義の最後の方で，それぞれ具体的な対策が述べられている。その中で脅威2「土地開発による生息地の喪失」の対策として，People are also making new routes to connect elephant habitats, and are constructing fences around local living areas to protect both people and elephants. を聴き取り，人間とゾウの共生の重要性を理解し，適切な選択肢を選ぶ。

問33 33 ④

4638 **【読み上げられた英文】**

Our group studied deadly encounters between humans and elephants in Sri Lanka. In other countries, like India, many more people than elephants die in these encounters. By contrast, similar efforts in Sri Lanka show a different trend. Let's take a look at the graph and the data we found.

【英文の訳】

私たちのグループは，スリランカにおける人間とゾウの致命的な遭遇について調べました。インドなどの他の国々では，ゾウよりはるかに多くの人間がこのような遭遇によって命を落としています。対照的にスリランカでの同様の取り組みは異なる傾向を示しています。私たちが見つけたグラフとデータを見てみましょう。

〈選択肢のグラフ省略〉

【選択肢の訳】

① 絶滅の危機に瀕している動物を保護する取り組みが，スリランカのゾウの個体数を増やしてきた。
② スリランカにおける違法行為の監視は，ゾウの死亡数を少なくする点で効果を上げてきている。
③ スリランカでは，人間とゾウの遭遇によって死亡したゾウの数の増加は見られていない。
④ スリランカでは，ゾウを保護するために講じられた措置は，まだ望ましい結果を生んできていない。

【ポイントと解説】

聴き取った内容とグラフから読み取れる情報を**重ね合わせて要点を把握**する。

最初の講義の最後の方で，２つの方策について述べている People are forming patrol units and other groups that watch for illegal activities. People are also making new routes to connect elephant habitats, and are constructing fences around local living areas to protect both people and elephants. を聴き取る。次に，「スリランカにおける人間とゾウの遭遇による死亡数」を示しているグラフによると，2013年以来ゾウの死亡数は人間の死亡数を上回ったままであり，2018年では共に死亡数は最多になっていることを読み取り，聴き取った内容とグラフから読み取った情報を重ね合わせて，講じられた措置が成果を上げていないことを理解し，選択肢を特定する。

第６問

A　対話文質問選択問題

問34 [34] ③，問35 [35] ①

4641 【読み上げられた英文】

David： Hey, Mom! Let's go to Mt. Taka tomorrow. We've always wanted to go there.

Sue： Well, I'm tired from work. I want to stay home tomorrow.

David： Oh, too bad. Can I go by myself, then?

Sue： What? People always say you should never go hiking alone. What if you get lost?

David： Yeah, I thought that way too, until I read a magazine article on solo hiking.

Sue： Huh. What does the article say about it?

David： It says it takes more time and effort to prepare for solo hiking than group hiking.

Sue： OK.

David： But (34)**you can select a date that's convenient for you and walk at your own pace**. And imagine the sense of achievement once you're done, Mom!

Sue： That's a good point.

David： So, can I hike up Mt. Taka by myself tomorrow?

Sue： David, do you really have time to prepare for it?

David： Well, I guess not.

Sue： (35)**Why not wait until next weekend when you're ready? Then you can go on your own.**

David： OK, Mom.

【対話の訳】

デイビッド：ねえ，母さん！　明日，高山に行こうよ。僕たちは前々からそこに行きたいと思っていたよね。

スー：そうね，母さんは仕事で疲れているの。明日は家にいたいわ。

デイビッド：ああ，残念。じゃあ，僕一人で行ってもいい？

スー：何ですって？　一人でハイキングには絶対に行くべきではないって，いつも言われているでしょ。道に迷ったらどうするの？

デイビッド：うん，僕もそう思っていたよ，ソロハイキングについての雑誌記事を読むまではね。

スー：えっ。その記事はそれについて何て書いてあるの？

デイビッド：それにはグループハイキングよりソロハイキングのほうが準備に時間と手間がかかるって書いてあるよ。

スー：そうでしょう。

デイビッド：でも，(34)**自分の都合のいい日を選んで，自分のペースで歩くことができるんだ。**それに，ひとたびそれをやり終えたときの達成感を想像してみてよ，母さん！

スー：それは言えているわね。

デイビッド：だから，明日は高山でひとりでハイキングをしてもいい？

スー：デイビッド，準備する時間は本当にあるの？

デイビッド：えーっと，なさそうだね。

スー：(35)**準備ができる来週末まで待ったらどうなの？　そうしたら，一人で行ってもいいわよ。**

デイビッド：わかった。母さん。

【質問と選択肢の訳】

問34　デイビッドはどの記述に最も同意するだろうか。

① 楽しいハイキングには長距離を歩く必要がある。

② グループでハイキングに出かけると達成感が得られる。

③ 一人でハイキングするのは，出かける時を選べ

るので都合がよい。

④ ハイキングがしばしば大変なのは，誰も助けてくれないからだ。

【ポイントと解説】

話し手の発話の**意見を把握**する。

デイビッドは5回目の発話で you can select a date that's convenient for you and walk at your own pace と言っているのを聴き取り，「一人でハイキングするのは自分の都合に合わせられる」という雑誌記事を引き合いに出していることを把握し，選択肢を特定する。

【質問と選択肢の訳】

問35 対話の最後までで，一人でハイキングすることについてのスーの意見を最もよく表しているのはどの記述か。

① 容認できる。

② 創造的である。

③ 素晴らしい。

④ ばかげている。

【ポイントと解説】

話し手の発話の**意見を把握**する。

スー(母親)はデイビッド(息子)が一人でハイキングに出かけることに対して反対する態度をとっていたが，最後の発話で Why not wait until next weekend when you're ready? Then you can go on your own. と言っているのを聴き取り，スーのソロハイキングに対する最終的な意見を理解し，選択肢を特定する。

B 会話長文意見・図表選択問題

問36 36 ①，**問37** 37 ②

4644 **【読み上げられた英文】**

Mary： Yay! We all got jobs downtown! I'm so relieved and excited.

Jimmy： You said it, Mary! So, are you going to get a place near your office or in the suburbs?

Mary： Oh, definitely close to the company. I'm not a morning person, so I need to be near the office. You should live near me, Lisa!

Lisa： Sorry, Mary. (37)**The rent is too expensive.** I want to save money. How about you, Kota?

Kota： I'm with you, Lisa. I don't mind waking up early and commuting to work by train. You know, while commuting I can listen to music.

Jimmy： Oh, come on, you guys. We should enjoy the city life while we're young. There are so many things to do downtown.

Mary： Jimmy's right. Also, I want to get a dog. If I live near the office, I can get home earlier and take it for longer walks.

Lisa： Mary, don't you think your dog would be happier in the suburbs, where there's a lot more space?

Mary： Yeah, you may be right, Lisa. Hmm, now I have to think again.

Kota： Well, I want space for my training equipment. I wouldn't have that space in a tiny downtown apartment.

Jimmy： That might be true for you, Kota. (36)**For me, a small apartment downtown is just fine. In fact, I've already found a good one.**

Lisa： Great! When can we come over?

【会話の訳】

メアリー：わーい！ 私たち全員，街の中心部で仕事に就けたわね。私，すごくホッとして，ワクワクしているの。

ジミー：まったくそのとおりだね，メアリー！ それで，君はオフィスの近く，それとも郊外に住むつもり？

メアリー：あら，絶対に会社の近くよ。私，朝型人間ではないの，だからオフィスの近くにいる必要があるの。リサ，あなたは私の近くに住んでね！

リサ：ごめんなさい，メアリー。(37)**家賃が高すぎるわ**。私，お金を貯めたいの。コウタ，あなたはどうなの？

コウタ：僕は君と同じだよ，リサ。早く起きて，電車で通勤しても構わないよ。あ，そうそう，通勤中，音楽を聴くことができるし。

ジミー：また，そんなこと言って，君たち。若いうちは都会生活を楽しむべきだよ。街の中心部ではやることがとてもたくさんあるよ。

メアリー：ジミーの言っていることは正しいわ。それに，私は犬を飼いたいの。オフィスの近くに住めば，早く帰宅できて，より長い時間犬を散歩に連れて行くことができるわ。

リサ：メアリー，あなたの犬は，郊外のほうがより幸せだと思わないかな？ そっちのほうが，ずっと広い場所があるのよ。

メアリー：そうね。あなたの言っていることは正しいかもしれないわ，リサ。うーん，じゃあ，考え直さなきゃならないわ。

コウタ：えーと，僕はトレーニング機器を置くスペースが欲しいんだ。都会の狭いアパートじゃあそんなスペースは取れないだろう。

ジミー：君にとってそれはそうかもしれないね，コウタ。(36)**僕にとっては，街の中心部の狭いアパートでちょうどいいんだ。実のところ，もう，いいところを見つけたんだ。**

リサ：すごいわね！　私たちいつ行けるの？

問36

【ポイントと解説】

四人の話し手から**事実を判断**する。

「街の中心部に住むことに決めた人」を選ぶことから，「意見」ではなく「事実」を述べている話し手を特定する。ジミーは3回目の発話で，For me, a small apartment downtown is just fine. In fact, I've already found a good one. と言っていることを聴き取り，実際に街の中心部に住むことに決めたのはジミーであることを理解する。メアリーは2，3回目の発話では，街の中心部に住むという意見であったが，リサの発話を受け，4回目の発話で意見を修正している。リサとコウタは高い家賃と狭い場所を理由に街の中心部に住むことに反対している。街の中心部に住むことについての四人の意見を表にまとめると以下のようになる。

メアリー	2回目の発話(賛成意見)：definitely close to the company 3回目の発話(賛成意見)：If I live near the office, I can get home earlier and take it for longer walks. ↓ 4回目の発話(賛成意見を見直し)：now I have to think again
ジミー	2回目の発話(賛成意見)：We should enjoy the city life while we're young. There are so many things to do downtown. 3回目の発話(街の中心部に住むという事実)：For me, a small apartment downtown is just fine. In fact, I've already found a good one.
リサ	1回目の発話(反対意見)：The rent is too expensive. 2回目の発話(反対意見)：don't you think your dog would be happier in the suburbs, where there's a lot more space?
コウタ	1回目の発話(反対意見)：I don't mind waking up early and commuting to work by train. 2回目の発話(反対意見)：I wouldn't have that space in a tiny downtown apartment.

問37

【選択肢の訳】

〈選択肢の図表省略〉

【ポイントと解説】

話し手の主張の根拠となる**図表を判断**する。

質問内容からリサの発話に焦点をあて，リサは1回目の発話で The rent is too expensive. と言っていることを聴き取り，街の中心部と郊外における月額平均家賃の比較をしている図表を選択する。

MEMO

MEMO

MEMO

MEMO

MEMO

KAWAI PUBLISHING

河合塾
SERIES

2024 共通テスト総合問題集

国語

河合塾 編

解答・解説編

河合出版

第１回 解答・解説

設問別正答率

解答番号第１問	1	2	3	4	5	6	7	8	9-	10	11
配点	2	2	2	2	2	7	7	8	6	4	8
正答率(%)	21.6	38.6	69.9	88.1	57.2	53.4	33.4	56.3	52.0	77.0	26.8
解答番号第２問	12	13	14	15	16	17	18	19	20		
配点	3	3	3	8	8	6	7	6	6		
正答率(%)	52.6	68.2	85.9	42.7	71.2	44.1	79.2	25.4	33.6		
解答番号第３問	21	22	23	24	25	26	27	28			
配点	5	5	5	7	6	7	7	8			
正答率(%)	53.0	47.0	24.6	35.0	22.7	56.8	44.3	33.6			
解答番号第４問	29	30	31	32	33	34	35	36	37		
配点	4	4	5	5	7	6	7	6	6		
正答率(%)	45.9	50.7	40.0	46.9	46.7	63.0	40.9	44.6	38.6		

設問別成績一覧

設問	設　問　内　容	配　点	全　体	標準偏差
合計		200	94.4	30.0
1	現代文「論理的文章」	50	24.4	10.8
2	現代文「文学的文章」	50	27.0	10.2
3	古文	50	19.8	9.7
4	漢文	50	23.1	11.9

【国　語】

【解答・採点基準】

（200点満点）

問題番号	設問		解答番号	正解	配点	自己採点
第1問	問1	(ア)	1	③	2	
		(イ)	2	①	2	
		(ウ)	3	④	2	
		(エ)	4	②	2	
		(オ)	5	④	2	
	問2		6	⑤	7	
	問3		7	②	7	
	問4		8	④	8	
	問5		9	③	6	
	問6	(i)	10	②	4	
		(ii)	11	⑤	8	
第1問　自己採点小計					(50)	
第2問	問1	(ア)	12	②	3	
		(イ)	13	④	3	
		(ウ)	14	⑤	3	
	問2		15	④	8	
	問3		16	②	8	
	問4		17	④	6	
	問5		18	①	7	
	問6	(i)	19	③	6	
		(ii)	20	④	6	
第2問　自己採点小計					(50)	

問題番号	設問		解答番号	正解	配点	自己採点
第3問	問1	(ア)	21	①	5	
		(イ)	22	②	5	
		(ウ)	23	③	5	
	問2		24	②	7	
	問3		25	⑤	6	
	問4		26	④※	7	
			27	⑤※	7	
	問5		28	④	8	
第3問　自己採点小計					(50)	
第4問	問1	(ア)	29	①	4	
		(イ)	30	②	4	
	問2	(1)	31	⑤	5	
		(2)	32	④	5	
	問3		33	②	7	
	問4		34	③	6	
	問5		35	③	7	
	問6		36	①※	6	
			37	⑥※	6	
第4問　自己採点小計					(50)	
自己採点合計					(200)	

（注）※の正解は順序を問わない。

【解説】

第1問　現代文

【出典】

馬渕浩二『連帯論　分かち合いの論理と倫理』（筑摩選書　二〇二一年）の一節。ただし問題作成の都合上、一部省略した箇所がある。

馬渕浩二（まぶち・こうじ）は、一九六七年、岩手県生まれ。東北大学大学院博士課程修了。中央学院大学教授。専攻は、倫理学・社会哲学。著書に『倫理空間への問い』、『世界はなぜマルクス化するのか』（ともに、ナカニシヤ出版）、『貧困の倫理学』（平凡社新書）などがある。

【本文解説】

本文は、近年注目されている連帯経済という試みに着目して、経済の本質的な連帯性を論じたものである。以下では、本文を大きく三つの部分に分けて、それぞれの内容を確認する。

Ⅰ　資本制経済と非資本制経済（1～6）

ここでは、連帯経済という実践を導きの糸にして、現代社会において中心となっている資本制経済と、資本制経済の背景にあってその基盤となっている非資本制的な経済活動との関係についての考察がなされる。

筆者によると、今日、連帯経済という経済活動が構想され、実践されているという。連帯経済とは「競争や利潤や利己主義によって特徴づけられる今日の支配的な経済システムとは対照的に、人々の協働や扶助を原理として編成される経済活動」のことである。現代において、「新自由主義のイデオロギー（＝一定の歴史的、社会的立場に制約された考え方）」のもとで、「資本制のグローバル化」が進んでいる。なお、「新自由主義」とは「様々な営みが資本の論理や市場原理によって制御されることを理想視する」（8）立場のことである。こうした立場は、あくなき利潤の追求を肯定して、他者との競争を志向するが、その代償として様々な破壊的問題を引き起こす。こうしたグローバルな資本制に対抗するための構想・実践が、他者と協力したり助け合ったりすることを原理とする連帯経済にほかならない。このように連帯経済という営みを紹介したうえで、筆者は経済と連帯の関係について論を進める。（1）

今日、私たちは「経済」が「日常生活の中心に位置」していると考える。「働くことは会社に勤めること」、「経済活動は利潤をあげること、そのために競争を勝ち抜くこと」だとイメージされている。しかし、筆者によれば、こうしたイメージは「資本制が分泌するイデオロギー」にすぎない。そのことを明らかにするために、筆者は辞書的な説明に立ち帰る。辞書的な説明によれば、経済とは「人間がその生命を持続させるために必要とする財やサービスを生産し、流通させ、分配し、消費する活動のことであり、それらの活動を支える社会的諸関係」のことである。すなわち、経済とはそもそも、利潤、競争、利己主義、資本の論理、市場原理といった今日の資本制を特徴づける概念だけに還元できるものではない。それどころか、生きてゆくために必要な衣食住といった財、教育・医療・文化といったサービスを享受するために営まれるものである。（2・3）

今日、経済はただちに資本制経済と結びつけられてしまう。しかし筆者によれば、こうした発想は誤りである。なぜなら、「経済の領域は資本制経済よりも広大」であり、資本制の周りには「非資本制的な経済活動の広大な領域が存在する」からである。現実には、資本制経済とは異なる「物々交換、贈与、自給自足、家事労働、ボランティア活動、そして連帯経済」などの営みが存在する。たとえば、会社などで働いていても、仕事の疲れを癒し、活力を回復させるには、家庭で休息をとることが必要である。家庭で得られる食事や休息のためのケアは、家族によって無償で提供されるものだ。こうした無償の営みは、現代の資本制経済では見えにくいものとなっているが、こうした無償のケアが存在しない限り、資本制は機能しない。そういう意味で、「資本制は、そして個々の資本は、こうした水面下の経済活動に支えられ、それらを無償のものとして利用することによって、かろうじて機能する

ことができている」と言える。（4〜6）

資本制経済
- 利潤獲得、競争、利己主義、市場原理を追求する
- 新自由主義のイデオロギーのもとでグローバル化している

⇔

経済の辞書的な意味
- 人間が生命を持続させるために必要とする財やサービスを生産し、流通させ、分配し、消費する活動、それらの活動を支える社会的諸関係

非資本制経済
- 物々交換、贈与、自給自足、家事労働、ボランティア活動、連帯経済など

筆者の考え
- **資本制経済**は、**非資本制経済**に支えられて、それらを無償のものとして利用することによって、かろうじて機能することができている

Ⅱ　市場の論理とその外部にある連帯（7〜13）

　ここでは、現代において隆盛を極めている市場原理を肯定する立場と、そうした市場原理とは異なる連帯の原理について、人間の生命の再生産という観点から考察される。

　Ⅰによれば、資本制は非資本制的な経済に支えられてはじめて機能している。しかし現代では、そうした視点が見失われ、経済は利潤と競争を特徴とする資本制によって代表されている。さらに、資本制に還元できないはずの世界の構成要素がすべて「資本の構成要素として性格づけられ」、「商品として売買され」ている。こうした趨勢《すうせい》を肯定する新自由主義的な立場において、「資本制経済の主要な舞台」は、貨幣や商品が交換される「市場」である。しかし、筆者によれば「市場は万能ではない」。市場は、「労働力を含めた『資産』を欠如」させた人間を市場から排除する。こうした人間とは、たとえば、病人、生まれたばかりの子供、老人などである。「利潤の最大化や商品交換」という論理に従う市場の原理だけでは、彼らの「生命の再生産」を支えることができない。しかしながら、現に彼らは「生命の再生産という人間の根源的な営み」を持続させている。それが可能なのは、「他者の助力に支えられて生きてゆく」という「市場の論理の外部」が存在するからである。（7〜10）

　こうした「資本制の外部」に広がる経済においては、「人々の支え合い、助け合い、分かち合い」という要素が「前景化する（＝焦点が当たる）」。こうした他者との支え合いこそ「連帯」と呼ぶにふさわしいものである。たとえば日本では、「ユイ」や「モヤイ」といった「人が単独ではなしえないことを、人々が結合することによって実現し、そうすることで人々の生命を維持する」という「互助的な経済活動」が伝統的に営まれてきた。こうした例を通して考えると、「本来、経済は連帯」であると言える。（11〜13）

資本の論理と市場原理
- 資本制の外部にある世界の構成要素の一切までも資本の構成要素として性格づけ、市場で売買する
- 労働力を含めた「資産」を持たない人間を市場から排除する

⇔

市場の論理の外部
- 社会は、労働力を持たない者も含めてすべての人間が生命の再生産を行う場である
- それは他者からの支えによって可能となる

筆者の考え＝経済の本来的な連帯性
- 資本制の外部にある経済では、人々の支え合い、助け合い、分かち合い＝連帯に焦点が当たる
- ユイやモヤイのような互助的な経済活動が示すように、本来、経済

は連帯である

Ⅲ　連帯経済の意義（14～15）

ここでは、経済が本質的に連帯という性格を帯びているというこれまでの議論をふまえ、1で紹介された連帯経済について、その意味と意義が考察される。

Ⅱで考察したように、人間は資本制の主要な舞台である市場だけでは生きていくことができない。競争や利潤の最大化をめざす市場原理とは異なる、支え合いや助け合いや分かち合いを本質とする経済活動の領域がある。資本制と経済を同一視することをやめれば、「経済において連帯がつねにすでに成立している」ということがわかる。（14）

経済は連帯を本質とするという考えに立つ場合、「連帯経済は新しいと同時にアルカイックでもある」と言える。連帯経済は「資本制に対抗する現代の新しい試み」である。同時に「太古から存在してきた経済の連帯性」を引き継いでもいる。現代では、資本制経済が世界を覆い、経済を商品交換や利潤追求の営みとしてのみ捉える発想が蔓延《まんえん》しており、それゆえ、生命の再生産を可能にする人間関係もまた、資本の波に呑《の》み込まれ、大きな変容を被らざるをえない。そうした時代状況の中にあって、経済活動において新しさと伝統を同時に体現する連帯経済は、人類史的な意義と必然性を帯びるものと言える。（15）

連帯経済の意義
・連帯経済は資本制に対抗する現代の新しい試みである
・太古から存在してきた経済の連帯性を引き継いでいる

筆者の考え
・現代では資本制経済が中心化し、生命の再生産を行う人間関係までもが市場原理に呑み込まれている
・連帯経済はこうした時代状況において、人類史的な意義と必然性を帯びるものである

【設問解説】

問1　漢字の知識を問う問題

(ア)は、〈性質の違うものどうしを比べた際に、その違いが際立つこと〉という意味の「対照」。①は〈すぐれている、けなげである〉という意味の「殊勝」。②は「印象」。③は〈問い合わせること〉という意味の「照会」で、これが正解。④は「改称」。

(イ)は、〈一定の範囲に包み込むこと〉という意味の「包摂」。①は〈自然界を支配している法則〉という意味の「摂理」で、これが正解。②は「節約」。③は〈利害の一致しない問題解決のために話し合うこと〉という意味の「折衝」。④は「近接」。

(ウ)は、〈はらい、ぬぐい去ること〉という意味の「払拭」。①は「織る」。②は「触れる」。なお、「琴線に触れる」という表現は〈良いものや、素晴らしいものに触れて感銘を受ける〉という意味である。③は「殖やす（増やす）」。④は「拭う」で、これが正解。

(エ)は、〈自分の責任として身に引き受ける〉という意味の「担う」。①は「探索」。②は〈力添えをする、仲間になる〉という意味の「荷（加）担」で、これが正解。③は「堪能」。④は「発端」。

(オ)は、〈姿や様子が変わること〉という意味の「変貌」。①は「遠謀」。なお、「深慮遠謀」とは〈遠い将来のことまで考えて周到にはかりごとを立てること〉という意味である。②は「展望」。③は「存亡」。なお、「危急存亡の秋《とき》」とは〈生き残るか滅びてしまうかという危ういせとぎわ〉という意味である。④は〈容貌、ものごとの様子〉という意味の「相貌」で、これが正解。

問2　傍線部の内容を問う問題

設問では、「氷山としての経済」という表現が意味していることについ

ての説明が求められている。傍線部を含む部分に「氷山としての経済という比喩」とあるように、ここでは「経済」が「氷山」という比喩によって表現されている。この比喩が何を表しているのかを読み解けばよい。

まず、傍線部を含む一文を確認すると、「この事態を表現するために、ギブソン・グラハム等は氷山としての経済という比喩を用いる」とあるので、「この事態」という指示語がさす内容を把握しよう。すると、直前の「資本制が経済の中心にあるのが事実だとしても、その周りには非資本制的な経済活動の広大な領域が存在する」という内容が「この事態」、すなわち「氷山としての経済」という表現が表すものであることがわかるはずだ。

そこで、（X）「資本制が経済の中心にある」とはどういうことか、（Y）「その周りには非資本制的な経済活動の広大な領域が存在する」とはどういうことかを考えよう。

まず（X）について。**【本文解説】**でも確認したように、[1]、[7]、[8]の内容をふまえると、「資本制」とは、利潤の獲得、他者との競争、利己主義、市場原理などを特徴とする経済システムである。現代では「新自由主義のイデオロギーのもとでの資本制のグローバル化」（[1]）が進んでおり、こうした「経済」は「日常生活の中心に位置している」（[2]）とさえ言える。つまり、現代では「経済は資本制によって代表されて」（[7]）いるのである。

したがって、（X）「資本制が経済の中心にある」とは、

a　競争、利潤追求、利己主義、市場原理を特徴とするグローバル化した資本制が今日の支配的な経済システムになっている

ということを意味している。

次に（Y）について。[1]では資本制経済と対照させる形で「人々の協働や扶助を原理として編成される経済活動」である連帯経済がとりあげられていた。また、[5]では、「非資本制的な経済活動」として「物々交換、贈与、自給自足、家事労働、ボランティア活動、そして連帯経済など」が挙げられていた。これらは、資本制経済が広めるイデオロギーを払拭するために[3]で確認した経済の定義、すなわち「人間がその生命を持続させるために必要とする財やサービスを生産し、流通させ、分配し、消費する活動」という内容にあてはまるものだ。

したがって、（Y）の「非資本制的な経済活動」については

b　資本制経済とは異質な、人間が生命を維持するために営まれる経済活動

という点を指摘できる。

さらに、[5]によれば、bは「水面下」に存在しており、「氷山の本体」である。「氷山としての経済」という比喩は、bのような非資本制経済が経済活動の本来的なありかたであり、かつ可視化されにくい（＝その意義に気づきにくい）ということを示している。そして、[6]によれば「資本制は、そして個々の資本は、こうした水面下の経済活動に支えられ、それらを無償のものとして利用することによって、かろうじて機能することができている」。

したがって、傍線部Aが表す内容とは、

c　aのような資本制は、可視化されにくいbのような非資本制経済を無償のものとして利用し、それに依存することでなんとか機能している

ということである。

以上のa～cと合致する**⑤が正解**である。

①は、今日の資本制が「人間の生活を維持するために必要な多様な経済活動とは無関係に発展してきた」と説明している点が誤り。[6]にある通り、資本制は非資本制的な経済活動に「支えられ」ている。

②は、現代の資本制が、「無償の労働力を生み出す非資本制的な経済活

動と互いに依存しあうことで、かろうじて機能する」と説明している点が誤り。資本制と非資本制的な経済活動が互いに依存する場合、非資本制的な経済活動もまた資本制に支えられていることになる。しかし、非資本制的な経済活動は「氷山の本体」（5）であり、資本制から支えられることなく、むしろそれを支える存在である。

③は、傍線部**A**の「氷山」の比喩が示している「この事態」という指示語の内容をそもそも反映していない点で誤り。また、グローバル化した資本制が「市場原理主義による経済の制御を目指すことで、現代の経済活動において中心的な立場になりえた」という因果関係も本文中からは見出せない。

④は、現代の資本制が「無償の経済活動の自律性を認めることで、利潤を追求していく」としている点が誤り。資本制は無償の経済活動に依存しているが、その「自律性（＝それ自身の原理によって機能すること）を認める」という内容は本文中からは見出せない。

問3　傍線部の内容を問う問題

設問では、「それでよいのだという理解」が意味することについての説明が求められている。前後の文脈に即して内容を把握しよう。

まず「それでよい」の「それ」の指す内容を確定しよう。直前の7段落を見ると、今日、利潤と競争によって特徴づけられる資本制が経済の中心となっているという内容が述べられている。そして、「資本制の外部にある経済」も「資本制の内部に飲み込まれ、資本制の色で染められ続けて」おり、その結果、「土地、自然、生物、人間、人間関係、人間の活動といった世界の構成要素が、尽く資本の構成要素として性格づけられるようになり、商品として売買される」とある。

「それでよい」の「それ」の指すものは、傍線部**B**の直前のこうした内容であるが、傍線部**B**の「理解」に関しては、傍線部**B**の後ろで次のように述べられてもいる。「様々な営みが資本の論理や市場原理によって制御されることを理想視する新自由主義的な立場は、そのような理解を固守する」。ここでいう「様々な営みが資本の論理や市場原理によって制御される」とは、7の「世界の構成要素が、尽く資本の構成要素として性格づけられるようになり、商品として売買される」という内容と重なっている。

したがって、以上をふまえると、「それ」の指す内容とは

a　資本制は利潤と競争を特徴としており

b　資本制の外部にある世界の構成要素をすべて資本の構成要素として位置づけ、商品として売買する

ということである。

また、傍線部**B**の後ろの記述もふまえると、「それでよいのだという理解」とは、

c　資本の論理や市場原理を理想視する新自由主義な立場はa・bのような資本制のありようを認め、固守する

ということである。

以上のa～cと合致する②**が正解**である。

①は、「新自由主義」について「資本制が非資本制的な経済活動によって支えられていることに着目する」、「土地や自然や人間といった世界の構成要素を、尽く資本の構成要素として捉えることを批判する立場に賛同する」と説明している点が、新自由主義の立場を完全に取り違えており、誤り。

③は、「新自由主義」について「生命の再生産という根源的な営みが持続することを重視する」と説明している点が、新自由主義の立場を取り違えており、誤り。また、「市場で交換される貨幣や商品を手にしていない者であっても、自らの労働力を売ることで市場に参入することを認める」という内容も、傍線部**B**の「それ」の指す直前の内容をふまえていない。

「それでよい」とは、世界の構成要素を資本の構成要素として性格づけ売買するありかたを肯定するものである。
④は、「労働力を含め商品として売るべきものを欠いた者は、そもそも市場に登場できないという今日の状況を容認する」と説明している点が、③と同様に「それ」の指す内容をふまえておらず、誤り。
⑤は、新自由主義が「グローバルな連帯経済の実践を肯定する」と説明している点が誤り。③や④と同様に「それ」の指す内容をふまえていない。また、「連帯経済」とは、「競争や利潤や利己主義によって特徴づけられる今日の支配的な経済システムとは対照的に、人々の協働や扶助を原理として編成される経済活動」（1）のことである。「連帯経済」は新自由主義の対極にある概念であり、新自由主義が「連帯経済の実践を肯定する」という説明は不適切である。

問4　傍線部の内容を問う問題

設問では、「連帯経済は新しいと同時にアルカイックでもある」が意味する内容についての説明が求められている。傍線部C直前の「その意味では」もヒントにしながら、本文の内容にもとづいて、傍線部C中の（X）「連帯経済」、（Y）「新しい（試み）」、（Z）「アルカイック」について、それぞれどういうことか考えよう。

まず、（X）について。傍線部Cの直前の文「連帯を原理にして経済活動を編成しようとする試み」という表現や、1の「連帯経済とは……人々の協働や扶助を原理として編成される経済活動」という表現をふまえると、（X）「連帯経済」とは、

a　人々の協働や扶助という連帯を原理として経済活動を編成する試み

と説明できる。

次に、（Y）について。「連帯経済」が「新しい（試み）」であるとはどういうことだろうか。傍線部C直前の文「連帯経済は資本制に対抗する現代の新しい試みである」という表現や、1の「グローバル化した資本制に対抗するための一つの可能性として連帯経済が構想され、実践されている」という説明をふまえよう。それでは「（グローバル化した）資本制」とはどのようなものかというと、1の「競争や利潤や利己主義によって特徴づけられる今日の支配的な経済システム」、8の「様々な営みが資本の論理や市場原理によって制御されることを理想視する新自由主義的な立場」といった説明をふまえれば、競争や利潤の獲得を特徴とするものだとわかる。こうした資本制は、現代ではグローバル化し「様々な破壊的問題」（1）を引き起こしている。こうした現代の状況に応じて、資本制への対抗馬の一つとして注目されているのが「連帯経済」なのだ。

すると、（Y）「新しい（試み）」であるとは、

b　競争、利潤、市場原理を軸にして、様々な破壊的問題を引き起こしている今日の新自由主義的な資本制に対抗する試み

ということになる。

最後に、（Z）「アルカイック」について。「アルカイック」とは（注）にもある通り、「古風」であることだ。「連帯経済」が「古風」であるとはどういうことだろうか。傍線部Cの直前の文に「連帯経済は、同時に太古から存在してきた経済の連帯性の申し子であるとも言える」とある。それでは「太古から存在してきた経済の連帯性」とは何かについて考えてみよう。そもそも、「生命の再生産という人間の根源的な営みが持続するためには、市場の外部が不可欠」（10）なのであった。こうした「市場の外部」とは、「他者の助力に支えられて生きてゆく」（10）ことを原理とした経済である。筆者はこうしたありかたを、「人々の支え合い、助け合い、分かち合い」、すなわち「連帯」（11）という概念でとらえている。こうした経済の連帯性を示唆するものとして「ユイやモヤイ」が挙げられる。これらは日本で「伝統的に営まれてきた」（11）ものであり、「人が単独ではしえないことを、人々が結合することによって実現し、そうするこ

とで人々の生命を維持するための行為」（[13]）である。時代がどのように変わろうとも、人間が生命を再生産するという営み自体は連綿と続いている。そうした営みを支える経済活動は「連帯」と形容するにふさわしい。こうした経済の連帯性は、「経済とは、人間がその生命を持続させるために必要とする財やサービスを生産し、流通させ、分配し、消費する活動」（[3]）という経済の辞書的な説明にも合致しており、「本来、経済は連帯である」（[13]）と言えるのである。

したがって、「連帯経済」が（Z）「アルカイック」でもあるとは、

c　個人が単独ではなしえないことを人々の相互扶助や団結によって実現し、それによって生命を再生産するという、古来からある経済活動を受け継いでいる

ということである。

以上の**a**～**c**と合致する**④が正解**である。④では**b**の〈対抗する試み〉を、新自由主義的な資本制を絶対化せず、他のあり方との比較において捉え直すという意味で「相対化する」と表現している。

①は、「資本制経済を立て直す」という部分が誤り。連帯経済は、グローバル化した資本制に対抗するもの（[1]・[15]）であり、資本制を立て直す（＝悪くなったものを再構築する）ことを目指しているのではない。

②は、「連帯経済に支えられた利潤の最大化が人間の生命を維持するために不可欠」と説明している点が誤り。人間が生命を維持できるのは、「市場の外部」すなわち「利潤の最大化や商品交換とは異質の論理によって機能する経済」（[9]）が存在するからであり、こうした「利潤の最大化」と異質な論理を筆者は「連帯」と呼んでいる。したがって「利潤の最大化」が「連帯経済に支えられた」という説明は正しくない。

③は、「連帯経済」について「経済と資本制を同一視する今日の経済システムが人類の歴史において極めて新しいものであることを人々に認識させる」と説明している点が誤り。「連帯経済」が「新しい」のは、現代において経済が急速にグローバル化している状況の中で「資本制に対抗する」ものであるからである。③は「新しい」の内容を取り違えている。

⑤は、「それぞれが人間らしく生きる未来を切り開くものでもある」という部分が誤り。「連帯経済」の説明として、そうした内容を述べた部分は本文中にはない。

問５　文章の表現と内容を問う問題

順に選択肢を検討していこう。

①について。[2]の「まるで天気予報のように」という表現は、経済についての報道を天気予報にたとえた比喩（直喩）であるという指摘は正しい。しかし、この比喩は「『経済』は、今日、日常生活の中心に位置しており、『経済』」が「なかば自然現象であるかのようにイメージされる」という文脈をふまえたものである。ここで述べられているのは、「経済」が私たちの日常生活の中心に存在し、人為を離れた現象であるかのように受け取られているということであり、「経済」が「科学的に分析可能な」ものであるということを述べているのではない。したがって①は誤りである。

②について。[5]の「というより、それらこそ」という表現の直前では、「非資本制的な経済活動が水面下には存在している」ということが述べられている。そして、「というより、それらこそ」の後ろでは、こうした「非資本制的な経済活動」が「氷山の本体なのであり、それらがなければ資本制さえも機能しない」と述べられている。よって、「というより、それらこそ」の後ろでは、「非資本制的な経済活動」が存在していることを認め、それを前提としたうえで、それらが単に存在しているだけでなく、資本制を支える経済の本体であるという議論が展開されていると言える。したがって、「というより、それらこそ」の「直前で述べられている内容を否定し」ているという説明は不適切であり、②は誤りである。

③について。[8]の５文目にある「資産」とは「市場に持ち寄ることが

できる」ものであり、6文目にある「資産」は、それを「欠如させると き、その者たちは市場から退場するほかない」ものである。ここから、「資産」とは、市場における交換関係を成り立たせるために必須な要素であるとわかる。また、そうした「資産」には人間の労働力も含まれる。6で「家事労働」が「無償のもの」であるとされていたように、本来、労働は利潤獲得や競争原理に基づく資本制の論理で捉えられるものではない。しかし、市場原理による制御を理想視する新自由主義的な現代の資本制は、7にもあるように、「人間の活動」を含む「世界の構成要素」を「尽く資本の構成要素として性格づけ……商品として売買」するのであった。〈資産〉という語に「 」がついているのは、〈資産〉が〈個人の所有する財産〉という意味からふつうに連想されるイメージを超えて、労働力をも含み込み、市場における競争の必要条件として資本制に固有のものとなっている状況を強調する意図があるからだと考えられる。③はこうした内容をふまえている。したがって、**③が正解**である。

④について。10の「他者の助力に支えられて生きてゆくこと」とは、病人や新生児や老人のような、市場から排除されてしまう人たちが生命の再生産を行うことができる原理について説明している。こうした原理は、「利潤の最大化や商品交換」（9）といった市場の原理とは異質のものであり、「市場の論理の外部」と等しい内容である。したがって、「背反する内容をつなぐ」という説明は不適切であり、④は誤りである。

⑤について。13の「欠如と過剰の弁証法」は「ユイやモヤイのうちに見出すことができる」ものである。ユイやモヤイとは、「人が単独ではなしえないことを、人々が結合することによって実現し、そうすることで人々の生命を維持するため」の「互助の営み」である。一般に「弁証法」とは、〈矛盾・対立を総合し、より高次のものへと至る論理〉のことであるが、ここでいう「欠如と過剰の弁証法」とは、単独では作業をなしえない人々が、互酬や団結という孤立状態とは逆の形態を生み出すという営みを繰り返し、連帯の次元を高めていくことを表すと考えられる。ゆえに、「余剰生産物を多く産み出すことにつながり、経済成長をもたらす」という指摘は、こうした内容をふまえておらず、不適切である。むしろ、余剰生産物を多く産み出すことで経済成長をめざす立場は、市場における交換を通じて利潤の獲得を目指す現代の資本制に該当するものである。したがって⑤は誤りである。

問6　本文の内容などをまとめた【ノート】について問う問題

(i)　**【ノート1】**は、本文の1～15の展開を整理し見出しをつけたものである。Ⅰには、2～3の内容をまとめたものが、Ⅱには、9～10の内容をまとめたものが入る。それぞれの空欄にどのような内容が入るのか、文章の内容を確認しよう。

まず、Ⅰについて。2で述べられているのは、今日、『経済』が「日常生活の中心に位置」しており、「利潤をあげること」や「競争を勝ち抜くこと」といったイメージで捉えられているということだった。しかし、筆者は、「このようなイメージは、資本制が分泌するイデオロギー以外のなにものでもない」と述べ、3において、こうしたイメージを払拭するために「基本に帰」ろうとする。すなわち、「経済という語に関する辞書的な説明」を参考にして、資本制が生み出したイメージに惑わされないように、経済の定義を再確認するのである。なお、2では「経済」という「 」つきの表現が用いられているが、3の経済には「 」がついていない。「経済」とは、利潤や競争と結び付けてイメージされる経済のありかたが、資本制によって生み出されたものであり、本当の意味での経済とは異なるのだということを強調する意図があると考えられる。以上より、Ⅰには、

a　資本制が生み出す「経済」のイメージと経済の辞書的な意味

という内容が入る。

次に、Ⅱについて。9では、病人や新生児や老人といった

存在が「生命の再生産」を行っており、これは「利潤の最大化や商品交換」の論理で成り立つ市場の原理だけによっては実現されえないということが論じられている。そして10で、人間が「身体的存在」である以上、「生命の再生産」という「根源的な営み」が持続するには、「他者の助力に支えられて生きてゆく」という市場の論理の外部にある原理が必要であることが論じられている。以上より、［Ⅱ］には、

b　他者の支えによって成り立つ、生命の再生産という人間の根源的な営み

という内容が入る。

以上のａ・ｂと合致する**②が正解**である。辞書とは、言葉の意味や用法を用例に基づいて定め、定義するものであるから、Ⅰの「経済の定義」という説明はａの「経済の辞書的な意味」という部分に即している。

①について。まず、Ⅰの「イメージの対立」という部分が不適切である。「経済」の「イメージ」が二種類あり、しかも両者が「対立」しているといったようなことは、本文に述べられていない。また、Ⅱについては、10の「他者の助力に支えられて生きてゆくこと」が、11で「連帯」という表現で捉え直されているので、「市場原理を超える連帯の思想」という表現はけっして誤りではないが、10の段階では「連帯」という概念やその説明はまだ登場していないので、見出しとして不適切である。

③について。Ⅰは「経済の歴史的な変容」という部分が誤り。本文では、資本制「経済」が現代において中心化していることが述べられているが、経済という概念についての歴史的な移り変わりを論じているわけではない。また、Ⅱについては、「連帯の意義」という部分が、①のⅡと同様に、不適切である。

④について。Ⅰは、「今日の経済と過去の経済」として「今日」と「過去」を対比させている点が誤り。「経済」は現代において中心化した資本制のことを指しているので「今日」と形容することは適切ではあるが、「経済の辞書的な意味」は「過去」のものではなく、資本制のイメージを払拭させる、現代でも通用するものとして紹介されている。また、Ⅱについては、部分的には本文の内容をふまえていると言えるかもしれないが、本文では単なる「人間の生命」ではなく、人間が「生命の再生産」を行うということが論じられているので、説明として不十分である。

(ii)　【ノート２】には、出典である『連帯論』の本文とは別の箇所が引用されている。ここでは、大災害時における人々の連帯のありようが述べられており、**こうした引用文の記述と本文の内容をふまえた考察が**［Ⅲ］に入ることになる。

まずは、本文の内容と重ねるかたちで、【ノート２】の引用文の内容を確認しておこう。なお、（　）内の漢数字で示した段落番号は【ノート２】の引用文の段落番号である。

日常生活では、「既存の制度や秩序」（第一段落）が働いており、「階層や地位などの壁」（第二段落）によって、人々は分断されている。この「既存の制度や秩序」としては「市場」（第三段落）が挙げられるだろう。こうした市場の原理は本文をふまえると、「競争や利潤や利己主義によって特徴づけられる」（1）資本制であると言える。このような制度があるため、「私たちはいつも思いやりや隣人愛から行動しているわけではない」（第三段落）。しかし、大災害が生じると、「これまで人々の生を支えていた様々な制度や仕掛けが突然に崩壊」し、人々は、「他者に頼るほかに自身の生を維持する術はないという冷徹な事実」（第二段落）に直面する。こうした事態は、病人や新生児や老人が「生命の再生産」を行うには、「市場の論理の外部」に存在する他者からの助けを必要とするという本文の内容（9・10）と重なっている。かくして、

「身体的存在」（10）として生命の再生産を行う人間は「一人で生きてゆくことはできない」という「生の唯物論的事実」（第三段落）が明らかになる。すると人々は一時的であるにせよ、「相互扶助と利他主義」（第一段落、第三段落）を原理にして生きることになる。すなわち、本文で述べられていた「連帯」というあり方（1・11）が人々の間に成立することになる。

以上から本文や引用文の内容をふまえた考察について、

a　日常生活では、利潤獲得、競争、利己主義、市場原理を特徴とする資本制や、階層・地位に基づく制度や秩序が存在するせいで

b　人々は常に思いやりを持って行動しているとはかぎらず、他者との分断が生じる場合もあるが

c　大災害によってaのような既存の秩序が崩壊すると

d　日常生活において老人・新生児・病人が他者から支えられて生きているのと同様に、どんな人間も生命の再生産を行うには他者からの助力を必要とするということが明らかになり

e　相互扶助と利他主義を本質とする連帯の地平が開かれる

というポイントを導くことができる。

したがって、a～eと合致する⑤**が正解**である。

①について。「互いに助け合うことと市場のメカニズムを折衷しようとし始める」と説明している点が誤り。「折衷」とは〈異なる考え方のよいところをとり合わせて、一つにまとめ上げること〉である。人々が互いに助け合う連帯の思想と市場のメカニズムを合わせてまとめようとするという内容は本文や引用文中からは見出せない。

②について。「市場の特徴である相互扶助的な人間関係」という部分が誤り。「市場の特徴」とは競争、利潤獲得、利己主義であり、「相互扶助的な人間関係」は連帯の特徴である。

③について。「人間の生は資本の論理抜きには維持できないという冷徹な事実」という部分が誤り。引用文中で述べられていた「冷徹な事実」とは「他者に頼るほかに自身の生を維持する術はない」（第二段落）というものである。

④について。「人間の日常生活は、資本制を中心とした経済の原理によって営まれており、思いやりや隣人愛から行動することができなくなっている」と説明している点が誤り。引用文では「日常生活において、私たちはいつも思いやりや隣人愛から行動しているわけではない」（第三段落）とある。逆に言えば、時にはそういう行動が見られるということだ。また、本文の9によれば、病人、新生児、老人も「現に生命を再生産している」のであり、それが可能なのは、助け合いという市場原理とは異なる論理が存在するからである。よって、「できなくなっている」という説明は言い過ぎであり、不適切である。

第2問　現代文

【出典】

黒井千次の小説『春の道標』（新潮社　一九八一年）の一節。ただし、問題作成の都合上、一部省略した箇所がある。なお、本文は新潮文庫版（一九八四年）に拠《よ》った。

黒井千次（くろい・せんじ）は小説家。一九三二年東京生まれ。東京大学経済学部卒業。企業に勤める傍ら創作活動に携わり、古井由吉、阿部昭らとともに、内面の描写に特徴的な作風があるとされる「内向の世代」の一人と目された。主な作品に『時間』、『五月巡歴』、連作長編『群棲』、『カーテンコール』、『羽根と翼』などがある。

【本文解説】

本文は、高校進学を控えた少女「棗《なつめ》」に思いを寄せる高校生「明史《あけし》」を中心に描かれた物語である。

小説の読解においては、自分勝手な推測や思い込みによる読み取りを避け、本文に書かれている事柄や表現にもとづいて、登場人物の人間像や心情を的確に理解していくことが大切だ。リード文（前書き）が付されている場合には、そこに記されている時代状況や場面、登場人物に関する情報もしっかりと頭に入れて本文を読み解くようにしたい。

以下では、本文を三つの部分に分け、それぞれの内容を確認していこう。なお、「明史」と「棗」のポイントとなるありようを囲いの中に示している。

Ⅰ　「棗」を文化祭に招く「明史」（冒頭～36行目「……少しゆっくり話もしたい。」）

高校二年の秋を迎えた明史は、文化祭に中学三年の棗を招くことを思いついた。文化祭の日が近づくにつれ、自分たちの高校の魅力を知ってもらうことで棗の進学の気持ちをこの学校に向けさせたいという願いとともに、その思いつきは彼の中で必ず実現されるべき計画となっていった。

友人の名古谷《なごや》たちが中心となって活動している〈若い芽〉のグループは、複雑な政治状況が背景にある三鷹《みたか》事件に関わる展示を文化祭で行いたいと主張していたが、文化部として未承認だから参加させるわけにはいかないという学校側と衝突し、いろいろな揉《も》め事を抱えているようだった。明史は、政治的な問題に積極的に関わろうとする〈若い芽〉と自分との間に壁を感じていた。明史にとって確かなのは、三鷹事件や〈若い芽〉の活動よりも、棗の方がはるかに切実な存在であるという一点だけだった。

高校の進学については容易に明史の誘いを受け入れない棗も、文化祭への招きにはすぐに応じてくれた。

文化祭の当日、正門前で〈若い芽〉のメンバーがパンフレットを配り始め、それを知った教師たちと押し問答を繰り返している。棗はパンフレットを受け取りながら、明史のもとにやって来ると、人だかりの方を背のびして見やった。教師に言い返す名古谷の声が大きく聞こえてくると、明史は、教師と対等に言い争える友人がいることを棗に対して誇らしく思った。騒ぎを聞きつけた生徒や教師が駆け寄ってくる。明史は「行こう」と、棗を校内へと誘った。明史も名古谷たちのことは気になったが、それ以上に棗との時間を大切にしたいという思いがまさっていたのだ。さまざまな催しを通してこの学校の魅力を知ってもらいたいし、棗とゆっくりと話がしたかった。

> 明史――棗を文化祭に招くことを思いつき、棗の進学の気持ちを自分たちの高校に向けさせたいという願いとともに、棗と一緒に文化祭を楽しみたいという気持ちが高まる。
>
> 棗――高校の進学については明史の誘いを容易に受け入れないが、文化祭への招きにはすぐに応じた。
>
> 明史――文化祭当日、教師たちと揉める友人の名古谷たちのことを気にかけつつ、それ以上に棗との時間を大切にしたいと思う。

Ⅱ　文化祭での友人たちとのやりとり（37行目「昇降口からの階段を……」～88行目「……彼女を横抱えにしていたかった。」）

校舎に入ると廊下に机を並べて文芸部員が機関誌を売っている。明史は、無造作に一冊取り上げると、学校を出てから読んでと棗に手渡した。その雑誌には、明史の短い恋愛詩が載っているのだった。

展示や実験の教室を幾つかまわり、演劇が上演される講堂に入ると、すでに場内はざわめきと人いきれ（＝人が集まって熱気がこもっていること）でむんむんとしている。入口の幕をくぐってすぐ友人の木賊《とくさ》に呼びとめられた。木賊に案内されて席につくと、近くに友人の築比地《つひじ》がいて、明史が、来年この高校に来るかもしれない棗を紹介し、築比地が「今、中学生？」と棗の大人びた姿に驚いたように肩をすくめてみせると、棗は「そんなに私、老けてますか」と相手をまっすぐ見つめて築比地をたじろがせた。開幕が近いことを告げる場内放送が流れ、会場が賑やかになったとき、名古谷が明史に、恋人を連れて来たんだってと、後ろから高い声を浴びせてきた。明史が、これが正門前で教師とやり合っていた友達だと名古谷を棗に引き合わせると、棗は、大丈夫だったんですか、先生に捕まってたんでしょうと、名古谷に臆することなく言葉をかける。名古谷は、あれは、捕まったのではなく、教師に説教していたんだと、冗談めかして棗に言葉を返し、笑い声を上げながら、棗の向こう隣の椅子に音を立てて座った。

棗が友人たちに取り巻かれ、人怖《お》じせずに年上の異性とやりとりする姿をみているうち、明史は今まで知らなかった棗の一面を見出して新鮮に思うとともに、どこか心配になってきた。棗が誰とも親しくなって遠くに行きそうな気がして、自分の手もとにとどめて置きたいという気持ちが募ってきたのだ。

棗――年上の異性に臆することなく応対し、ときに相手を気後れさせたりもする。

明史――友人たちに取り巻かれ、人怖じしない棗に今まで知らなかった一面を見出すとともに、棗が遠くへ行くような気がして、自分の手もとにとどめて置きたいという気持ちが募ってくる。

Ⅲ　一個の同じりんごを食べる「棗」と「明史」（89行目「ベルが鳴り、突然明かりが消えた。……」～末尾）

上演開始のベルが鳴り、会場の明かりが消え、幕が開くと、拍手と歓声があがった。そのとき、背後から木賊が「二人で食いな」と一個のりんごを差し出してくれた。明史は分けて食べようとりんごを二つに割ろうとするが、腕ばかり震えて割れない。「君が食べて」と棗にりんごを渡そうとすると、棗の温かな手がりんごを押し返してくる。暗がりのなかで顔を火照らせた明史は、唐突にりんごに齧《かじ》り付くと、齧った側とは反対の方を向けて棗にりんごを差し出した。すると、思いもかけず棗は、明史の齧り跡に口を重ねてりんごを噛《か》み、りんごを返してくる。明史は、棗が齧ったところに深く歯を立てた。まるで彼女を食べているように思え、胸が激しく鳴った。棗が「少し、ちょうだい」とまた、手を伸ばしてきたとき、明史は、りんごの同じ味、同じ匂いに包まれながら、棗との間の距離が消えたように思え、その幸福な時が少しでも長く続くことを願うように、「全部、食べないで」と、棗の手にりんごをのせながら囁《ささや》いた。

棗――手渡されたりんごの向きを変え、明史の齧り跡に口を重ねて噛む。

明史――ひとつの同じりんごを二人で食べているあいだ、棗との間の距離が消えたように思え、その幸福な時が少しでも長く続くことを願う。

【設問解説】

問1　語句の意味を問う問題

語句の意味を問う問題では、原則として語句の辞書的な意味が問われることが多い。語句の前後の文脈だけから意味を推測するのではなく、まず語句の辞書的な意味を踏まえ、そのうえで文脈を確認しながら丁寧に選択肢を吟味するようにしよう。

(ア)「無造作な」の「無造作」は、〈たやすいこと。気にせず気軽に行うこと〉という意味。したがって、**②が正解**。②以外はすべて「無造作」の語意から外れている。①の「おごそかな」の「おごそか」は〈威儀正しく、近寄りにくいさま。いかめしいさま〉という意味。④の「へつらうような」の「へつらう」は〈お世辞をいったりして、気に入られるようにふるまうさま〉という意味である。

(イ)「ぶっきらぼうに」の「ぶっきらぼう」は、〈話し方や態度に愛想がないさま〉という意味。したがって、**④が正解**。④以外はすべて「ぶっきらぼう」の語意から外れている。③の「無作法に」の「無作法」は〈礼儀を知らないさま〉という意味である。

(ウ)「億劫《おっくう》そうに」の「億劫」は、〈気乗りがせず、面倒くさいこと〉という意味。したがって、**⑤が正解**。⑤以外はすべて「億劫」の語意から外れている。①の「勿体《もったい》ぶるように」は〈重々しく気どった様子をするさま〉、②の「怪訝《けげん》そうに」は〈訳がわからなくて、変だと思うさま〉という意味である。

問２　傍線部における人物のありようを問う問題

ここでは傍線部における「明史」についての説明が求められている。まず傍線部に関わる場面を確認しておこう。文化祭での展示を認められなかった名古谷たち〈若い芽〉のグループが、校門の前でパンフレットを配り始め、そのことを知った教師たちとの間で言い争いが起こる。人だかりが大きくなるなかで、「明史」が「棗」を文化祭が催されている校内へ行こうと促すと、「棗」は「助けてあげないで、いいの」と名古谷たちのことを気にかける。そのとき「棗」に向けられたのが傍線部の「大丈夫だよ。あいつ一人じゃないんだから」という「明史」の言葉である。

読解のポイントとなるのは、その言葉を口にしたときの「明史」の心情であるが、傍線部の直後に次のような説明がなされている。〈教師と揉めている名古谷たちのことは気になったが、文化祭の催しを通してこの学校の魅力を棗に知ってもらうとともに、二人だけでゆっくりと話す時間を大切にしたい〉。また、そうした心情と関連して、傍線部に至るまでの箇所で、〈明史が棗を文化祭に招く動機のひとつに棗の進学の気持ちをこの学校に向けさせたいという願いがあった〉こと（1行目〜4行目）や、〈三鷹事件といった政治的な問題を取り上げようとする名古谷たちとの間に壁を感じていたが、教師と対等に言い争える彼らを誇らしく思っている〉こと（7行目〜9行目、25行目〜28行目）が記されていたことも読み取っておきたい。これらから、傍線部における「明史」の心情として、

a　明史は〈若い芽〉のメンバーとの間に壁を感じながらも、彼らの活動に無関心ではいられない

b　（a以上に）文化祭の催しを通して自分たちの高校の魅力を知ってもらい、棗の進学の気持ちをこの学校に向けさせたい

c　棗と二人きりで話をすることで、彼女との距離を縮めたい

というポイントを取り出すことができる。

したがって、以上のa〜cを的確に踏まえている**④が正解**である。

①は、「進学の問題に悩む棗」という部分が、誤り。本文では「高校の進学については容易に明史の誘いをいれない」（11行目）と記されているだけで、「進学の問題に悩む」ような「棗」の姿はどこにも描かれていない。

②は、「明史」が名古谷たちと「一緒に行動する勇気を持てず……一刻も早くこの場から立ち去りたいと気があせっている」という内容が、本文から読み取れないものになっている。先に確認した通り、ここでの「明史」の心情の中心は**b・c**にある。

③は、「棗が、政治的な活動にいそしむ〈若い芽〉のグループと関わりを持つことを恐れる」という部分が誤り。〈若い芽〉の名古谷たちに対する「明史」の思いについて、この箇所では「教師と対等に言い争いの出来る友達のいることが棗に対して誇らしかった」（27・28行目）と、むしろ

肯定的に描かれていて、「棗」が「政治的な活動にいそしむ〈若い芽〉のグループと関わりを持つことを恐れる」というような「明史」の心の動きは本文からは読み取れない。

⑤は、「受験勉強で忙しいなか文化祭への招きに応じてくれた棗を満足させてあげることが、先輩としての自分の役割である」という部分が、誤り。「明史」は先輩として役割を果たそうとしているのではなく、「棗」に好意を寄せる若者としてb・cを望んでいる。

問3　傍線部が関わる場面における人物の心情を問う問題

ここでは、傍線部以降の箇所で描かれている「棗を間にはさんだ友人たちとのやりとり」を見ている「明史」の心情が問われている。

まず、「棗を間にはさんだ友人たちとのやりとり」（55行目～88行目）の様子を確認しておこう。演劇が上演される講堂で、「棗」は、木賊や築比地、名古谷ら「明史」の友人たちと初めて会い、言葉を交わす。「今、中学生?」と「棗」の大人びた姿に肩をすくめてみせる「築比地」に、「棗」は「そんなに私、老けてますか」と相手の目をまっすぐに見つめて言い返して築比地をうろたえさせたり、正門前で教師とやり合っていた名古谷に「大丈夫だったんですか」「先生に捕まってたんでしょ」などと臆することなく言葉を投げかけたりする。

そのように年上の異性に取り巻かれながら、「人怖じ」することなく応対する「棗」の姿を目にして「明史」はどのように思ったのか。その明史の心情が、「これまでいつも二人だけでしか……彼女を横抱えにしていたかった」（86行目～88行目）という箇所に記されている。そこから、

a　年上の男子に物怖じすることなく応対する棗に、今まで知らなかった一面を見出し新鮮に感じる

b　棗が自分の手もとを離れ、誰とでも親しくなっていきそうに感じ、心配に思う

c　棗を自分の手もとにとどめておきたいという思いが募った

という「明史」の心情を読み取ることができる。

したがって、以上のa～cを的確に踏まえている**②が正解**である。

①は、「棗」が「先鋭な政治的関心を持つ友人たち」の影響を受けるように思えて、「友人たちの言動への警戒心を募らせている」という部分が、本文から大きく逸脱した内容になっている。ここでの「明史」の気持ちはあくまでも「棗」に向けられたものであり、「友人たちの言動への警戒心を募らせている」のではない。

③は、「棗もその気になって」という部分が、誤り。ここでの「その気」とは、〈高校の後輩になることを同意する気持ち〉のことだが、「棗」がそうした気持ちになっているとは、本文のどこにも書かれていない。むしろ、「高校の進学については容易に明史の誘いをいれない棗であった」（11行目）のである。

④は、「自分たちの活動への棗の理解を嬉しく思い」という部分が、明らかな誤り。「明史」は政治的な活動を行う名古谷たち〈若い芽〉のメンバーとの間に壁を感じていると本文に記されていたように、「明史」は〈若い芽〉の活動に加わってはいない。また、「棗」が「それ以上そうした話に深入りしないように気をもんでもいる」という部分も、本文から読み取れない内容になっている。

⑤は、「棗が自分たちの高校に次第に好感を抱きつつあるのを感じて安堵する」という部分が、誤り。そのような内容は本文からは読み取れない。

問4　「棗」の人物像を問う問題

「棗」という人物の特徴的なありようが浮き彫りにされている箇所を本文から読み取っていこう。

まず、「高校の進学については容易に明史の誘いをいれない棗であったが、日曜日の文化祭への招きにはすぐに応じた。」（11行目）という部分から は、自分の意志をしっかり持っていて、相手の言いなりにはならない

「棗」の姿が読み取れる。

a　自分の意志をしっかり持っている

次に、「明史」の友人である築比地が「棗」の大人びた姿に「今、中学生？」と驚いてみせるのに対して、「そんなに私、老けてますか」と相手の目をまっすぐに見つめて言い返し、築比地をうろたえさせたり、教師とやり合っていた名古谷に対しても「人怖じ」せずに言葉を投げかける箇所（63行目～79行目）からは、年上の異性に対しても物怖じすることがなく、ときに相手を気後れさせたりもする「棗」の姿が読み取れる。

b　ときに物怖じしない言動で相手を気後れさせるようなところがある

a・bのような「棗」の人物像は、最後の場面で「明史」が自分が齧った側とは反対の方を向けて差し出したりんごを、「ううん。そっちがいい」と明史の齧り跡に口を重ねてりんごを嚙む「棗」の振る舞いにも通じていると言えるだろう。

したがって、以上の**a・b**を的確に踏まえている**④が正解**である。

①は、「なにかにつけ首を突っ込まずにいられないお節介焼きな性分」という部分が、誤り。そのような「棗」の姿は本文では描かれていない。ちなみに「お節介焼き」とは、〈かえって迷惑となるような余計な世話をやくこと〉という意味である。

②は、「年長者の体面に気を配る古風なところがある」という部分が、誤り。「年長者の体面（＝面目、体裁）に気を配る」というような「棗」の姿は本文からは読み取れない。むしろ、「棗」は、年上の築比地を狼狽《ろうばい》させたりする言動をとっている。

③は、「誰に対しても如才なく振る舞い媚《こ》びを売ることとさえ辞さない」という部分が誤り。誰かに「媚びを売る（＝へつらって相手の機嫌をとる）」ような「棗」の姿は本文のどこにも描かれていない。ちなみに、「如才なく」とは〈気がきいていて、抜かりがない〉という意味である。

⑤は、「周囲への気配りを怠らない反面、好意を抱く者に対してだけはわがままに振る舞うところがある」という選択肢全体の内容が、間違っている。「好意を抱く者」に対しては「わがままに振る舞」い、それ以外の者には「気配りを怠らない」といったように、人によって態度を使い分ける「棗」の姿は本文からは読み取れない。本文では、「棗」は、「明史」とその友人たちのいずれに対しても、**a・b**のように振る舞う人物として描かれている。

問５　傍線部における人物のありようを問う問題

ここでは傍線部における「明史」についての説明が求められている。

傍線部が関わる場面を確認しておこう。「明史」は、「棗」の進学の気持ちをこの学校に向けさせたいという思いとともに、「棗」との距離を縮めたいという気持ちから「棗」を文化祭に誘った。いま、演劇開始の幕が上がり、暗くなった会場に二人並んで座っている。傍線部の「りんご」は、友人の木賊がくれたもので、「明史」は分けて二人で食べようとして割ることができず、もし棗に断られたら全部一人で食べる覚悟で、自分が齧った反対側を「棗」に差し出すと、思いがけず「棗」は「明史」が齧った側に歯を立てた。りんごが二人の間を行き来し、「棗」が再び「少し、ちょうだい……」と手を伸ばしてきたときに、「明史」が「棗」に囁いたのが傍線部直前の「全部、食べないで……」という言葉である。

一つのりんごを一緒に食べること、しかも同じ齧り跡に互いに口をつけながら食べることは、棗との距離を縮めたいと願っていた「明史」にとって、「彼女の口と同じ匂いで同じ味」を共有し、「棗」との間の距離が消えたように思える、これ以上ない形でもたらされた〈幸福な時〉であっただろう。その「明史」の心のときめきは、本文では「まるで彼女を食べているみたいだった。胸が激しく鳴ってりんごを呑みこむのが苦しかった」（111行目～112行目）と息苦しくなるような比喩とともに表現されている。これらを踏まえれば、「少し、ちょうだい」とりんごを求める「棗」に向けて囁かれた「全部、食べないで」という「明史」の言葉には、少しでも長くこの〈幸福な時〉を味わっていたいと心をときめかせながら願う「明史」の思いが込められていることが読み取れる。

したがって、以上の内容を的確に踏まえている**①が正解**である。

②は、まず「棗の自分に対する愛情を確かめ得た」という部分が、誤り。たしかに「明史」の齧った跡を齧るというのは、「明史」に対する親近感の現れであるとは言えるが、それをもって「明史」が自分に対する「棗」の「愛情を確かめ得た」とまでは言えない。また、「棗をこれからもずっと愛し、大切に守っていくと心に誓っている」という部分も、本文から読み取れない内容となっている。

③は、「棗の遠慮を知らない振る舞い」によって「自分も解放されていく快感を覚え、いつまでもその快感に浸っていたい」という部分の内容が、明らかに本文から逸脱している。ここで「明史」が「浸っていたい」のは、「棗」との距離がなくなったと思える〈幸福な時〉である。

④は、「これまでさまざまに嫉妬し、疑いもしたことを謝りたいと思っている」という部分が誤り。「明史」が「棗」のことを「さまざまに嫉妬し、疑いもした」様子は本文のどこにも描かれていない。

⑤は、まず「無邪気を装った」というように「棗」がこのとき「無邪気」なふりをしていると述べている点が、誤り。傍線部の直前に描かれているのは、自分の思いのままに自然にふるまっている「棗」の姿である。したがって、その「棗」を「訝《いぶか》しく思えた」というのも、誤り。「訝しく」とは〈疑わしく〉という意味であるが、「棗」の振る舞いを疑わしく思っている「明史」の姿は本文では描かれていない。

問6

(i) **「諧謔」にあたる表現を選ぶ問題**

ここでは、本文中の表現から「諧謔《かいぎゃく》」にあたるものを選ぶことが求められている。「諧謔」とは〈おどけた滑稽なことば。気のきいた冗談。ユーモア〉という意味であることを踏まえて、選択肢を吟味していこう。

①の「ありがと、と口だけを大きく動かし、実際には囁くような声で答えて彼女はそれを胸に抱いた。」は、「明史」から文芸部の雑誌を貰《もら》ったときの「棗」の様子をそのまま描写したもので、その表現に〈滑稽さ〉や〈ユーモア〉は読み取れない。

②の「展示や実験などの教室を幾つかまわって講堂にはいると、既に暗幕の引かれた場内は別世界のように外部から遮断され、ざわめきと人いきれでふくらみかえっている。」も、演劇が上演される会場の様子を活写しているだけで、「諧謔」にはあたらない。

③の「『はは、知ってたの。あれは君、捕まったのではなくて、教師に説教していた。どうも本校には、わけのわからんおっさんが多くてな。』」は、「棗」に「校門のところで先生に捕まってたんでしょ」と聞かれた名古谷の返答の言葉であるが、教師と生徒の立場を逆転させて「捕まったのではなくて、教師に説教していた」と表現するところに冗談めかしたユーモア、すなわち「諧謔」が読み取れる。したがって、**③が正解**である。

④の「まるで彼女を食べているみたいだった。胸が激しく鳴ってりんごを呑みこむのが苦しかった。」は、「棗」がりんごを齧った跡に歯を立てたときの「明史」の心のときめきを比喩的表現を用いて描写していて、そこからはおどけた滑稽さや冗談めかしたユーモアは読み取れない。

(ii) **【資料】の筆者の考えとは異なる見解を選ぶ問題**

まず、傍線部の内容を確認しよう。傍線部冒頭の「そんな」が指し示している通り、傍線部の表現は、〈『春の道標』は、時代がどのように移ろうと変化しない青春の恋愛のありようを描いてみせる、という作者の信念に基づいて書かれたものである〉という**【資料】**の筆者（宮本輝）

の考えを述べたものである。その考えは、傍線部以降においても、『春の道標』の作者は「どんな時代にあっても、どんな人間であろうとも、必ず通っていく普遍的な道を、そしてすべての若者が立ち停まり、胸をうずかせ、苦しんだり歓んだりしながらよるべなく見つめる道しるべを書いたのだ」と繰り返し述べられている。

また、たしかに本文でも、三鷹事件やそれをめぐる〈若い芽〉の政治的な活動など、戦後という時代状況をうかがわせる事柄が描かれてはいるが、物語の中心はあくまで「棗」に思いを寄せる「明史」の心の動きであった。

以上のような〈『春の道標』は、時代状況を超えた青春の恋愛のありようを描いたものである〉という**【資料】**の筆者の考えと照らし合わせながら、選択肢の見解を確認していこう。

①は、「戦後」の「若者の恋愛体験を抒情的に描いた『春の道標』」が、現在の読者にとっても「自分の体験した青春の日の疼《うず》きであるかのように読むことができる」という内容が、**【資料】**の筆者の考えに沿っている。

②は、まず「先行きが見えないまま悩み、憧れ、未知の経験に接していく高校生に内在する視点から描かれている」という部分が、高校生である「明史」の視点から描かれている本文の叙述に即している。また、「先行きが見えないまま悩み、憧れ、未知の経験に接していく」という内容も、時代を問わない「高校生」のありようとして**【資料】**の筆者の考えに適合している。

③は、「時代的状況を超えて個々の内面の動きがリアルに伝わってくる」という選択肢の趣旨が、先に確認した**【資料】**の筆者の考えを踏まえたものになっている。

④は、「戦後の混乱」が「主人公に暗い影」を落とし、そのことで『春の道標』は「固有の経験が刻印された」小説になっているという内容が、〈時代状況の特殊性に束縛され、そのなかでの固有の恋愛体験を描いたもの〉ということを意味しており、〈時代状況を超えた普遍的な青春の恋愛のありようを描いたもの〉という**【資料】**の筆者の考えに反している。したがって、**④が正解**である。

第3問　古文

【本文解説】

〔出典〕

『源氏物語』「椎本《しいがもと》」

成立　平安時代中期

ジャンル　作り物語

作者　紫式部

内容　全五十四帖の長編の物語。五十四帖を三部に分けて内容をとらえるのが普通である。

第一部（「桐壺《きりつぼ》」から「藤裏葉《ふじのうらば》」までの三十三帖。光源氏三十九歳まで）

桐壺帝の第二皇子として誕生した光源氏は、幼くして母を亡くし、亡き母に似た義母の藤壺を思慕する。そして後に、二人の間には不義の子である冷泉帝が誕生する。北山で、ある少女と出会った光源氏は、その子が藤壺の姪《めい》に当たると知り、手もとに引き取って大切に育てる。それが後に最愛の妻となる紫の上である。正妻の葵《あおい》の上は息子の夕霧を生んだ直後、光源氏の恋人の一人である六条御《み》息所《やすんどころ》の生霊《いきりょう》にとり殺される。また、兄朱雀《すざく》帝に入内《じゅだい》することが決まっていた朧月夜《おぼろづきよ》との密会が露見した光源氏は、須磨へ退き謹慎するが、そこで明石の君と出会う。許されて帰京した後は栄華を極めていき、六条院を造営して愛する女性たちを住まわせ、明石の君との間に生まれた姫君を紫の上の養女として育て、東宮に入内させる。そしてついには、後に自らの出生の秘密を知った冷泉帝から、「太上天皇（＝上皇）」に準じた地位を贈られるに至った。

第二部（「若菜上《わかな》」から「幻《まぼろし》」までの八帖。光源氏三十九歳以降）

光源氏は四十の賀《が》を迎える（「賀」とは長寿の祝いであり、四十歳は当時では初老である）。老年に達した光源氏だが、兄朱雀院の皇女である女三の宮を妻として迎えることになる。それは、出家する朱雀院が、後に一人残される十四歳ほどの女三の宮の処遇に苦慮した結果であったが、光源氏も、女三の宮が亡き藤壺の姪に当たることに、心動くものがあった。しかし、紫の上の苦悩は深く、病がちになる。光源氏は、女三の宮の幼さに失望し、紫の上がいかに得難い存在であるかに気づくが、時すでに遅かった。一方、夕霧の親友であった柏木は、女三の宮を思慕して密通し、二人の間には不義の子の薫が誕生する。しかし、二人の関係を光源氏に知られてしまい、女三の宮は、出産後に出家し、柏木は苦悩のあまり病死する。その後、ついに紫の上が死去し、光源氏は悲嘆にくれる。「幻」の後に「雲隠《くもがくれ》」という帖名が伝わっているが、本文はない。出家の後、光源氏が亡くなったことを暗示するものといわれる。

第三部（「匂宮《におうのみや》」から「夢浮橋《ゆめのうきはし》」までの十三帖）

光源氏の死後の、子や孫の世代の物語である。「橋姫」以降は、宇治を主な舞台とするので、「宇治十帖」と呼ばれる。光源氏の子として育てられたものの、自らの出生に不安を抱く薫は、宇治に隠《いん》棲《せい》する八の宮と交流を持つうちに、その二人の娘のうちの大君《おおいぎみ》（姉妹の姉君の方）に心惹かれていくが、大君は薫を受け入れないまま死去する。中の君（姉妹の妹君の方）は、光源氏の孫である匂宮の妻となり、京に迎えられる。後に、薫は、姉妹の異母妹に当たる浮舟をめぐって匂宮と競うが、薫と匂宮との間で板挟みになった浮舟は、苦悩のあまり自らの命を絶とうとするものの果たせず、最後には出家して薫を拒絶したところで物語は終わる。

〔本文に至るまでの経緯〕

問題文は、第三部・四十六帖（「宇治十帖」の二帖）の「椎本」の一節である。

前述のように、薫（今回の本文の「中納言」）は光源氏の子として育てられたが、自らの出生に関して何か秘密があるのではないかと感じ、自分の存在自体に不安を抱えていた。そのため、世の中を味気ないものと悟った気持ちでいるので、女性にも興味を持てない。そんな薫が唯一心を動かされ、会いたいと願うのが、宇治に住む、光源氏の異母弟に当たる八の宮であった。妻を亡くした八の宮は、宇治の山里に籠もって娘二人を育てながら、在俗のまま仏道修行三昧《ざんまい》の日々を送っていた。薫は、その「俗聖《ぞくひじり》」ぶりに感銘を受け、八の宮を「法《のり》（＝仏の教え）の友」と慕って宇治に通うようになる。あるとき、八の宮の留守に行き合わせた薫は、有明月の下、琵琶《びわ》と箏《そう》の琴を合奏する姉妹の姿を垣間見る。その美しさに心惹かれた薫は、大君との、世の憂愁を慰め合う友としての交際を望むようになる。

「椎本」に入って、薫は中納言に昇進した。初秋、薫は久しぶりに宇治を訪れる。八の宮はここのところ体調がすぐれず、姉妹の将来に不安を感じていたので、薫に姉妹の後見を依頼し、薫も快諾した。薫が姉妹の琴の音を聴きたがると、八の宮自ら姉妹の部屋に入って促し、薫と姉妹が親しくつきあうきっかけとした。秋が深まるにつれて、死を予感した八の宮は、姉妹に、軽々しくこの山里を離れてはならないと訓戒を残して山寺に参籠し、そのまま亡くなってしまった。

この後が問題文の内容で、姉妹は亡き父を偲《しの》び、薫は姉妹を見舞いつつも、大君に心動かされるのであった。

【本文の後の内容】

薫は何かと宇治の姉妹の世話をしつつ、大君に思慕の情を打ち明けるが、大君は心を開かない。八の宮の一周忌の準備に宇治を訪れた薫は、大君と対面していた隔ての屏風《びょうぶ》を押しやって、簾《すだれ》の中に入ってしまう。しかし、つらそうに泣く大君を見て、ただ添い臥《ふ》すだけで朝を迎える。まずは心の隔てなく語り合える仲でありたいと考えたのであった。大君は、薫を信頼してはいるものの結婚には踏み切れず、あれこれと悩むうちに病の床につき、亡くなってしまう。その後、薫は、大君の幻を求め続けることになるのであった。

なお、今回の本文は、岩波書店刊の新日本古典文学大系『源氏物語　四』に拠《よ》ったが、出題にあたって読解の便宜を図るために、一部表記を改めた箇所がある。

【全文解釈】

雪や、霰がしきりに降るころは、どこでもこのように（激しく）吹く風の音であるが、今初めて（俗世を捨てる）決心をして分け入った山住まい（であるか）のような気持ちがなさる。女房たちなど（の中に）は、

「ああ、年が変わろうとする。心細く悲しいことだ（った）なあ。（物事が）新しくなるはずの春を待ち受けて出会いたいなあ」

と気落ちせず言う女房もいる。（姉妹は）「（そのような望みは）難しいことだなあ」と（女房の言葉を）聞きなさる。向かいの山にある山寺にも、（八の宮が、存命の折は）時々の御念仏修行に籠もりなさったので（寺からの）使者も参上し通ったが、（亡くなってからは）阿闍梨も、どのよう（にお過ごし）かと、通り一遍にたまに（姉妹に）手紙で様子を尋ね申し上げるけれど、（阿闍梨自身は）今はどうしてちょっとでも顔を出しに参上しようか、いやしない。ますます人の往来がすっかり絶えるのも、当たり前のことと思うけれど、たいそう悲しい気持ちで（いらっしゃる）。（今までは）何とも（思わず）目も向けなかった山賤も、（八の宮が）いらっしゃらなくなって後、たまに顔を出し参上するのは、めったになく（うれしく）思われなさる。この季節のこととして、薪や、木の実を拾って持参する山人たちもいる。

阿闍梨の僧坊から、炭などの物を差し上げるということで、

「長年習慣となっておりました宮様へのご奉仕が、今になってすっかり絶えるようなことの寂しさのために（このように差し上げます）」

と（お手紙で）申し上げた。必ず冬籠もりをする（僧侶たちが着る）山風を防ぐことのできる綿衣などを（八の宮が生前）贈りなさっていたのを（姉妹は）思い出しなさって、（山寺に）贈りなさる。（寺からの使者としての）法師たちや、召使いの少年などが（山に）上っていくのも、見え隠れして、たいそう雪が深いのを、（姉妹は）泣きながら立ち出て見送りなさる。

「（父八の宮が）出家をなさってしまったそのお姿で（も）、生きていらっしゃったならば、このように通い参上する人も、自然と多かっただろうに。どんなにしみじみ悲しく心細くても、（父八の宮に）お会いすることがすっかりなくなっただろうか、いやそうではなかっただろうに」などと語り合いなさる。

（姉君が）

父君が亡くなって山寺への道（の行き来）も途絶えた時から、松に積もる雪を（あなたは）どのように見るのでしょうか。

中の宮は、

せめて奥山の松葉に積もる雪だとだけでも、（雪が消えるようにこの世から）消えてしまった父君のことをもし思ったならば（うれしかったでしょうに）。

（雪は）うらやましくも（消えても）ふたたび降り積もることだよ。

中納言の君は、「新年は、すぐにも訪問し申し上げることはできないだろう」とお思いになって、（年内に、宇治まで）いらっしゃった。雪もたいそう降り積もる所に、普通の身分の人でさえ現れなくなってしまったのに、（中納言が）並々でない立派な様子で、気軽にいらっしゃった気持ちが、浅くはないと（姉君には）自然と思い知られなさるので、いつもよりは心を込めて、御座所などを整えさせなさる。（女房たちが）服喪用ではない御火鉢で、奥にあるものを取り出して、塵を払ったりなどするのにつけても、八の宮が（中納言の訪問を）待ち喜びなさった（生前の）ご様子などを、女房たちも口にし申し上げる。

（姉君は、中納言と）対面なさることを、気が引けるようにばかりお思いになっていたけれど、（対面しないのも）思いやりがないように人（＝中納言）は思いなさっているので、「どうにも仕方がない」と思って（話を）申し上げなさる。（姉君が、中納言に）慣れ親しむということはないけれど、以前よりは少し言葉を続けて、ものなどおっしゃっている姿は、たいそう感じがよくすぐれた様子である。（中納言は）「このように（ただありきたりの対面をする）だけでは、すっかり終わらせることはできそうもない」と思うようになりなさるのも、「まったく突然変わる（自分の）心だなあ。やはり（恋心によって）変わってしまうはずの男女の間柄（というもの）なのだったなあ」と思って座っていらっしゃった。

【設問解説】

問1　短語句の解釈問題

短語句の解釈は、古語の意味や文法で正解が決まる場合、文脈による判断を必要とする場合とさまざまだが、まずは古語、文法という基礎知識をしっかりと押さえよう。

(ア)　さるべきこと

動詞 ラ行変格活用 「さり」 連体形	助動詞 当然・適当 「べし」 連体形	名詞
さる	**べき**	**こと**
当たり前の		こと

さるべき（連語）
1　適当だ。ふさわしい。相当だ。
2　そうなるはずだ。そうなるのが当然だ。そうなる宿命である。
3　立派だ。れっきとしている。

「さるべき」の意味として、①「当たり前の」が、前記2の「そうなるのが当然だ」に該当するが、それ以外の選択肢は「さるべき」の意味に当たらないので、①が正解である。「さる」は、指示の副詞「さ」にラ行変格活用動詞「あり」の連体形「ある」が複合した「さある」の転で、ここで「さ」が指しているのは直前の「いとど人目の絶え果つる」である。ただでさえ寂しい山里で、八の宮亡き後、ますます人の往来がすっかり絶えるのも当たり前のことだと思う、という解釈は、文脈にも合っている。

(イ) ひきつくろはせ給ふ

動詞 ハ行四段活用「ひきつくろふ」未然形	助動詞 使役・尊敬「す」連用形	動詞 ハ行四段活用「給ふ」終止形
ひきつくろは	**せ**	**給ふ**
整え	させ	なさる

ひきつくろふ
1 身なりや物の配置などを整える。体裁を整える。
2 欠点を直す。足りないところを補い直す。
3 気を配る。気取る。

給ふ
1 お与えになる。くださる。〈「与ふ」の尊敬語〉
2 ～なさる。お～になる。〈尊敬の補助動詞〉
3 ～ております。～ます。〈謙譲の補助動詞〉
＊1・2は四段活用、3は下二段活用。3は会話や手紙文の中でのみ用いられ、語り手や書き手自身の動作を表す「思ふ・見る・聞く・知る」などに付くことが多い。

「せ給ふ」の「給ふ」は、前記2の尊敬の補助動詞である。「せ」は、この文脈においては、使役の意にも尊敬の意にも解釈することが可能であるから、「せ給ふ」については①「なさる」、②「させなさる」、④「お～になる」が該当する。しかし、その中で「ひきつくろは」の意味に該当するのは②「整え」のみで、②が正解である。ここは、姉妹が、雪の中を訪れた中納言を迎える場面なので、姉君が女房たちに、中納言の御座所を「整えさせなさる」という解釈は、文脈にも合っている。

(ウ) いかがはせむ

副詞	係助詞	動詞 サ行変格活用「す」未然形	助動詞 推量「む」連体形
いかが	**は**	**せ**	**む**
どうにも仕方がない			

いかがはせむ（連語）
1 どうしようもない。仕方がない。〈反語〉
2 いったいどうしようか。〈疑問〉

「いかがはせむ」の意味に該当するのは、③「どうにも仕方がない」のみで、③が正解である。ここは、姉君が、中納言との対面を「つつましくのみ（＝気が引けるようにばかり）」思いながらも、応対に出ないと、「人」つまり中納言から「思ひ隈なき（＝思いやりがない）」ように思われるからと、やむを得ず応対する場面なので、「どうにも仕方がない」という反語の意味が文脈にも合っている。

問2　心情の説明問題

傍線部における、姉妹の心情が問われている。父八の宮が亡くなったその年の暮れ、宇治の八の宮邸では人の往来も絶え、姉妹は寂しい日々を過ごしていた。山寺の阿闍梨から炭などが届けられたので、姉妹は、父八の宮が生前にそうしていたのと同じように、お返しに綿衣などを贈った。法師や召し使いの少年たちがそれを運んで山路を上って行く姿を、姉妹は泣きながら見送り、語り合う。その心情は、傍線部「語らひ給ふ」の直前の、姉妹の会話文に表れている。

その会話文を品詞分解し、逐語訳すると、次のようになる。

御髪	など	おろい	給う	て	ける	さる	方	にて、
名詞	副助詞	動詞 サ行四段活用「おろす」連用形イ音便	動詞 ハ行四段活用「給ふ」連用形ウ音便	助動詞 完了「つ」連用形	助動詞 過去「けり」連体形	連体詞	名詞	格助詞
出家を			なさっ	てしまった		その	方面	で、

おはしまさ	ましか	ば、	かやうに	通ひ	参る	人
動詞 サ行四段活用「おはします」未然形	助動詞 反実仮想「まし」未然形	接続助詞	形容動詞 ナリ活用「かやうなり」連用形	動詞 ハ行四段活用「通ふ」連用形	動詞 ラ行四段活用「参る」連体形	名詞
（生きて）いらっしゃったならば、			このように	通い	参上する	人

も、	おのづから	繁から	まし。	いかに	あはれに	心細く
係助詞	副詞	形容詞 ク活用「繁し」未然形	助動詞 反実仮想「まし」終止形	副詞	形容動詞 ナリ活用「あはれなり」連用形	形容詞 ク活用「心細し」連用形
も、	自然と	多かっ	ただろうに。	どんなに	しみじみ悲しく	心細く

とも、	会ひ見	奉る	こと	絶えて	止ま	まし	やは
接続助詞	動詞 マ行上一段活用「会ひ見る」連用形	動詞 ラ行四段活用「奉る」連体形	名詞	副詞	動詞 マ行四段活用「止む」未然形	助動詞 反実仮想「まし」終止形	係助詞
ても、	お会いする		ことが	すっかり	なくなっただろうか、いや、そうではなかっただろうに		

正しく解釈するためにポイントとなる語を確認しておこう。

御髪おろす（連語）
剃髪《ていはつ》して出家する。

おはします
1 いらっしゃる。おありになる。〈「あり」の尊敬語〉
2 いらっしゃる。おいでになる。〈「行く」「来」の尊敬語〉
3 〜ていらっしゃる。〈尊敬の補助動詞〉

おのづから
1 自然と。ひとりでに。
2 たまたま。まれに。
3 万一。もしも。

繁し
1 草木が生い茂っている。
2 量が多い。たくさんある。
3 絶え間ない。しきりである。

いかに
1 どう。どのように。
2 どんなに。さぞかし。
3 なぜ。どうして。
4 なんとまあ。

奉る
1 お乗りになる。〈「乗る」の尊敬語〉
2 お召しになる。〈「着る」の尊敬語〉
3 召し上がる。〈「食ふ」「飲む」の尊敬語〉

4　差し上げる。　〈「与ふ」の謙譲語〉
5　～申し上げる。お～する。〈謙譲の補助動詞〉

次に、それぞれの文を見ていこう。

Ⅰ　「御髪などおろい給うてけるさる方にて、おはしまさましかば、かやうに通ひ参る人も、おのづから繁からまし。」

この文は、二重傍線部で示したように、「～ましかば…まし」の反実仮想の構文になっている。反実仮想は、現実に反することを仮想する表現手法であり、「もし～だったならば、…ただろうに」と訳す。「御髪などおろい給うてける」は、（注6）にあるように、「御髪などおろし給ひてける」と同じである。「御髪おろす」は前記のとおり「出家する」の意で、「給う」は動詞「おろい」に続いているので、尊敬の補助動詞の用法（**【設問解説】問1(イ)**参照）。「さる方」を逐語訳すると、「その方面」などとなるが、「さる」は前の「出家する」ということを指し、父八の宮が出家という方面に入ってしまっても、といった内容である。「おはしまさ」は、ここでは前記1の「あり」の尊敬語である。前半部の「御髪などおろい給うてけるさる方にて、おはしまさましかば」を逐語訳すると、「出家などしなさったその（＝出家者としての）方面で（も）、いらっしゃったならば」などとなる。そう仮定される主体は、尊敬語が用いられていることからも、父八の宮である。また、ラ行変格活用動詞「あり」には「生きている」という意味もあるので、「おはしまさましかば」を「生きていらっしゃったならば」と解釈すると、前半部は、「（山寺で亡くなった父八の宮が、）出家してしまった姿でも、生きていらっしゃったならば」という内容だと考えられる。そして、「かやうに通ひ参る人も、おのづから繁からまし」と、後半部が続くが、「このように通い参上する人」とは、会話文の前に描かれた、山寺の人々のことを指しており、もし父八の宮が生きていたならば、「このように（山寺から）通い参上する人も、自然と多かっただろうに」と解釈される。そして、現実としては「父八の宮はもう亡くなってしまったので、自分たち姉妹のもとを訪れる人はめったにいなくなってしまった」のである。

Ⅱ　（御髪などおろい給うてけるさる方にて、おはしまさましかば、）いかにあはれに心細くとも、会ひ見奉ること絶えて止まましやは」

ここも、Ⅰの「御髪などおろい給うてけるさる方にて、おはしまさましかば」の「～ましかば」を受けて反実仮想の構文になっていると考えられる。

まず、「いかにあはれに心細くとも」の「あはれに心細く」は、「父八の宮が出家する」という内容を受けている。出家すれば、父八の宮は山寺に籠もることになるので、しみじみ悲しく心細い。しかし、どんなに悲しく心細いとしても、「おはしまさましかば（＝生きていらっしゃったならば）」「会ひ見奉ること絶えて止まましやは」と続く。「奉る」は、「会ひ見る」という動詞に続いているので、前記5の謙譲の補助動詞の用法で、「会ひ見奉る」の主体は語り手である姉妹であるが、姉妹が「お会いする」と語る相手は、むろん父八の宮である。「止ま」は「終わる。止まる。中止になる。病気が治る」などの意。「やは」は、疑問・反語の係助詞「や」に強意の係助詞「は」が付いた形で、多くは反語で用いられる（文末に用いられているので、終助詞とも考えられる）。「絶えて止まましやは」を逐語訳すると「すっかり終わっただろうか、いや終わらなかっただろうに」などとなる。上記の内容がⅠの前半を受けて、Ⅱ全体で「（父八の宮が出家したとしても、生きていたならば、）どんなに悲しく心細くても、私たちが父八の宮に会う機会がまったくなくなるというわけでもなかっただろうに」といった内容になっている。そして、現実としては、「父八の宮は亡くなってしまったので、自分たちはもう二度と会うことはできない」のである。

ⅠとⅡの内容から、姉妹は父八の宮の死去によりもたらされた現実を、反実仮想の形で表現しつつ悲しんでいるのだとわかる。その心情に合致する選択肢は②で、これが正解である。

①は、「どのみち会えなかったのだと、その死を受け入れようとした」がⅡの解釈と違っていて、不適当である。

③は、姉妹は、「父は、極楽往生しているはずだ」、「自分たちも同様に出家して早く来世で父に会いたい」とは語り合っておらず、そこが不適当である。

④は、父が「生きている間、自分たちに会いたいと考えなかったのかと、恨めしく思った」が不適当である。父の心情を推測する記述は本文にはない。

⑤は、「父が亡くなったために、宇治の邸を訪れる人も少なくなり」はⅠの現実についての説明として正しい。しかし、姉妹の言葉から「父の思い出を語り合う人もいない」という内容は読み取れないので、そこが不適当である。

問3　語句や表現の説明問題

傍線部を品詞分解し、逐語訳すると、次のようになる。

動詞 カ行下二段活用「うちとく」終止形	**うちとく**	慣れ親しむ
格助詞	**と**	という
係助詞	**は**	ことは
形容詞 ク活用「なし」已然形	**なけれ**	ないけれ
接続助詞	**ど、**	ど、
名詞	**さきざき**	以前
格助詞	**より**	より
係助詞	**は**	は

副詞	**少し**	少し
名詞	**言の葉**	言葉を
動詞 カ行下二段活用「続く」連用形	**続け**	続け
接続助詞	**て、**	て、
名詞	**もの**	もの
副助詞	**など**	など
動詞 ハ行四段活用「のたまふ」已然形	**のたまへ**	おっしゃっ
助動詞 完了・存続「り」連体形	**る**	ている

名詞	**さま、**	姿は、
副詞	**いと**	たいそう
形容詞 ク活用「めやすし」連用形	**めやすく**	感じがよく
形容動詞 ナリ活用「心恥づかしげなり」終止形	**心恥づかしげなり。**	すぐれた様子である。

正しく解釈するためにポイントとなる語を確認しておこう。

うちとく
1 （氷などが）解ける。
2 くつろぐ。心が落ち着く。安心する。
3 （人との交際で）慣れ親しむ。心の隔てがなくなる。
4 油断する。気がゆるむ。

さきざき
1 以前。まえまえ。
2 将来。あとあと。

めやすし
見苦しくない。感じがよい。

心恥づかしげなり
1 気がひける様子だ。いかにも気後れする感じだ。
2 （こちらが気後れするほど、相手が）立派な様子だ。いかにもすぐれている感じだ。
＊形容詞「心恥づかし」の終止形に、接尾語「げ」が付いて形容動詞となった形である。

次に「のたまへる」の「る」の識別も確認しておこう。

●「る」の識別
1　自発・受身・可能・尊敬の助動詞「る」の終止形
＊四段活用・ナ行変格活用・ラ行変格活用動詞の未然形（＝ア段音）に接続する。
＊「自然に～される」〈自発〉、「～される」〈受身〉、「～できる」〈可能〉、「～なさる」〈尊敬〉と訳す。
2　完了・存続の助動詞「り」の連体形
＊サ行変格活用動詞の未然形・四段活用動詞の已然形（命令形）（＝エ段音）に接続する。
＊「～しまう。～しまった。～た」〈完了〉、「～ている」〈存続〉と訳す。

傍線部を含む最終段落は、（注10）にあるように、訪問してきた中納言に、姉君が応対するという状況から始まるが、姉君は、中納言に対面することを気が引けるように思う。しかし、**問1**の(ウ)で確認したように、中納言が、会わないことは思いやりがないと思っているようなので、仕方なく対面する。傍線部は、その時の姉君の様子を描いている。

では、選択肢を吟味しよう。

①の「うちとくとはなけれど」の「うちとく」は、対話している態度を表しているので、現代語の「うちとける」とほぼ同じ意味で、前記3の「（人との交際で）慣れ親しむ」の意がふさわしい。「（中納言と）慣れ親しむということはないけれど」という解釈になるので、「あえて中納言の機嫌を取ろうとする」というのはその内容とは反対で、不適当である。

②の「少し言の葉続けて」は、話者の姉君が、「さきざき」、つまり、それ以前よりは中納言に対し、少し話をしていることを表しているが、その理由を「悲しみも癒えて」と推測できる根拠が本文からは読み取れず、そこが不適当である。

③の「のたまへる」の「る」は、ハ行四段活用動詞「のたまふ」の已然形に接続しているので、前記2の完了・存続の助動詞「り」の連体形であり、「尊敬の意味」が不適当である。また、「のたまへる（＝おっしゃっている）」という尊敬語を含む部分は、動作の主体である姉君に対する作者の敬意を表しており、「姉君が中納言を恐れ多く思っていること」というように、中納言に対する何らかの気持ちを表すわけではない。

④の「いとめやすく」の「めやすく」は、前記のとおり「感じがよい」という意味であり、「近くで見たくなるほど美しい」ということではなく、不適当である。

⑤が正解。「心恥づかしげなり」はナリ活用形容動詞の終止形である。この傍線部の後、中納言は「かやうにてのみは、え過ぐし果つまじ」と思うようになる。「かやうにてのみは」は（注13）にあるように、「このように、ただありきたりの対面をするだけでは」ということだが、そのような対面だけでは「え過ぐし果つまじ（＝すっかり終わらせることはできそうもない）」と中納言が思うのは、応対する姉君の様子に心惹かれ、（注14）にあるように、恋心を抱いているからである。よって、「心恥づかしげなり」は、前記2の意で、中納言が気後れするほど「すぐれていて立派な様子である」と解釈するのが適当である。

問4　人物の説明問題

本文の登場人物についての問題である。本文全体を見渡して、本文のどの部分が選択肢の根拠になっているのかを押さえて、該当箇所と選択肢とを丁寧に照らし合わせ、正誤の判断をしよう。

①は、「女ばら」についての説明である。「女ばら」とは（注1）にあるように、八の宮邸に仕える女房たちのことで、本文1～4行目「女ばらなど、『……』と心を消たず言ふもあり」を踏まえた説明である。この部分を見ていこう。

Ⅰ　女ばらなど、「あはれ、年は変はりなむとす。心細く悲しきことを。

「あはれ」は感動詞で「ああ」の意。「なむ」は「変はり」というラ行四段活用動詞の連用形に接続しているので、「な」は強意（完了）の助動詞「ぬ」の未然形、「む」は推量の助動詞「む」の終止形で、前半は、「ああ、年が変わろうとする」と解釈される。「心細く悲しきことを」の「を」は詠嘆の終助詞で、女房たちは、ここで、終わり行く一年を振り返り、「心細く悲しいことだ（った）なあ」と言うが、それはもちろん、八の宮が亡くなった年だからである。

Ⅱ　あらたまるべき春待ち出でてしがなと心を消たず言ふもあり。

年を越せば新しい春になる。「てしがな」は自己の希望を表す終助詞で、「～たいものだ」などと訳す。「新しくなるはずの春を待ち受けて出会いたい」と言うのは、八の宮の死という悲しみから抜け出して、良い新年を迎えたいということとも考えられる。だからこそ、その女房たちの言葉は、「心を消たず（＝気落ちせず）」と述べられるのである。選択肢は、「自分たちは亡き八の宮のことを決して忘れまい、と思いをあらたにした」とあり、この内容に合致しないので、不適当である。

②は、「姉妹」についての説明である。姉妹は本文の全体を通して登場しているが、この選択肢は、本文4～5行目『難きことかな』と聞き給ふ。……いとど人目の絶え果つるも」という部分を踏まえていると考えられる。選択肢の「八の宮亡き後は世間との交流も途絶え」の部分は「いとど人目の絶え果つる（＝ますます人の往来がすっかり絶える）」という内容から、誤りではないが、「難きことかな（＝難しいことだなあ）」というのは、姉妹が、①で検討した「女ばら」の言葉を聞いた際の感想であり、父の死という悲しみを乗り越え、何もかもが新しくなる春を迎えるなどという望みを持つことは「難しい」と考えているのであり、『女ばら』の生活の面倒を見るのも難しくなるだろうかと心配した」わけではなく、そこが不適当である。

③は、「山賤」についての説明である。本文6～7行目「何とも見ざりし山賤も……めづらしく思ほえ給ふ」を踏まえた説明である。この部分を見ていこう。

Ⅰ　何とも見ざりし山賤も、おはしまさで後、

「おはしまさ」は「あり」の尊敬語で、ここは「生きていらっしゃる」の意（**【設問解説】問2**参照）。「おはしまさで後」で、「八の宮がいらっしゃらなくなって後」という意味である。

Ⅱ　たまさかにさしのぞき参るは、めづらしく思ほえ給ふ。

ラ行四段活用動詞「参る」には複数の意があるが、ここは「行く・来」の謙譲語で「参上する」の意なので、「たまさかにさしのぞき参る」という主体は山賤で、「山賤が姉妹のもとにたまに顔を出し参上する」ということである。「めづらしく」はシク活用形容詞「めづらし」の連用形で、「めったにない。好ましい」の意を表す。「思ほえ」は、ヤ行下二段活用動詞「思ほゆ」の連用形で、「おぼゆ」と同じく「思われる。感じる」の意。それに続く「給ふ」は尊敬の補助動詞（**【設問解説】問1(イ)**参照）。「めづらしく思ほえ給ふ」で、「めったになく（うれしく）思われなさる」などと解釈されるが、ここは尊敬語が用いられていることから、主体は姉妹である。このⅡの文脈から考えると、Ⅰの「何とも見ざりし山賤」という部分は、尊敬語は用いられていないが、山賤が「何とも見なかった」というわけではなく、姉妹の方が、「今までは山賤に対し目も向けなかった」ということだと考えられる。それまでは何とも思わなかった山賤だが、父八の宮亡き後、人の往来もすっかり絶えた今となっては、彼らがたまに顔を出すのもめったになくうれしく思う、という内容である。よって、選択肢の「高貴な姉妹が、八の宮亡き後」「卑しい者の訪問さえも喜ぶようになった」という部分は適当だが、「自分たちのような卑しい者（＝山賤）」が「（その）ことに驚いた」というような、山賤を主体とした心情の記述はなく、そこが不適当である。

④が一つ目の正解。「阿闍梨」についての説明である。「阿闍梨」は本文5行目と8～10行目に登場するが、炭を贈る話は後者の「阿闍梨の室

より……と聞こえたり」の方である。この部分を見ていこう。

Ⅰ　阿闍梨の室より、炭などやうの物奉るとて、

「奉る」には複数の意味があるが（【設問解説】問2参照）、ここは「与ふ」の謙譲語で「差し上げる」の意。阿闍梨の僧坊から、炭などを姉妹のもとに贈った、ということである。

Ⅱ　「年ごろにならひ侍りにける宮仕への、今とて絶え果つらむが心細さになむ」と聞こえたり。

名詞「年ごろ」は「長年。数年来」の意。「ならひ」はハ行四段活用動詞「ならふ」の連用形で、「慣れる。習慣となる」の意。ラ行変格活用動詞「侍り」には複数の意味があるが、ここは、動詞に続いているので、丁寧の補助動詞である。「ならひ侍りにける」で「慣れておりました」などと訳す。名詞「宮仕へ」は「宮中に仕えること。貴人に仕えること」の意だが、八の宮は「宮」、つまり皇族なのだから、高貴な八の宮に奉仕することを言っていると考えられる。「聞こえ」はヤ行下二段活用動詞「聞こゆ」の連用形で、「聞こゆ」には複数の意味があるが、ここは「言ふ」の謙譲語である。「申し上げる」と訳すが、「手紙を差し上げる」の意も表す。姉妹のもとに実際に炭を持って来たのは、後述される「法師ばら、童べ」であると考えられ、阿闍梨は、姉妹に手紙を送り、「長年の習慣となった八の宮への奉仕が、今になってすっかり絶えることが寂しい」と伝えたのである。この内容は、選択肢に合致している。

⑤が二つ目の正解。中納言についての説明である。中納言の登場は第三段落であるが、その冒頭、本文19行目の「中納言の君……おはしたり」が該当する。この部分を見ていこう。

中納言の君、「新しき年は、ふとしもえ訪ひ聞こえざらむ」と思して、おはしたり。

副詞「ふと」は「すぐに。不意に。さっと」などの意を表す。「しも」は強意の副助詞。副詞「え」は打消の助動詞「ず」の未然形「ざら」と呼応して、「～できない」の意を表す。「訪ひ」はハ行四段活用動詞「訪ふ」の連用形で、「訪れる。見舞う。さがす」などの意だが、ここでは「（新年に）訪問する」ととらえるのがふさわしい。「聞こえ」は動詞に続いているので、謙譲の補助動詞。「む」は助動詞「む」の終止形で、ここでは推量の意を表す。「思し」はサ行四段活用動詞「思す」の連用形で、「お思いになる」の意。「おはし」はサ行変格活用動詞「おはす」の連用形だが、「おはす」は「おはします」と同義で（【設問解説】問2参照）、ここでは「行く・来」の尊敬語で「いらっしゃる」の意である。全体を逐語訳すると、「中納言の君は、『新年は、すぐにも訪問し申し上げることはできないだろう』とお思いになって、いらっしゃった」などとなる。「新年の訪問は難しい」と考えたというのだから、中納言が、激しい雪の中、宇治を訪問して来たのは年内だということになり、選択肢はこの内容に合致している。

⑥は、八の宮についての説明である。本文21～22行目「墨染ならぬ御火桶、……人々も聞こえ出づ」を踏まえた説明である。この部分を見ていこう。

Ⅰ　墨染ならぬ御火桶、奥なる取り出でて、塵かき払ひなどするにつけても、

この部分は、尊敬語が用いられていないことから、「服喪用ではない御火鉢で、奥にあるものを取り出して、塵を払ったりなどする」主体は、後述の「人々」、つまり女房たちであると考えられる。

Ⅱ　宮の待ちよろこび給ひし御気色などを、人々も聞こえ出づ。

「待ちよろこび給ひし」の「し」は、過去の助動詞「き」の連体形。名詞「気色」は「様子。顔色。機嫌。意向」などの意だが、ここでは「宮」の過去の「ご様子」だととらえられる。ダ行下二段活用動詞「聞こえ出づ」は「言ひ出づ」の謙譲語で、「言葉に出し申し上げる」の意。「人々（＝女房たち）」は、八の宮の生前の様子を思い出して、それを口にしたのであるが、その相手は、火鉢を出して迎えた中納言である。

よって、宮が「待ちよろこび給ひし（＝待ち喜びなさった）」と女房たちが語るのは、中納言の訪問のことだと考えられる。選択肢の「八の宮は、生前」「中納言の訪問を楽しみに待つ様子であった」の部分は適当である。しかし、八の宮が「冬になるとみずから丸火鉢を用意し」という部分が不適当である。女房たちが、今現在、丸火鉢を用意している時に、かつての八の宮の様子を思い出してそれを語ったのである。

問5　特定の語句に関する本文の内容説明問題

本文中にたびたび描かれる「雪」の用いられ方について考えさせる問題である。それぞれの選択肢が、本文の何行目に該当するのかは示されているので、その箇所を正確に解釈して、選択肢と照らし合わせよう。

①は、本文1行目「雪、霰降りしくころは」についての説明である。その部分を含む一文を見ていこう。

雪、霰降りしくころは、いづくもかくこそはある風の音なれど、今はじめて思ひ入りたらむ山住みの心地し給ふ。

「降りしく」は「降り頻く」と表記されるカ行四段活用動詞の連体形。「しきりに降る。絶え間なく降る」の意で、ここでは、年の暮れに宇治に雪や霰がしきりに降る様を描いている。そんな折、どこでも吹く風の音を耳にしつつ、「今はじめて思ひ入りたらむ山住みの心地し給ふ」とあるが、ここは、「給ふ」という尊敬語が用いられていることから（**【設問解説】問1(イ)**参照）、主体は姉妹であると考えられる。「思ひ入り」はラ行四段活用動詞「思ひ入る」の連用形で、「深く思い込む。深く思って入る」などの意だが、「山住み」にかかっていくことから、「思ひ入りたらむ山住み」で、「(俗世を捨てようと）深く思って入ってしまったように宇治の山里に住むこと」といった内容だと考えられる。前書きにあるように、八の宮は宇治で仏道修行に励んでいたのだから、「山住み」をした時点で出家を意識していたことは想像できるが、父八の宮を失った姉妹が、この時点で、出家を考えているかどうかはわからない。ただ、今までずっと住んできた宇治の山里で、雪や霰が一面に降る中、姉妹は、今初めて、この地の厳しさや寂しさを痛感し、出家を決意して宇治の山住みを始めたかのような気持ちになっているのである。選択肢の「山里が一面に白く清らかになること」は「雪、霰降りしくころ」という表現に対応するし、「父八の宮が亡くなって初めて冬を迎えた姉妹が、不安を抱き」という部分も、内容的に誤りとはいえない。しかし、「この先、新しい気持ちで生活を始めようと思っている」という内容をこの部分から読み取ることはできず、そこが不適当である。

②は、本文11行目「いと雪深きを」についての説明である。その部分を含む一文を見ていこう。

法師ばら、童べなどの上り行くも、見えみ見えずみ、いと雪深きを、泣く泣く立ち出でて見送り給ふ。

「法師ばら、童べ」とは、**問4**の④でも触れたが、炭と阿闍梨の手紙を持ってきた山寺の人々で、彼らが、姉妹が与えた綿衣を持って山路を「上り行く」のである。「見えみ見えずみ」の「み」は接尾語で、動詞や打消の助動詞「ず」の連用形につき、「～たり、～たり」の意を表し、「見えみ見えずみ」は「見えたり見えなかったり」と解釈される。よって、選択肢の「法師や召し使いの少年たちが、見え隠れしながら、雪深い山路を、荷物を背負い」「上っていく」は適当だが、その間の「涙を流して」が不適当である。「泣く泣く立ち出でて見送り給ふ」は、尊敬の補助動詞「給ふ」があることから（**【設問解説】問1(イ)**参照）、姉妹の行為だと考えられ、法師や召し使いの少年たちが「涙を流して」いるわけではない。また、彼らが阿闍梨の使いとして姉妹のもとに炭を届け、その返礼として綿衣を受け取って、雪深い中を山寺に帰るという情景は描かれていても、そこに「宇治の山里の冬の厳しさと人々の辛苦に満ちた生活の様子が暗示されている」とは言い切れず、そこも不適当である。

③の、本文15行目「君なくて」の歌は、誰が詠んだのか明記されていないが、次の歌が「中の宮」となっているのだから、こちらは姉君が詠んだ

ものだとわかる。この歌を品詞分解して、逐語訳してみよう。

名詞	形容詞 ク活用 「なし」 連用形	接続助詞	名詞	格助詞	名詞	動詞 ヤ行下二段活用 「絶ゆ」 連用形	助動詞 過去 「き」 連体形	格助詞
君	**なく**	**て**	**岩**	**の**	**かけ道**	**絶え**	**し**	**より**
父君が	亡くなっ	て	岩	の	かけ道も	途絶え	た(時)	から

名詞	格助詞	名詞	格助詞	係助詞	名詞	格助詞	係助詞	動詞 マ行上一段活用 「見る」 連体形
松	**の**	**雪**	**を**	**も**	**何**	**と**	**かは**	**見る**
松	の	雪	を	も	どのように		見るか	

姉君の歌であることを考えると、「君」とは「父君」の意で、「君なくて」は、「父八の宮が亡くなって」ということだととらえられる。「岩のかけ道」は（注７）により「山寺への道」のことだとわかる。過去の助動詞「き」の連体形の「し」と、格助詞「より」の間に名詞「時」などを補って上の句を逐語訳すると、「父君が亡くなって山寺への道（の行き来）が途絶えた時から」となる。「松の雪」は「松に積もる雪」のこと。「かは」は疑問・反語の係助詞「か」に強意の係助詞「は」が付いた形の係助詞で、係り結びが成立し、「見る」が連体形になっている。「かは」は、**【設問解説】**の問２で検討した「やは」と同じように、多くは反語で用いられるが、必ずそうなるとも限らず、ここでは、姉君が妹君に対し、「どのように見るか」と問いかけていると考えるほうが自然である。そう考えて、下の句を逐語訳すると、「松に積もる雪をどのように見るか」となる。姉君が妹君に対して、「あなたはこの松に積もる雪を見てどのように思うか」と問いかけているのである。

そこで選択肢を見ると、「『松の雪』の『松』には『待つ』の意が掛けられており」とある。歌にいたる文脈に「待つ」という直接的な表現はないが、「松」と「待つ」の掛詞はよく用いられるものであるし、父八の宮が出家して山寺に籠もっていても、生きているのならよかったのにとする、歌の直前の姉妹の心情（**【設問解説】問２**参照）からしても、また、「松の雪をどのように見るか」という問いかけに対し、妹君が「亡き父を雪と思ったならば」と、雪と父を絡めて応じることからも、父を「待つ」気持ちを読み取ることは可能であろう。しかし、この歌の場合、「待つ」対象はあくまで父八の宮であって、「姉妹の住む山里と外の世界を隔てるものとして降り積もった雪が、春が来て解けることを待ち望む」のではなく、そこが明らかに不適当である。

④の、本文17行目「奥山の」の歌は、姉君が詠んだ「君なくて」の歌に答える形で、妹君「中の宮」が詠んだものである。この歌を品詞分解して、逐語訳してみよう。

名詞	格助詞	名詞	格助詞	動詞 ラ行四段活用 「積もる」 連体形	名詞	格助詞	副助詞
奥山	**の**	**松葉**	**に**	**積もる**	**雪**	**と**	**だに**
せめて奥山の		松葉	に	積もる	雪	と	だけでも

動詞 ヤ行下二段活用 「消ゆ」 連用形	助動詞 完了 「ぬ」 連用形	助動詞 過去 「き」 連体形	名詞	格助詞	動詞 ハ行四段活用 「思ふ」 未然形	助動詞 反実仮想 「まし」 未然形	接続助詞
消え	**に**	**し**	**人**	**を**	**思は**	**ましか**	**ば**
消え	てしまった		人	を	もし思ったならば		

「だに」の用法
１　類推（＝〜さえ）

＊程度の軽いものを挙げて、より程度の重いものを類推させる。
＊「まして」と呼応する。
2　限定（＝せめて〜だけでも）
＊「命令・意志・願望・仮定」の表現と呼応する。

「思はましかば」の「ば」は接続助詞で、反実仮想の助動詞「まし」の未然形「ましか」に接続しているので、仮定条件を表す。副助詞「だに」は、その仮定表現と呼応しているので、前記2の「限定」の用法で「せめて〜だけでも」と訳す。**【設問解説】**の**問2**で検討したように、反実仮想の「まし」は「〜ましかば…まし」という形で用いられるが、この歌は「思はましかば」で終わっているので、「…まし」の部分が省略されていると考えられる。その形のままで逐語訳すると、「せめて奥山の松葉に積もる雪とだけでも、消えてしまった人をもし思ったならば」となる。「消えてしまった人」とは、死んでしまった父八の宮のことを表しており、その父八の宮のことを「雪」と思ったならば、「どうだっただろう」というのか。その手がかりになるのは、歌の後の一文である。

うらやましくぞまたも降り添ふや。

この部分は、妹君の歌に続き、妹君の心情を表していると考えられる。文末の「や」は詠嘆の終助詞で、「雪」は消えてもまた降り積もるので、そのことについて、「うらやましくもふたたび降り積もることだよ」と解釈される。この部分と歌を合わせて考えると、「父八の宮をもし雪と思ったならば」と詠んだ後に省略された内容は、「この世から消えてもまた現れてくれるはずで、そうなればうれしかっただろうに」といったことだと考えられる。雪は消えてもまた降り積もる。亡き父をそのような雪とだけでも思ったならば、この世にもう一度現れてくれてうれしいことだっただろうに、というのが歌の内容である。選択肢は、この妹君の心情を的確に説明しており、これが正解である。

⑤は、本文19行目「雪もいとところせきに」についての説明である。その部分を含む一文を見ていこう。

Ⅰ　**雪もいとところせきに、よろしき人だに見えずなりにたるを、**

「ところせき」は、ク活用形容詞「ところせし」の連体形で、「狭い。場所が狭く感じるほどいっぱいだ。堂々としている。やっかいだ。窮屈だ。おおげさだ」などの意で、ここでは、「雪もいとところせきに」で、「雪が多く降り積もっている」ことを表している。「よろしき」はシク活用形容詞「よろし」の連体形で、「悪くない。まあまあだ。普通だ」などの意。「よろしき人」とは、身分についていわれることが多く、ここでは、高貴な身分の中納言に対し、「普通の身分の人」の意だと考えられる。副助詞「だに」は、「命令・意志・願望・仮定」の表現と呼応していないので、ここでは「類推」の用法で（選択肢④参照）「〜さえ」と訳し、より程度の重いものを類推させる働きを持つ。「よろしき人だに見えずなりにたる」とは、「普通の身分の人でさえ現れなくなってしまった」ということだが、そこから類推されるのは、雪がひどく積もる中、「まして身分の高い人がやって来るはずがない」といった内容である。

Ⅱ　**なのめならぬけはひして、軽らかにものし給へる心ばへの、**

「なのめならぬ」は、ナリ活用形容動詞「なのめなり」の未然形に打消の助動詞「ず」の連体形「ぬ」が付いた連語で、「並一通りでない。格別だ」の意を表す。「軽らかに」はナリ活用形容動詞「軽らかなり」の連用形で、「かろやかだ。軽快だ。手軽だ。気軽だ。軽々しい。軽率だ」などの意。「ものし」はサ行変格活用動詞「ものす」の連用形で、いろいろな動詞の代わりとなる語だが、ここでは「来」の代わりとして用いられている。「給へ」は尊敬の補助動詞（**【設問解説】問1**(イ)参照）、「る」は完了・存続の助動詞「り」の連体形で（**【設問解説】問3**参照）、「ものし給へる」で「いらっしゃった」の意となる。中納言は、並々でない様子、つまり格別に立派な様子で、「軽らかに」宇治までやってきたのである。

Ⅲ　浅うはあらず思ひ知られ給へば、例よりは見入れて、御座などひきつくろはせ給ふ。

その中納言の「心ばへ（＝気持ち）」が浅いものではないと、姉君には自然と思い知られるので、いつもよりは心を込めて、御座所などを整えさせるのである。

選択肢の「並の身分の人でもやって来ないような激しい雪の中を」は、前記Ⅰに該当し、「高貴な中納言が」というのも誤りではないが、その中納言が「衣服の乱れを気にすることもなく、供も連れずに」という内容は本文には述べられておらず、不適当である。また、「軽らかに」にはⅡで示したように、「軽率だ」という意味はあるが、中納言の心が、形だけの浅いものではないと姉君にはわかったというのだから、「軽率だ」ではなく、「気軽だ」あるいは「軽快だ」の意と考えられる。ひどく降る雪をものともせずにやってきた中納言の行動は、姉君に、それが浅い気持ちではないと思わせるものであり、「そのふるまいの軽率さが露呈している」というように、中納言の行動を批判するような内容ではなく、ここも不適当である。

第4問　漢文

【出典】

【問題文Ⅰ】

『続世説《ぞくせせつ》』全十二巻。宋の孔平仲《こうへいちゅう》の撰。南朝宋の劉義慶《りゅうぎけい》が撰した『世説新語《せせつしんご》』の体裁に倣《なら》って、南北朝時代から五代十国時代までの人物に関する逸話を、「徳行」「政事」「文学」などの三十八の項目に分類して記している。本文は巻三「方正」（心や行いが正しいこと）に収められた文章である。

【問題文Ⅱ】

『唐語林《とうごりん》』全八巻。宋の王讜《おうとう》の撰。『因話録《いんわろく》』『唐国史補《とうこくしほ》』など、唐の筆記小説（＝随筆集）五十作品から唐の人物に関する逸話を選び、『世説新語』の体裁に倣って、「徳行」「言語」「政事」などの五十二の項目に分類して記している。本文は巻一「徳行」（道義にかなった行い）に収められた文章である。

【本文解説】

【問題文Ⅰ】

本文は、唐代に宰相として活躍した裴垍《はいき》に関する逸話である。宰相のような権力者の元には、普通私事について頼み事をするために多くの者が訪れるものであるが、裴垍に対しては、思い切って頼み事をしようとする者はいなかった。それは裴垍が近づきがたいほどの威厳を備えた人物であったからである。ある時、旧友の息子が遠方からやって来たので、友情に厚い裴垍は彼を歓待した。旧友の息子が訪問した目的は、自分の望む官職を授けてもらえるように頼むことであった。威厳のある裴垍がすっかり打ち解けた態度を示すのを目にして、その息子は今なら頼み事を聞き入れてもらえるのではないかと思ったのだろう。頃合いをみはからって官職の件を切り出した。すると裴垍は、旧友の息子が自分の望む官職にふさわしい才能を備えていないことを指摘し、私情から朝廷の公正な人事を損なうわけにはいかないとして、きっぱりと頼みを断ったのである。裴垍は人事に私情をさしはさむことのない公正な人物であったのである。

【問題文Ⅱ】

本文は、唐の女帝則天武后《そくてんぶこう》に仕えて司法官として活躍した徐有功《じょゆうこう》に関する逸話である。徐有功は、同じ職務に携わる皇甫文備《こうほぶんび》が無実の罪に陥れようとして「徐有功の仲間が謀反を企んでいる」と告発したため、仲間の罪に連坐して危うく処刑されそうになったが、有功を信頼する武后の特別な計らいで釈放された。文備は無慈悲な官吏であったので、多くの人の怨みを買っていたのだろう。間もなくして、今度は皇甫文備が人に告発されたが、有功は寛大な態度で取り調べを行い、文備を釈放した。有功はなぜ自分を陥れて死刑にしようとした文備に報復しようとせず、逆に釈放しようとしたのだろうかと、ある人は疑問を抱き、その理由を有功に尋ねた。すると有功は、「私は、個人的な怨みから国家の法を曲げることなどできないのだ」と答えたのである。徐有功は、文備は無実であると判断し、法に従って釈放したのである。徐有功は司法官としての職務を忠実に遂行した賢明な人物であったのである。

【書き下し文】

【問題文Ⅰ】

裴垍相《はいきしやう》と作《な》り、器局《ききよく》峻整《しゆんせい》なれば、人《ひと》敢《あ》へて干《もと》むるに私《わたくし》を以《もつ》てせず。嘗《かつ》て故人《こじん》の子《こ》の遠《とほ》きより之《これ》に詣《いた》る有《あ》り。垍《き》資給《しきふ》優厚《いうこう》にして、従容《しようよう》として款狎《くわんかふ》す。其《そ》の人間《ひとかん》に乗《じよう》じて京兆判司《けいてうはんし》を求《もと》む。垍《き》曰《い》はく、「公《こう》の才《さい》此《こ》の官《くわん》に称《かな》はず。敢《あ》へて故人《こじん》の私《わたくし》を以《もつ》て朝廷《てうてい》の至公《しこう》を傷《そこな》はず。它日《たじつ》盲《まう》なる宰相《さいしやう》の公《こう》を憐《あはれ》む者《もの》有《あ》れば、得《う》るを妨《さまた》げざらん。垍《き》は則《すなは》ち必《かなら》ず可《か》とせず」と。

【問題文Ⅱ】

皇甫文備《くわうほぶんび》は、武后《ぶこう》の時《とき》の酷吏《こくり》なり。徐大理有功《じよだいりいうこう》と獄《ごく》を論《ろん》ずるに、徐《じよ》の党《たう》逆人《ぎやくじん》なりと誣《し》ひ、奏《そう》して其《そ》の罪《つみ》を成《な》す。武后特《ぶこうとく》に之《これ》を出《い》だす。何《いくばく》も無《な》く、文備《ぶんび》人《ひと》の告《つ》ぐる所《ところ》と為《な》るに、有功之《いうこうこれ》を訊《と》ふに寛《くわん》に在《あ》り。或《ある》ひと曰《い》はく、「彼《かれ》曩《さき》に将《まさ》に公《こう》を死《し》に陥《おとしい》れんとす。今公反《いまこうかへ》つて之《これ》を出《い》ださんと欲《ほつ》するは、何《なん》ぞや」と。徐曰《じよい》はく、「爾《なんぢ》の言《い》ふ所《ところ》の者《もの》は私怨《しゑん》にして、我《われ》の守《まも》る所《ところ》の者《もの》は公法《こうはふ》なり。安《いづ》くんぞ私《わたくし》を以《もつ》て公《こう》を害《そこな》ふべけんや」と。

【全文解釈】

【問題文Ⅰ】

裴垍は宰相の地位に就き、厳《おごそ》かで重々しい人物であったので、人は思い切って個人的な事柄について頼み事をすることはできなかった。以前旧友の息子が遠方から裴垍の元にやって来たことがあった。裴垍は（その息子に対して）金品などを十分に与えて手厚くもてなし、ゆったりと落ち着いて、打ち解けて慣れ親しんだ。その息子は頃合いをみはからって京兆判司の官職を授けてほしいと頼んだ。（すると）裴垍は言った、「あなたの才能はこの官職にふさわしいものではない。旧友への個人的な感情から朝廷のこの上なく公正なあり方を損なうわけにはいかない。後日、あなたのことを哀れに思ってくれる愚かな宰相が現れたなら、（あなたが望む官職を）得ることを妨害しないだろう。（しかし）私は（あなたの頼みを）決して聞き入れない」と。

【問題文Ⅱ】

皇甫文備は、則天武后の時代の厳しくて無慈悲な官吏である。（皇甫文備は）大理の官職にあった徐有功と訴訟について審理して刑罰を定めていたが、徐有功の仲間は謀反を企む者だと事実を偽って訴え、皇帝に申し上げて徐有功の刑罰を確定した。則天武后は特別に計らって徐有功を釈放してくれた。間もなく、皇甫文備は人に訴えられたが、徐有功は寛大な態度で皇甫文備を取り調べた。ある人が言った、「彼は以前にあなたを陥れて死刑にしようとした。（それなのに）今あなたが逆に彼を釈放してやろうとしたのは、なぜなのですか」と。徐有功は言った、「おまえが言っているのは個人的な怨みであり、私が守っているのは国家の法である。私は、どうして個人的な感情から国家の法を曲げてしまうことができようか」と。

【重要語・基本句形】

※□は動詞。Aは名詞。

(1) 重要語

【問題文Ⅰ】

○相《しやう》　＝大臣・宰相

○以《もつテ》㆓——ヲ㆒□　＝——を□する・——によって□する・——のために□する　↓【設問解説】問1・5参照

□ニ以《もつテス》㆓——ヲ㆒　＝動詞を強調するために、「以《テ》㆓——ヲ㆒」と動詞の順序を逆にした形

○私《わたくし》　＝(1)わたくし・個人　(2)自分勝手な　↓【設問解説】問5参照

○嘗《かつテ》（＝曾《かつテ》）　＝以前・ある時　↓【設問解説】問1参照

○故人《こじん》　＝昔なじみ・旧友

○自《より》㆓——㆒（＝従《より》）　＝——から　↓【設問解説】問1参照

○公《こう》　＝(1)あなた（二人称の敬称）　(2)おおやけ　(3)公平な・公正な　↓【設問解説】問5参照

○称《かなフ》　＝つりあう・適合する

○它日《たじつ》（＝他日《たじつ》）　＝後日・以前

○則《すなはチ》　＝(1)——則《ハチ》　主語などを示す　(2)——則《バチ》　順接の仮定条件・確定条件を示す

○可《かトス》　＝同意する・聞き入れる

【問題文Ⅱ】

○与《と》㆓——㆒　＝——と・——に

○無《なク》㆑何《いくばくモ》（＝無《なク》㆓幾何《いくばくモ》㆒・無《なク》㆑幾《いくばくモ》）　＝間もなく　↓【設問解説】問2参照

○或《あるヒト》　＝ある人

○反《かヘツテ》　＝反対に・逆に

(2) 基本句形

○欲《ほつス》㆓——㆒《ント》　＝——しようとする・——したいと思う

○爾《なんぢ》（＝若《なんぢ》・汝《なんぢ》・女《なんぢ》）　＝おまえ

○所《ところノ》㆑□A　＝□するA　↓【設問解説】問1参照

【問題文Ⅰ】

○不《ず》㆓敢《あヘテ》——㆒　＝思い切って——できない・どうしても——しようとしない（否定形）

【問題文Ⅱ】

○為《なル》㆓A所《ノところト》㆒□　＝Aに□される（受身形）↓【設問解説】問2参照

○将《まさニ》㆓——㆒《ント》《す》（＝且《まさニ》㆓——㆒《ント》《す》）　＝いまにも——しようとする・——するつもりだ（再読文字）↓【設問解説】問4参照

○——何也《ハなんゾや》　＝——はどうしてなのか・——はどういうことなのか（疑問形）

○安《いづクンゾ》可《べケン》㆓——㆒也《や》　＝どうして——できようか、いや——できない・どうして——してよいであろうか、いや——してはいけない（反語形）　↓【設問解説】問5参照

【設問解説】

問1　語の読みの問題

(ア)「嘗」は、副詞として(1)「かって」と読んで「以前・ある時」の意味、(2)「つねに」と読んで「いつも」の意味を表し、動詞として(3)「なむ」と読んで「味わう・経験する」の意味を表す。ここは、直後の動詞「有《リ》」を修飾している副詞であり、「嘗有《リ》㆓故人《ノ》子《ノ》自《リ》㆑遠詣《キいたル》㆑之《ニ》」では「以前旧友の息子が遠方から裴垍の元にやって来たことがあった」の意味であるから、(1)「かつて」と読む。これと同じ読み方をするのは①「曾」であ

る。

②「密」は「ひそかに」と読んで「こっそりと」の意味を表す。③「偶」は「たまたま」と読んで「偶然に・思いがけず」の意味を表す。④「蓋」は「けだし」と読んで「思うに（……だろう）」の意味を表す。⑤「凡」は「およそ」と読んで「すべて・おしなべて・そもそも」の意味を表す。

(イ)「自」は、返読しない場合には、副詞として(1)「みづから」と読んで「自分で・自分から・自分で自分を」の意味、(2)「おのづから」と読んで「自然に・当然」の意味を表す。一方、返読する場合には、前置詞として(3)「より」と読んで「……から」の意味を表す。ここは、返り点がついて返読する場合なので(3)「より」と読む。これと同じ読み方をするのは②「従」である。

①「毎」は、返読しない場合には、(1)「つねに」と読んで「いつも」の意味を表し、返読する場合には、「ごとに」と読んで「……たびに」の意味を表す。③「以」は、「以二――一□」（□は動詞）の形の場合には、前置詞として(1)「――をもって□す」と読んで「――を□する・――によって□する・――のために□する」などの意味を表す。一方、返読しない「――以――」の形の場合には、接続詞として「――してもって――」と読んで「――してそして――する・――してそこで――する」の意味を表す。④「所」は、「所レ□」（□は動詞）の形の場合には、(1)「□するところ」と読んで「□すること・もの・人・場所」の意味を表し、「所レ□A」（□は動詞、Aは名詞）の形の場合には、「□するところのA」と読んで「□するA」の意味を表す。⑤「雖」は、「雖二――一」の形で用いられ、「――といへども」と読んで(1)「たとえ――であっても」（逆接の仮定条件）の意味、(2)「――けれども」（逆接の確定条件）の意味を表す。

問2　解釈の問題

(1)「無《ク》レ何《いくばくモ》」は、「何」が「いくばく」のルビから明らかなように「幾何《いくばく》」と同様に「どれほど・どれくらい」の意味で、「無」が「――がない」と存在を否定する語であるから、直訳すると「どれほどもなく」となる。つまり時間がいくらも経過していないことを表すので、正解は⑤「間もなく」である。①「わけもなく」・②「しばしば」・③「思いがけず」・④「案のじょう」はいずれも誤り。

(2)「為二人所一レ告」は、「為二A所一レ□」（□は動詞）の形である点に着目する。これは「Aの□する所と為る」と読み「Aに□される」の意味を表す受身形である。したがって、波線部を含む一文を、次の句との接続を考慮せず直訳すると「皇甫文備は人に『告』げられた」となる。「告《グ》」は動詞として(1)「知らせる」、(2)「申し上げる」、(3)「教える・諭《さと》す」、(4)「告発する」など多様な意味を持つので、ここでの意味は文脈から考える。直後に着目すると「有功訊《とフニ》レ之在《ヲリ》レ寛《ニ》」（徐有功は寛大な態度で皇甫文備を取り調べた）とあり、波線部の結果、皇甫文備は徐有功の取り調べを受けたわけであるから、「告」は(4)「告発する」の意味と判断できる。次の句との接続を考慮すると、波線部は「人の告ぐる所と為るに」と読んで、「人に告発されたが」の意味となる。正解は④「人に訴えられたが」である。①「人に告訴させた」・②「人の訴えを受理した」は、ともに「告《グ》」の意味は正しいが、受身形の意味を取り違えており誤り。③「人に秘密をもらした」・⑤「人の罪を暴露した」は、ともに受身形と「告《グ》」の意味を取り違えており誤り。

問3　内容説明の問題

傍線部は、京兆判司という官職を授けてほしいと頼んだ旧友の息子に対して、宰相である裴垍が答えた言葉である。前半の内容は、選択肢がすべて「後日、あなたのことを哀れに思ってくれる愚かな宰相が現れた場合には」で統一されているので、後半の「不《ラン》レ妨《ゲ》レ得《ルヲ》 也」の内容を明らかにすればよい。「不《ラン》レ妨《ゲ》レ得《ルヲ》 也」は、直訳すると「得ることを妨げないだろう」となる。これはどういうことであろうか。裴垍は、傍線部の前で、「公才《ノ》不㆑称《かなハ》㆓此《ノ》官《ニ》㆒。不㆘敢《ヘテ》以《テ》㆓故人之私《ヲ》㆒傷《そこなハ》㆗朝廷《ノ》至公《ヲ》㆖」（あなたの才能はこの官職にふさわしいものではない。旧友への個人的な感情から朝廷のこの上なく公正なあり方を損なうわけにはいかない）と述べ、次に傍線部のように述べたうえで「垍《ハ》則《チ》必《ズ》不㆑可《かトセ》」（私は［あなたの頼みを］決して聞き入れない）ときっぱりと断ったのである。一方傍線部は、「あなたのことを哀れに思ってくれる愚かな宰相」という裴垍と対照的な宰相が現れた場合を仮定しているわけであるから、「『愚かな宰相』なら自分と違ってあなたの頼みを聞き入れてくれるだろう」と述べている部分であると推測できる。つまり「不《ラン》㆑妨《ゲ》㆑得《ルヲ》 也」とは、わかりやすく訳すと「（愚かな宰相なら、）あなたが望む官職を得ることを妨害しないだろう」となり、傍線部全体では「道理をわきまえない愚かな宰相が現れたら、その宰相があなたの望む官職を授けてくれるだろう」ということを言おうとしていると判断できる。正解はこの内容と一致する②。

①は、「あなたは」という主語、及び「高い官職を授けてくれるよう頼めばよいだろう」という内容がともに誤り。

③は、「その宰相が」という主語は正しいが、「あなたを高く評価して目をかけてくれるだろう」という内容が少しずれている。

④は、「あなたは」という主語、及び「その人物と早く交際を結ぶとよいだろう」という内容がともに誤り。

⑤は、「あなたは」という主語、及び「とんとん拍子で出世することができるだろう」という内容がともに誤り。

問4　返り点と書き下し文の問題

書き下し文の問題では、文法上正しく、かつ文意の上でもふさわしい読みを選ばなければならない。傍線部は、人に告発された皇甫文備を、寛大な態度で取り調べた徐有功に対して「或《ヒト》」が語った言葉である。「彼」、「公」（＝あなた）はそれぞれ「皇甫文備」、「徐有功」を指している。また「曩」は、どの選択肢も「さきに」と読んでいることから明らかなように「以前に」の意味である。まず「将」に着目する。「将」は、名詞として⑴「しやう」と読んで「将軍」の意味を表す、動詞として⑵「ひきゐる」と読んで「引き連れる」の意味、⑶「おこなふ」と読んで「自分で処置する」の意味を表す、前置詞として⑷「もつて・もちゐて」と読んで「――によって」の意味を表す、など多くの用法を持つが、ここは、どの選択肢も「将に」と読んでいることから明らかなように再読文字としての用法である。再読文字「将」は「将《まさ》に――んとす」と読み「いまにも――しようとする・――するつもりだ」の意味を表す。再読文字として読んでいない①・④はともに誤り。

次に「陥公於死」の読みを考える。「動詞㆓目的語於――㆒」の形は、「於」が前置詞の働きを持つ置き字で、一般に「目的語を――に動詞す」と読む。ここも「公を死に陥《おとしい》る」と読むと「（彼が）あなたを死刑に陥れる」の意味になり、「誣《しヒ》㆓徐《ノ》党逆人《ナリト》㆒、奏《シテ》成《ス》㆓其《ノ》罪《ヲ》㆒」（［皇甫文備は］徐有功の仲間は謀反を企む者だと事実を偽って訴え、皇帝に申し上げて徐有功の刑罰を確定した）という事実と一致するので、ふさわしい読み方であることがわかる。したがって、傍線部全体では「彼は以前にあなたを死刑に陥れようとした」の意味で「彼曩に将に公を死に陥れんとす」と読む。正解は③。②は、訳してみると「彼は以前に陥れようとしてあなたを死刑においてした」という不自然な意味になるので誤り。⑤は、意味の上では正しいが、置き字の「於」を読んでいる点が誤り。

問5　解釈の問題

「或《ヒト》」は、以前徐有功を無実の罪に陥れて死刑にしようとした皇甫文備を、なぜ寛大な態度で取り調べて釈放しようとしたのかを徐有功に質問した。傍線部は、徐有功がその理由を答えた言葉である。したがって、主語は「私」（＝徐有功）である。④・⑤の「あなたは」は誤り。

次に、「安《いづクンゾ》可《べケン》㆓――㆒也《や》」の形に着目する。これは反語形で、「どうして――できようか、いや――できない」または「どうして――してよいであろうか、いや――してはいけない」の意味を表す。②「ことになるのではないか」、④・⑤「なぜ……のか」はいずれも反語形を正しく訳しておらず誤り。選択肢は①と③に絞られる。

更に「以《テ》ㇾ私《ヲ》害《そこなフ》ㇾ公《ヲ》」の意味を考える。前置詞「以《テ》」は、「以《テ》二――一□《ヲ》」(□は動詞)の形で用いられ、(1)「――を」(目的語)、(2)「――によって」(手段・方法)、(3)「――なので・――のために」(原因・理由)などの意味を表す。「公」と「私」は、「公私混同」という言葉から明らかなように反対語で、「公」は「おおやけ」「公平な・公正な」などの意味、「私」は「わたくし・個人」「自分勝手な」などの意味である。ここでは、直前に「爾《なんぢノ》所《ノ》ㇾ言《フ》者《ハ》私怨《ニシテ》、我《ノ》所《ノ》ㇾ守《ル》者《ハ》公法《ナリ》」(おまえが言っているのは個人的な怨みであり、私が守っているのは国家の法である)とあるのを踏まえて、「私」は「私怨」(個人的な怨み)のこと、「公」は「公法」(おおやけの法・国家の法)のことであると判断する。以上の点を踏まえて傍線部を直訳すると、「私は、どうして個人的な怨みによって国家の法を損なうことができようか」、または「私は、どうして個人的な怨みによって国家の法を損なってよいであろうか」となる。正解はこれと意味が一致する③。①は、「道理に背くような行為をして」が誤りである。

問6　人物説明の問題

まず、【問題文Ⅰ】の裴垍に関する逸話の内容を整理しよう。旧友の息子が遠方から訪れると、裴垍は旧友に対する友情からその息子を手厚くもてなし、打ち解けた態度を示した。ところが、その息子が京兆判司という官職を授けてほしいと頼んだところ、その官職にふさわしい才能を持っていないことを指摘し、私情から朝廷の人事の公正さを損なうわけにはいかないとして、きっぱりとその頼みを断った。この逸話から、裴垍が私情に流されない公正な人物であることを窺《うかが》い知ることができる。裴垍に関して説明した①・②・③の選択肢の中で、以上の内容と一致するのは①である。

②は、「旧友の息子の才能を高く評価して官職を与えたいと思ったが、えこひいきだと疑われるのを恐れて断念した」が本文の内容に反している。また、「周囲の目を気にする臆病な人物」が裴垍の人物の説明としてふさわしくない。

③は、「国家が今求めている人材ではないと判断して」が本文の内容に反している。また、「国家の利益を第一に考える忠義な人物」が裴垍の人物の説明としてずれている。

次に、【問題文Ⅱ】の徐有功に関する逸話の内容を整理しよう。徐有功は無慈悲な官吏である皇甫文備とともに司法官としての職務に携わっていたが、文備によって無実の罪に陥れられ、死刑に処せられそうになった。則天武后の特別な計らいによって釈放された後、今度は文備が人に告発されたが、有功は寛大な態度で取り調べを行って文備を釈放した。有功が自分を陥れた文備に報復しようとせず、逆に釈放してやろうとしたことにある人は疑問を抱き、その理由を尋ねたところ、有功は「私は、個人的な怨みから国家の法を曲げることはできないのだ」と答えた。有功は、文備が無実であると判断し、法を適正に用いて釈放したのである。この逸話から、徐有功が司法官としての職務を全うした賢明な人物であることを窺い知ることができる。徐有功に関して説明した④・⑤・⑥の選択肢の中で、以上の内容と一致するのは⑥である。

④は、「寛大な処置を施した」目的を「仁者だとの評判を得るために」としている点が誤り。また、「ずるがしこく計算高い人物」が徐有功の人物の説明としてふさわしくない。

⑤は、「沈着冷静で有能な人物」については徐有功の人物の説明として誤りとは言えないが、「法に照らして刑罰を科した」が本文の内容に反している。徐有功は法に従って皇甫文備を釈放したのである。

したがって、正解は①と⑥である。

第2回 解答・解説

設問別正答率

解答番号第1問	1	2	3	4	5	6	7	8	9	10	11	12
配点	2	2	2	2	2	8	8	7	4	4	4	5
正答率(%)	92.1	61.4	85.6	84.1	85.0	20.9	54.8	48.4	68.1	71.3	50.1	48.9
解答番号第2問	13	14	15	16	17	18	19	20	21			
配点	3	3	3	7	8	8	8	5	5			
正答率(%)	74.7	67.4	54.6	44.9	52.2	67.6	52.1	68.8	63.9			
解答番号第3問	22	23	24	25	26	27	28	29				
配点	5	5	5	7	7	7	7	7				
正答率(%)	37.1	30.2	28.4	32.2	49.8	44.1	52.5	35.4				
解答番号第4問	30	31	32	33	34	35	36	37	38			
配点	4	4	6	7	6	4	4	6	9			
正答率(%)	51.6	55.3	59.2	60.8	45.0	72.4	60.2	57.1	39.4			

設問別成績一覧

設問	設問内容	配点	全体	現役	高卒	標準偏差
合計		200	103.9	101.7	125.4	35.0
1	現代文「論理的文章」	50	27.6	27.0	33.6	10.7
2	現代文「文学的文章」	50	29.4	29.0	33.7	11.5
3	古文	50	19.8	19.3	24.0	10.8
4	漢文	50	27.1	26.3	34.1	14.8

現古漢別得点対比表

〈現代文〉

共通テスト換算得点	44以下	45～54	55～62	63～70	71～77	78～84	85以上
偏差値 ➡	37.5	42.5	47.5	52.5	57.5	62.5	
得点	33以下	34～43	44～52	53～61	62～70	71～80	81以上

〈古文〉

共通テスト換算得点	8以下	9～11	12～19	20～24	25～30	31～35	36以上
偏差値 ➡	37.5	42.5	47.5	52.5	57.5	62.5	
得点	6以下	7～11	12～17	18～22	23～27	28～33	34以上

〈漢文〉

共通テスト換算得点	8以下	9～15	16～23	24～28	29～34	35～40	41以上
偏差値 ➡	37.5	42.5	47.5	52.5	57.5	62.5	
得点	8以下	9～15	16～23	24～30	31～38	39～45	46以上

【国語】

【解答・採点基準】

(200点満点)

問題番号	設問	解答番号	正解	配点	自己採点
第1問	問1 (ア)	1	②	2	
	問1 (イ)	2	①	2	
	問1 (ウ)	3	②	2	
	問1 (エ)	4	③	2	
	問1 (オ)	5	④	2	
	問2	6	①	8	
	問3	7	③	8	
	問4	8	⑤	7	
	問5 Ⅰ	9	③	4	
	問5 Ⅱ	10	④	4	
	問5 Ⅲ	11	①	4	
	問6	12	③	5	
第1問 自己採点小計				(50)	
第2問	問1 (ア)	13	③	3	
	問1 (イ)	14	①	3	
	問1 (ウ)	15	③	3	
	問2	16	②	7	
	問3	17	④	8	
	問4	18	⑤	8	
	問5 (i)	19	③	8	
	問5 (ii)	20	① ※	5	
	問5 (ii)	21	④ ※	5	
第2問 自己採点小計				(50)	
第3問	問1 (ア)	22	⑤	5	
	問1 (イ)	23	②	5	
	問1 (ウ)	24	③	5	
	問2	25	①	7	
	問3	26	②	7	
	問4	27	⑤	7	
	問5	28	② ※	7	
	問5	29	④ ※	7	
第3問 自己採点小計				(50)	
第4問	問1 (1)	30	②	4	
	問1 (2)	31	⑤	4	
	問2	32	①	6	
	問3	33	④	7	
	問4	34	①	6	
	問5	35	② ※	4	
	問5	36	⑥ ※	4	
	問6	37	③	6	
	問7	38	①	9	
第4問 自己採点小計				(50)	
自己採点合計				(200)	

※の正解は順序を問わない。

【解説】

第１問　現代文

【出典】

柄谷行人『柳田国男論』（二〇一三年　インスクリプト）。本書は一九七四年に発表された「柳田国男試論」と一九八六年に発表された「柳田国男論」などを収録したもので、本文は前者の一節である。なお、出題の都合で、途中、一部を省略している。

柄谷行人（からたに・こうじん）は、一九四一年生まれの思想家。哲学・政治哲学・倫理学・経済学・文芸評論・文学理論など、さまざまな領域にわたって活動しており、とくに一九七〇～八〇年代の日本の論壇には大きな影響を与えた。『意味という病』『日本近代文学の起源』『マルクス　その可能性の中心』『内省と遡行』『探究Ⅰ』『探究Ⅱ』など、多くの著書がある。

問５の**【資料】**は、柳田国男『国語の将来』（一九三九年）より、「国語教育への期待」の一節。**問６**の**【ノート２】**中の引用文は、柳田国男と折口信夫との対談「民俗学から民族学へ」（一九五〇年）における柳田の発言の一部。どちらも柄谷行人「柳田国男試論」のなかに引用されているものである。

柳田国男（やなぎた・くにお、「柳田國男」とも表記）は、一八七五年生まれの民俗学者。日本民俗学の主導者的存在であり、『遠野物語』『海上の道』など、多数の著書が知られている。

【本文解説】

この文章は、筆者の柄谷行人が、民俗学者の柳田国男についての考察を通じて「言葉」の問題を論じたものである。入試現代文ではしばしば言語論が出題されるが、それは、言語というものが人間を形成する要素のなかでもとくに重要なものだからであろう。私たちにとって、言葉を用いることなしに考えたり感じたりすることは、不可能といってよいことである。つまり私たちの精神は――そして感性のようなものまでも――言葉によって形成されているのだ。そのため、幼児期に異なる言語を身につけた人間同士は、精神や感性を異にする存在となってしまうのである。

本文は説明的なところが希薄であり、そのため読みにくさを感じた受験生も多かったかもしれない。しかし、いま述べたようなことを念頭に置いて文章をたどっていけば、筆者の言いたいことが見えてくるのではないかと思われる。以下、要点を確認してみよう。

なお、リード文（前書き）にもあるとおり、本文が書かれたのは一九七〇年代である。そのため、現在では用いることがためらわれるような表現も見受けられるが、そのことを、ここであらためてお断りしておく。

[1]～[5]　“経験”から浮かび上がってくる内的で深いもの＝言葉

本文は、「民俗学」と「民族学」との違いといった話題から始まる。「民俗学」とは、伝統的な生活文化や民間の習俗・伝承などについて研究する学問のことである。したがってそれは、民衆の文化をその民衆の側に立って――つまり「内側から」考察する学問だということができる。それに対して「民族学」とは、民族の起源や系譜などについて研究する学問であるから、ある民族がどういう歴史や文化をもっているかといったことを、第三者の立場から――つまり「外側から」考察する学問だということができる（[1]）。

しかし、筆者は、そうした区別はさほど意味のあることではないという。民俗学者が同国人を「外側から」捉え、民族学者が異国人を「内側から」捉えるといったこともあるからだ。たとえば、アメリカ軍の戦争情報局で日本班のチーフを務めてもいた文化人類学者、ベネディクトの『菊と刀』は、アメリカ人による異国人や異国文化の研究ではあるが、たんなる「外側から」の考察とはいえないものだったのである。

以上のことを言い換えると、〈民俗〉も〈民族〉もともに、異国人からも同国人からも理解可能なものだ〉ということになる。それならば、同国人だけにしか理解できないものとは、なんだろうか。それは「柳田（国男）のいう『言葉』だけだ」というのが、筆者の見解である（2）。

では、「柳田のいう『言葉』」とはどういうものか。それは「〝表相〟（一般には「表層」と表記する）ではなく〝内の感覚〟につながるような言葉」である（3）。別の言い方をすれば、その言葉とは「概念でも事物自体でもなく、それらの起源にある一つの分かちがたい〝経験〟から浮かび上がってくるもの」である（4）。そして、「その言葉を真に理解するということは、その言葉でしかいいあらわすことのできない〝経験〟を所有することにほかならない」。すなわち、そうした言葉とは、「その根幹あるいは土壌にまで降りえたときにはじめて了解される」ようなものなのである（5）。

筆者は[5]で、以上のことを、柳田が「標準語を非難し」、方言に「固有の微細な感情や感覚」を見出していたという話題を通じて、具体的に説明している。たとえば関西育ちである筆者には、現在では一般的に知られている「シンドイ」とか「エゲツナイ」とかいった言葉のもつ「固有の微細な感情や感覚」がわかる。それは筆者が、関西の文化的環境のなかで育ち、「その言葉でしかいいあらわすことのできない〝経験〟」を積んできたからである。しかし標準語は、後になって学校教育のなかで学んだ言葉だから、そうした〝経験〟と結びついていない。だから、「シンドイ」とか「エゲツナイ」とかいった言葉を「標準語に翻訳することは難しい」のだし、かりに翻訳したとしても、それは右の言葉の「〝表相〟の意味」をすくいとっているだけということになる。ある特定の文化のなかで培われてきた言葉を「真に理解する」ということは、「その言葉でしかいいあらわすことのできない〝経験〟を所有すること」なのである。

そして柳田国男は、そうした「〝内の感覚〟につながるような言葉」を重んじた。だからこそ、彼の初期の一連の研究は「もっぱら言葉を問題に」したものであったのだ。そして、彼が「国語教育」の問題を実践的な課題としていたのも、同じ理由によるのである（3）。

[6]～[11]　外国語を本当に理解すること＝内的な感覚を共有すること

次に筆者は、右に示した「方言」と「標準語」の関係は、母国語と外国語の関係にも当てはまると述べ（6）、森有正の文章を紹介する。森はフランスに二十年滞在してはじめて、「ヨーロッパの中の個々のものや事象が、観念をとおすことなく、自分の感覚に直接しつつはいってくるように」なり、「ヨーロッパのものをほんとうに学んだり、ほんとうに理解したりすること」ができるようになったのだという。そして、そうした体験のことを、「ここに達するまでに不可避的にあったある厚い層が、だんだん透明化してきて、その中を通り抜けて、はじめてものが、ほんとうに自分と触れ合うことができるようになった」のだと、比喩的な表現によって説明している（7）。

つまり森は、「その言葉（＝フランス語）でしかいいあらわすことのできない〝経験〟を所有すること」によって（5）、フランス語あるいはフランス文化の「深層にある〝内の感覚〟」へと降りていくことができた（3）のである。筆者によれば、それは「自分が変わること」であり、森の場合は、そのためにたまたま二十年という年月が必要だったのである（8）。

こうしたことからわかるように、「ものに触れ合うこと」あるいは「知覚」することとは、「〝内的な感覚〟を共有」することである（9）。だから人類学者も、異文化を本当に理解しようと思ったら、異文化の「内側」に入りこみ、森有正のいう「厚い層」が「透明化して」くるまで「忍耐強く」待たなければいけないのだと、筆者は述べる（10）。また、同様のことは、日本の国内についてもいうことができる。日本語を話す者同士が、「漢字による概念的なフィルターを通してものをみているかぎり」（[4]にあった表現に即していえば、「〝経験〟から浮かび上がってくる」言葉ではなく、「概念」的な「言葉」を用いているかぎり）、「われわれはまだものに触れ合っているとはいえない」のである（11）。

[12]～[16]　柳田国男の民俗学＝言葉以前の言葉、あるいは経験への遡行

先に説明したとおり、民俗学とは、伝統的な生活文化や民間の習俗・伝承などについて研究する学問のことだから、民俗学者であった柳田国男が日本各地の昔話や伝説について研究したのは当然である。しかし筆者によれば、柳田が本当にやろうとしていたのは、「言葉」について探究することなのだ。それは、「各地の言葉（昔話・伝説）のひだを一つ一つかきわけながら、その〝内的な感覚〟に到ろうとすること」であり、「言葉以前の言葉、あるいは経験に遡行する（＝さかのぼる）ことであった」⑫。柳田は、「人が心の中で使ひつゞけて居る日本語（たとえば標準語ではなく方言）」について探ることで、人間あるいは言葉というものの根源にある「〝内的な感覚〟」を明らかにしようとしたのである⑬。

その〝内的な感覚〟のことを、「固有信仰」とよぶこともできる。ただし、柳田が意識していたかもしれない「固有信仰」とは、いわゆる宗教と同列に論じられるようなものではなく、「〝信仰〟よりもさらに源泉にあるもの、日本人が日本語を通して感じ考えることそのものにひそんでいるもの」なのだと、筆者は述べる⑭。柳田の研究は、どんな対象をあつかうときにも、必ずそうしたものへと遡行するものになっていた⑮。筆者によれば、柳田国男とは、人が外にそのまま出すことはないものの、その人のなかに存在し続けている〝経験〟を重視し、その世界へと「〝内側から〟降りて行こうとした」民俗学者なのである⑯。

まとめ

けっして読みやすいとはいえない文章ではあるが、ほぼ同じ内容をさまざまなかたちで繰り返し述べるというタイプの文章でもある。そして本文の趣旨をあえて大雑把にまとめてしまえば、次のようになる。

・本当の意味での「言葉」とは、人間の内的で深い感覚につながるものであり、それを真に理解するには、その言葉でしかいいあらわすことのできない〝経験〟を共有しなければならない。
・柳田国男の民俗学とは、そうした「言葉」を探究するものであった。

まずはこうした本文の趣旨を、しっかりつかむこと。そのうえで設問に臨み、選択肢を丁寧に比較検討すれば、正解にたどりつくはずである。

【設問解説】

問1　漢字の問題

選択肢型の漢字問題は、共通テストで必ず出題されるというだけでなく、私大入試でも出題が増加している。このタイプの問題で狙われやすいのは、同じ音で形体も似ている漢字の異同の判定である。たとえば今回の出題でいうと、(イ)での①・②の区別がそれに当たる（前者は「蓄」で後者は「畜」）。この場合、「蓄」は〈たくわえる〉という意味で、「畜」は〈人間に飼われている動物〉の意味だということを知っていれば、さほど迷うことなく正解を選べる。漢字の学習に際しては、その字の訓読みを覚えたり、意味を理解したりすることを心がけよう。

今回出題した漢字・熟語は、以下のとおりである。

(ア)「活躍」で、②が正解。
① 災厄（わざわい。災難）
② 一躍（順序をふまえず、一足飛びに躍進すること）
③ 倹約（無駄づかいをしないこと。節約）
④ 役回り

(イ)「蓄積」で、①が正解。
① 含蓄（ふくみ。深い意味をもつこと）
② 人畜（人と動物）
③ 逐一（ひとつひとつ。いちいち詳細であるさま）
④ 破竹（「破竹の勢い」で〈勢いが激しくてとどめがたい〉という意味）

(ウ)「養分」は〈栄養となる成分〉という意味で、正解は②。
① 凡庸（ありふれたこと）
② 滋養（体の栄養となること、またそのもの）

③ 肝要（きわめて重要なこと）
④ 賞（称）揚（ほめあげること）

(エ) 「返上」は〈返すこと。戻すこと〉といった意味で、〈お返しする〉という謙譲語的な意味合いでも使われる。正解は③。
① 変哲（「変哲もない」で、〈何ら変わったところがない〉という意味）
② 無辺（かぎりがない。はてしがない）
③ 返答
④ 破片

(オ) 「排除」で、④が正解。
① 気配
② 腐敗
③ 輩出（すぐれた人材などが、多く出ること）
④ 排出（要らないものを外へ押し出すこと）

問2 「民族学」に対する筆者の考えについて答える問題

傍線部は筆者ではなく柳田国男の言葉だが、「エスノロジー」（＝民族学）」に対する筆者と柳田の考え方は、基本的には共通している。それは、〈民族学の欠点を認めながらも、それに期待もする〉といったものである。

柳田は傍線部で、民族学のことを「内の感覚にまではふれられない」ものだと否定的に評価している。しかし傍線部の直後を見ると、その民族学にたいして「少なくともある一面においては非常に大きな期待をもっている」と述べている。柳田はなぜ民族学に「期待」するのか。筆者の考えを確認していこう。

筆者の考えについては**【本文解説】**1～5の前半部分も参照してほしい。筆者は1で、**一般には「民俗学は『内側から』の考察であり、民族学は『外側から』の考察であるといわれている」**（↓a）と述べているが、しかし2では、実際には「民俗学者もまた同国人を外側からみる眼をもっているし、民族学者も異国人の内側に入りこむ努力なしには何もできない」はずだと主張している。これは要するに、「内側から」とか「外側から」とかいった区別はさほど意味がないということであろう。そうした考え方にもとづき、筆者は、「柳田が感心し『非常に大きな期待をよせた』」、日本民族研究の書『菊と刀』を著したベネディクトも、「たんに『外側から』の考察とはいいがたい」と評するのである。つまり、一般にはたんに「外側から」の考察にすぎないと思われがちな民族学（およびそれに類似した人類学）だが、そんな**民族学においても「内側から」の考察は可能なのであり、だからこそ民族学に期待することができる**（↓b）というのが、筆者の考え方なのである。

それでは、民族学における「内側から」の考察は、どのようにすれば可能になるのだろうか。それについては本文冒頭近くの部分には記されていないので、本文全体を見渡してみる。すると10に注目できるだろう。ここで筆者は、人類学者（および民族学者）に対し、**異文化の内側に入りこんで「『厚い層が透明化して』くるまで忍耐強く」待つべきなのに、そうしたことをしない**（↓c・d）と非難している。そして、逆にもし待つことができるのならば、「民族学は〝外側から〟の観察だという非難を返上しうるはず」だとも述べている。ここでいう「『厚い層が透明化して』くる」というのは森有正の言葉を借りたものだが、それは自らとは異なる文化の人々がもつ「『内的な感覚』に到達」する（8）ということであり、その文化に特有な「〝経験〟を所有する」（5）ということであり、異文化の「深層にある〝内の感覚〟に降りて行」く（3）ということである。（なお、**c・d**は傍線部からかなり離れた箇所である10に述べられている内容だが、この10に注目できただろうか。傍線部前後の文脈を読んでも答えがわからないというときには、そこで強引に選択肢を選ぶのではなく、いったん判断を保留したうえで、本文を読み進めていくといったことも必要である。）

以上の内容を整理すると、次のようになる。

a　一般に、民俗学が「内側から」の考察であるのに対し、民族学は「外側から」の考察にすぎないといわれている。
b　しかし、民族学にも期待できる部分はある。それは、民族学でも「内側から」の考察が可能だからである。
c　そして「内側から」の考察を行うためには、異文化の内側に入りこみ、異文化の人々と〝経験〟や〝内の感覚〟を共有できるようになるまで、忍耐強く待たなければならない。
d　しかし実際には、そのように忍耐強く待つ学者はいない。

このa〜dすべてを過不足なく説明している選択肢はないが、c・dに言及している選択肢は①しかなく、しかもこの①は、裏返せば〈忍耐強く待てば、異文化に生きる人々の内的な感覚にふれられる〉ということになり、bにも合致する。また、とくに本文に矛盾するようなところもない。さらに①以外の選択肢には以下のような誤りがあるため、正解は①だと判断できる。

②　「異文化の中の内的な感覚に接近できるのは、異文化を内側から考察しようとする民俗学だけである」が、bに反している。筆者は[10]で、民族学でも「内側」からの考察が可能だという趣旨のことを述べている。

③　「(民俗学と民族学という)二つの学問の協力体制を早急に確立させるべきだ」が、本文に述べられていない。

④　「『内側から』の学問と『外側から』の学問とはどういうものかを定義づけることが必要である」が、やはり本文に述べられていない。

⑤　選択肢前半にある「民族学」についての説明が、本文に述べられていない内容になっている。そもそも「言葉の表相を観察することから始めて、やがて異文化の深層にたどりつく」といったこと自体が、本文の論旨に反している。「表相」に注目するうちに自ずと「深層」にたどりつくといったことなどないはずである。また、「異国人の内側をひたすら考察する民俗学」も不適当である。筆者が[2]で「民俗学者もまた同国人を外側からみる眼をもっている」と述べているように、民俗学は同国人を「内側から」も「外側から」も考察するものだと筆者は考えているのである。

問3　傍線部からうかがえる筆者の考えについて答える問題

設問には「ここで筆者が言おうとしているのはどういうことか」とあるので、正解は、単に傍線部の内容を言い換えているだけというかたちにはならないだろうと推測できる（実際、単に傍線部を言い換えているだけの選択肢など、①〜⑤のうちに一つもない）。ただ、そうはいっても傍線部の意味がわからないのでは筆者の言おうとしていることも理解できるはずもないので、まずは傍線部そのものの内容を確認してみよう。

重要なのは、「柳田のいう『言葉』」とはどのような「言葉」なのかということである。そしてこれについては、**【本文解説】**[1]〜[5]で確認したとおりだ。それは「〝表相〟ではなく〝内の感覚〟につながるような言葉」であり[3]、「その根幹あるいは土壌にまで降りえたときにはじめて了解される」ようなものなのである[5]。

そして傍線部には、そうした言葉とは「同国人だけが理解しうるもの」だとある。それは、右の「言葉」が「一つの分かちがたい〝経験〟から浮かび上がってくるもの」であり[4]、「その言葉を真に理解するということは、その言葉でしかいいあらわすことのできない〝経験〟を所有することにほかならない」からである[5]。

そして筆者は、本文全体で一貫して「柳田のいう『言葉』」の重要性ということを主張している。以上のことから考えると、傍線部で筆者が「言おうとしている」ことは、**言葉にとって重要なことは、〝表相〟の意味などではなく、言語の根幹や土壌にある〝内の感覚〟や〝経験〟を共有することだ**（→b）、といったことだろうと推測できる。

　次に、傍線部直前に置かれた「したがって」という接続詞に注目しよう。ここに「したがって」とあるということは、傍線部の前で述べられている内容を受けて、右のような筆者の主張がなされているということである。そして傍線部の前の部分で筆者が述べていたのは、**【本文解説】**[1]～[5]で確認したとおり、**文化を「内側から」考察するか「外側から」考察するかという区別は意味のあることではない**（→a）といったことである。それは、民俗学者が同国人を「外側から」捉えることもあるし、民族学者が異国人を「内側から」捉えることもあるからである。

　以上のことから、傍線部からうかがえる筆者の考えは、次のようなことであろうと解釈できる。

> **a**　文化を「内側から」考察するか「外側から」考察するかという区別には意味がない。
>
> ↓　**したがって**（＝aのように考えられるため）
>
> **b**　文化を理解するうえで必要なものは、「柳田のいう『言葉』」である。その「言葉」において重要なことは、〝表相〟の意味ではなく、言語の根幹や土壌にある〝内の感覚〟や〝経験〟を共有することができるかどうかということである。

　正解は、右の内容に最も即している③である。選択肢前半は〈文化を内側から見るか外側から見るかという区別にこだわっていると「概念的理解」しか得られない〉という趣旨になっていて、これが本文に述べられていないと考えた受験生もいるかもしれない。しかし筆者は、「内側」「外側」といった区別は世間一般でそう「いわれている」ことにすぎず[1]、「漠然とした比喩にすぎない」[2]と述べている。さらに、「辞書的・概念的理解をつきぬけてその根幹に触れる」ことが重要であり[8]、「概念的なフィルターを通してものをみているかぎり、われわれはまだものに触れ合っているとはいえない」[11]とも主張している。以上のように考えれば、**「内側」「外側」の区別にこだわって本質に迫ろうしないうちは、言葉を「概念的」に理解するレベルにとどまってしまう**ということができ、③の前半の内容も正しいと判断できる。

　他の選択肢については、以下のとおりである。

①　「同じ国内に生きる者も……感覚や経験といったものを共有することはできず」とあるが、これは傍線部そのものの内容に矛盾している。「同国人」であれば、「柳田のいう『言葉』」（＝感覚や経験に根ざした言葉）を「理解しうる」のである。

②　森有正についてのエピソードを曲解してしまうと正解に感じられるかもしれないが、この選択肢の内容は本文に述べられていないものである。選択肢前半には「共通の言語を習得する」ことによって「内的な感覚を共有」できるという因果関係が設定されているが、これは正確な説明ではない。森有正にとって、内的な感覚を共有していくことと（ほんとうの意味で）フランス語を習得していくこととは、同時並行的に行われていたはずであり、両者の間に明確な因果関係があるとは考えにくい。また、この選択肢では、内的な感覚の共有のためには共通の言語の習得が「必要」だとされており、その点も間違っている。森有正は、異文化の深層にある内的な感覚を共有するという困難なことを実現した人物の例としてあげられているだけであって、その際に共通の言語の習得が「必要」だということが述べられているわけではない。

④　「その文化内で用いられている言語を自在に話せるようになることが必要だ」が不適当。筆者は、「(外国語を) 自由に読み書きが出来、流《りゅう》暢《ちょう》に喋《しゃべ》れるということは何ものでもない」[6]と述べている。

⑤　「国語教育によって培われる言語」とは標準語だと考えられる。したがって、それが「たんなる表相ではなく人間の内的で深い領域につながっていくような言葉」だというのは誤り。「内的で深い領域につながっていく」言葉とは、たとえば「方言」である[5]。

問4　傍線部の内容に関する筆者の意見について答える問題

　傍線部は森有正の言葉のなかにあるが、設問では「本文によれば、それはどういうことか」が問われている。したがって、傍線部のような内容について本文の筆者（柄谷行人）がどういう意見を述べているか、それが書かれている箇所に注目する必要がある。

　すると、傍線部の「ほんとうに理解（する）」という表現が、[8]で引用されていることに気づくはずだ。ここで筆者は、**「ほんとうに理解する」ことは「自分が変わることだ」**と述べている。この「自分が変わる」という内容に言及している選択肢は⑤しかない。そこで⑤をさらに検討していくと、まず「その言語（＝ヨーロッパの言語）の源泉ともいえる感性的な土壌へと直《じか》に入っていけるようになり」というのは、森有正の引用文の冒頭近くの部分や、[9]の最後の「フランス語の感性的な土壌にまで降りえた」などと合致していることがわかる。そして「新たな感覚を身につけた、それまでとは異なる自分を創りあげていく」というのは、「（フランス語やフランス文化の深層にある）〝内的な感覚〟を共有」できるようになった（[9]）といったことであろう。

　以上のような理由で、⑤が正解だと判断できる。他の選択肢については以下のとおりである。

① 「知識や見聞を豊かにしていくことができるようになった」が不適当。筆者は、「（異文化や外国語についての）知識や見聞が豊かであること」など「何ものでもない」（[6]）と述べている。

② 「（外国の）さまざまな文化的成果を自ら進んで享受できるようになった」が、右の①と同様の理由で不適当。そもそも、「文化的成果を自ら進んで享受」するといったこと自体が、本文には述べられていない。

③ 「そうしたこと（＝フランス語の真相にある内的な感覚にふれること）ができるようになるための努力を積むようになった」が、傍線部の内容に対応していない。ここで問われているのは「ほんとうに理解」するとはどういうことかであって、そうした理解のためになにが必要かといったことではない。しかも、そもそも筆者は、森有正が「『内的な感覚』に到達」するために「努力」したというふうに考えるべきではないと主張している（[8]）。

④ 〈ヨーロッパにおける内的な感覚を知ることができるようになってはじめて、ヨーロッパの文化を外側から眺めることもできるようになった〉という趣旨の選択肢だが、そうした因果関係を本文から読みとることはできない。

問5　【資料】の内容について答える問題

まずは【資料】の文章を、大胆に意訳してみよう。

　人は幼いころに身につけた言語によってものを考えるが、その問題は、単にその言語が早くから身につけたものだということだけには還元できない。人は成長する過程で、学校の言葉すなわち標準語を外から教えこまれるが、その言葉は「国語」として整序された言葉であり、さまざまな制約などをもっている。したがって、そうした標準語をしっかり修得したとしても、人間が特定の土地の方言や文化のなかで育つ存在である以上、彼らは自分の考えていることや表現したいことなどを、標準語ですべて表現できるわけではない。人間とは自由奔放にものを考えたり感じたりすることのできる存在ではなく、その思慮や感情は、各人の育ってきた環境や実際の経験に規定されている。そのため、学校で学ぶ価値ある新しい概念といったものも、普段は自分の念頭にないものだということになる。国語の教員がそうしたことを教えこもうとして子どもに働きかけても、子どもが心のなかで思っていることは、自分にとって普段から馴染みのあることである。それは自分の馴染んでいる方言などでしか表現できないことだから、結局のところ子どもは依然として、学校に入る前から使っている言葉によって、自分の考えたいことを考え、感じたいことを感じるしかない。それが口に出されるなどしたとき、標準語に翻訳したかのようなかたちで表現されればそれは借物の言葉だということになるし、そうでなければ自分の言葉だということになるのである。

以上が【資料】の内容である。設問では「標準語」と「方言」の違いや、そこから生じる問題といったことが問われているが、いうまでもなく柳田のいう「標準語」と「方言」は、筆者（柄谷行人）のいう「概念」的言語と〝内的な感覚〟としての言語に、それぞれ対応している。

これらのことを確認したうえで、【ノート1】の空欄Ⅰ～Ⅲにはどんな言葉を入れればよいのか、それぞれの選択肢を順に検討していくことにしよう。なお設問に、【ノート1】は「本文と【資料】とを踏まえ」て作られたものだとあるので、解答を選ぶ際には、本文と【資料】の両方の内容に注意を払うことが必要である。

Ⅰ　「標準語」についての説明として正しいものを選ぶ。

①　方向性を大きく誤っている選択肢ではないが、内容が不正確で、一般化されすぎている点に難がある。本文の[5]冒頭の一文で述べられている標準語の性質とは、方言でしか言い表せないような「微細な感情や感覚」を表現するための語彙にとぼしいということ。ところがこの選択肢ではただ「語彙にとぼしい」としか書かれておらず、これでは、単に〈標準語は単語数が少ない〉といった意味になってしまう。また選択肢後半も、〈人の感情や感覚全般を表現するのに適していない〉という意味にとれてしまうが、標準語が表現できないのは特定の方言と結びついた「微細な感情や感覚」であって、「人の感情や感覚」全般を表現できないとするのは誤りである。

②　「その点（＝標準語は成長した後で教えられる言葉だということ）にこそ問題がある」と、言語の修得時期の違いのみに着目している点が、【資料】の冒頭の一文に反している。柳田によれば、人が「方言」でものを考えるのは、「（標準語が）時おくれて外から注入したものだといふ理由だけではない」のである。

③　標準語が「制約をもった言葉」だというのは、【資料】の2行目にある「学校の言葉には制限があり」に即している。そして「方言の中で息づいている感情や経験すべてをすくい取ることはできない」も、本文の[5]冒頭の一文にある「方言に固有の微細な感情や感覚に関する語彙にとぼしい」を言い換えたものだと考えられ、しかも【資料】の3行目「土地々々の実際の必要を皆覆ふだけの余裕は無い」も踏まえられている。したがって、この③が正解である。

④　「本当の意味での内的な言語ではない」というと、〈標準語も一応は内的な言語だといえなくもない〉といった意味になってしまうので、間違いである。また、柳田のいう「言葉」が「心理学者のいう『内的言語』」とは違うものだということは本文の[13]で述べられているが、だからといって「標準語」が「心理学者のいう『内的言語』に近いもの」なのかといえば、そうしたことも本文には書かれていない。したがってこの選択肢は不適当である。

Ⅱ　「方言」についての説明として正しいものを選ぶ。

①　「庶民のもっている自由奔放な感情」が不適当。【資料】の3・4行目に、「常民の思慮感情は決してさう自由奔放のものではない」とある。

②　「標準語の奥底に潜在している内的な感覚」が不適当。柳田によれば「標準語」は学校で教わる言葉なのだから、その奥底に「内的な感覚」が潜在しているはずはない。「内的な感覚」は、「その言葉でしかいいあらわすことのできない〝経験〟」（[5]）を通してしか共有できないものなのである。

③　方言とは、「人間の生きてきた環境や文化的制約」を負ったものであり、それらのものを「超えた」言葉ではない。また、方言が「解放的」だといったことも、本文に述べられていない。

④　「方言」つまり柳田の注目していた言葉が「内的な感覚につながる」

ものだということは、【本文解説】や【設問解説】などで幾度も確認したとおり。そして、そうした言葉は「一人一人が地域の生活の中で自然に身につけてきた」ものだというのは、たとえば森有正が「異質の文化圏の内側に入りこ」むことではじめて『内的な感覚』に到達した」というエピソードや、【資料】の3行目にある「土地々々の実際の必要」などといったことに即している。したがって、この④が正解である。

Ⅲ　Ⅰで答えた「標準語」の特徴と、Ⅱで答えた「方言」の特徴には、違いがある。では、それまで方言を使っていた子どもが学校で標準語を学ぶとどうなるのか。ここで問われているのはそうしたことである。

①　【資料】の5～7行目の内容に合致しており、これが正解である。それまで方言を使っていた子どもは、学校の教員から標準語を教わっても、「依然として入学前から知つて居る語を使用して、考へたいことを考へ、感ずるまゝに感じて居る」と述べられている。

②　たしかに標準語は「時おくれて」学ぶものではあるが（【資料】1行目）、だからといって子どもがそのことを後悔するというようなことは、本文にも【資料】にも述べられていない。

③　【資料】によれば、標準語とはあくまでも「腹で思ふこと」を言い表し得ない「借りた言葉」であり、ここで説明されているようなことが標準語において起こるとは、そこでは想定されていない。

④　自分のあるがままの感情を「方言に翻訳したり」することがあるというのが、【資料】の最後の一文の内容に反している。自分の思いを標準語で言い表した場合、それは「借りた言葉」で「翻訳」したことになるが、方言で表現するというのは、「翻訳」のような過程を経ずに「自分の言葉」で表現したということを意味している。

問６　柳田国男にとって研究とはどういう行為だったのかを答える問題

設問によれば、【ノート2】は本文中の一節に注目して作られたものだということになっている。したがってこの設問も、前問と同様、【ノート2】に引用された柳田の言葉だけでなく、本文の内容にもとづいて解答を決める必要がある。

そして空欄Ⅳの直前には「柳田の民俗研究とは」とあり、各選択肢の末尾は「……行為」と終わっているので、空欄には、柳田の民俗研究がどういう行為なのかを言い表した言葉が入るのだろうと推測できる。そこで本文を見渡してみると、[12]に「柳田がやろうとした」ことが端的に述べられていることがわかる。そこには、次のように述べられている。

> **a**　柳田は、「各地の言葉（昔話・伝説）のひだを一つ一つかきわけながら、その〝内的な感覚〟に到ろう」としていた。
> **b**　そして、「言葉以前の言葉、あるいは経験に遡行する（＝さかのぼる）こと」をしようとしていた。

したがって、選択肢前半が**a**、後半が**b**の説明になっている③が正解となる。ちなみに**a**はいわゆる民俗学研究のことであり、筆者（柄谷行人）によればそれは「過去への遡行」（[12]）である。また**b**は言葉の研究のことであり、それは「源泉への遡行」（[12]）である。さらに、【ノート2】のなかにある「食物のような卑近な物質的な生活様式」についての探究は**a**に該当しており、その背後に「信仰なり人生観なり」を見出そうとする行為は**b**に該当している。そして筆者によれば、柳田はこのような**a**と**b**とを「別のものとは考えていなかった」（[12]）のである。

他の選択肢についても確認しておこう。

①　「さまざまな土地の習俗や制度などの中から共通する普遍的事象を抽出」するというのが不適当。[16]に「柳田の窮めようとした『固有信仰』は「人間のあらゆる行為をふくんでいた」とあるが、これは、その「固有信仰」という概念のなかに「心理、習俗、信仰、制度など」のさまざまなものが包含されていたということであって、さまざまな土地の事象に「普遍」性を見出すということとは異なる問題である。たとえ

ば[5]で、「シンドイ」とか「エゲツナイ」とかいう方言に含まれる「固有の微細な感情や感覚」は「その言葉でしかいいあらわすことのできない〝経験〟を共有したものでなければわからないと述べられていたが、柳田はそうした「固有」なものを重視し「標準語を非難」したのだから、彼が「さまざまな土地の習俗や制度などの中から共通する普遍的事象を抽出」しようとしていたとは考えられない。

② 柳田が「方言」を重視していたことは確かだが、だからといって「地方文化の活性化を図ろう」としていたかどうかといえば、そうしたことは本文に述べられていない。そもそもこの②の文言を空欄**Ⅳ**に入れると、身近な「生活様式」の「背後」にある「信仰なり人生観なり」を探ることが「地方文化の活性化を図ろう」とする行為だということになってしまい、かなり飛躍した論理になってしまう。

④ [16]の内容に反している。柳田は「固有信仰」のなかに「心理、習俗、信仰、制度など」がふくまれていると考えていたのだから、彼が両者の「違いを明らかにしていこう」としていたとは考えられない。

⑤ 「固有信仰」の「功罪（＝功績と罪、良い結果をもたらす点と悪い結果をもたらす点）を明らかにしようとする」が、本文に述べられていない内容である。

第2問　現代文

【出典】

◆本文

山田太一『異人たちとの夏』（新潮文庫　一九九一年）の一節。出題の都合で、途中省略した箇所がある。

山田太一（やまだ・たいち）は、一九三四年東京生まれ。早稲田大学教育学部国文科卒。在学中には劇作家の寺山修司と親交を結んでいる。卒業後は、映画や演劇を手掛ける松竹に入社するが、その後独立してテレビドラマの脚本に進出。以後『岸辺のアルバム』『ふぞろいの林檎《りんご》たち』などの話題作を次々と生み出した。その後は小説家としても地位を確立し、『異人たちとの夏』では、第一回山本周五郎賞と第八回日本文芸大賞を受賞している。他の著作としては、『藍より青く』『飛ぶ夢をしばらく見ない』などがある。

◆参考文献1

萬眞智子編『作家のかくし味』（文春文庫　一九九五年）所収の山田太一の文章の一節。本書は、亡くなった作家や現役作家たちの名作の一部を紹介しつつ、そこに描かれている料理や菓子を取りあげて、それをレシピ付きで再現してみたり、作家自身にそれへのこだわりを綴《つづ》ってもらったりして、一冊にまとめたものである。その中の、『異人たちとの夏』に関連して書かれた山田太一の文章から採った。

萬眞智子（よろず・まちこ）は、東京生まれのジャーナリスト。全国の伝統行事や郷土料理、菓子、伝統芸術等をテーマとして執筆活動を行っている。他には『日本の旧家離めぐりの旅』『辛味と塩味』といった著作がある。

◆参考文献2

堀切直人「解説　食は惜しみなく恵む」（文藝春秋編『もの食う話』文春文庫　一九九〇年所収）の一節。

堀切直人（ほりきり・なおと）は、日本の文芸評論家。一九四八年横浜市生まれ。早稲田大学第一文学部中退。『迷子論』『読書の死と再生』『明治の精神史』など、多数の著作がある。

【本文解説】

大学入学共通テスト国語の**第2問**で出題される「文学的文章」には、小説・エッセイ（随筆）・詩・短歌・俳句などさまざまなジャンルがあり、それらの中から複数の文章などを組み合わせた問題が出されると予想される。そうした問題においては、異なるテクスト同士を関連づけて理解できたかということも、設問を通して問われるであろう。とはいえ、まずは一つ一つのテクストを正しく理解することが大切である。

今回出題した小説は、死に別れた両親の幽霊と出逢い、交流を深めていた「私」が、両親の幽霊との別れを決意し、いよいよ別れを迎える日のことを描いたものである。幽霊が通常の人物のように登場するというストーリーは非現実的ではあるものの、そこに描かれている内容は私たちの日常の感覚を逸脱したものではない。文章に沿ってその世界を正確に理解することを心がけよう。本文は、空白行で区切られた三つの部分で成り立っているので、それぞれの部分ごとに解説していくことにする。（なお、**【参考文献1】【参考文献2】**については、**問5**の**【設問解説】**で解説する。）

Ⅰ　両親の幽霊に別れを切り出す（本文冒頭～58行目）

リード文（前書き）にあるように、四十八歳の「私」は、死に別れた両親の幽霊と浅草で出逢う。それ以降、幽霊となった両親のもとをたびたび訪れるが、次第に自分の生気が失われていくのを感じたため、このような交流を続けていてはいけないと思い、両親に別れを告げようと決意した。

その日、両親のもとを訪れた「私」は二人を外食に誘う。親子ですき焼きを食べに行ったことなどなかったから誘ったのだと言う「私」だが、本当の理由は、別れを切り出すには「すき焼き屋の広間のような、大勢の客や仲居のいるところの方が話しやすい気がした」からであった。ところが、二人の反応は芳しいものではなかった。「ここじゃなくて？」と言う母の声には「緊張のようなもの」が感じられるし、父も乗り気ではないようだ。生者である自分とは違い、幽霊である両親にとっての外出は「なにか高い障害を乗り越えることのようだ」と感じた「私」は、それ以上無理強いはせず引き下がった。しかし、そうした自分の提案のせいで親子水入らずの雰囲気がぎこちないものになってしまった。「私」は、「三人の世界がこわれやすいこと」をはからずも知ったのだった。（冒頭～20行目）

だが、今日はなんとしても両親に別れを告げなければならない。三人で花札を楽しんでいる間にも刻々と時は過ぎてゆき、「私」はどこかで切り上げなければと思い焦るのだが、なかなか言い出せずにいた。そしていよいよ夕闇が迫ってきた頃、意を決して二人に話を始めた。「私」のあらたまった様子に、怪訝《けげん》そうな二人であったが、「今日でもう、お目にかかれません」という言葉に非常に驚いている。その様子から察するに、二人と交流するにつれて生者である「私」が衰弱していることには気づいていないようだ。そこで事情を話し、今日で二人とは別れなければいけないことを詫《わ》びたところ、二人はいずれそうなることを半ば覚悟していたかのように納得した。母は、頭を下げたままの「私」に、「短くたって、こんな思いが出来ただけで、どれだけ私らも幸せか分りゃしない」と慰めの言葉をかけてくれた。そして、先刻はすき焼きを食べに行くことを渋っていた父は、率先して「行こうじゃねえか」と言う。母も泣き声になりながら「お別れじゃないか。いいに決ってるさ」と同意した。（21～58行目）

Ⅱ　店に行く途中（60～76行目）

日が落ちてまもなく、三人ですき焼き屋のある雷門《かみなりもん》に向かって歩いた。最後の時をしんみりしたものにしたくないと思ったのか、「私」は精一杯明るくふるまった。途中で、人形焼を買う「私」を待っている三十代の両親の姿を眺めた「私」は、死んだ両親の年齢をはるかに超えた今の自分がまるで「中学生になったよう」に感じたりもした。そうした中で「私」との別れは、両親にとっては思い出深い「浅草との別れ」でもあるのだということに思い至る。できるだけ浅草の思い出深い場所を一緒にめぐりたいと思い、二人にも持ちかけてみるのだが、なぜか父は「そういう訳にいかねえんだ。そこまで俺たちは、思うようにはいかねえんだ」と無念そうに言う。母も肩を落として未練そうに少し泣いている。そんな母を見ると、「私」は「やめた、やめた。別れるのはやめた。また来るよ、お母さん」と前言を翻したくなってしまうのだが、その言葉を必死で飲み込んでいた。

Ⅲ　別れの時（78行目〜本文末）

　三人は、すき焼き屋に入った。すき焼きの仕度をする仲居に向かって、父は「私」のことを「十二で両親に死なれてさ」「苦労したの。よくやったよ。よくやった、えらいよ」「……一人で頑張った。……出世したもんだよ」とくどくどとほめそやす。「私」に向けてねぎらいの言葉をかけているかのようでもある。一方、母は「あとは私がやります。足りなくなったら、お願いするわ」と明るく言い、それを潮に仲居は三人を残して退室した。（78〜89行目）

　親子三人になると、母も「私たちなしで、よく三十六年もやって来たね」と「私」をねぎらった。それに対して父は「途中からは女房がいるよ」ととぼけたことを言う。続けて母が「子供ってもんは、なんとかやってくもんなんだね」と感慨深そうに言うと、またしても父は「いねえんじゃやってくしかないだろうが」と余計な口を挟む。たまりかねたように母が「お父ちゃんは黙って」と父を制した。しかし、「気がつかないの？　無駄口たたいてる暇はないのよ」という母の言葉や、その声が「急に泣くように震えた」ことからわかるように、母は単に父の態度に腹を立てているのではなく、三人に残された時間がなくなろうとしていることに焦りや恐れを抱いているのだろう。「そんなに急がなきゃならないの?」という問いかけに、仲居を早めに退室させたのもそのためだと母は答え、今度は父も「ぶたれたような顔」をして押し黙っている。（90〜103行目）

　事情を理解できずにいる「私」に、母は居住まいを正すと「気がせいて、うまくいえないけど、お前を大事に思ってるよ」と語りかけた。「お前に逢えてよかった」「お前はいい息子だ」と父も語りかける。そうした二人の言葉を聞いた「私」は、自分は二人が思うような立派な人間ではないこと、二人の方が温かく立派であることを、堰《せき》を切ったように話しはじめる。その時だった。目の前の両親の姿が消えかかっているのに気づいたのである。自分から別れを切り出したものの、よもやこのような形で突然二人が行ってしまうとは思ってもみなかった「私」は、あまりの衝撃に声も出せずにいた。その「私」に、両親はなおも精一杯の言葉を語りかける。別れを決意していたはずの「私」は、思わず「行かないで」と幼児のような声を上げてしまう。しかし、二人が行ってしまうのを止めることはできなかった。消えゆく二人を目に焼き付けるようにしながら、「ありがとう。どうも、ありがとう。ありがとうございました」と礼を言い、最後に「さよなら」と言った時には、父も母も跡かたもなく消えていた。さっきまで二人がいた場所には、すき焼きの鍋が湯気を立てて煮えていた。（104行目〜本文末）

【設問解説】

問1　語句の意味を答える知識問題

　こうした設問は、基本的には語句の辞書的な意味を問う知識問題である。したがって、語句の本来の意味を無視して傍線部前後の文脈からのみ判断するのではなく、傍線部の語句がそもそもどういう意味かといったことを考えて、解答を選ぶことが大切である。その上で、文脈上の意味も加味する必要がある場合には、傍線部前後の文脈も確認するようにしよう。

　(ア)の言い切りの形である「水をさす」は、〈じゃまをする、特に、はたから仲のいい間柄のじゃまをする〉という意味である。したがって正解は③。①「泥を塗った」は、〈名誉を傷つけた〉という意味なので、不適当。②「第三者が口を出した」は、「口を出した」だけでは「じゃまをした」ということにはならないので不適当。④「冷水《ひやみず》を浴びせた」は、〈意気ごんでいる人に、傍から元気を失わせるような言動をした〉という意味。⑤「しこりを残した」は、〈いやな思いやわだかまりが残った〉という意味で用いられる慣用表現なので「水をさした」の意味から外れており不適当。

(イ)の「宵の口の」の「宵の口」は、〈日が暮れて夜になりはじめたばかりのころ〉という意味である。したがって正解は①。②の「夜の帳《とばり》」は〈夜の闇〉という意味。したがって、「夜の帳につつまれた」は〈夜の闇につつまれる、夜になる〉という意味なので、不適当。⑤「夜も更けてきた」も、すっかり夜になっているころを表しており、不適当。③「人のまばらになった」、④「にぎわいはじめた」は、そもそも一日のある時間帯を示す表現ではないので不適当。

(ウ)の「気がせいて」の「せいて」は漢字を当てると「急いて」であり、「気が急く」とは〈急ごうとしてあせる〉という意味である。したがって正解は③。他の選択肢はすべて辞書的な意味から外れている。

問２　傍線部の内容について答える問題

ここでは、「三人の世界がこわれやすいことを知った」とはどういうことなのかが問われている。「三人の世界がこわれやすい」とは具体的にどういう状態なのかを読み取らなければならないが、それをここで「知った」というのだから、それを知るに至った経緯について確認しておこう。

傍線部に至るまでの内容を確認すると、この日「私」は両親の幽霊に外食をしようと提案している（1行目）。その提案に二人は乗り気でない様子で、母の声には「緊張のようなもの」も感じられたし、「父の動きも止《とま》ってい」た（6行目）。それは、「私」にとっては思いがけないことだった（→a）。「私」は以前に「（幽霊になった両親と）キャッチ・ボールをしに外に出たことがある」ので、すき焼き屋に行くことなど「なんでもないこと」だと思っていたが、それは、「両親にとっては、なにか高い障害を乗り越えることのようだった」（10・11行目）。このことから「私」が生者である自分と死者である二人との違いを感じ取っていることがわかる（→c）。

このように外食をためらう二人に、「私」は「いいんです。すいません。余計なことをいって」と言い、その場を収めようとしたのだが（18行目）、それでも父は母に叱言《こごと》のようなことを言っているし、「なごやかな空気に水をさしたように」（20行目）ぎくしゃくとした雰囲気になってしまった（→b）。そして、そのことによって「私」は「三人の世界がこわれやすいことを知った」のである。つまり、自分にとっては何気ないことも幽霊となった両親にとっては高い障害を乗り越えるに等しいものであるということがわかり、本来住む世界が違う自分と両親の関係は、一見なごやかで良好なものに見えても、何かのきっかけで破綻してしまう危ういものであることを実感したのである（→d）。

以上の内容を整理すると、次のようになる。

a　自分の提案が、思いがけず両親に緊張を与えた
b　自分の提案が、その場の雰囲気をぎこちないものにしてしまった
c　a・bによって、生者と死者との越えがたい隔たりを知った
d　a・bによって、自分たちの関係に潜む危うさのようなものを実感した

正解は、これらの内容を正確に説明した②である。

①は、「それまで和やかだった雰囲気が一転して険悪なものに変わってしまった」というのが言い過ぎである。また、「三人の世界」を説明する上で肝要なcに全く言及していないので、正解にならない。

③は、「母に対する父の心無い一言が、その場をしらけさせてしまった」とあるが、その場の雰囲気を壊したきっかけは「私」の提案であるので、「父の心無い一言」だけが原因であるとは言えない。さらに、①と同じくcに全く触れておらず、「こわれやす」さについて「家族というものはもともと壊れやすくはかないものだ」と説明していることも間違いである。

④は、「両親との関係をきちんと作ることができていなかった自分の不《ふ》甲斐《がい》なさを思い知り、情けない気持ちになってしまった」とあるが、そのような自分に対する「不甲斐なさ」や「情けない気持ち」は、ここからは読み取れない。そのうえこの選択肢も、cに言及していない。

⑤は、「両親も自分との別れを敏感に感じ取っていた」という説明がおかしい。この時点では、両親は「私」から別れを告げられることに気づいてもおらず、それを告げられたときにも「どうして?」「どうしてだ?」(39・40行目)と驚いているのである。

問3　傍線部の会話からうかがえる両親のありようについて答える問題

母が「私」に「私たちなしで、よく三十六年もやって来たね」と言ったことに対して、「途中からは女房がいるよ」と父が返した場面である。これらの発言にはさまざまな背景事情があるので、発言内容を表面的に捉えるだけではなく、どのような事情の中で発言されたのかということを読み取る必要がある。

では、場面を確認しよう。三人はすき焼き屋に入り、そこでは仲居が給仕をしてくれていたのだが、父はその仲居に「私」のことを「十二で両親に死なれてさ」「苦労したの。よくやったよ。よくやった、えらいよ」「……一人で頑張った。……出世したもんだよ」とくどくどとほめそやす。一方、母は「あとは私がやります。足りなくなったら、お願いするわ」と明るく言い、仲居を退室させている。(78～89行目)

親子三人になると、母は「四十八だなんて驚いちゃうよ」「私たちなしで、よく三十六年もやって来たね」と「私」をねぎらう。それに対して父は「途中からは女房がいるよ」と言うのだが、これは、その三十六年間の途中で息子は結婚し、妻に助けられてこれまでやってきたということを意味する。したがって、ここで父は、余計な口を挟み、親子の別れという場にそぐわないような態度をとったと解釈できる。さらに続けて母が「子供ってもんは、(親がいなくても)なんとかやってくもんなんだね」と感慨深そうに言うと、またしても父は「(親が)いねえんじゃ(自分で)やってくしかないだろうが」と余計な発言をくり返してみせるのだ。そうした父に母もたまりかねたように「お父ちゃんは黙って」と父を制し、「気がつかないの?　無駄口たたいてる暇はないのよ」と言うのだが、その母の声は「急に泣くように震えた」。「私」が「そんなに急がなきゃならないの?」、すなわち、それほど二人に残された時間は少ないのかと問うと、仲居を早めに退室させたのもそのためだと母は答え、今度は父も「ぶたれたような顔」をして押し黙っている。そして、居住まいを正した母が「気がせいて、うまくいえないけど、お前を大事に思ってるよ」と語りかけ、父も「お前に逢えてよかった」「お前はいい息子だ」と続ける。そうした会話の途中で、両親の姿はだんだんと消えていくのである。(90～119行目)

以上の内容を整理してみよう。「私」との別れに際して、父は、すき焼き屋でも一人にぎやかにふるまっており、場の雰囲気が湿っぽくならないようにしているようである(→**a**)。だから、母がこれで最後とばかりに「私」に語りかけ始めると、そうした場にふさわしくないようなとぼけた発言をしてみせたのであろう(→**b**)。ここでの父の発言が、母の発言に対して余計なことをいって話の腰を折るようなものだとしても、悪意をもって相手を否定するものではないということは、その後のしょげたような態度や、いよいよ最後と見て取った時には母と同じようにしみじみと「私」に語りかけていることからもわかる。おそらく、場が湿っぽくなることを嫌い、とぼけるような発言をしたりするのは、父の性分のようなものなのだろう。

a　父には、別れの場をしんみりさせたくないという気持ちがあるようだ

b　aゆえか、父は何かと余計なことを言ってしまう

一方母は、仲居を退室させたことや、「無駄口たたいてる暇はないのよ」「気がせいて、うまくいえないけど」といった発言からわかるように、残された時間の短さを気にしている(→**c**)。父の言葉にまともに取り合おうとしないのも、父への苛立《いらだ》ちというよりも、時間が無いことで気をもんでいるからであろう。そうした中で、精一杯「私」にねぎらいや愛情を伝える言葉をかけているのである(→**d**)。

c　母は、残された時間の短さを気にしている

d　cの中で、「私」に精一杯の言葉をかけている

正解は、これらの内容を正確に説明した④である。ちなみに、「まぜかえす」とは〈口を挟んで話を混乱させる〉という意味である。

①は、父が「もどかしがっている」と説明されている点が不適当。「もどかしい」とは〈思うようにならず、じれったく思う〉という意味だが、父はそうした態度など示していない。「気がせいて、うまくいえない」と言っている母の態度については「もどかしがっている」といえないこともないが、父は、場の雰囲気がしんみりするのを嫌って冗談めいたことを言っているだけである。また、「うまく愛情表現ができず、もどかしがっている」というと〈愛情をうまく表現したいがそれができず、じれったく思っている〉という意味になってしまうが、父のなかに〈愛情をうまく表現したい〉という気持ちがあるかどうかは、本文から確定できないことである。

②は、「母の言葉をいちいち冷たく突き放す父」という説明が間違っている。「突き放す」には〈相手にしない、無視する〉といった意味があるが、父はそうした態度をとっているわけではない。また、母について「苛立ちを悟られないように、あえて父を無視して」いると説明しているのも、父よりも「私」に気持ちを向けている母の様子を踏まえると正しい説明とは言えない。

③は、「母の言葉に対して父がすかさず皮肉（＝遠まわしに非難すること）を言って」いるというのが、②と同様の理由で間違い。また、「二人はあうんの呼吸で通じ合っている」というのも正確な説明ではない。「あうんの呼吸」とは〈二人以上で一緒に物事を行うときの、互いの微妙な気持ちが一致すること〉という意味であるが、結果的に二人の会話がそうした軽妙なものになっているとしても、この場面で二人の気持ちが「通じ合っている」とはいえない。

⑤は、父の態度を「すげない（＝そっけない、愛想がない）」としている点が誤り。また、「父の方が、『私』との別れに打ちひしがれている」という説明もおかしい。この場面においては、両親の悲しみの度合いをそのように比較できるような根拠となる表現はない。

問4　傍線部に至るまでの「私」について答える問題

「とどめようもなく父の肩も消え、母の顔も薄くなって行く。」というのは、止めることもできないままだんだんと両親の姿が消えていく様子である。いよいよ幽霊となった両親との別れを迎える場面であるが、この場面だけではなく、「ここに至るまで」の「私」について問われているので、両親との別れを決意したいきさつにさかのぼって順に確認しよう。

【本文解説】Ⅰで確認したように、「私」は幽霊となった両親と交流を持つことで次第に生気が失われていくのを感じたため、このような交流を続けていてはいけないと思い、両親に別れを告げようと決意する。「ここへ来るのは、本当に楽しいし、お父さんとお母さんに逢えたことを、ぼくは、どれほど幸せに思っているか分りません。だから、もっと逢って、死んでしまったっていいんだけど――」（42・43行目）と、本当は別れたくないという気持ちを交えつつ、しかし自分は両親に逢うことで次第にやつれてきている（46行目）ので、もう逢うことはできないと告げる（↓a）。すると、二人も納得してくれて、別れを前に浅草のすき焼き屋に行こうということになる。

すき焼き屋までの道中については、今一度**【本文解説】**Ⅱを参照してほしい。途中で人形焼を買ったりして三人連れだって浅草を歩きながら、「私」は、今日で両親は思い出深い浅草とも別れることになるのだということに思い至る。そこで、すき焼き屋に行く前に浅草を散策しようと提案するのだが、父は「そういう訳にいかねえんだ。そこまで俺たちは、思うようにはいかねえんだ」と無念そうに言い（70・71行目）、母も肩を落として未練そうに少し泣いている。そんな母を見るにつけ、「私」は「やめた、やめた。別れるのはやめた。また来るよ、お母さん」と前言を翻したくなってしまうのだが、その言葉を必死で飲み込む（73・74行目）。このように、「私」の気持ちは揺れていることがわかる（↓**b**）。

　いよいよすき焼き屋で別れの時がくる。この場面については**【本文解説】**Ⅲを参照してほしい。仲居が退室し、親子三人での会話が始まったのに、両親の様子がなにかおかしい。「気がつかないの？　無駄口たたいてる暇はないのよ」と「母の声が急に泣くように震えた」（100行目）。「暇がないって？」「そんなに急がなきゃならないの？」（101行目）と訝《いぶか》る「私」に、「気がせいて、うまくいえないけど、お前を大事に思ってるよ」「お前に逢えてよかった」「お前はいい息子だ」（107～110行目）と、両親は次々に言葉をかける。「私」もそれに答えていたところ、「いいかけてハッとした。母の肩のあたりが頼りないのだ。輪郭はたどれるが、その向うが見えている。慌てて父を見ると、父の胸のあたりがもう消えかけている」（116～118行目）。このように、「私」にとっては予期しない形で唐突に別れの時がやってきたのである。そのことに「激しい衝撃」を受けた「私」は、「口をあけたまま声が出ない」（119行目）（↓**c**）。思わず「行かないで」と「幼児のような声」になって引き留めようとし、「嫌だ」と抗ったのだが、「とどめようもなく父の肩も消え、母の顔も薄くなって行く」のであった（123～129行目）。自ら別れを決めたにもかかわらず、突然その時が訪れると、両親と別れたくないという気持ちがあふれてしまい、それをどうすることもできないのだ（↓**d**）。

　以上の内容を整理すると、次のようになる。

a　やむなく両親に別れを切り出した
b　その後も気持ちは揺れていた
c　思いがけないかたちで別れが突然訪れたことに衝撃を受け、打ちのめされた
d　両親へのあふれる思いをこらえることができずにいた

正解は、これらの内容を正確に説明した⑤である。

　①は、別れを告げた後で、「前言を撤回することを決めた」という説明が誤り。「私」は、「別れるのをやめた」と言いそうになったが、その言葉を「のみこ」んだのである（73・74行目）。

　②は、「会えなくなると告げたものの、思い出深いすき焼き屋でもまだその訳を打ち明けることができずにいた」という説明が間違っている。**【本文解説】**Ⅰでも確認したように、「会えなくなると告げた」ときに、「私」は両親に「すさまじくやつれた」（46行目）ことなどを話し、会えなくなる事情も説明している。

　③は、「両親に別れを告げた以上、早く別れなければと思っていた」とあるが、「私」が「早く別れなければと思っていた」ということを本文から読み取ることはできない。また、「姿が消え始めた両親を見た『私』は逡巡《しゅんじゅん》する気持ちを振り切り」も不適当。「私」はむしろ両親が消え始めた時に引き留めようとしていたのであり、最後まで心は揺れていたと考えるべきである。

　④は、「打ち明けた後は、徐々に気持ちも落ち着いていた」という説明が**b**に反する。また、「幼子に戻ってしまった『私』は、二人に捨てられてしまったような錯覚に陥っている」というのも、この場面での「私」のありようからは逸脱した説明である。

問５　参考文献を読んで、各小問に答える問題

（ⅰ）**二つの参考文献を踏まえて、本文を解釈する問題**

まずは、**【参考文献１】**と**【参考文献２】**の内容を確認しよう。

【参考文献１】

　本文（『異人たちとの夏』）の作者自身が、この小説について述べたものである。

　作者の幼少期、特別な御馳走といえば外で食べるすき焼きであった。家族の特別な行事の時に、雷門あたりのすき焼き屋に揃って出かけるのである。ビールや酒が出て、鍋の湯気が立ちのぼり家族皆がわいわいいっている。五、六歳の私が廊下へ出て、でんぐりがえしなどをしていると、仲居さんが通って「おやおや、坊やちゃん、お上手ですねえ」と愛想をいってくれる。そんな記憶は青年期までひき継がれて、贅沢とか御馳走とかいう言葉から連想するのはすき焼きなのだ。すき焼きの匂いをかぐと、華やいだ気分になった。

『異人たちとの夏』は、そうした自分の過去と細部では重ね合せられるところが少なくない。特に、幽霊の両親が目の前でだんだん薄くなって消えてしまう舞台を、どうしても雷門のすき焼き屋にしたかった。前述した理由から、特別な出来事はすき焼き屋に限るのである。しかし、小説世界の季節は夏であった。夏にすき焼きでは季節感もなく、おかしいのではないかという気持ちもあったが、結局すき焼き屋に決めた。これればかりは譲れないほど、思い入れが強いのである。私（＝作者）は「強引に両親を、すき焼き屋の座敷に案内した」。

【参考文献2】

評論家の堀切直人が、〝食〟と「人間のドラマ」とのかかわりについて述べたものである。

「飽食の時代」には、かえって〝食〟の根本が見失われ、食文化が最も貧相になり下がるのではないか。食べることに「真の喜び、ありがたさ、かけがえのなさ」などを実感できなくなってしまうからである。かつて〝食〟は「人間のドラマ」にとっては「不可欠の因子」であり、「精神的な豊かさ」をたっぷり秘めていた。ところが今日の「飽食の時代」においては、「人間の精神における〝食〟の重要な役割」を自覚することはとうてい不可能なのだ。

以上確認したように、**【参考文献1】**では、『異人たちとの夏』には作者自身のかけがえのない体験が反映されているのだという事情が明かされており、**【参考文献2】**では、「食」というものには本来「人間のドラマ」にとって不可欠な「真の喜び、ありがたさ、かけがえのなさ」「精神的な豊かさ」が秘められているのに、「飽食の時代」にあってはそうした本質が見失われているということが述べられている。

これらの内容を踏まえると、小説『異人たちとの夏』は、**〈両親との別れという特別な場ですき焼きを食べるという食事の設定に作者自身の体験が反映されている作品であり、「食」というものが単なる食べ物であることを超えて、人間にとっての「真の喜び、ありがたさ、かけがえのなさ」「精神的な豊かさ」を秘めたものであることを物語っているものだ〉**と評することができるだろう。したがって、正解はこれらの内容を正確に説明した③である。

①は、「幽霊の両親が主人公の目の前で消えるという不自然にも見える描写」によって、「物質よりも精神に目を向ける必要がある」と訴えていると説明されている。しかし、こうした説明は、本文の内容を完全に逸脱したものである。さらにそもそも『異人たちとの夏』の作者自身が「『飽食の時代』だからこそ物質よりも精神に目を向ける必要がある」と主張しているという内容は、本文からも、**【参考文献1】**からも読み取れない。

②は、「物語を読み解くための伏線が巧妙に仕込まれており」という説明が間違っている。「伏線」とは、〈あとの展開のために前もってそれとなく述べておく事柄〉のことであるが、『異人たちとの夏』に、前もってあとの展開がほのめかされているような箇所はない。また、かりに「伏線」があったとしても、そのことが『食』というものの中」に「さまざまなドラマ」があることを「想起させ」るというのは、筋の通らない説明である。

④は、「贅沢で非日常的な食事の場面」については、「すき焼き」が作者にとっての「贅沢」の象徴であり、幽霊の登場が「非日常的」だということなら、あながち間違いとも言えない。しかしながら、そうした場面を「あえて小説中に挿入することで、逆にものを食べることのありがたさを

忘れてしまっている『飽食の時代』の人間の愚かさを浮かび上がらせるという仕組みになっている」というのはおかしい。そうだとするならば、小説のなかの両親との別れの場面は、「『飽食の時代』の人間の愚かさ」を表すものだということになってしまう。

⑤は、「小説の中で主人公による幼少期の食事の思い出が切々と語られており」という説明が間違っている。作者（山田太一）自身の体験が語られているのは**【参考文献１】**であって、小説『異人たちとの夏』にはそうしたことは語られていない。

(ii) 本文（小説）と【参考文献１】の内容と表現について、適当なものを答える問題

本文と**【参考文献１】**における具体的な内容や表現について問われている。それぞれの選択肢で述べられている内容と対応する本文箇所を照合しながら消去法を用いて解答を選ぶようにしよう。

①について。**【本文解説】**Ｉでも確認したように、この場面における「私」は、両親に別れを切り出すことができず、焦りを感じており、「夕闇が部屋に、しのびこんで来た」。「すると、急に恐怖が私を捉えた。明るいうちに話さなければならない。暗くなってからでは、勇気が出ないかもしれない。しかし、今日は話さずに帰ることは絶対に出来ない」と、切羽詰まったような気持ちになっている。つまり、この情景描写は、「時が過ぎていくなかで気を揉《も》んでいる（＝あれこれと心配している）『私』のありよう」と関連づけられたものになっていると言える。したがって、これが一つ目の正解である。

②について。「中学生になったようだった」という言い方によって、『私』の礼儀正しいふるまい」が表現されているというのはおかしい。ここでは、亡くなった当時の姿のままの両親に見守られている自分のことを、まるで「中学生」の子供になったようだと表現しているのである。

③について。**【参考文献１】**の作者（山田太一）が「『飽食の時代』を生きざるをえない」「困惑」を覚えていると捉えているのが間違い。「飽食の時代」についての問題意識を持っているのは、**【参考文献２】**の筆者（堀切直人）である。

④について。『異人たちとの夏』で、両親をすき焼き屋に連れて行ったのは主人公の「私」であるが、**【参考文献１】**では、そのすき焼き屋を設定したのは作者自身の深い思い入れがあったからだという事情が明かされていた。そして**【参考文献１】**では、小説を書くにあたってどういう場面を設定しようかと作者の「私」（山田太一）があれこれ悩んだという話が述べられ、それに続いて、「私は強引に（小説中の）両親を、すき焼き屋の座敷に案内した」とあるのだから、この「私」には、作者・山田太一と小説中の「私」とが重ね合わされていると考えられる。したがって、これが二つ目の正解。

⑤について。「作者は個人的にも思い出深いこの店について描くために小説を書いた」というのも、そのことが「**【参考文献１】**から読み取れる」というのも、不適当。「雷門のすき焼き屋」は小説における重要な設定や舞台であるとは言えたとしても、その店を描くことが小説を書いた〈目的〉とまで言えないし、ましてやそうしたことが**【参考文献１】**に述べられているわけでもない。

⑥について。本文と**【参考文献１】**の両方が「幻想的な世界」を描いているという説明が間違っている。本文は、幽霊となった両親が登場する物語なので「幻想的」と言っても差し支えないが、**【参考文献１】**は、自身の思い出や創作の裏話のようなものを述べたものであり、これを「幻想的」と言うのは無理があるだろう。

第3問　古文

【本文解説】

〔出典〕

『宇津保物語』

成立　　平安時代中期

ジャンル　作り物語

作者　　未詳

内容　　藤原仲忠《なかただ》を中心とした貴族たちの恋愛や政治に関わる物語。仲忠の祖父である清原俊蔭《としかげ》が日本に持ち帰った琴《きん》（弦楽器の一種。七本の弦を奏でる。日本には奈良時代の頃、中国から伝わったが、平安時代中期に廃れて演奏されなくなっていった）とその秘曲の伝承が、さまざまな物語をひとつの流れに結び付けるように、要所要所で語られる。

俊蔭は、唐に渡る途中、船が流されて遠い国に至り、天人たちと遭遇する。そこでいくつかの琴と秘伝の演奏法を授かり、二十三年後に帰国する。俊蔭は、持ち帰った琴の一部と秘曲を、帰国後にもうけた娘に伝え、その他の琴を朝廷の人々に贈ったが、出仕は固辞したまま亡くなった。

俊蔭の死後、残された娘は、貴公子藤原兼雅《かねまさ》と結ばれ、仲忠をもうけるが、兼雅は親に阻まれて俊蔭の娘に会いに行けなくなる。幼い仲忠の献身によって何とか生き延びた俊蔭の娘は、何年も経ってから兼雅と再会し、妻として迎えられる。

その頃、あて宮という美しい姫君がいて、多くの男たちがあて宮に求愛する。その中には、成人した仲忠や今回の本文にその名が見える忠こそもいたが、結局あて宮は東宮妃となり、求愛者たちはそれぞれに失望する。やがて東宮が即位すると、誰が次の東宮になるかで関係者は大いに心を悩ませるが、最後にはあて宮が産んだ皇子が東宮となった。一方、仲忠は、祖父俊蔭から受け継いだ邸を修復し、そこに築いた高楼で、娘のいぬ宮に琴の秘曲を伝えた。

『風葉和歌集』

成立　　鎌倉時代

ジャンル　私撰和歌集

作者　　未詳

内容　　物語中の和歌を集めた和歌集である。

〔本文解説〕

本文は『宇津保物語』の一節で、忠こそという登場人物に関連するエピソードである。本文に至る経過をまとめると、以下のとおり。

右大臣橘千蔭のひとり息子で、父親に溺愛されていた忠こそは、母親が亡くなった後、父親に言い寄って関係を持つようになった左大臣の未亡人、一条の北の方の恨みを買う。千蔭の訪れのなさを嘆いた一条の北の方は忠こそを誘惑するが、忠こそに拒絶され、自尊心を傷つけられたと感じたのである。それ以後、一条の北の方は、忠こそが千蔭の大切にしている物を盗んだり、帝に千蔭についての告げ口をしたりしているかのように見せかけて、忠こそに対する千蔭の愛情を失わせようと画策する。最初は信じなかった千蔭だったが、ついに一条の北の方の策略にはまり、忠こそを疎んじるようになった。父の信頼を失ったことを嘆いた忠こそは、父がかつて俊蔭から贈られ、自分に与えてくれた琴に歌を書き付けて姿を消す。我が子の失踪を嘆く千蔭だったが、ふとしたことから、忠こその非行に見えた出来事が実は一条の北の方の策略だったことを知る。我が子への冷淡な仕打ちを悔い、一条の北の方を恨む千蔭は、もともと訪れの途絶えがちだった一条の北の方のもとへ、まったく足を運ばなくなる。それを嘆く一条の北の方は、千蔭のもとにたびたび歌を送るが、千蔭はつれない態度を貫き、山里に隠棲し、息子に恋い焦がれたまま亡くなった。

設問には、『風葉和歌集』中の歌を一首引用しているが、これは『宇津保物語』の本文中の歌として載せられてはいるものの、本文とは一部表現が異なっている。

なお、『宇津保物語』は日本古典文学大系『宇津保物語一』（岩波書店刊・河野多麻校注）に、『風葉和歌集』は『新編国歌大観第五巻』（角川書店刊）によるが、問題文としての体裁を整えるために、表記は改めてある。

【全文解釈】

このように（千蔭が忠こそのことを）思い嘆きなさりながら（日々を）過ごしなさるうちに、例の一条の北の方も、思い嘆きなさることは（千蔭に）劣らず、（千蔭の訪れを）「今か今か」と待ち続けなさるが、大臣（＝千蔭）はいらっしゃらないので、（訪ねて来る男がいないために積もった）お寝床（の塵）を払って横になっていらっしゃると、お前（にある庭先）の穂の出たすすきが折れ返って（人が誰かを）招く（ように風になびく）のをご覧になって、北の方は、

（私が）待つ（あの）人の袖かと思って見ると、（そうではなくて）すすきの穂が秋風になびいている、そのように、私は飽きられているのだったなあ。

などとおっしゃりつづけているうちに、風が涼しいと感じられるので、大殿（＝千蔭）にこのように申し上げなさった。「もう申し上げまいと思うけれども、『訪ねて来なくてつれない人は』と（世間でも）言うようなので、申し上げずにはいられないものだから、まさに今この時の風が不思議と心細いので（申し上げます）」と書いて、

「私の家に時々吹いた秋風がいっそう（激しくなって）嵐になるように、私に時々飽きるそぶりを見せていたあなたがますます姿を見せなくなることの、不思議さよ」

（と詠んだ）。（千蔭は）何も考えられないご気分で、

「秋が来るとしても、木や草の色が変わらないなら、風が留まる花もきっとあるだろう。（そのように、私があなたに）飽きてきたとしても、あなたの様子が変わらないならば、他の男が目をとめるような美しいあなたでもきっとあるだろうよ。

それでものんびりした気持ちでお考えになっていなさい」と申し上げなさる。北の方は、「いいかげんなお気持ちだなあ。やはりたいそうつらいものは女の身である。このように愛想を尽かされてしまったのではあるようだ。このように思いなさるような人（＝千蔭）には、いろいろなことを考えても甲斐もあるまい」と思って、

白露によって色が変わってゆく秋萩のように心変わりするあなたは、巻いている葛の新葉のように、いくら私がまとわりついても甲斐がなかったなあ。

と詠んで座っていらっしゃった。

長年にわたって、大臣（＝千蔭）が通っていらっしゃることは、七年ほどであったが、（千蔭をもてなすために）一日で（一条の北の方が）使いなさる費用は、数えきれないほど（の多さ）であったために、何年にもわたって、（財産を）すっかり使いきって限りなく貧しくなるにつれて、ある者（＝女房）は夫について去り、（またある者は）宮仕えをするというので出て行ってしまう。たいそう裕福でいらっしゃった頃に、無礼で厄介だというので、人より特に嫌っていらっしゃった下働き（の女）が、よもぎといって、（他の女房が去って行くなか、一条の北の方のもとに）留まって、「そのように言っていられようか、それどころではない。私だけでもお仕え申し上げないでは（他に一条の北の方に仕える者は）誰がいようか、他には誰もいないだろう」と言ってお仕え申し上げた。邸に残っている財産はない。あの俊蔭卿が（一条の北の方の亡き夫に）差し上げなさっていた琴《きん》だけが残っていた。それを、当時の大将に高額で売って（得た金品を生活のために）使った。

こうして、この大臣（＝千蔭）は、身を慎み、仏道に励むことをして過ごしなさるうちに、山里のものさびしい様子の建物を用意しなさってお住まいになった。そのあたりは、比叡山の西の麓である、小野のあたりで、音羽川

が近くて、滝の音や、水の響きが、心に染みるように聞こえる所である。悩みを抱えていない人でさえものさびしいようなあたりである。まして（忠こそが失踪したことで苦しむ千蔭にとっては）たいそうつらい気持ちで過ごしていらっしゃった。大臣（＝千蔭）が、思いなさるには、「私は（もう）この世に長く生きられないだろうから、したいことを、私の生きている間にしてしまおう」と思いなさって、まず亡き妻の御ために、一切経と、多宝塔を造らせなさって、供養しなさった。（その後）自分の冥福を祈る法要をしなさり、忠こそのために（仏事を）行いなさる。「（忠こそが）この世に生きているならば無事平穏になれ。生きていないものならば来世の導きにもなれ」と言って、（忠こそが姿を消す前に、自分のもとに）いた時使っていたものを、すべて布施にしなさるというのでご覧になると、あの忠こそが山へ入るというので、ものを書きつけた琴《こと》を取り出してご覧になる時に、書きつけてあるものを見つけて、大臣は、驚いて身もだえなさって、（悲しく）思いなさることは限りない。そうして毎日（さまざまなものを）布施にして、（この琴については）「（忠こそが）そばに置いて親しんで使っていたのになあ。私の目の前では見たくない」とおっしゃって、（琴を壊してその木で）仏像を造らせなさろうとして、さまざまな武具で、力の強い人が集まって割るが、（琴には）すこしの傷もつかず、金属の上に露がかかるような程度（の衝撃しか与えられないの）である。手こずっていらっしゃるうちに、大空を一面暗くして雨が降り、雷が鳴って、この琴を巻き上げた。このようにたいへんなことをして待ち続けていらっしゃるうちに、（千蔭は）忠こそを恋いこがれて死ぬようにしてお亡くなりになった。

〔問５に引用された和歌〕

　私の家に時々吹いた秋風もいっそう（激しくなって）嵐になるように、私に時々飽きるそぶりを見せていたあなたもますます姿を見せなくなることの、つらさよ。

【設問解説】

問１　短語句の解釈問題

(ア)　聞こえではえあらぬものなれば

動詞 ヤ行下二段活用「きこゆ」未然形	接続助詞	係助詞	副詞	動詞 ラ行変格活用「あり」未然形	助動詞 打消「ず」連体形	名詞	助動詞 断定「なり」已然形	接続助詞
聞こえ	**で**	**は**	**え**	**あら**	**ぬ**	**もの**	**なれ**	**ば**
申し上げ	ずに	は	いら	れ	ない	もの	だ	から

聞こゆ
1　聞こえる。
2　噂される。
3　わかる。
4　申し上げる。〔「言ふ」の謙譲語〕
5　～申し上げる。〔謙譲の補助動詞〕

で
1　～ないで。～なくて。〔打消の接続〕

え～打消
1　～できない。

ば
1　～ならば。〔順接の仮定条件〕
　＊未然形に接続する。
2　～ので。～すると。～したところ。〔順接の確定条件〕
　＊已然形に接続する。

選択肢の中で、「聞こゆ」の訳と考えられるのは、①「申し上げ」、③

「噂になっ」、④「理解でき」、⑤「申し上げ」である。「聞く」と「聞こゆ」は意味が異なり、②には「聞こゆ」に該当する訳語はない。

さらに、「ば」については、已然形「なれ」に接続するところから、前記2の意味であるが、そのように訳されている選択肢は、②「ので」、⑤「から」である。

以上より、正確に訳されている選択肢は⑤であると考えられる。

文脈を確かめると、ここは、一条の北の方が、訪れの途絶えた千蔭に対する思いを抑えきれずに書いた手紙の言葉で、「申し上げずにはいられないものだから」は、手紙を送ることにした北の方の心境を語るものとして不自然ではない。

よって、正解は、⑤である。

なお、今回は、「で」や「え～打消」の訳出の有無で選択肢の正誤を決めることはできない。この点を詳しく説明すると、「で」の訳と考えられるのは、②「ずに」、④「ないわけでは」、⑤「ずに」で、「え～打消」の訳と考えられるのも、②「できない」、④「できない」、⑤「いられない」である。①・③には、「で」の訳も「え～打消」の訳もはっきりとは現れないが、「で」と「え～打消」とが示す二重否定表現は、強い肯定を表すので、これらも間違いとはいえないのである。たとえば、正解の「～ずにはいられない」と③の「どうしても～てしまう」は全体としてはほとんど同じ趣旨を表すだろう。そうしたことから、今回は、「聞こゆ」「ば」の解釈と、文脈による検討が、正誤の判定の決め手となっている。

(イ) **ここらの年ごろを**

副詞	格助詞	名詞	格助詞
ここら	**の**	**年ごろ**	**を**
たくさん	の	年	を

ここら
1　多く。たくさん。

年ごろ
1　長年。何年もの間。数年来。

「ここら」「年ごろ」の語義を考えると、「ここらの年ごろを」は、前記の枠内のように「たくさんの年を」と訳せる。「を」については、そのまま「を」と訳している選択肢はなく、文脈から正誤を判断するしかないので、まず「たくさんの年」の意味がある選択肢を考えると、②「何年にもわたって」、④「多くの年月を経ても」の二つである。

文脈を確かめると、ここは、一条の北の方が、訪れる千蔭を歓待するために多くの費用をかけるあまり、財産を使い切ってしまったということを述べている部分である。千蔭をもてなす年月が長くなったから、財産の消耗も激しくなったというのだから、④の「多くの年月を経ても」の「～ても」のように、歳月の経過と財産の消耗が逆接で結びつけられるはずがない。よって、④は文脈に合わないことがわかる。

正解は、②である。

(ウ) **なめく使ひにくし**

形容詞 ク活用 「なめし」 連用形	形容詞 ク活用 「つかひにくし」 終止形
なめく	**使ひにくし**
無礼で	厄介だ

なめし
1 無礼だ。不作法だ。

「なめし」の意味が含まれている選択肢は、①「不作法で」、③「無礼で」である。「使ひにくし」は、使用人として役に立たないということだと思われるので、①「腹立たしい」のように怒りの感情を表す意味にはならず、③「厄介だ」が該当する。

文脈を確かめると、一条の北の方に仕える、よもぎという下働きの女について説明している部分で、一条の北の方は、よもぎが傍線部のような使用人であったために、人より特に嫌っていらっしゃった、と書かれている。「無礼で厄介だ」は、この文脈に合う。

正解は、③である。

問2 語句の説明問題

かう	副詞	このように
思ひはて	動詞 タ行下二段活用「おもひはつ」未然形	愛想をつかさ
られ	助動詞 受身「らる」連用形	れ
ぬる	助動詞 完了「ぬ」連体形	てしまったの
に	助動詞 断定「なり」連用形	で
こそ	係助詞	
は	係助詞	は
あ	動詞 ラ行変格活用「あり」連体形	ある
めれ。	助動詞 推定「めり」已然形	ようだ。
かく	副詞	このように
思ほさ	動詞 サ行四段活用「おもほす」未然形	思いなさる
む	助動詞 婉曲「む」連体形	ような
人	名詞	人に
は、	係助詞	は、
よろづ	名詞	いろいろ
の	格助詞	な
こと	名詞	ことを
思ふ	動詞 ハ行四段活用「おもふ」終止形	考え
とも	接続助詞	ても
かひ	名詞	甲斐
も	係助詞	も
あら	動詞 ラ行変格活用「あり」未然形	ある
じ	助動詞 打消推量「じ」終止形	まい

傍線部は、Yの歌を見た一条の北の方の心情表現の中にある。前書きによると、一条の北の方のもとへの千蔭の訪れは遠のいていた。一条の北の方は、自分が詠んで送った歌に対して千蔭が返してきたYの歌を見て、千蔭の自分に対する気持ちについて、「なほざりなる御心かな（＝いいかげんなお気持ちだなあ）」という感想をもらしており、傍線部はそれに続く部分である。

そのことから、傍線部の「かう思ひはてられぬる」は、一条の北の方が千蔭に気にかけてもらえなくなったことだと解することができ、①の説明は正しいことがわかる。

「あめれ」は、ラ行変格活用動詞「あり」の連体形「ある」の語尾が撥音便を起こして「あん」となり、その「ん」が表記されていないところに、推定の助動詞「めり」が付いたものである。「めり」はその前にある「こそ」による係り結びで已然形「めれ」となっている。「にこそはあめれ」は「ではあるようだ」と訳せるので、一条の北の方が千蔭に愛されなくなったようだと推定していることがわかる。よって、②の『めれ』は断定の意味」は間違いで、「愛されなくなったわけに納得する」という北の方の心情の説明も間違っている。

「思ほす」は「思ふ」の尊敬語である。この傍線部では、一条の北の方は千蔭と自分との仲について考えており、自分に尊敬語を用いるとは考えられないので、「かく思ほさむ人」は千蔭を指す。よって、③の「一条の北の方自身のことを表している」は間違っており、「どんなにないがしろにされても千蔭を慕わずにいられず」という「思ほさむ」の内容の説明も間違いである。

「よろづのこと思ふともかひもあらじ」は、一条の北の方が千蔭について、「いろいろなことを考えても甲斐もあるまい」と思っているということである。「よろづのこと」は、一条の北の方の、千蔭へのさまざまな思いを指し、④の「千蔭の非難に対してあれこれ苦悩が尽きないということを、一条の北の方が強調している」とは言えない。

また、「思ふともかひもあらじ」は、千蔭についてあれこれ考えてもしかたないと言っているのであり、⑤の「離れるつもりはない」という説明は当たらない。

正解は、①である。

問3　理由の説明問題

傍線部で示された振る舞いを千蔭が指示した理由は、傍線部の前（第三段落4～8行目）に書かれているので、その内容を要約して確認する（現代語訳は【**全文解釈**】参照）。

Ⅰ　**忠こそのためにし給ふ。「この世にあらば息災となれ。なきものならばかの世の道ともなれ」とて、**

千蔭は、行方知れずで生死も定かでない忠こそのために、仏事を営む。

Ⅱ　**ありし時使ひしもの、みな誦経にし給ふとて**

千蔭は、忠こそのために、忠こそが姿を消す前に使っていたものをすべて、仏事の布施として、寺や僧に贈ろうとする。

Ⅲ　**見給ふに、かの山へ入るとて、もの書きつけし琴取り出でて見給ふに、書きつけたるものを見つけて、大臣、おどろきもだえ給ひて、思ほすこと限りなし。**

そのため、忠こその所持品を検分していて、忠こそが残した琴と、そこに書きつけられた忠こその歌を見つける。（注11）に示された歌には、「弾く人もむなしくならば」と、忠こそがいなくなることを示唆する表現が含まれており、それを見た千蔭は心を乱す。

Ⅳ　**さて日々に誦経にして、**

毎日いろいろなものを、千蔭は布施にする。

Ⅴ　**「かい具してもて慣らししものをや。我が目には見じ」とのたまひて、**

千蔭は、忠こそが身近に置いて親しんでいた琴を、忠こそがいなくなった今、見たくはないと言う。

Ⅵ　**仏造らせ給はむとて、**

忠こそが親しんだ琴で、仏像を作らせようとする。

以上の経過をたどって、傍線部に至るのである。前記のⅠから、千蔭が忠こそのために祈ろうとしていること、Ⅱ・Ⅳから、その祈りのために「誦経」、すなわち寺や僧にものを贈ろうとしていることがわかる。傍線部はそのための行動のひとつである。Ⅲに「琴取り出でて」とあるところから、傍線部で人々が割ろうとしているものが、忠こそが残した琴であることがわかる。忠こそが残した琴を割ろうとする理由は二つあり、一つは、Ⅴや、Ⅲに示された千蔭の動揺から、忠こそが愛用していた物を見るのがつらかったためだとわかる。もう一つは、Ⅵから、琴を壊したもので仏像を作るためだとわかる。つまり、琴を解体して得られた木材を用いて仏像を作らせ、それを寺や僧に贈ろうと考えているのである。

①は間違い。琴に不思議な力があると千蔭が聞いていたと、本文から読み取ることはできず、当然、琴が持つ不思議な力を試そうとしているとも考えられない。

②は正しい。「忠こその愛用していた琴がそばにあるとつらい」は前記Ⅴに、「それを仏像に作り変えて」は前記Ⅵに、「忠こそのために祈ろう」は前記Ⅰ・Ⅱ・Ⅳに、それぞれ合致する。

③は間違い。千蔭は「琴のまま捧げても十分な功徳を得られない」とは考えていない。

④も間違い。本文には、千蔭の祈りの目的が「忠こそを探し出す」ことだとは書かれていないし、「一条の北の方の恨みを鎮める必要がある」と

も書かれていない。
⑤も間違い。忠こその演奏が聞けないなら琴だけ残っていてもしかたがないと、千蔭が考えたとは、書かれていない。
正解は、②である。

問４　登場人物の説明問題

この設問のように傍線部のない場合は、各選択肢の内容と対応する箇所を本文中から探し、その箇所の内容と選択肢の内容が一致するかどうかを確認するとよいことが多い。

①は間違い。「どんなに待っても千蔭の来訪がない」は前書きの記述とも一致している。そのような状況下で「寝込んでしまった」というのは、第一段落2行目の「臥し給ふ」に該当する記述と思われる。しかし、「臥し給ふ」の前には、一条の北の方が千蔭の訪れを今か今かと待っていても訪れがないということは書かれているものの、一条の北の方が「自分の策略が知られたのかと悩ん」だとは書かれていない。

②も間違い。第二段落2行目に「あるは男につきて去り、宮仕へしつつ出でて往ぬ」とあるのが、一条の北の方に仕えていた女房たちについての記述で、困窮した一条の北の方のもとから女房たちが去って行く様子が記されている。ここには、夫について去って行く者や、他の貴族に宮仕えすることにして出て行く者がいたことは書かれているが、「夫が任官したことをきっかけに」辞めて出て行く者がいたとは書かれていない。また、その女房たちが「長年仕えていた」者たちであるとも書かれていない。

③も間違い。よもぎについては、第二段落2～4行目に書かれているが、一条の北の方が他の女房よりも嫌っていたのに、よもぎの方が「我だにつかまつらでは誰かはあらむ（＝私だけでもお仕え申し上げないでは他に一条の北の方に仕える者は誰がいようか、他には誰もいないだろう）」と言って残ったというのだから、「一条の北の方から辞めないでくれと頼まれ」たわけではない。また、「喜んで」仕えたというのも間違いである。

④も間違い。「当時大将だった人」は、第二段落の最終行に「この時の大将」とある人物で、一条の北の方が困窮し、邸に「残りたるものなし」というほど何もかも処分せざるをえなくなった時、最後に残っていた、俊蔭が一条の北の方の亡き夫に贈った琴を、この大将に「万石」で売ったというのである。「万石」は、ここでは「大金。高額」の意。その後の「使ひける」は、琴を大将に売った代価を北の方が生活に使ったということであって、琴を手に入れた大将が、それを「すぐに売り払った」ということではない。

⑤が正しい。「千蔭は、山里に隠棲し」は、第三段落1行目の「山里の心細げなる殿まうけ給ひてぞ住み給ひける」と合致する。「残り少ない命のなかでやりたいことはやっておこうと思い」は、第三段落3・4行目の『我世の中に久しくえあるまじきを、せまほしきわざ、我が世にしてむ』と思して」と合致する。「まず亡き妻の追善供養を行った」は、第三段落4行目の「まづ故君の御ために、一切経、多宝塔造らせ給ひて、供養し給ひけり」と合致する。
正解は、⑤である。

問５　和歌説明問題

以下、**X**・**Z**の歌の意味とそれに対応する選択肢の検討を行い、その後、**Y**の歌の意味とそれに対応する選択肢を検討することにする。

X

名詞	格助詞	名詞	格助詞	副詞	動詞 カ行四段活用「ふく」連用形	助動詞 過去「き」連体形	名詞	格助詞
我	**が**	**宿**	**に**	**時々**	**吹き**	**し**	**秋風**	**の**
私	の	家	に	時々	吹い	た	秋風	が
私			に	時々	飽きるそぶりを見せていたあなた			が

副詞	名詞	格助詞	動詞 ラ行四段活用「なる」連体形	格助詞	名詞
いとど	嵐	に	なる	が	あやしさ
いっそう	嵐	に	なること	の	不思議さよ
ますます	姿を見せなく		なること	の	不思議さよ

まず、Xの歌を検討する。表面上は、時々吹いていた秋風がいっそう激しくなって嵐になっているのが不思議だという内容になっている。その内容は、和歌直前の一条の北の方から千蔭に宛てた手紙の「ただ今の風のあやしく心細ければ」という言葉とも合うものである。しかし、千蔭の訪れがないことを嘆く一条の北の方が、当の千蔭に宛てた手紙であることを考えると、単に風の様子を詠んで送ったものと解するのは不自然だろう。そこで、訪れのないことを嘆く状況と結びつけて考えると、「秋」に「飽き」、「嵐《あらし》」に「あらじ」が掛けられていることに気づくはずである。つまり、「我が宿に時々吹きし秋風」とは、これまでも一条の北の方に飽きた千蔭の訪れが途絶えがちであったことを指し、「いとど嵐になる」とは、以前にも増していっそう千蔭が自分のもとにいなくなるだろう（＝来なくなるだろう）ことを指しているものと思われる。結句の「あやしさ」は、千蔭の態度がそのように冷淡になったことについて、どういうことか理解できないと、一条の北の方が詠んでいるのである。

選択肢中の、このXの歌の解釈を見ると、①の「それほどまでに千蔭を恋い慕うことを我ながら不思議に思う気持ち」は間違いである。一条の北の方が不思議に思っているのは、千蔭がますます訪れなくなっていることに対してである。また、「風ですすきが人を手招きするようになびく様子を、千蔭の訪れを願う自分の気持ちと重なるもののように感じた」というのも間違いである。この部分は、第一段落3行目にある「待つ人の」の歌を踏まえた説明になっているが、この歌は、すすきが折れ返って人が誰かを招くようになびくのを見て、「私が待つあの人の袖かと思って見ると、そうではなくてすすきの穂が秋風になびいている、そのように、私は飽きられているのだったなあ」と詠んだものであり、「千蔭の訪れを願う自分の気持ち」を表すものではない。③には決定的な間違いはない。千蔭が以前にもまして来なくなり、冷たい態度になったというのは、Xの歌の趣旨に合うし、それはどうしてなのか理解できないという歌を送るのは、冷たい態度を見せられてもなお千蔭に恋心を抱き続けている一条の北の方の気持ちによるものである。④の「自分のつらい現状について腑に落ちない気持ちを詠んでおり」も、間違っていない。千蔭の訪れがないのは一条の北の方にとって「つらい現状」であろうし、「あやしさ」は理解できない気持ち、すなわち「腑に落ちない気持ち」を示す表現である。これらの検討によって、①は間違いであることがわかる。③は和歌Z、④は和歌Yについての記述を検討する必要がある。

設問に引用されたZの歌は、本文中のXの歌と、ほとんど同じだが、

X「秋風の」に対して、Z「秋風も」
X「嵐に」に対して、Z「嵐と」
X「あやしさ」に対して、Z「わびしさ」

の三箇所が異なる。中でも結句の「あやしさ」と「わびしさ」の違いが、歌の意味に違いをもたらしている。

Z

名詞	格助詞	名詞	格助詞	副詞	動詞 カ行四段活用「ふく」連用形	助動詞 過去「き」連体形	名詞	係助詞
我	が	宿	に	時々	吹き	し	秋風	も
私	の	家	に	時々	吹い	た	秋風	も
私			に	時々	飽きるそぶりを見せていたあなた			も

副詞	名詞	格助詞	動詞 ラ行四段活用「なる」連体形	格助詞	名詞
いとど	**嵐**	**と**	**なる**	**が**	**わびしさ**
いっそう	嵐	に	なること	の	つらさよ
ますます	姿を見せなく		なること	の	つらさよ

この表現だと、一条の北の方の歌は、千蔭に対して訪れがないことについて、どうしてなのかと訴えるというよりも、それがつらいのだと嘆く気持ちを伝える内容になっている。

選択肢中の、このZの歌の解釈を見ると、②の「今までも、千蔭が自分に飽きてしまって愛情が薄くなっていることを感じる折はあった」は、上の句の「我が宿に時々吹きし秋風」の意味するところと合致する。また、「最近では、もう訪れはないのだろうと思ってしまうほどに千蔭が姿を見せなくなった」は、下の句の「いとど嵐となる」の意味するところと合致する。そして、この歌が「嘆いている」内容であることは、「わびしさ」とあるから明らかである。よって、②の記述は間違っていない。この「わびしさ」は苦痛を表す表現であって怨恨を表現するものではないので、③の「千蔭に忘れられたことをひたすら恨む気持ちが詠まれている」や、⑤の「相手をなじるような内容」という説明は、このZの歌の解釈として間違っている。これらの検討によって、②が正しいことと、③と⑤が間違っていることがわかる。

Y

名詞	動詞 カ行変格活用「く」終止形	接続助詞	名詞	格助詞	名詞	副助詞
秋	**来**	**とも**	**木草**	**の**	**色**	**し**
秋が	来る	としても	木や草	の	色が	
飽きて	きた	としても	あなたの様子が			

動詞 ラ行四段活用「かはる」未然形	助動詞 打消「ず」連用形	係助詞	名詞	格助詞	動詞 ラ行四段活用「とどまる」連体形
変はら	**ず**	**ば**	**風**	**の**	**とどまる**
変わら	ない	ならば	風	が	留まる
変わら	ない	ならば	他の男	が	目をとめるような

名詞	係助詞	動詞 ラ行変格活用「あり」連用形	助動詞 強意「ぬ」未然形	助動詞 推量「む」終止形
花	**も**	**あり**	**な**	**む**
花	も	きっと ある		だろう
美しいあなたで	も	きっと ある		だろう

Yの歌は、表面上は、「たとえ秋が来ても木や草の色が変わらなければ、風が留まる花もあるだろう」と詠んでいる。木や草の色が変わらない、というのは、秋という季節柄、紅葉しないということであろう。風が留まる花、というのは、ややわかりにくいが、通常、風は花びらを散らせるものというイメージで歌に詠まれる。「本来なら吹き過ぎていくはずの風が、その花を散らせずに花のもとに留まる、そのような花もあるだろう」と詠んでいるのである。ただ、この歌も、一条の北の方が詠んだ、XないしZの歌に対する千蔭の返歌である以上、季節や植物を詠んだだけの歌だと考えるわけにはいかない。千蔭の訪れがないことに疑問を呈する、あるいは嘆く歌への返事であると考えると、XやZの歌と同様、「秋」に「飽き」の意味が込められていると見るべきである。したがって、初句は、「たとえ自分が一条の北の方に飽きたとしても」の意と考えられる。それに続く内容であることや、前書きなどからわかる、千蔭が一条の北の方に対してすっかり愛情を失っていること、それでも千蔭としては「なほのどかに思したれ」と、表面上は一条の北の方を慰める態度で詠んだ歌であることな

どをもとに、「木草の色」「風」「花」がたとえるものを考えて第二句以降を解釈するとよい。また、古典の世界の男女の恋愛では、二人が会うために、男性が女性のもとに通うことが普通である。そのことからすると、吹いて過ぎる「風」は通って来る男性、動かずそこにある「木草」や「花」は女性をたとえているのではないかと考えられる。こうしたことも考えあわせると、「木草の色」が変わらなければ、「風」が留まる「花」もあるだろうというのは、千蔭が離れていくことを嘆いている一条の北の方に対して、千蔭が「あなたの様子が変わらなければ、男が留まるあなたでもあるのだろう」と述べたものと解釈できる。この男は千蔭ではない。なぜなら千蔭は、初句で「秋来とも」、つまり「私があなたに飽きたとしても」と言ってしまっているからである。よって、「木草の色」は一条の北の方の様子、「風」は他の男、「花」は一条の北の方の比喩と捉えることができ、第二句以降には、「一条の北の方の様子が変わらないならば、他の男が留まるあなたもいるだろう」という意味が込められていると解釈できる。

　選択肢中の、このYの歌の解釈を見ると、④の「たとえ自分との関係が途絶えたとしても、あなたには他に恋人が現れるだろう」という説明は、これまで述べたYの解釈に合致して正しい。自分と一条の北の方との関係が途絶えることを詠んでいる内容から、この歌を「そっけなく応じている」と説明することも適当である。⑤は、この歌における「風」を、「花を散らせる」ものと説明しているのが間違いであるし、千蔭の訪れのなさを嘆く一条の北の方の歌に対して、たとえ自分の訪れがなくても他の男が現れるだろう、と応じる趣旨を、「和歌Xの……内容に応じたものであるが、和歌Zの……内容とは対応していない」とする点も間違いである。⑥は「どんなに困窮して心細い境遇になったとしても」が間違い。Yの歌は、一条の北の方の困窮に触れてはいない。また、「心変わりせずに留まろう」も間違いである。これらの検討によって、④が正しいことと、⑤と⑥が間違っていることがわかる。

　よって、正解は、②と④である。

第4問　漢文

【本文出典】

『呂氏春秋《りょししゅんじゅう》』全二十六巻。戦国時代の秦《しん》の呂不韋《りょふい》（?～前二三五）の編と伝えられる。呂不韋はもと大商人であったが、趙《ちょう》に人質として滞在していた秦の公子の子楚を支援して秦王に即位させた後、自分はその宰相として秦の実権を握った人物である。『呂氏春秋』は、春秋・戦国時代の諸学派の学説や逸話などを集大成した書で、「十二紀」「八覧」「六論」から構成されている。「十二紀」には四季の循環・天地万物の変化や人事の治乱興亡などの関係が説かれ、「八覧」「六論」にはそれぞれ諸子百家の儒家・道家・法家などの思想の言説が集められている。本文は「六論」中の「開春論　愛類」から採った。

【資料出典】

『後漢書《ごかんじょ》』全一二〇巻。後漢の歴史を紀伝体で叙述した歴史書であり、皇帝の事績を記す本紀、英雄や臣下などの伝記を記す列伝、天文・地理・官制などを記す志で構成されている。南朝宋の范曄《はんよう》（三九八～四四五年）が記した本紀十巻、列伝八十巻と晋の司馬彪《しばひょう》（?～三〇六年）が著した志三十巻から成る。**【資料】**は、巻三十五「鄭玄《じょうげん》列伝」の一節と、唐の李賢《りけん》が施した注である。

【本文解説】

　本文は、春秋時代の思想家墨子《ぼくし》にまつわる文章で、墨子が弱小国を大国の侵略から守った有名なエピソードである。

　楚は公輸般《こうしゅはん》に命じて「雲梯《うんてい》」という攻城兵器を作らせ、宋を攻めさせようとした。これを知った墨子は楚の攻撃を阻止すべく楚に赴き、楚王に説いた。「宋を手に入れることができず、また宋を攻めることが義に反することでも、それでも宋を攻めるのですか」と墨子に問われた楚王は、「宋を手に入れることができず、義に反することであるならば、宋を攻めたりはしない」と答えた。その言葉を聞いた墨子は、「あなたが宋を手に入れることができないことを実証してみせましょう」と模擬戦の実施を楚王に提案した。そして行われた模擬戦で、墨子は雲梯を擁する公輸般の九度にわたる攻撃を九度とも見事に守り切ってみせた。その結果、楚王は宋への攻撃を断念し、墨子は宋を守ることができたという話である。

墨子の唱えた思想は「兼愛《けんあい》」「非攻《ひこう》」という言葉に象徴される。「兼愛」とは、儒家の唱える「仁」を身分に基づいた差別的なものだと批判し、広く他者を愛する博愛主義を唱えるものであり、「非攻」とは、大国が力によって小国を併合する侵略戦争を否定するものである。本文はまさに墨子の「非攻」を象徴する物語と言えよう。

【資料解説】

後漢の儒学者である何休《かきゅう》（一二九～一八二年）は、孔子の作とされる歴史書『春秋』の解釈『公羊伝《くようでん》』を研究し、『公羊伝』こそが孔子の教えを伝える正統な解釈書であると主張した。**【資料】**は、何休が『公羊墨守』を著述したことを紹介する『後漢書』の一節とその〔注〕である。墨翟《ぼくてき》（＝墨子）が城を固く守ったという比喩を用いて、何休が『公羊墨守』という書名に込めた公羊学を尊ぶ姿勢を紹介している。

【本文の書き下し文】

公輸般《こうしゆはん》高《たか》き雲梯《うんてい》を為《つく》り、以《もつ》て宋《そう》を攻《せ》めんと欲《ほつ》す。墨子《ぼくし》之《これ》を聞《き》き、魯《ろ》より往《ゆ》く。裳《しやう》を裂《さ》きて足《あし》を裹《つつ》み、日夜《にちや》休《やす》まず、十日十夜《じふじつじふや》にして郢《えい》に至《いた》る。荊王《けいわう》に見《まみ》えて曰《い》はく、「臣《しん》は北方《ほくはう》の鄙人《ひじん》なり。聞《き》く、『大王将《だいわうまさ》に宋《そう》を攻《せ》めんとす』と。信《まこと》に之《これ》有《あ》りや」と。王曰《わうい》はく、「然《しか》り」と。墨子曰《ぼくしい》はく、「必《かなら》ず宋《そう》を得《え》んとして、乃《すなは》ち之《これ》を攻《せ》むるか。亡《むし》ろ其《そ》れ宋《そう》を得《え》ず且《か》つ不義《ふぎ》なりとも、猶《な》ほ之《これ》を攻《せ》むるか」と。王曰《わうい》はく、「必《かなら》ず宋《そう》を得《え》ず且《か》つ有《ま》た不義《ふぎ》ならば、則《すなは》ち曷為《なんす》れぞ之《これ》を攻《せ》めん」と。墨子曰《ぼくしい》はく、「甚《はなは》だ善《よ》し。臣以《しんおも》へらく宋必《そうかなら》ず得《う》べからざらん」と。王曰《わうい》はく、「公輸般《こうしゆはん》は天下《てんか》の巧工《かうこう》なり。已《すで》に宋《そう》を攻《せ》むるの械《かい》を為《つく》れり」と。墨子曰《ぼくしい》はく、「請《こ》ふ公輸般《こうしゆはん》をして試《こころ》みに之《これ》を攻《せ》めしめよ。臣請《しんこ》ふ試《こころ》みに之《これ》を守《まも》らん」と。是《ここ》に於《お》いて公輸般宋《こうしゆはんそう》を攻《せ》むるの械《かい》を設《まう》け、墨子宋《ぼくしそう》を守《まも》るの備《そなへ》を設《まう》く。公輸般九《こうしゆはんここの》たび之《これ》を攻《せ》むるも、墨子九《ぼくしここの》たび之《これ》を却《しりぞ》け、入《い》る能《あた》はず。故《ゆゑ》に荊《けい》輟《や》めて宋《そう》を攻《せ》めず。

【資料の書き下し文】

何休《かきう》は公羊《くやう》の学《がく》を好《この》み、遂《つひ》に『公羊墨守《くやうぼくしゆ》』を著《あらは》す。

〔注〕言《い》ふこころは公羊《くやう》の義理深遠《ぎりしんゑん》にして、駁難《ばくなん》すべからざること、墨翟《ぼくてき》の城《しろ》を守《まも》るがごときなり。

【本文の全文解釈】

公輸般が高い雲梯を造り、それを使って宋を攻めようとした。墨子はこのことを聞き、魯から（楚に）向かった。下袴を裂いて足を包んで（保護し）、昼も夜も休まず、十日もの昼夜をかけて（楚の都の）郢に到着した。（墨子は）楚王に謁見して言った、「私は北方の田舎者です。『大王様が宋を攻めようとなさっている』とうかがいました。本当にこのようなことがございますか」と。王は言った、「その通りだ」と。墨子は言った、「きっと宋を手に入れられると考えて、それで宋を攻めるのですか。それとも宋を手に入れられず、さらに宋を攻めることが不義であったとしても、やはり（王様は）宋を攻めるのでしょうか」と。王は言った、「きっと宋を手に入れられず、さらに宋を攻めることが不義であるならば、どうして宋を攻めたりしようか」と。墨子は言った、「たいそうよいことです。私は（王様が）宋をきっと攻略できないだろうと思います」と。王は言った、「公輸般は、天下の名匠である。もうすでに宋を攻めるためのしかけを作った」と。墨子は言った、「公輸般にどうか試しに宋を攻め（る模擬戦を）させてみてください。（そして）私にどうか試しに守らせてください」と。そこで公輸般は宋を攻めるしかけを用意し、墨子は宋を守る備えを用意した。公輸般が九度攻めたけれども、墨子は九度ともその攻撃を退け、（公輸般は）攻め入ることができなかった。そのため楚は（軍を動かすのを）止めて宋を攻めなかった。

【資料の全文解釈】

何休は公羊学を好み、その結果『公羊墨守』を著した。

〔注〕（『公羊墨守』という書名の）意味は、公羊の学問は奥深く、反論しようがないのは、あたかも墨翟が城市を守るようなもの（＝堅牢なもの）である。

【重要語・基本句形】

(1) **重要語**

○ 為《つくル》　作る・造る
○ 以《もっテ》二―ヲ一……　―を……する（目的）・―によって……する（手段・方法）・―のために……する（理由・原因）
　＊「―ヲ」が省略され、「以《テ》……」となることもある。
○ 自《より》二―一　―から
○ 見《まみユ》　（貴人に）お目通りする・謁見する
○ 臣《しん》　わたし（一人称）・臣下
○ 然《しかり》　そうである
○ 乃《すなはチ》　そこで・やっと・かえって・なんと
○ 亡《むしロ》　それとも―・それならば―・―の方がましだ　＝寧《むしロ》
○ 且《かツ》　その上に・さらに
○ 猶《なホ》　まだ・やはり・依然として
○ ―バ則《すなはチ》　仮定・確定の条件を示す
○ 甚《はなはダ》　たいそう・とても
○ 善《よシ》　よい
○ 以《おもヘラク》―ト　―と思う　＝以為《おもヘラク》
○ 不《ず》レ可《べカラ》二―（ス）一　―できない
○ 已《すでニ》　もうすでに
○ 於《おイテここニ》レ是　そこで
○ 不《ず》レ能《あたハ》二―（スル）（コト）一　―できない
○ 故《ゆゑニ》　そのため・だから・したがって
○ 遂《つひニ》　その結果・そのまま
○ 如《ごとシ》二―（スル）ガ／ノ一　―のようだ　＝若

(2) **基本句形**

○ 欲《ほっス》二―（セ）ント一　―しようとする【願望形】
○ 将《まさニ》二―（セ）ント一す　今にも―しようとする・―するつもりだ【再読文字】
○ 有《あり》二―一乎《や》　―があるのか【疑問形】
○ ―（スル）乎《か》　―（する）のか【疑問形】
○ 曷為《なんすレゾ》―（セ）ン　どうして―しようか（、いや、―しない）＝何為【反語形】
○ 請《こフ》―（セヨ）　どうか―してください【願望形】
○ 請《こフ》―（セ）ン（コトヲ）　どうか―させてください【願望形】
○ 令《しム》二Ａヲシテ―（セ）一　Ａに―させる【使役形】

※（セ）は活用語の未然形、（ス）は活用語の終止形、（スル）は活用語の連体形、（セヨ）は活用語の命令形をそれぞれ表す。

【設問解説】

問1　語の意味の問題

(1)「見」には、㋐「みる」と読み「見る・会う」の意味、㋑「まみゆ」と読み「（貴人に）お目通りする・謁見する」の意味、㋒「あらはる」と読み「現れる」の意味、㋓「あらはす」と読み「表し示す」の意味、などの用法がある。また動詞から返る場合には助動詞として㋔「る・らる」と読み「～される」という受身を表す用法もある。

傍線部(1)は、直後に「荊王《ニ》」とあるので、④の用法と判断し、「まみえ」と読み「お目通りして・謁見して」と訳せばよい。各選択肢の意味は、①「発見」は「まだ知られていなかったものをはじめて見つけ出すこと」、②「謁見」は「貴人または目上の人に面会すること」、③「見解」は「物事に対する見かたや考えかた」、④「見聞」は「見たり聞いたりすること」、また、「見たり聞いたりして得た知識・経験」、⑤「見識」は「物事の本質を見通すすぐれた判断力」である。この中で「まみゆ」の用法に該当するのは②「謁見」だけなので、正解は②である。

(2)「於《レ》是」は「是《ここ》に於《お》いて」と読み、「そこで」という意味の接続語である。したがって正解は⑤である。

なお、各選択肢の意味に該当する語としては、①「すぐに」は「即《すなはチ》」「便《すなはチ》」、②「なぜなら」は「何《なんトナレバ》者」「何《なんトナレバ》則《すなはチ》」、③「ちょうど」は「方《まさニ》」、④「しかし」は「而《しかレドモ》」「然《しかレドモ》」、⑤「そこで」は「於《おイテ》レ是《ここニ》」「因《よりテ》」「乃《すなはチ》」などがある。

問2　理由説明の問題

傍線部**A**「墨子聞《キ》レ之《ヲ》、自《リ》レ魯《ろ》往《ク》」は、「墨子はこのことを聞き、魯から(荊〔＝楚〕)に向かった」という意味である。「之」は直前の「公輸般《こうしゆはん》為《つくり》二高雲梯《きうんていヲ》一、欲《ス》下以《テ》攻《メントそうヲ》上レ宋」(公輸般が高い雲梯を造り、それを使って宋を攻めようとした)を示している。つまり、墨子は楚(＝荊)が宋を攻めようとしていると聞いて楚に向かったのであるから、その理由を考えるには、楚に到着してからの墨子の言動をおさえればよい。

楚に到着した墨子は、楚王に「亡《むしロ》其不《レ》レ得《ヲ》レ宋且《ツ》不義《ナリトモ》、猶《ホ》攻《ムル》レ之《ヲ》乎」(それとも宋を手に入れられず、さらに宋を攻めることが不義であったとしても、やはり王様は宋を攻めるのでしょうか)と問いかけている(【設問解説】問3参照)。ここから、墨子が楚王の宋への攻撃を「不義」と判断していることがわかる。したがって、③「大国の政策を有益なものだと考えて、その計画に加わりたいと思った」、④「大国の技術は賞賛すべきものだと考えて、その技術を習得したいと思った」は楚王の行動を好意的に捉えている点で誤りである。また、楚王の宋への攻撃の意志を確認した上で、「請令《メヨ》二公輸般《ヲシテ》試《ミニ》攻《メ》一レ之《ヲ》。臣請試《ミニ》守《ラン》レ之《ヲ》」(公輸般にどうか試しに宋を攻め〔る模擬戦を〕させてみてください。〔そして〕私にどうか試しに宋を守らせてください)(【設問解説】問5参照)と模擬戦を持ちかけて宋を守ろうとする墨子の言動から、②「過ちを天下に知らしめようとした」、⑤「あきらめて受け入れようとした」も誤りであるとわかる。つまり墨子は楚王が宋を攻めようとする行為を「不義」なものであると考えて、それを阻止しようと楚へ向かったのである。これに合致する選択肢は、①「大国の計画を非道なものだと考えたので、その実行を阻止しようとしたから」のみである。したがって正解は①である。

問3　解釈の問題

傍線部後半「猶《ホ》攻《ムル》レ之《ヲ》乎」に着目する。「猶《ホ》攻《ムル》レ之《ヲ》乎」では、句末を「連体形＋か」で読んでおり、助詞「乎」を用いた疑問形であることがわかる(【(2)　基本句形】参照)。「猶《ホ》」が「やはり・依然として」という意味であることに注意して「猶《ホ》攻《ムル》レ之《ヲ》乎」を直訳すると「やはり之を攻めるのか」となるが、「攻める」が「楚王が宋を攻める」ことを指しているのは文脈から明らかなので、「やはり王様は宋を攻めるのですか」と訳すことになる。よって、①「宋を攻めるのでしょうね」、③「宋を攻めることをやめるべきでしょう」、⑤「宋に攻められてしまうことになるでしょう」はいずれも疑問形の解釈として不適当だとわかる。したがって正解は②と④に絞られる。

次に傍線部前半を、「亡《むしロ》」「得」(手に入れる)と「且《かツ》」(その上に・さらに)の意味に留意して解釈する。「亡《むしロ》」は「寧《むしロ》」と同じと考えればよいので、二つのものを比べて一方を選択する意味を表し(【(1)　重要語】参照)、「亡《むしロ》――《トモ》」で、「それとも――・それならば――」の意味になる。したがって傍線部**B**の前半「亡《むしロ》其不《レ》レ得《ヲ》レ宋且《ツ》不義《ナリトモ》」は、「それとも宋を手に入れられず、さらに宋を攻めることが不義であったとしても」と訳せる。これを踏まえて②・④を検討すると、②「宋を手に入れようとして、さらに不義の行いをすることになった」が不適当であるとわかる。したがって正解は④である。

問4　書き下し文と解釈の問題

「臣」には「臣下」という意味の他に、一人称として「わたし」という意味がある（**【⑴　重要語】**参照）。選択肢では「臣」をすべて「私は」と解釈しており、傍線部**C**が墨子の発言箇所であることから、ここでの「臣」は墨子の一人称である。また、「――と思います」という解釈も共通していることに着目すると、「以」は慣用句「以《おもへラク》――《ト》」（――と思う）の用法であるとわかる（**【⑴　重要語】**参照）。「以《おもへラク》――《ト》」の用法を正しく踏まえて「以へらく――と」と読んでいる選択肢は①・②・⑤である。

次に「宋必不可得」について検討する。傍線部の墨子の発言までに繰り広げられていた、墨子と楚王との会話中の「得レ宋《ヲ》」「不レ得レ宋《ヲ》」という表現を踏まえると、「得」（手に入れる）の主体は楚王で、「得」の目的語は「宋」であることがわかる。本来、動詞の目的語はその動詞の直後に置かれるが、場合によって「～については」という意味で動詞の前に置かれることもある。傍線部でも「得」よりも先に「宋」が置かれていることに注意しよう。また、「不レ可《カラ》二――（ス）一」は不可能を表し、「――できない」の意味である（**【⑴　重要語】**参照）。これらを踏まえると「宋必不可得」は「宋必《ズ》不レ可《カラ》レ得」（宋必ず得べからず）と読み、「きっと（楚王は）宋を手に入れることができないだろう」と解釈できる。これらの点を踏まえると、②の「宋は……攻略しようとしている」は「宋が〈何かを〉手に入れる」という内容になってしまうので不適当である。

さらに「必不――」の語順に着目すれば、ここは全部否定「必《ズ》不二――（セ）一」（必ず――しない）の用法であるとわかる。「必」を「必ずしも」と読むのは部分否定「不二必《ズシモ》――（セ）一」（必ずしも――とは限らない）の場合であり、語順は「不必――」となる。よって「必」を「必ずしも」と読んでいる③・⑤は誤りとわかる。したがって正解は①である。

問5　句法の説明の問題

傍線部**D**「請令二公輸般試攻一レ之」は墨子から楚王への発言であり、また直後に「臣請《フ》試《ミニ》守《ラン》レ之《ヲ》」とあることを参考にする。傍線部の「試攻レ之」は、「試《ミニ》守《ラン》レ之《ヲ》」と対応しているので、「試《ミニ》攻《ム》レ之《ヲ》」と読むと考えればよい。

さて、傍線部は、楚王が公輸般の作った「雲梯」で宋を攻めようとするのを墨子が止めようとして模擬戦を申し出る場面なので、「楚王」が「公輸般」に命じて「墨子」を攻めさせるという関係が成立しており、「令」を用いた使役形が用いられていると考えるのが妥当である。「令」を用いる使役形は、「令二A――一」の形で「Aをして――（せ）しむ」と読み、「Aに――させる」と訳す（**【⑵　基本句形】**参照）。したがって「令二公輸般試攻一レ之」は「公輸般をして試みに之を攻めしむ」と読めばよい。また、「請《こフ》――」は願望形で、「請《こフ》――（セヨ）」と句末を命令形で読む場合は「どうか――してください」という意味であり、句末を「請《こフ》――（セ）ン（コトヲ）」と読む場合は原則として「どうか――させてください」という意味である（**【⑵　基本句形】**参照）。これを踏まえると、傍線部直後の「臣請《フ》試《ミニ》守《ラン》レ之《ヲ》」は「私にどうか試しに『之』を守らせてください」と訳出することになるが、それに対して傍線部**D**が「公輸般にどうか試しに『之』を攻めさせてみてください」という内容であれば、「臣請《フ》試《ミニ》守《ラン》レ之《ヲ》」にも無理なくつながる。よって「請《こフ》――（セヨ）」の用法だと判断し、傍線部**D**は「請ふ公輸般をして試みに之を攻めしめよ」と読む。この読みに従えば、「公輸般にどうか試しに宋を攻め（る模擬戦を）させてみてください」と訳出でき、文脈にも合致する。したがって、傍線部**D**に用いられている句法は使役形と願望形であり、正解は②・⑥である。

問６　空欄補充の問題

選択肢は「荊」・「宋」・「魯」の組合せになっていることから、空欄 **a** ・ **b** には、それぞれ国名が入ることがわかる。本文を踏まえて考えると、楚（＝荊）は宋を攻撃しようとしていたが、墨子の活躍によって宋を攻めるのを断念したという展開なのだから、 **a** には宋を攻めるのを止（＝輟）めた「楚（＝荊）」が、 **b** には楚に攻められずに済んだ「宋」が入る。この組合せに合致している選択肢は③である。したがって正解は③である。

問７　内容説明の問題

まず、各選択肢の前半は本文の内容について述べていることに着目する。

本文の展開を整理すると、次のようになる。

1　公輸般の作った雲梯を用いて楚が宋を攻めようとした。（１行目）

2　墨子は楚に向かい、楚王を説得して宋を攻めるのを止めさせようとした。（１～７行目）

3　墨子は公輸般と模擬戦を行い、九度にわたって守りきってみせた。（７～８行目）

4　楚王は宋を攻めることを断念した。（８行目）

この展開を踏まえて、各選択肢の前半の内容を検討すると、②「墨子が大国の脅威から弱小国を守るためにその身を犠牲にした」、③「墨子が公輸般の九度にわたる攻撃に耐えきれず大国の王に助けを求めた」、⑤「墨子が公輸般と協力して弱小国を次々と攻め滅ぼした」は本文の内容と矛盾しており誤りである。よって、正解は①と④に絞られる。

次に、**【資料】**として示された『後漢書』では、何休について「好《ミ》二公羊学《ヲ》一、遂著《ニス》二『公羊墨守』《ヲ》一」（公羊学を好み、その結果『公羊墨守』を著した）と紹介している。「墨守」は、墨子が固い守りで「荊」（＝楚）を退けたという故事から「自説をかたく守って変えないこと」という意味で用いられる語である。『公羊墨守』という書名から、公羊学を重んじる何休の姿勢をくみ取ることができるだろう。さらに、**【資料】**の［注］には「公羊義《ノ》理深遠《ニシテ》、不《ルコト》レ可《カラ》二駁《ばく》難《ス》一、如《キ》二墨翟之守《ルガ》一レ城《ヲ》也」（公羊の学問は奥深く、反論しようがないのは、あたかも墨翟が城市を守るようなものである）とあり、墨子（墨翟）が固く城を守った喩《たと》えを用いて何休が公羊学を奥深く反論しようがないものと捉えていたと説明されている。ここから何休が公羊学を“墨翟が城市を守るように”「堅固」なもの、つまり揺るぎないものであると考えていたと見なすことができるだろう。

これらの点を踏まえて①と④を検討すると、**【資料】**で紹介されているのはあくまでも何休の公羊学に対する態度であって、④「公羊学以外の学派の独善的な主張を論破しようという思い」のように、公羊学以外の学派に対する何休の態度は**【資料】**から読み取ることはできない。一方、①「公羊学が反論を許さないほど優れたものであるという主張」は**【資料】**から読み取ることができる。したがって正解は①である。

なお、「墨守」は故事成語としてはもともと「自説をかたく守って変えないこと」という意味であるが、後に、決して態度を変えない頑《かたく》なさを揶《や》揄《ゆ》する含みを持つようにもなり、現在では「融通がきかないこと」という否定的な意味でも用いられている。故事成語はこのように派生的に異なる意味で用いられるようになることもあるので注意が必要である。

MEMO

第3回 解答・解説

設問別正答率

解答番号第1問	1	2	3	4	5	6	7	8	9	10	11	12
配点	2	2	2	2	2	7	7	7	7	3	3	6
正答率(%)	59.0	46.1	80.9	41.0	85.9	36.8	25.9	25.1	34.3	19.3	46.7	49.5

解答番号第2問	13	14	15	16	17	18	19	20	21	22	23
配点	3	3	3	4	4	8	7	5	5	4	4
正答率(%)	15.3	72.0	15.6	46.4	63.8	73.3	58.5	77.5	49.5	42.7	53.4

解答番号第3問	24	25	26	27	28	29	30	31
配点	5	5	6	6	7	7	7	7
正答率(%)	48.5	36.9	31.6	44.5	18.1	26.8	48.6	30.8

解答番号第4問	32	33	34	35	36	37	38	39	40
配点	4	4	5	5	5	7	7	5	8
正答率(%)	79.8	48.5	71.6	53.7	48.7	40.7	61.1	56.3	42.9

設問別成績一覧

設問	設　問　内　容	配　点	全　体	現　役	高　卒	標準偏差
合計		200	92.2	91.1	106.2	29.7
1	現代文「論理的文章」	50	19.8	19.5	23.4	9.7
2	現代文「文学的文章」	50	27.7	27.4	30.5	10.1
3	古文	50	17.5	17.3	20.3	9.3
4	漢文	50	27.2	26.8	32.0	13.6

現古漢別得点対比表

〈現代文〉

共通テスト換算得点	43以下	44～55	56～63	64～71	72～78	79～84	85以上
偏差値 ➡	37.5	42.5	47.5	52.5	57.5	62.5	
得　点	26以下	27～35	36～43	44～51	52～59	60～67	68以上

〈古　文〉

共通テスト換算得点	7以下	8～11	12～18	19～25	26～30	31～35	36以上
偏差値 ➡	37.5	42.5	47.5	52.5	57.5	62.5	
得　点	5以下	6～10	11～15	16～19	20～24	25～29	30以上

〈漢　文〉

共通テスト換算得点	8以下	9～15	16～22	23～29	30～36	37～42	43以上
偏差値 ➡	37.5	42.5	47.5	52.5	57.5	62.5	
得　点	10以下	11～16	17～23	24～30	31～37	38～44	45以上

【国　語】

【解答・採点基準】

（200点満点）

問題番号	設問	解答番号	正解	配点	自己採点
第1問	問1 (i) (ア)	1	①	2	
	問1 (i) (ウ)	2	①	2	
	問1 (i) (オ)	3	③	2	
	問1 (ii) (イ)	4	②	2	
	問1 (ii) (エ)	5	④	2	
	問2	6	⑤	7	
	問3	7	③	7	
	問4	8	①	7	
	問5	9	④	7	
	問6 (i) X	10	④	3	
	問6 (i) Y	11	③	3	
	問6 (ii)	12	④	6	
第1問 自己採点小計				(50)	
第2問	問1 (ア)	13	①	3	
	問1 (イ)	14	④	3	
	問1 (ウ)	15	④	3	
	問2	16	④ ※	4	
	問2	17	⑥ ※	4	
	問3	18	③	8	
	問4	19	④	7	
	問5	20	① ※	5	
	問5	21	⑤ ※	5	
	問6 (i)	22	④	4	
	問6 (ii)	23	④	4	
第2問 自己採点小計				(50)	

問題番号	設問	解答番号	正解	配点	自己採点
第3問	問1 (ア)	24	④	5	
	問1 (イ)	25	③	5	
	問2	26	⑤ ※	6	
	問2	27	⑥ ※	6	
	問3	28	⑤	7	
	問4	29	①	7	
	問5	30	② ※	7	
	問5	31	⑥ ※	7	
第3問 自己採点小計				(50)	
第4問	問1 (ア)	32	③	4	
	問1 (イ)	33	①	4	
	問2 (1)	34	⑤	5	
	問2 (2)	35	③	5	
	問2 (3)	36	②	5	
	問3	37	②	7	
	問4	38	⑤	7	
	問5	39	③	5	
	問6	40	④	8	
第4問 自己採点小計				(50)	
自己採点合計				(200)	

※の正解は順序を問わない。

【解説】

第1問　現代文

【出典】

【文章Ⅰ】は、野崎歓「翻訳は『裏切り』ではない」の一節、**【文章Ⅱ】**は、阿部公彦「二〇世紀文学と翻訳」の一節である。ともに、『ヨーロッパ文学の読み方——近代篇』（放送大学教育振興会　二〇一九年）の「15　ヨーロッパ近代文学を翻訳で読む楽しみ」所収。いずれの文章も、途中に一部省略があり、数字の表記を改めている。

野崎歓（のざき・かん）は、一九五九年生まれ。東京大学大学院人文科学研究科博士課程（仏文学専攻）中退。専攻はフランス文学・映画論。著書に、『ジャン・ルノワール　越境する映画』、『谷崎潤一郎と異国の言葉』、『異邦の香り——ネルヴァル「東方紀行」論』、『フランス文学と愛』、『翻訳教育』、『アンドレ・バザン——映画を信じた男』、『夢の共有——文学と翻訳と映画のはざまで』、『水の匂いがするようだ——井伏鱒二のほうへ』などがある。

阿部公彦（あべ・まさひこ）は、一九六六年生まれ。東京大学大学院人文科学研究科英語英米文学専攻修士課程修了および、ケンブリッジ大学大学院英語英米文学専攻博士課程修了。著書に、『英詩のわかり方』、『小説的思考のススメ』、『文学を〈凝視する〉』、『善意と悪意の英文学史』、『幼さという戦略』、『名作をいじる』、『史上最悪の英語政策』、『英文学教授が教えたがる名作の英語』、『病んだ言葉　癒やす言葉　生きる言葉』などがある。

【本文解説】

大学入学共通テストでは、複数の題材が組み合わされた問題が出題されることが予想される。今回の共通テスト模試の**第1問**は、「翻訳」をテーマにした二つの文章から出題したが、まずは**【文章Ⅰ】**、**【文章Ⅱ】**、それぞれの内容を正確に読み取り、その上で、**【文章Ⅰ】**と**【文章Ⅱ】**とを関連づけて理解することが大切である。

【文章Ⅰ】

翻訳とは、異質なものと向き合うことを通して自己を問い直し豊かにする営みであり、新たな創造なのだということを述べた文章である。本文を大きく三つの部分に分けて、その内容を確認していこう。なお、形式段落を1〜10と表記し、傍線部**B**の前の四種類の訳文は9に含まれるものとする。

Ⅰ　翻訳は人類にとっての希望である（1〜3）

外国文学を読む際、多くの読者は翻訳書を手に取ることになるが、翻訳は、原語の発音を再現できないことなど、原作に対して何らかの違いや間違いを含む。そこで、翻訳に「一種のアレルギー反応（＝拒否反応）」を示したり、「不信の念」を抱いたりする読者が生まれ、「翻訳家は裏切り者である」という言葉が広まることにもなる。こうした態度や言葉は、「翻訳」を原作通りではないもの、原作には及ばないものとして見ていることを表しているといえるだろう。この点については、**【設問解説】問2**で改めて説明する。（1・2）

だが筆者は、翻訳は「われわれの文化を豊かにする営為」であり擁護されなくてはならないと主張する。ヒューストンが語ったように、世界に広がる多様な文学を愛するためには翻訳が必須なのである。また、「グローバリズム」がいわれながら、その実、異なる社会や文化のあいだの障壁がかえって高くそびえてもいる現代、さらには若い世代が外国文学を敬遠しがちになっている日本の状況を鑑みると、「翻訳」は「人類にとっての希望なのです」というヒューストンの言葉は、傾聴に値するものである。（3）

Ⅱ　翻訳は、異質なものと向き合うことを通して自らを問い直し豊かにする営みである（4〜7）

日本は外国の文物を受容し、それらを自らのものにするために力を注いできたが、そのことは明治期の翻訳からもうかがえる。たとえば宮島春松は、一七世紀のフランスで書かれ、古代ギリシアの文化や文学についての知識を必要とする『テレマックの冒険』を、原作にできるだけ忠実に訳そうと懸命に努力している。（4・5）

一方、フランスでは、原典に照らして正確であるということよりも、フランス語として読みやすいということが長らく重視されてきた。それは、「フランス語こそは最も明晰《めいせき》で美しい言語である」という考えがあったからである。（6）

フランスにおけるそうした姿勢と対立する翻訳のあり方が、一八世紀後半のドイツにおいて提唱された。ベルマンは、翻訳は「つねに異質なもの、異なるものと対峙《たいじ》する（＝向き合う）という試練である」と述べ、翻訳に際して、相手の「他者性」を排除せず、それを「自らのアイデンティティを問い直す契機」とすることで自己が鍛えられ、「新たな同一性（＝アイデンティティ）を獲得する」のだと論じる。3の、翻訳は「われわれの文化を豊かにする営為である」という筆者の見解や、5の、宮島春松が「ギリシア神話やホメロスの『オデュッセイア』の知識を前提にし」た『テレマックの冒険』を翻訳するのに大変に苦労したという出来事からもわかるように、翻訳は、単なる言葉の言い換えにとどまるものではない。翻訳する際には、その言語の背景にある文化と向き合わざるを得なくなる。翻訳するということは、自らとは異質な文化や言語と真摯に向き合い、それらを理解し自らのうちに取りこもうとすることなのである。そして、そうした営みは、自らの文化的、言語的なアイデンティティを問い直し、自らを豊かにすることにつながるのである。（7）

Ⅲ　翻訳は創造である（8〜10）

日本人は、西洋の書物を前に、「巨大な他者としての西洋を理解し、その精髄を咀嚼《そしゃく》（＝物事や文章などの意味をよく考えて味わうこと）してわがものとしようとする努力」を続けてきた。言い換えれば、訳者は、自らとは異なる文化的背景を持つ言語と向き合いながら、「異国の言葉を何とか自国の言葉に移し替え、新たな表現を開花させよう」と努力してきたのである。翻訳文学を読むことは、そうした困難で緊張に満ちた試みに参加することであり、訳者ごとに異なる翻訳の「多様性」は、「翻訳に固有の面白さ」なのである。（8）

現在の日本では、フランス文学の名作『失われた時を求めて』の個人訳を四種類読むことができる。そのことは、翻訳には絶対的な「正解」などなく、翻訳が原作をもとにした「新たな創造」であることを示している。8にも述べられていたように、訳者は、異国の言葉を自国語へと移し替える際に、他者としての文化や言語を自分のものにしようとして「新たな表現」を模索しているのだ。翻訳書を読むことは、「訳者が独自の工夫を凝らして取り組む創造の瞬間に立ち会うスリル」を味わうことでもある。（9・10）

まとめ

翻訳に対する相反する考え方

翻訳は「裏切り」である

・翻訳は原作に対して何らかの違いや間違いを含み、原作には及ばないものである

⇔

翻訳は「希望」である

・翻訳は文化を豊かにする営為である

↑

現代は、翻訳の意義が重視されるような状況にある

・グローバリズムがいわれながら、異なる社会や文化の間にかえって高い障壁がある

・日本では、若い世代が外国文学を敬遠しがちになっている

翻訳に対する異なる姿勢
明治期の日本……原典の内容を忠実に訳そうと努力する
⇔
フランス……原典に正確であることより、自国語としての読みやすさや美しさを重視する
⇔
ベルマンの考え……翻訳は、異質なものと対峙し、自己を問い直し豊かにするものである

筆者の考え
翻訳は、文化的背景の異なる異国の言語を、何とか自国語に移し替え、新たな表現を開花させようとする創造的な営みである
↓
翻訳に絶対的な正解はなく、多様な訳文が生まれる
↓
翻訳文学を読むことは、訳者の創造の瞬間に立ち会うことでもある

【文章Ⅱ】

近代小説において重要なのは「『内面』の描写」であるが、見えない「内面」を言葉に言い換え解釈することは「翻訳」という行為と重なるものであり、近代小説は、人間の心を「翻訳」する方法をさまざまに考えてきた、ということについて論じた文章である。本文を大きく二つに分けてその内容を確認していこう。なお、形式段落は[1]～[10]と表記する。

Ⅰ　近代小説において重要なのは「内面」の描写である（[1]～[3]）

現在一般に「小説」と呼ばれているのは「近代小説」のことだが、太古の昔からあった物語と比べて、その歴史はまだ浅い。そうした近代小説にとって重要なのは「『内面』の描写」である。「内面」ぐらい人間は昔から持っていると思われがちだが、ここでいう「内面」とは「一人一人の人間にそれぞれ別の『個性』なるものがあって、その『個性』はその人が心の中で何を考えているかに基づく」という近代の人間観によるものである。（[1]・[2]）

こうした人間観が広まった近代という時代において、小説というジャンルは、「個人が内面に抱える『個性』を描出する」という役割を担うようになる。そういう点で、小説は「近代文化の産物」である。しかし一方で、小説は「近代文化の生みの親」でもある。つまり、「内面」描写を重視する小説というジャンルの成立は、人間は一人一人別の心を持つ「個性」的な存在だという近代の考え方とそれに基づく文化の形成に大きな役割を果たしたともいえるのである。（[3]）

Ⅱ　小説の内面描写は翻訳という行為と重なるものである（[4]～[10]）

人間の「内面」は奥に隠れていて見えないものである。そういう「内面」を小説として描くには、「内面」を言葉を用いて「言い換え」たり「解釈」したりする必要がある。その点で、内面描写は「翻訳」という行為と通底するものなのである。そして、その内面描写の方法は時代に応じてさまざまに変化してきた。内面描写の方法に「正解」はなく、小説家はそれぞれ知恵をめぐらせながら人間の「心」を描こうと苦心しているのだ。（[4]・[5]）

英文学では、「手紙による告白」という方法を用いて内面を表現する「書簡体小説」が流通した。しかしその後、社会に新しい価値観が生まれると、小説の手法にも変化が見られるようになる。一九世紀の小説では、「登場人物よりもちょっと上の位置にいて、世界全体を見渡すような『目』を備えた」「全知の語り手」が登場するのである。この「全知の語り手」は、登場人物の内面を外からのぞきこんで読者に伝える。こうした手法が主流になった背景には、他者への「共感」の力によって、本来はわかるはずのない他者の心を推し量ることができる、という考えがある。「全知の語り手」が登場人物に共感を寄せながらその内面を語るという手法は、「共感」を価値とす

る考えが社会に根付いていったことで、小説の主流になっていったのだ。ただし、この「全知の語り手」は、小説の登場人物と「ちょっとした距離」を保っている。そして、その人物の内面を時には「敬意や愛」を示しながら、また時には「やや意地の悪いアイロニカルな（＝皮肉のこもった）視線」を送りながら語ってみせるのである。（6〜9）

このような内面描写の方法は、二〇世紀小説になると、より直接的に人物の内面を伝えるものへと変化していく。小説家は「継起する意識そのものを未整理のまま表現したりする」ようになるのである。人間の心を「翻訳」する小説というジャンルにおいて、どのような「翻訳」をするかということは、永遠の課題である。（10）

まとめ

近代の人間観……一人一人の人間には、その人が心の中で何を考えているかに基づく「個性」がある

⇅

近代小説……個人が内面に抱える「個性」を描出する
・内面を言い換えたり解釈したりするという点で「翻訳」と通底する

近代小説における内面描写の方法
・書簡体小説……登場人物が自らの内面を手紙によって告白する

↓

・一九世紀の小説……小説世界全体を見渡す目を備えた「全知の語り手」が、「共感」の力によって登場人物の内面を推測し、人物と一定の距離を保ちながらその内面を語る

↓

・二〇世紀小説……継起する意識そのものを未整理のまま表現したりすることで、直接的に登場人物の内面を伝える

【設問解説】

問1　漢字の問題

二〇二二年一月実施の大学入学共通テストの**第1問**では、漢字の問題五問のうち三問は、傍線部に相当する漢字を含むものを選ぶという、センター試験でも例年出題されていた形式だったが、その他の二問は、傍線部とは異なる意味を持つものを選ぶという、センター試験でも出題されたことのない新しい形式だった。今回の模試では、(イ)と(エ)が後者に当たる。ただし、後者の問題も、選択肢の熟語とその意味を知っていれば正解できるはずだ。日頃から語彙力を身につけるように努力してほしい。

ちなみに、二〇二一年大学入学共通テスト**第1問問1**の選択肢も四択だった。

(i)　**傍線部に相当する漢字を含むものを答える問題**

(ア)　〈隠れているものを外にあらわしだすこと。あらわれでること〉という意味の「露呈」。①は〈つつしんでさし上げること〉という意味の「謹呈」、②は「締結」、③は「調停」、④は「抵触（牴触／觝触）」。「テイショク」の同音異義語に、一般にはあまり使われない「呈色」という専門的な用語があるが、これは〈色彩をあらわすこと〉という意味であり、選択肢の文脈に合わない。したがって、①が正解。

(ウ)　〈ある事象を生じさせるきっかけ〉という意味の「契機」。①は〈無言のうちに、合意や約束が成り立つこと〉という意味の「黙契」、②は「警戒」、③は「系統」、④は「提携」。したがって、①が正解。

(オ)　〈しきりに行われること。たびたび繰り返されること〉という意味の「頻繁」。①は「出帆」、②は〈商品を売りさばく方面〉という意味の「販路」、③は〈草木の生い茂ること〉という意味の「繁茂」、④は「運搬」。したがって、③が正解。

(ii)　**傍線部とは異なる意味を持つものを答える問題**

(イ)　「照らす」には一般に、**a**〈物に光を当てる〉、**b**〈てらしあわせる。基準になるものと比べ合わせて確認する〉といった意味がある。傍線部

(イ)の文脈を確認すると「わが国の現状に照らして」とあり、bの意味で用いられていることがわかる。①は〈照らし合わせて見ること〉という意味の「参照」でb。②は〈光で照らして明るくすること〉という意味の「照明」でa。③は〈照らし合わせ確かめること〉という意味の「照合」でb。④は〈問い合わせて確認すること〉という意味の「照会」でb。したがって、傍線部とは異なる意味を持つ、②が正解。

(エ)「残る」には一般に、〈他が立ち去ったあとまである。生き残る。死後に消えずにある。済んだあとまである。余る〉など、a〈主たるものが去ったあと、それに関連をもつ現象・物事があとにとどまる〉という意味がある。また「残」には、「残忍」、「残虐」といった熟語に見られるように、b〈むごい人。むごい行い〉という意味もある。傍線部(エ)の文脈を確認すると「根底的な差異は頑として残り続ける」とあり、aの意味で用いられていることがわかる。①は〈立秋を過ぎてもなお残っている暑さ〉という意味の「残暑」でa。②は〈消え残った雪〉という意味の「残雪」でa。③は〈まだ処理がつかずに残っている事務〉という意味の「残務」、または〈見残した夢。目覚めてなお残る夢見心地〉という意味の「残夢」だが、いずれもa。④は〈きびしく無慈悲なこと。むごたらしいこと〉という意味の「残酷(残刻)」でb。したがって、傍線部とは異なる意味を持つ、④が正解。

問2　傍線部の言葉が言っていることを答える問題

設問に「本文によれば」とあるが、傍線部が**【文章Ⅰ】**の中に引かれているので、設問でいう「本文」とは当然**【文章Ⅰ】**のことである。**問2**は**【文章Ⅰ】**に即して答えればよい。

では、傍線部の文脈を確認しよう。傍線部の前には「翻訳に対して一種のアレルギー反応(=拒否反応)を示す人たちもいるし、翻訳が原作に対して何らかの違い(あるいは間違い)を含むことを半ば定めとするため、翻訳に不信の念を抱く読者もいる」と書かれ、そうしたことが、傍線部の表現が「広く人口に膾炙《かいしゃ》している(=広く世間の人々に知れ渡っている)ゆえんだ」と記される[1]。そして、[2]では、その「違い(あるいは間違い)」の一つとして、傍線部のイタリア語での表現が持つ「トラデュットーレとトラディトーレという音の類似」を日本語訳に反映させるのは困難だということが取り上げられ、「翻訳によって音を裏切る結果を露呈せざるを得ない」と述べられる。

イタリア語と日本語が別の言語である以上、イタリア語の音を日本語訳に反映させることが困難なのは言うまでもないことだろうが、傍線部の前に「何らかの違い(あるいは間違い)を含むことを半ば定めとする」と書かれているように、異なる言語間で行われる翻訳は、音に限らず(たとえば語の微妙なニュアンスなど)、原作を反映しきれない部分が何かしら存在するのである。

そもそも言語が異なれば、両者の間にさまざまな差異があるのは当然のことであり、それは、[8]の「グローバリゼーションが進み、日本と西洋のあいだの差異がほとんど消えたかのように見えようとも、言語という根底的な差異は頑として残り続ける」という記述からも明らかである。にもかかわらず、言語が異なることに基づく何かしらの「違い(あるいは間違い)」を含む翻訳に対して、「アレルギー反応」を示したり、「不信の念を抱」いたりする人は、翻訳は原作に及ばない、あるいは原作を歪めてしまうものだと捉えているのだろう。つまり、翻訳は原作の価値を損なってしまうという思いが、傍線部の「裏切り者」という言葉に込められていると考えられる。したがって、傍線部の言葉は次のようなことを言ったものだと理解できる。

a　翻訳は、さまざまな違いのある異なる言語間でなされるものである
b　(aのため)翻訳は、原作に対して何らかの違いや間違いを含むことを半ば定めとする
c　(bゆえに)翻訳は、原作の価値を損なうものである

a～cの内容を踏まえている、⑤が正解。他の選択肢についても確認しておく。

①「翻訳家はそうした誤謬《ごびゅう》（＝間違い）を無くすようにしなければならない」が、bと矛盾しており不適当。a・bのような翻訳において、「間違い」を完全に無くすことは不可能である。また、この選択肢は設問に対応していない。ここで問われているのは、翻訳家が「裏切り者である」とはどういうことかであって、〈裏切り者にならないようにすべきだ〉ということではない。

②「翻訳文学を敬遠する風潮が広がっている」が、傍線部と無関係な内容であり不適当。ここで問われているのは、「翻訳家は裏切り者である」という言葉の内容である。たしかに[3]にあるように、「翻訳文学を敬遠する風潮が広がって」はいるが、そのことと傍線部の言葉が言っていることとは、同じではない。

③「原作の内容をいくら正確に翻訳したとしても、原語の音を翻訳に反映させることは困難であり」が不適当。これでは、「音」以外は「正確に翻訳」することが可能であるという意味が読み取れてしまい、bに反する。また、「そうした点で翻訳には限界が生じてしまう」も、翻訳の「限界」を「音」の問題だけに限定しており、不適当。

④「翻訳は自らの言語や文化よりも原作のそれを優先する」も、「自文化をより豊かにしたいという翻訳家の思い」も、傍線部とは無関係な内容であり、不適当。

問3　傍線部についての筆者の考えを答える問題

設問に「筆者はどのように考えているのか」とあるが、傍線部が**【文章Ⅰ】**の中に引かれているので、設問にある「筆者」とは**【文章Ⅰ】**の筆者のことである。**問3**も、**問2**と同様、**【文章Ⅰ】**に即して答える問題である。

では、まず傍線部について考えよう。傍線部には「同一の作品でありながら、訳文はそれぞれに微妙な違いを示している」とある。原作が同じなのに、なぜ訳文に「微妙な違い」が生じるのだろうか。

[7]で、翻訳は「異なるものと対峙《たいじ》する（＝向き合う）」ことであり、翻訳に際しては、「相手の他者性を認識しながらも排除せず、むしろそれを自らのアイデンティティを問い直す契機として自己を鍛え上げ、新たな同一性（＝アイデンティティ）を獲得する」のだという、ベルマンの考えが取り上げられている。そして、こうした考えを踏まえて、筆者は[8]で、「巨大な他者としての西洋を理解し、その精髄を咀嚼《そしゃく》（＝物事や文章などの意味をよく考えて味わうこと）してわがものとしようとする努力」を続け「異国の言葉を何とか自国の言葉に移し替え、新たな表現を開花させよう」としてきた日本人の営為には、ベルマンの論が当てはまると述べる。

ここで、翻訳は「われわれの文化を豊かにする営為である」という[3]の記述を思い出そう。**【本文解説】**の**【文章Ⅰ】**のⅡでも説明したように、たとえば日本人は、西洋の書物を前にしたとき、日本とは文化的な背景の異なる西洋を理解し、その本質を自分のものにしようとして努力し翻訳してきた。そうした営みにおいては、自らの文化的なアイデンティティを問い直す必要もあったろう。そうしたことを通して西洋の本質を自分のものとして咀嚼したとき、日本人は新たなアイデンティティを獲得し、文化的に豊かになったはずである。

こうした筆者の考えを踏まえるならば、訳者は、自らと異なる文化を背景に持つ異国の言葉と真摯に向き合い、自らの文化や言語を問い直しながら、異質な文化や言語を何とか訳文に反映させようとしているのだと言える。そうした一人一人の努力の結果として、翻訳書に表れた「形」は、訳者によって「多様」なものになるのである。とすれば、同一の作品でありながら訳文に微妙な違いがあるのは、むしろ必然的なことであろう。

そして、このことについての筆者の考えは、[10]にまとめられている。翻訳は「（プリズムが分光するように）多様なスペクトルを描き出す」ものであり、「絶対的な『正解』」というものはない。翻訳は、「訳者が独自の工夫を凝らして取り組む創造」なのである。以上の内容をまとめると、次のようになる。

a　翻訳は、文化的な背景の異なる言語に真剣に向き合い、それらを自らのうちに取り込もうとする営みである

b　（aの際には）自らの文化的、言語的アイデンティティを問い直すことになる

c　（a・bの結果生まれた）翻訳は、訳者一人一人の努力が反映された多様なものになる

d　翻訳は、訳者が独自の工夫を凝らして取り組む創造である

a〜dの内容を踏まえている、③が正解。他の選択肢についても確認しておく。

①　この選択肢の前半は、単に〈翻訳は厳密で正確であるべきだ〉と述べているだけであり、bを踏まえていない点で、不正確である。また、「翻訳書に表現の違いが生じることは是非もない」も、c・dといった筆者の考えを踏まえたものになっていない。「是非もない」は〈しかたがない。やむを得ない〉という意味だが、筆者は、翻訳を「新たな創造」であると捉え、そうした翻訳書を読むことに「楽しみ」を見出している（[10]）のであって、「是非もない」と否定的に捉えているのではない。

②　「翻訳が、翻訳する側の事情にあわせて原作を書き換えるものである以上」が不適当。[6]に「翻訳する側の事情にあわせ勝手に書き換えることのほうが推奨される」という記述があるが、これはかつてのフランスの考え方であり、筆者の考えに沿ったものではない。

④　「訳者は文化の理解そのものよりも表現に独自の工夫を凝らす」という比較は、本文のどこにも述べられておらず、不適当。むしろ、a・cで指摘したように、異質な文化を理解しようとすることが、訳書の表現の工夫につながるのだと考えられる。

⑤　まず、「できる限り多様な訳文が案出されることが望ましく」が不適当。筆者は、「訳文」が「多様」であればあるほど良いといったことを述べてはいない。また、「他の訳文を凌駕《りょうが》する個性的な表現を創造することが訳者の真骨頂である」も不適当。訳者が独自の工夫を凝らすということは本文に述べられているが、「他の訳文を凌駕する（＝他のものをしのいで、その上に出る）」ことが「訳者の真骨頂（＝本来の姿。真価）」であるとは、本文のどこにも書かれていない。

問4　傍線部の意味する内容を答える問題

まず、設問の要求を正しく理解しよう。傍線部は「小説は一方で近代文化の産物でもあるとともに、近代文化の生みの親でもあったのである。」という部分に引かれているが、設問で問われているのは、「『小説』が『近代文化の生みの親』であるとはどういうことか」である。そこで、まず本文（**【文章Ⅱ】**）に即して、「小説」が「近代文化の産物」であるとはどういうことかを理解し、その上で「近代文化の生みの親」であるとはどういうことかを読み取っていこう。

まず前者についてだが、その説明は[2]に述べられている。傍線部でいう「近代文化」とは、近代の人間観のことであり、それは「一人一人の人間にそれぞれ別の『個性』なるものがあって、その『個性』はその人が心の中で何を考えているかに基づく」というものである。つまり、傍線部の前半で述べられているのは、〈小説は、人間は一人一人異なる心を持っており、そうした心に基づいて各人の個性が形づくられるという近代の人間観によって生まれた〉ということである。

こうした傍線部の前半に対して、設問で問われている傍線部の後半は、因果関係が逆になっている。傍線部の前半は、〈近代文化→小説を生んだ〉という順番であるが、傍線部の後半は、〈小説→近代文化を生んだ〉という順番である。筆者は、どちらの因果関係も成り立つと考えているのである。そこで、先ほどの傍線部前半の内容を、因果関係を逆転させて傍線部の後半に当てはめてみると、〈小説が生まれたからこそ、人間は一人一人異なる心を持っており、そうした心に基づいて各人の個性が形づくられるという近代の人間観が生まれた〉という意味になる。というのも、ここでいう「小説」とは、2の冒頭に述べられていたように、『内面』の描写」を重視するものである。内面描写を重視する小説というジャンルが成立し社会に広まっていけば、そうした小説を読むことを通して人々は、人間にはそれぞれ異なる心、すなわち「内面」というものがあるのだと理解するようになる。そして、その「内面」によってそれぞれの人間の「個性」が形成されるという近代の人間観を受け入れるようになっていくのである。以上の内容をまとめると、次のようになる。

a　小説は人間の内面を描写するものである

b　（aのような）小説が読まれるようになったことで、人間は一人一人異なる心を持っており、そうした心に基づいて各人の個性が形づくられるという近代の人間観が受け入れられていく

a・bの内容を踏まえている、①が正解。他の選択肢についても確認しておく。

② 本文と照らして誤りを含む内容ではないが、設問で問われていることから外れており、不適当。この選択肢は、小説が近代の人間観（近代文化）から生まれたという傍線部前半の内容を説明しているだけで、設問で問われている、小説が「近代文化の生みの親」だということの説明になっていない。

③ 「小説は各自に固有な内面の表現の仕方が旧来の物語のそれとは異なっている」が不適当。1の最後に「そこ（＝近代小説）には旧来の物語にはないいくつかの明確な特徴がある」と述べられ、その「特徴」の中でもっとも重要なものが「『内面』の描写」である（2）と記されている。そして、「昔の人だって、内面くらいあっただろう」と反論する人もいるかもしれないが、「近代へと時代が移行する中で、『内面』の持つ意味合いが変化した」のだと述べられる。先ほども確認したように、近代における「内面」とは、一人一人の人間がもつ「個性」につながるものである（2）。つまり、本文で述べられているのは、「旧来の物語」には一人一人に固有なものとしての「『内面』の描写」はなかったということだ。にもかかわらず、この選択肢では、旧来の人間にも近代の人間にも「各自に固有な内面」があり、「小説」と「旧来の物語」とではその「各自に固有な内面の表現の仕方」が「異なっている」と説明されている。したがって誤りである。

④ 「人間ならば誰もが有している内面の普遍性を描出する」が不適当。2に「近代へと時代が移行する中で、『内面』の持つ意味合いが変化した」とあるように、小説が描出するのは近代の人間観に基づいた「内面」であり、「普遍性（＝いつでもどこでも通用する性質）」を持つものではない。

⑤ 「不可能を可能にすることで文化が創造される」が不適当。そのようなことは本文のどこにも述べられていない。

問5　【資料】を【文章Ⅱ】に即して説明した内容を答える問題

【資料】と本文とを関連づけて理解する問題である。このような問題では、設問の要求を正しく読み取り、どこに根拠を求めて答えればよいかを把握した上で、選択肢を吟味しよう。

設問には、**【資料】**は「一九世紀にイギリスで書かれた小説の一節」であり、「**【文章Ⅱ】**の筆者は、**【文章Ⅱ】**と同じ出典の別の箇所で、これを一九世紀の小説の典型として引用している」とある。**【資料】**の表現を**【文章Ⅱ】**に即して説明したものを選ぶことが求められているのだから、まず、**【文章Ⅱ】**において、一九世紀の小説の表現にはどのような特徴があると述べられているかを読み取ることが必要である。**【文章Ⅱ】**の内容を確認しよう。

【本文解説】の**【文章Ⅱ】**でも説明したように、近代小説においては

『内面』の描写」が重視されている。その内面描写の方法もさまざまに試みられているのだが、一九世紀の小説で頻繁に見られるのは、「全知（＝作中のことをすべて知っている）の語り手」が登場人物の内面を語るという方法である。これが一九世紀の小説の典型的な方法と考えてよいだろう。まず[7]を見てほしい。「登場人物よりもちょっと上の位置にいて、世界全体を見渡すような『目』を備えた語り手」が登場し、その語り手が「登場人物の内面を外からのぞきこんで、かわりに私たち読者に伝える」のが一九世紀の小説である。次いで[8]を見ると、「こうした語りの方法が主流になる背景にあったのは、『共感』という価値への注目である」と述べられている。本来はわかるはずのない「他者の心」を、「共感の力」を通して推し量る行為が価値あるものとされ、「小説家も登場人物の心の中を推し量ることに力を注ぐようになる」のである。

　このように、一九世紀の小説で主流になるのは、登場人物に「共感」することでその人物の内面を推し量って描写するという方法であるが、[9]に述べられているように、そこでの語り手は、「登場人物への敬意や愛を示したり、逆にやや意地の悪いアイロニカルな（＝皮肉のこもった）視線を送ったりする」。そのような描写が見られるのは、語り手と登場人物との間に一定の「距離」ができているからである。語り手は、登場人物の心情に好意的に寄り添ってばかりいるというわけではないのである。以上の内容をまとめると、一九世紀の小説で主流だった方法は、次のようになる。

a　小説世界全体を見渡すような「目」を備えた「全知の語り手」が存在する

b　語り手は「共感」の力を通して登場人物の内面を推し量って語っていく

c　語り手は登場人物と一定の距離を保っており、登場人物に対して肯定的な目を向けることもあれば、否定的な目を向けることもある

　では、これらを踏まえて、【資料】を見てみよう。【資料】では、領主の息子に捨てられ、彼に復讐《ふくしゅう》しようと考えている「自分」の心の内が語られる。それは、a・bに示したように、「全知の語り手」が、「共感」の力を通して「自分」（＝登場人物）の内面を推し量って語ったものだと理解することができる。しかし、【資料】の最後の一文は、登場人物である「自分」の内面に寄り添って書かれているのではない。「自分」のような人物のことを「不幸な人々」と一般化した上で、そうした人々に対して「自分のその不幸は、自分ほどには不幸でない人からもたらされたものである、と思わずにはいられない」と、そのありようを冷静に評している。こうした表現は、語り手が登場人物と距離を置いて、やや否定的な目を向けていることを表したものだと理解できるだろう。cの内容を【資料】に即して説明すると次のようになる。

c'　語り手は登場人物と一定の距離を保ち、そのありようを冷静に評してもいる

a・b・c'の内容を踏まえている④が正解。他の選択肢についても確認しておく。

①　「主語を転換させ」ているからといって、「複雑な人間関係を描き出している」とは必ずしも言えない上に、「語り手」が「一貫して『自分』に共感する姿勢を保ち続けている」がc'に反しており、不適当。また、aの説明が欠けている点でも不十分である。

②　「彼女の内面を未整理のままに描いている」が不適当。【文章Ⅱ】の[10]で述べられているように、そうした描写は「二〇世紀小説」の特徴であり、一九世紀の小説の典型である【資料】の表現には当てはまらない。

③　a・bの説明がないという点で不適当。「汚いぼろをまとったまま」「顔もやつれたまま」といった「自分」の「様子」は取り上げられているものの、近代小説にとって重要な「内面」の描写について言及してい

ないため、【文章Ⅱ】に即したものとはいえない。

⑤「『自分』はそれほどには『不幸でない』という真実をあからさまにする」が不適当。「自分」が本当は不幸ではないといったことはどこにも述べられていない。むしろ、【資料】の最後の一文では、「自分」のような人物のことを「不幸な人々」といっているのである。

問6

(i) **【文章Ⅰ】と【文章Ⅱ】に即して作成した【メモ】の空欄を補う問題**

【メモ】と本文とを関連づけて理解する問題である。問6の設問の最初の部分を見ると、【メモ】の空欄に入る内容は、【文章Ⅰ】や【文章Ⅱ】を踏まえたものだということがわかる。二つの空欄の文脈を順に確認していこう。

X について。【メモ】の冒頭には、【文章Ⅰ】に「翻訳に対する二つの対照的な考え方が示されている」と書かれ、「翻訳は『裏切り』である」という考え方と「翻訳は『希望』である」という考え方が対比されている。そして、X に入る内容は、後者の考え方を筆者が「支持したい」と思う理由に当たる、「いま」の「世界」の「状況」だということが読み取れる。両者の考え方について述べられていた、【文章Ⅰ】の1～3を確認しよう。

まず1に「翻訳家は裏切り者である」という前者の考え方が記され、2でその考え方についての説明が加えられる。そして、3で「翻訳は、裏切りではないというだけではありません。それは人類にとっての希望なのです」という後者の考え方が述べられる。さらに筆者は、「あらゆる局面でグローバリズムがいわれながら、その実、異なる社会や文化のあいだの障壁がかえって高くそびえてもいる現代において――さらには若い世代が〝ガイブン〟（＝外国文学）を敬遠しがちになってしまったわが国の現状に照らして――傾聴するに足る意見ではないだろうか」と続けているので、この内容が、筆者が後者の考え方を支持したいと考えている理由に当たる。ただし、先ほど確認したように、この空欄に入るのは「いま」の「世界」の「状況」である。「わが国の現状」についてのみ述べた内容はそれには当たらない。したがって、X には「あらゆる局面でグローバリズムがいわれながら、その実、異なる社会や文化のあいだの障壁がかえって高くそびえてもいる」という内容が入ることになる。この内容がまとめられている、④が正解である。他の選択肢はこの内容から外れているので不適当だが、念のため確認しておく。

①「地域差が消失している」が【文章Ⅰ】を踏まえたものではない。これに関することは8に述べられているが、「グローバリゼーションが進み、日本と西洋のあいだの差異がほとんど消えたかのように見えようとも」とあるだけで、実際に「地域差が消失している」とまでは述べられていない。

② 先ほど指摘した通り、この選択肢に述べられている内容は「日本」の現状であり、設問で問われている「世界」の現状ではない。

③【文章Ⅰ】のどこにも述べられていない内容である。

Y について。【メモ】の Y の前の行に、「【文章Ⅱ】では、翻訳と近代小説との関係が述べられている」とあり、両者の関係を説明した内容が Y に入ることは明らかである。【文章Ⅱ】の1～4を確認しよう。

1・2では、「近代小説」というジャンルの特徴のうち「もっとも重要なもの」は「『内面』の描写」であることが指摘され、3で、「近代小説」は「個人が内面に抱える『個性』を描出するという役割を担うようになる」と述べられる。そして4で、そのような「近代小説」における「内面描写では、必ず言い換えや解釈といった要素がからんでくる」のであり、そこでは「奥に隠れていて見えない」ものである「内面」を「表にさらす」ための「『加工』や『変換』が必要となってくる」と説明される。「内面描写」のこうした面を踏まえて、筆者は「内面描写が翻訳という行為と重なるのはそこである」というのである。つまり、人間の内面というものを言葉を用いて「言い換え」たり「解釈」したりする近代小説の描写は、ある言語を他の言語によって言い換えたり解釈したりするものである「翻訳という行為」と通底するということだ。したがって、[Y]には、〈近代小説の特徴のうち重要なものである「内面描写」は、言い換えたり解釈したりして表現するという点で、翻訳という行為と通底している〉という内容が入ることになる。この内容を、近代小説と翻訳との「関係」に即して簡潔にまとめている、③が正解である。「内面描写」は近代小説の特徴のうち「もっとも重要なもの」であるので、「近代小説の本質的なあり方」と説明することに問題はないだろう。他の選択肢はこの内容を踏まえていない点で不適当だが、念のため確認しておく。

① たしかに近代小説の特徴のうち「最も重要」なものは「内面の描写」だが（[2]）、翻訳においても「内面の描写」が「最も重要だと考え」られていると言える根拠は**【文章Ⅱ】**のどこにもない。

② 近代小説について、「内面」という「抽象的なもの」を言葉を用いて「具体化しようとする」ものだと解釈することは可能かもしれないが、もしそう解釈したとしても、翻訳について「抽象的なものを具体化しようとする」ものだといえる根拠は**【文章Ⅱ】**のどこにもない。

④ 「近代小説」が内面を描写する際の手法が変化していることは**【文章Ⅱ】**に述べられているが、「近代小説の登場」が「翻訳の手法に変化をもたらしている」ということは**【文章Ⅱ】**のどこにも述べられていない。

(ii) **【文章Ⅰ】と【文章Ⅱ】および【メモ】を関連づけて理解する問題**

生徒の「翻訳」についての発言のうち、**【文章Ⅰ】**、**【文章Ⅱ】**、**【メモ】**の内容を踏まえた発言として**適当でないもの**を選ぶ問題である。選択肢をそれぞれ吟味していこう。

① **【文章Ⅰ】**と**【文章Ⅱ】**は「ともに翻訳について述べて」おり、**【メモ】**も「翻訳」についてまとめたものになっている。ただし、**【文章Ⅰ】**に述べられているのは、ある言語を他の言語に置き換えて表すという一般的な意味でいう「翻訳」のあり方であり、**【文章Ⅱ】**で述べられているのは、近代小説の内面描写のあり方が「翻訳」という行為と通底するということである。したがって、両者の「観点」は確かに「異なっている」といえる。また、**【文章Ⅱ】**の[10]にある「これもまた人間の心の『翻訳』。小説というジャンルの翻訳をめぐる冒険はまだまだつづくのである」という記述からも明らかなように、**【文章Ⅱ】**では、一般的な意味の「翻訳」だけでなく、近代小説の内面描写も、作中人物の心の声を言葉に置き換えて表現するという意味では「翻訳」のようなものだと述べられている。したがって、「**【文章Ⅰ】**よりも**【文章Ⅱ】**の方が、翻訳という行為を広い意味で捉えていることが読み取れる」という部分も適当である。

② **【文章Ⅰ】**の[4]～[8]では、日本の明治期の翻訳のありようや、かつてのフランスの翻訳に対する考え、また一八世紀後半のドイツで巻き起こった翻訳の一大ムーブメントなどが取り上げられている。**【文章Ⅱ】**の[1]～[3]では、太古からあった物語とは異なる近代小説の特徴が説明され、[6]～[10]では、内面描写の方法の時代による変化が説明されている。したがって、「**【文章Ⅰ】**と**【文章Ⅱ】**の共通点として、翻訳を歴史的な視点から捉えていることがあげられる」という部分や、「翻訳についての考え方は地域や時代ごとに異なる」という部分は適当である。さらに、**【文章Ⅰ】**の[9]・[10]には〈翻訳をする人によって訳文はそれぞれ異なるのであり、翻訳は新たな創造である〉といったことが書かれ、**【文章Ⅱ】**の[5]には「今現在も、小説家はあれこれ知恵をめぐらせながら、どうやって人間の『心』を描くかに腐心している」、[10]には「小説というジャンルの翻訳をめぐる冒険はまだまだつづくのである」と述べられている。したがって、「百の人間がいれば百の翻訳があると言うこともできるのだから、翻訳という行為の可能性は無限に広がっている」

という部分も適当である。

③【文章Ⅰ】の5や8では確かに「明治期の日本の翻訳にも言及されて」おり、「当時の日本人が西洋を大いなるものと捉え、その文化の精髄をわがものにしようと奮闘していた姿がうかがえるエピソード」に対応する記述がある。また、6には「翻訳する側の事情にあわせ勝手に書き換えることのほうが推奨される」という、明治期の日本とは異なるフランスの考え方が述べられているので、「それとは異なるあり方として、自国語の美しさを最優先にするやり方もある」という部分も適当である。

④「【文章Ⅰ】でいう翻訳も、【文章Ⅱ】でいう翻訳も、時代によってさまざまに変化してきた」という部分は、②で説明した通り適当である。しかし、「その時々の流行に惑わされることなく、誰もが納得できる翻訳の方法を見つけていきたいものだ」という部分は、【文章Ⅰ】、【文章Ⅱ】、【メモ】のいずれにも根拠のない内容である。むしろ、【文章Ⅰ】の10にある「翻訳がどこまでいっても絶対的な『正解』ではなく、畢《ひっ》竟《きょう》（＝つまるところ）、相対的なものに留《とど》まる」という記述や、【文章Ⅱ】の5にある「流行はあってもおそらく正解はないのだ」という記述からは、「誰もが納得できる翻訳の方法」などという「正解」は見つからないという考えを読み取ることができる。したがって、適当でないものとして④が正解である。

第2問　現代文

【出典】

木山捷平「氏神さま」の一節。「氏神さま」は、一九四三年三月に「文芸」に掲載された。後に、講談社文芸文庫『氏神さま・春雨・耳学問』（一九九四年）などに収録されている。今回の本文は、旺文社文庫『耳学問・尋三の春』（一九七七年）によった。

木山捷平（きやま・しょうへい）は、一九〇四年岡山県生まれ。詩人として出発し、後に小説家に転じた。自らの身辺を綴《つづ》った作品が多いが、ユーモアと同時に哀感を湛《たた》えた作風に定評がある。主な著作に「うけとり」「耳学問」「大陸の細道」などがある。一九六八年、死去。

【本文解説】

二〇二二年一月実施の大学入学共通テストの**第2問**では、小説中で用いられている単語に注目し、それを辞書の記述や俳句と結びつけるという問題が出題された。今回の**第2問**では、こうした新傾向の出題にならい、本文中の短歌や俳句に関わる問題を設けた。

それでは、本文を三つの場面に分けて、その内容を確認していくこととしよう。

1　子郎の身に起きた事故（冒頭～26行目）

本文は、「母親を連呼する泣声《なきごえ》」を聞いたハツが、息子である子郎の身に「徒事《ただごと》ならぬ」ことが起きたことを感じ、玄関を飛び出るという緊迫した場面から始まる。ハツは泣いている子郎を座敷に抱き上げたが、子郎の身に何が起きたのかはっきりとはわからない。ハツは「事の真相」を知ろうと、子郎と「まるで青鬼赤鬼が喧嘩《けんか》でもしているよう」に、もつれあうが、子郎の左の腕に異変が起きているのに気づいたのは、それから二、三分後のことであった。急いで着物を脱がしてみると、子郎の「小さな左腕は赤く血走ってぐんにゃり飴棒《あめぼう》のように曲《まが》って」いた。一方、父親である「彼」は、無惨に曲がった子郎の左腕を直視することができず、ただ、怒鳴るような口調で子

郎を励ますことしかできなかった。（1～7行目）

ハツは、左腕に怪我をした子郎を背負い、接骨医院を捜しに出かけたが、「彼」は、たいしたことではないとでもいうかのように「わざと鷹揚《おうよう》に（＝ゆったりした様子で）家に残った」。しかし、そのくせ「一人で家にいると却《かえ》って不安が萌《きざ》した」。「彼」は、子郎が「どんな所でどう怪我《けが》をしたか、知って見たい」という思いから、事故が起きた現場に出向くが、そこには「錆《さ》びた五寸釘が幾本も突き出て」いる「古材木が乱雑に積まれ」ていた。それに気づいた「彼」は、「まかり間違えばあの古釘で頭をがっと突き刺されなかったとも限らない」、そうなっていたら左腕の怪我どころではなかったと思うと、恐怖で「身がぞくぞくして」、急いで家にひきかえしてしまった。（8～16行目）

不安なまま帰りを待つ「彼」のもとにハツが帰ってきたのは、「一時間も長い時間が経《た》って」からだった。ハツは、「彼」に対して、骨折しているが、子供だからすぐ治ると医師から言われたということを伝えたが、このときのハツは、「もう一安心したのか案外落着《おちつ》いた」様子だった。一方「彼」は、「なアに、腕の骨折くらい柔道の道場なんかじゃ始終あることさ。心配はないよ」と、「叫ぶように言う」。「叫ぶように言う」という表現から、「彼」の気持ちが高揚していることがわかるが、そう叫んだ「彼」は、「はじめてほっとした気がして来た」。（17～21行目）

しかし、当然のことだが、すぐに子郎の痛みがとれるわけではない。「子郎はこの夜まんじりともせず（＝一睡もせず）に泣きつづけた」。「痛みと泣声とが渾然《こんぜん》一体と」なった「子の哭声《なきごえ》」が気になり、自分も寝つくことができない「彼」は、「いっそ骨折と決《きま》れば（骨折は日がたてば必ず快癒するものである以上）、子の哭《な》くのもそれが快癒に至る一つの過程である」のに、それでも安心して「眠ることの出来ぬ自分の脆弱《ぜいじゃく》が悲しまれた」。そして、「愚かな父母」である自分たちの「不注意から、子の肉体を傷つけたことが、とりかえしのつかぬ悔恨となって」襲ってくるのだった。そして、結局は「やっぱしこの子は出生が神にめぐまれず、骨の組織も人並《ひとなみ》より脆《もろ》いのだろうか」というところに考えが至り、一人胸をいためるのだった。（22～26行目）

この[1]では、**子郎の骨折という事件を通して、ハツや「彼」の我が子に対する強い愛情が描かれていたが、父親である「彼」が、いつまでも子郎の怪我を気に病み、子郎の身体が脆弱であることを心配し続けていたという**ことを押さえておこう。

[2] 幼い娘を亡くした、かつての同僚との交流（27～61行目）

[2]は、秋も深まったころ、炬燵《こたつ》でうたたねしている「彼」をハツがゆり起こす場面から始まる。ハツは「彼」に対して、子郎が「父ちゃん、母ちゃんをいじめちゃ嫌だよ」と寝言を言っていたということを伝えたかったのである。「彼」は子郎の寝言を聞いておらず、子郎も自分の寝言を覚えている可能性はほとんどないだろう。つまり、ハツは、「彼」が本当かどうか確かめようのない子郎の寝言を利用して、「彼」に、自分をもっと大切にしてくれてもいいのではないか、ということをほのめかしているとも考えられるのだ。（27～33行目）

しかし、こうした計算高いとも言えるハツの態度に対して、「彼」は機嫌を悪くするようなことはなかった。それは、「その夜心が久し振りに素直になれていた」からである。そして、「彼」がそうした素直な気持ちになることができたのは、その日の夕方、「旧知の飯村章吾《しょうご》」が寄越《よこ》した「一葉の印刷私製ハガキ」を読んだからだった。（34～36行目）

飯村が寄越したハガキは、長女美枝の葬儀に参列してくれた人宛に作られたお礼の葉書であり、図画の教師である飯村が描いたとおぼしき「幼《おさ》な子の死顔《しにがお》のスケッチが写真版で挿入され」ていた。飯村は、「彼」にとって、かつての同僚であり、僅かな期間とはいえ、比較的親しくつきあっていた人物だが、その後交際は絶えていた。したがって、「彼」は飯村の長女の死をその葉書によって初めて知ったのだが、それとともに、同僚だったころ飯村が、病気がちの赤ん坊と妻の健康を案じ、自分の通勤が不便になることも厭《いと》わず、都会を離れようとしていたことを思い出す。そしてその後三年の月日がすぎて、「折角転居の甲斐《かい》もなく愛児」は亡くなってしまった。「彼」は、長女の死に際し、こうした葉書を作り、かつての同僚である「彼にも頒《わか》ち寄越した」飯村の「心のありかが思いやられ」つらい気持ちになるのだった。（37～48行目）

「彼」は、飯村が送ってきた葉書に対する返事として三首の弔歌（＝死者を弔う歌）を書き記した。「作歌の修業」をしたわけでもない「彼」が歌を作ったのは、「通り一片（＝うわべだけで誠意のないこと）の悔《くや》み状を出すより、章吾もきっと喜んでくれそうな気がし」たからである。「彼」が「その夜心が久し振りに素直になれていた」（34行目）のは、こうした出来事が「彼の気持《きもち》を純粋にさしていた」からだったのだ。（49～53行目）

その晩、ハツは、「彼」の古い洋服を解《ほど》いて、七五三のお祝いに子郎に着せるための服に仕立て直していた。「彼」は、ハツの「鋏《はさみ》の音や布地の音をききながら」、子郎が「骨の怪我」をしたものの、これまで「ともかく無事に切り抜けて来たこと」が、愛する娘をわずか四歳で亡くした「飯村の哀《かな》しみにくらべれば、何千倍か仕合《しあわ》せにおもえているのだった」。（54～56行目）

飯村は、「彼」の弔歌に対し、俳句で応えた。飯村も「亦《また》俳句の素養はないにちがいないのだが、その嘘いつわりのない実感は紙背（＝文章の奥に隠されている意味）にあふれていた」。（57～61行目）

なお、[2]で取りあげられている短歌や俳句についての詳しい説明は、**問6の【設問解説】**で行うこととする。

この[2]では、**幼い長女を亡くした飯村に対して、弔歌によって弔いの気持ちを表す「彼」と、そうした「彼」の短歌に触発され、俳句によって自らの思いを吐露する飯村との交流が描かれていた**ということを押さえておこう。

[3] **「彼」は、子郎を連れて田舎に行く覚悟を決める**（62行目～本文末）

[3]は、「『栄《はえ》ある二千六百年』の式典」の翌日に行われた、七五三（＝七歳、五歳、三歳の子どもの成長を祝い、神社や寺院に詣でる行事。都市部から地方へと広がっていった）の描写から始まる。ちなみに、「『栄ある二千六百年』の式典」とは、日本の神話に基づき日本建国の年に当たると定められた西暦紀元前六六〇年（これを皇紀元年と言う）から数えて二六〇〇年の節目の年である一九四〇年（昭和十五年）に、国を挙げて祝賀行事が数多く催されたことを指している。つまり、この小説は、一九四〇年（昭和十五年）の出来事として描かれているのである。子郎はそうした式典の翌日、[2]で描かれていた水兵服を身につけ、ハツに手をひかれて、町内にある氷川様（＝氷川神社）に参詣した。（62・63行目）

その晩「彼」は、炬燵の中から月を眺めながら、「彼が生れて百日目」（生後百日目のことは「ももか」とも言う）、「母の背中におぶさって、村の鎮守様に参詣した日のことを想《おも》いおこし」ていた。もちろん、「生れて百日目」のことを覚えているはずはないのだが、「彼」は、「色々の連想作用」から、「子供の時たびたび見かけた」情景が、「何か毒々しい七五三などよりも、不思議な真実感をもってなつかしく」脳裏に浮かんでくるのだった。（64～71行目）

そうした追想に浸っていたからか、「彼」は、子郎に「田舎へ連れて行っちゃろか」と呼びかけてしまう。しかし、このときの「彼」は、「まだ本心からではなく、自分の気持の一端をごく手近なところで言ってみたに過ぎなかった」。そもそも「田舎」といったところで、「父母」が今そこにいるわけでもなく、育った「家」があるわけでもない、単なる「戸籍上の原籍地」に子郎を連れて行ったところで、むなしいことでしかないように「彼」には思えたのだ。ところが、子郎の反応は「彼」にとって予想外のものだった。子郎は、「彼」の言葉に激しく反応し、「胸を躍《おど》らせた」のである。実は、子郎は、周囲の子供たちが自分の持たない田舎を持っていて、そこへ行き来することや、田舎から季節の品物が届いたりすることが羨ましくてならなかったのである。そうした子郎は、翌日のうちに、田舎に行くことを周囲の友達に言いふらしてしまう。（72～85行目）

「田舎熱が俄然《がぜん》沸騰した」子郎は、その日から「彼」に対して「――ねえ、父ちゃん、田舎へは何時行くの?」と、「同じことを毎日飽きもせずに繰返《くりかえ》した」。そして煮え切らない「彼」に対して「父ちゃんの嘘つき」と責め立てるのだった。一方、ハツは、鉄兜《てつかぶと》を買ってほしいとねだる子郎に対して、「そんな無理なこと言うと、父ちゃんもう田舎へつれてって下さいませんよ」と、ちゃっかり「田舎を逆用（＝ある事柄を本来の目的とは反対のことに利用すること）した」。（86～97行目）

結局「彼」は、二十日余りも過ぎてから、ようやく子郎を連れて田舎に行くことを決意した。「彼」が、最初考えていたような、適当にごまかすという「姑息《こそく》な（＝その場しのぎの）手段」をとることをやめ、息子を田舎に連れて行くことを決めたのは、子供に嘘をつくという過ちを犯したくなかったからという理由もあったが、それ以上に「父である自分の生れ故郷を我が子に見せてやるのは決して無駄でないばかりか、親の義務のように思われて来た」からだった。子郎は、「天然の山や川を舞台に」「堂々と広い青空の下をはだかで遊渉した」少年時代の自分とは違い、「せせこましい路地」で戦争ごっこをして遊んでいる。そうした子郎に「あの立派な故郷を一度」見せてやりたいと「彼」は思ったのだ。そしてそうした「彼」の気持ちの中には「生れて僅か五歳で、もう二度も骨の怪我をした」子郎を案じる親心があった。怪我の絶えない子郎に比べて「親の自分は三十七年間、ただの一度も骨折などという大それた損傷なく来た」。それは「皆あの大自然のお蔭《かげ》のような気がし」てきた「彼」は、「今あそこへ連れて行ってやることは、この子の今後の損傷を未然に防ぐてだてのような気が」したのだった。（98行目～本文末）

この[3]では、**子郎の七五三を契機に、生まれ育った故郷のことを思い出した「彼」が、つい田舎に連れて行くと子郎に言ってしまった**ということ、そして**最初は大喜びする子郎を適当にごまかそうと考えていた「彼」が、子郎を田舎に連れて行こうと決意した背景には、怪我の多い子郎を案じる親心があった**ということを押さえておこう。

【設問解説】

問1　語句の意味を答える知識問題

二〇二二年一月実施の大学入学共通テストの**第2問**では、これまで出題されていた語句の意味を答える問題が出題されなかった。ただし、二〇二三年以降の共通テストでも出題されないと確定したわけではない。また、他の問題においても、本文や選択肢中の語句の意味がわからないために正解できないということも起こりうる。日頃から、語彙力の養成に努めるようにしてほしい。

なお、こうした語句の意味を答える問題が出題された場合には、以下のことに注意してほしい。

> 「本文中における意味」を問う問題は、基本的には語句の辞書的な意味を問う知識問題である。傍線部前後の文脈を考慮しつつ、傍線部の語句自体がそもそもどういう意味かといったことを考えたうえで、解答を選ぶようにしよう。

(ア)の「鷹揚」とは、〈(鷹が大空を飛ぶように)ゆったりとして威厳があること。こせこせしないこと。また、そのさま〉という意味である。したがって、正解は①。他の選択肢はすべて「鷹揚」の辞書的な意味から外れている。

(イ)の「吹聴」とは、〈言い広める、言いふらす〉という意味である。したがって、正解は④。〈言いふらす〉のが、「自慢」であるということもありうるため、③と迷った人がいたかもしれないが、③には肝心の〈言い広める〉という意味がない。

(ウ)の「姑息」とは、〈(しばらくの間、息をつくことから転じて)一時のまにあわせに物事をすること。また、そのさま。一時しのぎ。その場のがれ〉という意味である。したがって、正解は④。「姑息」の意味を〈卑怯〉だと誤解していた人は、「このうえなく」という語義から外れた意味が付け加えられていてもなお①を選んでしまったかもしれない。これを機会に正しい意味を覚えるようにしてほしい。

問2　子郎の身に起こった事故について答える問題

子郎の「事故」については、本文の冒頭から26行目まで（**【本文解説】**の[1]）で描かれていた。ここでは、子郎・ハツ・「彼」に分けて、[1]で描かれていたことを整理していこう。

子郎

a　近くの寺の裏で左腕を骨折してしまい、泣きながら母親を連呼した。

b　ハツに背負われ、接骨医院に行ったが、その夜は痛みからまんじりともせずに泣きつづけた。

ハツ

c　突然聞こえてきた、自分を連呼する子郎の泣き声に、子郎の身にただならぬことが起きたことを知り、玄関を飛び出て、泣いている子郎を座敷に抱き上げた。

d　子郎ともみ合うようになりながら、ようやく子郎の左腕に異変が起きていることがわかった。

e　子郎を背負い、接骨医院を捜しに出かけた。

f　一時間後、帰宅し、医師から骨折してはいるが、子供だからすぐに治ると言われたということを「彼」に伝えた。一安心したのか、帰宅後は落ち着いた様子で子郎の機嫌をとった。

彼

g　子郎のぐにゃりと曲がった腕を直視することができないまま、たいしたことではないと怒鳴るような口調で子郎を励ました。

h　わざと「鷹揚に（＝ゆったりした様子で）」家に残ったが、一人でいるとかえって不安がきざした。

i　子郎がどんな所でどう怪我をしたかを知りたいと思い、事故の起きた現場に行ったが、その場の様子からもっと大変なことになっていた可能性があることがわかり、恐怖に襲われ、急いで家にひきかえした。

j　ハツが帰ってきたのは、「一時間も長い時間が経《た》って」からだった。ハツから医師が言ったことを聞き、「なアに、腕の骨折くらい柔道の道場なんかじゃ始終あることさ。心配はないよ」と、叫ぶように言うと、はじめてほっとした気がしてきた。

k　その夜、心配することはないと頭ではわかっていても、子郎の泣き声が気になって眠ることができず、そうした自分の脆弱《ぜいじゃく》さを悲しく思った。

l　親である自分たちの不注意から、子郎に怪我をさせてしまったことが、とりかえしのつかない悔恨となって襲ってきた。

m　結局は「やっぱしこの子は出生が神にめぐまれず、骨の組織も人並《ひとなみ》より脆《もろ》いのだろうか」というところに考えが至り、一人胸をいためた。

一つ一つの選択肢の内容と**a**〜**m**の内容とを照らしあわせることで、正誤を確認していこう。

①　選択肢中のハツについての説明は、**c**・**d**に合致しているが、「彼」についての説明が間違っている。「彼」が子郎の怪我に動揺していることは**g**から読み取れても、ハツとは「対照的に」、「子郎の身に起きたことを初めからある程度は理解できていた」ということを読み取ることはできない。

②　この選択肢は、**k**・**l**・**m**に関わるものである。そこで説明されているように、子郎が怪我をした日の夜、「彼」が子郎についていろいろなことを考えたのは事実だが、そのときに「彼」は、「いっそ骨折と決《きま》れば、子の哭《な》くのもそれが快癒に至る一つの過程である」（23行目）と考

えている。したがって、「彼」が子郎の骨折は「治らないのではないかという恐怖に押しつぶされそうになっていた」とは言えないだろう。

③　選択肢中のハツの説明は、ｆに合致しているが、「彼」についての説明が間違っている。ｊが、ハツから医師が言ったことを聞いた「彼」についての説明であるが、そこでの「彼」は、「ハツの楽観的な態度に違和感のようなものを覚え」ているわけではないし、そうしたことを本文のどの部分からも読み取ることはできない。

④　この選択肢は、ｋ・ｌ・ｍの内容に合致している。選択肢中の「子郎の出生についてあれこれ気に病むのは、この晩に限ったことではなかった」という表現が気になった人がいたかもしれないが、「結局考えはそこ（＝ｍのような思い）へ落ちて」（25・26行目）という表現から、「彼」がそうした考えを何度も抱いていたことがわかる。一つ目の正解は④である。

⑤　この選択肢は、ｈ・ｉに関わるものだが、本文の12～16行目に描かれていたように、「事故」の現場に向かった「彼」は、「古材木に」「錆《さ》びた五寸釘が幾本も突き出て」いるのを見て、「まかり間違えば」もっとひどいことになっていたかもしれないと思い、ぞっとしたのであり、「子郎の（実際の）怪我の程度をより深刻に捉えるようになった」わけではない。また、「彼」が「接骨医院に向かった妻と子を不安な気持ちのまま」待っていたのは事実だが、「彼」はハツとともに接骨医院に向かわず「わざと鷹揚《おうよう》に（＝ゆったりした様子で）家に残った」（9行目）のだから、「待つしかなかった」も適当な表現だとは言えないだろう。

⑥　この選択肢はｇの内容と合致している。ちなみに「裏腹」とは〈正反対であること〉という意味であり、ここでは「彼」の言葉と思いが相反することを示している。したがって、これが二つ目の正解である。

問３　子郎を連れて田舎に行くことを決めた「彼」の心情について答える問題

傍線部に「臍《ほぞ》をかためた」とあるが、「臍をかため（る）」とは、〈決意をかためる、覚悟を決める〉という意味である。したがって、傍線部は〈「彼」は、（子郎を連れて田舎に行くと決めてはいなかったが）やっと子郎を田舎に連れて行くという覚悟ができた〉という意味になる。

ここで問われているのは、「彼」がそうした〈覚悟を決める〉に至るまでの心情である。そしてそれについて描かれているのは、本文の62行目から本文末まで（**【本文解説】**の3）なのだから、その内容を確認すればよいということになる。

それは、以下のようなものだった。

そもそも、「田舎行《ゆき》」は、「彼」が言い出したことだった。なぜ「彼」は、そうしたことを子郎に言ったのか。それは、子郎の七五三の晩に、「（「彼」自身が）母の背中におぶさって、村の鎮守様に参詣した（幼い）日」の情景が、「何か毒々しい七五三などよりも、不思議な真実感をもってなつかしく」「彼」の脳裏に浮かんだからである。「彼」は、そうした気持ちのまま、つい子郎に対して、「田舎へ連れて行っちゃろか」と呼びかけてしまう。しかし、このときの「彼」は、「まだ本心からではなく、自分の気持の一端をごく手近なところで言ってみたに過ぎなかった」。つまり、「彼」の提案は、思いつきのようなものでしかなかったのである。そもそも「田舎」といったところで、「父母」が今そこにいるわけでも、育った「家」があるわけでもない、単なる「戸籍上の原籍地（＝本籍があった場所）」に子郎を連れて行ったところで、何の意味もないように「彼」には思えたのだ（64～75行目）。

ところが、子郎の反応は「彼」の予想もしなかったものだった。子郎は、「彼」の言葉に激しく反応し、「胸を躍《おど》らせた」のである。実は、子郎は、周囲の子供たちが自分の持たない田舎を持っていることが羨ましくてならなかったのである。子郎はさっそく、田舎に行くことを周囲の友達に言いふらし、それ以降「――ねえ、父ちゃん、田舎へは何時行くの？」と、「同じことを毎日飽きもせずに」繰り返すようになった。そして煮え切らない態度の「彼」を責め立てるのだった（76～90行目）。

「彼」は、初めはそうした子郎を適当にごまかそうとしていた。しかし、結局傍線部にあるように、子郎を連れて田舎に行く覚悟を決めた。それは子供に嘘をつくという過ちを犯したくなかったからという理由もあったが、それ以上に「父である自分の生れ故郷を我が子に見せてやるのは決して無駄でないばかりか、親の義務のように思われて来た」からだった。子郎は、「天然の山や川を舞台に」「堂々と広い青空の下をはだかで遊渉した」少年時代の自分とは違い、「せせこましい路地」で戦争ごっこをして遊んでいる。そうした子郎に「あの立派な故郷を一度」見せてやりたいと「彼」は思ったのだ。そしてそうした「彼」の気持ちには「生れて僅か五歳で、もう二度も骨の怪我をした」子郎を案じる親心があった。怪我の絶えない子郎に比べて「親の自分は三十七年間、ただの一度も骨折などという大それた損傷なく来た」。それを「皆あの（田舎の）大自然のお蔭《かげ》」ではないかと思った「彼」は、田舎に「連れて行ってやることは、この子（＝子郎）の今後の損傷を未然に防ぐてだて」になるような気がしたのだ（98行目～本文末）。

こうした内容を整理すれば、次のようになるだろう。

a　子郎の七五三の晩、「彼」は、自分が母の背中におぶさって村の鎮守様に参詣した幼い日の情景を、「不思議な真実感をもってなつかしく」思い浮かべた。

b　そうしたなつかしい気持ちに誘われるように、「彼」は子郎に対してつい田舎に連れて行くと言ってしまったが、田舎のある他の子供たちのことを羨ましく思っていた子郎は、思いがけないほど喜び、さっそくそのことを周囲に触れまわり、「彼」に早く連れて行ってくれと毎日催促するようになった。

c　「彼」は、初めは適当にごまかしてしまおうと思っていたが、せせこましい路地で遊んでいる子郎に、天然の山や川に恵まれた自分の田舎を見せてやりたいと思うようになった。そうした「彼」の気持ちの中には、怪我の多い子郎を大自然に触れさせることで、今後の怪我を未然に防ぐことができるのではないかと考える親心があった。

正解は、こうした内容を正確にまとめた③である。

他の選択肢については以下の通りである。

①　「七五三に喜ぶ子郎に対して、田舎の鎮守様の素晴らしさを伝えたいと思った」が、間違っている。子郎が七五三の参詣をしたのは事実だが、そのことを子郎が喜んでいたかどうかは本文からはっきりとはわからない。また、「彼」が「田舎の鎮守様」のことを脳裏に描いていたのは事実だが、その「素晴らしさを（子郎に）伝えたいと思った」かどうかもわからない。さらに子郎を田舎に連れて行くための「手立て（＝手段。方法）を考えるようになった」ということも本文からは確定できない内容である。

②　「彼」が「かねてから子郎にも」田舎の行事を「一度味わわせてやりたいと思っていた」ということを、本文からは読み取ることができない。またこの選択肢には、〈田舎行の臍をかためる〉までの「彼」の気持ちの変化を説明した肝心のcの要素が全くないということも正解として選べない理由である。

④　選択肢後半の「子郎を田舎に連れていきたいという思いをますます募らせるようになった」が、cに反する。また選択肢前半の「七五三の行事を目にしたことで、そうした都会の華やかな行事とは対照的な田舎の暮らしを思い出した」という部分も不正確な説明になってしまっている。

⑤　「懐かしい故郷の家を二人で訪れる」が誤りである。これでは今もある故郷の家を訪れるという意味になってしまうが、「彼」の故郷は「父母も家もない単に戸籍上の原籍地」（74行目）にすぎないものになってしまっているのである。

問４　ハツについて答える問題

本文では、主人公である「彼」の心情が、たとえば「知って見たいのであった」（10・11行目）のように直接説明されている一方、ハツについては、そうした描写は見られない。ただし、その人となりをうかがわせるようなエピソードが、**【本文解説】**[1]～[3]のそれぞれで描かれている。そのうち、[1]については、**【設問解説】問２**で確認したが、それは以下のようなものだった。

子郎の泣き声から、その身にただならぬことが起きたことを知ったハツは、玄関に飛び出て子郎を座敷に抱き上げたが、はじめは子郎の身に何が起きたかはっきりとはわからなかった。やっと左腕に怪我をしていることがわかったハツは、子郎を背負い、接骨医院を捜しに出かけた。一時間後、帰ってきたハツは、医師から骨折しているが、子供だからすぐ治ると言われたということを「彼」に伝えた。帰ってきたハツは、すでに落ち着いた様子で子郎の機嫌をとっていた。

こうした[1]のエピソードからわかるのは、ハツが母親として子郎に対して強い愛情を持っているということであろう。そうした愛情ゆえか、ハツの行動には迷いがない。さらに子郎の骨折が心配するようなことではないとわかると、落ち着きを取り戻し、普段と変わらない様子になるというところからは、その夜も子郎のことであれこれ気に病んでいる「彼」と比べて、切り替えの早い性格であるということが言えるかもしれない。

[2]と[3]で描かれているエピソードについても確認しよう。

[2]では、子郎が寝言で「父ちゃん、母ちゃんをいじめちゃ嫌だよ」と言っていたということを「彼」に伝えたということ、[3]では、鉄兜を買ってほしいとねだる子郎に対して、「そんな無理なこと言うと、父ちゃんもう田舎へつれてって下さいませんよ」と、「田舎を逆用（＝ある事柄を本来の目的とは反対のことに利用すること）した」ということが、描かれていた。これらのエピソードに共通しているのは、自分の都合のいいように物事を進めていこうとするところもあるハツのちゃっかりした性格である。ハツは「彼」に対しては、暗に自分をもっと大切にするように促す一方で、子郎に対しては、鉄兜を買うような贅沢《ぜいたく》なことをさせまいとしている（これについては、もちろん家計のことも考えているのだろうが）。こうしたハツは、夫に対してはただ従順なだけの妻ではないし、子郎に対してはただ甘いだけの母ではないと言えるだろう。

以上の内容を整理すれば、次のようになるだろう。

a　子郎に対しては、母親としての深い愛情を注いでいた。
b　自分の都合のいいように物事を進めようとする一面があった。
c　従順なだけの妻でも、甘いだけの母でもなかった。

正解は、こうした内容に最も即している④である。なお、④の選択肢中の「どこか計算高い（＝利害・損得に敏感である）ようなところもあり」は、**b**を言い換えたものである。

他の選択肢については以下の通りである。

①「夫に対しては、日頃の辛辣な（＝非常に手きびしい）物言いを改めることができずにいる」が間違っている。かりに[2]で描かれたエピソードにおけるハツの「物言い」を、ある意味で「辛辣」だと判断したとしても、ハツが「彼」に対して「日頃」から「辛辣な物言い」をしていることをうかがわせるような描写は本文にはない。

②「夫を改心させるために子供の寝言をでっちあげる」が、間違っている。寝言についてのエピソードからわかることは、ハツが夫に対して、自分を大切にしてくれてもいいのではないかとほのめかしているということである。したがって、「夫を改心させる（＝悪い心を改めさせる）」がやや大げさな表現であるし、そもそも、「子供の寝言」自体が、ハツの「でっちあげ」たものだということを本文から確定することはできない。

③「子供に対してはひたすら甘い母親である」が、**c**に反する。また、かりに[2]で描かれたエピソードを「夫に対して」「厳しいことを」言っ

たものだと判断したとしても、そうしたことを「つい」言ってしまったのか、かねてからそうしたことを言う機会をうかがっていたのかは、本文からはわからないのだから、「つい」言ったとは断定できないはずである。

⑤「夫に対しては愚痴を、子郎に対しては小言を、心ならずも言ってしまいがちである」が、間違っている。かりに2で描かれたエピソードを「彼」に対する「愚痴」であり、3で描かれたエピソードを子郎に対する「小言」であると判断したとしても、それらのエピソードからわかるのは、ハツが自分の都合のいいように事を運ぼうとする面があるということであり、「心ならずも（＝本心でなく、不本意に）言って」いるということではない。

問5　本文の表現や内容について、適当なものを答える問題

本文における具体的な表現や内容を答える問題だが、このような問題の場合でも、主観的な印象で解答を選ぶことなく、一つ一つの選択肢を本文と照合しながら丁寧に検討し、消去法を用いて解答を決めるようにしよう。

①　ハツが子郎を背負って接骨医院を捜しに出て行った後、「彼」は一人家に残ったが、「一人で家にいると却《かえ》って不安が萌《きざ》した」（9行目）。「一時間も長い時間が経って」という表現は、そうした「彼」にとって、ハツが帰ってくるまでの「一時間」という時間が、「一時間も」と言えるほど「長い時間」に感じられたということを表していると言える。この選択肢は、こうした本文の表現を説明したものとして適当である。したがって、一つ目の正解は①である。

②「素直になれていた」という表現と「純粋にさしていた」という表現は、いずれも飯村の長女の死を知った後の「彼」の心情を表現したものであり、その二つの心情はよく似たものである。したがって、選択肢後半の「前者（＝「素直になれていた」という表現）には飯村の長女の死を知る前の」「心情が反映されている」は、明らかな誤りである。

③　41行目から48行目までで描かれているのは、飯村が、病気がちの赤ん坊と妻の健康を案じ、職場までの通勤が不便になることも厭《いと》わず、都会を離れようとしていたということである。したがって、「飯村が家族のためなら職を変えることも厭わない」が、明らかに本文の内容に反しており、誤りである。

④「ハツは田舎を逆用した。」という一文は、鉄兜《てつかぶと》を買ってほしいとねだる子郎に対して、ハツが「そんな無理なこと言うと、父ちゃんもう田舎へつれてって下さいませんよ」と「田舎を逆用（＝ある事柄を本来の目的とは反対のことに利用すること）」して子郎を牽制《けんせい》したということである。したがって、この表現は「田舎を軽んじているハツに対していらだちを覚えている『彼』に寄り添うような表現になっている」わけでもなければ、「『彼』とハツの関係のさらなる悪化を暗示するものになっている」わけでもない。そもそもハツが「田舎を軽んじている」かどうかも本文からは確定できない内容である。

⑤「せせこましい」とは、子郎が遊んでいる路地を形容したものであり、〈狭くて窮屈な感じがするさま〉という否定的な意味合いを持っている。一方、「堂々と広い」とは、「彼」が幼いころに遊んだ「立派な故郷」（102行目）の「青空（の下）」のことを形容したものであり、肯定的な意味合いを持っている。したがって、この二つは「対照的な意味を持つ」表現だと言える。そして、前者は現在の「彼」を取り巻く環境について述べたものなのだから、「『彼』がいまの生活環境を子郎にとって好ましいものだとは思っていないということがうかがえる」という説明も適当である。したがって、二つ目の正解は⑤である。

⑥　本文において「子郎の『事故』、友人との交流、母との思い出などのエピソード」が描かれていることは事実である。しかし、「郷里」に関しては「自らの思いを」「それまで素直に認めることができなかった」

と言えたとしても、「友人や家族」に対して「自らの思いを」「それまで素直に認めることができなかった」ということを裏づけるような記述は本文中にない。したがって、この選択肢は誤りである。

問6　本文中に出てくる短歌や俳句について答える問題

二〇二二年度の大学入学共通テストの**第2問**では、小説中で用いられている単語に注目し、それを辞書の記述や俳句と結びつけるという問題が出題された。**問6**は、こうした新傾向の出題にならったものであり、本文中の短歌や俳句について答える問題となっている。

まず、近代における短歌や俳句について、それらがどのようなものであるかを確認していこう。

短歌

五七五七七の五句三十一音から成り、比喩、擬人法、体言止め、倒置法、切れ（句切れ・切れ字）などのさまざまな技法がある。和歌と呼ばれる古典的短歌においては、枕詞《まくらことば》、序詞《じょことば》、掛詞《かけことば》などの技法も用いられる。

俳句

五七五の三句十七音から成る。俳句にも短歌とも重なるいくつかの技法があるが、短歌との一番の違いは、俳句には原則として、特定の季節を表す「季語」を用いるということである。

本文49～51行目に出てくる短歌は、飯村から寄せられた幼い長女の死を知らせる葉書に対する返事として「彼」が詠《よ》んだ「弔歌（＝死者を弔う歌）」である。一方、59～61行目に出てくる俳句は、「彼」から送られてきた「弔歌」に触発された飯村が詠み、「彼」に送ったものであり、そこには愛する我が子を亡くした深い悲しみが表されていた。そしてそれらは以下のようなものだった。

a　うつせみのいのちを四《よ》つと生《うま》れ来ていにし子もありこほろぎのなく

b　魂《たま》きはるいのちを四つと生れ来て父よ母よと呼びし子あはれ

c　こほろぎも鳴かなくなりぬこの秋を友が夫婦はふたり寝《い》ぬるか

d　切張《きりはり》に叱る子もなき秋の風

e　無理をいふ子もなき膳の柚味噌《ゆみそ》かな

f　こぼれたる飯見て泣くや石蕗《つわ》の花

a～**c**は、「彼」が飯村に送った弔歌である。**a**は、こおろぎの鳴く寂しげな秋の情景に重ねて、わずか四歳で亡くなった幼子を悼んだもの。**b**は、父母を呼ぶ幼子の生前の可愛らしい様子を詠み込むことで、四歳までしか生きられなかった子の死を悼むとともに、かけがえのない我が子を亡くした父母の深い悲しみへと思いを向けたもの。**c**は、こおろぎの鳴かなくなった晩秋の風景に重ねて、我が子を亡くした夫婦のつらく悲しい日々へと思いを向けたものである。

d～**f**は、**a**～**c**の弔歌に触発された飯村が詠んだ俳句であるが、いずれの句も、それまで当たり前であった我が子のいる日常が奪われてしまったことへのどうしようもない悲しみが表現されていた。

こうしたことを踏まえて、まず(i)について確認していこう。

(i)について

Xでは短歌について、**Y**では俳句について問われている。各選択肢の内容を確認し、その正誤を判断していこう。

X

(ア)「枕詞」とは、和歌の技法の一つで、特定の語の前に置いて語調を整えたり、ある種の情緒を添える言葉のことであり、**a**の「うつせみの」や**b**の「魂《たま》きはる」（いずれも直後の「いのち」にかかる）が、それに該当する。したがって、(ア)は正しい説明である。

(イ)**c**で表現されている情景は〈さびしい秋の夜を夫婦二人だけで寝ている〉というものであり、「幼い子が亡くなった」ということが「直接表現されて」はいない。一方、**a**・**b**では「いのちを四つと生れ来て」という表現から、〈四歳までの命を与えられて生まれて来た〉、すなわち

〈四歳で亡くなった〉ということが示されている。さらにaでは「いにし子（＝去ってしまった子）」という表現が続くことで、〈四歳までの命を与えられた子が亡くなった〉ということが強調されている。したがって、(イ)は正しい説明である。

(ウ)　bでは、「父よ母よと」呼ぶ、「亡き子の生前の様子」が描かれていた。したがって、(ウ)は正しい説明である。

(エ)　「秋のさびしげな風景」は、a・cでは表現されていたが、bでは表現されていなかった。したがって、「三首の共通性」を「秋のさびしげな風景と子を亡くした親の悲しみとを重ねて表現したところに」あるとする、この(エ)の説明は誤りである。

Y

(ア)　fは〈こぼれた飯を見て、飯をこぼしていた生前の我が子のあどけない姿が思われ、泣けてくる〉という意味の句だが、d・eとは異なり「子もなき」というような表現は用いられていない。したがって、fが「子供の死という事実を直接描くことなく表現した句」に該当する。(ア)は正しい説明である。

(イ)　ここで「受けいれがたい現実」というのは、愛する我が子の死であり、三句ともにそうした現実に対するどうしようもないつらい心情が表現されていた。したがって、(イ)は正しい説明である。

(ウ)　「字余り」とは、〈短歌や俳句などで、音数が定まった音よりも多いこと〉である。三句とも五七五の定まった音数で作られている。したがって、(ウ)の説明は誤りである。

(エ)　「季語」とは、特定の季節を表す語であり、dの「秋の風」が〈秋〉を、eの「柚味噌」が〈晩秋〉を、fの「石蕗の花」が〈初冬〉を表す季語である。したがって、(エ)は正しい説明である。

(i)で求められているのは、**誤ったもの**の組み合わせなのだから、正解は、X(エ)・Y(ウ)の組み合わせになっている④である。なお、Yの(エ)については、季語の知識が必要であり、正誤の判定が難しかったかもしれないが、Yの(ウ)が明らかに間違いであることや、Xの正誤を判定することによって、Yの(エ)について正誤の判断がつかなかったとしても正解は選べたはずである。

(ii)について

ここで求められているのは「本文に短歌や俳句が用いられていること」による「効果」である。すでに短歌が「彼」の詠んだ弔歌であり、俳句が「彼」の詠んだ弔歌に触発された飯村が詠んだものであることは確認した。「彼」が、飯村に短歌を送ったのは、**【本文解説】**の2で確認したように、長女の死を知らせる葉書を送ってくれた飯村の深い悲しみが、子を持つ親としてわかったからであり、飯村が俳句という形でそれに応えたのは、我が子を亡くした自分のつらい気持ちに寄り添ってくれるような「彼」の短歌に触発され、自らの深い悲しみを俳句の形で吐露したいという気持ちになったからだろう。したがって、正解はこうした内容に即した④である。

他の選択肢については以下の通りである。

①　万葉集にも、「挽歌《ばんか》」という死者を弔う歌があることから、選択肢の前半は間違いとまでは言えないかもしれないが、だからといって、それだけで、この作品が〈近代的な小説ではない〉ということが「明示されている」とまでは言えないはずである。「物語」と「近代的な小説」の違いについてはいろいろな考え方があるが、一般に「物語」が〈出来事が中心に描かれているお話〉という側面を持つ一方で、「近代的な小説」が〈主人公をはじめとする登場人物の内面を描写することに重きが置かれたもの〉であるという側面を持つとは言えるだろう。そうした点から言っても、「彼」の心情が描かれている「この作品」は、やはり「近代的な小説」と言うべきであり、少なくとも「近代的な小説ではなく、前近代的な物語の系譜に連なるものであるということが明示されている」とは言いがたいことは明らかである。

② 作中の「短歌や俳句が、短歌や俳句の約束事から大きく逸脱したものとなっている」が、誤りである。短歌も俳句も定められた音数に則《のっと》っているし、(i)ですでに確認したように、すべての俳句に季語も入っている。「短歌や俳句の約束事」を守っていると言えるはずである。

③ 〈短歌に比べて俳句の方がより細やかな感情を表すことができる〉と断定している点が、誤りである。原則として、短歌が三十一音、俳句が十七音であることから考えれば、一般には〈俳句に比べて（音数の多い）短歌の方がより細やかな感情を表すことができる〉はずである。

第3問　古文

【本文解説】

〔出典〕

『小夜衣』

成立年代　鎌倉時代

ジャンル　擬古物語

作者　未詳

内容　大納言の娘である女君と兵部卿宮との恋愛を中心として、女君に対する帝からの求愛や、継母から受けたいじめの話などをからめた物語。実母を亡くして、母方の祖母（「尼上」）と山里で暮らしていた女君は、兵部卿宮と恋仲になる。しかし、宮は親の命令で関白の娘（「大殿の姫君」）と結婚させられる。悲嘆にくれた女君は、父の大納言の邸に引き取られ、その後、父と継母との間に生まれた娘が女御として入内する時に、女御の後見役として宮中に入った。宮中では帝に見初められ、言い寄られるようになり、それを知った継母は、自らの乳母子《めのとご》に女君を誘拐させたが、やがて女君の居場所を知った父の大納言が女君を救出し、継母を離縁する。女君は宮の邸に迎えられ、後に宮が帝位につくと、中宮となって栄えた。

　本文は、中世王朝物語全集『小夜衣』（笠間書院刊、辛島正雄校訂）に拠り、問題文として整えるために、表記を改めた箇所がある。

『伊勢物語』（**問5【文章】**で引用）

成立年代　平安時代前期

ジャンル　歌物語

作者　未詳

内容　在原業平をモデルとしたと思われる「男」の、元服から人生の終焉《しゅうえん》までの一代記の形をとる。冒頭が「昔、男……」で始まり、歌を中心として構成された、百二十五の章段からなる。今回引用された文章は、第七十一段の全文である。
本文は、新編日本古典文学全集『竹取物語　伊勢物語　大和物語　平中物語』（小学館刊、福井貞助校注）に拠り、問題文として整えるために、表記を改めた箇所がある。

【全文解釈】

天皇は、あれほど人目をはばかりなさるけれども、（古歌にあるように、人知れず）お心に秘めた女君への恋心は、日増しにいっそう思い乱れなさるばかりなので、「どうしようか」とひたすら思案にあまりなさり、時折は、「ひそかに（女君の）部屋などへ（行ってしまおうか）」とお思いになる時もあるけれど、この女君が（天皇と）同じ気持ちであるならば、「恋心のために神の斎垣も（越えてしまう）」という言い慣わしもあるだろうが、（天皇が）人知れぬ心のうちはほのめかすが、（女君は）気付かないふうにばかりふるまって、少しも（天皇に）なびきそうなそぶりもない。（天皇は）どうしてもこらえきれなくなりなさって、（無造作に書いた）御手習い（の中）に紛れ込ませて、

「（傍らで）見る人も不審に思うほどに（涙で）濡れてしまったことだ。隠すことができないでいる、（あなたを思って）人知れず泣く（私の）袖は」

と手慰みに書きなさって、
「せめてこの歌にだけでも、お返事（をいただきたい）」
とおっしゃると、（それを、女君が）見ないような様子であるのも、冷淡な様子だ。

このような（天皇の）ご様子につけても、（女君は）つらく、「人はどう思っているだろうか」などと思うにつけても、人目がはばかられて気がめいるが、その上さらに、「宮が、山里で（尼上と）語りなさった」などと聞くにつけても、（女君は）「これだから、世間は隠し事ができないものだ、（宮は私が宮中にいることを）お聞きになっているだろう」と、思っていた通りであるのにつけても、つらく、どのようにしても、このような（宮中の）暮らしばかりが、ますます嫌だという気持ちが強くなるので、「尼上の風邪の様子（が心配で）などと言って、住み慣れた山里へも帰ってしまおうかしら」などと思い続ける折々もあるのだが、五節（の時期）などにもなってしまうと、宮中の様子や、人々の雰囲気なども、当世風に華やかで興味深いのにつけても、（山里に住んでいた時から女君に仕えている）若い侍女たちは、「再び（山里に）戻り、山深い住まいに埋もれるように暮らそう」と思うはずがないから、（女君は）あれこれ思い悩みなさる。

その五節の夜になったので、上達部や殿上人が、残らず参上し集まっていたが、兵部卿宮のご様子は、周囲の人も照り映えるほど（の美しさ）で歩み出なさったので、（女君がその宮の姿を）不意に拝見する気持ちは、言いようもない。（女君は）ふだんのつらさもつい忘れて、涙がぽろぽろとこぼれた。（自分でも）あきれて、「人が見てしまっているだろうか」と、あれこれ紛らわしなさるけれど、「顔色も（いつもと）違っているだろう」と（思うと）、気持ちも抑えようがない。

宮も、「（女君が、御簾から）外を見て（私のことも）ご覧になっているだろう」と自然と推察なさるので、つい気をつかってしまうけれど、心の中で、涙はせきとめることができない気持ちがしなさるにつけても、しんみりとして、物思いに沈みがちな（宮の）ご様子を、女房たちはほめそやしている。

「拝見するたびに、いっそう輝きが増すように美しくなる感じでいらっしゃる宮のご様子だなあ」
と言って、
「たいそう優れていらっしゃる方の世の常として、（宮は）この世を興ざめなものと思いなさって気もそぞろで、いつも心細そうな御物思いばかりをなさっているのだろう。このようなご様子を、（宮の父である）院も（母である）大宮も思い嘆きなさるそうだ」
「どのような女性が、（宮の）お気に召すのだろう」

「大殿の姫君もすばらしくていらっしゃるそうだが、（宮が大殿の姫君のもとに）立ち寄りなさる事はめったにないのを、（関白家では）不本意なことにおっしゃるそうだ」

「かりそめに寝る一夜だけでも、露のようなわずかな情けもかけられ申し上げたいと、身分の高い者も低い者も、女が心を砕いているとかいうが、なみなみのことでは（宮が）思いをかけなさるような人もなく、ただそっけなくてばかり過ごしていらっしゃるので、じれったいことだ」

などと、口々に言い合うのを、（女君が）聞きなさるにつけても、胸がいっそう乱れるばかりで、「気持ちもはっきり（顔色に）現れているだろうか」と人目がはばかられて、（部屋の）奥の方に入りなさった。

〔問5【文章】で引用の『伊勢物語』〕

昔、男が、伊勢の斎宮のもとに、天皇の御使いとして参上していたところ、その斎宮に（仕える）好色めいたことを言った女房が、個人的なこととして、

（越えてはならない）神域の周りの垣根も、私はきっと越えてしまいそうだ。宮中に仕えるあなたと逢いたい気持ちによって。

男は、

恋しいならば来て逢いなさいよ。（恋は）神が禁止する道ではないのだから。

【設問解説】

問1　語句の解釈の問題

(ア)　あさましく

あさまし（シク活用形容詞）
1　意外なことに驚きあきれる。
2　情けない。嘆かわしい。
3　興ざめだ。がっかりだ。
4　ひどい。はなはだしい。

「あさまし」の意味に該当するものは、④「あきれて」だけである。よって、正解は④である。

文脈を確認すると、傍線部は、五節の夜、女君が宮の姿を見る場面にある。女君は、宮を目にして、宮中で天皇から言い寄られている日ごろのつらさも忘れ、涙を流し、人が見ているだろうかと思って涙を紛らわすのである。宮の姿を見て涙を流した自分に「あきれて」しまったという④の解釈は、このような文脈にも合う。

(イ)　なべてならずおはすなれど

副詞	助動詞 断定「なり」未然形	助動詞 打消「ず」連用形	動詞 サ行変格活用「おはす」終止形	助動詞 伝聞「なり」已然形	接続助詞
なべて	**なら**	**ず**	**おはす**	**なれ**	**ど**
すばらしく			ていらっしゃる	そうだ	が

なべてならず（連語）
1　並一通りではない。格別だ。きわだっている。すばらしい。
＊並はずれて立派だ、優れているなどと評価していう場合に用いる。

おはす
1　いらっしゃる。《「あり」の尊敬語》
2　おいでになる。《「行く」「来」の尊敬語》
3　～ていらっしゃる。《尊敬の補助動詞》

「なり」の識別
1　断定の助動詞「なり」
↓　非活用語（体言・助詞など）や連体形に接続する。
2　伝聞・推定の助動詞「なり」

↓　終止形（ラ変型活用語は連体形）に接続する。
3　ラ行四段活用動詞「なる」
4　ナリ活用形容動詞の活用語尾

「なべてならず」は連語としてよく用いられるので、覚えておきたい。選択肢のうち、③「すばらしく」が該当するが、②「見たことがないほどの」、④「形容しがたいほどの美しさ」、⑤「たいそう立派に」も、「なべてならず」の趣旨から大きくはずれているとは言えない。「おはす」はここでは尊敬の補助動詞の用法で、尊敬語の訳出があるのは①「なさって」、③「いらっしゃる」である。「なれ」は、サ行変格活用動詞「おはす」の終止形の下にあるので、前記2の伝聞・推定の助動詞「なり」で、これを正しく訳しているのは③・④「そうだ」である。以上のことから、③が正解である。

文脈を確認すると、傍線部は宮中の女房が美しい宮の姿を見てあれこれ話をする、その発言の中にある。傍線部直前の「大殿の姫君」は、前書きにあるように、宮が父に命じられて結婚した、関白の娘である。女房の一人が、「宮はどのような女性が気に入るのか」と言ったのに対して、別の女房が宮の妻を話題にし、その妻がすばらしい人であることを、伝え聞いたこととして、「大殿の姫君もすばらしいそうだ」と言ったとする③の解釈は、文脈にも合う。

問2　登場人物の行動や心境の説明の問題

本文における女君の行動や心境をつかむ問題である。選択肢の内容から、関係する本文の箇所を確認して、そこを丁寧に訳して選択肢の内容と照合することが大切である。また、正解を**二つ**選ぶことにも注意をしよう。

①は、「返歌をしないのもたしなみのない態度だと思い、歌を見たということだけを伝える返事をした」が不適当である。女君が天皇から歌を贈られた場面を確認しよう。

人知れぬ心のうちは漏らせども、見知らぬさまにのみもてなして、いささかも思ひなびきぬべき気色もせず。（3・4行目）

天皇は女君に思いをほのめかすが、女君は気付かないようにふるまうばかりで、少しもなびきそうな様子もない。それは、女御の後見役という、自分の立場を考えてのことである。

せめて思しめしあまりて、御手習ひに紛らはして、……と書きすさみ給ひて、「これだに、御返り事」と仰せらるれば、（4〜8行目）

天皇は思いあまって、歌を詠み、せめてこの歌にだけでも返事をしてほしいと言う。

見ぬやうなるさまも、なさけなげなり。（8行目）

その歌を見ないようにしている女君の様子も冷淡な様子だ。

以上の内容から、女君は天皇には返事をしないどころか、天皇の歌を見ないようにふるまっていることがわかる。「返歌をしないのもたしなみのない態度だ」と思って「返事をした」、ということはない。

②は、「天皇が臣下たちの信頼を失うのではないかと、その立場を気づかった」が不適当である。天皇が女君に言い寄った後の場面を確認しよう。

かやうなる御気色につけても、心憂く、「人はいかが思ふらん」など思ふにも、つつましく心苦しきに、（9行目）

「かやうなる御気色」は、女君に言い寄ってくる天皇の様子を指し、それに対して「心憂く、『人はいかが思ふらん』など思ふ」のは女君である。ここを訳すと「つらく、『人はどう思っているだろうか』などと思う」となることから、女御の後見役である自分に天皇が言い寄ることがつらく、それを周囲の人々はどう思っているだろうかと、人目を憚っていることがわかる。選択肢の「天皇が臣下たちの信頼を失うのではないかと、その立場を気づかった」は、「人はいかが思ふらん」を、「臣下たちが天皇のことをどう思っているだろう」と解釈したものであるが、それなら「思ひ奉るらん」のように天皇に対する敬意が表現されているはずである。しかし、この部分には敬語が一切使われていないことからも、その理解が正しくないことがわかる。

③は、選択肢全体が不適当である。女君が、状況を知った宮について考える場面を確認しよう。

「宮の、山里にて語り給ひける」など聞くにつけても、「されば、世は隠れなきものなれ、聞かせ給はんずらん」と、思ひし事のたがはぬにつけても、心憂く、とてもかくても、かかる住まひのみ、物憂くなりまされば、（9～11行目）

宮が山里で尼上と話をしたと聞いて、女君は、世間というものは隠し事ができないものだと思い、「聞かせ給はんずらん」、すなわち、宮が自分の状況を聞いているだろう、と思う。それに続いて、「思ひし事のたがはぬ」とあるので、女君が以前から、自分の今の状況についていずれ宮が聞き知るだろうと思っていたことがわかる。女君は、予想通りだったと思うにつけてもつらく、宮中の暮らしが嫌になったのである。女君が、状況を知った宮の行動を心配しているといった内容は、この部分からは読み取れず、他の部分にも書かれていない。

④は、「風邪をひいたと尼上に訴えて、山里に呼び戻してもらおう」が不適当である。女君が宮中の暮らしをつらく思う場面を確認しよう。

とてもかくても、かかる住まひのみ、物憂くなりまされば、「尼上の風邪の気など言ひてや、古里へも帰らまし」など思ひ続くる折々もあるに、（11・12行目）

「尼上の風邪の気」とは、「尼上の風邪の様子」の意。ここは、「尼上の風邪の気」などと言って山里へも帰ろうかしら、と思っているのだから、自分が「風邪をひいたと尼上に訴えて、山里に呼び戻してもらおう」と考えているわけではない。

⑤は、説明として適当である。女君が山里に戻ることについて考える場面は、選択肢④で言及した箇所と、それに続く箇所にある。

五節などにもなりぬれば、雲居の有様、人の気色どもも、今めかしくおもしろきに、若き者どもは、「またたち返り、山深き住まひに埋もれん」と思ふまじきを、とかくに思ひわづらひ給ふ。（12・13行目）

五節とは（注3）にあるように、四人の舞姫による舞楽を中心とした行事で、その時期は、宮中の様子も人々の雰囲気も「今めかしくおもしろき」ものであった。よって、「若き者どもは、『またたち返り、山深き住まひに埋もれん』と思ふまじきを」は、かつて共に山里暮らしをしていた侍女たちが、五節の時期の、宮中や人々の華やかな雰囲気にたいそう心惹《ひ》かれているだろうから、「再び山里に戻り、山深い住まいに埋もれるように暮らそう」とは思わないだろう、ということである。「晴れやかな儀式が近づいて若い侍女たちが宮中での暮らしを楽しんでいると思うと」は、この部分に該当する。また、この直前（④の本文引用箇所）で、女君は、山里へ帰ろうかとも思っているが、侍女たちの気持ちを考えると、「とかくに思ひわづらひ給ふ」、すなわちあれこれ思い悩んでいるのだから、「山里に戻ることはためらわれた」という説明も適当である。

⑥も、説明として適当である。五節の夜、女君が宮を見た場面を確認しよう。

その夜にしもなりぬれば、……兵部卿宮の御有様、あたりの人もにほふばかりにて歩み出で給へるに、ふと見奉る心地、いはんかたなし。日ごろの憂さも忘られて、涙ぞほろほろとこぼれぬる。（14・15行目）

女君が宮の美しい姿を見た時の思いは言葉にできないほどである。普段のつらさもつい忘れて、女君は涙を流す。「五節の夜、宮中に来た宮の美しい姿を見て感極まった」という説明は、この箇所に該当する。

あさましく、「人や見つらん」と、とかくに紛らはし給へど、「顔の色もたがふらん」と、心もせんかたなし。（15・16行目）

女君が、「人や見つらん」と、人目を気にして紛らわしたのは、涙である。「その気持ちを周囲の人に知られないようにふるまった」は、この箇所の前半に該当している。しかし、涙を紛らわしても、結局は、顔色がいつもと違っているだろうと思い、女君は、自分の思いが表情に表れるのを

抑えかねたのであった。

よって、⑤・⑥が正解である。

問3　傍線部の語句や表現に関する説明の問題

まず、傍線部を逐語訳しよう。

おぼろけに	形容動詞　ナリ活用「おぼろけなり」連用形	並々のこと
て	接続助詞	で
は	係助詞	は
御心	名詞	お心を
かけ	動詞　カ行下二段活用「かく」連用形	かけ
給ふ	動詞　ハ行四段活用「給ふ」終止形	なさる
らん	助動詞　現在の婉曲「らん」連体形	ような
人	名詞	人
も	係助詞	も
なく、	形容詞　ク活用「なし」連用形	なく、
ただ	副詞	ひたすら
すくよかに	形容動詞　ナリ活用「すくよかなり」連用形	そっけなく
て	接続助詞	て
のみ	副助詞	ばかり
過ぐし	動詞　サ行四段活用「過ぐす」連用形	過ごし
給ふ	動詞　ハ行四段活用「給ふ」連体形	なさる
に	接続助詞	ので
こそ、	係助詞	
心もとなけれ	形容詞　ク活用「心もとなし」已然形	じれったいことだ。

おぼろけなり
1　並一通りだ。普通だ。
＊1の用法では、多く打消や反語を伴う。
2　並大抵ではない。格別だ。

すくよかなり
1　（身体つきや心が）しっかりしている。
2　実直だ。きまじめだ。
3　そっけない。無愛想だ。
4　（紙などが）ごわごわしている。かたい。
5　（山などが）険しい。

心もとなし
1　じれったい。待ち遠しい。
2　不安だ。気がかりだ。
3　はっきりしない。おぼつかない。

傍線部は、五節の儀式で宮中に参上した宮の姿を見て、宮中の女房たちがあれこれ言う発言の中にある。傍線部を含む発言の前の会話部では、宮が、女性への関心を示さないこと、妻である大殿の姫君のもとにもめったに立ち寄らないことに言及しており、傍線部の直前では、かりそめの一夜だけでも、宮から情けをかけられたいと、身分の上下を問わず、女たちが宮に心を砕いていると述べられている（**【設問解説】問4⑤参照**）。そこから逆接の接続助詞「ど」を介して傍線部の「おぼろけにては御心かけ給ふらん人もなく」に続くので、「御心かけ給ふらん人」とは、宮が心をかける女のことだと考えられる。「おぼろけに」は後に「なく」とあるので前記1の意味で、「おぼろけにては……なく」は、「並大抵では……なく」と訳せる。つまり、並大抵では宮が思いを寄せる女はいない、ということである。それを踏まえると、「すくよかに」は前記3の意味で、「ただすくよかにてのみ過ぐし給ふ」とは、宮が女性に心を寄せることなく、ひたすらそっけなくて過ごしていることだと判断できる。そのような宮の姿を、女房の一人は、「心もとなけれ」と言う。「心もとなけれ」は前記1の意と考えると、誰もが思いを寄せる宮が女に対してそっけなく過ごしているのがじれったい、という意味になり、文脈に合う。以上を踏まえた訳が、前記枠内に示したものとなる。

①は、選択肢全体が不適当である。「おぼろけに」を現代語の「おぼろげ」と混同して、「はっきりしない」すなわち、「女君の真意がわからず」などと解釈しないように注意しよう。「いつまでも思い悩んでいる宮の不安な気持ち」も、「おぼろけにて」の解釈からは導けない説明である。

②は、「宮が天皇と女君との関係を推測していることを表している」が不適当である。前述のように、「かけ給ふ」の主語は宮だが、「かけ」は、宮が女に思いをかけるということであって、「天皇と女君との関係を推測している」ことを言うのではない。なお、「らん」の文法的な用法は、細かく言えば現在の婉曲ということになるが、広い意味では現在推量の助動詞と説明することもできるので、「『らん』は現在推量の意味で」は、間違いとは言えない。

③は、「すくよかに」の語義を踏まえた説明になっていないので不適当である。五節に参上した時の宮の様子は、「あたりの人もにほふばかりにて歩み出で給へる」（14・15行目）とあるので、「公卿・殿上人たちの中にあっても、宮の高貴な様子がきわだっている」と言えるが、そもそも、「すくよかに」は、前述の通り「そっけない」の意味であって、「高貴な様子がきわだっている」と説明することはできない。

④は、まず、「『に』は完了の意味で」が不適当である。完了の助動詞「ぬ」の連用形「に」であるなら、連用形に接続するので、直前の動詞「給ふ」は連用形「給ひ」とならなくてはいけない。ここはそうなっていないので、完了の助動詞「ぬ」ではない。「給ふ」という連体形に接続しており、「～ので」と訳せることから、接続助詞「に」と考えるのがふさわしい。また、「宮が宮中の女房たちの簾の前を通り過ぎた様子を表している」も不適当。「過ぐす」は「年月を過ごす。やりすごす」といった意味で、「通り過ぎる」ということではないし、「に」を完了として「(通り過ぎ)た」と解釈している点も不適当である。

⑤は、説明として適当である。「心もとなし」は前述のように「じれったい」の意で、それは「もどかしがる気持ち」と言いかえることができる。女房がなぜ「もどかしがる」のかは、その直前の「ただすくよかにてのみ過ぐし給ふ」に示されており、「女性たちにそっけない態度をとる宮」は、この箇所に該当している。

よって、⑤が正解である。

問4　本文の内容説明の問題

問2と同様に、選択肢の内容から本文の関係する箇所を確認し、その箇所の訳を踏まえて選択肢の正誤を丁寧に吟味しよう。

①は、説明として適当である。これは天皇が女君に歌を詠んだ場面の説明で、本文では第一段落に述べられている。まず5行目の歌の内容を確認しよう。

動詞 マ行上一段活用 「見る」 連体形	名詞	係助詞	動詞 マ行下二段活用 「あやむ」 終止形	副助詞	格助詞	動詞 ラ行下二段活用 「濡る」 連用形	助動詞 完了 「ぬ」 連用形	助動詞 詠嘆 「けり」 終止形
見る	**人**	**も**	**あやむ**	**ばかり**	**に**	**濡れ**	**に**	**けり**
見る	人	も	不審に思う	ほど	に	濡れ	てしまったことだ。	

動詞 ナ行下二段活用 「つつみかぬ」 連用形	助動詞 存続 「たり」 連体形	名詞	格助詞	名詞
つつみかね	**たる**	**しのびね**	**の**	**袖**
隠すことができない	でいる	人知れず泣く		袖は。

あやむ
1　不審に思う。あやしむ。
＊形容詞「あやし」の動詞形。

つつみかぬ
※動詞「つつむ」の連用形に接尾語「かぬ」が付いてできたもの。
つつむ（マ行四段活用動詞）
1　覆い隠す。
2　人に知られないようにする。包み隠す。
かぬ（接尾語）
1　～できない。～しにくい。

しのびね
1　人知れず泣くこと。また、人知れず漏らす泣き声。
2　ほととぎすの初音《はつね》。
＊2は、本格的に鳴く前の、声をひそめた鳴き声を言う。

第三句末の「けり」は詠嘆の助動詞の終止形なので、この歌は三句切れである。「しのびね」は、ここでは前記1の意味で、「しのびねの袖」は「人知れず泣く袖」ということだから、上の句の「濡れにけり」とは、具体的には、涙で袖が濡れたのだとわかる。「つつみかね」は、前記のように、動詞「つつむ」の連用形に接尾語「かぬ」がついてできた動詞「つつみかぬ」の連用形である。この歌は、天皇が、女君への恋心で心が乱れ、思いあまって詠んだものであるから、「つつみかね」は、その恋の思いを「包み隠すことができない」意と考えるのが適当である。以上を踏まえて解釈すると、次のようになる。

（傍らで）見る人も不審に思うほどに（涙で）濡れてしまったことだ。隠すことができないでいる、（あなたを思って）人知れず泣く（私の）袖は。

よって、選択肢の「あなたを思って声をひそめて泣いているのに、その恋心が外に漏れてしまいそうだ」は、この歌の内容説明として適当である。

また、天皇はこの歌を「御手習ひに紛らはして」「書きすさみ給ひて」女君に渡している。人目につかないように他の手習いに紛れさせ、興にまかせて書いたように装って、女君に渡したのである。よって、「女君にそれとなく見せた」という説明も適当である。

②は、「皆にそれを知られないためにもいつも以上に陽気にふるまった」が不適当である。五節の夜における宮の心中や行動については、本文第四段落に描写がある。

宮も、「見出だして見給ふらん」と思しやらるるに、心用意もせられながら、心のうちに、涙はせきやるかたなき心地し給ふにも、うちしめりつつ、ながめがちなる御気色を、（17・18行目）

「見出だし」は、サ行四段活用動詞「見出だす」の連用形で、「見つける。外を見る」などの意。「見給ふ」の「給ふ」は尊敬の補助動詞、「らん」は現在推量で、視界外のことを推量する助動詞である。「見出だして見給ふらん」と思っているのは宮だから、「見出だして見給ふ」の主語は、宮の視界にはいない人物で、宮が思いを馳せる人物、すなわち女君と考えるのが適当である。貴族社会の女性は、宮中の行事などにおいて、御簾の内側にいて姿を見せないのが普通で、この五節の夜も、女君は御簾の内側から行事や集まった人々の様子を見ていたはずである。宮は、御簾の内側にいるであろう女君について、「外を見て、自分の姿もご覧になっているだろう」と推測し、気遣いするものの、心の中では涙があふれる気持ちがする。よって、「宮は、簾の中に女君がいて自分を見ていると思うと、涙があふれてくるが」は適当だが、本文ではそれに続けて「うちしめりつつ、ながめがちなる御気色」とあって、宮はしんみり物思いに沈みがちな様子だったのだから、「皆にそれを知られないためにもいつも以上に陽気にふるまった」は不適当である。

③は、選択肢全体が不適当である。宮の様子や、宮と両親の思いについては、本文第四段落の、女房たちの発言の中で述べられている。

Ⅰ「見奉るたびには、光りまさる心地し給へる人の御有様かな」（19行目）

Ⅱ　「世にすぐれ給へる人の御ならひにて、世をすさまじげに思しあくがれて、常に心細げなる御ながめのみし給ふらん。かかる御気色をこそ、院も大宮も思し嘆くなれ」（21・22行目）

> すさまじげなり（ナリ活用形容動詞）
> ※シク活用形容詞「すさまじ」に、「～の様子だ」の意の「げ」がつき、形容動詞となったもの。
> すさまじ（シク活用形容詞）
> 1　不調和だ。興ざめだ。面白くない。
> 2　殺風景だ。
> 3　寒い。冷たい。
> 4　激しい。程度がはなはだしい。恐ろしい。
> 5　生活が苦しい。

> あくがる（ラ行下二段活用動詞）
> 1　（本来ある場所から）離れてさまよう。（あるものに）心惹かれて出かける。
> 2　（心が身体から）離れる。（ある対象に）心惹かれる。（理想とするものなどに）心奪われて落ち着かない。
> 3　疎遠になる。

前記発言Ⅰの「光りまさる心地」とは、女房たちが宮を見たときの印象であり、「御有様」は宮の様子をいう。女房たちは、見るたびに光がまさるような宮の美しさを褒め称える。前記発言Ⅱの「ならひ」は、「決まりきったこと」の意で、「習慣。世の常。通り」などと訳すことができ、「にて」は「～として」の意の格助詞である。「すさまじげに」は、ままならぬ恋に悩んでいる宮の心情を知らない女房たちが、宮の様子を見て述べたものだから、「すさまじ」を前記1の意でとらえ、「興ざめな様子に」などと訳すとよい。「あくがる」は、宮がこの世を興ざめなものだと思っている様子であることと、具体的にどこかへさまよって行く場面ではないことの二つから、前記2の意味である。この世を興ざめに思って心が何かに惹かれる、というのは、俗世を離れることに心惹かれている、と考えられよう。宮の様子は、18行目に「ながめがちなる御気色」とあり、前記Ⅱの発言の前半の部分は、女房が、物思いがちな宮の姿を見て、俗世を離れることを考えているのだろう、とその理由を推量しているのである。しかし、女房たちから見て俗世を離れるように見えるからといって、宮が実際に出家を決意しているとは言えない。よって、選択肢の「出家を決意して両親を悲しませている」は不適当である。また、「世にすぐれ給へる人の御ならひにて」も、俗世を離れることに心惹かれることに関しての記述ではあっても、「優れた人物が出家をしてしまうことはよくある」ことを意味するものではない。さらに、女房は、宮の両親が宮の様子を嘆いているそうだ、とは言っているものの、宮が両親を悲しませていることを「残念がった」ということは本文からは読み取れず、不適当である。

④は、「大殿の姫君は、宮がとても美しいので、……恨みがましいことは言わず、その訪れをいつも心待ちにしていた」が不適当である。大殿の姫君についての言及は、第四段落の女房たちの発言の中にある。

大殿の姫君もなべてならずおはすなれど、立ち寄り給ふ事まれなるをこそ、本意なきことにのたまふなれ（24行目）

この発言は、その前の「いかなる女房、御心につき給はんずらん」という発言を受けたものである。女房の一人が、「どのような女性が、宮のお気に召すのだろう」と言うと、他の女房が、宮の妻である大殿の姫君の話を持ち出す。「大殿の姫君もすばらしくていらっしゃるそうだが（「なべてならずおはすなれど」については、**【設問解説】問1**(イ)参照）、立ち寄りなさる事はめったにないのを、不本意なことにおっしゃるそうだ」と言う。「立ち寄り給ふ」の主語は、大殿の姫君の夫である宮、「本意なきことにのたまふなれ」の主語は、大殿の姫君の父の関白とも、大殿の姫君自身とも考えられる。よって、「恨みがましいことは言わず」は本文の内容と反するし、「宮がとても美しいので、……その訪れをいつも心待ちにしていた」ということは本文から読み取れない。

⑤は、「よくある一夜限りのはかないものではなく、将来までもずっと続く関係を結びたいと願う者もいた」が不適当である。宮に思いを寄せる女性については、第四段落の女房たちの発言中に述べられている。

草の枕の一夜ばかりも、露のなさけもかけられ奉らばやと、高きも下れるも、女の心を尽くすなれど、（25行目）

「草の枕の……かけられ奉らばや」の部分が、身分の上下を問わずすべての女が心を砕く、その心中である。「草の枕」はここは「仮寝。かりそめに寝ること」の意。「露の」は、ここでは「なさけ」を修飾しており、「わずかな」の意味である。「かけられ奉らばや」の「られ」は受身の助動詞、「奉ら」は謙譲の補助動詞、「ばや」は自己の行為の希望を表す終助詞で、女の心中の部分を訳すと「かりそめに寝る一夜だけでも、わずかな情けもかけられ申し上げたい」となる。「よくある一夜限りのはかないものではなく、将来までもずっと続く関係を結びたいと願う者もいた」とは本文からは読み取れないので、不適当である。

よって、①が正解である。

問5　引き歌と、それを踏まえた本文の内容説明問題

二重傍線部の「神の斎垣も」は、【文章】で説明されているように、『伊勢物語』第七十一段の**X**の歌を踏まえた表現である。まず、『伊勢物語』第七十一段の内容を確認しよう（【全文解釈】も参照）。これは、天皇の使いとして斎宮のもとを訪れた男と、斎宮に仕える女房のやりとりだから、「かの宮に好きごといひける女」とは斎宮に仕える女房のことだと判断できる。「好きごと」とは「好色めいた言葉」の意、「わたくしごと」は「おほやけごと」の対義語で、「個人的なこと」の意である。つまり、斎宮に仕える女房として、公的な立場で歌を詠みかけたのではなく、個人的に男に恋の歌を贈ったのである。

女が詠んだ**X**の歌は、次のように解釈される。

枕詞	名詞	格助詞	名詞	係助詞	動詞 ヤ行下二段活用 「越ゆ」 連用形	助動詞 強意 「ぬ」 終止形	助動詞 推量 「べし」 終止形
ちはやぶる	**神**	**の**	**斎垣**	**も**	**越え**	**ぬ**	**べし**
	神域の周りの垣根			も	越え	てしまい	そうだ。

名詞	格助詞	名詞	格助詞
大宮人	**の**	**見まくほしさ**	**に**
宮廷に仕えるあなた	の	見たさ	によって。

第三句末の「べし」が終止形なので、この歌は三句切れである。初句の「ちはやぶる」は「神」にかかる枕詞なので、訳さなくてよい。「斎垣」とは、神聖な場所の周りにめぐらした垣根で、みだりに越えてはならないものとされた。ここは「神の斎垣」とあり、神域の周りの垣根である。「ぬ」は、直後に、終止形（ラ変型活用語には連体形）に接続する助動詞「べし」があることから、完了・強意の助動詞「ぬ」の終止形だと判断できる。上の句は、越えてはならない斎垣を越えてしまいそうだ、という女房の気持ちが詠まれている。なぜそのような気持ちになっているか、その理由が下の句に「大宮人の見まくほしさに」と示される。「大宮人」は「宮中に仕える人」のことだが、ここでは天皇の使いとしてやってきた男のことである。男見たさ、つまりその男と逢瀬を持ちたいために、越えてはならない神の斎垣を越えるという禁を犯してしまいそうだ、と詠んでいるのである。

次に、それに対する男の返歌**Y**を見てみよう。

形容詞 シク活用 「恋し」 連用形	係助詞	動詞 カ行変格活用 「来」 連用形	接続助詞	係助詞	動詞 マ行上一段活用 「見る」 命令形	終助詞
恋しく	**は**	**来**	**て**	**も**	**見よ**	**かし**
恋しい	ならば	来	て		逢いなさい	よ。

枕詞	名詞	格助詞	動詞 マ行下二段活用「いさむ」連体形	名詞	助動詞 断定「なり」未然形	連語
ちはやぶる	**神**	**の**	**いさむる**	**道**	**なら**	**なくに**
	神	が	禁止する	道	では	ないのだから。

第二句末の「かし」が終助詞なので、この歌は二句切れである。初句の「恋しくは」は、形容詞の連用形（未然形とする説もある）に係助詞（接続助詞とする説もある）「は」がついた形で、このように「～しくは」という形の「は」は「～ならば」のように仮定で訳すとよい。結句の「なら」は、「道」という体言に接続しているので断定の助動詞である。訳すと前記枠内に示したようになる。結句の「道」は、この歌が女房の恋の歌への返歌であることから、「恋の道」だと考えられる。男は、「恋の道は神も禁止していないのだから、私のことが恋しいなら斎垣も越えて逢いに来てごらんよ」と応じたのである。

以上を踏まえて、まず、和歌**X**・**Y**に関する選択肢を検討しよう。

①は、まず「女房が斎宮の意向を代弁した」「都からの使いは正式に出迎えるべきだが」が不適当である。前述のように、和歌**X**は、女房が個人的なこととして、自分の恋の思いを詠んだものであり、斎宮の意向を受けて、公式に男と対応している場面ではない。また、「斎宮は神に仕える皇女であるため男性に直接対面できないと詫びている」も不適当である。「越えぬべし」の主体は斎宮ではなく女房であるし、「越えぬべし」の「ぬ」は打消ではなく完了・強意の助動詞だから、「対面できない」と解釈することはできない。また、それを詫びてもいない。

②は、説明として適当である。「伊勢神宮に奉仕する者としての禁忌を犯してしまいそうだ」は「神の斎垣も越えぬべし」の説明となっており、それ以外の部分も、前述の説明と合致している。

③は、まず「男が斎宮に詠みかけた」が不適当である。和歌**Y**は、女房に対する男の返歌である。内容も個人的な思いを詠み交わしたもので、「自分は天皇の使いとして……やって来た」「直接会って天皇の手紙を渡す」という歌の説明も不適当である。

④は、「自分はすぐに都に戻らなければならないが」が和歌中に根拠を持たない。また、「伊勢を離れて都までついて来てくれるのなら」も不適当である。「来ても見よかし」は、女房が「斎垣も越えぬべし」と、神の斎垣を越えるような、してはならないこともしてしまいそうだ、と詠んだことを受けて、斎垣を越えてこちらまで来てごらんよ、と詠んだのであって、都までついて来い、と言っているのではない。

それでは次に、**X**の歌の「神の斎垣も」を引用した、本文の二重傍線部を検討しよう。二重傍線部の「こそ」は、二重傍線部末尾の推量の助動詞「む」の已然形「め」と呼応して係り結びとなっている。このように、「こそ……已然形」で文が終止しない場合、已然形の部分から逆接で後に続くことが多い。「ならひ」は**問4**でも触れたが、ここでは「世間でよく言われること」といった意で、二重傍線部を逐語訳すると、

この人が同じ心であるならば、「思うと神の斎垣も」という言い慣わしもあるだろうが

などとなる。二重傍線部より前の部分では、天皇が人目をはばかりながらも、女御の後見役である女君に思いを寄せていること、思いあまって女君の部屋へこっそり行こうか、などと思うことが述べられているが、ここで「神の斎垣」の歌が引用されるのは、神の斎垣を越えることが許されないのと同様に、女御の後見役である女君と逢瀬を持つことは望ましくないという事情を、踏まえたものだと考えられる。そして二重傍線部の後には、

人知れぬ心のうちは漏らせども、見知らぬさまにのみもてなして、いささかも思ひなびきぬべき気色もせず。

と続く。「人知れぬ心」を「漏ら」すのは、女君に思いを寄せる天皇である。そして、「見知らぬさまにのみもてなして、いささかも思ひなびきぬべき気色もせず」なのは、天皇から恋心をほのめかされた女君である。こ

のように、この場面では、天皇の一方的な恋心と、それに気付かないふりをしている女君が描かれている。

　二重傍線部の「神の斎垣も」は、和歌**X**の一節であるが、前述のように、「神の斎垣も越えぬべし」は、越えてはならない神の斎垣も恋の思いのために越えてしまいそうだ、すなわち逢瀬を持ってしまいそうだ、という気持ちを詠んだものであった。さらに、二重傍線部は、天皇が女君に思いを寄せ、「忍びても局などへ」とこっそり女君の部屋へ行こうと考える直後にあることを踏まえると、「この人」は女君、「同じ心」とは、天皇が女君を思うのと同様に、女君も天皇を思っている、ということだと考えられ、二重傍線部は、「女君が天皇を思っているのなら、禁忌を犯すようなことだとしても逢瀬を持つということもあるだろうが」といった内容だと考えられる。実際は、女君には天皇を思う気持ちはなく、二重傍線部から「なびきぬべき気色もせず」までの部分は、「女君が天皇のことを思っているなら、天皇は『恋のためには禁忌を犯してでも逢う』ということもあるが、天皇が心中をほのめかしても、女君は素知らぬふりをして、少しもなびきそうな様子もない」ということである。

　⑤は、「この人」を、「斎宮に仕える女房」としている点が不適当であるし、「自分も人からそしられても女君に逢いに行きたいと、天皇が女君を一途に慕う様子」を「この女房のように」とする点が間違いである。

　⑥は説明として適当である。女君は天皇に好意を寄せておらず、女君に恋心を抱くことは望ましくない状況なのだから、「天皇にとって苦しい状況」であるという説明も正しい。

　よって、②・⑥が正解である。

第4問　漢文

【出典】

【詩】

「悼亡《とうぼう》」は、明末清初の詩人商景蘭《しょうけいらん》（一六〇五—一六七六）が夫祁彪佳《きひょうか》（一六〇二—一六四五）の死後、その死を悼んで詠んだ連作詩の第一首である。商景蘭は字《あざな》を媚生《びせい》といい、会稽《かいけい》（今の浙江《せっこう》省会稽県）出身で、父は崇禎《すうてい》年間（一六二八—一六四四）に吏部尚書（官吏の選任・懲戒などを司った中央官庁の長官）を務めた商周祚《しょうしゅうそ》（一五七七—？）である。祁彪佳と商景蘭とは理想的な夫婦として当時の人々に「金童玉女」と称されていた。明に仕えた官吏であった夫は、明の滅亡後、清に出仕を求められたが、明への節義を守るとして清への仕官を拒み、明に殉じて死を選んだ。

【文章】

　商景蘭が数え年七十二歳の時に記した「琴楼遺稿序《きんろういこうじょ》」の冒頭部分である。商景蘭が、明に殉じた夫の死と清への抵抗運動に身を投じた息子の災難を語り、我が身の不幸と老いに触れつつも、詩文を書くことを好み、文才のある息子の妻や娘たちに囲まれて過ごす日常について述べたくだりである。なお、【文章】には登場していないが、「琴楼遺稿序」は文才に恵まれながらも夭逝《ようせい》した張楂雲《ちょうさうん》という女性の遺稿を紹介するために書かれたものである。「琴楼遺稿序」の本文は王秀琴《おうしゅうきん》『歴代名媛文苑簡編《れきだいめいえんぶんえんかんぺん》』に拠った。

【本文解説】

【詩】

　商景蘭が、夫祁彪佳の死後に夫を思って詠んだ五言律詩である。

　夫は明に殉じて死ぬことによって永遠に残る栄誉を手にしたが、自分は生に恋々として生き延びている。主君への忠義を貫いて死ぬことはもちろん立派なことだが、子どもたちのために生きようとする自分の気持ちもまた人の情として自然のものである。夫は生前皇帝のために諫言《かんげん》に努め、死後は碑文に記されるような名声を残した。自分は生きており、夫は死んでしまい、二人は道を違《たが》えてしまったけれども、どちらも心は正しく潔白であるのだ、と筆者は詠じている。忠義を尽くした夫と、生を選んだ自分と、どちらの有り様も肯定しようとする筆者の心情が表れた詩である。

【文章】

七十二歳の筆者は、自分の人生を振り返って死に直面することがたびたびあったと語る。夫が死んだ時、幼い子どもたちのために生きることを選んだ。その後、清への抵抗運動に身を投じた息子が処罰された時にも、息子に「親を死なせた不孝者」という汚名を着せないために死を選ばなかった。夫に先立たれた自分の不幸はここに極まり、さらに年老いた。いまさらに自分を飾り立てる必要はないし、まして文章によって自分を飾り立てて良く見せる必要もない、と筆者は語る。その上で、日ごろから詩文を書くことを好む張《ちょう》徳蕙《とくけい》・朱徳蓉《しゅとくよう》（息子の妻たち）や修嫣《しゅうえん》・湘君《しょうくん》（筆者の娘たち）といった才媛たちとの日々を紹介し、彼女たちのような才能にあふれた女性に会うと、心を寄せずにはいられないと筆者は言うのである。

【書き下し文】

【詩】

公《こう》 自《おのづか》ら千古《せんこ》を成《な》し　吾《われ》猶《な》ほ一生《いつせい》を恋《こ》ふ
君臣《くんしん》は原《もと》より大節《だいせつ》なれども　児女《じぢよ》も亦《ま》た人情《にんじやう》なり
檻《かん》を折《を》る生前《せいぜん》の事《こと》　碑《ひ》に遺《のこ》す死後《しご》の名《な》
存亡《そんばう》路《みち》を異《こと》にすと雖《いへど》も　貞白《ていはく》本《もと》より相《あ》ひ成《な》す

【文章】

余《われ》は七十二《しちじふに》歳《さい》の嫠婦《りふ》なり。死《し》に瀕《ひん》する者《こと》 数《しばしば》なり。乙酉《いついう》の歳《とし》、中丞公《ちうじようこう》節《せつ》に殉《じゆん》ず。余《われ》敢《あ》へて従《したが》ひて死《し》せず。児女子《じぢよし》の皆《みな》幼《をさな》きを以《もつ》てなり。辛丑《しんちう》の歳《とし》、次《つ》いで児才《じさい》を以《もつ》て禍《わざは》ひを受《う》け、家《いへ》を破《やぶ》りて身《み》を亡《ほろ》ぼす。余《われ》即《ただ》ちには死《し》せざるは、不孝《ふかう》の名《な》を以《もつ》て児子《じし》に貽《のこ》すを恐《おそ》るればなり。未亡人《みばうじん》の不幸《ふかう》此《ここ》に至《いた》り、且《か》つ老《お》ゆ。烏《いづく》んぞ能《よ》く文《かざ》らん。又《ま》た烏《いづく》んぞ能《よ》く文《ぶん》を以《もつ》て人《ひと》に文《かざ》らんや。但《た》だ平《へい》生性《ぜいせい》柔翰《じうかん》を喜《よろこ》ぶ。長婦《ちやうふ》張氏《ちやうし》徳蕙《とくけい》、次婦《じふ》朱氏《しゆし》徳蓉《とくよう》、女《むすめ》修嫣《しうえん》・湘君《しやうくん》、又《ま》た倶《とも》に書《しよ》を読《よ》むを解《かい》す。毎《つね》に女紅《ぢよこう》の余《よ》に於《お》いて、或《ある》いは題《だい》を拈《つま》みて韻《ゐん》を分《わ》かち、風雅《ふうが》を推敲《すいかう》し、或《ある》いは古昔《こせき》を尚遡《しやうそ》し、当世《たうせい》を衡論《かうろん》す。才婦《さいふ》淑媛《しゆくゑん》に遇《あ》へば、輒《すなは》ち流連《りうれん》して心《こころ》を去《さ》る能《あた》はず。

【全文解釈】

【詩】

あなた（＝祁《き》彪《ひょう》佳《か》）は（死によって）おのずから死後も永遠に残る栄誉をなしとげ
私は依然として一つの命に恋々として（生きながらえて）います
（あなたのように）君主と臣下（の忠義を貫くこと）はもちろん守るべき大切な節義ですが
（しかし私が）息子や娘（を思って生きているの）もやはり人として守るべき心情なのです
あなたは生前強く（皇帝を）諫めました
（あなたの）死後にその名誉は碑として残されています
（私とあなたは）生きることと死ぬこととで道を違えてしまいましたが
心が正しく潔白であるのはもともと互いに同じなのです

【文章】

私は七十二歳の夫に先立たれた女性である。（これまでに）死に直面することがたびたびあった。順治二年（一六四五）、中丞公（＝夫の祁彪佳）は（明への）節義を貫いて殉死した。私は進んでは（夫の）後を追って死のうとはしなかった。子どもたちがみな幼かったためである。順治十八年（一六六一）、続いて息子が才能があったために災禍に見舞われ、家をつぶして身を滅ぼした。私が（その時に息子と一緒に）すぐには死ななかったのは、（自分のせいで母親を死なせた）親不幸者であるという汚名を息子たちに残すことを恐れたからである。未亡人の不幸はここに極まり、さらに（私は）年老いた。どうして自分を良く見せることができようか。またどうして詩文を用いて人に自分を良く見せることができようか。ただ（私は）日ごろから詩文を書くことを好む性質であった。長男の妻の張徳蕙、次男の妻の朱徳蓉、娘の修嫣と湘君は、（私と）同様にそろって書を読むことができた。いつも織物や裁縫などの家事の合間に、ある時には（それぞれが）詩題を選び韻を決めて詩を作って、詩文の字句を検討したり、またある時には古代の詩文を学び、同時代の詩文を論評したりした。（このような）才能があり人柄も優れた女性たちに会うと、私はいつも思いを寄せて（彼女たちから）心を離すことができない。

【重要語・基本句形】

(1) **重要語**

○自《おのづから》　おのずから・自然に・ひとりでに
○猶《なホ》　まだ・依然として・やはり
○君臣《くんしん》　君主と臣下
○亦《まタ》　～も同様に・～もやはり
○名《な》　名声・名誉・評判
○雖《いへどモ》二――一(ス)ト　たとえ――としても・――であるけれども
○本《もとヨリ》　もともと・もとから
○相《あヒ》　互いに・相手を・相手に・相手と
○余《われ》　私（一人称）
○者《こと》　～（する）こと
○数《しばしば》　たびたび
○殉《じゆんズ》　殉死する・自分の命を投げ出して尽くす
○以《もつテ》二――ヲ一也《なり》　――だからである
○次《ついデ》　続いて・次に
○以《もつテ》二――ヲ一……　――を……（目的語）・――によって……（手段・方法）・――のために……・――なので……（理由・原因）・――として……（資格・立場）
○禍《わざはヒ》　災禍・災難
○亡《ほろボス》　滅ぼす
○且《かツ》　そのうえに・さらに
○能《よク》――(ス)　――（することが）できる
○又《まタ》　そのうえに・さらに
○但《たダ》　ただ（――にすぎない）＝唯・惟・徒・特・直・只
○平生《へいぜい》　日ごろ・ふだん
○性《せい》　性質・生まれつき
○女《むすめ》　娘
○倶《ともニ》　一緒に・そろって・どちらも
○毎《つねニ》　いつも
○於《おイテ》二――ニ一（……）　――で（……する）・――に（……する）
○余《よ》　ひま・余暇・合間
○或《あるイハ》　ある時・または・場合によっては
○推敲《すいかうス》　詩や文章の字句を練り上げる
○輒《すなはチ》　そのたびに・いつも・すぐに
○不《ず》レ能《あたハ》二――(スル)(コト)一　――（することが）できない

(2) **基本句形**

○不《ず》二敢《あヘテ》――(セ)一　進んでは――しない・決して――しない［否定形］
○不《ず》二即《ただチニハ》――(セ)一　すぐには――しない［否定形］
○烏《いづくンゾ》――(セ)ン（耶《や》）　どうして――しようか、いや――しない［反語形］
※（セ）は活用語の未然形、（ス）は活用語の終止形、（スル）は活用語の連体形を、それぞれ表す。

【設問解説】

問1　語の読み方の問題

(ア)　「雖」は「雖《いへどモ》」と読み、「雖《いへどモ》二――一ト」の形で「たとえ――としても」（仮定の譲歩）・「――であるけれども」（確定の譲歩）の用法となる（**【重**

要語・基本句形】(1)　重要語参照)。したがって、正解は③である。

各選択肢の読みに該当する語としては、①「為《なス》」、②「思《おもフ》」「想《おもフ》」、④「為《なル》」「成《なル》」、⑤「願《ねがフ》」などがある。

(イ)　「輒」は「輒《すなはチ》」と読み、「そのたびに・いつも」または「すぐに」の意味である(【重要語・基本句形】(1)　重要語参照)。したがって、正解は①である。「すなはち」と読む語には「輒」の他に、「則」(仮定条件・確定条件を受ける)・「即」(すぐに・そのまま)・「便」(たやすく・すぐに)・「乃」(そこで・やっと・かえって・なんと)があり、それぞれ異なる意味・用法を持つので注意が必要である。

各選択肢の読みに該当する語としては、②「具《つぶさニ》」(くわしく・十分に)、③「漸《やうやク》」「稍《やうやク》」(次第に)、④「才《わづかニ》」「僅《わづかニ》」(やっと・かろうじて)、⑤「暫《しばらク》」「姑《しばらク》」「且《しばらク》」(とりあえず・一時的に)などがある。

問2　語句の意味の問題

(1)　「数」は、動詞として「数《かぞフ》」と読んで「数える」の意味、「数《せム》」と読んで「責める」の意味の他に、副詞として「数《しばしば》」と読んで「たびたび」の意味がある(【重要語・基本句形】(1)　重要語参照)。波線部(1)は「瀕《スル》レ死者《ニこと》」(死に直面すること)に続いており、この後に夫の死と息子の災難が続いたことから死を意識したと述べている点を踏まえると、「(死に直面することが)たびたびあった」と訳出するのが適当である。したがって、正解は⑤である。なお、「数《しばしば》」は「瀕《スル》レ死者《ニこと》」に続いてこの一文の述語に当たるので「数《しばしばナリ》」と断定の助動詞「なり」を補って読む。

(2)　「倶」は、副詞として「倶《ともニ》」と読んで「一緒に・そろって・どちらも」の意味である(【重要語・基本句形】(1)　重要語参照)。したがって、正解は③である。「ともに」と読む語には他に「共《ともニ》」「与《ともニ》」「偕《ともニ》」などがある。

(3)　「推ニ敲風雅一」は「推《すい》ニ敲《かうシ》風雅《ヲ》一」(風雅を推敲し)と読む。選択肢を参考に「風雅」は「詩文」を指すと考えればよい。「推敲」は、中唐の詩人賈島《かとう》が詩の表現を「推《おス》」にするか「敲《たたク》」にするか苦心したという逸話から生まれた故事成語で、「詩や文章の字句を練り上げる」の意味で用いられる(【重要語・基本句形】(1)　重要語参照)。「推敲」の意味を正しく踏まえている選択肢は②「詩文の字句を検討する」のみである。したがって、正解は②である。

問3　返り点と書き下し文の問題

傍線部A「余不敢従死」の「余」は、「私」という意味の一人称を表す語である(【重要語・基本句形】(1)　重要語参照)。【文章】の冒頭にも「余《われ》」とあり、【文章】全体が筆者の一人称で語られていることから、「余」は傍線部Aの主語であると考えればよい。また「不敢」は、否定詞「不」+副詞「敢《あヘテ》」+動詞の形で「不《ず》ニ敢《あヘテ》――(セ)一」と読み、「進んでは――しない・決して――しない」という意味の否定形である(【重要語・基本句形】(2)　基本句形参照)。次に「従死」の部分を検討する。「従」には、動詞として「従《したがフ》」と読む用法と、助詞として下から返って「~より」と読む用法がある。「~より」と読む場合は通常「従《より》ニ――一動詞」の形であり、「従《より》」は前置詞の働きをして、「――から動詞する」という意味になるので、傍線部Aの場合は、構文からも文脈上もあてはまらない。したがって、「従」は動詞「従《したがフ》」であると判断する。傍線部Aの直前に「中丞公殉《ズ》レ節《ニ》」(中丞公は〔明への〕節義を貫いて殉死した)とあるのを踏まえて、「従」の目的語として「夫」を補い、「従死」は「従《したがフ》(レ夫《ニ》)」+「死《レス》」、つまり「従《ヒテ》(レ夫《ニ》)死《ス》」(夫の後を追って死ぬ)と考えればよい。夫が死んだ時、作者も死に直面したものの、夫の後を追って死ぬことは選ばなかったというのである。これらを踏まえると、傍線部Aには「余不ニ敢《ヘテ》従《ヒテ》死《セ》一」と返り点・送り仮名を施すことになり、書き下すと「余敢へて従ひて死せず」となる。正しい返り点の付け方と書き下し文との組合せとなっているものは②のみである。したがって、正解は②である。

各選択肢について確認しておくと、①は「余不ニ敢従レ死」と返り点を付けて「余敢へて死に従はざらんや」と書き下して、句末を反語形として「未然形＋んや」と読んでいる。しかし、「敢へて――ざらんや」と反語形で読む場合、否定詞「不」と副詞「敢」の語順は「敢不二――一」である。したがって、①は傍線部**A**の語順を正しく捉えておらず、誤りであるとわかる。また、①「余敢へて死に従はざらんや」と読んだ場合の意味は「私は（夫の）死の後を追わないことがあろうか」となり、筆者が夫の死後生き延びたという、**【文章】**の内容と矛盾することになる点でも誤りである。同様に、③「余敢へて従はずして死す」、⑤「余敢へてせざるも従ひて死す」も、文意は筆者が「死ぬ」ことになってしまうので、いずれも誤りである。また、④は「余死に従ふを敢へてせざるか」と疑問文として句末を「連体形＋か」と読んでいるが、傍線部**A**には疑問詞も疑問を表す助詞も用いられていないので、疑問形として読むのは誤りである。

問4　解釈の問題

傍線部**B**「烏ンゾ能ク以テレ文ヲ文ランレ人ニ耶」は、直前の「烏ンゾ能ク文カざラン」を踏まえれば、「烏《いづく》んぞ能《よ》く文《ぶん》を以《もっ》て人《ひと》に文《かざ》らんや」と読むことができる。疑問・反語を示す副詞「烏《いづくンゾ》」は「どうして」の意味であり、同じ用法の語に「安《いづくンゾ》」「悪《いづくンゾ》」「焉《いづくンゾ》」「寧《いづくンゾ》」などがある。傍線部**B**は「文ランレ人ニャ耶」と句末を「未然形＋んや」と読んでおり、反語文であるとわかる。したがって、「烏んぞ――んや」は反語文として「どうして――しようか、いや――しない」と解釈する（**【重要語・基本句形】**(2)　**基本句形**参照）。また、「能ク」は可能を表す語で「能ク――（ス）」の形で「――（することが）できる」の意味である（**【重要語・基本句形】**(1)　**重要語**参照）。「以テレ文ヲ文ランレ人ニ」については、すべての選択肢が「詩文を用いて人に自分を良く見せる」という解釈で共通しているので、傍線部**B**の解釈は「烏んぞ能く――んや」に着目し、反語形＋可能の表現を正しく捉えて「どうして――できようか」あるいは「――などできない」と解釈している選択肢を検討すればよい。傍線部**B**を直訳すれば「どうして詩文を用いて人に自分を良く見せることができようか、いや、良く見せることはできない」となる。この直訳に合致するのは⑤「どうして詩文を用いて人に自分を良く見せることができようか」のみである。したがって、正解は⑤である。

他の選択肢についても確認しておくと、②「どうすれば詩文を用いて人に自分を良く見せることができるのか」は疑問文として解釈している。③「どうして詩文を用いて人に自分を良く見せてはいけないのだろうか」は、推量の意味を伴った疑問文の解釈になっている。また、①「どうしても――せずにはいられない」と④「どこにも――いるはずはない」は、「烏んぞ能く――んや」の反語形の解釈として誤りである。

問5　空欄補充の問題

空欄 X は**【詩】**の第六句の末字である。漢詩の偶数句末には押韻するきまりがあるので、まず押韻に注目して空欄 X に入る文字を検討すればよい。押韻とは、漢詩の偶数句末に、それぞれの漢字を音読みした時の末尾の響きが同じになる文字を置くというきまりである。したがって、**【詩】**の押韻する箇所は、第二句末「生」、第四句末「情」、第六句末の「X」、第八句末「成」である。それぞれの語の音を確認すると「生 sei・shou」「情 sei・jou」「成 sei・jou」なので、空欄 X には音読みした末尾の響きが「-ei」または「-ou」となる文字が入ることになる。二重傍線部(a)〜(e)の音を確認すると、それぞれ(a)「殉 jun」・(b)「禍 ka」・(c)「名 mei・myou」・(d)「才 sai」・(e)「心 shin」である。末尾の響きが「-ei」または「-ou」となるのは(c)の「名」のみなので、空欄 X には「名」が入るとわかる。第六句の解釈も「あなたの死後にその名誉は碑として残されています」となり、文意にも矛盾は生じない。したがって、正解は③である。

問6　内容説明の問題

【詩】では、筆者の商景蘭が、明への忠義を貫いて死ぬことで永遠の名誉を残した夫と、子どもたちを思う情から生き残った自分自身について対照的に述べたうえで、「存」（生存）と「亡」（死亡）と、道は違えてしまったが、夫も自分もどちらも正しかったのだと結んでいる。【文章】では、七十二歳の老境に入った筆者が夫の死と息子の災難について言及し、子どものために生き続けてきた自分の不幸と老いを嘆きつつも、才媛である息子の妻と娘たちに囲まれた現在の暮らしについて語っている。以上の内容を踏まえて、各選択肢の内容を確認する。

①は、「跡を継いだ息子が親不孝であることを嘆き」と「娘たちの文才を認めようとしない世の中にも不満を抱いている」が【詩】と【文章】からは読み取ることができない内容であり、誤りである。

②は、「自分も清への抵抗の気持ちを詩の中で表現したいと望んでいる」が【詩】と【文章】のいずれにも言及されていない内容であり、誤りである。

③「清への仕官を拒絶して死を選んだ夫の考えは受け入れることができず、家族を見捨てた夫を恨む気持ちを抑えられないでいる」は、「夫の考えは受け入れることができず」「夫を恨む気持ちを抑えられない」という夫に否定的な内容が誤りであると判断できる。【詩】では、筆者は夫の行為を「大節」を貫き死後に名誉を残すもので「貞白」（心が正しく潔白）であると評価している点に注目したい。

④「夫が君臣の道を貫いて死んだことを誇りに思いつつも、子どもたちのために自分が生きる道を選んだことにも価値があると考えている」は、前半の「夫が君臣の道を貫いて死んだことを誇りに思い」が、【詩】で筆者が夫の死を忠義を貫くものであったと評価している内容と合致する。また後半の「子どもたちのために自分が生きる道を選んだことにも価値があると考えている」は、【文章】前半の、たびたび死に直面しつつも「以《テ》㆓児女子《ノ》皆幼《キヲ》㆒也」（子どもたちがみな幼かったためである）・「恐《ルレバ》㆘以《テ》㆓不孝《ノ》名《ヲ》㆒貽《のこスヲ》㆗児子《ニ》㆖也」（「自分のせいで母親を死なせた」親不幸者であるという汚名を息子たちに残すことを恐れたからである）という理由から、死を選ばずに子どもたちのために生き延びてきた筆者の選択や境遇と矛盾しない。したがって、④は【詩】と【文章】に記された内容と合致している。

⑤は、「残された娘たちに夫の高潔な生き様を世に伝える詩を書いて欲しい」が【詩】と【文章】のいずれにも言及されていない内容であり、誤りである。

以上より、正解は④である。

MEMO

第4回 解答・解説

設問別正答率

解答番号第1問	1	2	3	4	5	6	7	8	9	10	11
配点	2	2	2	2	2	7	7	7	7	5	7
正答率(%)	79.8	60.7	78.8	40.1	47.0	56.5	80.1	17.9	57.6	54.7	72.3

解答番号第2問	12	13	14	15	16	17	18	19	20
配点	3	3	3	8	7	8	5	5	8
正答率(%)	30.8	51.6	73.4	55.6	43.4	83.2	39.6	77.6	52.7

解答番号第3問	21	22	23	24	25	26	27	28
配点	5	5	5	7	7	7	7	7
正答率(%)	54.4	13.4	33.7	39.8	52.1	67.4	27.8	43.6

解答番号第4問	29	30	31	32	33	34	35	36	37
配点	4	4	5	5	5	5	7	7	8
正答率(%)	41.5	59.0	59.1	38.6	43.5	22.5	41.8	51.2	41.7

設問別成績一覧

設問	設　問　内　容	配　点	全　体	現　役	高　卒	標準偏差
合計		200	100.9	99.4	115.9	32.3
1	現代文「論理的文章」	50	28.8	28.4	32.7	10.3
2	現代文「文学的文章」	50	28.9	28.6	31.7	11.0
3	古文	50	21.2	20.9	24.6	11.6
4	漢文	50	22.1	21.6	26.9	12.4

現古漢別得点対比表

〈現代文〉

共通テスト換算得点	48以下	49～56	57～64	65～71	72～78	79～86	87以上
得　点	35以下	36～44	45～53	54～62	63～71	72～80	81以上

偏差値 ➡ 37.5　42.5　47.5　52.5　57.5　62.5

〈古　文〉

共通テスト換算得点	8以下	9～14	15～19	20～25	26～30	31～35	36以上
得　点	6以下	7～12	13～18	19～24	25～29	30～35	36以上

偏差値 ➡ 37.5　42.5　47.5　52.5　57.5　62.5

〈漢　文〉

共通テスト換算得点	8以下	9～15	16～23	24～31	32～37	38～42	43以上
得　点	6以下	7～12	13～18	19～25	26～31	32～37	38以上

偏差値 ➡ 37.5　42.5　47.5　52.5　57.5　62.5

【国語】

【解答・採点基準】

（200点満点）

問題番号	設問	解答番号	正解	配点	自己採点
第1問	問1 (i) (ア)	1	②	2	
	問1 (i) (イ)	2	①	2	
	問1 (i) (ウ)	3	④	2	
	問1 (ii) (エ)	4	③	2	
	問1 (ii) (オ)	5	③	2	
	問2	6	④	7	
	問3	7	②	7	
	問4	8	⑤	7	
	問5	9	②	7	
	問6 (i)	10	①	5	
	問6 (ii)	11	③	7	
第1問 自己採点小計				(50)	
第2問	問1 (ア)	12	③	3	
	問1 (イ)	13	①	3	
	問1 (ウ)	14	④	3	
	問2	15	⑤	8	
	問3	16	⑤	7	
	問4	17	③	8	
	問5	18	④ ※	5	
	問5	19	⑥ ※	5	
	問6	20	③	8	
第2問 自己採点小計				(50)	
第3問	問1 (ア)	21	⑤	5	
	問1 (イ)	22	④	5	
	問1 (ウ)	23	①	5	
	問2	24	⑤	7	
	問3	25	②	7	
	問4 (i)	26	③	7	
	問4 (ii)	27	④	7	
	問4 (iii)	28	①	7	
第3問 自己採点小計				(50)	
第4問	問1 (ア)	29	④	4	
	問1 (イ)	30	②	4	
	問2 (1)	31	③	5	
	問2 (2)	32	①	5	
	問3	33	⑤	5	
	問4	34	⑤	5	
	問5	35	②	7	
	問6	36	④	7	
	問7	37	③	8	
第4問 自己採点小計				(50)	
自己採点合計				(200)	

※の正解は順序を問わない。

【解説】

第1問　現代文

【出典】

【文章Ⅰ】は、本橋哲也『侵犯するシェイクスピア　境界の身体』（青弓社　二〇〇九年）の「第3章　名前なんて――『ロミオとジュリエット』（一五九五年）と記号の叛乱《はんらん》」の一節である。なお、作問の都合で表記を改めたり、省略したりした箇所がある。

本橋哲也（もとはし・てつや）は、一九五五年生まれ。東京大学卒業後、イギリス・ヨーク大学大学院英文科博士課程単位取得満期退学。専門は、イギリス文学、カルチュラル・スタディーズ（＝一九六〇年代にイギリスで起こり、世界各地に広がっていった多元的かつ批判的な視点からの文化研究の総称）。主な著書に『ポストコロニアリズム』、『カルチュラル・スタディーズへの招待』、『深読みミュージカル　歌う家族、愛する身体』、『ディズニー・プリンセスのゆくえ　白雪姫からマレフィセントまで』、主な訳書にノーム・チョムスキー『メディアとプロパガンダ』などがある。

【文章Ⅱ】は、村岡晋一『名前の哲学』（講談社　二〇二〇年）の「第3章第五節　人の名前――名前の倫理学」の一節である。なお、作問の都合で一部省略した箇所がある。

村岡晋一（むらおか・しんいち）は、一九五二年生まれ。中央大学大学院文学研究科哲学専攻博士後期課程単位取得退学。専攻はドイツ近代・現代哲学。主な著書に『対話の哲学　ドイツ・ユダヤ思想の隠れた系譜』、『ドイツ観念論　カント・フィヒテ・シェリング・ヘーゲル』、主な訳書にマーティン・ジェイ『アドルノ』（木田元との共訳）、ヴァルター・ベンヤミン『パサージュ論』（今村仁司らとの共訳）などがある。

【本文解説】

大学入学共通テストでは、複数の題材が組み合わされた問題が出題されることが予想されるが、まずは**【文章Ⅰ】**と**【文章Ⅱ】**のそれぞれの内容を正確に読み取り、その上で、二つの文章を関連づけて理解することが大切である。今回の**第1問**は、「名前」をテーマにした二つの文章を出題した。それでは、それぞれの文章の内容を確認していこう。

【文章Ⅰ】

シェイクスピアの戯曲『ロミオとジュリエット』の有名な一節が、〈名前という記号〉が表象する近代ヨーロッパ社会の支配的な社会体制への批判となりうることを論じた文章である。本文を大きく三つの部分に分けて、その内容を確認していこう。なお、形式段落を1～8と表記し、『ロミオとジュリエット』の訳文はそれぞれ直前の段落に含まれるものとする。

1・2　「あなたはどうしてロミオなの？」の論理的錯乱

シェイクスピアの『ロミオとジュリエット』の一節に、ロミオに出会って恋に落ちたジュリエットが、自室のバルコニーでロミオを想《おも》いながら口にする「ああロミオ、ロミオ、あなたはどうしてロミオなの？」という台詞《せりふ》がある（1）。

あまりに有名な台詞なので見過ごしそうになるが、ここには論理的な矛盾があると筆者は指摘する。ロミオとジュリエットは、それぞれがモンタギュー家とキャピュレット家という互いに敵対する家の出身であり、そのことが二人の恋の障壁となっているのだから、ジュリエットがロミオに捨ててほしいと願うのは、個人の名である「ロミオ」ではなく、家を表す「モンタギュー」という姓のほうであるはずだ。したがって、ジュリエットは本来「ああ、ロミオ、ロミオ、あなたはどうしてモンタギューなの？」と言うべきなのである。なぜそうなっておらず、私的な名前であるファーストネーム（「ロミオ」）と、公的な名前であるファミリーネーム（「モンタギュー」）の混同が生じているのだろうか（2）。

3〜6　名前と実体の関係

ここで、ジュリエットが家父長制度（＝父系の家族制度において、家長が絶対的な権力を行使し、家族を支配・統率する家族形態）に疑問を抱いていると仮定しよう。ロミオをモンタギュー家、ジュリエットをキャピュレット家に縛りつけ、二人の恋の障壁となっているものこそ、家父長制度である。こうした制度と対比することによって、家や家への所属を表す名前とは切り離された、ロミオという一人の人間の存在が彼女のなかでいっそう価値を持つ。「わたしの敵はあなたの名前だけ。／あなたはあなた自身、たとえモンタギュー以外の名前であったとしても。」というジュリエットの台詞からも、「モンタギュー」や「ロミオ」といった名前よりも、ロミオという一人の人間の実体のほうが重要だとする考えを読み取ることができるだろう。しかし、人間は言葉や記号によってしか、それが指し示すもの（＝実物）を想像することができないし、言葉や記号を通してこそ、暴力や富、感情や芸術などさまざまなものを作り出すこともできる。名前（＝記号／言葉）と実体は切り離すことができないのだ。他の名前になることで自らが属する家父長制社会の枠組みから逃れたいというロミオとジュリエットの「境界侵犯的欲望」は、家父長制度に対する疑問にとどまらず、そもそも名前という記号によって人間の身体が支配されているという根本的な問題にまで発展する問いになりうるのである（3・4）。

さらに次のように考えてみよう。恋するジュリエットは、愛しいロミオの声や手足、顔といった「身体の事実性そのものを所有すること」、つまり、身体的実在としてのロミオと親密になることを思い描いている。しかし、人間は「記号なくして実物を想像することはできない」（4）ため、その想像を具体化するには「ロミオ」という名前で彼を呼び表す以外に手段がない。身体的存在としてのロミオを、「ロミオ」という名前（記号）によって表象することしかできないという矛盾（＝身体と名称との二律背反）。ジュリエットの「あなたはどうしてロミオなの？」は、このことへの疑問として提示された台詞であると考えられるのではないか（5）。

名前という記号は、自分で自分に付けるケースは少なく、多くは親や支配者といった自分より力を持つ者から、各々の身体に対して強制的にかぶせられる。ジュリエットはロミオに対して「その名を『脱ぎ捨てて』と言う」が、それは彼女が恋愛によって「名前という恣意的（＝論理的な必然性がないさま）に適用される社会を支配する記号への反感」に目覚めたということを表している。そして、そうした「反感」は、支配的な社会体制そのものへの批判へとつながるものであると言えるだろう（6）。

7・8　名前が支配する社会の外部を目指す

このように、ロミオとジュリエットの恋愛は、名前というものが持つ「言語的・社会的機能」への疑いに始まり、名前という記号が力を発揮する社会体制への問いかけへとつながっていく。二人が生きるヴェローナという町は、厳格な家父長制度のもと、モンタギュー家とキャピュレット家の対立を軸として、人々が互いを監視する閉鎖的社会である。名前は、その人の「社会的所属」を明示することで、人々を否応なしに敵か味方かの対立構造のなかに巻き込んでしまう装置なのである（7）。

ジュリエットが提示する「名前なんて」という疑問は、近代ヨーロッパ社会を支える「公共性」（ここでは家父長制度や社会体制のこと）と「固有性」（ここでは個としての実体、身体のこと）との矛盾に対する鋭い問いとなり、自分が属する現状の社会とは異なるあり方を目指そうとしている点で、「きわめて革命的な問い」となる。若い二人の恋愛劇に託してこのような問いを提示してみせたところに、シェイクスピアという作家の特異な感性と、現代の私たちへの問いかけがある（8）。

まとめ

筆者は、ジュリエットの「あなたはどうしてロミオなの？」という問いは、なぜ「モンタギュー」という家の名ではなく、「ロミオ」という個人の名に対して向けられているのか？　という疑問を投げかけ、その理由を次のように説明している。

・ジュリエットは家父長制度に疑問を抱いており、名前よりも実体を重視していた。
↓
・だが、実体を思い描くためには、名前という記号を用いる以外にない。
↓
・ジュリエットの問いは、実体（身体的存在）である個人に対し、名前という記号が他者から強制的にかぶせられてしまう支配的な社会体制を批判し、そうした社会の外部を目指そうとする「革命的な問い」だとみなすことができる。

【文章Ⅱ】

人の名前と事物の名前との違いに着目し、人の名前が「命名」という行為によって、過去と未来へと開かれるということについて論じた文章である。本文を大きく二つに分けてその内容を確認していこう。なお、形式段落は[1]～[10]と表記する。

[1]～[3]　人の名前とは何か

事物の名前は、その事物の同一性（＝そのもの自身であり続けること）を保証し、その事物に関連するさまざまな出来事を媒介するが、人の名前も同じ働きを持っている。実際人は、時とともに外見も内面も変化し続けるが、そうした中、「名前」だけは、変化することなく持続する（[1]）。

ただし、人の名前は決してその人の「本質」ではない。「君はだれだ」と問われた時、求められているのは君の「名前」にすぎず、君を君たらしめている「本質」などではないのである（[2]）。

こうした点では、事物の名前も人の名前も同じだが、両者には決定的な違いがある。事物の名前はすでに定められており、私たちはそれを呼ぶことしかできないが、人の名前については、それが「命名」される場面に立ちあうことができる。自分が命名される場面は物心つく前なので立ちあったとは言えないが、いつどこでその名が与えられたかを後に知ることができる。人の名前については、だれもが「命名」を行うことができるのである（[3]）。ちなみに、事物の命名でもその事情がわかる場合があるではないかと考えた人がいるかもしれないが、そのことについては、**問4**の**【設問解説】**で触れることにする。

[4]～[10]　「命名」によって人の名前が過去と未来へ開かれる

「命名」とは、ある時代のある場所に生きている人が、特定の誰かの名前を付けるという意味で、「名前を〈いま〉〈ここ〉で生みだす行為」である。だが、実際に命名が行われる時、名前はその対象とはまったく対応していない。命名の対象となる赤ん坊は、この世に生まれたばかりで、まだどんな人間に成長していくのか何もわからない。（洗礼名の「命名」にしても、命名の対象となる人がキリスト教徒として「生まれたばかり」であることには変わりない。）その人の現実的なありかたに見合った名前を付けることは事実上不可能であり、命名の時点では「人名の『意味』はいわばゼロ」なのである（[4]）。

とはいえ、命名されることで〈いま〉〈ここ〉が定められると、ゼロであり「空白」であったところに、新たな秩序が展開されはじめる。通常、人の名前は「姓（ファミリーネーム）」と「名（ファーストネーム）」の二重構造となっている。「姓」はその人が生まれた家や所属集団を示すものであり、その人が生まれる以前から存在し、受け継がれてきたものをその人も継承するといった意味で、人を「過去につなぎとめ」る。一方、「名」は個人を表すものであり、当人がその人なりの人生を生きることで「新しい人間になるべきことを示している」。命名は「名前を〈いま〉〈ここ〉で生みだす行為」（[4]）であるが、ひとたび命名が行われると、その名前を「核（＝中心／基準）」として過去と未来へ向けた「時間的地平」が新たに開かれるのだ（[5]・[6]）。

具体的な例で考えてみよう。「イマヌエル・カント」（一七二四年―一八〇四年）は近代哲学の祖といわれる著名な哲学者であり、現代の私たちは誰もがそれなりに彼を知っている。したがって、「イマヌエル・カントは一七二四年四月二二日にドイツのケーニヒスベルクで生まれた」という文章を読んでも、私たちなら「ひとつの歴史的事実」として受け止めるだろう。しかし、もし私が一七二四年四月二二日のケーニヒスベルクに生きた当時の人間であったとしても、この文章を現代の私たちと同じような意味で理解できるだろうか。おそらく不可能だろう。なぜなら、その時点では「イマヌエル・カント」という名の赤ん坊が生まれたに過ぎず、そのことをわざわざ歴史的事実として語るほどの意味があるかどうか判断できないからだ。現代の私たちと同じような意味でこの文章を理解できるようになるには、赤ん坊が「カント」という哲学者になるまで待つしかない。しかし、いつまで待てばよいだろう。彼の代表作の一つ『純粋理性批判』を書くまでだろうか。しかし、人によってはその後に書かれた著作を思い浮かべる人や、老いた哲学者としての人となりを思い浮かべる人もいるだろう。また、亡くなった後も彼の業績については、さまざまな哲学者によって再評価・再解釈されているし、さらに現代では新たな文脈から注目されてもいる。哲学者「カント」のイメージは常に変わり続けていくのである（7～9）。

このように、「カント」という「名前」は、ひとたび設定されるやいなや、独自の「成長」を遂げていく。その意味内容は、生前のカントが実際に行ったことさえも超えて、過去と未来へと限りなく広がっていく。未来の人たちは、彼の哲学が過去の思想とつながっていたことを新たに突きとめるかもしれないし、未来の文脈の中で、現代の私たちには思いもよらない新しい意義を彼の哲学に見出すかもしれないのである（10）。

まとめ

事物の名前と人の名前

共通点
・同一性を保証し、その対象にまつわるさまざまな出来事を媒介する機能を持つ。
・事物や人の「本質」ではない。

相違点
・事物の名前は、すでに与えられている。
⇔
・人の名前は、「命名」することができる。

「命名」という行為
・〈いま〉〈ここ〉で名前を生みだす行為
・命名する時点において、名付けの対象は何ものでもない（たとえば生まれたての赤ん坊にすぎない）ので、人の名前の「意味」はゼロである。

↓

命名された後、人の名前は過去や未来に開かれる
・家族の名前である「姓」は、当人を過去につなぎとめ、個人の名前である「名」は、当人が新しい人間として生きることを示す。
・当人が人生の中で成したことや、後の時代の人々による解釈・評価によって、名前の「意味」は過去にも未来にも広がりゆく可能性を持つ。

【設問解説】

問1　漢字の問題

二〇二二年度の大学入学共通テストでは、漢字の問題五問のうち三問は、傍線部と同じ漢字を用いる選択肢を選ぶという、センター試験でも例年出題されていた形式であったが、残りの二問は、傍線部と同じ漢字でありながら異なる意味を持つ選択肢を選ぶという、新しい形式での出題であった。今回の模試では、(ii)の(エ)と(オ)が新しい形式である。傍線部や選択肢の熟語の意味を考え、慎重に答えを選んでほしい。

ちなみに、**問1**は二〇二一年度・二〇二二年度の大学入学共通テストとも四択での出題だった。今回の模試もそれに合わせている。

(i) **傍線部に相当する漢字を含むものを答える問題**

(ア)「駄目」は〈よくない状態にあること／効果がないこと／不可能〉といった意味。①は〈落ちぶれること〉という意味の「堕落」。②は〈品物の運送料／雑用に対して与える金品〉という意味の「駄賃」で、これが正解。③は〈これまでの習慣や勢い〉という意味の「惰性」。④は〈お互いが譲り合って一致点を見出し、おだやかに解決すること〉という意味の「妥協」。

(イ)「伏線」は〈のちの展開に備えてそれに関連した事柄を前の方でそれとなくほのめかしておくこと〉という意味。①は〈高くなったり低くなったりしていること〉という意味の「起伏」で、これが正解。②は〈あらんかぎり〉という意味の「全幅」。③は「服用」。④は「覆面」。

(ウ)「負債」は〈金銭や物品を借りて返済の義務を負うこと〉という意味。①は〈損をすること〉という意味の「不利益」。②は〈世話をして育てる〉という意味の「扶育」。③は〈決定したことを広く知らせること〉という意味の「布告」。④は「勝負」で、これが正解。

(ii) **傍線部と異なる意味を持つものを答える問題**

(エ)「見」には、〈認識する〉ことや〈考える〉ことにつながる〈目で見る〉という意味以外に、「会見」の「見」などのように〈人に会う〉という意味がある。大きく分ければ、(エ)「偏見」や①・②・④が前者に、③が後者に該当する。したがって、正解は③。詳しくは以下の通りである。

「偏見」は〈偏った見方・考え方〉という意味。①は「卓見」と「達見」の二つがあるが、「卓見」は〈物事を正しく見通すすぐれた意見、見識〉という意味であり、「達見」は〈物事を広く先まで見通すすぐれた見識〉という意味である。②「見解」は〈物事に対する考え方や価値判断〉という意味。③「謁見」は〈貴人や目上の人に会うこと〉という意味。④「愚見」は〈愚かな意見。特に、自分の見解、意見をへりくだっていう語〉という意味。

(オ)「興」には〈起こる、盛んになる〉という意味以外に、「興味」の「興」などのように、〈楽しみ、面白み〉という意味がある。大きく分ければ、(オ)「興隆」や①・②・④が前者に、③が後者に該当する。したがって、正解は③。③のみ「興」を「キョウ」と読み、他は「コウ」と読むこともヒントになっただろう。詳しくは以下の通りである。

「興隆」は〈勢いが盛んになること〉という意味。①「興亡」は〈おこることと滅びること〉という意味。「帝国の興亡」などと用いられるが、これは〈帝国が勢いよく立ち上がったり滅びたりすること〉といった意味である。②「勃興」は〈にわかに勢いを得て盛んになること〉という意味。③「感興」は〈興味がわくこと、面白みを感じること〉という意味。④「復興」は〈衰えた物事が再び盛んになること〉という意味。

問2　傍線部を通して筆者が言おうとしていることを答える問題

傍線部はシェイクスピアの戯曲『ロミオとジュリエット』におけるジュリエットの台詞の一節に引かれている。これについて直接論じているのは【文章Ⅰ】であるから、**問2**で問われているのは【文章Ⅰ】の筆者がこの台詞を通して「言おうとしている」ことである。一般に、「どういうことを言おうとしているか」という問いかけは、傍線部自体の内容だけでなく、それを通して筆者が「言おうとしている」ことにまで踏み込んだ答えを求めている。この設問でも、**【文章Ⅰ】**の筆者がこの台詞をめぐってどのようなことを考察しているかといったことを読み取った上で、答えを選びたい。

【文章Ⅰ】は、ジュリエットの台詞について、自分の家と対立する家に生まれたロミオに恋をし、そのことを嘆きつつ問いかけるならば、本来「ああ、ロミオ、ロミオ、あなたはどうしてモンタギューなの?」となるべきではないか（[2]）、という疑問から始まっている。ジュリエットを悩ませているのは、「私的な名前であるファーストネーム」ではなく、家を表す「公的な名前であるファミリーネーム」であるはずであり、そうである以上「あなたはどうしてロミオなの?」という傍線部の台詞には「論理的な錯乱（＝理屈の上でつじつまが合わないこと）」があるというわけだ（[2]）。

このことは**【文章Ⅰ】**全体を通して論じられるが、直接これについての筆者の考えが述べられているのは、[5]である。「最初にジュリエットがモンタギューと言うべきところをロミオと呼んでしまった『誤称』は、ロミオという記号にひそむ身体と名称との二律背反に起因する」というのである。これはどういうことだろうか。**ジュリエットが夢想しているのはロミオの声・手足・顔といった具体的な「身体の事実性そのものを所有すること」である**（＝a）。しかし、**そうした想像を「具体化する手段」は、「『ロミオ』という具体的な名指し」をすること以外にはない**（＝b）。なぜなら、「人間は言葉を話し、言葉で考える動物だから、記号なくして実物を想像することはできない」（[4]）からである。そのために、ロミオという身体的存在そのものに恋をしているはずのジュリエットは、自分が恋する対象そのものとは別ものとしてあるはずの、「ロミオ」という記号を呼ぶしかないのである。これが「身体と名称との二律背反」であり、ジュリエットの問いは、こうした矛盾に対する疑問として提出されたものなのではないか、と筆者は言うのである。

「名前という記号」の持つ性質は、[6]でもはっきりと述べられている。名前は「自ら選択できるものではなく、他者から、親や支配者といった自分より力のある者から『名指し』というかたちで強制的に身体にかぶせられる」。社会に生きる限り、人は名前を持たざるを得ない。その名前は、個人を特定するだけでなく、家や身分といった社会的な位置付けをも明確に表してしまう。その意味で、「名前」という「恣意的」な記号は、「社会を支配」する装置そのものなのである。このことを踏まえて、傍線部**A**の次の行に「お父さんなど忘れて、あなたの名前を捨てて。」とあることに注目しよう。ジュリエットは、一人の人間に恋をしている。しかしその人間のことを「ロミオ」と呼ぶしかない。そしてその「ロミオ」という名は、彼の父によって、つまり「親」という「支配者」によって付けられたものであり、**その名前はロミオという個人を拘束するものなのだ**（＝c）。そう考えれば、ジュリエットの台詞は、自分たちを「敵同士の家の出身」（[2]）にしてしまった「親」という権力に対する鋭い批判であるということになる。つまりジュリエットは、**「名前」という「記号」への反感を示すことで、「支配的な社会体制への批判」をも投げかけている**（＝d）のである。以上のことを整理すると、次のようになる。

a　**ジュリエットは、ロミオという身体的存在そのものに恋焦がれ、その存在を所有したいと夢想している**

b　**しかし、ロミオという身体的存在を想像するには、「ロミオ」という名前（記号）を用いる以外に手段はない**

c　**名前という記号は、支配的な社会体制と深く結びつき、そこに生きる人間を拘束する**

d　**ジュリエットは、名前という記号のこうした機能そのものに対し、根源的な疑問を提示している**

以上のような内容を踏まえている、④が正解。他の選択肢についても確認しておく。

①〈ジュリエットが「論理的に錯乱」した言葉を使っていることを示すことで、「恋情におぼれているジュリエットの姿」を表現している〉という趣旨の選択肢だが、これでは**【文章Ⅰ】**の筆者が「言おうとしている」ことの説明になっていない。筆者が言いたいことは、ジュリエットが恋におぼれているというようなことではなく、「言葉」や「名前」が人間を支配するといった問題（＝c・d）である。そして筆者は、言葉をめぐるそうした問題が、「論理的に錯乱」した言葉に注目することで見えてくると主張しているのである。

②「恋する相手にどういう名前で呼びかければよいのかわからず錯乱しているジュリエット」が間違い。傍線部でジュリエットは「ロミオ」とはっきり呼びかけているのだから、「どういう名前で呼びかければよいのかわからず」にいるというのは説明として成り立たない。また、傍線部を含むジュリエットの台詞全体から彼女の心が乱れているさまを読み取ることはできるが、筆者はジュリエットの言葉における「論理的な錯乱」が、そうした心の乱れから生じたという考えに基づいて「論理的な錯乱」の内実を考察しているわけではない。

③「愛する人の名前を呼ぶことでその人を所有できたと錯覚しているジュリエットのありようが描かれており」が間違い。a・bで示したように、ジュリエットはロミオという身体的存在を「所有」したいと願ってはいるが、身体的存在であるロミオを想像するのに名前（記号）を用いる以外にないことを嘆いている（つまり、望んだ通りの「所有」ができていない）のであって、「名前を呼ぶことで」「所有できた」と思っているわけではない。

⑤〈「家父長制的支配から脱したい」というジュリエットの思いが、ロミオに歯がゆさを感じている彼女の姿を通して示されている〉という趣旨の選択肢だが、これは筆者の「言おうとしている」ことではない。これでは単に、ジュリエットが自分の思いをかなえてくれないロミオに対して苛立《いらだ》ちやもどかしさを感じているというだけのことになってしまう。

筆者が言おうとしているのは、「モンタギュー」と言うべきところを「ロミオ」と言っている「論理的な錯乱」に注目することで、cやdといったことがわかるということである。

問３　傍線部のように筆者が言う理由を答える問題

傍線部は**【文章Ⅰ】**にあるので、この設問も**【文章Ⅰ】**の筆者の考えをもとに答えるものである。

傍線部を含む一文には「ジュリエットの『名前なんて』という疑問は、近代ヨーロッパ社会を支える公共性と固有性との矛盾を突き、自己の属する社会の外部を目指す、きわめて革命的な問いとなる」とある。「『名前なんて』という疑問」は、言葉としての「名前」に批判や疑いの目を向けることである。そして、そうした行為は「社会」における「矛盾」を指摘することになり、いま自分のいる「社会」を超えることにもつながるのだ、と筆者は言う。こうした筆者の主張をあえて大雑把に言い換えると、次のようになる。

言葉に批判の目を向けることは、社会を批判することにもつながる。

では、なぜ言葉を批判することが社会を批判することになるのか。その理由が、この設問では問われているのである。

そこで、「言葉」と「社会」の関係について述べられている箇所を本文中に探すと、6に注目できる。ここには、**「名前」とは「親や支配者といった自分より力のある者」によって「強制的に身体にかぶせられる」ものであり**（＝a）、**それは個人の身体を「拘束する」ものだ**（＝b）ということが述べられている。さらに、そうした「名前」というものが「社会を支配する」ものである以上、**名前に「反感」を抱くことは、「支配的な社会体制への批判へとつながる」行為でもある**（＝c）といったことが述べられている。

以上のことを、『ロミオとジュリエット』の内容に即して具体的に考えてみよう。2の冒頭近くにあるように、ロミオとジュリエットの二人は「敵同士の家の出身」である。そのためジュリエットは、恋するロミオへの思いを遂げることができない。そこで傍線部Aの直後にあるように、ジュリエットは、ロミオに対し「名前を捨てて」ほしいという思いを抱く。これは、ロミオという名前が親によって付けられたものであり、その親が自分の親と敵対関係にあるせいで恋愛が成就できないことへの、ジュリエットの疑念や憤りを表しているということができる。つまり、ここで**ロミオという名前は、彼がモンタギューという家（＝家父長制的な権力）に帰属しているということを示す記号として機能している**（＝a）。そしてロミオは、その名前ゆえにジュリエットの思いに応えられない。これは**ロミオが、その身体を名前によって拘束されている**（＝b）ということである。このように考えれば、**「『名前なんて』という疑問」を抱き、名前に批判の目を向けるジュリエットのあり方は社会への批判にもつながる**（＝c）、という筆者の主張が理解できるだろう。

以上の内容は、次のように整理することができる。

a　名前は親や支配者から与えられ、社会への帰属を明示するものである

b　名前を与えられることで、固有の身体としての人間は、社会に拘束される

c　ジュリエットが抱いた、名前に対する疑問は、社会そのものへの疑問でもある

a～cの内容を踏まえている、②が正解。他の選択肢についても確認しておく。

①　名前が「閉鎖的な社会階層のなかに人々を組み入れるため」のものであると説明されている点がまずおかしい。確かにジュリエットが生きた社会は「閉鎖的な社会階層」を持つ社会であったかもしれないが、名前が一般的にそうした目的のもとに付与されるとは言い切れない。そして、それ以上に「力のない者が名前に異議を唱えることは、社会階層を反転させる契機となる」が間違い。ジュリエットの疑問が社会そのものへの疑問になるからといって、「社会階層を反転させる」きっかけになるとまでは筆者は述べていない。

③　「名前を脱ぎ捨てることは、孤独な生き方を自ら選択することになる」が間違い。確かに名前を持たないまま社会生活を営むことはできないので、もし名前を捨てれば「孤独な生き方」を選ぶことになるかもしれないが、それは個人的な生き方の選択のレベルにとどまっており、傍線部の言う「きわめて革命的な問い」ではない。

④　「名前のあり方に疑問を呈することは、人々が同じ社会に帰属しているという意識を高め、新たな社会的関係を構築するための礎となる」とあるが、これは筆者の主張に反している。筆者のいう「革命的な問い」とは、帰属意識をもたらすような名前というものに批判の目を向けることである。

⑤　まず、ジュリエットは「命名の仕方」に疑問を持っているわけではない。また、「命名の仕方に疑問を持つこと」が、「自分自身を表す名前は自分で決めるという、主体性を重んじる自由な近代社会を構想する契機になりうる」といったことも、本文には書かれていない内容である。

問4　傍線部に関する説明として正しいものを答える問題

傍線部は【文章Ⅱ】にあり、それについて問われているので、この設問は【文章Ⅱ】の内容をもとに答えるものである。

まず、傍線部が「『事物の名前』も『人の名前』も変わりがない」という部分と、「決定的な違いがある」という部分の二つに分けられることに注目しよう。つまり、この傍線部は、「事物の名前」と「人の名前」には共通点と相違点があることを述べているのである。さらに、傍線部直前に「その点では」とあることから、傍線部の前には共通点、傍線部の後には相違点が書かれているということがわかる。

まず、共通点について。1では「事物の『名前』」も「人の名前」も「同一性を保証」するということが述べられている。また、2では「人の名前」はその人の「本質」ではなく、単なる名前（記号）に過ぎないことが述べられている。傍線部はこうした2を受けて、「その点では」、「事物の名前」も「変わりがない」と言っているのだから、2で言われていることも両者の共通点である。以上のことから共通点については次のようにまとめることができる。

a　事物の名前も人の名前も同一性を保証するが、いずれの場合もその名前は、事物や人の本質ではなく、単なる記号にすぎない

次に、相違点について。3では「事物を『名指す』とは、すでに与えられている名前を呼ぶことでしかない」が、「『人の名前』」は「名前がいままさに生まれる場面に立ちあうことができる」、すなわち「人の名前については『命名』という行為がだれにでも可能なのである」と述べられている。つまり、「事物の名前」は一般名詞でも固有名詞でも、すでに決まったものであるが、「人の名前」（「すべて固有名詞」である）は、新しくその名を与える「命名」の場面に立ちあうことができるのである。また、3では「自分の名前については、まだ物心つかないうちに両親からもらったのだから、それが生まれる場面に立ち会ったわけではないが、それがいつどこで与えられたかを知ることはできる」とも書かれている。実際に立ちあうことができなくても、「命名」の場面の状況やその意味を知ることができるのが「人の名前」である、と筆者は述べているのである。以上のことから相違点については次のようにまとめることができる。

b　事物の名前は、すでに与えられているが、人の名前の場合は、命名に立ちあったり、そのときの状況を後から知ったりすることができる

以上の**a**・**b**の内容をともに踏まえている、⑤が正解。なお、事物の名前と人の名前の相違点（＝**b**）については、事物の名前でも語源などが明らかにされており、命名の事情がわかる場合があるではないかと考えた人もいるかもしれない。たしかに、たとえば「富士山」という名前がなぜ付いたかについては、「不二（＝二つとない）」という意味だとか、「不尽（＝尽きることがない）」という意味だとか、さまざまな説がある。しかし、それらはあくまでも推測である。事物の名前の中には、その語源がある程度明らかになっているものもあるだろうが、憶測の域を出ないことも少なくないだろう。それに比べれば、人の名前の場合は、それが付けられたときの事情が、かなりはっきりしていることが多いはずである。だからこそ正解⑤の後半は、「事物の名前の場合、人の名前に比べて、それがどのように与えられたかについての事情が詳《つまび》らか（＝詳しく事細か）ではない」となっているのである。

他の選択肢についても確認しておく。

① 「どちらも事物や人を表す固有名詞である点では共通している」が間違い。3にあるように「事物の名前」には「固有名詞」もあるが「一般名詞」もある。

② この選択肢は、「事物の名前」と「人の名前」の相違点について、〈「事物の名前」は、「一度決まったら後から変えることができない」が、「人の名前」は、「誰もが好きなときに変更することができる」〉ということだとしているが、いずれも本文には書かれていない内容である。

③ 「人の名前はその人の持つ特性に合わせた名付けが可能」という部分が、4の「人名は命名される対象の世界における現実的なありかたや内容にはまったく対応していない」に反している。人名は、生まれたての赤ん坊がまだ「なにものでもない」うちに命名されるのである。

④ 「事物の名前」と「人の名前」の共通点として「人や事物の性質のうち、持続性のあるものを保証する」ということを挙げている点が間違い。1の最後に「持続するものとはなにか。まったく偏見にとらわれずに観察すれば、二人の『名前』でしかない」とあるが、それは、名前

そのものが「同一」であり続けることが、その人の「同一性を保証」するという意味であって、「人の名前」が、その人の「性質のうち」の「持続性のあるもの」を保証すると言っているわけではない。

問5　傍線部の意味するところを答える問題

傍線部は**【文章Ⅱ】**にあり、その内容が問われているので、この設問も**【文章Ⅱ】**の内容を踏まえて答えるものである。

傍線部は「カント」という哲学者の「名前」について述べたものであることから、カントについて具体的に述べられている[8]～[10]、および、人に命名することの意味について述べられている[4]～[6]が、主にこの問題に関わる部分であることがわかる。**【本文解説】**（**【文章Ⅱ】**Ⅱ）でも説明したが、ここでも簡単にその内容を確認しておこう。

「命名」は、人の名前をある特定の時と場所〈いま〉〈ここ〉において生み出す行為であるが、そのとき**命名の対象（生まれたての赤ん坊）は、まだなにものにもなっていない**（＝a）。つまり、人名は、命名される対象の「現実的なありかたや内容にはまったく対応していない」（[4]）。しかし、ひとたび人名が与えられると、そこには秩序が生まれる（[5]）。たとえば**「姓」は、その人が生まれた家や所属集団を表し、その人が生まれる以前から存在し、受け継がれてきたものをその人も継承するといった意味で、過去とのつながりを示すものである。また、「名」は個人を表し、当人がその人なりの人生を生きることで「新しい人間になるべきこと」を示している**（＝b）（[6]）。

たとえば、「イマヌエル・カント」という哲学者についても、彼が生まれたその日においては、彼の名前の意味するところはまだ「空白」（[5]）である。その後、彼が多くの著作を書き、著名な哲学者として名を馳せることで、「カント」という名前の持つ意味内容は次々と変わっていく。さらには、彼の死後、彼の業績についてさまざまな人が解釈・評価を重ねることでも、「カント」という名前の持つイメージは変化するし、遠い未来に、いまはまだ明らかになっていない過去の思想とのつながりが発見されたり、未知の意義が見いだされたりすることもあるかもしれない（[8]・[9]）。このように、**「カント」という名前の意味するところは、「過去と未来へどこまでも広がっていく」**（＝c）のである（[10]）。

これらのことを整理すると、次のようになる。

a　人の名前は、まだなにものにもなっていない対象に対して与えられる

b　人の名前は、「姓」によって過去とのつながりを、「名」によってその人個人を示す

c　人の名前の意味内容は、その人自身が行った行為や他者の評価などによって、過去と未来へどこまでも広がっていく

以上のa～cの内容を踏まえている、②が正解。他の選択肢についても確認しておく。

①　「『名』は新しい時代に合ったものが付けられる」ということは、本文には書かれていない。また「その赤ん坊が生まれた時代の風潮も反映している」ということも、本文からは読み取れない内容である。

③　「赤ん坊にその名が与えられてから生涯を全うするその日まで、名前の持つ意味内容は広がり続けていく」が間違い。[9]・[10]には、カントの死後もその評価や解釈が変わり続けていくということが述べられているので、「カント」という名前の持つ意味内容が変化するのは「生涯を全うするその日まで」ではない。

④　「その名前を持つ人物の将来のことを考えれば、命名にあたり、家柄や血筋といった背景だけでなく未来の人々による評価も考慮する必要がある」という説明が間違い。cで示したように、筆者は、人の名前の持つ意味内容は、過去についても未来についてもどこまでも広がっていくと述べているのであり、将来のことを考慮した上で命名すべきだといったことを述べているわけではない。

⑤　人の名前を「その人自身の個性に応じた『名』によって成り立つ」と

している点が間違い。aで示したように、人は命名される時点ではなにものでもないのだから、当然「その人自身の個性に応じた『名』」が付けられるわけではない。

問6 【文章Ⅰ】と【文章Ⅱ】に即して作成した【メモ】の空欄を補う問題

(i) こうした問題に正しく答えるには、内容を補充することを求められている空欄が、何についての説明であるかをしっかり把握することから始める必要がある。【メモ】の〈1〉では【文章Ⅰ】と【文章Ⅱ】に「共通する要素」がまとめられているのに対して、〈2〉では二つの文章における「人間の『名前』についての捉え方の違い」がまとめられている。したがって、[X]には、【文章Ⅰ】における「人間の『名前』についての捉え方」を説明した内容が入るわけだが、それは【文章Ⅱ】の捉え方と違うものでなければならない。さらに、【メモ】では【文章Ⅱ】における「人間の『名前』についての捉え方」が、「『名前』が意味するものは、広がっていく」となっていることから、[X]には、それとは異なる方向性を持つものが入るということもわかるはずだ。

【文章Ⅰ】における「人間の『名前』についての捉え方」については、すでに【本文解説】やここまでの設問でも確認してきたので、それらを踏まえた上で、選択肢を順番に検討していこう。

① 「名前」が「社会的権力」、すなわち社会のなかで支配的な力を持つものとして機能するという内容は、【文章Ⅰ】[6]の「名前という恣意的に適用される社会を支配する記号」や、[7]の「言葉が表象記号として力を発揮する支配的体制」といった内容に合致する。また、【メモ】における【文章Ⅱ】の「人間の『名前』についての捉え方」である「『名前』が意味するものは、広がっていく」とも異なる内容である。したがって、これが正解。

② 「名前」について「人間の自由な生を阻害するものでしかない」が間違い。確かに【文章Ⅰ】では、ジュリエットの問いに秘められた、名前によって拘束される社会体制への反感が述べられていたが、だからといって「名前」は「自由な生を阻害する」以外の機能を持っていないとは言えない。たとえば、[4]で述べられていたように、人間は名前（言葉）によってはじめて実物を想像したり、暴力や富、感情や芸術を創り出したりすることができるのである。

③ 「名前」が「事物の同一性を保証する」という内容は、【文章Ⅱ】の冒頭で述べられている。したがって、【文章Ⅱ】とは異なる内容が入るはずの[X]にはあてはまらない。

④ 「名前」が「実体と切り離され自立する運命にある」という内容は、「言葉」（＝名前／記号）と「実物」（＝実体）の「二つは切り離せない」とする【文章Ⅰ】[4]の内容に反する。したがって、間違いである。

(ii) [Y]には、「Sさん」が二つの文章を踏まえて「考えたこと」が入る、という体裁になっている。したがってここでは、〈二つの文章を結びつけて考察を行ったときに言えること〉として正しいものを選ぶようにしたい。選択肢をそれぞれ検討していこう。

① 「言葉や名前が」「人間を支配する」のは、「人間があまりにも言葉に頼りすぎたため」だということを、【文章Ⅰ】と【文章Ⅱ】のどこからも読み取ることができない。また、「強制された名前を捨てて、自分らしい新たな名前を付けることは、言葉に縛られた古い慣習から逃れるためのきわめて有効な手段だ」という部分も間違っている。確かに【文章Ⅰ】では言葉（名前）に拘束された社会への批判が述べられていたが、だからといって「自分らしい新たな名前を付けること」を、そうした社会から逃れるための「きわめて有効な手段」として推奨していたわけではない。

② 「命名する際には共同体の価値観に沿った意味を持つ言葉が選ばれ、名付けられた本人も自らの名前にふさわしい人間であろうと努める」という部分が間違っている。命名について述べられていたのは【文章Ⅱ】

だが、「共同体の価値観に沿った意味を持つ言葉」が名前として選ばれるかどうかまでは書かれていない。また、「本人」が「自らの名前にふさわしい人間であろうと努める」といった内容は、【文章Ⅰ】と【文章Ⅱ】のどこからも読み取ることができない。

③「人間が言語で世界を認識している以上、名前から解放されることはない」は、【文章Ⅰ】4の「人間は言葉を話し、言葉で考える動物」であるといった説明と合致する。また、「名前が表す意味やイメージにも差異や変遷がある」は、【文章Ⅱ】8以降の「カント」のイメージが変化していくという内容から読み取ることができる。そして、名前が「人と人とを対立へ導くものである」は、【文章Ⅰ】7の「名前はその社会的所属を明示しながら、敵と味方を峻別《しゅんべつ》する（＝はっきり区別する）」に、「われわれを未来へと誘《いざな》うものにもなりうる」は、【文章Ⅱ】の最終段落における、名前の意味内容が「過去と未来へどこまでも広がっていく」に対応している。したがって、これが正解。

④「価値観の多様化に伴い、個性的な生き方が許容される現代、一つの名前にとらわれることなく、自分にふさわしい名前を自ら選び取ることが、いま私たちに求められている」という部分が間違っている。【文章Ⅰ】と【文章Ⅱ】のどこからも「一つの名前にとらわれ」ないことや、「自分にふさわしい名前を自ら選び取る」ことの必要性を読み取ることはできない。

第2問　現代文

【出典】

尾崎一雄「こおろぎ」の一節。途中省略した箇所がある。「こおろぎ」（初出時のタイトルは「こほろぎ」）は、一九四六年（昭和二十一年）九月「新潮」に発表された後、一九四八年に共立書房から刊行された短編集『こほろぎ』に収録された。なお、本文は『美しい墓地からの眺め』（一九九八年講談社文芸文庫）に収録された「こおろぎ」に拠《よ》った。

尾崎一雄（おざき・かずお）は、一八九九年三重県生まれ。志賀直哉《しがなおや》に師事し、一九三七年短編集『暢気眼鏡《のんきめがね》』で芥川賞を受賞する。その後大病を患い、故郷で療養生活を送る中、作家活動を続け、「虫のいろいろ」や「美しい墓地からの眺め」などの名作を生みだした。尾崎は、私小説、心境小説の作家として知られるが、日常に対する深い思索が、時にユーモアを交えた軽妙な筆致で綴《つづ》られているところにその独特の魅力がある。他の主な著作に「まぼろしの記」「虫も樹も」「あの日この日」などがある。一九八三年、死去。

【本文解説】

二〇二一年度の大学入学共通テストの**第2問**では、**問6**において本文（小説）と【資料】との関連を問う問題が出題されたが、今回の共通テスト模試の**第2問**の**問6**は、そうした出題にならった。なお、【資料】についての解説は、**問6**の【設問解説】で行う。

本文は、昭和二十一年という終戦の翌年の時点を小説中の〈現在〉とし、そうした時点から、戦争末期の頃を回想するという構成になっており、一～四に分けられた中で、一・四が〈現在の出来事や思い〉、二・三が〈二年前の出来事やその時の思い〉という構成になっている（ただし、四の冒頭では「去年の夏の終《お》わり頃」のことが紹介されている）。それでは、そうした本文の構成に留意しつつ、一から順に、その内容を確認していくこととしよう。

一　昭和二十一年（終戦の翌年）夏の、おだやかな日常の中での出来事（冒頭〜「……真剣なものがあった。」）

　一では、〈現在〉の出来事が描かれているが、二の冒頭で「二年前の八月末」とあり、その少し後に「この昭和十九年という年は」とあることから、この小説における〈現在〉が、終戦の翌年である昭和二十一年の、もう二、三週間すればこおろぎが鳴き出す頃に設定されていることがわかる。

　昭和二十一年の夏、「私」は「毎日の習慣で」「茄子畠《なすばたけ》を見廻《みまわ》り」、「茄子の害虫とり」をしていた。おそらく「私」は、終戦翌年も食糧難が続く中、野菜作りに励んでいたのだろう。そうした「私」は、「掌《てのひら》に飛び込ん」できた「幼げなこおろぎ」をつかまえるとそれを機に家の中に入り、子供に持ってこさせた虫籠にこおろぎを入れた。

「私」は初めは長女と長男と、そして途中からは新たに加わった二女の圭子と虫について話をするが、こおろぎを見た二女は「何かの想《おも》いにとらわれるふうだった」。そしてそうした様子を見た「私」もまた「恐らくは二女を捕えたであろう想念の、水のように心をひたすのを覚えぬわけにはいかなかった」。二女がとらわれた「想念」とは、「もうせん（＝だいぶ前）、上野のおうちで、夜、こおろぎが鳴いたねエ」という二女の言葉に関わるものだったが、三の冒頭に「圭子が、もうせん上野のおうちで、というこおろぎの記憶は、だから一昨年八月二十九日の夜のことになる」とあることから、二女の言う「もうせん」が、終戦の前年の昭和十九年の八月二十九日を指すことがわかる。二女は、その翌朝、父である「私」が病気になったことを覚えていた。「記憶の糸を辿《たど》っている子供の表情には、真剣なものがあった」という表現からは、その時の出来事が二女にとって重要な意味を持つものであることがうかがえるが、そうした二女に対して「私」が深い思いを寄せていることから、その時の出来事が「私」にとっても重要な意味を持つということがわかるだろう。

　この後、二・三では、二女の「記憶」に関わる二年前の出来事が詳しく描かれていくことになるのだから、一は二・三の導入という意味を持っていると言えるだろう。

　一では、**終戦後のおだやかな日常の中での、「私」と子供たちとのやりとりが描かれているが、それが二女の記憶に強く残っている過去の出来事を「私」が思い起こす契機になっているということ**を押さえておこう。

二　昭和十九年（終戦の前年）の、「私」たち一家の日常と「私」の体調の悪化（「二年前の八月末……」〜「……妻の字で何か書いてある。」）

　二では、一の時点から「二年前」の「昭和十九年という年」が「私」たち一家にとってどのような年であったかが、当時「私」がつけていた日記の記述を交えることで明らかにされている。そこからは、この頃すでに、長女と長男は、郷里の下曾我《しもそが》に疎開（＝空襲・火災などによる損害を少なくするため、都市などに集中している住民や建物を地方に分散すること）し、妻は彼らの世話をするために郷里である下曾我と東京を行き来する生活をしていたことがわかるが、その中で特に強調されているのは、「私」の体調の悪さである。

　すでに一月の時点で体調が思わしくなかった「私」は、「八月末、それまでどうやら動いていた身体が、いよいよ続かなくな」り、煙草《たばこ》を「息深くいっぷく喫《す》うと同時に、気を失うようにのめってしまった」。

　二では八月末の日記が箇条書きで紹介されているが、二十四日から二十七日までは毎日書かれているものの、二十八日の記述はなく、二十九日に再び書かれてはいるが、その次の日からは、妻の字になっている。こうしたことからうかがえるのは、三十日以降は、「私」が自分で日記を書くことのできないような事態に陥ったということである。したがって、二十九日から三十日にかけて何が起こったのかが重要なのだが、日記の記述からは、昨夜（二十八日夜）胸部に激痛があり、二十九日は一日中横臥《おうが》していた（＝横になって寝ていた）ということ。その日は妻が下曾我に行かなければならない日であったが、自分の体調のこともあり不安だった「私」

は、妻に明日三十日の早朝には帰京するように命じたこと。さらには二女については「私」が引き受けることにして、二十九日の夜は二女を抱いて寝たことなどがわかる。しかしそれだけでは、なぜ㈠で確認したように、八月二十九日のことが幼い二女の記憶に強く残ったのかは十分にはわからない。三は、こうした二十九日の日記の記述を補うものであり、その日何があったかが具体的に描かれていくことになるのだ。

二では、**昭和十九年における「私」をとりまく状況が、当時の日記の記述を交えることで明らかにされている。「私」が一月の段階ですでに健康を害していたということや、戦局が思わしくなくなっていく中で、郷里に疎開した長女と長男の世話をするために、妻は郷里と東京を行き来していたということ。さらに、八月二十九日は、妻が郷里に行ったために、「私」は自らの体調に不安を抱きつつも二女と二人だけで家にいたということ**などを押さえておこう。

㈢ **昭和十九年八月二十九日の夜の出来事**（「圭子が、もうせん上野のおうちで……」～「……私は郷里の家に落着《おちつ》いたのだった。」）

三では、一で二女が口にした〈上野のおうちで、こおろぎの鳴いた、昭和十九年八月二十九日の夜〉の出来事が描かれている。

㈡で確認したように、「私」は、昨夜（＝二十八日夜）胸部に激痛があり、二十九日は一日中横になっていた。そうした中「私」は、郷里に行った妻に代わって、幼い二女を抱いて寝たのである。

その二女が「お母ちゃん、おしっこ」と言ったので、「私」は二女を抱きかかえて、外で用を足してやった。「私」と二女がこおろぎが鳴くのを聞いたのはその時である。「半眠り」だった二女は、自分を抱えているのが、母ではなく父だとわかったが、「私」から「圭ちゃんは（お母ちゃんがいなくても）泣かないね」と言われると、「肚《はら》は据えた（＝覚悟は決まった）」とでもいうように「泣かない」と立派に答えた。「私」は、そうした「四ツの子供の様子に」、「安堵《あんど》すると同時にいじらしさ（＝けなげでいたいたしいさま）を感じ」た。そして「私」は、二女に「手枕をし、布団をかけてやりながら、静かなかなしみに落ち込んで行」った。

そうした自分の気持ちに「私」は、自分の変化を感じとっていた。若い頃の「私」は、「あらゆる可能を信じ、野心で胸をふくらませ」、「見えや外聞（＝世間体）」にとらわれていた。しかし、今の「私」は、自分が「病弱な初老の男」にすぎないということがよくわかっていた。そうした「私」は、希望を見出しがたい状況の中、二女を寝かしつけながら、「静かなかなしみ」という「平凡で単純な感情」を抱いているのだった。そして眠りに落ちた二女の「おだやかな寝顔」を見ていると、自然と「謙虚で」「善良」な気持ちになり、「もののいのちというものの不思議さが、今初めてのように、思いめぐらされるのだった」。

本文では、この後「私」が「自分には悪気はなかったんだから、ただ愚かだっただけなんだから、――そんなことを繰りかえし思っているのだった」と続くのだが、そうした「私」の思いについて詳しく説明されることはない。ただし、生命のつながりとでもいうようなものに思いを向ける「私」が、過去の自分を顧みるとともに、そうした生命が脅かされている現在の状況に対してつらい思いを抱いていると考えることはできるだろう。

この時、だるさと熱があることを感じていた「私」は、翌朝倒れてしまう。二女は幼いながらも「私」の異変を感じとり、しきりに心配する。「私」は、そうした二女に対して、「もう直ぐ、お母ちゃんが来るよ」と、子供に言い聞かせたが、それは「自分自身への力づけで」もあった。一において、二女が「朝、お父ちゃん、ご病気になっちゃった」と言っているのは、この時のことなのだが、二女だけでなく、「私」自身も幼い二女を抱え、ひどく心細い思いをしていたのである。

結局、「私」は「十日間の絶対安静」の後、少しずつ回復し、九月中には郷里に疎開することができたが、「私」が郷里に落ち着いたのは、「二十数年ぶり」のことだった。

三では、**昭和十九年八月二十九日の夜の出来事として、二女と二人で東京の家にいた「私」が、二女とともにこおろぎが鳴くのを聞いたことや、母がいない寂しさを我慢している二女に対して安堵とともにいじらしさを覚えたこと。そして、二女を寝かしつけながら、静かなかなしみを感じたことや、二女のおだやかな寝顔を見て「もののいのちというものの不思議さ」に思いをめぐらせたこと。さらには翌朝倒れてしまった「私」を二女がひどく心配し、「私」自身も心細く思ったこと**などを押さえておこう。

四　現在の「私」の思い（「去年の夏の終り頃……」～本文末）

四は、一から直接つながる部分であり、昭和二十一年という終戦後の〈現在〉における「私」の思いが綴られている。

ただし、冒頭ではその一年前、すなわち昭和二十年の夏の終わり頃、こおろぎの鳴く音を聞きつけた二女が、「あれ、こうもりだ」と言ったという、二女の幼さを印象づけるようなエピソードが紹介されている。そして、その時にも二女は「もうせん、上野のおうちで、こおろぎ鳴いてたよウ」と言っていたのである。「私」は、そうした「二女の記憶の確かさを思った」が、そうしたことよりも、「幼《おさ》ない頭にこのことが何故そんなにしみ込んだかを考えぬわけにいかなかった」。そして、昭和十九年八月二十九日の夜に二女と二人上野の家でこおろぎが鳴くのをきいた時、自分が抱いた「感傷」は、「平凡でもあり単純でもあったが、それだけに感深い（＝感慨深い）ものがあった」のだと思わずにはいられなかった。そして、「よく判らない」ながらも、その時の出来事が幼い二女の記憶に強く残っているのは、「あの時の雰囲気の、ただならぬものであったことを、子供の心で感じとったためであろうか」とも思ったのだった。

そして、それから「一年経《た》った今（昭和二十一年の夏）」、一で描かれていたように、再び二女は「もうせん、上野のおうちで、夜、こおろぎが鳴いたねエ」と言い出した。「私」は、そうした二女に対して「何かこの子供との間に、特別な、血肉以上のつながりとでもいうようなものがあるのかも知れぬ」という考えさえ浮かんだのだった。

一で描かれた場面は、四の「やがて虫籠は飽きられ、夕食も済むと、長女を除く二人はもう眠がり出した。」に直接つながっているが、そこにおける妻との会話から、昭和十九年八月二十九日の翌朝に倒れ、「十日間の絶対安静」を余儀なくされた「私」の状態が予断を許さないものであったということがわかる。しかし、結局そうしたつらい経験をし、子供たちに我慢を強いたにもかかわらず、その翌年日本は「戦争に敗《ま》け」てしまう。そして敗戦後の〈現在〉、「私」は、「虫だとか草だとか、そんなものに心を惹《ひ》かれがち」だった。それは「小さな虫」や「わけの判らぬ雑草」のような「今まで気にもとめなかった小さな弱い者たちが、小さいなりに元気よく動き廻り、生きて居、謂《い》わば生存を主張しているのを見ることが、何か嬉《うれ》し」く、「安心を感じ」るからだった。「私」は、そうした自分が「身体の衰え」や「戦争に敗けたこと」、さらには「そのあと（＝敗戦後）の世の様」によって、心身共に「弱って」おり、「参っているのだ」と考える。

昭和二十年八月の敗戦によって、日本は大きく変わった。本文では直接描写されてはいないが、戦時下の日本では、戦争を賛美し、軍国主義を鼓舞するような勇ましい言葉が世の中を覆い、そうしたことに加担した文学者も少なくなかった。しかし、日本は「戦争に敗けた」。そして、敗戦後の〈現在〉、今度は一転して「新生と再建」というような立派な言葉が「しきりと云われ」ている。もちろん「私」も、そうした日本の「新生」や「再建」ということを思わないわけではないが、どこかでそうした立派なスローガンになじめずにもいるのだ。

病気を抱えた「私」は、自分が「実際上手も足も動かぬ状態」のまま「激情と非情の間《かん》、凡庸にまみれてうろうろしている」と考えている。そしてそうした自分にとって「仲間は、小さな弱い生きもの共《ども》だ」とも思っているのだ。

「私」は、「安穏な顔で寝入っている子供たち」を顧み、「小さく弱い」

彼らが、自らの「有《も》ついのちを、どう生かしていくか、それを見届けたい」と思う。そして、彼らがこの敗戦後の日本で生きていくことを思うにつけ、だからこそ自分は「非情にはなれはしない」のだと考える。

　勇ましくあることが求められた戦時下において病気を抱えて生きざるをえなかった「私」は、「新生と再建がしきりと云われ」る戦後の風潮にもなじめないものを感じていた。そうした「私」は、戦後の暮らしの中で、常に「小さな弱い生きもの」に視線を向けている。そこには、次代へとつながっていく「いのち」に対する深い思いがあったのである。思えば一において「私」は「命の短いカゲロウだけが、ちゃんと卵を生んでいる、つとめを果《はた》している」と子供たちに語っている。そうした言葉には、命のつながりのようなものに寄せる「私」の深い思いが込められていたと言えるかもしれない。

　四では、**「私」が、敗戦後の日本で、日本の再建や新生という言葉が声高に唱えられる風潮にどこかなじめないものを感じていたこと。そしてそうした「私」が小さな生きものたちに深い共感を覚えると同時に、幼い子供たちが自らのいのちをどう生かしていくかを見届けたいという思いがあったということ**を押さえておこう。

　最後に、本文の内容を時系列に沿ってまとめておこう。

昭和十九年

・戦局が悪化する中、妻は郷里に疎開した長女と長男の世話をするために東京と郷里を行き来していた。

・八月二十九日、妻は郷里の下曾我に行き、「私」は二女と二人、上野の家にいた。その夜、「私」は、二女とともにこおろぎが鳴くのを聞いた。「私」はさまざまな思いにとらわれ、「もののいのちというものの不思議さ」に思いをめぐらせた。

・もともと健康を害していた「私」は、翌朝倒れてしまった。こうした出来事は二女の記憶に強く残った。

昭和二十年の夏の終わり頃

・「私」は、前の年にこおろぎが鳴いていたのを聞いたということを言い出した二女の心の内について、あれこれと思いをめぐらせた。

昭和二十一年の夏

・茄子の害虫とりをしていた「私」の手に、幼げなこおろぎが飛び込んできた。

・こおろぎという言葉から、何かの想いにとらわれているようだった二女は、二年前に上野の家でこおろぎが鳴いたということやその翌朝、「私」が病気になったということを言った。

・「私」は、二女との間に特別な、血肉以上のつながりのようなものがあるのかもしれないと思った。

・戦後日本の再建や新生が言われている中、病身の「私」は、小さな生きものたちに深い共感を覚えるとともに、幼い子供たちが、自らのいのちをどう生かしていくかを見届けたいと思った。

【設問解説】

問1　語句の意味を答える知識問題

　二〇二二年度の大学入学共通テストの**第2問**では、大学入試センター試験の前身である国公立大学入試選抜共通第一次学力試験以来出題されていた、語句の意味を答える問題が出題されなかった。こうした問題が二〇二三年度以降出題されるかどうかはわからないが、本文や選択肢中の語句の意味がわからないために、正解できないということも起こりうる。語句の意味を答える知識問題が出題されるかどうかに関わりなく、日頃から語彙力の養成に努めるようにしてほしい。

　なお、語句の意味を答える問題を解く際には、以下のことに注意してほしい。

「本文中における意味」とされていても、基本的には語句の辞書的な意味を問う知識問題である。傍線部前後の文脈を考慮しつつ、傍線部の語句自体がそもそもどういう意味かといったことを考えた上で、解答を選ぶようにしよう。

(ア)の「大儀なり」は、「私」が漢文訓読調の文体で書いた日記中の言葉である。したがって、「大儀なり」の「なり」は、体言や活用語の連体形につく〈断定〉の助動詞であり、「～である」と言い換えることができる。「大儀」には〈重大な儀式〉、〈軽々しくないこと。費用が多くかかること〉といった意味もあるが、ここでは、体調の悪い「私」が〈(米の配給を受けるために) 米の配給所まで通帳を持って行った〉という記述の直後に用いられていることから、〈厄介なこと。また、そのさま。億劫《おっくう》。面倒〉という意味だということがわかる。したがって、正解は③。①・②・④は、「大儀」の意味から外れている。⑤は「大儀」の辞書的な意味の一つには近いものの、文脈から外れている。

(イ)の「いじらしさ」とは、形容詞「いじらしい」が、接尾語「さ」によって体言化したものである。そして「いじらしい」とは、〈子供や弱者が一生懸命に努めている様子やその気持ちがいたいたしく哀れである〉という意味で用いられる言葉である。したがって、正解は①。①の選択肢中の「けなげ」とは、「健気」と書き、〈年少であったり力が弱かったりする者が困難な物事に対し懸命に立ち向かう様子〉を表す言葉であり、「いじらしい」と似た意味で用いられる。③と⑤がやや紛らわしいが、③は「魅力的」が、⑤は「真面目」が「いじらしい」の意味から外れている。

(ウ)の「矜持《きょうじ》」は、「矜恃」とも書き、〈自分の能力を優れたものとして誇る気持ち。自負。プライド〉という意味である。したがって、正解は④。他の選択肢は、「矜持」の意味から外れている。

問2　小さな虫に関心を向ける「私」について答える問題

傍線部**A**において「私」は、その二行後にあるように「茄子の害虫とり」をしているのだが、選択肢の中で〈農作物を害虫から守る〉という内容があるのは③だけである。しかし、③は選択肢後半の「無害なかわいらしい虫までも駆除が必要な害虫だと思い込んでしまっている」が、誤りである。本文からは「私」がこうした〈思い込み〉をしているということを読み取ることはできない。したがって、この設問に正しく答えるためには、傍線部の前後の内容だけにとらわれることなく、本文全体を考慮することが必要となる。もちろん、こうしたことは、この設問に限らず、問題を解く上で忘れてはならない基本的なことである。

【本文解説】で確認したように、本文は、一から四の部分によって成り立っているが、小説における〈現在〉は、一と四で描かれており、一で描かれた場面は、四の「やがて虫籠は飽きられ、夕食も済むと、長女を除く二人はもう眠がり出した。」につながっている。そして四において〈現在〉における「私」の思いが描かれているのだから、この設問に正しく答えるには、四で「私」の〈現在〉の思いがどのように描かれているかを確認する必要がある。そうした観点から四の内容を確認すれば、「害虫駆除だ、などと云いながらも、関心を持つのは野菜畠にかかわりのある虫だけとは限らなかった。」という一文に着目できるはずである。すでに確認したように、傍線部**A**自体は「茄子の害虫とり」をしている「私」の様子を表現している。しかし、「私」自身は「害虫駆除」と言いながらも、害虫に限らず「小さな虫ども、わけの判らぬ雑草たち、そんな、今まで気にもとめなかった小さな弱い者たち」に目を向けているのである。では、なぜ〈現在〉の「私」は、「今まで気にもとめなかった小さな弱い者たち」に目を向けるようになったのか。その理由は、先ほど取りあげた「害虫駆除だ、などと云いながらも……」を含む段落とそれに続く段落において説明されている。その内容を整理すれば、次のようになるだろう。

a　〈現在〉の「私」は、「小さな虫」や「わけの判らぬ雑草」のような

「今まで気にもとめなかった小さな弱い者たちが、小さいなりに元気よく動き廻り、生きて居、謂わば生存を主張しているのを見ることが、何か嬉し」く、「安心を感じ」る。

b　それは、「私」が「身体の衰え」や「戦争に敗けたこと」や、さらには「そのあと（＝敗戦後）の世の様」によって、「弱って」おり、「参っている」からである。

正解は、選択肢前半が**b**に、選択肢後半が**a**に即した説明になっている⑤である。他の選択肢は、すでに誤りであることを確認した③を含めて、いずれも、**a**・**b**について言及されていないために正解にはならない。また以下の点でも誤りである。

①は、「子供たちのために……喜ばせてやりたい」が、②は、「童心に帰る（＝子供の頃のような、純粋で素直な気持ちになる）ような心持ちになり、子供以上に虫をつかまえることに熱中している」が、④は、「虫の生態を観察することを通じて小さな命の尊さを学ばせてやりたい」が、ここでの「私」についての説明として不適当である。④を選んだ人がいたかもしれないが、「私」は、一で子供たちが「虫とさえ見れば、直《す》ぐ『観察する』などと云《い》う」と、不満げな様子を示しており、さらに虫の「観察」に対して「この頃（＝戦後）の学校の方針」のせいかといぶかりながら批判的に見ている。したがって、虫の「観察」を子供たちに奨励するはずがない。

問3　二女の発した言葉について答える問題

傍線部**B**は、〈現在〉の場面である一で、二女が発した言葉である。こうした二女の言葉に関わる内容を本文から拾い出してみよう。

a　「こおろぎの子供」を「私」から見せられた二女は、「何かの想いにとらわれるふうだった」。そうした二女が口にしたのが、傍線部**B**の「もうせん……」という言葉だった。「私」は、「二女の想いの邪魔をしたく

ない気持《きもち》から、そしてまたそれの手助けをしたい気持から」、「うん、鳴いた。よく憶《おぼ》えているね」と応えた。それに対して二女は「（そのこおろぎが鳴いた夜の翌朝）お父ちゃん、ご病気になっちゃった」と言うが、「目を空《くう》に向け、記憶の糸を辿っている」二女の「表情には、真剣なものがあった」。（一）

b　「圭子が、もうせん上野のおうちで、というこおろぎの記憶は」、「一昨年八月二十九日の夜のこと」であった。（三）

c　二年前の八月二十九日、前日の夜、胸部に激痛を感じた「私」は、一日中横になっていた。その頃妻は、郷里に疎開した長女と長男の世話をするために、郷里と東京を行き来していたが、その日も妻は郷里に行くことになっていた。体調に不安を感じていた「私」は、妻に対して明日の早朝には帰京するように命じた。二女の世話は「私」が引き受け、その夜は二女を抱いて眠った。（二）

d　「私」は、「お母ちゃん、おしっこ」と言う二女を抱きかかえて、外で用を足してやった。そのときこおろぎが鳴いていた。「半眠り」だった二女は、自分を抱えているのが、母ではなく父だとわかったが、「私」から「圭ちゃんは（お母ちゃんがいなくても）泣かないね」と言われると、「肚は据えた（＝覚悟は決まった）」とでもいうように「泣かない」と立派に答えた。「私」は、そうした「四ツの子供の様子に」、「安堵すると同時にいじらしさ（＝けなげでいたいたしいさま）を感じた」。そして二女に「手枕をし、布団をかけてやりながら」、「私」は「静かなかなしみに落ち込んで行」った。（三）

e　眠りに落ちた二女の「おだやかな寝顔」を見ていると、「私」の気持ちも自然と「謙虚で」「善良」になり、「もののいのちというものの不思議さが、今初めてのように、思いめぐらされ」た。（三）

f　翌朝、「私」は倒れてしまい、二女はそうした「私」のことをしきりに心配した。「私」は、そうした二女に対して、「もう直ぐ、お母ちゃんが来るよ」と言い聞かせるとともに、それを「自分自身への力づけ」に

した。（三）

g　去年（昭和二十年）の夏の終わり頃、二女は「もうせん、上野のおうちで、こおろぎ鳴いてたよウ」と言ったが、「幼ない（二女の）頭にこのことが何故そんなにしみ込んだかを考え」た「私」は、「よく判らない」ながらも、「あの時の雰囲気の、ただならぬものであったことを、子供の心で感じとったためであろうか」と考えた。（四）

h　それから「一年経った今（昭和二十一年の夏）」、二女は再び「もうせん、上野のおうちで、夜、こおろぎが鳴いたねエ」（傍線部**B**）と言い出した。「私」は、そうした二女に対して「何かこの子供との間に、特別な、血肉以上のつながりとでもいうようなものがあるのかも知れぬ」という考えさえ浮かんだ。（四）

それでは、一つ一つの選択肢の内容と**a**～**h**の内容とをつきあわせることで、正誤を確認していこう。

①　選択肢前半は**b**に、選択肢後半は**c**に合致している。

②　選択肢前半は**a**・**b**に、選択肢後半は**h**に合致している。

③　選択肢前半は**b**に、選択肢後半は**c**に合致している。

④　選択肢前半は**d**に、選択肢後半は**e**に合致している。

⑤　選択肢全体が**f**に関わるものだが、「もうすぐ母が帰るというあてにならないことを言って」が誤りである。**c**にあるように「私」は、郷里に行く妻に対して明日（三十日）の早朝には帰京するように命じていた。だからこそ、三十日の朝に倒れた「私」は、「もう直ぐ」妻が帰ってくるはずだと思い、そのことを「自分自身への力づけ」にしていたのである。つまり、「私」は、むしろ〈もうすぐ妻が帰ってくることをあてにしていた〉と言える。したがって、**適当でないもの**は⑤であり、これが正解である。

問4　登場人物とその描写について答える問題

ここでは「本文の登場人物とその描写について」問われているが、本文が、主人公である「私」の視点から描かれている一人称の小説である以上、そこで描かれているのは、すべて「私」から見た世界である。そうしたことにも留意した上で、各選択肢の内容と本文の内容とを照合していこう。

①　主人公である「私」は、二女の言葉を聞いたことから、二女とともにこおろぎが鳴くのを聞いた二年前の出来事を思い出す。そして、その当日の出来事については、三に詳しく描かれていた。したがって、選択肢前半の「三人の子供が登場し、その中でも二女をめぐるエピソードが中心になっている」は、正しい内容である。もちろん、だからといって「私」が長女や長男に対して「関心を持っていないわけではなく」、一の前半では長女と長男に対して「君たち、何でもかんでも無闇と押し込むからいけないよ」と言っているのだから、そうした「私」の態度を、「年長の二人の子供に教え諭そうとしている」と表現することも妥当である。したがって、選択肢後半も正しい内容である。

②　この選択肢で取りあげられている場面は、四にある。そこでは、「縫《ぬい》物《もの》をひろげた」妻に対して、「私」は「圭子が、二年前のこおろぎのことをよく覚えているのは不思議だよ。どうしたわけだろう」と「不思議に思ったことを」「尋ねる」が、妻は「さア」と「いい加減な返事」をする。したがって、「その言葉（＝不思議に思ったことを尋ねた「私」の言葉）を受け流すような態度をとる」という選択肢前半の内容は正しい。また、そうした妻に対して「『私』は特に機嫌を悪くするわけでもなく、その場の雰囲気が気まずくなるわけでもなかった」とする選択肢後半の内容も正しい内容である。「私も別に、妻から返事を期待してはいない」という描写があるが、これは「私」の淡々とした様子を表現したものであって、「私」が機嫌を損ねているとは考えられない。

③　三の後半には、二女の「おだやかな寝顔」を「見ている」「私」が、「謙虚」で「善良」な気持ちになり、「もののいのちというものの不思議さ」に「思い」を「めぐら」す場面がある。したがって、選択肢前半は

正しい内容だが、選択肢後半の「妻だけではなく三人の子供たちに対して、心ならずも辛辣な（＝手厳しい）言い方をしてしまい後悔することがあった」が誤りである。確かに、一では、「私」が長女と長男に対して教え諭すようにしている場面があるが、それを「辛辣な言い方」と言えるかどうかは疑問である。かりにそれを「辛辣な言い方」だと解釈したとしても、「私」がそうした言い方を「心ならずも」してしまい、そのことを「後悔」していると言える根拠が本文にはない。また、妻や二女に対しては、「私」が「辛辣な言い方」をしていると考えることのできる箇所が、本文にはない。したがって、③は、「本文の登場人物とその描写についての説明として**適当でないもの**」であり、これが正解である。

④　一で描かれた〈現在〉の時点で「長女は女学校二年、長男は国民学校六年生」だということがわかる。一方、三で描かれた二年前の時点で二女が「四ツの子供」であった（すなわち〈現在〉は六歳である）ことがわかる。したがって、選択肢前半の「三人の子供の中でも二女はことに幼い」は、正しい内容である。さらに二女については、一では「知ってるよウ」と「自信たっぷりの甘え口調」で話す姿、三では「お母ちゃん、おしっこ」などのような「言葉足らずの口調」、四ではこおろぎのことを「こうもり」と言い間違える姿などが描かれることで、その幼くかわいらしい様子が印象づけられていた。したがって、選択肢後半も正しい内容である。

⑤　「戦争末期の頃」の「家族」の日常は、「私」の日記を引用した二において詳しく説明されていた。そこでは、長女と長男は郷里の下曾我に疎開し、妻は彼らの世話をするために、東京と郷里を行き来するような日々が描かれていた。選択肢前半は、こうした「戦争末期の頃」の一家の日常を「落ち着かない日々」という表現で正しく説明している。また、一では、小説における〈現在〉、すなわち戦後の日常が描かれていたが、そこからは子供たちが虫をつかまえ「観察する」ような生活を送っていたことがわかる。選択肢後半は、そうした子供たちの戦後の日常を正しく説明している。

問5　本文の構成や内容について答える問題

本文の構成やその内容について整理しておこう。

a　本文は、昭和二十一年という終戦の翌年の時点を小説における〈現在〉とし、そうした時点から、戦争末期の頃を「私」が回想するという構成になっているが、その回想の契機となっているのが「もうせん、上野のおうちで、夜、こおろぎが鳴いたねエ」（傍線部**B**）という一における二女の言葉である。

b　本文は、一から四の部分によって成り立つが、一・四が〈現在の出来事や思い〉、二・三が〈二年前の出来事やその時の思い〉という構成になっている。ただし、四の冒頭では「去年の夏の終り頃」のことが紹介されている。

c　一では、「私」や子供たちのおだやかとも言える戦後の生活が描かれているが、そうした一の場面は、四の「やがて虫籠は飽きられ、夕食も済むと、長女を除く二人はもう眠がり出した。」につながっている。

d　二では、終戦の前年、昭和十九年の「私」たち一家の落ち着かない生活が、当時の「私」の日記の記述を交えて紹介されている。

e　三では、「私」にとっても二女にとっても印象深い、昭和十九年八月二十九日の夜の出来事が描かれているが、その時に「私」が感じたことや翌朝倒れたことなども描かれている。

f　四では、「小さな虫ども、わけの判らぬ雑草たち、そんな、今まで気にもとめなかった小さな弱い者たち」に「惹かれがちな」、戦後の「私」のあり方や思いが綴られている。

それでは、こうした内容を踏まえて各選択肢の内容を検討していこう。

①　「一・二では現在の出来事が、三・四では二年前の出来事が」「描かれ

ている」とあるが、これはbに反する。

② 選択肢後半の、一から四の「いずれも特定の視点からではなく、あくまでも中立的な立場から淡々と語られている」が、誤りである。本文は「私」の視点から描かれており、そこでは「私」のさまざまな思いが綴られていた。

③ 選択肢後半の「『私』の日記の一部が紹介され」ることで「当時の状況が感情を交えることなく表現されている」が誤りである。確かに二では当時の日記が紹介されているが、そこでは「極めて大儀なり（＝面倒くさく億劫である）」（八月二十五日）、「心安からず（＝不安である）」（八月二十七日）などの記述からわかるように、当時の「私」の感情が率直に表明されている。

④ 一において「私」は、虫籠に多くの虫を押し込め、死なせてしまった長女や長男に対して「命の短いカゲロウだけが、ちゃんと卵を生んでいる、つとめを果している」と教えているのだから、選択肢前半は、正しい説明である。また**c**で確認したように、一は四につながり、さらに**f**で確認したように、四では「小さな弱い者たち」に寄せる「私」の思いが描かれていた。以上のことから選択肢後半も正しい説明であることがわかる。したがって、④が一つ目の正解である。

⑤ 選択肢後半の、二年前の「出来事を経て成長していく二女の姿は、三だけでなく本文全体にわたって細やかに描かれている」が誤りである。二女が成長したことをうかがわせるような描写は本文には見られない。たとえば二からは、二女について、上の二人の子供たちとは違い疎開していないことや、昭和十九年八月二十九日の夜は「私」に抱かれて寝たということがわかるだけなのだから、そうした点を踏まえれば、「成長していく二女の姿」が「本文全体にわたって細やかに描かれている」とは言えないはずである。

⑥ この選択肢は、**a**・**b**に合致している。したがって、二つ目の正解は⑥である。

問6 【資料】を踏まえた本文の解釈として正しいものを答える問題

二〇二一年度の大学入学共通テスト（第1日程）の**第2問**では、出題された小説に対する当時の批評を**【資料】**として取りあげ、それを踏まえて答えることを求める問題が出題された。**問6**は、こうした傾向の出題にならったものである。

今回取りあげた**【資料】**は、「こおろぎ」の作者である尾崎一雄やその作品について述べたものだが、その内容を整理すると、次のようになる。

a 尾崎一雄は「俗談平話（＝普段の生活でいつも使う言葉）」で、「実感に裏づけられた」、「死生観、ならびにそれにまつわる形而上《けいじじょう》的（＝理念的）思索」を語る作家である。

b 「心境小説（＝作者が日常生活で目に触れたものを描きながら、その中に自己の心境を調和のとれた筆致で表現した小説）」は、結局のところ作家の「死生観を語らずにはすまない」ものである。

c 志賀直哉の『暗夜行路』は、「構成のしっかりした長大な心境小説」と言える作品だが、自らの経験という点で言えば「青年期から病弱で、『死との二人三脚』の人生を歩んで来」た尾崎の経験は、「直哉の比ではない（＝志賀直哉の経験は尾崎一雄のそれにまるで及ばない）」。実際に『虫のいろいろ』やその他の作品は、「敗戦直後、胃潰瘍《いかいよう》その他の病《やま》いを養っているさなかに書かれたが、条件は整い、機は熟して、尾崎の死との久しい対話の結晶体と評すべき」素晴らしい作品になっている。

もちろん、**a**～**c**は、直接「こおろぎ」について書かれたものではないが、一九四六年（昭和二十一年）に発表された「こおろぎ」が、**【資料】**における「敗戦直後、胃潰瘍その他の病いを養っているさなかに書かれた」作品の一つであることは事実であり、実際、**【資料】**において説明されている尾崎一雄の作品の特徴を「こおろぎ」はことごとく備えている。たとえば、「こおろぎ」は、二の日記の内容が記述された部分を除けば、読みやすく平易な文体で綴られた作品であり、そこでは「私」の健康が思わしくないことが強調されていた。また、一や三では「もののいのちというものの不思議さ」に思いをめぐらす「私」の姿が、さらに四では、「虫だとか草だとか」の「小さな弱い者たち」や幼い子供たちに深い思いを寄せる「私」の姿が描かれていた。こうした**「こおろぎ」という作品は、【資料】でいうところの「俗談平話のメタフィジック（＝形而上学）を味読」しうる「尾崎の死との久しい対話の結晶体と評すべき作品」**だと言えるだろう。

こうした【資料】の内容だけでなく、本文全体の内容とも矛盾のない選択肢が③である。選択肢中の「随筆風の読み物ともとれる」や「そこで起こる出来事をことさらにドラマチックに仕立て上げるようなことはしない」は、aの前半やbの前半に合致している。「死を意識せざるをえない病身の男」は、a・b・cの内容や四の特に後半の内容に合致し、また「命を受け継いで生きていく幼い存在へと向ける」思いというのは、四の特に後半の内容に即している。さらに、そうした思いが「透徹した（＝澄んだ明晰な）」ものであるというのは、【資料】前半の「日常語で」「哲理（＝人生や世界の本質に関する奥深い道理）を語る」などの内容に即したものである。

他の選択肢の内容も確認しよう。

① 「そうした（＝孤独な）主人公を造形することによって、個として生きるほかない近代人の悲哀を見事に描き出している」という内容が、【資料】からも本文からも読み取ることのできない内容である。

② 「それぞれの文化には固有の死生観があ」るということや「日本に固有の死生観とは死を必然的な帰結として受けいれるということである」ということは、一般的には必ずしも間違っているわけではないかもしれないが、【資料】からも本文からも読み取ることができない以上、正解とすることはできない。なお「白眉」とは〈数ある優れたもののなかでも、特に優れているものや人〉という意味である。

④ 「こおろぎ」を、主人公が「心身の健やかさを取り戻していく再生の物語」だとしている点が誤りである。本文においては四の後半で「新生」や「再建」という言葉が出てくるが、そこでは敗戦後の日本で〈新生と再建がしきりと云われ〉ている中で、「私」自身は、「実際上手も足も動かぬ状態」である〉と言っているだけなのだから、「再建」という言葉が本文中にあるからといって「こおろぎ」を「再生の物語」だと断定することはできない。またかりに「こおろぎ」が戦後という新しい時代を生きようとする「再生の物語」だとしても、四の後半で描かれているように、今の「私」は「身体の衰え」を抱え、「気力を萎えさせ」ているのだから、この選択肢のように、「再生」を「私」が「心身の健やかさを取り戻していく」ことだと規定することはできないはずである。

⑤ 本文において、主人公が「自らの心境を語」っているのは事実だが、そうした主人公が「日本人の死生観を代弁する人物として設定されている」かどうかはわからない。主人公が語っているのは、あくまでも自己の思いである。すでに②で確認したように、そもそも本文からは、「日本人の死生観」がどのようなものであるかを読み取ることはできないのである。

第3問　古文

【本文解説】

〔出典〕

【文章Ⅰ】

『今昔物語集』

成立　平安時代後期

ジャンル　説話

作者　未詳

内容　全三十一巻。ただし、全体が現存しない巻や、一部の説話を欠く巻もある。天竺《てんじく》〔＝インド〕の部（巻一～五）、震旦《しんたん》〔＝中国〕の部（巻六～十）、本朝〔＝日本〕の部（巻十一～三十一）に分けられる。説話の内容は、仏法的、教訓的色彩の濃い部分（巻一～二十）と、仏法的色彩の希薄な世俗説話の部分（巻二十一～三十一）とに大別される。様々な地域の説話を収載しており、登場人物も、貴族・僧侶・武士・農民・商人・漁夫・医師・遊女・盗賊・乞食に至るあらゆる階層の男女が見られ、さらに鳥獣・妖怪までも登場する。古代から中世の封建社会へと移りゆく過渡期に生きた民衆の姿を、和文体に漢文訓読体をまじえた和漢混交の文体で生き生きと描いている。書名は、本書の説話が「今は昔」という書き出しで始まり、「……となむ語り伝へたるとや」で結んでいることによると言われている。

なお、本文は巻第二十二の第八「時平大臣取国経大納言妻語《ときひらのおとどくにつねのだいなごんのめをとること》」の一節で、新日本古典文学大系『今昔物語集四』（岩波書店刊　小峯和明校注）によったが、問題文として体裁を整えるために一部表現を整理し、表記を改めている。

【文章Ⅱ】

『大和物語』

成立　平安時代中期

ジャンル　歌物語

作者　未詳

内容　九五一年ごろに原型が成立し、一〇〇〇年ごろに増補されて現在の形となったとされている。約三百首の和歌を含み、百七十三段から成る。『伊勢物語』に次いで書かれた歌物語で、前半は、『後撰和歌集』時代の歌人の贈答歌を中心とする物語が集められ、後半は、古い伝承に取材した物語が集められていて、説話文学的な要素が強い。雑然と物語が収集されているために、『伊勢物語』と比べて統一性に欠けるものの、説話文学への契機となる作品としても評価されている。

なお、本文は第百二十四段の全文で、新編日本古典文学全集12『竹取物語　伊勢物語　大和物語　平中物語』（小学館刊　片桐洋一　福井貞助　高橋正治　清水好子　校注／訳）によったが、問題文として体裁を整えるために表記を改めている。

【全文解釈】

【文章Ⅰ】

午後四時を少し過ぎるころに（左大臣一行が大納言の邸を）訪問なさったところ、御酒杯（の酒）などを何度も召し上がるうちに、日も暮れた。歌を歌い管絃を楽しみなさるが、（その様子は）楽しくすばらしい。その中でも左大臣の御容貌をはじめとして、歌を歌いなさっている様子は、この世にまたとないほどすばらしいので、（そこにいる）すべての人は、注目してほめたたえ申し上げるが、この大納言の北の方は、（左）大臣が座っていらっしゃる傍らの簾越しに近くで見ているので、（左）大臣の御容貌、声、そぶり、たきしめられた香の香りをはじめとして（すべてが）、この世にまたとないほどにすばらしいのを見ると、（北の方）自身の（拙《つたな》い）宿縁が情けなく思われる。どのような（幸運な）人（＝女性）が、このような（すばらしい）人に連れ添っているのだろう。自分は年を取って古びた人に連れ添っていることが何事につけても不快に思われるので、ますますこの（左）大臣を（注目して）見申し上げると、気持ちを落ちつける方法がなくつらく思われる。（左）大臣が、歌い管絃を楽しみなさるにつけても、たえずこの簾の方を流し目で見やりなさる眼差しなどが、（見る者が気後れするほど）すばらしい様子であることは（何とも）言いようがない（ほどである）。簾の内（にいる北の方の気分）までもどうしようもな（く恥ずかし）い。（左）大臣がほほ笑んで（簾の方に）視線をよこしなさるにつけても、（左大臣は）どのように思いなさっているのだろうかと（思うと、北の方は）恥ずかしい。

そうしているうちに、夜もだんだん更けて皆はすっかり酔ってしまっていた。だから、皆は（くつろいで着物の）紐を解き片肌を脱いで舞い戯れることはこの上もない。こうして（左大臣が）もうお帰りになってしまおうとすると、大納言が、（左）大臣に申し上げなさることには、「たいそう酔っておしまいになっているようだ。御牛車をこちらへ差し寄せて（こちらで）お乗りください」と。（左）大臣がおっしゃることには、「とても不都合なことだ。どうしてそんな（無作法な）ことができましょうか、いや、とてもそんなことはできそうにありません。ひどく酔ってしまったなら、それではこの邸《やしき》に（しばらく）伺候して酔いが醒めて（その後に）退出しよう」などと（いうお言葉が）あるが、ほかの上達部たちも、「（左大臣が、車寄せまで歩くのではなく、今いるところから牛車に乗り込んでお帰りになるのは、）じつによいことだ」と言って、御牛車を階隠の下にどんどん寄せるうちに、（大納言は）引出物として立派な馬二頭を引き出した。（ほかにも）御土産として箏などを取り出した。

（左）大臣が、大納言におっしゃることには、「このような酔っている機会に申し上げるのは、不都合なことであるけれど、目上（である伯父）への敬意を表すために（私は）このように参上したが、（そのことを）本当に嬉しいとお思いになるならば、格別であるような引出物をお与えください」と。大納言はたいそう酔っている心の内にも、自分は伯父であるけれども（左大臣より身分が下の）大納言の身であるのに、（自分の家に、甥であるとはいえ）首席の大臣（である左大臣）がおいでになっていることをたいそう嬉しく思っているときに、（左大臣が）このようにおっしゃるので、大納言自身もじっとしていられずに、（左）大臣が流し目で心にかけて簾の中を何度も見やりなさるのを面倒だと思って、このような（美しい）妻を持っていたのだなあと見せ申し上げようと思って、ひどく酔っ払った気持ちで、「私はこの連れ添っている（美しい）妻をたいそうすばらしいとは思う。たいそう立派な大臣でいらっしゃっても、これほどの（美しい）妻を、持ちなさることはできないだろうか。この老人の所にはこのような（美しい）妻がおります。この者を引出物として差し上げる」と言って、屏風を押し畳んで、簾から手を差し入れて、北の方の袖をつかんで引き寄せて、「ここに伺候しております」と言ったので、（左）大臣は、「ほんとうに（こちらに）参上した甲斐があって、今は嬉しくございます」とおっしゃって、（左）大臣が、（北の方に）近寄って（袖を）つかんで（そこに）座りなさったので、大納言は（その場から）立ち去った。「ほかの上達部・殿上人の方々はもう出て行ってしまってください。（左）大臣はまさかしばらくはお出ましにならないだろう」と（大納言は）手で指示するので、それぞれ目で合図して、ある人は出て行ったりし、ある人は物陰に身を隠して、どのようなことがあるのかと思って、見ようとして（残って）いる人もいる。

（左）大臣は、「たいそう酔ってしまった。今はそれでは牛車を（こちらに）寄せよ。（酔ってしまって）どうしようもない」とおっしゃって、牛車は庭に引き入れてあったので、人がたくさん寄ってきて（牛車を）差し寄せた。大納言が近寄って牛車の簾を持ち上げた。（左）大臣は、この北の方を抱きかかえて牛車に入れて、続いて（自分も）乗りなさった。そのときに大納言は、どうしようもなくて、「おいおい婆さんや、私を忘れてはいけないよ」と言った。（左）大臣は牛車を押し出させて帰りなさった。

【文章Ⅱ】

本院（＝藤原時平）の北の方が、まだ帥の大納言（＝藤原国経）の妻でいらっしゃったときに、平中（＝平定文）が詠んで申し上げた歌。

春の野で緑に蔓《つる》を延ばしているさねかずら（が行く末長い「さ寝」を表すように）、私の本妻として（あなたと）一緒に寝ることを期待するが、（あなたは）どう（思う）か。

と言っていた。このように互いに（和歌を）詠み交わして、ともに愛情を誓い合うことがあった。その後、左大臣（＝藤原時平）の北の方として、栄えていらっしゃったとき、（平中が）詠んで寄こした歌。

将来（これほど栄えるあなた）の宿縁も知らないで私が昔（愛を）誓ったことは覚えているか、あなたは。

と言った。その返歌や、それよりずっと前にも（詠み交わした）歌はとても多かったけれど、（それらは今）聞くことができない。

【設問解説】

問1　語句の解釈の問題

(ア)　度々参る

参る（動詞）
1　〈「行く・来」の謙譲語〉参上する。
2　〈「与ふ」の謙譲語〉差し上げる。
3　〈「す」の謙譲語〉して差し上げる。
4　〈「食ふ・飲む」の尊敬語〉召し上がる。

「参る」は、尊敬語と謙譲語の両方の用法がある。選択肢で「参る」の意味に合うのは、①「参上する」・④「差し上げる」・⑤「召し上がる」である。ここでは、酒杯を意味する「御坏」が直前にあり、傍線部は「(酒を) 召し上がる」意と考えられるので、⑤が正解である。選択肢前半の「何度も」も「度々」の解釈として正しい。なお、③「繰り返し乾杯する」は、「乾杯」が杯の中の酒を飲み干す意であることを考えると、人々の行いの説明として間違いとは言えないが、尊敬の表現が含まれていないので解釈としては不適当である。

(イ)　いかでかさる事は候はむ

いかで（副詞）
1　〈疑問〉どうして（〜か）。どのようにして（〜か）。
2　〈反語〉どうして（〜か、いや〜ない）。
3　〈願望〉なんとかして。どうにかして。
　＊3は願望・希望・意志の表現と呼応する。

候ふ（動詞）
1　〈「居り」の謙譲語〉お仕えする。控え申し上げる。
2　〈「あり」の丁寧語〉あります。ございます。
3　〈丁寧の補助動詞〉〜ます。〜です。

「候ふ」は本動詞だが、「さる事は」に続いているので貴人に仕える意味の前記1ではない。よって、前記2の意味である。「む」は推量の意味で、「さる事は候はむ」は「そのようなことはあるでしょう」と訳せる。「む」が意志の用法でないことから、「いかで」は前記3の用法でないことがわかる。傍線部全体の解釈を考えると、「いかで」が、前記1の意味なら「どうしてそのようなことはあるでしょうか」となり、前記2の意味なら「どうしてそのようなことはあるでしょうか、いや、ないでしょう」となる。

文脈を確認すると、酔っ払った大臣が牛車に乗りやすいように、牛車を通常の来客の乗降場所から建物の正面まで寄せようという大納言の提案に対して、大臣が辞退し、酔いを醒ましてから帰ろうと言っている場面であるから、「さる事」は牛車を建物の正面まで寄せることを指し、大臣はそれについて「ないでしょう」と否定しているものと思われる。

選択肢を見ると、④の「とてもそんなことはできそうにありません」が、その文脈に合う。「とても……ません」は、「いかで」の反語の解釈として正しく、「できそうに」には「む」の推量の解釈が反映している。「候は」の丁寧表現も「ませ」と訳されている。よって、これが正解である。他の選択肢については、①は「いかで」の訳がなく、②は「候は」の丁寧の意味が訳されていない。③は「いかで」が前記3の訳、「む」が意志の訳になっており、文脈にも合わない。⑤は「いかで」が前記1の疑問の訳になっており、「む」の推量の訳もない。

(ウ) 目をくはせて

> 目をくはす（慣用句）
> 1 目で合図して知らせる。目くばせをする。

「目をくはす」の意味に合うのは、①「目で合図して」だけなので、これが正解。文脈を確認すると、大納言が自分の北の方を引出物として大臣に渡した後、ほかの人々に帰るように指示したところ、人々が、互いに「目をくはせて」、帰る者もおり、事の顚末《てんまつ》を見届けようと居残る者もいた、というのだから、①はこの文脈にも合っている。

問2 語句や表現に関する説明の問題

形容動詞 ナリ活用 「いかなり」 連体形	名詞	動詞 ラ行変格活用 「かかり」 連体形	名詞	格助詞	動詞 ハ行四段活用 「添ふ」 連用形	接続助詞
いかなる	**人、**	**かかる**	**人**	**に**	**添ひ**	**て**
どのような	人が、	このような	人	に	連れ添っ	て

動詞 ラ行変格活用 「あり」 連体形	助動詞 現在推量 「らむ」 連体形	名詞	係助詞	動詞 ヤ行上二段活用 「年老ゆ」 連用形	接続助詞
ある	**らむ。**	**われ**	**は**	**年老い**	**て**
いるの	だろう。	自分	は	年を取っ	て

形容詞 ク活用 「古くさし」 連体形	名詞	格助詞	動詞 ハ行四段活用 「添ふ」 連用形	助動詞 存続 「たり」 連体形	格助詞
古くさき	**人**	**に**	**添ひ**	**たる**	**が**
古びた	人	に	連れ添っ	ていること	が

名詞	格助詞	動詞 ラ行下二段活用 「ふる」 連用形	接続助詞	形容詞 シク活用 「むつかし」 連用形	動詞 ヤ行下二段活用 「おぼゆ」 連体形	接続助詞
事	**に**	**ふれ**	**て**	**むつかしく**	**おぼゆる**	**に、**
何事	に	つけ	ても	不快に	思われる	ので、

副詞	名詞	格助詞	名詞	格助詞	動詞 マ行上一段活用 「見る」 連用形	動詞 ラ行四段活用 「奉る」 連体形	接続助詞
いよいよ	**こ**	**の**	**大臣**	**を**	**見**	**奉る**	**に、**
ますます	こ	の	大臣	を	見	申し上げる	と、

名詞	名詞	形容詞 ク活用 「なし」 連用形	形容詞 シク活用 「わびし」 連用形	動詞 ヤ行下二段活用 「おぼゆ」 終止形
心	**置き所**	**なく**	**わびしく**	**おぼゆ**
気持ちを	落ちつける方法が	なく	つらく	思われる

いかなり
1 どのようだ。どんなだ。
かかり
1 このようだ。こんなだ。
むつかし
1 不快だ。いやだ。
＊気に入らない対象に対する不快感を表す。
2 面倒だ。わずらわしい。
＊込み入った状況に対する不快感を表す。
3 気味悪い。
＊正体の知れないような対象に対する不快感を表す。
おぼゆ
1 思われる。感じられる。
2 （誰かに）思われる。
3 （自然に）思い出される。思い起こされる。
4 似る。
5 覚える。
奉る
1 〈「与ふ」の謙譲語〉差し上げる。
2 〈謙譲の補助動詞〉～申し上げる。
3 〈「乗る」の尊敬語〉お乗りになる。
4 〈「着る」の尊敬語〉お召しになる。
5 〈「食ふ・飲む」の尊敬語〉召し上がる。
わびし
1 つらい。苦しい。
＊思うように物事がはかどらずやりきれない気持ちを表す。
2 困ったものだ。
＊困惑する気持ちを表す。
3 みすぼらしい。貧しい。
＊生活などが苦しい状況を表す。

傍線部の直前には、

この大納言の北の方は、大臣の居給へるそばの簾より近くて見るに、大臣の御かたち、声、けはひ、薫物の香よりはじめて、世に似ずめでたきを見るに、わが身の宿世心憂くおぼゆ。

とある。これは、北の方が、すばらしい大臣を目の当たりにするにつけても、自分の運命を情けなく感じているということで、傍線部も同じように、大臣のすばらしい様子を間近に見た時の北の方の気持ちを述べていると考えることができる。この点を踏まえると、「いかなる人、かかる人に添ひてあるらむ」の「かかる人」は北の方の目の前にいる大臣のことで、その大臣に「添ひてある」人とは、現在推量の「らむ」があることも考えると、今は北の方の眼前にいない、大臣に連れ添い、愛されている女性だとわかる。次の「われは年老いて古くさき人に添ひたる」の「われ」は、北の方自身のことであり、「古くさき人」とは年老いた大納言のことである。「むつかしく」は、年老いた夫に連れ添っている北の方の現状に対する気持ちだから、前記1の意味である。「おぼゆる」は、北の方自身が「むつかしく」感じているのだから、前記1の意味で訳すとよい。「奉る」は、動詞「見る」に接続しているので、前記2の謙譲の補助動詞の用法である。「置き所」は、直前に「心」とあるので、「心を落ちつける方法」などと訳すとよい。「わびしく」も「むつかしく」と同様に、北の方自身のつらい運命に対する気持ちなので、前記1の意味が適切である。以上の点を踏まえた訳が、前記枠内に示したものである。

①は、「かかる人」が「年老いた大納言」を指すとする点が間違いである。また、そのことを前提として、「かかる人に添ひてあるらむ」を「若く美しい北の方の夫であることへの驚きを表している」と説明している点

も間違っている。前述したように、「かかる人」は大臣のことであって、ここでは、北の方が、大臣のすばらしさを間近に見て、どのような女性がこの素晴らしい大臣に連れ添っているのだろうかと推測しているのである。

②は、「大納言が自分自身を、年を取ってもう時代遅れの人間だと感じている」が間違いである。傍線部は北の方の心情を説明した部分で、北の方が大納言のことを「年老いて古くさき人」と感じているのである。

③は、「むつかしく」を「不快に感じている」と説明しているのは間違いではないが、その主体を「大臣が」としている点と、その対象を「自分より格下の大納言に世間で評判の妻がいる」こととしている点が間違いである。前述したように、ここでは、北の方が、すばらしい大臣を見るにつけて、自分が年老いた夫と連れ添っていることを、「むつかしく」感じているのである。

④は、「北の方が大臣を間近に見て、敬愛する気持ちになった」が間違いである。ここでは、「大臣を見奉るに、心置き所なくわびしくおぼゆ」と書かれているだけで、大臣を「敬愛する気持ちになった」とまでは書かれていない。大臣に敬語が用いられる理由としては、身分が高いというだけで十分である。また、この敬語は、作者が用いているので、北の方の敬意を示すものではない。

⑤が正解である。「この大臣を見奉るに、……わびしくおぼゆ」とあることから、「魅力的な大臣を見るにつけ……つらく感じる北の方の気持ちを表している」は正しい。また、北の方は「われは年老いて古くさき人に添ひたるが事にふれてむつかしく」感じていたというのだから、「老齢の夫を持つ自分の運命をつらく感じる北の方の気持ち」という説明も正しい。

問3　登場人物の言動についての説明の問題

登場人物の言動についての説明として正しいものを選択する問題である。このような問題は、本文からその登場人物の行動と発言の内容を正確に読み取る必要がある。まずは、傍線部を正確に訳すことからはじめるとよい。

名詞	名詞	格助詞	動詞 ハ行四段活用「のたまふ」連体形	名詞	動詞 ラ行変格活用「かかり」連体形
大臣、	**大納言**	**に**	**のたまふ**	**やう、**	**「かかる**
大臣が、	大納言	に	おっしゃる	ことには、	「このような

名詞	格助詞	名詞	格助詞	動詞 サ行四段活用「申す」連体形	形容詞 ク活用「便なし」連体形	名詞	助動詞 断定「なり」已然形	接続助詞
酔ひ	**の**	**ついで**	**に**	**申す、**	**便なき**	**事**	**なれ**	**ども、**
酔っている		機会	に	申し上げるのは、	不都合な	こと	である	けれど、

名詞	格助詞	名詞	格助詞	副詞	動詞 ラ行四段活用「参る」連用形	助動詞 完了「たり」連体形	接続助詞
家礼	**の**	**ため**	**に**	**かく**	**参り**	**たる**	**に、**
目上への敬意	の	ため	に	このように	参上し	た	が、

副詞	形容詞 シク活用「うれし」終止形	格助詞	動詞 サ行四段活用「思し召す」未然形	接続助詞
まことに	**うれし**	**と**	**思し召さ**	**ば、**
本当に	嬉しい	と	お思いになる	ならば、

心ことなら	む	引出物	を	給へ」	と
形容動詞 ナリ活用 「心ことなり」 未然形	助動詞 婉曲 「む」 連体形	名詞	格助詞	動詞 ハ行四段活用 「給ふ」 命令形	格助詞
格別である	ような	引出物	を	お与えください」	と

のたまふ
　1　〈「言ふ」の尊敬語〉おっしゃる。
かかり（**問2【設問解説】**参照）
ついで
　1　順序。
　2　機会。場合。
便なし
　1　都合が悪い。具合が悪い。
　2　よくない。感心しない。
参る（**問1(ア)【設問解説】**参照）
思し召す
　1　〈「思ふ」の尊敬語〉お思いになる。
心ことなり
　1　心の持ち方が異なっている。
　2　格別である。
給ふ
　1　〈「与ふ」の尊敬語〉お与えになる。
　2　〈尊敬の補助動詞〉～なさる。お～になる。
　3　〈謙譲の補助動詞〉～（ており）ます。
　＊1・2は四段活用、3は下二段活用。

「ついで」は、「酔ひのついでに」とあるところから、前記2の意味で訳すとよい。「便なき」は、大臣が自らの引出物を要求する行為について述べた言葉なので、前記1の意味で訳すとよい。「家礼」は、（注6）にある通りで、官職では、大納言より左大臣の方が上位であるものの、伯父で年長者である大納言を目上と考えて用いたものである。「参る」は「参上する」意味で、直前の「かく」が、大臣が大納言の邸に訪問していることを指している。「心ことなら」は、引出物について言っているので、前記2の意味と考えられる。「給へ」は、四段活用動詞の命令形で、「引出物を」を受ける述語になっており、本動詞であるから前記1の意味である。以上の点を踏まえた訳が、前記枠内に示したものである。

ここで考えなくてはならないのは、大臣がこのように格別な引出物を要求した真意である。その真意を知るために、この大臣の発言を受けた後の大納言の言動（Ⅰ～Ⅳ）、及び、それに対する大臣の言動（Ⅴ）に着目する。

Ⅰ　**大納言極めて酔ひたる内にも……いみじくうれしくおぼゆるに**（14～15行目）
　大納言は、左大臣である甥が、伯父であるとはいえ身分の低い自分の邸に、年始の挨拶に訪問してくれたことを喜んでいる。

Ⅱ　**かくのたまへば、わが身置き所なくて**（15行目）
　大納言は、「伯父の邸への訪問は目上への敬意を表したものである」という大臣の発言を、身にあまる光栄だと感じ入っている。

Ⅲ　**大臣の尻目に掛けて……かかる者持たりけりと見せ奉らむと思ひて**（15～16行目）
　大納言は、大臣が簾の中にいる北の方に興味がありそうなので、その姿を大臣に見せようと思う。

Ⅳ　**酔ひ狂ひたる心に、「……。これを引出物に奉る」と言ひて、……「ここに候ふ」と言ひければ**（16～19行目）
　ひどく酔っている大納言は、大臣に差し上げようと言って、簾の中に手を入れて北の方を引き寄せる。

V　大臣、「まことに参りたる甲斐ありて、今こそうれしく候へ」とのたまひて、大臣、寄りてひかへて居給ひぬれば（19・20行目）

大臣は、訪問した甲斐があったと喜び、北の方を引き寄せてそばに座った。

このVで、大臣は、大納言から北の方を差し出され、参上した甲斐があって嬉しいと発言している。そもそも、リード文によると、大臣は北の方に興味を抱いて大納言邸を訪問したわけだから、大臣が格別な引出物として望んでいたものは、北の方であったと考えられる。これらのことから、大臣の傍線部における発言は、大納言の北の方を手に入れようと意図したもので、その思惑の通り、北の方を手に入れたということがわかる。そして、その目的のために、自らの訪問を大納言に敬意を払うためのものだと言って大納言を恐縮させ（Ⅱ）、しばしば北の方のいる方に視線を送ることで、自分の北の方に対する関心を大納言にほのめかしていたのである（Ⅲ）。

①は、大臣が「泥酔したふりをして」いたのかどうかは本文から明確でない。「大納言邸に居座って、北の方の顔を盗み見ようとする」は間違いである。大臣は大納言から北の方をもらい受けようとしているのであって、北の方の顔を盗み見ようとしているのではない。

②が正解である。前述の通り、大臣は、自分より身分の低い伯父の邸にわざわざ年始の挨拶として訪問し、そのことを目上への敬意であると発言しており、「高貴な自分の訪問を恩に着せようとする」は正しい。さらに、大臣は、北の方のいる簾の内をたえず見ている自分の姿を見せることで、北の方に興味のあることを大納言に気づかせ、その上で格別な引出物を要求すれば、大納言が酔った勢いで北の方を差し出すのではないかと考えて行動したのである。よって、大臣の言動は、「大納言から北の方を奪うため」のものであり、これらの行動は大臣の北の方への関心に沿って一貫している。結果的に大納言に北の方を差し出させていることも考え合わせると、傍線部の発言について、「大臣の計算高さが表れている」と言うことは適当である。

③は全体が間違っている。大臣は、「馬や箏をもらったのが本当に嬉しかった」とも「心を尽くした返礼をしたい」とも発言していない。

④は、「酔いの力を借りなければならないところに、大臣の気弱さが表れている」が間違いである。大臣は「かかる酔ひのついでに申す」とは言っているが、実際に酔っていたかどうかは本文からはわからないし、本文6行目によると、宴席では最初から「常にこの簾の方を尻目に見やり給ふ」様子であったことがわかる。大臣の言動は北の方を手に入れようとすることで一貫しており、本文には、大臣が酔っていなければ大納言に北の方を要求できなかったようには、書かれていない。

⑤は、「北の方はいずれ私の妻になるのだと断定する」という大臣の発言が本文にはないので、間違いである。

問4　二つの文章の内容についての説明の問題

二つの文章についての話し合いを読んで、空欄に入る適切な説明を選ぶ問題である。話し合いの内容を読み取って空欄に入る話題をつかみ、その内容が述べられている箇所を本文から探して各選択肢と照合するとよい。

(i)　和歌の内容の説明の問題

空欄の直前で話題にしているのは、**【文章Ⅱ】**の平中が詠んだ和歌のことである。そこで、それぞれの和歌の内容を検討し、各選択肢と照合することにする。まずは「春の野に」の和歌の内容から検討しよう。

名詞	**春**	春
格助詞	**の**	の
名詞	**野**	野
格助詞	**に**	で
名詞	**みどり**	緑
格助詞	**に**	に
動詞 ハ行四段活用「這ふ」已然形	**這へ**	蔓を延ばし
助動詞 存続「り」連体形	**る**	ている
名詞	**さねかづら**	さねかずら、

名詞	格助詞	名詞	格助詞	動詞 マ行四段活用「頼む」連体形	副詞	終助詞
わ	**が**	**君ざね**	**と**	**頼む**	**いかに**	**ぞ**
私	の	本妻	として一緒に寝ることを	期待するが	どう（思うか）。	

頼む
1　期待する。頼みに思う。あてにする。
2　期待させる。頼みに思わせる。あてにさせる。
＊1は四段活用、2は下二段活用。

いかに
1　どのように。どう。
＊物事の状態や様子などを疑問に思い、問いかけたりする意味を表す。
2　どうして。なぜ。
＊物事の原因や理由などを疑問に思い、聞きただしたりする意味を表す。
3　どのように～か（いや、～ない）。どうして～か（いや、～ない）。
＊反語の意味を表す。
4　どんなに。どれほど。
＊程度や状態のはなはだしさを推測する意味を表す。

（注12）から「さねかづら」が「蔓性の常緑樹」とわかるので、「這へ」は、「蔓を延ばし」の意味だと判断できる。また、（注12）には「『春の野にみどりに這へるさねかづら』が『ざね』を導く序詞」とも記されている。序詞はある語句を導くための修辞で、序詞は自然描写、序詞で導かれる部分は心情表現であることが多い。よって、序詞が用いられている和歌では、その趣旨は導かれている部分に述べられていると考えてよい。また、この和歌は色好みで有名な平中が大納言の北の方に贈ったもので、和歌の直後に「と言へりけり。かく言ひ言ひて、あひ契る事ありけり」と続くので、求愛の歌だとわかる。さらに、「君ざね」は、（注13）から「本妻」の意味で、「ざね」に「さ寝（＝寝る）」の意味が掛かっているとわかる。「さ寝」は「寝」の文字から寝ることだとわかればよいが、特に恋人が一緒に寝ることを表す。「頼む」は、マ行四段活用の連体形で前記1の意味である。「いかにぞ」は、求愛の歌であるから、相手の気持ちを尋ねる表現だと考える。つまり、「あなたが私の本妻となり、一緒に寝ることを、私は期待しているが、それをあなたはどう思うか」と問いかけている歌である。以上の点を踏まえた訳が前記枠内に示したものである。

選択肢の「春の野に」の歌に関わる部分を確認すると、以下の通り。

①は、「あなたへの恋心をどうしても捨てられない」とあるが、平中が和歌で訴えた内容とは異なっているので、間違いである。

②は、「あなたが私を拒むのはなぜか」とあるが、**【文章Ⅱ】**に北の方が平中を拒んだとは書かれておらず、平中の和歌の内容とも異なるので、間違いである。

③は、「あなたと結ばれたい」が「わが君ざねと頼む」の内容に合致するので正しい。

④は、「あなたと末永く添い遂げよう」が「わが君ざねと頼む」の内容から大きく外れるものではないので、間違いとは言えない。

次に「行く末の」の和歌の内容を検討する。

名詞	格助詞	名詞	係助詞	動詞 ラ行四段活用「知る」未然形	助動詞 打消「ず」連用形	名詞	格助詞	名詞
行く末	**の**	**宿世**	**も**	**知ら**	**ず**	**わ**	**が**	**昔**
将来	の	宿縁	も	知ら	ないで	私	が	昔

動詞 ラ行四段活用「契る」連用形	助動詞 過去「き」連体形	名詞	係助詞	動詞 ヤ行下二段活用「思ほゆ」終止形	係助詞	名詞
契り	**し**	**こと**	**は**	**思ほゆ**	**や**	**君**
誓っ	た	こと	は	覚えている	か、	あなたは。

行く末
1 進んで行く先。行く手。
2 将来。前途。
3 余命。

契る
1 約束する。
2 (男女が愛情を)誓う。

思ほゆ
※「おぼゆ」(問2【設問解説】参照)と同じ。

「行く末」は、「宿世」を修飾しているところから、前記2の意味と考えられる。「契り」は、かつて「春の野に」の和歌で求愛した平中と北の方が「あひ契る事ありけり(=ともに愛情を誓い合うことがあった)」というのだから、前記2の意味である。「契りしこと」は、「し」が過去の助動詞「き」の連体形であるから、北の方がまだ「大納言の妻」であった頃に愛情を誓ったことであり、「思ほゆ」は、それを受けるので、「覚えている」と解釈するとよい。以上の点を踏まえた訳が前記枠内に示したものである。

以上を踏まえて、選択肢の「行く末の」の歌に関わる部分を確認すると、以下の通り。

①は、「世間知らずの昔はよかった」が和歌の内容と異なっているので、間違いである。

②は、北の方について「昔は私に将来を誓った」と言うのが間違いである。和歌では「わが昔契りし」と、平中が誓ったと詠んでいる。

③は、「かつて愛を誓ったことを覚えているか」が「契りしことは思ほゆや君」の内容と合致するので正しい。

④は、「自分の過去の過ちを忘れてほしい」が和歌の内容と異なるので、間違いである。

「春の野に」「行く末の」の二首の和歌の内容の説明が正しいのは③だけなので、これが正解である。

(ii) **【文章Ⅰ】における人物の行動と人物像の説明の問題**

空欄の前には、「【文章Ⅰ】には登場人物の行動が詳しく書かれているよ。それによって、その人たちの人物像まで浮かび上がってくる気がする。たとえば、」とあるので、空欄には、【文章Ⅰ】の登場人物の人物像について述べた内容が入るはずである。選択肢それぞれに引用されている【文章Ⅰ】の記述について、選択肢の説明が正しいか間違っているかを判断すればよい。

①の引用箇所は以下の通り。

常にこの簾の方を尻目に見やり給ふ(6行目)

この部分は「大臣、詠ひ遊び給ひても」から続いているので、大臣の行為と考えてよい。「簾の方」は、本文3行目に「大納言の北の方は、大臣の居給へるそばの簾より近くて見る」とあるので、北の方がいる簾の方だとわかる。「尻目」は「流し目。横目」などの意である。以上の点を踏まえてこの箇所を解釈すると、「たえず大臣が北の方のいるこの簾の方を流し目で見やりなさる」となる。リード文にも大臣が大納言の北の方に興味を抱いて大納言の邸を訪れたと書かれているので、この行為を「大臣の、……露骨な北の方への関心が読み取れて、他人の目を気に掛けない大臣の好色な人柄がわかる」と説明しているのは間違いとは言えない。

ただし、その北の方に対する大臣の関心を「まわりの人が恥ずかしくなるほどの」と説明している点は、本文に根拠がなく、間違いである。引用部分は、その直後の「まみ（＝眼差し）など」を修飾しており、その「まみなど」が「はづかしげなる事いはむ方なし」であるというのは、「見る者が気後れするほどすばらしい」という、大臣の美貌に対する賛辞である。

②の引用箇所は以下の通り。

皆紐解き肩脱ぎて舞ひ戯るる事かぎりなし（8行目）

まず、引用箇所の「皆」を「大臣の随行者たち」に限定する解釈が間違っている。次に、この部分は、「夜もやうやく更けて皆人いたく酔ひにたり」から続いているので、酒が進み、夜が更ける頃には宴席の皆が酔っていたという状況で、宴席が堅苦しいものではなく、列席者がみなくつろいでいたことを表しているのである。よって、「年老いて醜い大納言を侮る気分」を表すものでも、「大臣の威光をかさに着る者たちの無分別な人柄」を表すものでもない。

③の引用箇所は以下の通り。

いたく酔はせ給ひにためり。御車をここに差し寄せて奉れ（9行目）

この部分は「大納言、大臣に申し給はく」から続くので、大納言が大臣に対して話した言葉だとわかる。「奉る」には「乗る」の尊敬語の意味があり、「乗りなさる」などと訳せる。ここは、その命令形で、たいそう酔ってしまっている大臣に対して、牛車を宴席の近くまで呼んでそこから乗って帰るように促しているのである。これは、さらにその前に「すでに帰り給ひなむとする」とあるように、もう大臣が帰ろうとする状況になったために、大納言は、部屋の近くまで牛車を呼んで乗るとよいと言ったのである。よって、この発言から「大臣の泥酔を迷惑がる」気持ちを読み取ることはできない。少し離れたところにある車寄せまで歩いて行くことはたいへんだろうと、大臣を気づかったものである。当然、「権力者にも遠慮せず発言する大納言の剛胆な人柄がわかる」ようなものでもない。

④の引用箇所は以下の通り。

術なくて、「やや嫗ども、われをな忘れそ」とぞ言ひける（23・24行目）

「術なし」は「なすすべがない。どうしようもなく苦しい」という意味である。直前に「大臣、この北の方をかき抱きて車にうち入れて、続きて乗り給ひぬ」とあるので、大納言は大臣に北の方を奪われることに対して、なす術がないと感じているのである。そもそもこのような事態を招いたのは、自分に敬意を払って年始の挨拶に来てくれたという大臣のふるまいが嬉しくて、大納言が、本文16～19行目に「酔ひ狂ひたる心に……北の方の袖を取りて引き寄せて、『ここに候ふ』と言ひければ」とあるように、酔いにまかせて、大臣が興味を持っている北の方を引出物にしようと言ったことによるのである。よって、この「術なくて」に至る状況は、「北の方との別れを自ら招いてしまった大納言の軽率な人柄」を示していると言える。「嫗ども」は（注8）で「北の方のこと」とあって、その北の方に対して「われをな忘れそ（＝私を忘れてはいけないよ）」と言っているのだから、「北の方に対する大納言の未練が読み取れ」というのも正しい。

よって、④が正解である。

(iii) **【文章Ⅱ】の特徴や表現についての説明の問題**

空欄は、直前の「同じように話を伝えるにしても、そのときの書き手の意識の違いによってそれぞれの文章に違いが生じている」という発言を受けて、**【文章Ⅱ】**の特徴や表現について説明するものである。二つの文章を読んだ後の話し合いで、**【文章Ⅰ】**と**【文章Ⅱ】**の違いが述べられているが、その内容を整理すると、おおよそ以下のようになる。

【文章Ⅰ】＝『今昔物語集』
○ 大臣が登場する（教師）
○ 登場人物の行動が詳しく書かれている・人物像まで浮かび上がってくる気がする（生徒A）
○ 和歌はない（生徒A）
○ 文学史では、貴族や武士、庶民など幅広い階級の人々のありようを伝える様々な話を集めた「説話」に分類される（教師）

【文章Ⅱ】＝『大和物語』
○ 平中が登場する（教師）
○ 簡潔だ（生徒A）
○ 登場人物が和歌を詠んでいる（生徒B）
○ 物語の描き方が粗くて物足りない（生徒C）
○ 文学史では、和歌を中心に記される「歌物語」に分類される（教師）

これを、特に【文章Ⅱ】についてまとめると、

a　話が簡潔で物語の展開を詳細には書かない
b　登場人物が詠む和歌を中心に記される「歌物語」

ということになる。これら【文章Ⅱ】の特徴や、本文の内容を踏まえて、それぞれの選択肢の正誤を検討する。

①は、「登場人物たちの間に起きた事柄について具体的に述べるのではなく」が前記a、「和歌を主軸に据え」が前記bに該当する。また、【文章Ⅱ】の和歌はどちらも平中が北の方に詠んで贈った歌で、特に二首目の歌は、左大臣の北の方になってしまった後に贈ったものである。これらの歌を主軸に据えた話であるため、【文章Ⅱ】は「平中の、大臣の北の方になってしまった人への思いを際立たせようとしている」文章になっている。よって、この①が正解である。

②は、「平中の、大臣に奪われた恋人に詠みかけた和歌を記載する」が前記bに該当するが、「大臣の強引で居丈高な言動には触れないことで、摂関家である藤原氏に対して悪い印象を抱かせないように配慮している」とは言えない。たしかに、大臣の言動には触れていないが、そもそも文章全体が、平中と北の方の二人の話であり、大臣の言動に言及する必然性が低いため、大臣の言動に触れないことによって、摂関家への配慮を示しているとは言えない。

③は、「和歌を中心に置いて、北の方に対する平中の心情……を描く」が前記bに該当するが、二首ある和歌から、北の方に対する平中の恋心がはっきりと「変化」したと読み取ることはできない。また、「大臣、大納言、北の方の三人の関係性には言及せず」や、「平中のふるまいに翻弄される北の方のありようを印象づけようとしている」も間違っている。本文には「本院の北の方の、まだ帥の大納言の妻にていますかりける折に、平中が詠みて」と書かれており、三人の関係性に触れていないとは言えない。さらに、北の方の言動にはまったく触れていないので、「平中のふるまいに翻弄される北の方のありようを印象づけようとしている」と言うこともできない。

④は、「平中に対する北の方の返歌がたくさんあったと言いながらそれを示さない」が【文章Ⅱ】の「その返し、それより前々も歌はいと多かりけれど、え聞かず（＝その返歌や、それよりずっと前にも歌はとても多かったけれど、聞くことができない）」に該当しているが、「最終的には平中は北の方を妻にできず、空しく日々を過ごしたことがわかる」が本文に根拠を持たないので間違いである。平中が「行く末の」の歌を贈った後、その返歌があったということまでは記されているが、最終的に二人がどうなったかは、本文からはわからない。

第4問　漢文

【出典】

【文章Ⅰ】

『曾鞏集《そうきょうしゅう》』五十二巻。北宋《ほくそう》の曾鞏（一〇一九―一〇八三）の詩文集。曾鞏は建昌軍南豊県《けんしょうぐんなんぽうけん》（現在の江西省《こうせいしょう》南豊県）出身の学者・政治家で、「唐宋八大家」の一人に数えられる名文家である。若い頃から文章に優れ、欧陽《おうよう》脩《しゅう》の称賛を受けたことがきっかけで、文章家として世に知られるようになった。四十歳になってはじめて仕官し、州の長官を歴任し、治安の改善や民生の安定に優れた功績を挙げた。晩年になって中央政府の要職に就いたが、その手腕を発揮する間もなく病死した。本文は、曾鞏が唐の政治家魏徴《ぎちょう》について論評した「書《ス》二魏鄭公《ぎていこう》ノ伝《ニ》一」と題する文章の一部である。

【文章Ⅱ】

『旧唐書《くとうじょ》』二百巻。五代十国時代の後晋《こうしん》・劉昫《りゅうく》の撰《せん》。唐王朝の歴史を叙述した書で、歴代皇帝の事跡を記した「本紀」、官吏・学者などの人物の伝記を記した「列伝」、音楽・暦法・官職・刑法などの文物・制度を記した「志」から成る紀伝体の形式で書かれている。唐王朝の歴史を学ぶうえで重要な書であるが、北宋時代に欧陽脩の『新唐書』が刊行されて好評を博すると『旧唐書』は重視されなくなり、明代に至って完本が失われた。現在伝わる『旧唐書』は、明代の学者が残本を元に復元したものである。本文は巻七十一「魏徴伝」に拠った。

【本文解説】

【文章Ⅰ】

本文は、「諫諍《かんそう》」（臣下が君主の過《あやま》ちを諫《いさ》めること）に対して、君主がどのように対応すべきかについて論じた文章である。

まず筆者は、臣下が「諫諍」を行うことの重要さを述べ、君主は臣下の「諫諍」を積極的に受け入れるべきであると説く。君主が臣下の「諫諍」を抑圧して自分の過ちを隠そうとすることや、臣下が君主に迎合して「諫諍」を控えることは、国家を統治するうえで正しい行動ではない。君主が臣下の「諫諍」を覆い隠すことは、臣下の「諫諍」を立派な行いではないと判断していることになり、決して行ってはならない。もし君主が「諫諍」を覆い隠すような行動をとれば、後世の臣下は一人として君主の過ちを諫めようとしなくなり、誤った政治が行われるからである。

次に筆者は、君主は臣下の「諫諍」を後世に伝えるよう努力しなければならないと説く。君主が臣下の「諫諍」を受け入れるという立派な行いが記録として後世に伝わらなければ、後世の君主は、過去に「諫諍」など行われなかったと誤解してしまう。その結果、君主が政治を怠り「諫諍」を忌み嫌うようになってしまう。

臣下が君主を諫めることは、君主の威厳を損ないかねない行為であり、自分の過ちを批判されることに恥辱や怒りを抱く君主も多く、君主が「諫諍」を受け入れることは容易ではなかった。君主が臣下の「諫諍」に腹を立てて罰を与えた事例は、歴史上に数えきれないほど存在する。しかし、善政を行い国家を安定させるためには、君主が自分の気づかなかった過ちを臣下に諫めさせることが不可欠である。したがって、君主は謙虚な態度で臣下の諫言を受け入れるだけの広い度量を持たねばならないばかりでなく、「諫諍」の記録を後世の模範とするために歴史書に残す思慮深さもまた求められたのである。

【文章Ⅱ】

本文は、唐の第二代皇帝太宗《たいそう》に仕えた魏徴の伝記の一部で、魏徴の「諫諍」に対して太宗がどのような態度をとったかが記されている。

魏徴は以前、宰相にふさわしい人材として杜正倫《とせいりん》と侯君集《こうくんしゅう》を太宗に推薦したことがあったが、魏徴の死後、杜正倫と侯君集は相次いで罪を犯して失脚した。そのため太宗は、魏徴が杜正倫や侯君集と結託して徒党を組んでいたのではないかと疑念を抱いた。また、魏徴は生前、太宗を諫めた記録を史官の褚遂良《ちょすいりょう》に見せ、自分の行った「諫諍」を歴史書に残そうとした。この事実を知った太宗は、魏徴に対してますます不快感を抱くようになった。太宗は、自分の過ちを魏徴に諫められたことを恥じ、この事実が歴史書に記されて後世に伝わることを望まなかったのである。太宗のこの行動は、【文章Ⅰ】で示された「君主は臣下の『諫諍』を後世に伝えるよう努力しなければならない」という主張に反するものだと言えよう。

【書き下し文】

【文章Ⅰ】

夫《そ》れ君《きみ》の臣《しん》を使《つか》ふと臣《しん》の君《きみ》に事《つか》ふるとは何《なん》ぞや。大公至正《だいこうしせい》の道《みち》のみ。大公《だいこう》至正《しせい》の道《みち》は、人《ひと》の言《げん》を滅《めつ》して以《もつ》て己《おの》が過《あやま》ちを揜《おほ》ひ、小亮《せうりやう》を取《と》りて以《もつ》て其《そ》の君《きみ》に私《わたくし》するに非《あら》ず。此《こ》れ其《そ》の可《か》ならざる者《もの》なり。又《ま》た甚《はなは》だ可《か》ならざる者《もの》有《あ》り。夫《そ》れ諫諍《かんさう》を以《もつ》て当《まさ》に揜《おほ》ふべしと為《な》すは、是《こ》れ諫諍《かんさう》を以《もつ》て美《び》に非《あら》ずと為《な》すなり。則《すなは》ち後世誰《こうせいたれ》か復《ま》た当《まさ》に諫諍《かんさう》すべけんや。況《ま》して前代《ぜんだい》の君《きみ》に諫《かん》を納《い》るるの美《び》有《あ》るも、後世見《こうせいしめ》されずんば、則《すなは》ち惟《た》だに一時《いちじ》の公《こう》を失《うしな》ふのみに非《あら》ず、又《ま》た将《まさ》に後世《こうせい》の君《きみ》をして前代《ぜんだい》に諫諍《かんさう》の事無《ことな》しと謂《おも》はしめんとす。是《こ》れ其《そ》の怠《おこた》り且《か》つ忌《い》むを啓《ひら》くなり。

【文章Ⅱ】

嘗《かつ》て密《ひそか》に中書侍郎《ちうしよじらう》杜正倫《とせいりん》及《およ》び吏部《りぶ》尚書侯君集《しやうしよこうくんしふ》を薦《すす》め、宰相《さいしやう》の材有《さいあ》りとす。徴《ちよう》卒《しゆつ》する後《のち》、正倫罪《せいりんつみ》を以《もつ》て黜《しりぞ》けられ、君集犯逆《くんしふはんぎやく》して誅《ちう》に伏《ふく》す。太宗始《たいそうはじ》めて徴《ちよう》阿党《あたう》せるかと疑《うたが》ふ。徴《ちよう》又《ま》た自《みづか》ら前後諫諍《ぜんごかんさう》せし言辞《げんじ》の往復《わうふく》を録《ろく》し、以《もつ》て史官《しくわん》起居郎褚遂良《ききよらうちよすいりやう》に示《しめ》す。太宗之《たいそうこれ》を知《し》り、愈《いよいよ》悦《よろこ》ばず。

【全文解釈】

【文章Ⅰ】

そもそも君主が臣下を働かせることと臣下が君主に仕えることとはどういうことか（＝どうあるべきなのか）。（それは）この上なく公正な道（を行うこと）に他ならない。この上なく公正な道とは、（君主が）人々の言論（＝臣下の諫言《かんげん》）を抑え込んで自分の過ちを覆い隠したり、（臣下が）わずかばかりの誠実さを示して自分の仕える君主と個人的に慣れ親しむことではない。これらは君主や臣下として行ってはならないことである。更にたいそう不適切なことがある。そもそも（君主が臣下の）諫言を当然覆い隠すべきだと見なすことは、つまり（君主が臣下の）諫言を立派なことではないと見なすということだ。そうであれば後の時代には誰がいったい君主の過ちを諫めようとするだろうか（＝後の時代には君主の過ちを諫めようとする臣下など一人もいなくなるはずだ）。まして過去の時代の君主には諫言を受け入れるという立派な行いがあったのに、後の時代に（その行いが世に）示されなければ、ただ（過去の君主が諫言を受け入れたという）その時代の公正さが忘れ去られるだけでなく、更に後の時代の君主に過去の時代（の君主）には諫言が行われたことなどなかったと思わせてしまうであろう。これは君主が（政治を）怠りそのうえ（臣下の諫言を）忌み嫌うことを導くのである。

【文章Ⅱ】

（魏徴は）以前内密に中書侍郎の杜正倫と吏部尚書の侯君集を（太宗に）推薦し、（彼らが）宰相にふさわしい才能を持っていると申し上げた。魏徴が死去した後、杜正倫は罪を犯して左遷され、侯君集は反逆の罪により処刑された。太宗はそこで初めて魏徴が（杜正倫や侯君集に）おもねり結託していたのではないかと疑念を抱くようになった。魏徴はまたこれまでに太宗の過ちを諫めたやり取りをすべて自分で記録し、それを史官起居郎の褚遂良に提示した。太宗はこのことを知って、ますます（魏徴に対して）不快感を抱いた。

【重要語・基本句形】

(1) **重要語**

○夫《そ》レ　そもそも・いったい
○A与《と》トレB　AとBと（並列）
○事《つか》フ　仕える
○者《は》　～は（議題の提示）
○――(シ)テ以《もつ》テ……　――して……・――してそれで……・――してそのために……

○可《かナリ》　よろしい・適切である
○又《まタ》　そのうえ・更に・いったい
○甚《はなはダ》　極めて・たいそう
○美《び》　立派なこと
○則《すなはチ》　そうであれば（仮定条件・確定条件を受ける）
○復《まタ》　いったい（疑問形・反語形で用いる場合）・ふたたび・更に
○況《まシテ》　まして・言うまでもなく
○納《いル》　受け入れる・申し上げる
○且《かツ》　更に・そのうえ
○嘗《かつテ》　以前・ある時　＝曾《かつテ》
○密《ひそかニ》　内密に・こっそりと　＝窃《ひそかニ》・私《ひそかニ》・陰《ひそかニ》
○材《さい》　才能・人材
○卒《しゅっス》　死去する
○以《もつテ》二──《ヲ》一……《（ス）》　──を……する（目的）・──によって……する（手段・方法）・──のために……する（理由・原因）
○自《みづから》　自分で・自分から・自分で自分を
○愈《いよいよ》　ますます

(2)　**基本句形**
○──何《なんゾヤ》　──はどういうことか・──は何か・──はどうしてか　〔疑問形〕
○──而已矣《のみ》　──に他ならない・──だけだ　＝耳《のみ》・爾《のみ》・而已《のみ》　〔限定形〕
○以《もつテ》レA《ヲ》為《なス》レB《ト》　AをBと見なす・AをBと思う・AをBとする　〔慣用句〕
○当《まさニ》二──《（ス）》一《ベシ》　当然──すべきだ・きっと──するにちがいない・きっと──しよう　＝応　〔再読文字〕
○誰《たれカ》──乎《（セ）ンや》　誰が──しようか・誰も──しない　〔反語形〕
○非《あらズ》二惟《ただニ（スル）ノミニ》──一、又《まタ》──　ただ──するだけでなく、更に──　〔累加形〕
○将《まさニ》二──《（セ）ント》一《す》　いまにも──しようとする・──するつもりだ　＝且　〔再読文字〕
○使《しム》二A《ヲシテ》──《（セ）》一　Aに──させる　＝令　〔使役形〕
※（セ）は活用語の未然形、（シ）は活用語の連用形、（ス）は活用語の終止形、（スル）は活用語の連体形をそれぞれ示す。

【設問解説】

問１　語の意味の問題

(ア)「惟」は、副詞として「ただ」と読んで「ただ──だけ」という限定の意味、動詞として「おもふ」と読んで「考える」の意味がある。ここでは、「惟」の直前に否定詞「非《あらズ》」が置かれていることに注意したい。(ア)を含む「非《ズ》三惟失《フノミニ》二一時之公《ヲ》一、又将使後世之君謂前代無諫諍之事」には、累加形「非《あらズ》二惟《たダニ》──《（スル）ノミニ》一、又《まタ》──」が用いられている。これは「ただ──するだけでなく、更に──」という意味である（【(2)　**基本句形**】参照）。したがって、「惟」は限定を表す副詞として「ただ──だけ」の意味である。なお、副詞「ただ」は累加形の場合「ただに」と読むことにも注意しよう。

各選択肢の意味を確かめよう。①「尽」は副詞として「ことごとく」と読んで「すっかり・全部・みな」の意味、動詞として「つく」と読んで「つきて無くなる」の意味、「つくす」と読んで「出しつくす・きわめる」の意味がある。

②「殊」は、副詞として「ことに」と読んで「とりわけ」の意味、形容動詞として「ことなり」と読んで「異なる」の意味、動詞として「ことにす」と読んで「区別する」の意味がある。

③「倶」は、副詞として「ともに」と読んで「一緒に・どちらもそろって」の意味、動詞として「ともにす」と読んで「一緒に行う」の意味があ

る。

④「徒」は、副詞として「ただ」と読んで「ただ――だけ」の意味、「いたづらに」と読んで「無駄に」の意味がある。

⑤「方」は、副詞として「まさに」と読んで「ちょうどその時・そこでやっと」の意味、動詞として「ならぶ」と読んで「並べる」の意味、「くらぶ」と読んで「較べる」の意味、名詞として「はう」と読んで「方向・道義・方法・技術」などの意味がある。

したがって、(ア)「惟」と同じく副詞として「ただ」と読んで「ただ――だけ」という意味を持つのは④「徒」のみである。正解は④である。

(イ)「密」は、名詞として「みつ」と読んで「秘密・隠しごと」の意味、副詞として「ひそかに」と読んで「内密に・こっそりと」の意味（【(1) 重要語】参照）、形容動詞として「みつなり」と読んで「親しい・行き届いている」の意味がある。(イ)は直後の「薦《ム》」（推薦する）を修飾しているので、副詞として「ひそかに」と読んで「内密に・こっそりと」の意味である。

各選択肢の意味を確かめよう。①「遂」は、副詞として「つひに」と読んで「こうして・その結果・そのまま」の意味、動詞として「とぐ」と読んで「なしとげる」の意味がある。

②「陰」は、副詞として「ひそかに」と読んで「内密に・こっそりと」の意味、動詞として「おほふ」と読んで「かばう・おおい隠す」の意味、名詞として「いん」と読んで「かげ・時間・山の北側・川の南側」などの意味がある。

③「固」は、副詞として「もとより」と読んで「もちろん・もともと」の意味、「まことに」と読んで「本当に」の意味、「かたく」と読んで「しっかりと」の意味、形容詞として「かたし」と読んで「かたい・しっかりしている」などの意味がある

④「敢」は、副詞として「あへて」と読んで「すすんで・思いきって」の意味、動詞として「あへてす」と読んで「思いきって行う」などの意味がある。

⑤「尚」は、副詞として「なほ」と読んで「やはり・まだ・そのうえ」の意味、動詞として「たふとぶ」と読んで「尊重する」の意味、形容詞として「ひさし」と読んで「古い」、「たかし」と読んで「高い」などの意味がある。

したがって、(イ)「密」と同じく副詞として「ひそかに」と読んで「内密に・こっそりと」という意味を持つのは②「陰」のみである。正解は②である。

問2　語の意味の問題

(1)「納」は動詞として「をさむ」と読んで「しまい込む・送る・差し出す」の意味、「いる」と読んで「受け入れる・申し上げる」などの意味があるが（【(1) 重要語】参照）、どの意味に解釈するのが適当なのかは文脈を踏まえて判断しなければならない。(1)を含む「況《まシテ》前代之君有《ルモ》㆓納㆑諫《ヲ》之美㆒」は、過去の時代の君主（「前代之君」）が諫言（「諫」）に対してとった行動を述べている。諫言が「臣下が君主の過ちを正そうとする発言」の意味であり、「納㆑諫《ヲ》」を「立派なこと」（「美」）だと評価していることを踏まえれば、「納」は「受け入れる」の意味に解釈するのが適当である。したがって、正解は③である。なお、「況《まシテ》前代之君有《ルモ》㆓納《いルル》㆑諫《ヲ》之美㆒」は、「まして過去の時代の君主には諫言を受け入れるという立派な行いがあったのに」という訳になる。

(2)「愈」は、副詞として「いよいよ」と読んで「ますます」の意味（【(1) 重要語】参照）、動詞として「いゆ」と読んで「病気が治る」の意味がある。波線部(2)は、直後の「不㆑悦《バ》」（不快感を抱いた）を修飾しているので、副詞として「いよいよ」と読んで「ますます」の意味だと判断できる。したがって、正解は①である。他の選択肢については、②「たびたび」は「数《しばしば》・屢《しばしば》」など、③「しばらく」は「暫《しばらク》・且《しばらク》・姑《しばらク》」など、④「とうとう」は「終《つひニ》・卒《つひニ》・竟《つひニ》・畢《つひニ》」など、⑤「たちまち」は「忽《たちまチ》・

俄《にはかニ》・遽《にはかニ》」などの語句がそれぞれ対応する。

問３　書き下し文の問題

まず「不可者」はすべての選択肢が共通して「可《か》ならざる者」と読んでおり、「不適切なこと・よろしくないこと」の意味となる。「甚」は副詞として「はなはだ」と読んで「極めて・たいそう」の意味（**【(1)　重要語】**参照）であるが、ここは「不《ル》レ可《ナラ》」を修飾し、「甚だ可ならざる」と読む。最後に「有」は「有《リ》二――一」と下から返って読むので、「甚だ可ならざる者有り」と読む。傍線部全体では「又た甚だ可ならざる者有り」と読み、直前の「此《レ》其《ノ》不《ル》レ可《ナラ》者也」（これらは君主や臣下として行ってはならないことである）を受け、「更にたいそう不適切なことがある」と訳す。したがって、正解は⑤である。

他の選択肢についても確認しておこう。①・④のように「甚だしくは――ず」と読むのは部分否定の用法で、その場合の語順は「不二甚――一」でなければいけないので不適当である。①・②は「有」を下の語から返読せずに「有るも」・「有りて」と読んでいるが、何が「有る」のかは文脈上不明であり、意味が通らないので不適当である。③「又た可ならざる者に甚だしき有り」は、「更に不適切なことについてひどいことがある」などと訳せるが、「不適切なことについてひどいこと」が意味をなさず、不適当である。

問４　対応する内容を指摘する問題

傍線部**B**「以《テ》二諫諍《ヲ》一為《ス》レ非《ズト》レ美《ニ》」は、慣用句「以《もつテ》レA《ヲ》為《なス》レB《ト》」（AをBと見なす）と「美」（立派なこと）を踏まえて訳すと（**【(1)　重要語】**・**【(2)　基本句形】**参照）、「臣下の諫言を立派なことではないと見なす」となり、これは臣下の行う諫言に対して君主が快く思わないことを述べている。**【文章Ⅱ】**で君主に当たるのは「太宗」で、諫言を行った臣下に当たるのは「魏徴」である。したがって、**【文章Ⅱ】**の二重傍線部(a)～(e)から傍線部**B**に対応する内容を指摘するためには、太宗が魏徴の行った諫言について快く思っていなかったという内容のものを探せばよい。

各選択肢の意味を確かめよう。

①の二重傍線部(a)「卒《しゅつスル》」は、「（魏徴が）死去した」という意味である（**【(1)　重要語】**参照）。②の二重傍線部(b)「以《テ》レ罪《ヲ》黜《しりぞケラレ》」は、「（杜正倫は）罪を犯して左遷され」という意味である。③の二重傍線部(c)「伏《ス》レ誅《ニ》」は、「（侯君集は）反逆の罪により処刑された」という意味である。①・②・③はいずれも魏徴の諫言に対して太宗が示した反応とは無関係なので不適当である。④の二重傍線部(d)「疑《フ》二徴阿党《セルカト》一」は、「（太宗はそこで初めて）魏徴が（杜正倫や侯君集に）おもねり結託していたのではないかと疑念を抱くようになった」という意味である。これは「魏徴が杜正倫と侯君集を推薦したこと」に対して太宗が示した反応であって、「魏徴の諫諍」に対する太宗の反応とは言えないので不適当である。⑤の二重傍線部(e)「不レ悦《バ》」は、「（太宗は）不快感を抱いた」という意味であるが、直前の「徴又《タ》自《ラ》録《シ》二前後諫諍《セシ》言辞《ノ》往復《ヲ》一、以《テ》示《ス》二史官起居郎褚遂良《ニ》一。太宗知《リ》レ之《ヲ》」（魏徴はまたこれまでに太宗の過ちを諫めたやり取りをすべて自分で記録し、それを史官起居郎の褚遂良に提示した。太宗はこのことを知って）を踏まえて解釈すると、「太宗は、魏徴が自分の諫言を歴史書に残そうとしたことに対して不快感を抱いた」となる。これは魏徴の諫言を太宗が快く思わなかったことの現れであると判断でき、傍線部**B**に対応する内容である。

したがって、傍線部**B**の内容に対応するのは⑤「不レ悦《バ》」のみである。正解は⑤である。

問５　解釈の問題

まず、傍線部**C**に用いられている句形や語句を押さえよう。「誰《たれカ》――（セ）ン乎《や》」は反語形で「誰が――しようか・誰も――しない」の意味である（**【(2)　基本句形】**参照）。「復《また》」は副詞で「ふたたび」の意味であるが、疑問形や反語形に用いられる時は強意の働きで「いったい」という意味となる（【⑴　重要語】参照）。「当《まさニ》《ベシ》二──一《(ス)》」は再読文字で、ここでは「きっと──しよう」の意味に解釈するのが適当である（【⑵　基本句形】参照）。「諫諍」はリード文にあるように「臣下が君主の過ちを諫める」の意味である。以上を踏まえて傍線部**C**を解釈すると、「後の時代には誰がいったい君主の過ちを諫めようとしようか、いや、君主の過ちを諫めようとする臣下は誰もいなくなるはずだ」となる。これと同じ内容を述べる②「後の時代には君主の過ちを諫めようとする臣下など一人もいなくなるはずだ」が正解である。

他の選択肢についても確認しておこう。①「後の時代にもきっと臣下の諫言に耳を傾ける君主が現れるにちがいない」は、「当《シ》二諫《ニ》諍《ス》一」を「君主が臣下の諫言に耳を傾ける」と解釈している点と、反語形「誰《たれカ》──乎《(セ)ンや》」を「きっと──が現れるにちがいない」と訳している点が不適当である。

③「後の時代には君主の過ちを諫めようとしない臣下など一人もいなくなるはずだ」は、「当《シ》二諫《ニ》諍《ス》一」を「臣下が君主の過ちを諫めようとしない」の意味に解釈している点が不適当である。

④「後の時代にもきっと君主の過ちを諫めようとする臣下が現れるにちがいない」は、反語形「誰《たれカ》──乎《(セ)ンや》」を「きっと──が現れるにちがいない」と解釈している点が不適当である。

⑤「後の時代には臣下の諫言に耳を傾けようとする君主など一人もいなくなるはずだ」は、「当《シ》二諫《ニ》諍《ス》一」を「君主が臣下の諫言に耳を傾けようとする」と解釈している点が不適当である。

問6　返り点と書き下し文の問題

「将」は再読文字であり、「将《まさ》に──んとす」と読んで「いまにも──しようとする・──するつもりだ」の意味である（【⑵　基本句形】参照）。再読文字「将」を正しく書き下している選択肢は②・④・⑤である。なお、①・③のように「まさに──べし」と読む再読文字は「当・応」であることに注意しよう。

次に「使」に着目し、使役形「使《しム》二A《ヲシテ》──一《(セ)》」（Aに──させる）が用いられていることを押さえる（【⑵　基本句形】参照）。傍線部**D**は、直前の「況《まシテ》前代之君《ニ》有《ルモ》二納《ルル》レ諫之美《ヲ》一、而後世不《ンバ》レ見《しめサレ》、則《チ》非《ズ》三惟《ダニ》失《フノミニ》二一時之公《ヲ》一」（まして過去の時代の君主には諫言を受け入れるという立派な行いがあったのに、後の時代に［その行いが世に］示されなければ、ただ［過去の君主が諫言を受け入れたという］その時代の公正さが忘れ去られるだけでなく）を受けて、「後の時代の君主」にどのような結果をもたらすのかを述べた部分である。したがって傍線部**D**の使役形「使《しム》二A《ヲシテ》──一《(セ)》」は「後の時代の君主に──させる」という意味で、「後世之君」（後の時代の君主）が使役の対象「A」に当たると判断できるので、「後世之君」に送り仮名「をして」を付けるのが適当である。選択肢②・④・⑤のうちで「後世の君をして──しむ」と読んでいるのは④「又た将に後世の君をして前代に諫諍の事無しと謂はしめんとす」のみである。さらに、④は「更に後の時代の君主に過去の時代（の君主）には諫言が行われたことなどなかったと思わせてしまうであろう」と訳すことができ、傍線部**D**の直前の「過去の時代の君主が諫言を受け入れたという事実が後の時代に伝わらない」という事態が「後の時代の君主」にもたらす影響を述べたものとして文脈が成り立つ。したがって、正解は④である。

問7　内容説明の問題

まず、**【文章Ⅰ】**と**【文章Ⅱ】**の内容をそれぞれ確認しよう。

【文章Ⅰ】

1　君主が臣下の「諫諍」を抑圧して自分の過ちを覆い隠すことや、臣下が君主におもねることは、いずれも行ってはならない不公正な行為である。

2　君主が臣下の「諫諍」を立派な行いだと理解せずに、自分が「諫諍」を受けた事実を覆い隠すことは、さらに大きな過ちで、決して行ってはならない。君主がこのような行動をとれば、後世の臣下は誰も「諫諍」

を行おうとしなくなるであろう。

3　君主は臣下の「諫諍」を受け入れたという立派な行いを後世に伝えなければならない。そうしなければ、後世の君主は、過去の時代に「諫諍」が行われなかったと誤解してしまい、その結果、君主が政治を怠り「諫諍」を忌み嫌うようになってしまう。

【文章Ⅱ】

1　魏徴は、太宗に対して杜正倫と侯君集を推薦したが、魏徴の死後、杜正倫と侯君集は相次いで罪を犯して失脚した。そのため太宗は、魏徴が生前彼らと結託していたのではないかと疑念を抱いた。

2　魏徴は生前、太宗との「諫諍」のやり取りをすべて記録して褚遂良に示し、「諫諍」の記録を歴史書に残そうとした。この事実を知った太宗は、魏徴に対してますます不快感を抱いた。

次に、右のように確認した文章の内容に即して、各選択肢を検討しよう。

①「君主は、臣下の『諫諍』を奨励することも必要であるが、『諫諍』の内容が適切なものかどうかを判断する見識を持たなければならない。太宗のように臣下の『諫諍』を鵜呑《うの》みにするばかりでは、君主は臣下に侮られてしまうであろう」は、「君主は、臣下の『諫諍』を奨励することも必要である」は**【文章Ⅰ】**の1・2から読み取れる内容であるが、「君主は……『諫諍』の内容が適切なものかどうかを判断する見識を持たなければならない」や「太宗のように臣下の『諫諍』を鵜呑《うの》みにするばかりでは、君主は臣下に侮られてしまうであろう」が、どちらの文章にも述べられていない内容で不適当である。

②「君主は、臣下の『諫諍』がどのようなものであろうとも耳を貸したりせず、毅然《きぜん》とした態度を貫かなければならない。太宗のように臣下の『諫諍』をきっぱりと拒絶していれば、君主の威厳は保たれて国政は安定するであろう」は、「君主は、臣下の『諫諍』がどのようなものであろうとも耳を貸したりせず、毅然《きぜん》とした態度を貫かなければならない」や「太宗のように臣下の『諫諍』をきっぱりと拒絶していれば、君主の威厳は保たれて国政は安定するであろう」が**【文章Ⅰ】**の趣旨とは逆の内容で不適当である。

③「君主は、臣下の『諫諍』に謙虚に耳を傾けることこそ君主の模範的な態度であると、後世に伝えるべきである。太宗のように『諫諍』が記録に残ることを嫌悪しているようでは、後世の君主が臣下の忠告を受け入れなくなるであろう」は、「君主は、臣下の『諫諍』に謙虚に耳を傾けることこそ君主の模範的な態度であると、後世に伝えるべきである」が、**【文章Ⅰ】**の3の「君主は臣下の『諫言』を受け入れたという立派な行いを後世に伝えなければならない」という内容に合致する。また「太宗のように『諫諍』が記録に残ることを嫌悪しているようでは、後世の君主が臣下の忠告を受け入れなくなるであろう」は、**【文章Ⅰ】**の3と**【文章Ⅱ】**の2の内容に合致する。

④「臣下は、日頃から学問を修め、君主に対して的確な『諫諍』を行うのに十分な見識を養うべきである。魏徴のように適切な『諫諍』を行うことができれば、歴史書に記録され後世に『諫諍』の模範を示すことができるであろう」は、「魏徴のように適切な『諫諍』を行うことができれば、歴史書に記録され後世に『諫諍』の模範を示すことができるであろう」は**【文章Ⅰ】**の3の内容として誤ってはいないが、前半の「臣下は、日頃から学問を修め、君主に対して的確な『諫諍』を行うのに十分な見識を養うべきである」が、どちらの文章にも述べられていない内容で不適当である。

⑤「臣下は、君主の言動を冷静に観察し、公正な立場から『諫諍』を行わなければならない。魏徴のように『諫諍』を利用して自己の権勢を誇示するばかりでは、よこしまな心を持つ人物として歴史書に汚名を遺《のこ》すことになるであろう」は、「臣下は、君主の言動を冷静に観察し」や「魏徴のように『諫諍』を利用して自己の権勢を誇示するばかりでは、よこしまな心を持つ人物として歴史書に汚名を遺《のこ》すことになるであろう」が、どちら

の文章にも述べられていない内容で不適当である。
したがって、正解は③である。

第5回 解答・解説

設問別正答率

解答番号第1問	1	2	3	4	5	6	7	8	9	10	11
配点	2	2	2	2	2	7	7	7	7	6	6
正答率(%)	59.2	98.4	95.9	93.2	72.0	36.5	62.5	56.7	36.1	41.3	51.2

解答番号第2問	12	13	14	15	16	17	18
配点	7	6	7	8	6	8	8
正答率(%)	57.5	53.3	58.6	41.4	67.3	47.5	47.7

解答番号第3問	19	20	21	22	23	24	25	26
配点	5	5	5	7	7	7	7	7
正答率(%)	55.1	28.4	65.2	31.6	47.7	44.1	20.2	50.2

解答番号第4問	27	28	29	30	31	32	33	34	35
配点	4	4	4	6	7	7	5	5	8
正答率(%)	51.8	29.8	44.5	49.1	49.6	39.4	51.6	25.1	40.6

設問別成績一覧

設問	設問内容	配点	全体	現役	高卒	標準偏差
合計		200	95.9	94.4	111.5	31.9
1	現代文「論理的文章」	50	27.3	26.9	31.8	10.7
2	現代文「文学的文章」	50	26.3	26.0	29.5	11.3
3	古文	50	21.0	20.7	23.7	10.9
4	漢文	50	21.3	20.8	26.5	12.7

現古漢別得点対比表

〈現代文〉

共通テスト換算得点	46以下	47～55	56～63	64～72	73～78	79～85	86以上
偏差値 ➡	37.5	42.5	47.5	52.5	57.5	62.5	
得点	30以下	31～39	40～48	49～58	59～67	68～76	77以上

〈古文〉

共通テスト換算得点	7以下	8～12	13～19	20～24	25～31	32～35	36以上
偏差値 ➡	37.5	42.5	47.5	52.5	57.5	62.5	
得点	7以下	8～12	13～18	19～23	24～29	30～34	35以上

〈漢文〉

共通テスト換算得点	8以下	9～17	18～25	26～31	32～36	37～42	43以上
偏差値 ➡	37.5	42.5	47.5	52.5	57.5	62.5	
得点	5以下	6～11	12～18	19～24	25～30	31～37	38以上

【解答・採点基準】

【国　語】

（200点満点）

問題番号	設問	解答番号	正解	配点	自己採点
第1問	問1 (ア)	1	③	2	
	問1 (イ)	2	①	2	
	問1 (ウ)	3	①	2	
	問1 (エ)	4	③	2	
	問1 (オ)	5	②	2	
	問2	6	③	7	
	問3	7	④	7	
	問4	8	①	7	
	問5	9	⑤	7	
	問6 (i)	10	①	6	
	問6 (ii)	11	②	6	
第1問 自己採点小計				(50)	
第2問	問1	12	④	7	
	問2	13	④	6	
	問3	14	②	7	
	問4	15	③	8	
	問5 (i)	16	①	6	
	問5 (ii)	17	③	8	
	問6	18	④	8	
第2問 自己採点小計				(50)	
第3問	問1 (ア)	19	②	5	
	問1 (イ)	20	⑤	5	
	問1 (ウ)	21	③	5	
	問2	22	①	7	
	問3	23	③	7	
	問4	24	③	7	
	問5 (i)	25	①	7	
	問5 (ii)	26	④	7	
第3問 自己採点小計				(50)	
第4問	問1 (ア)	27	②	4	
	問1 (イ)	28	③	4	
	問1 (ウ)	29	⑤	4	
	問2	30	①	6	
	問3	31	⑤	7	
	問4	32	④	7	
	問5	33	④	5	
	問6	34	①	5	
	問7	35	②	8	
第4問 自己採点小計				(50)	
自己採点合計				(200)	

【解説】

第1問　現代文

【出典】

武井彩佳『歴史修正主義』（二〇二一年、中公新書）の一節。出題の都合で、一部省略した箇所がある。

武井彩佳（たけい・あやか）は、一九七一年、愛知県生まれ。早稲田大学第一文学部史学科卒業、早稲田大学文学研究科史学専攻博士課程修了。専攻はドイツ現代史、ホロコースト研究。著書に『戦後ドイツのユダヤ人』『ユダヤ人財産は誰のものか――ホロコーストからパレスチナ問題へ』『〈和解〉のリアルポリティクス――ドイツ人とユダヤ人』などがある。

【本文解説】

大学入学共通テスト（以下「共通テスト」と表記）の現代文では、複数のテクストを組み合わせた問題の出題が予想される。二〇二二年一月に実施された共通テストの第1問は、異なる著者による文章の組み合わせという形式となっていたが、今回の第1問は、一冊の書籍のうちの二つの箇所を組み合わせるという形式で出題した。過去二回行われた共通テストは二〇二一年、二〇二二年で出題形式が異なっていたが、たとえどのような形式で出題されようと、まずは文章を正確に読解し、必要に応じて複数テクストを適切に関連づけ理解するという姿勢が求められているということには変わりがない。このことを肝に銘じて、共通テストまでの学習に励んでほしい。

以下では、それぞれの文章の内容について確認し、二つの文章からうかがえる筆者の考え方などについても概説してみたい。なお便宜上、**文章Ⅰ・文章Ⅱ**の形式段落を[1]～[31]と表記することにする（**文章Ⅰ**は[1]～[18]、**文章Ⅱ**は[19]～[31]）。できれば、本文に段落番号をふったうえで、この解説を読んでみてほしい。

◆文章Ⅰ

歴史とは、選別された事実に解釈を施すことで成立するものであり、必然的に修正され続ける運命にある、ということを論じた文章である。本文を大きく二つの部分に分けて、その内容を確認していこう。

[1]～[9]　歴史的事実＝歴史の材料として選別されたもの

「歴史家が実際に行う作業と、書かれた歴史の性格」について考えるためには、歴史的な「事実」と「真実」とを区別する必要がある（[1]）。

普段私たちは、「事実」や「真実」という言葉を、その違いについてさほど意識することなく使っている（[2]）。しかし、一般に「事実」が「私たちの認識の基礎となり、私たちの判断の根拠となるもの」であるのに対し、「真実」のあり方は「人によって異なる可能性がある」。歴史家たちは、こうした区別を踏まえているからこそ、「歴史的事実」という表現は用いても、「歴史的真実」という表現は用いようとしないのである（[3]）。

それにもかかわらず、歴史家ではない私たちは、「事実」と「真実」を混同し、「歴史の真実は一つ」などと言ってしまう（[4]）。私たちがこうした言い方をしてしまうのは、過去の歴史的事実が唯一の出来事として明確に定まるという先入観をもっているからだといえるだろう（この問題については**【設問解説】問2**でも改めて説明する）。

それでは、歴史的「事実」とはどのようなものだろうか。たとえば、ある出来事に関する文書のような「史料」をもとに、一〇人の歴史家が歴史を書いたとする。その場合、「いつ、どこで、誰が何をして、その結果どのような状況が生まれた、といった事実関係」については、「一〇人の認識が大きく食い違うことはない」（この表現がどういうことを意味するかは、[6]～[9]から読み取れる）。これが「歴史的な事実」である。しかし、これらの歴史的「事実」は、歴史の「材料」に過ぎないものである（[5]）。

ところが、「材料」に過ぎないはずの「事実」も、まったく揺らぐことのないようなものではない。[5]では、歴史家ごとに「事実」が「大きく食い違うことはない」と述べられていたが、それは裏返せば、〈「事実」にも多少の食い違いはある〉ということだ。そして6～9では、そうした事情について言及されている。

　5で述べられていたように、歴史的「事実」とは、たとえば史料に書かれている「いつ、どこで、誰が何をして……といった事実関係」のことである。しかし、そうした史料中の記述に誰も注目しなければ、それらの「事実」は忘れ去られたままであるし、認識されることもない。それらの「事実」は、歴史家がそれを『事実』として選び出したとき」に、初めて事実として認識される（6）。しかも、いかに歴史家といえども「星の数ほどもある事実に均等に目を配ったり」することなどできるはずはない。そのようにして選び出された「事実」が、5で述べられていた〈歴史の「材料」〉となるのである（7）。

　こうした「事実」の選択は、歴史家の〈この事実なら自分の論を証明するのに役立ちそうだ〉といった考え方に基づいて行われることもあると思われるが、それ以前に物理的な理由で選択が行われてしまっている場合もある（8）。たとえば戦争などによって史料が失われたり、保管場所の不足ゆえに史料が捨てられたりといったことがあるからだ。以上のように考えれば、歴史の「材料」である歴史的事実とは、「いくつもの偶然や意図的な選抜」を経て、「さまざまな種類のふるいにかけられたあとに」残ったものだといえる（9）。

10～18　歴史＝歴史的事実の「解釈」

　6～9で見たように、歴史の「材料」となる「事実」は、すでに何らかの選択を経ているという意味では純然たる客観的なものとはいえない。ただ、5でも述べられていたとおり、それらの間に〈大きな食い違い〉はない。しかし、それでもやはり、一〇人の歴史家が書いた歴史は「十人十色の歴史」となるのだと筆者は言う。それは、歴史とは「解釈」であり、その「解釈する枠組みがそれぞれに異なる」からである（10）。

たとえば歴史家は、歴史家である以前に、そもそも個人として、キリスト教徒であったり、マルクス主義を信奉していたり、フェミニズムに影響されていたりするかもしれない。その場合、彼らは、歴史に神の意思を見出そうとしたり、マルクス主義の経済観や社会観に基づいて歴史を捉えたり、女性の自立への意志と父権とのせめぎ合いを歴史に見出そうとしたりするだろう。このように、歴史を「解釈する枠組み」が、各歴史家の「世界観、政治的立場、イデオロギー、学問的な訓練など」によって異なるために、書かれた歴史は多様なものとなる（10～13）。

　以上のことからわかるように、歴史家の仕事は、「諸事実を並べ替え、配置し、出来事をより大きな文脈のなかに位置付け、そこから意味を読み取る」ことである。歴史とは、歴史家による「解釈」なのだ（14）。そして、こうした解釈を行う際に依拠する「パラダイム（概念的枠組み）」や「学術潮流」は、時代とともに変化するものなのだから、歴史記述のあり方も、時代の潮流のなかで必然的に変化することになる（15・16）。

　つまり歴史とは、常に「複数」存在するものであり、「常に『修正』され続ける」ことを宿命とするものである。歴史の「材料」である「歴史的『事実』」についてならば、歴史家ごとの大きな違いはない（5・10）のだから、「ある程度確定できる」といえる。しかし「歴史的『真実』」などというものは、どこにあるかもわからないようなものに過ぎないのである（17）。そして筆者はこのように考えているからこそ、「歴史の真実は一つ」と安易に口にするような態度（＝傍線部**A**）を批判しているのであろう。

　最後の18で筆者は、「歴史的『真実』」などというようないいかげんなものにとらわれることなく、「歴史がどのような素材から、いかなる選択を経て書かれ、これがどのような解釈の型により説明され、人々に受容されることで意味を与えられているのか」ということに目を向けるべきだと主張する。常に「複数」存在し、「『修正』され続ける」歴史のうちのどういうものが私たちにとっての「現実＝リアリティ」となっているのか。そうしたことに自覚的であろうとすることが必要だと、筆者は述べているのだろう。

《文章Ⅰのまとめ》

・歴史は歴史的「事実」を「材料」にして作られるが、その「材料」は、歴史家が違っても大きく異なるということはない。
　　↓
・歴史家は、そうした「材料」を「解釈」して歴史を作り上げる。
　　↓
・その「解釈」は、個々の歴史家の世界観などの違いや、時代の潮流などによって異なっている。
　　↓
・歴史とは常に複数存在し、常に「修正」され続けるものである。
　　↓
・私たちは、そうした歴史の成立過程に目を向けるべきである。

◆文章Ⅱ

この文章で筆者は、**国家の都合に合わせて歴史を書き直すという「歴史修正主義」**を取り上げ、それについて批判的に考察している。本文を大きく二つの部分に分けて、その内容を確認していこう。

19～26　歴史修正主義と歴史叙述の本来的なあり方

「歴史の政治利用」について争われたドイツでの歴史家論争において、シュテュルマーや政権保守派は「国家のよりよい未来のために肯定的な歴史を書くこと」のどこが悪いのかと主張した。これに対しハーバーマスは、シュテュルマーや政権保守派の政治家たちの態度を、「現在に奉仕させるため」に歴史を書こうとすることであり、歴史を政治的に利用することであるとして、それを「歴史修正主義」だと批判した（19～21）。ここでの「歴史修正主義」とは、たとえば、自国が過去に起こした侵略戦争や他国民への抑圧を〈あれは自国を守るため必然的に行われたことなんだ〉などと正当化する態度のようなものだと考えればよいだろう。

近代以降の歴史学では、「可能なかぎり客観的に、価値中立的に歴史を記すこと」が基本的な姿勢となっている。また、「任意の点だけ」、つまり、現在の自分たちにとって都合のよい出来事だけを選び出して歴史を書くと、「全体」性を備える歴史にそぐわない、現実とかけ離れたものができあがってしまう（22～24）。つまり歴史学においては、「歴史修正主義」は否定されているのである。

にもかかわらず、「国家の利益になるような歴史を示すことに、特に問題はない」と主張する政治家は多かった。つまり「歴史修正主義」はさほど問題視されてこなかったのだ。そして、その理由は、これまでの歴史が基本的に「国のための物語」だったからである。小国であれ、大国であれ、自国の歴史を「対立する国や民族との関係性のなかで」記すという『国民史』（ナショナルヒストリー）」が歴史の基本であった。そのため、自国が過去に行ってきたことは、それが他の国や民族を抑圧するようなことであっても、常に正当化されるという傾向があったのである（25）。

近年では、こうした伝統的な歴史記述とは異なる観点から書かれた歴史、つまり、マイノリティ、女性、植民地などの「主流派以外の歴史」や、国家や地域を越えた交流に着目した「グローバルヒストリー」が書かれるといった潮流が生まれている（26）。本文で直接的に述べられてはいないが、こうした歴史は、国家中心の歴史観（＝歴史修正主義を誘発しやすい歴史観）を見直そうとする動きを促すものだといえるだろう。

27～31　自国を中心とした歴史観の限界

自国中心の「国民史」に、「国民の帰属意識を強化する」というメリットがあるのはたしかである。しかし、そうした歴史は、「他者が他者であり続けること」、すなわち他の国民や民族を自分たちと相容れない存在だと考えることを前提にしており、国家間の対立を再生産してしまう（27）。こうした事例は現代でも数多く見られるが、多くの場合、そこには「歴史修正主義が紛れ込む」。それは、ある歴史的事件に対して複数の「解釈」が成り立つのなら、自国に都合のいい「解釈」をしてもよいではないかという考え方によるのであろう（[28]・[29]）。ちなみに、**文章Ⅰ**で筆者は〈歴史とは解釈である〉と述べていたが、そこで使われていた「解釈」という言葉が、ここでは「歴史修正主義」という望ましくない考え方を正当化する言葉として用いられている。その意味については、この**【本文解説】**の最後、および**【設問解説】の問5**で説明したい。

「対立に基づく歴史観」に基づいて自国中心の歴史叙述を行うことで、国内の団結は維持できるかもしれない。しかし長期的な視点で見れば、そうした歴史叙述は、国家間の対立を激化させることにつながりかねず、国家にとって不利益をもたらすことになるのだから、けっして望ましいものだとはいえない（[30]・[31]）。筆者はこのように述べて、自国中心の歴史観を批判し、さらに、それと不可分に結びついた「歴史修正主義」をも批判しているのであろう。

《文章Ⅱのまとめ》

歴史修正主義
・国家の都合で歴史を修正することを、肯定する考え方。
・自国中心の「国民史」であるため、国家間の対立を長期化させ、再生産してしまう。

⇔

現在の歴史学における基本姿勢
・可能なかぎり客観的・価値中立的に、歴史を記そうとする。

新しい歴史叙述のスタイルの可能性
・主流派以外の立場から、歴史が書かれるようになってきている。
・それらは「歴史修正主義」への反省を促す可能性をもつ。

◆まとめ――二つの文章から読み取れること

今回の**文章Ⅰ**と**文章Ⅱ**は、同じ筆者による同じ著書から引用されたものである。したがって、二つの文章から一貫した主題のようなものを読み取ることも、不可能ではない。以下、それについて簡単に解説してみよう。

文章Ⅰで筆者は、「歴史とはまさに解釈であり」（[14]）、それゆえに「十人十色の歴史」が存在する（[10]）と述べている。しかしその一方で、**文章Ⅱ**では、歴史は「可能なかぎり客観的に、価値中立的に」書かれることが望ましい（[23]）とも述べている。つまり筆者は、**歴史とは「解釈」ではあるが、だからといって恣意的に書かれてよいわけではない**と考えている、ということができる。だからこそ、**国家の都合のいいように歴史を書き換えてもよいとする「歴史修正主義」は、認められるべきでない**ということを示唆しているのである。

ところが私たちは、えてして右のようなことに無自覚であり、「歴史の真実は一つ」だなどという言葉を安易に口にしてしまう（[4]）。筆者はそうした態度に反省を促している。そして、「歴史がどのような素材から、いかなる選択を経て書かれ、これがどのような解釈の型により説明され、人々に受容されることで意味を与えられているのか」といったことに目を向けることを提唱する（[18]）。私たちは、「歴史的『真実』がどこにあるかを知ることはできない」が（[17]）、いま私たちの身の回りにある歴史がどのようにして成立したのかということは知ることができる。そうした**歴史の成立過程を知ることが、その歴史が望ましいものであるかどうかを判断する一助になる**と、筆者は述べているのかもしれない。

右の内容は、二つの本文を通じたこのような読解が不可能ではないということを示しているに過ぎない。ただ、二〇二二年一月に実施された共通テストの第1問では、**二つの文章の内容を踏まえたとき、どういうことが言えるか**といったことを問う出題が見られた。したがって、こうした読解の求められる複数テクスト問題が出題される可能性は今後もある。そのことを、心にとめておこう。

ておく。

最後に、**文章Ⅰ**と**文章Ⅱ**から読み取れることを、あらためて簡潔にまとめ

・歴史とは「解釈」である以上、十人十色の歴史が存在するのは当然であり、歴史はつねに修正され続ける。
・その一方で、歴史はできるだけ客観的・価値中立的に書かれることが望ましい。
・したがって、「歴史修正主義」は認められるべきではない。
↓
・私たちはそうしたことに自覚的であるべきであり、だからこそ、歴史の成立過程に目を向けることは大切である。

【設問解説】

問1　漢字の問題

二〇二二年一月実施の共通テストでは、傍線部と同じ漢字でありながら意味の異なっているものを選ぶという新しい出題形式も見られたが、本模試ではオーソドックスな出題形式を採用した。共通テストにおける知識問題の出題形式は、読解問題と同様、どのような形式で出題されるか予想がつかないところがある。本番では、見たこともないような形式の出題があったとしても、慌てず臨機応変に対処することを心がけてほしい。

今回の問題における傍線部と選択肢の漢字は、以下のとおりである。

(ア)〈人に用件を頼むこと。他人をあてにすること〉という意味の「依頼」で、③が正解。
① 礼賛・礼讃（ほめたたえる）
② 古来（昔から今まで）
③ 無頼（正業に就かず、無法な行いをすること。また、そのさまや、そのような人。「無頼の徒」「無頼漢」などと用いられる）
④ 雷同（「付和雷同」は、自分の考えがなく、他人の言動にすぐ同調するという意味の四字熟語）

(イ)〈等しく差がない〉という意味の「均等」で、①が正解。
① 均衡（つりあい。平衡。バランス）
② 雑巾
③ 琴線（心の奥にある、感じやすく共鳴しやすい部分）
④ 胸襟（胸と襟《えり》。「胸襟を開く」は、心中をすべて開いて打ち明けるという意味）

(ウ)「机」。①が正解。
① 机上（「机上の空論」は、頭の中や机の上で考えただけで、実際には実現しないような案のこと）
② 軌道
③ 亀裂（ひび。裂け目）
④ 反旗（謀反《むほん》を起こすときに立てる旗。「反旗を翻す」は、反逆すること、公然と背くことを意味する）

(エ)〈めぐみ〉という意味の「恩恵」で、③が正解。
① 温暖
② 穏便（かどを立てず、おだやかなさま）
③ 謝恩（恩を受けたことに対する感謝の気持ちを表すこと）
④ 音信（離れたところにいるものからのたより）

(オ)〈さすらう、さまよい歩く〉という意味の「流浪」で、②が正解。
① 老練（多くの経験を積み、物事に熟達しているさま）
② 浪費（金銭・時間・精力などをむだに使うこと）
③ 明朗（明るくほがらか）
④ 籠絡（巧みに言いくるめて、人をまるめこむ）

問2　傍線部からうかがえる筆者の考えを答える問題

まず、傍線部に至る文脈に注目しよう。傍線部の少し前には「『真実』のあり方は人によって異なる可能性がある」とあるが、これは、「真実」

とは相対的なもので、いくつもある可能性があるということである。傍線部はそれに逆接して、「それでも『歴史の真実は一つ』と人は言う」となっている。したがって、傍線部で筆者が言おうとしていることは、**歴史の真実とは人によって異なる相対的なものでしかないが（↓b）、にもかかわらず人々は、歴史の真実は一つしかない絶対的なものだと考えがちだ（↓c）**といったことだとわかる。

　では、なぜ筆者は、歴史の「真実」を「人によって異なる」もの、いわば相対的なものだと考えているのだろうか。それについて直接に言及した箇所は本文中にないように見えるかもしれないが、「人によって異なる」とはどういうことかを考えれば、傍線部**B**の「十人十色の歴史」という表現に着目できるはずである。歴史家は「歴史事実の選択をそれぞれ行い、解釈する」のであるが、その「解釈する枠組み」は、「その人の世界観、政治的立場、イデオロギー、学問的な訓練など」によって異なっている（[10]）。そして筆者は、[11]～[13]で「敬虔《けいけん》なキリスト教徒の歴史家」や「マルクス主義者の歴史家」、「フェミニズムに大きく影響されている人」といった例をあげ、「こうした解釈の枠組み」は「時代とともに変化する」ものであると述べ（[15]）、歴史記述は「学術潮流の変化」にも大きく影響される（[16]）と述べている。おそらく筆者は、**歴史（の真実）とは時代や社会の影響を受けて作られるものであり、だからこそ相対的なものになる（↓b）**と考えているのである。

　最後に、（これがある意味で最も重要なのだが）[17]の最後の一文にも注目してほしい。ここで筆者は、「歴史的『真実』がどこにあるかを知ることはできない」と述べている。つまり、**「歴史的『真実』」とは、その存在自体を知りえないものだ（↓a）**というのである。筆者は、歴史的「事実」ならばある程度の客観性はあるともいえるが（[5]・[10]）、歴史的「真実」については、その存在自体が証明できないと考えているのかもしれない。だからこそ、傍線部直前で、「歴史家は、『歴史的事実』という言い方はしても、『歴史的真実』という表現は避ける」と述べているのだろう。

以上の内容をまとめてみよう。

a　「歴史的『真実』」とは、それが存在するかどうかもよくわからないものである。

b　そして、かりに存在したとしても、それは時代や社会の影響を受けて作られる相対的なものでしかない。

c　にもかかわらず人々は、一つしかない絶対的な「歴史的『真実』」が存在すると思いこみがちである。

　以上の内容に最も即した③が正解となる。他の選択肢については以下のとおり。

①　〈歴史家は「（歴史的）真実」という言葉を避けるが、一般の人々はその言葉を好む〉という趣旨の選択肢であり、これは、傍線部で筆者が言おうとしていることではない。筆者が言いたいことは、右の**a**～**c**にあるとおり、人々が誤った先入観にとらわれがちだということであって、人々がどういう言葉を好むかといったことではない。

②　「歴史的な『事実』と歴史的な『真実』とを区別すべきだと思いこんでいる人ほど……惑わされてしまいがちだ」が誤り。傍線部直後にあるように、「事実」と「真実」とを「混同」している人こそ「歴史の真実は一つ」だという考え方に惑わされてしまうのだから、「事実」と「真実」を「区別」している人の方が惑わされるというのはおかしい。そもそも本文では、「事実」と「真実」とは「混同」されがちだということが述べられているのだから、人々が「『事実』はさまざまだが『真実』は一つ」だというように両者を区別していると説明されていること自体が間違いである。

④　まず選択肢前半の内容が誤り。人々が普段から「『事実』と『真実』という言葉を使い分け」ているといったことは、本文に述べられていない。また後半も、単に「歴史について論じるときには『真実』という言葉ばかりが用いられがちだ」とあるだけで、「歴史の真実は一つ」の

「一つ」が意味することに言及されておらず、その点でも不適切である。

⑤　「さまざまな『真実』のなかのどれが正しいかということが模索されなければならない」が、本文の論旨に反している。「歴史的『真実』がどこにあるかを知ることはできない」（17）のだから、どの真実が正しいかを模索することなどできるはずがないし、そうした模索を行うべきだといったことも、本文で述べられてはいない。

問3　文章Ⅰの趣旨について答える問題

「十人《じゅうにん》十色《といろ》」とは〈考え方や好みなどが各人それぞれ違っていること〉という意味である。したがって傍線部は、**一人一人の歴史家が書く歴史は、歴史家ごとにそれぞれ異なったものになる**（↓a）、ということを意味していることになる。同じことは17でも、**「歴史は単数ではなく、常に複数であ」る**（↓a）という表現によって述べられていた。そして歴史がそうしたものになる理由は、**【本文解説】**でも確認したとおり、歴史が「解釈」だから（14）である。

では、そんなふうに歴史が「複数」存在していることに対して、筆者はどのように考えているのだろうか。かりに本文の議論が17で終わっていたとしたら、筆者の考えは〈歴史は書く人によって違ってくるのだし、「歴史的『真実』」も知ることはできないのだから、それぞれの歴史家が勝手に歴史を書けばいい〉といった虚無的な相対主義だということにもなりかねない。しかし筆者は、続く18で次のように述べている。「これに対して私たちが知り得るのは、歴史がどのような素材から、いかなる選択を経て書かれ、これがどのような解釈の型により説明され、人々に受容されることで意味を与えられているのかという、歴史の社会的な『現実＝リアリティ』のことなのである」。

ここでいう「歴史の社会的な『現実＝リアリティ』」とは、ある社会のなかで「受容され」ている歴史が、その社会の人々にとってリアルで現実的なものと感じられているといったことであろう。そして歴史は「解釈」であり、「複数」存在するものだ（17）という筆者の意見を踏まえれば、ある社会のなかで多くの人々が「リアリティ」を感じている歴史と、そうでない歴史があると考えることもできる（たとえば11〜13にある例に即していえば、キリスト教が力をもっている社会の人々には、歴史事象を神による予定調和の現れと捉える歴史はリアリティのある現実と感じられるが、そうでない歴史はリアリティのない歴史だということになる）。以上のことを踏まえれば、筆者が18で述べているのは、**私たちはある社会のなかで流通しているさまざまな歴史について、それがどのようにして成立したかを知ることができる**（↓b）といったことだろうと考えられる。

さらに、17から18にかけての文脈に、「歴史的『真実』がどこにあるかを知ることはできない」が、「これに対して」私たちは、歴史の成立過程なら「知り得る」とあることに注目しよう。あえて〈△△は知ることができないが○○は知り得る〉と言っているのだから、筆者が「知り得る」ことに意義を見出しているのだろうと推測できる。筆者は、「歴史的『真実』」については知り得ず、歴史が歴史家によってさまざまであるとしても、単に不可知論や相対主義に陥ることなく、**歴史の形成過程や歴史と社会との関わりに目を向けるべきであり、そのことには意義がある**（↓c）、と考えているのであろう。

以上の内容をまとめると、次のようになる。

a　一人一人の歴史家が書く歴史は、歴史家ごとにそれぞれ異なったものであり、歴史は常に複数存在している。

b　私たちは「歴史的『真実』」を知ることはできないが、歴史がどのように生まれ、人々に受容され、意味づけられてきたかを知ることはできる。

c　社会に受容されている歴史について、bのような成立過程を知ることには意義があるといえる。

これらの内容に最も即している④が正解である。他の選択肢については以下のとおり。

① 歴史が複数存在するのは「歴史家ごとに考え方が異なっているからだと思われがちだが（そうではない）」という趣旨の選択肢であり、[10]～[14]の内容に矛盾している。また、「歴史家ごとに考え方が異なっている」ことと「物理的な原因」とを対比的に説明している点も誤り。両者はどちらも歴史が複数のものになることの原因であり、本文でそれらは並立するものとして説明されている。

② 「多様な歴史のなかのどれが真実を物語っているのかを見極めていくことが求められている」が誤り。「歴史的『真実』がどこにあるかを知ることはできない」（[17]）以上、「どれが真実を物語っているのかを見極めていく」ことは当然できないはずである。

③ 「歴史は十人十色のものになってしまいがちだが、歴史家には中立的な立場からそうした事態を防ぐことが必要とされる」が誤り。筆者は、歴史が「解釈」である（[14]）以上「十人十色」になるのは必然だと考えているのだから、「十人十色」のものになることを「防ぐことが必要とされる」というのは間違いである。**文章Ⅱ**で「可能なかぎり客観的に、価値中立的に歴史を記すことが……合意事項となっている」（[23]）とあることから迷った人もいるかもしれないが、個々の歴史家ができるだけ「客観的に、価値中立的に」歴史を書こうとすること（**文章Ⅱ**[23]）と、「中立的な立場から」歴史が十人十色のものになることを「防ぐ」ということ（選択肢③）とは、けっして同じではない。

⑤ 「結局はどんな歴史も個々人の問題に還元されてしまう」が、本文に述べられていない内容である。また、近年になって「普通の人々が主体となった庶民の歴史」が書かれるようになったということは**文章Ⅱ**[26]の内容に通じるが、それと傍線部**B**との間に特に関係があるわけではない。

問4 「対立に基づく歴史観」が力をもつことの多い理由を答える問題

まず、傍線部に至る文脈を振り返り、「対立に基づく歴史観」とはどういうものかを確認しよう。[25]において、これまで歴史記述の多くは、「国民史」であったということが指摘され、そうした歴史では、「国や民族の歴史は多くの場合に対立する国や民族との関係性のなかで」記されてきたと述べられている。そして、そうした歴史記述の具体例として、[25]では、大国に立ち向かう小国の歴史や、植民地国家の歴史が取り上げられている。さらに[28]・[29]では、パレスチナ問題その他の国家や民族をめぐる歴史記述の問題が取り上げられ、傍線部に至っている。こうしたことから、**「対立に基づく歴史観」とは、国や民族の歩んできた歴史を、対立する国や民族との関係性のなかで捉えようとする考え方だ（→a）**ということができる。

それでは、なぜこうした歴史観が力をもつことになるのだろうか。それは、こうした歴史観が、歴史とは基本的に「国のための物語」である（[25]）という考え方と結びついたものだからである。たとえばある国家が、〈わが国は対立する他国との闘いを繰り返しながら成長してきた〉という歴史を提示したとする。そうした「国のための物語」は、「国民のアイデンティティを鼓舞」し、「国民の帰属意識を強化する」ものであり（[27]）、「国内の団結」を強める働きをもつ（[31]）。もちろんそうした歴史は「自国を自画自賛する歴史」であるから、結果的には「対外的な対立」を「長期化」させ、「対立を再生産」してしまい（[27]）、長期的に見れば「利益にさえならない可能性が高い」（[31]）。しかし、そうしたことに目をつぶれば、**国家にとって「対立に基づく歴史観」は、国民のアイデンティティを鼓舞し、帰属意識を強化し、国内の団結を強めるという意味では都合がよい（→b）**。こうした理由で、「対立に基づく歴史観」は力をもつことが多いのである。

以上の内容をまとめると、次のようになる。

> a 「対立に基づく歴史観」とは、国や民族の歴史を、対立する国や民族との関係性のなかで捉えようとする考え方のことである。
> b それは国家にとって、国民の帰属意識を強化し、国民の団結力を高めるという点では都合がよく、そのためにしばしば力をもつ。

このa・bの内容を説明している①が正解である。他の選択肢については以下のとおり。

② 傍線部の「対立」は、aにあるとおり、基本的に国家間・民族間の対立を意味する表現だが、この選択肢では「国家」や「民族」への言及がなく、対立が〈人間と人間との対立〉だとされており、そうした理由で正解にはならない。また、「他者と見なされる人間の排除を誘発するだけでなく、さらなる他者を生み出すことにつながる」というのは、「対立に基づく歴史観」のもたらす悪影響といったものであって、そうした歴史観が「力をもつことが多い」理由ではない。

③ この選択肢の趣旨は、〈本来、歴史における真実は一つしかないはずだ→にもかかわらず、それぞれの国が歴史を解釈し直す→そのために、対立する歴史が生じる〉というものになっている。つまりこの選択肢では、「歴史における真実は一つしかない」という考え方が正しいものとされているわけである。したがってこの選択肢の内容は、「歴史の真実は一つ」（傍線部**A**）という考え方を否定している筆者の見解に、反するものだということになる。また、この選択肢は、どういう経緯で「対立に基づく歴史観」が生じたのかということの説明にとどまっており（その説明も右に述べたとおり間違っているのだが）、そうした歴史観が「力をもつことが多い」理由の説明になっていない。その意味でも、この選択肢は誤りである。

④ 「自国中心の歴史観とそうでない歴史観とが並存し、それらが対立を引き起こしている」が誤り。傍線部の「対立に基づく歴史観」とは、たとえばAという国が、自国の歴史をBという国やCという国との対立関係のなかで捉えるような歴史観のことである。しかしこの選択肢では複数の「歴史観」同士が対立しているかのように書かれている。また、この選択肢では、「自国を自画自賛する歴史」が「自国中心の歴史観」による歴史であり、「自国が犠牲にあった面ばかりを強調する歴史」が「そうでない歴史観」による歴史であるかのように説明されているが、「自国が犠牲にあった面ばかりを強調する歴史」も、自国のことばかりを記述しているという点では、ある意味で「自国中心の歴史観」に基づく歴史だといえる。

⑤ たしかに現代には「国家の利益のために書かれる歴史」と「マイノリティや主流派以外の立場から書かれる歴史」があるのだが（26）、それらが「対立」しているかどうかは本文に明確には述べられていないし、そもそもこうした「二種の歴史」があったとしても、そのことと傍線部とは別の問題である。傍線部の「対立に基づく歴史観」は、「国家の利益のために書かれる歴史」と結びついてはいるが、「マイノリティや主流派以外の立場から書かれる歴史」とはほぼ無関係である。

問5 二つの波線部の相違点などについて答える問題

波線部**X**は**文章Ⅰ**の中にあり、波線部**Y**は**文章Ⅱ**の中にある。そして二つの文章は同じ筆者によるもので、どちらの波線部にも「修正」という言葉が使われている。しかし、**【本文解説】**の**「まとめ」**などでも確認したとおり、二つの波線部のもつ意味合いは異なっている。そこで、それぞれの波線部の意味や、それについての筆者の考えを確認しよう。

波線部**X**には「歴史は常に『修正』され続ける運命にある」とあるが、筆者は歴史のこうしたあり方を、とくに否定してはいない。それは、「歴史とはまさに解釈」だ（14）と考えているからであり、「解釈」である以上、歴史が常に「複数」存在し、「常に『修正』され続ける」ことは必然だからである（17）。ただし、だからといって歴史記述の際に「客観」性や「価値中立」性をないがしろにすべきではないということも、筆者は**文章Ⅱ**で述べていた（23）。

一方で筆者は、波線部**Y**の「歴史修正主義」に対しては批判的である。それは、「歴史修正主義」が〈国家にとって好都合なように歴史を書きあらためてもよい〉という考え方だからである。しかもこの考え方は「対立に基づく歴史観」（傍線部**C**）と結びついたものであり、「対立を再生産する」（27）と説明されている。

以上のことを確認したうえで、各選択肢を検討し、消去法で正解を選んでみよう。

① 前者についての説明が誤り。まず、「歴史は国家や政治と切り離されるべきだという考え方」は、二つの文章のどちらにも述べられていない。**文章Ⅱ**には国家や政治に奉仕する歴史の問題点が指摘されているが、国家や政治に奉仕する歴史に問題があるということと、国家や政治と歴史を切り離すべきだと考えることとは、同じではない。また、選択肢前半の因果関係も間違っている。「固定的な歴史像などというものが存在しない（＝歴史は複数である）」から「歴史は国家や政治と切り離されるべきだ」というのは、すじの通らない理屈である。

② 前者についての説明が誤り。たしかに筆者は波線部**X**で、歴史が修正されることを認めているが、その理由はあくまでも歴史が「解釈」だからであり、「マイノリティや非主流派への配慮」のためではない。また、「容認」という表現も正確ではない。「容認」という言葉には〈一応は認める〉という消極的なニュアンスが強いが、筆者は、歴史の「修正」を必然的なこととして積極的に捉えていると思われる。

③ やはり前者についての説明が誤り。波線部**X**の理由はあくまでも歴史が「解釈」だからであり、「客観的に見て正しい歴史を模索するため」ではない。歴史における「客観」性の重要さについては**文章Ⅱ**の23で述べられているが、これは、それぞれの歴史家が歴史を書く際にできるだけ客観的に書くよう努めるべきだという意味であって、「客観的に見て正しい歴史を模索するために歴史を書き直していくことを続けていくべきだ」ということではない。

④ まず、「歴史とは……事実を語るものであり」が誤り。「歴史的な『事実』」とは、歴史の「材料」に過ぎないものである（5）。また、②と同様、歴史の修正が「許される」という消極的な表現も、「修正」を必然的なこととして積極的に捉えている筆者の考え方にそぐわない。さらに波線部**Y**の「歴史修正主義」についても、歴史は「物語」であるから「修正してもかまわない」とする思想だと説明されている点が間違い。「歴史修正主義」は、国家の利益になるのならば歴史を修正してもかまわないとする考え方（21・25）のことである。

⑤ 筆者は歴史について、歴史家が、「材料」である「事実」（5）を「ふるいにかけ（＝選別し）」て（9）、さらにそこに「解釈」を施すことによって成立する（14）と述べていた。この選択肢の前半は、そうした内容に合致している。また後半で、「歴史修正主義」を「国家の利益になるように歴史記述を修正することを是（＝正しい）とする思想」だとしている点も、21・25などの内容に合致している。問題は「後者では、歴史は多様に解釈できるという考え方に基づいて、歴史の修正が正当化されている」という部分だが、これは29の内容に合致している。たとえば、一つの歴史的事象をめぐって二つの国が対立しているとき、それぞれの国は、〈一つの事象に対して「二つの解釈」が成立しうるのだから、自分たちの国にとって都合のいい歴史を書かせてもらってもいいはずだ〉と考える。そこに「歴史修正主義が紛れ込む」のである。

以上のような理由で、この⑤が正解である。筆者が波線部**X**のように言うとき、そこで「解釈」という言葉は、それぞれの歴史家の主体的な行為を表すものだということになる。これに対して波線部**Y**の「歴史修正主義」においては、歴史は「解釈」なのだからということを口実にして、歴史を恣意的に書くことが正当化されている。この違いを読み取ってほしい。

問６　二つの文章を関連させた読解を行い、【メモ】の空欄を補う問題

二〇二二年一月実施の共通テストにおいて出題された設問の形式を、模したものである。(i)も(ii)も二つの文章両方の内容を踏まえて答える問題になっているので、**【本文解説】**最後の「まとめ」も参照してほしい。

(i)　**【メモ】**によれば、空欄**X**には「**【文章Ⅰ】**と**【文章Ⅱ】**の関係」を説明した文が入る。二つの文章の趣旨を、あらためて確認しよう。

文章Ⅰは、「歴史家が実際に行う作業と、書かれた歴史の性格」（[1]）について論じたものだった。ここでは、歴史とは「解釈」であり、したがって「修正」されるものだということが述べられていた。これに対して**文章Ⅱ**では、「歴史修正主義」のことが批判的に論じられていた。

いずれの文章も、歴史が「修正」されるということを述べている点では共通している。ただし、**文章Ⅰ**では、歴史が修正されることの是非自体は論じられておらず、むしろ歴史にとって「修正」は必然的なものだと捉えているのに対し、**文章Ⅱ**では、「修正」のなかには、国家の利益という観点にのみ依拠し、対立を再生産するような、批判すべきものがあるということが論じられていた。

以上のことを踏まえて、各選択肢を検討してみよう。

①　**文章Ⅰ**には、歴史とは歴史的事実という「材料」をもとにして書かれるものだということ（[5]）や、その「材料」をそれぞれの歴史家が「解釈」する行為だ（[14]）といったことが述べられていた。これらのことはすべて、歴史が「複数」存在し「修正」されるものにならざるをえないという考え方の「前提」になっているといえる。したがって、選択肢前半の内容は正しい。そして**文章Ⅱ**では、歴史がそのように「解釈」されるものであるからこそ、そこに「歴史修正主義が紛れ込む」ということが指摘され（[29]）、その「歴史修正主義」によって「対立」が助長されるなどの問題点が述べられていた。選択肢後半は、こうした内容に合致している。したがって、この①が正解である。

②　まず、**文章Ⅱ**で「歴史を修正するという行為が批判の対象となって」いるとあるが、これは正確な説明ではない。**文章Ⅱ**で批判されているのは「歴史修正主義」というイデオロギーであって、「歴史を修正するという行為」そのものについては、**文章Ⅰ**においてではあるが、筆者はそれを認めている。また、二つの文章において、歴史とは修正されるものであるといった基本的な考え方は一貫しているのだから、「二つの文章における歴史という概念は大きく異なっている」というのも誤りである。

③　まず、「両者の対比を通じて」が正しくない。たしかに**文章Ⅰ**では「歴史学」について、**文章Ⅱ**では歴史の「政治利用」について論じられているが、**文章Ⅱ**の[22]～[24]でも「歴史学」のあり方が述べられているし、そもそも、歴史修正主義を批判する議論自体が、近代的な「歴史学」のあり方に即した学術的な観点からのものである（[23]）。したがって、二つの文章を「学術的」と「政治的」という観点から対比させることはできない。また「その修正もやむをえないという考えが表明されている」というのも、二つの文章を通じての筆者の考えを曲解したような説明である。正しくは〈歴史の修正はやむをえないが、だからといって歴史を恣意的に書いてはならない〉などとすべきであろう。

④　**文章Ⅱ**についての説明が誤り。この選択肢によれば、**文章Ⅱ**で紹介されている具体的事例は**文章Ⅰ**で述べられている概念に「基づいて」おり、**文章Ⅱ**は**文章Ⅰ**の内容を「検証」する（＝確かめて証明する）役割にすぎないということになる。しかし**文章Ⅱ**では、「歴史修正主義」など、**文章Ⅰ**では扱われていなかった問題が取り上げられている。したがって、**文章Ⅱ**で**文章Ⅰ**の主張が「検証されている」ということはできない。

(ii) 設問にあるとおり、二つの文章両方の内容を踏まえた「まとめ」として適切なものを選ぶ。二つの文章すべての内容を視野に入れながら、それぞれの選択肢を検討することが必要である。

① 「小国には歴史というものが存在していなかった」が、[25]の内容に反している。小国にも歴史は存在しており、それはこれまでのところ、「周辺の大国への抵抗の語りに終始」することが多かったのである。

② 選択肢中の最初の文にある「歴史が書き直され続ける」は、**文章Ⅰ**の内容、とくに波線部**X**などに合致しており、「だからといって、それを作る側の利益のために歴史が捏造《ねつぞう》されて（＝でっちあげられて）はならない」は、「歴史修正主義（＝国家の都合で歴史を書き改めること）」を批判的に捉えている**文章Ⅱ**の内容を踏まえている。次に二つ目の文だが、「近年では、国家による歴史とは異なる歴史も書かれるようになってきた」は、「庶民の歴史」（[16]）や「主流派以外の歴史」、「グローバルヒストリー」（[26]）などが書かれるようになってきたという内容に合致している。そして「自国中心の歴史記述はなくなっておらず」は、[25]冒頭の一文などを踏まえたものであり、「それらはしばしば不毛な（＝実りのない）対立を生む」は、「国民のアイデンティティを鼓舞する歴史記述」が「対立を再生産」し（[27]）、「対立に基づく歴史観」も「実は利益にさえならない」（[30]・[31]）とする筆者の主張に即したものである。そして三つ目の文にある「そうしたなかで私たちには、歴史記述の成立過程に目を向けることが求められている」は、[18]の内容を踏まえたもの。以上のことから、この②が正解だと判断できる。

③ 選択肢中の最後の文の内容が誤り。筆者は国家の利益のために歴史を書くという「歴史修正主義」には批判的だが、だからといって「歴史というものを国家とは無関係なものとして捉え直していく見方」が「大切」だとまでは述べていない。[26]では国家とは異なる視点から書かれる歴史のことが紹介されてはいるが、これは近年になってそうした歴史記述が増えているということを述べているだけであって、歴史を「国家とは無関係なもの」と捉えるべきだということを主張しているわけではない。また、選択肢中の二つ目の文では、歴史修正主義に問題がある理由が「長期的には国家に損失をもたらすから」とされているが、これは一面的・限定的な説明である。歴史修正主義が批判されるべき理由としては、近代の歴史学において「可能なかぎり客観的に、価値中立的に歴史を記すこと」が「合意事項となっている」ということ（[23]）が大きい。

④ まず、「本来の歴史は国家や地域を越えた多様な観点から書かれるものであり」が、本文から読み取れない内容である。たしかに[26]では国家や地域を越えた観点から書かれた歴史のことが紹介されているが、筆者がそうしたものを「本来の歴史」だと考えているかどうかは、本文からはわからない。そして、それ以上におかしいのは、選択肢の最初の文から二つ目の文にかけての論の流れである。この説明によれば、〈もともと歴史は国家とは異なる立場から書かれるものであったが、歴史修正主義が力をもつようになったことでそうした歴史は少なくなり、いまでは国家の立場から書かれる歴史が一般的になった〉ということになる。しかし[25]にあるとおり、従来から「歴史とは、基本的に国のための物語であった」のである。

第２問　現代文

【出典】

林京子「ほおずき提灯《ちょうちん》」（『希望』講談社文芸文庫　二〇一二年所収。初出は「群像」二〇〇三年十一月号）の一節。出題の都合で、一部省略した箇所がある。

林京子（はやし・きょうこ）は、一九三〇年長崎市生まれ。誕生の翌年に父の勤務地である上海に移住し、一九四五年に帰国。長崎高等女学校三年に編入するが、動員されていた工場での勤務中に被爆する。多くの学友が亡くなる中、命は取りとめたものの、その後は原爆症に苦しめられる。結婚・出産を経て小説を執筆しはじめ、「祭りの場」で群像新人文学賞と芥川賞を受賞。以後、自身の被爆体験や家庭における問題、上海での少女時代などをもとにした数々の作品を発表する。主な著作に『ギヤマン　ビードロ』『無きが如《ごと》き』『上海』などがある。二〇一七年死去。

【本文解説】

これまでに実施された大学入学共通テスト（以下「共通テスト」と表記）では、第２問で小説が出題されているが、その出題傾向からは、今後、小説に他の文章や韻文、さらには関連する資料などを組み合わせた問題が出されることが予想される。そうした問題においては、異なるテクスト同士を関連づけて理解できたかということも問われるであろう。とは言え、まずは中心となる文章を正しく理解することが大切である。

本文は小説の一節であり、被爆経験のある「私」が平和を訴える街頭活動に参加した日のことが描かれている。「私」は、さまざまなことに触れて過去の体験や当時の気持ちを思い起こしており、そのために本文では過去の描写と現時点の描写が混在しているが、文脈に沿って丁寧に読み取れば混乱はないはずである。それでは、本文の展開に沿って三つの場面に分け、それぞれの内容を確認していくことにする。

Ⅰ　追憶へと誘われる「私」（冒頭～47行目）

Ｎ女や木津たちの平和を訴える街頭活動に参加することになった「私」は、その活動の前にそぞろ歩きをしていたところ、ほおずきの鉢が飾られた喫茶店に目を留め、入ることにした。（リード文）

店内には丸く小さな提灯がさげられていて、あかるい露地とは隔絶されたような風情である。そんな店内で、店主である女とほおずきについて話しているうちに、「私」は母のことを思い起こす。女は「私」の母に似ていて、女にもそのことを告げた。そして「私」が、ほおずきの真紅の実について「しょっちゅう潰しました、鳴らしたいのでそっと、芯を抜くんです、でも駄目、固いまるい口が破れて、泣いて母に訴える――」と話すと、女がまるで当時の母のように「また潰れちゃった」と聞いてきた。そこで「私」も、五十数年前の子供にかえったような口ぶりで「かあさんが上手に作って」と応じる。（１～14行目）

そんな会話をしながら、ほおずきのような提灯の明りの中にいる客の若者たちを眺めているうちに、「私」は幼かった過去の世界にいるような錯覚に入りこんでいった。このまま女が自分に合わせて会話をしてくれるならば、このひと時は子供時代に戻れそうだと思った。（15・16行目）

そこで「私」が何気なく「路地の家に遊びにきていた上海航空隊の予科練さんでしょう」と口にしてみると、店主の女は、彼らは専門学校の学生だと答え、学生たちも「私」が何を言っているのかと不審な様子である。会話を引き取った女が「上海にいらっしたの」と「私」に聞いてくれたので、この辺りの雰囲気がかつて住んでいた上海の路地に似ていることや、女の目許《めもと》が母にそっくりなので母と錯覚してしまったことを告げた。（17～23行目）

すると、学生の一人が「私」を近くの空席に誘ってくれた。学生たちは、戦争体験をもつ「私」にそれなりに興味をもったのか、自分たちと同じ年ごろであっただろう航空隊の予科練生について、「私」に質問を投げかける。そこで「私」が学生たちに、当時三、四人の予科練生が家に遊びに来ていたこと、彼らが最終的には特攻隊に編成され、昭和十九年の秋ごろ「今日が最後です」と挨拶にきたことを話してやると、若い予科練生の死を意味する重い内容に、聞いていた学生たちは静まりかえった。（24～30行目）

学生たちとのやり取りは続いていくが、彼らに詳しい話をしてやりながら、「私」の脳裏には当時の予科練生たちの姿が去来していく。若い予科練生たちは、母の手料理を楽しみにやって来て、よく食べた。年頃ゆえに、女学生だった二人の姉に会えることもお目当てだったようだが。「私」を含めた家族もみな彼らを歓待していた。しかし、最後の夜は、いつも闊《かっ》達《たつ》（＝度量が広く、物事にこだわらないこと）な彼らも無口だった。はっきりとは言わないものの、彼らは南方の激戦地に赴くようだった。（30～43行目）

そんな回想のなかで、「私」は、予科練生たちの顔を克明に思い出そうとしてみた。けれども、いま目の前にいる、彼らの境遇とはあまりにかけ離れた学生の童顔の前では、誰一人としてその顔を思い出せないのである。あの時の彼らは、母に「おばさんたちのこと、忘れません」と言っていた。母は、女学校の略章をお守りとして差し上げるよう二人の姉に言っていた。そんなことを「私」は思い起こしていた。（44～47行目）

Ⅱ　戦争の犠牲者たちの「沈黙」（48～67行目）

自分たち親子の日常にいたはずなのに、戦争という大きな歴史の流れの中に消えていった予科練生たちのことは、「私」にとってなおざり（＝おろそか）には出来ないことだった。（48・49行目）

また、自分たち母娘が上海から日本へ引き揚げていく途中で、関東軍（＝満州に駐屯した日本陸軍部隊）の兵士たちと同じ列車に乗り合わせたことがある。南下していく彼らは「雪の満州から南十字星です」とおおらかに告げていたが、激戦地に赴くに際して、祖国に帰る同胞である「私」たちに自分たちの行動を覚えていて欲しくて、言葉を交わしたのだろう。

関東軍の兵士たちも、家に来ていた予科練生たちと同じくみな若かった。各地に散らばっていた日本人の若者たちは、当時このように南方の激戦地に召集されていったのであり、それはまるで「張り巡らされた網にたぐられる」ような不可抗力的なものであったのだ。そして「私」も、この時、八月九日に長崎で被爆するという運命に向かって歩いていたのである。（49～53行目）

「私」にはアメリカ滞在経験があり、そのときに、スミソニアン博物館で零戦の実物を見たことがある。日の丸が描かれたその機体は、「勇壮な体当《あた》りを敢行した」とされているが、「私」には貧弱なものに見えた。また、展示されている零戦が修復されたらしく無疵《きず》なのも謎めいている。半世紀前には、一人の若者がその操縦席に座っていたはずなのに。（54～58行目）

宇垣纏《うがきまとめ》中将の辞世にも「特攻の精神に生きんとするにおいて考慮の余地なし」という言葉があるが、当時の彼らは本当に「特攻の精神」に殉じて死を受け入れたのだろうか。そんな思いにとらわれた「私」は、今この喫茶店でレモネードを飲んでいる学生を、想像のなかで零戦の操縦席に座らせてみた。しかし、「死の案内人」とでも言うべき零戦と、若くて健康な生命力あふれる学生とは、あまりにも不釣り合いだった。そうだとすれば、当時その操縦席に座り敵艦へと急降下していった若き特攻隊員も、従容（＝おちついたさま）として死んでいったわけではなく、その健康な肉体は死を拒んだはずなのだ。飛び立つ前に彼らは遺書を残しているが、その中には名前以外には一言もない「沈黙」しているような色紙もある。（59～63行目）

八月九日に被爆した「私」やその友人たちも、やはり「沈黙」した。当時まだ十四、五歳だった「私」たちは、生を脅かす原爆症によって教室から去っていく友人を見送りながら、長い年月にわたって「沈黙」を続けたのだった。（64・65行目）

そのような長い「沈黙」とは違って、特攻隊員たちの「沈黙」は、特攻の命令を受けてから敵艦に体当たりする瞬間までの数日、あるいは数時間のものだったかもしれない。しかしそれは、十七、八歳で絶たれる自らの命に対する〈まだ生きていたい〉という執着と、今後五十年六十年も生きながらえるであろう命に対する憧憬（＝あこがれ）と愛着とを凝縮したような、深く重い「沈黙」なのである。（66・67行目）

Ⅲ　反戦と平和を訴える「私」たち（69行目～本文末）

喫茶店を出て、「私」はN女や木津たちと合流し街頭に立った。二人連れの男女が、木津に近づき寄付を申し出てくれたが、木津は礼を言いながら自分たちの活動では募金をしない旨を告げた。札を手にした紳士も、ねぎらいの言葉をかけ丁寧に頭をさげて去っていった。（69～72行目）

その様子を見て、N女は「あんな方もいらっしゃるのね」と意外の感に打たれているようである。「私」も、平和を訴える街頭活動をしている自分と、それに関心を払わない人混みとの間に違和を感じていたので、その紳士の言動が「細い橋」のように両者をわずかに繋いでくれたことに救いを感じていた。木津も、表情を柔らげて二人を見送っている。木津については、復員（＝召集を解かれた兵士が帰郷すること）後大学に戻ったということしか「私」は知らないが、いま反戦の意思表示をしているということが、自ずから敗戦後の彼の生き方を物語っていると言える。当時大学生だった木津は、学友や年下の予科練生たちが死に赴くのを見届けながら、自らは生き残った。木津は、生き残った自分が平和を訴えることで、戦死者たちの「沈黙」のなかに込められていた思いを、代わりに伝えようとしているのである。自らの経験を通じて抱いた戦争への嫌悪と、死んだ若者たちへの慰霊の気持ちと、生き残った者の責任感――それらが、戦後の木津を衝き動かしているのだろうと「私」は思う。（73～76行目）

そんな木津の視線の先には、戦争で死んでいった学生たちの姿があるのだろう。そして今、その前を、現実のセーラー服の少女たちが歩いていく。青春を謳歌《おうか》するように笑いさざめく現実の少女と、生を希求しながら死に就いたかつての学生の姿が、「私」には重なって見える。その両者の姿は、捧げ持つローソクの炎にも重なって揺れている。炎に包まれる少女と学生の姿は、過去の戦争の光景なのだろうか。それとも、きな臭い（＝戦いや物騒なことが始まりそうな気配のある）現在の先にある、未来の光景なのだろうか。どちらと取ればいいのかわからなくなった「私」は、雑踏に目を凝らすばかりであった。（77～79行目）

一度「私」たちの前を通り過ぎた黄色い髪の若者たちが、戻ってきた。平和を歌い込んだ地方色豊かな流行歌を肩を組んで歌いながら近付いてくる。その歌は、N女たちが街頭活動の終わりに合唱する歌であるということだ。この土地の若者である彼らは、N女たちの活動を以前から知っていて、同じ歌を歌い「囃している」（この言葉の意味については、**【設問解説】問4**で説明する）のだった。（80～84行目）

引き返してくる若者たちが、反戦や平和を真摯に願うN女たちへの共感から同じ歌を歌っているかどうかはわからない。しかも、N女たちの街頭活動に無関心な人々に違和を感じていた「私」（73行目）にとっては、この若者たちも同様に、自分との隔たりを感じさせる存在であったかもしれない。にもかかわらず、N女は彼らの声にあわせて調子をとりながら「わたしたちも歌いましょう」と言う（傍線部**D**）。たとえ世間から共感を得られなくても、気負うことなく反戦と平和を訴え続けていくその姿に、「私」は何か感じ入るものがあったのではないだろうか。

【設問解説】

二〇二一年度の共通テストでは、かつてのセンター試験と同様に語句の意味を問う知識問題が出題されていたが、二〇二二年度の共通テストでは、それが出題されなかった。今回の共通テスト模試は、二〇二二年度のものに準じて、すべての設問を読解に関する問題としている。

問１　傍線部における「学生たち」について答える問題

傍線部に「静かになった」とあるが、ここからは、それまでは学生たちは静かではなかったが、何か理由があって静まり返ったのだということを読み取ることができる。したがって設問に答えるには、傍線部に至るまでの文脈を丁寧にたどることが必要である。

喫茶店の店主の女と話しているうち「子供のころに戻れそう」な気分になった「私」(16行目)は、店内にいた学生たちを見て、「路地の家に遊びにきていた上海航空隊の予科練さんでしょう」と口にしてしまう。目の前にいる学生たちのことを戦時中の海軍の練習生だと言っているのだから、この発言はかなり奇妙なものだが、店主の女は、「いいえ、(彼らは)専門学校の学生さん(なんですよ)」と答えてくれた。さらに店主が学生たちに「自動車の整備を勉強しているの、ね」と学生たちに話しかけると、学生のうちの一人が「航空隊って、いつの話ですか」と尋ねてきた。そして店主の女が「上海にいらっしたの」と言ってくれたことで、「私」は、喫茶店のある路地の雰囲気が自分の育った場所と似ており、店主が母と似ていたので錯覚したのだと言うことができた(17~23行目)。そうしたやりとりをしているうちに、「私」は学生の方から「お掛けになりませんか」と近くの席に誘われ、そこから「私」と学生たちとの会話が始まっている。「航空隊の予科練生は僕らと同じ年ごろでしたか」という質問に、「私」が「年長の予科練さんが二十歳ぐらいでした」と答え、さらに彼らが特攻隊の隊員となり「今日が最後です、と別れの挨拶に」来てくれたという話をした(24~29行目)。その話を聞いて、学生たちは「静かになった」のである。

こうしたことから、**学生たちは、初めこそ妙なことを言う「私」をいささか不審に思っていたが、いつしか一人客である「私」を自分たちの席の方に誘ってくれた**ということがわかる(→a)。かつ、「私」が戦争体験者であると知った学生たちは、当時の予科練生が「僕らと同じ年ごろでしたか」と尋ねている。このことから、少なからず彼らには、**自分たちと同じ年ごろの若者たちが動員された戦争についての関心があった**と見ていいだろう(→b)。そのやり取りにおいて、**「特攻隊」や「今日が最後です」という言葉を聞いた彼らは、それがとりもなおさず若き特攻隊員の死を意味するのだと理解した**であろう(→c)。そして、**自分たちと同じ年ごろの若者たちの最期を思い、しんみりとしてしまった**のである(→d)。

以上の内容から、傍線部で「静かになった」学生たちについては、次のように整理できる。

> a ふとしたきっかけで、初対面である「私」を招き入れた。
> b 戦争経験者である「私」と会話をした。
> c 話が自分たちと同年代の若者の死を想起させるようなものになった。
> d そのためしんみりとして、静かになってしまった。

正解は、これらの内容に最も即している④。「神妙」は、ここでは〈おとなしくなること〉という意味であり、dを言い換えたものである。他の選択肢については以下のとおり。

① 「自分たちの会話に見知らぬ客が割りこんできた」がaにそぐわない。学生たちの方が、「お掛けになりませんか」と「私」を誘ってくれたのである(24行目)。17行目で「私」が「若い方たち、路地の家に遊びにきていた上海航空隊の予科練さんでしょう」と言ったのを、「私」が学生たちの会話に「割りこんだ」だと捉えた人もいるかもしれないが、それに対し、次の行で店主の女が答えていることを考えると、17行目の「私」の言葉は、店主に対する質問か、あるいは独り言のようにいった言葉だと考えるのが妥当であろう。また、19行目で学生の一人が「頷いて」答えているのを見ても、学生たちが「割りこんで」こられたと感じていると断定することはできない。

② 「相手の話が個人的な回想に終始している」という理由で、学生たちが「興ざめして」「やや白けた気分」になっているという内容が、cやdに反している。たしかに「私」の話は「個人的な回想」かもしれないが、学生たちはそうした「私」の戦争体験について自分たちから質問を

したりしているのだから、彼らが「興ざめ」や「白けた気分」を感じていたとはいえない。

③　まず「とりわけ（＝特別に）知りたかった特攻隊のこと」という内容に根拠がない。「特攻隊」のことは知識として知っていたであろうし、「零戦」が好きだという学生もいるが、その場の学生みながそうしたことに格別の関心を持っていたとはいえない。さらに「固唾《かたず》を呑《の》んで話に耳を傾けようとしている」というのもおかしい。「固唾を呑む」とは、〈事のなりゆきを案じるなどして息をこらすさま〉という意味であるが、ここでの学生たちは、これからどんな話が展開されるのかと思って耳を傾けていたわけではない。

⑤　「年長の客を敬う気持ち」はあながち間違いともいえないのだが、「特攻隊の悲劇」は「自分たちが今まで知らなかった」ことであり、それを「図らずも知ることにな」ったとされている点が誤っている。学生たちは「特攻隊」についてある程度の知識があったからこそ、彼らの「最後」の挨拶が死を意味するのだと理解したのであろう。また、傍線部直後では、「特攻隊ってご存知なんですか」という「私」の質問に対し、学生の一人が『零戦《ゼロ》』好きなんです」と答えており、このことからも、学生たちのなかに特攻隊についてのある程度の知識があったということがうかがえる。

問2　傍線部の表現について答える問題

まず「張り巡らされた網にたぐられるように」という表現には、「……ように」という直喩が用いられていることに着目しよう。直喩とは、〈XのようなY〉というように、「ような（ように）」などを用いながら、具体的なイメージ（X）になぞらえたり喩《たと》えたりして、ある内容（Y）を表すという表現技法である（例「天使のような笑顔」）。傍線部がこのXに相当するが、ここでは「張り巡らされた網にたぐられる」という表現（X）がどういうこと（Y）を喩えているのかを読み取り、傍線部が表すイメージについて考えていこう。

傍線部の前の文脈には、「私」の家に来ていた予科練生たちが南方の激戦地に転戦していったということ（40～42行目）が書かれている。また、日本へと引き揚げていく列車に乗り合わせた関東軍の兵士たちも「南下していく陸軍部隊」であり、やはりみな若い顔をしていたとある（49～52行目）。そして、そうした状況が、「張り巡らされた網にたぐられるように上海から、満州の国境の地から、南の一点に集められていった」と表現されている。つまり、傍線部を含む一文では、**上海や満州国境などあちこちにいた若い人たちが、「南の一点（＝南方の激戦地）に集められていった」様子**を、まるで「張り巡らされた網にたぐられる」ようだと表現しているのである。

さらに、傍線部の表現そのものについて考えてみよう。まずは「網」を「張り巡ら」すという表現だが、この表現はしばしば〈人を捕らえるための仕掛けをあちこちの場所に張り巡らす〉といった意味で使われる（たとえば「張り巡らされた検問の網」などというのが典型的な用例である）。また「たぐられる」という表現だが、「たぐる（＝漢字では「手繰る」）」あるいは「たぐりよせる」とは、〈（両手を交互に使って）手もとに引き寄せる〉という意味である。

以上のことから考えると、傍線部の「張り巡らされた網にたぐられるように」という表現は、**上海や満州といった各地に駐留していた若い人々が、あたかも捕らえられてしまうかのようにして、自らの意思とは無関係に、南方の激戦地へと連れて行かれる様子**を、具体的なイメージによって表現したものだと考えられる。

したがって正解は、以上の内容に最も即している④である。他の選択肢については以下のとおり。

①　まず「あらゆる人間を戦地へと連れ出そうとする戦争」が誤り。ここで戦地へと動員されているのは「予科練生」（41行目）および関東軍の若い兵士たち（傍線部直前）である。また、この選択肢では「網」の

ニュアンスは説明されているものの、「たぐられる」、つまり〈自分の意志とは無関係に連れて行かれる〉についての説明がなく、解答に必要な要素が欠けているという点でも正解にならない。

② 傍線部の表現に対応した説明になっていない。この説明だと、〈南方は遠く、そこまでの移動は過酷だ〉ということを傍線部の表現が示しているということになってしまう。傍線部で表現されているのは、〈あちこちの若者たちが強制的に一箇所に動員される〉様子である。

③ これも傍線部の表現に対応していない。傍線部で示されているのは、単に兵士たちが「あちこちで戦いを強いられていた」といったことではなく、〈あちこちから一箇所へと、たぐり寄せられるように動員されている〉様子なのである。また、戦争の悲惨さを「告発」しているというのも不正確。「告発」とは〈隠された不正や悪事をあばいて世の中に知らせる〉という意味であるが、傍線部の表現は戦争の悲惨さを伝えるものではあるものの、そこに戦争を「告発」しようとする意図があるかどうかは、本文からは確定できない。

⑤ 「戦争を司る強大な力を擬人化した表現」と説明している点が誤り。「擬人化」とは〈人間以外のものを人間にたとえたり、生命がないものを生命があるかのようにたとえたりすること〉である。傍線部の表現は、人間を網にかかった獲物にたとえているわけで、これは擬人法ではない（獲物を人間にたとえているのなら擬人法である）。また、〈誰かが網をたぐっているように〉と強引に解釈すれば、「強大な力」を「擬人化」しているといえなくもないが、だとしても「日本国内にいた者たちまでもが」は明らかな間違い。ここで「たぐられ」ているのは、上海と満州などにいた兵士たちである。

問3　傍線部の内容について答える問題

傍線部は木津という人物について述べられた一文だが、ここには、次の三つのことが述べられている。

・木津が送った、彼の学友や、彼より年下の予科練生
・彼らの沈黙
・木津はいま、その沈黙を代弁している

これらがどういうことを意味しているのかを、読み取っていけば、正解は得られる。

まず木津が「学友や、年下の予科練生を送った」とはどういうことかを確認しよう。木津の人物像について具体的に述べられているのは傍線部を含む74～76行目だけだが、この部分を読むと、木津には「復員」後に大学に戻ったという経歴があると述べられている。「復員」とは〈召集を解かれた兵士が帰郷すること〉を意味しており、しかも傍線部直後では彼のことが「生き残された者」だと表現されているので、傍線部の「送った」は〈戦死者を見送った〉という意味だとわかる。つまり**木津は、戦地に行って生き残った人間であり、学友や年下の予科練生の死を見送った者だ**ということである（→a）。そして傍線部の前後では、**いまの木津の「反戦の意思表示をしている行動」は（→b）、「彼らの沈黙」を代弁するという「敗戦後の彼の生き方」を物語るものであり、そうした木津の生き方には「戦争への嫌悪」と「慰霊」と「生き残された者の責任感」がある（→c）**、といったことが「私」の視点から語られている。

ここでひとまず、木津が「学友や、年下の予科練生を送った」ということと、「いま代弁している」の内容については、以下のようにまとめることができる。

a　木津は従軍経験があり、同年代の学友や年下の予科練生の死に接してきた。
b　そんな木津は、戦後の社会で反戦を訴え続けている。
c　bには「戦争への嫌悪」と「慰霊」と「生き残された者の責任感」とが込められている。

最後に、木津が代弁しているという「彼らの沈黙」の内容について検討しよう。「沈黙」については、**【本文解説】**Ⅱでも確認したとおり、「私」自身が戦争の犠牲者から感じ取っていたものである。「私」は、「死を拒む健康体であったはず」（62行目）の若き特攻隊員が残した「余白が重い沈黙の色紙」（63行目）を見て、そこに「十七、八歳で絶たれる命への執着と、五十年六十年も生きながらえるはずの、残りの命への憧憬と愛着を凝縮した、沈黙」（66・67行目）を感じ取っていた。ここからうかがえるのは、**若い戦死者がその死に際して言葉には出せなかったさまざまな思いを抱えていたであろう**ということである（→d）。

これらのことを踏まえると、「彼らの沈黙」を木津が代弁するというのは次のようなことだとわかる。

> **d** 木津は、戦死した者たちのさまざまな思いを自ら引き受けて、訴えようとしている。

正解は、以上の内容を最も適切に説明している②である。他の選択肢については以下のとおり。

①「戦争への憎悪をもちながらも何も言えずに死んでいった彼ら」が、「沈黙」の説明として適当ではない。確認したように、戦死した若者たちの「沈黙」のうちにあったのは「命への執着」と「残りの命への憧憬と愛着」であり、彼らが「戦争への憎悪」をもっていたかどうかは、本文からはわからない。また、木津が彼らから「願い」を「託された」という説明も適当ではない。木津は、彼らから頼まれたわけではなく、生き残った自分の内にある「責任感」などに衝き動かされて反戦の活動をしているのである。

③「戦争に加担していた自分に対し、負い目を感じていた木津」という説明が間違っている。木津が「戦争に加担（＝味方すること。手助けすること）していた」といった内容は、本文のどこにも書かれていない。かりに〈戦地に行ったこと自体が戦争への間接的な加担だ〉という強引な解釈をしたとしても、「自分の思いを……伝えよう」は「代弁」の説明になっておらず、やはりこの選択肢は正解にならない。

④「彼らのよき同伴者（＝連れ立ってくれる人。理解をもって助力をしてくれる人）であった木津」という内容が、本文のどこからも明確には読み取れない。何よりも、〈沈黙を代弁する〉ということの説明がなされておらず、単に〈忘れがたい人たちに対する鎮魂〉といった内容にとどまっていて、傍線部に対応した説明になっていない。

⑤「自分も彼らと同じように沈黙を守りながら」という説明が誤り。内にある思いを表に出さないまま「沈黙」して死んでいった若者たちとは異なり、木津はそうした思いを反戦活動というかたちで外に向けて「代弁」しているのである。

問4　傍線部の場面における「私」について答える問題

傍線部に限らずこの小説は、台詞に「　」が付いていないため読みにくいところがあるが、この傍線部では、「わたしたちも歌いましょう」というのがN女の口にした言葉であり、そのとき彼女は、「引き返してくる若者の歌声にあわせて調子をとりながら」その言葉を口にしたと表現されている。そして設問で問われているのは、傍線部のようにしているN女のことを見ている「私」の心情である。

ところが、ここでのN女の心情も、彼女のことを見ている「私」の心情も、本文で直接には描かれていない。このような場合は、この場面全体における「私」の心情や態度を丁寧に読み取ったうえで、「私」がN女のあり方をどのように捉えているかを解釈していく必要がある。ある部分だけを拡大解釈したり、根拠の乏しいこじつけをしてしまったりすることなく、無理のない解釈を心がけてほしい。

それでは、この場面における「私」について確認しよう。N女たちの平和を訴える街頭活動に参加した「私」であったが、街頭に立ちながら「人混みと、自分との間に違和感を感じていた」（73行目）。ここからは、**平和**

を訴える自分たちとは違って、街なかの人々はそうした活動に無関心であるということを「私」が感じ取っていることが読み取れるだろう（→a）。

また「私」は、笑いさざめきながら歩いていく現実の「セーラー服の少女たち」を眺めながら、若くして戦死した過去の「学生の姿」を重ね合わせ、捧げ持つローソクの炎のせいで両者が炎に染まっているような想像をしている。そして、その想像の光景が「過ぎた日の戦いの過去なのか、きな臭い（＝戦いなど物騒なことが始まりそうな気配のある）今日の先に待っている未来への予告なのか」わからなくなり、雑踏に目を凝らす（77〜79行目）。ここからは、**「私」が、戦争の悲劇は過ぎ去った過去のものではなく、「きな臭い今日」の先に待ち受けるものかもしれないと感じていることがうかがえる**（→b）。

　そのように感じていた「私」の前に、「黄色い髪の若者たち」が現れる。彼らはこの場に「戻って」きて、N女たちが街頭活動の終わりに合唱する「平和を歌い込んだ地方色豊かな曲」を「肩を組んで歌いながら」近付いてきたのだが、それはN女たちのグループの行動を知っていて「囃《はや》している」のであった（80〜84行目）。すると、N女が「引き返してくる若者の歌声にあわせて調子をとり」はじめ、「わたしたちも歌いましょう」と言ったのである。

　ここで難しいのは、「黄色い髪の若者たち」がN女たちのグループを「囃している」という表現の意味である。「囃す」という語には〈もてはやす、調子に乗せる〉といった意味もあれば、〈からかう〉といった意味もある。ここで前者の意味で使われているとすれば、若者たちはN女たちを応援しているということになるが、後者の意味で用いられていれば、若者たちはN女たちに嫌がらせをしているということになる。ところが、そのどちらなのかは、本文からはわからないのである。

　そこで、傍線部でのN女の行動を見てみよう。もし「囃している」が前者の意味だとすれば、N女は文字どおり、若者たちに「あわせて」いることになる。しかし彼女は、若者たちに対して特に感謝したり、おもねったりはしていない。もし後者の意味だとすれば、N女は周囲からからかわれても、抗議もせず無視もせず、自分の信じる反戦運動を行っているということになる。そう考えれば、**いずれにせよN女が、周囲のことにとらわれず、ただみんなで平和を願う曲を歌おうとしていることは間違いない**と言うことができる（→c）。

　では、そんなN女の様子を見て、「私」はどう感じただろうか。本文中のどこにも、「私」がN女を否定的に見ていることがわかるような描写は見当たらない。しかも「私」は、本文全体を通して戦争のことを反省的・批判的に振り返っているのだから、**N女に共感を寄せている**（→d）ことは明らかである（そうでなければ、N女の行う活動に参加したりはしないだろう）。**「きな臭い今日」に不安を感じつつも、今の人たちに平和を訴えるのは難しいだろうと感じていた「私」にとって、周囲の若者たちに迎合するでもなく、批判の目を向けるのでもなく、ただ一緒に平和を願う曲を歌おうとしているN女の姿は、平和を訴える一つのかたちを示しているように感じられ、好ましく思われたのだろう**と考えられる。

　それでは、以上の検討をまとめてみよう。

a　「私」は、平和の訴えに無関心な現代の世の中に対して違和感を覚えている。
b　「私」は、現代の世の中に、戦時中につながる「きな臭い」ものを感じている。
c　そうしたなかでN女は、周囲のことにとらわれず、ただ平和を訴えようとしている。
d　a・bである「私」は、cのようなN女に共感を寄せている。

　正解は、以上の内容を最も適切に説明している③である。「隔世の感」とは〈時代がはなはだしく変わってしまったという感覚〉という意味で、aの「私」の心情を表している。「不穏」は〈穏やかではない〉という意味で、bの「きな臭い」を言い換えた表現。「てらいのない」は、漢字では「衒《てら》いのない」と書くが、〈ことさらにひけらかしたり誇示したりしない〉という意味で、cのN女の態度を表したものである。

他の選択肢については、以下のとおりである。

①「戦争とは無縁な現代の若者から嘲笑を受け」たことを「ことさら気にするN女」と説明されているのが間違い。先に確認したとおり、「黄色い髪の若者たち」がN女たちを「嘲笑」しているかどうかも厳密には確定できないのだが、かりに「嘲笑」していたとしても、N女は若者たちのことに格別とらわれてはいないのだから、彼女が「ことさら（＝とくに）気に」しているとは言えない。以上の内容も含め、この選択肢は全体的にN女のことを否定的に捉えているので、正解にはできない。

②「自分たちの反戦活動に対し、応援してくれる人もいれば無関心な人もいる」というのは69～74行目などにあるとおりだが、そのことに「憤りを覚え」ているというのは誤り。「私」は「人混みと、自分との間に違和感を感じていた」が、「憤り」を覚えていたということを裏づけるような記述は本文のどこにもない。また、「N女にならって、応援してくれる人たちの存在を自身の拠りどころにするしかない」という部分もおかしい。N女も「私」も、「応援してくれる人たちの存在」に感謝こそしているだろうが、そうした人々を「自身の拠《よ》りどころにするしかない」かどうかを、本文から読み取ることはできない。

④「こちらを批判する人たちに敵対するような態度をとっても逆効果になるだけ」とあるが、先に説明したとおり、「黄色い髪の若者たち」が「こちらを批判」しているのかどうかは、厳密には確定できない。また、かりに批判していたとしても、「（そうした）人たちに敵対するような態度をとっても逆効果になるだけ」とはいえない。さらに、そうしたことを思い知った「私」が「これまでの我が身のことを省み」たという説明も間違っている。これでは、「私」が以前から「批判する人たちに敵対するような態度をとって」いたということになってしまう。

⑤「戦争に無関心な若者たち」の「認識を正すためにも」という説明が不適当である。「私」は若者たちに「違和感」（73行目）を覚えているかもしれないが、だからといって彼らの「認識を正」そうなどと思っているわけではない。喫茶店での会話においても、「私」は自身の思い出などを語るだけであり、若者たちに認識を正すことを求めたりはしていない。

問５　本文中の描写について答える問題

本文は一貫して「私」の立場から語られているが、設問にあるとおり、そこには「現実の描写の中に記憶や追憶がたびたび挿入されている」。そうした独特な描写についての設問である。

(i)　喫茶店での「私」の発言について答える問題

【本文解説】Ⅰで確認したように、「私」はふと立ち寄った喫茶店で初対面の店主や学生たちと会話をしている。このときの「私」は、街や店内の雰囲気もあいまって、自分が幼少時に戻ってしまったかのような感覚になっていた。この設問では、そうした「私」の発言の中から、「記憶や追憶と現実との区別がつかなくなっているように書かれている箇所」を指摘することが求められている。注意してほしいのは、単に発言内容に「記憶や追憶」（すなわち過去の出来事）と「現実」（すなわち現時点での出来事）との両方が含まれているという箇所ではなく、**発言内容が〈過去〉と〈現時点〉のどちらのことを言っているのか「区別がつかなくなっている」ような箇所**を答えなければならないということである。それでは、それぞれの選択肢で述べられている内容を検討していこう。

①「若い方たち」とは、いま目の前にいる初対面の学生たちのことだが、彼らのことを「路地の家に遊びにきていた上海航空隊の予科練さん」ではないのかと尋ねている。上海航空隊の予科練生たちが自分の「育った路地」にあった家に遊びに来ていたというのは、25行目以降からわかるとおり、「私」がまだ「小学生」（38行目）だった頃のこ

と。したがって、この①は〈過去〉と〈現時点〉のどちらのことを言っているのか「区別がつかなくなっている」発言であり、これが正解である。

② 喫茶店のある場所の雰囲気を「育った路地の匂いがする」と言っているのは、単にそこが自分の馴染んだ場所にどことなく似ているということである。また、ここで「私」は店主の女に「目許《めもと》が母にそっくり」なので「母と錯覚」したと言っているが、自分で「錯覚」したといっているということは、「錯覚」だという自覚があるということだ。そうである以上、これが〈過去〉と〈現時点〉の「区別がつかなくなっている」発言だとは言えない。

③ ここで「私」は、かつての予科練生の年頃について尋ねられ、過去のことを思い出しながら「……二十歳ぐらいでした」と答えているだけである。したがって、これは〈過去〉と〈現時点〉の「区別がつかなくなっている」発言ではない。

④ 過去に存在した「特攻隊」というものについて、あなた方は知っていますかと、学生たちに尋ねているだけである。これも〈過去〉と〈現時点〉の「区別がつかなくなっている」発言ではない。

⑤ 32行目には「正確なことは判《わか》りませんが多分」とあるが、これは、予科練生たちが「今日が最後です」と言ったときの事情について、「正確なことは判りませんが、多分〈特攻隊として出撃することが決まって最後の挨拶に来たのでしょう〉」と述べたものである。では、なぜ正確なことがわからなかったのか。それは、いつ誰が特攻隊として出撃するかといったことは「軍の秘密」であり、予科練生もそうした秘密を漏らしてはならないと命じられているはずで、「彼らの口は固い」からである。「壁に耳あり」というのは、〈部屋の中で話をしていても誰がどこで聞いているかわからず、密談というのは漏れやすいものだ〉ということをたとえたことわざ。当時の上海は国際都市で、軍の秘密が誰かに聞かれるかもしれないことを考えると、うかつなことは喋れないというので、予科練生たちの「口は固」かったということである。これらはすべて、〈あの時代はこうだった〉というふうに過去の事情を説明しているだけであり、これも〈過去〉と〈現時点〉の「区別がつかなくなっている」発言ではない。

(ii) **本文中に描かれた人や物に対する表現について答える問題**

本文では、「私」が喫茶店での会話やその後の街頭活動を通じて過去の体験や当時の気持ちを思い起こしており、そのために過去の人や事物について、さまざまなことが語られている。この設問は、そうした人や事物に対する表現から「どういうことが読み取れるか」を問うものである。それぞれの選択肢で述べられている内容をそれと対応する本文箇所と照合しながら、消去法を用いて解答を導き出そう。

① この選択肢の説明によれば、予科練生たちが「テーブルいっぱいの料理をつつ」いていたことが「平凡な日常」だということになってしまうが、やがて激戦地に向かうことを意識している若者たちが生を貪るかのように食事をしている様子は、けっして「平凡な日常」ではないだろう。また、若者たちが「歴史のなかに消えていった」というのは、彼らが戦争で命を失ったということを表しているのであり、過去のことが「忘れ去られ」たということを示しているわけではない。さらに、「平凡な日常もいずれは過去のものとなり忘れ去られてしまう」ということが「真理」であるといったことも、本文のどこからも読み取れない。

② 「私」が「挙手の礼をして去っていった彼ら（＝予科練生たち）の顔」を思い出せなかったのは、喫茶店の中にいる若者たちの「つややかな童顔」が目の前にあったせいで、戦時中の予科練生たちの顔を思い出せなかったからである。ここでは、同じ年齢くらいの若者でありながら戦場に赴かざるをえなかった者と、元気だが子供っぽい顔つきをしている者とが、対照的なものとして描かれている。そして、そう

したコントラストの強調によって、戦時中の若者が今と違っていかに過酷な状況に置かれていたかが示唆されていると考えられる。したがって、ここでの描写から「『私』が亡くなった予科練生よりも目の前の若者たちに親しみを感じている」ことが読み取れるというのは誤りであり、そもそも「私」が喫茶店の若者たちに「親しみを感じている」かどうかも、本文から確定できないことである。

③　零戦が「勇壮な体当りを敢行した話題の主」とか「死の案内人」とか形容されているのは、特攻隊員として零戦に乗せられた若者たちが、敵艦などに「体当り」をして「死」へ向かうことを強いられていたからである。そのように考えれば、零戦を右のように形容する「私」のなかに、「体当り」を「勇壮」な行為として称揚しながら若者たちを「死」へと向かわせる戦時中の風潮を、批判する気持ちがあるはずだということがわかる。したがって、この③が正解である。ちなみに「勇壮」とされている零戦を「貧相だった」と表現している点（56・57行目）や、「死を拒む健康体であったはず」の若い兵士たちをむざむざと死へと「案内」したのが零戦だと表現している点（61・62行目）からも、「私」の戦争に対する批判や皮肉を読み取ることができるはずである。

④　「レモネードを飲んでいる学生」のことは「健康でありすぎた」と表現されており、「特攻隊員の肉体」も「死を拒む健康体」だと述べられている。つまりここでは、本来ならいつの時代も若者は健康で死と縁遠い存在なのだといったことが表現されているのである。したがって、これらは「対照的な表現」だとはいえないし、「同じ年代の若者でも時代とともにその本質が変わってしまう」というのは、むしろこの部分で述べられていることとは逆である。

⑤　「『私』やN女の行っている真摯な反戦活動を笑いからかう人々」がいるとしたら、最後の場面で登場する「黄色い髪の若者たち」のことだが、問4で確認したとおり、彼らがN女たちに対してどういう態度をとっているのかは、本文から厳密には確定できない。かりに彼らがN女たちのことを「笑いからかう」若者だったとしても、「私」が彼らに対して「嫌悪の情」を覚えていることをうかがわせる記述は、本文中にない。また、「私」が「笑いさざめく少女」の姿と死んでいった「学生」たちの姿とを「重ね合わせている」のは77行目にあるとおりだが、ここでの少女たちは、「黄色い髪の若者たち」とは別人である。したがって、選択肢前半と後半とのつながりも、まったくすじの通らないものだということになる。

問6　作品名に関連した本文の考察について答える問題

本文の作品名「ほおずき提灯」に関連して、生徒たちが「ほおずき」について調べ、それをもとにして話し合ったという場面が想定されている。この話し合いにおける発言のなかで、「**明らかな誤りを含むもの**」を選ぶ問題である。

「Aさん」たちが調べたという「『ほおずき』について」には、生態に関するもの（ⓐ）、名前やその由来に関するもの（ⓑⓒⓔ）、習俗に関するもの（ⓓⓕ）と、さまざまな観点から書かれたものがある。まずは、それらの内容を正確に読み取ろう。そのうえで、「本文を踏まえた発言として**明らかな誤りを含むもの**」を答える。したがって、それぞれの選択肢（発言内容）について、それが本文に正しく即したものであるかを検討する必要がある。

①　ⓐに関連した発言である。「ほおずきの実は八月くらいから赤く熟してくる」というのはⓐにあるとおり。そして本文には「あそこにもここにも、カウンターにも熟れた実が」（13行目）などの記述があるのだから、「小説『ほおずき提灯』の季節は夏ごろかな」という推測は正しいといえる。そして、小説中の「私」の被爆や終戦も、もちろん夏にあったことである。したがって、ほおずきを「夏」という季節の象徴と捉えるような観点から小説を「興味深い作品名だね」と評するのも、すじの

通った考え方だといえる。したがって、この選択肢の内容は正しい。

② ⓑに関連した発言である。「ほおずきの実を鳴らして遊」ぶ子供の様子が「名前の由来」としてあげられるくらいなのだから、そうした遊びが「昔はポピュラーな（＝一般的な、広く普及した）遊びだったのかな」という推測は間違いではない。また、本文中の「私」も幼少期にほおずきを鳴らしていたことを語っているが、その会話の途中で「五十数年も前の路地の子供に還って」いく（10行目）のだから、この幼少期の遊びについての会話が一つのきっかけとなって、「私」が追憶の世界に入りこんでいったことがうかがえる。したがって、小説において、ほおずきを鳴らす遊びが語り手の「私」を「追憶へと誘う装置（＝仕掛け）の一つ」として機能しているということができる。この選択肢も妥当な内容である。

③ ⓒとⓓに関連した発言である。ほおずきを「鬼灯」と書くのが「当て字」だというのは、ⓒにあるとおり。小説中で喫茶店の店主の女性は、自ら「鬼灯」という字を「怖い漢字」（12行目）だと言いながら店中にほおずきを飾っているのだから、これを「矛盾している」と感じることも、間違いではない。しかし、ⓓには「鬼灯」という漢字が当てられるようになったことについての「謂《いわ》れ」があり、それによると「（ほおずきを）鬼が守っている証《あかし》に見立てることで、悪い霊や邪気を追い払うことができる」ということであるし、小説中の店主もほおずきを飾る理由を「魔《ま》除《よ》けかしら」（14行目）と言っているのだから、「（ほおずきについての）謂れがわかったら（一見すると矛盾しているように感じられた店主の行為も）納得できた」という発言も、妥当なものである。そしてこの生徒Cは、それまで知らなかったほおずきについての謂れ（＝ⓒⓓ）を知ったことで、小説の登場人物の行為の意味が理解できたのだから、この生徒の「知らなかった文化を知るのは楽しい」という発言も、適当なものだといえる。

④ ⓔとⓕに関連した発言である。ⓔによると、ほおずきの英名には「ランタン（手提げランプ）」という言葉が入っているし、ⓕによると、日本でも「お盆にほおずきを提灯に見立てて飾る風習がある」ので、「（ほおずきを）提灯の類に見立てるのは日本だけではないようだね」という発言は妥当である。しかしながら、小説中の「私」がほおずきについてのそうした知識を「知って」いたのかどうか、また「知って」いたとして、それが「私」のアメリカ滞在経験のためかどうかといったことは、本文から読み取ることができない。したがって、この生徒Dの発言の後半部分は誤っている。たしかに「私」は「アメリカに滞在していた」のだから、ほおずきの英名を知っていたかもしれないし、英名でほおずきが提灯の類に見立てられているということも知っていた可能性はある。だとしても、そうしたことを知っていたから「喫茶店のほおずきにも目を向けた」という因果関係には根拠がない。リード文（前書き）には「路地を歩いている途中で、喫茶店の出窓に飾られたほおずきの鉢に目を留めた」としか書かれていないし、本文中に右のような因果関係があったことを示すような記述もない。したがって、これが**「明らかな誤りを含むもの」**であり、正解である。

⑤ ⓕに関連した発言である。ⓕによると「先祖の霊」を迎えるために「日本ではお盆にほおずきを提灯に見立てて飾る風習がある」ということであり、そうした風習を知った生徒Eが「そういえばお盆前には花屋でほおずきをよく見かける。あれは死者の霊を迎えるための供花だったのか」と納得するのは自然なことである。そして、小説中の「私」がなくなった若き兵士たちを思いやったり、平和を願う活動に参加したりしていることと、ほおずきが死者の霊を迎える提灯に見立てられるというⓕの記述とを踏まえれば、「作品名の『ほおずき提灯』が戦死者への供花のようにも思えてしまうよ」というのも、適切な発言だといえる。ちなみにⓕにある「お盆」は夏の行事だが、そのことを考えれば、選択肢の①と⑤に関連性があるということも見えてくるだろう。

第3問　古文

【本文解説】

〔出典〕

【文章Ⅰ】

『月のゆくへ』第二巻　安徳天皇

成立年代　江戸時代後期

ジャンル　歴史物語

作者　荒木田麗女《あらきだれいじょ》

内容　全二巻。平安時代から南北朝時代にかけて成立した、四つの歴史物語（『大鏡』『今鏡』『水鏡』『増鏡』）を「四鏡」と呼ぶが、『今鏡』が扱う平安時代後期までと、『増鏡』が扱う鎌倉時代初期以降の間には、書き記されていない時代がある。本作品は、その空白の時代について記すことで、「四鏡」で扱われる歴史の叙述を完結させることを目的としたもので、高倉天皇・安徳天皇の二代の事跡を記している。老人や仙人の昔語りの体裁を取る「四鏡」にならって、時々訪ねてくる百歳を越した老人の語ったことを、作者が書き記したという形式を取っている。平家一門の盛衰が物語の中心になっているが、合戦の場面を極力減らし、平家の人々の貴族的な面を描くことを意図し、あたかも、天皇や貴族が政治の中心となって栄華を極めていた時代の物語であるかのように、構成・表現されている。

作者の荒木田麗女は、伊勢神宮の神官の家に生まれ、古典を学ぶ上で恵まれた環境に育ち、和歌・俳諧《はいかい》・漢詩・紀行・読本《よみほん》など、多方面にわたる著作がある。本書と同類の歴史物語『池の藻屑《もくず》』（『増鏡』のあとを継いで後醍醐天皇以降の十四代約二七〇年間の歴史を記す）も、よく知られている。

本文は、平家の都落ちの場面の一つで、平維盛とその北の方の別れが記されている。

問題文は、古谷知新編『江戸時代女流文学全集』第二巻（日本図書センター）に拠りつつ、問題文としての体裁を整えるために、表記を改めたところがある。

【文章Ⅱ】

『平家物語』巻第七「維盛都落《これもりのみやこおち》」

成立年代　鎌倉時代前期

ジャンル　軍記物語

作者　未詳

内容　平清盛を中心として栄華を誇った平家一門の没落を、和漢混淆《こんこう》文（＝和文体と漢文訓読文体とを織り交ぜた文章）によって描いた作品である。前半は平清盛とその一族の興隆と栄華、それに反発する勢力の陰謀などを中心に、後半は、源氏勢の台頭と平家の都落ちから滅亡までを中心に描く。作品には仏教的無常観（＝この世のすべてのものは永遠の存在ではないという観念）というテーマが通底している。

『平家物語』は、その伝承過程の事情から、多くの異本（＝もともと同一の作品であるが、伝承の過程で語句や表現、本文の内容などに違いが生じている本）が存在し、様々な形で伝えられた。なかでも、琵琶法師が琵琶を奏でながら語る、平曲と呼ばれる語り物を通じて広まったことは、よく知られている。作中の多くの逸話は、能や歌舞伎をはじめとして様々な文学や芸能に取り入れられて再構成され、新しい作品が数多く生み出されるもととなるなど、後世に大きな影響を与えた。

本文は、後半の、平家一門が滅亡に向かう端緒の一つにあたる都落ちの一場面で、平維盛とその家族との別れが記されている。

問題文は、市古貞次校注・訳『平家物語②』（小学館刊、新編日本古典文学全集46）に拠りつつ、問題文としての体裁を整えるために、表記を改めたところがある。

〔問3に引用された古文の出典〕

『古今和歌集』

成立　平安時代前期

ジャンル　勅撰和歌集

撰者　醍醐天皇の命《めい》により、紀貫之《きのつらゆき》、紀友則《きのとものり》、凡河内躬恒《おおしこうちのみつね》、壬生忠岑《みぶのただみね》が撰集。

内容　我が国初の勅撰和歌集（＝天皇や上皇の命令によって編纂《へんさん》された和歌集）。二十巻。歌数約一千百首。春、夏、秋、冬、賀、離別、恋、雑などの部立《ぶだて》（＝和歌の内容による分類）に分かれている。貴族の基本的な教養として重んじられ、後の文学作品に多大な影響を与えた。

『源氏物語』

成立　平安時代中期

ジャンル　作り物語

作者　紫式部

内容　主人公の光源氏を中心に、さまざまな人々の恋愛や人生における苦悩が、宮廷貴族の生活を背景に描かれている。五十四帖から成る長編物語で、『古今和歌集』同様、その後の文学作品に多大な影響を与えた。

【全文解釈】

【文章Ⅰ】

維盛の中将は、（今回の都落ちという事態を）格別につらく思いなさっていた。この北の方は、昔の成親の大納言の御娘で、幼いときから（維盛が）恋心を抱きなさり、長年ほか（の相手）に心を移すこともなく、お互いに深く愛を交わして、お子様たちもかわいらしい様子の子たちを持ち申し上げなさるので、ますますしみじみと感慨深い（維盛と北の方の）宿縁は並大抵ではない。女君（＝北の方）は、父の大納言が驚くほどひどい様子で亡くなりなさってから後は、心細い様子であるけれど、男君（＝維盛）が（女君を）頼もしく支えなさったのが、心強くて、一途に（男君を）頼りになさっているお気持ちもいじらしいので、男君が、自分の身は（武将として都を捨てて、行く先のわからない波路の先にさまようのはしかたないことで）あるけれども、その上この人々（＝北の方や子どもたち）をまでも行く先のわからない波路の先にさまよわせてしまうとすればそのことが、たいそう惜しく、かわいそうで（都に）留め申し上げて、不本意ながら振り捨てなさったのを、女君は恨めしく、「いかならん巌のなかに」の古歌ではないが、どのようなつらい環境に置かれても（維盛のそばにいたい）と、（維盛を）慕い申し上げなさった。中将は、（北の方のお気持ちを）もっともなことと思い申し上げなさり、「去らぬ鏡の（＝離れない鏡の）」と、なだめなさるけれど、維盛自身も自然と気持ちは悲しみに暗くなってしまうばかりで、すっかり出て行くこともおできにならない。

【文章Ⅱ】

小松三位中将維盛は、数日前から（北の方たちとの別れを）覚悟しなさっていたけれども、実際に直面した際には悲しかった。北の方と申し上げる方は、亡き中御門の新大納言成親卿の御娘である。桃の花が露に濡れて咲き出したような（美しい）顔で、紅や白粉で化粧をした目元には色気が漂い、柳の枝が風になびくかのように黒髪が風に乱れる風情は、ほかに（これほどすばらしい）人がいるだろうとも思われなさらない。（子どもは）六代御前といって、今年十歳になりなさる若君と、その妹の八歳の姫君がいらっしゃった。この人々が皆（維盛に）置いて行かれまいと慕いなさるので、三位中将（維盛）がおっしゃったことは、

「ここ数日申し上げたように、私は（平家）一門につき従って西国の方へ落ちて行くのである。どこまでもお連れ申し上げたいけれども、道中にも敵が待つというので、安心して通るようなことも難しい。たとえ私

が（敵に）討たれたとお聞きになっても、出家などをしなさることは、けっしてあってはならない。そのわけは、（あなたは）どのような人とも結婚して、自分自身をも助け、幼い子どもたちをも育てなさるのがよい。（あなたに）愛情をそそぐ人もどうしていないだろうか、いや、（必ずそのような男性は）いるはずだ」

と、さまざまに慰めなさるけれども、北の方はどのような返事もなさらず、（衣を）ひき被ってつっ伏しなさる。（維盛が）いよいよ出発しようとしなさると、（北の方は維盛の）袖にすがりついて、

「都には父もいない、母もいない。（あなたに）捨てられ申し上げて後は、また誰と結婚できようか、いや、誰とも結婚するつもりもないのに、どのような人とでも結婚せよなどと（あなたの口から）お聞きすることが恨めしい。（あなたと結ばれる）前世からの宿縁があったために、あなたが（私を）愛してくださるとしても、他のどの人が（私に）愛情をかけるはずがあろうか、いや、誰も愛情をかけるはずがない。どこまでも（あなたに）連れ添い申し上げ、同じ野原の露が消えるように同じ場所で死に、同じ水底のごみとなるように同じ海底に沈もうと誓ったのに、それでは夜に目を覚まして交わした（あなたと私の）睦まじい語らいは、すべて嘘になってしまったのだなあ。せめては我が身一つであるならばやむをえない、捨てられ申し上げる我が身の情けなさを思い知っても（この都に）留まってしまおう。（しかし、あなたは）幼き者たちを、誰に託し、どのようにしろと思いなさるのか。恨めしくも（私たちを都に）留めなさるものだなあ」

と、一方では恨み、一方では慕いなさるので、三位中将（維盛）がおっしゃったのは、

「ほんとうにあなたは十三歳、私は十五歳のときから会いはじめ申し上げ、火の中、水の底へも一緒に入り、一緒に沈み、定めのある死別の時までも（どちらかが）取り残され（どちらかが）先立つようなことはするまいと申し上げたけれど、（私は今は）このように厭わしいありさまで戦場へ赴くのだから、（あなたを）お連れ申し上げ、行く先もわからない旅先の土地で、つらい目に遭わせ申し上げるようなことも嘆かわしいにちがいない。その上、今回は（一緒に行く）用意もございません。どこの海辺でも安心して落ちついたならば、そこから（あなたを）迎えに人をも差し上げよう」

と言って、意を決してお立ちになった。（維盛が）中門への廊下に出て、鎧を取って身につけ、馬を引き寄せさせ、いよいよお乗りになろうとしなさると、若君と、姫君が、走り出て、父の鎧の袖と、草摺にしがみつき、

「これは一体全体どこへと思って行きなさるのか。私も参ろう。私も行こう」

と、それぞれに慕って泣きなさるので、（この子たちこそが）つらいこの世の（自分をつなぎ止める）足枷《あしかせ》であると思われて、三位中将はますます途方に暮れる様子に見えなさった。

〔問3に引用された古文〕

どのような大きな岩山の中に住んだら、俗世のいやなことが聞こえてこないだろうか、いや、どのような所に住んでも聞こえてくるだろう。

（『古今和歌集』）

「依然として、世の中で許されることが難しくて（須磨で）年月を経るなら、（そこが）たとえ巌のなかでも（あなたを）お迎え申し上げよう」

（『源氏物語』）

【設問解説】

問1　語句の解釈の問題

(ア)　心苦しう思いたり

形容詞	動詞	助動詞
シク活用	サ行四段活用	存続
「心苦し」	「思す」	「たり」
連用形ウ音便	連用形イ音便	終止形
心苦しう	**思い**	**たり**
つらく	思いなさっ	ていた

心苦し
1　気の毒だ。かわいそうだ。
2　つらい。せつない。

思す
1　思いなさる。お思いになる。《「思ふ」の尊敬語》

「心苦し」の意味に該当するものは、②「つらく」、④「気の毒に」で、「思す」の意味に該当するものは、②「思いなさっ」と③「お思いになっ」である。よって、正解は②である。②は「たり」を「ていた」と存続に訳しており、その点でも正しい。④の「思っていまし」の「まし」は、丁寧語の訳出で、尊敬語ではない。

文脈を確認すると、傍線部は、リード文にもあるように、維盛が平家一門の人々とともに都を捨てて西国に逃げ落ちるために、妻子と別れる場面である。傍線部のすぐ後には北の方の出自や今の状況が説明され、傍線部**A**では、北の方を西国に連れて行かない理由を含めた、維盛の心情が述べられている（**【設問解説】問2**参照）。その後に「心にもあらでふり捨て給へるを」とあることからも、傍線部は北の方を都に残して行くことに対する維盛の心情であることがわかる。「つらく思いなさっていた」という②の解釈は、この文脈にも合う。

(イ)　らうたければ

形容詞	接続助詞
ク活用	
「らうたし」	
已然形	
らうたけれ	**ば**
いじらしい	ので

らうたし
1　かわいい。愛らしい。いじらしい。
2　いとおしい。

接続助詞「ば」
1　順接仮定条件
[接続]　未然形
[訳]　もし～ならば。もし～たら。
2　順接確定条件
[接続]　已然形
[訳]　～ので。～から。～すると。～したところ。

「らうたし」の意味に該当するものは、④「いとおしい」、⑤「いじらしい」である。「ば」は、形容詞「らうたし」の已然形に接続しているので、前記2の用法で、これに該当するものは、①・③・⑤「ので」である。よって、正解は⑤である。

文脈を確認すると、傍線部(ア)の後には、北の方の父である大納言の死、そして、北の方を支える維盛の頼もしさが記されている。「ひたすらにうちたのみ給へる心ばへもらうたければ、男君、……」という傍線部を含む部分は、その維盛を頼る北の方の様子を維盛が「らうたけれ」と感じたということで、「らうたけれ」を「いじらしい」とする⑤の解釈は、この文脈にも合う。

(ウ) さしあたつては

さしあたつ	て	は
動詞 ラ行四段活用「さしあたる」連用形促音便	接続助詞	係助詞
実際に直面し	て	は

さしあたる
1 直面する。当面する。
2 (日などが) 直接あたる。

「さしあたる」の意味に該当するものは、③「実際に直面し」だけである。よって、正解は③である。

文脈を確認すると、傍線部のすぐ前には「日ごろより思し召しまうけられたりけれ」とあって、維盛が妻子との別れを数日前から覚悟していたということがわかる。その後、逆接の接続助詞「ども」を介して、傍線部を含む「さしあたつては悲しかりけり」と続いている。つまり、別れは覚悟していたけれど、実際に直面した際には悲しかったということになるから、③は、この文脈にも合う。

問2 傍線部の語句や表現に関する説明問題

わ	が	身	こそ	あれ、	こ	の	人々	を	さへ
名詞	格助詞	名詞	係助詞	動詞 ラ行変格活用「あり」已然形	名詞	格助詞	名詞	格助詞	副助詞
自分	の	身は		あるけれども、	こ	の	人々	を	までも

行く方	なき	波路	の	末	に	ただよはし	な	ん
名詞	形容詞 ク活用「なし」連体形	名詞	格助詞	名詞	格助詞	動詞 サ行四段活用「ただよはす」連用形	助動詞 強意「ぬ」未然形	助動詞 仮定「む」連体形
行く先が	ない	波路	の	先	に	さまよわせ	てしまう	とすればその

こと	の、	いと	あたらしう、	便なく	て
名詞	格助詞	副詞	形容詞 シク活用「あたらし」連用形ウ音便	形容詞 ク活用「便なし」連用形	接続助詞
こと	が、	たいそう	惜しく、	かわいそう	で

とどめ	奉り	つつ
動詞 マ行下二段活用「とどむ」連用形	動詞 ラ行四段活用「奉る」連用形	接続助詞
留め	申し上げ	て

~こそあれ、…(「こそ」の強意逆接用法)
1 ~はあるけれども、…。~はいるけれども、…。
2 ~ではあるけれども、…。
＊「こそ~已然形」で文が終止しない場合、逆接の意味で下に続く

ことが多い。2は、「あれ」の内容を文脈から具体的に補う必要がある。

さへ（添加の副助詞）
1　～までも。その上～まで。
＊あるものに、別のものを添加する働き。

あたらし
1　惜しい。もったいない。
2　すばらしい。りっぱだ。
＊1は、本来持っている価値にふさわしい扱いをしていないことに対して、惜しいと思う気持ちを表す。2は、その状態のままおくのは惜しいほど立派だという意味を表す。

便なし
1　不都合だ。都合が悪い。具合が悪い。どうしようもない。
2　ふさわしくない。けしからん。感心しない。ふとどきだ。
3　かわいそうだ。

傍線部の直前に「男君」とあり、傍線部の末尾に「とどめ奉りつつ」とあること、さらに「心にもあらでふり捨て給へるを、女君は恨めしう」と続くので、傍線部は、西国に妻子を連れて行かず、都に留めようとする維盛の心中や行動であると判断できる。それを前提とすると、「わが身」は維盛自身、「この人々」は北の方や子どもたちを指すと考えられる。「行く方なき波路の末にただよはしなんこと」は、妻子を西国へ連れて行くことを意味している。また、「さへ」が添加を表すことを考えると、維盛は自分が西国へ逃げ落ちるだけでなく妻子までも西国に連れて行った場合のことを考えていることがわかる。そして、もしそのようにしたら、それは「あたらしう、便なく（＝惜しく、かわいそう）」であると、考えているのである。ここでの「～こそあれ」は前記2の用法で、「あれ」の内容を文脈から具体的に補うと、維盛自身が西国でさすらうことについて、「しかたない。当然だ」などという考えを表しているものと思われる。以上を踏まえて、傍線部全体を解釈すると次のようになる。

自分の身は行く先のわからない波路の先にさまようのはしかたないけれども、その上この人々（＝北の方や子どもたち）をまでも行く先のわからない波路の先にさまよわせてしまうとすればそのことが、たいそう惜しく、かわいそうで都に留め申し上げて、

①は、説明として適当である。「わが身こそあれ」を、「自分自身が都を捨てるのはしかたがないが」とするのは、前記のように「こそ」の強意逆接用法と、そこに補う内容として正しい。また、「それは自分だけでよいという維盛の気持ち」は、「この人々をさへ」さまよわせることが惜しくかわいそうなので、「とどめ」ようとしているのだから、都を捨てるのは自分だけでよいというのも正しい。「係り結びを用いて強調されている」は「こそ」の用法からも正しい。これが正解である。

②は、『さへ』は限定の意味」とすることが不適当である。前記のように「さへ」は添加の意味である。「自分が助かることは無理でも、せめて北の方や子どもたちだけでもなんとか助けてやりたい」という気持ちは当然維盛にあるだろうが、ここで表現されている内容ではない。

③は、「ただよはしなん」を「維盛がこれから平家一門とともに西海に浮かぶ船の上で暮らすことになるだろう」と説明している点が不適当である。前述のように「ただよはしなん」は、維盛が北の方たちをさまよわせることであって、維盛自身のことを述べているのではない。

④は、「あたらしう」を「今まで経験したことのない不慣れな行為であることを意味している」とすることが不適当である。前記のように「あたらしう」は、「新しい」ではなく、「惜しい」という意味である。

⑤は、「とどめ奉りつつ」を「維盛をこのまま都に引き留めたいという北の方の気持ちを表し」とすることが不適当である。前述のように傍線部

は維盛の気持ちやその行為について述べているのであって、北の方の気持ちを述べているのではない。

問3　先行作品を踏まえた本文の内容説明問題

いかなら	形容動詞　ナリ活用　「いかなり」　未然形	どのような
ん	助動詞　婉曲　「む」　連体形	
巌	名詞	大きな岩山
の	格助詞	の
なか	名詞	中
に	格助詞	に
住ま	動詞　マ行四段活用　「住む」　未然形	住む
ば	接続助詞	ならば
か	係助詞	
は	係助詞	
世	名詞	俗世
の	格助詞	の
憂き	形容詞　ク活用　「憂し」　連体形	いやな
こと	名詞	こと
の	格助詞	が
聞こえ	動詞　ヤ行下二段活用　「聞こゆ」　連用形	聞こえて
こ	動詞　カ行変格活用　「く」　未然形	こ
ざら	助動詞　打消　「ず」　未然形	ない
ん	助動詞　推量　「む」　連体形	だろうか、いや、どのような所に住んでも聞こえてくるだろう。

かは（連語）
1　～か。
2　～か、いや、～ではない。
＊1は疑問。2は反語で、2の場合が多いが、その決定は文脈による。

憂し
1　つらい。憂鬱だ。
2　煩わしい。気が進まない。
3　いやだ。憎らしい。気にくわない。
4　つれない。恨めしい。

傍線部は、設問に引用されている【文章】にあるように、『古今和歌集』の和歌や『源氏物語』の場面を踏まえた表現である。そこで、まず、『古今和歌集』の和歌の解釈を確認する。「巌のなか」は「大きな岩山の中」の意で、「憂き」は、前記1・2・3のどれでも解釈は成立すると思われるが、仮に3として解釈すると、前記枠内に示した現代語訳になる。全体としては「どんな所でも俗世の憂きことは聞こえてくるだろう」という趣旨の歌である。

次に、同じく【文章】に引用されている『源氏物語』の一節を検討する。【文章】にあるように、光源氏は、朝廷からのとがめを受けたことから、妻の紫の上を都に残して西国の須磨に下ることになり、その際に紫の上に対して次のように言う。

「なほ、世に許されがたうて年月を経ば、巌のなかにも迎へ奉らむ
（＝依然として、世の中で許されることが難しくて年月を経るなら、たとえ巌のなかでもお迎え申し上げよう）」

光源氏は、自分が朝廷の許しを得られず都に戻れないまま月日が経ったら、その時は「巌のなか」に紫の上を迎えようと言うのだから、この「巌のなか」は、都から離れた西国の須磨の地を指すと考えてよい。都人である光源氏や紫の上にとって、須磨の地は、「巌のなか」と喩えられるほどの、俗世と離れた寂しいつらい場所であったと考えられる。『源氏物語』のこの場面における、光源氏が妻を都に残して西国の須磨へ向かうという状況は、【文章Ⅰ】【文章Ⅱ】における、維盛が妻子を残して西国に逃げ落ちるという状況と似ている。

本文の傍線部は、直前に「女君は恨めしう」とあり、直後に「と、慕ひ聞こえ給へり」とあるので、自分たちを西国に連れて行かないで都に残して行く維盛の行為（**【設問解説】問2**参照）を恨めしく思う北の方の思いを述べたものだとわかる。ここでは、北の方は維盛に連れて行ってほしいと懇願しており、その行く先が、たとえ「いかならん巖のなか」であってもかまわないというのである。「巖のなか」は、『古今和歌集』の和歌では、それが「世の憂きこと」の聞こえてこない俗世から隔絶した場所として詠まれていたが、『源氏物語』ではそれを踏まえて都から隔絶した遠い須磨を指している。本文では、さらにそれらを踏まえて、維盛のそばにいられるならどんなにつらい場所でもかまわないという、都から遠く離れた場所を表すものとして用いられているのである。

①は、『古今和歌集』の和歌の「巖のなか」を「苦悩から解放された来世を比喩的に表現している」とすることが不適当である。また、傍線部でも、前記のように「巖のなか」は、都から遠く離れた西国を指しており、「現世で最も苦しい場所」を意味しているのではない。

②は、『古今和歌集』の和歌の「巖のなか」を「どこかにあるはずの」と説明しているところが不適当である。歌の趣旨は「俗世のことから離れて安住できる場所などどこにもない」ということである。また、「『巖のなか』が、……『争いのない平穏な世界』という意味で用いられ、維盛と一緒に平和な場所で暮らしたい」とする北の方の気持ちの説明も不適当である。

③は、説明として適当である。『古今和歌集』の和歌の「巖のなか」を「俗世のわずらわしさを避ける場所」としていることは前記のように正しい。さらに、傍線部の「巖のなか」について「『都から遠く離れた場所』という意味で用いられ」とする説明も、北の方の気持ちを「西国のどんなにつらい所でも維盛のそばにいたい」とする説明も、傍線部の解釈として正しい。これが正解である。

④は、『古今和歌集』の和歌の解釈が不適当である。「『巖のなか』に住むならば、世の中の苦しみから逃れられるかもしれない」とするのは、この歌の趣旨に反する内容だし、本文でも、北の方は「苦しいことから逃れ」ることを望んでいるのではなく、維盛と一緒にならどんなにつらい境遇にも赴こうと言っているのである。

⑤は、「どんな『巖のなか』に行ってもこの世のつらさからは逃れられない」とする『古今和歌集』の和歌の解釈は正しい。ところが、傍線部を「どこに行っても同じようにつらいのなら、維盛と一緒に都に留まりたい」とするのは不適当である。北の方は、一緒に都に留まりたいのではなく、一緒に西国に連れて行ってほしいと思っているのである。

問4　傍線部の内容説明

副詞	形容動詞 ナリ活用「せん方なげなり」連用形	係助詞	動詞 ヤ行下二段活用「見ゆ」未然形	助動詞 尊敬「らる」連用形	助動詞 過去「けり」連体形
いとど	**せん方なげに**	**は**	**見え**	**られ**	**ける**
ますます	どうしようもない様子に	は	見え	なさっ	た

いとど
1　ますます。いよいよ。
＊ものごとの程度がさらにはなはだしい状態を表す。

せん方なし
1　どうしようもない。どうしてよいかわからない。
＊サ行変格活用動詞「す」の未然形「せ」＋婉曲の助動詞「ん（＝む）」の連体形＋名詞「方」＋ク活用形容詞「なし」。
＊「せん方なげなり」は、「せん方なし」の語幹に接尾語「げ」が付いて、形容動詞化したもの。

傍線部は、維盛がますますどうしようもない状態に見えたことを表している。そこで、そのような状態になった経緯を確認する。西国へ逃げ落ちる維盛と北の方とのやり取りの後の本文末尾4行の内容を確認する。

思ひきつてぞ立たれける。中門の廊に出でて、鎧取つて着、馬引き寄せさせ、すでに乗らんとし給へば、若君、姫君、走り出でて、父の鎧の袖、草摺に取りつき、

「これはさればいづちへとてわたらせ給ふぞ。我も参らん。我も行かん」

と、面々に慕ひ泣き給ふにぞ、憂き世の絆とおぼえて、

ここには、北の方に別れを告げ、意を決して出発する際、馬に乗ろうとする維盛に、若君と姫君がすがりついて、一緒に行くと泣き慕った様子が描かれている。維盛は、これを「憂き世の絆」と思って、ますます途方に暮れたのである。「絆」には、以下のような意味がある。

> 絆（名詞）
> 1　馬の足などをつなぐこと。また、つなぐ縄。
> 2　人を束縛するもの。自由に行動するときの妨げとなるもの。

つまり、維盛には、子どもたちの様子は、平家一門と行動をするために旅立とうとする自分を都の家族につなぎ止めようとする「妨げ」と感じられたのである。傍線部は、維盛が、とりすがる妻子を再三なだめて旅立とうとするが、なおも子どもたちにすがりつかれ、留まることもできず、旅立つにしても後ろ髪を引かれて、ますます進退窮まった様子を示している。

①は、「見捨てて行くしかないと自分に言い聞かせている様子」が不適当である。維盛は、容易に子どもたちを見捨てていくことができないからこそ、どうしようもない状態になっているのである。「自分に言い聞かせている」というのも傍線部からは読み取れない。

②は、「いらだたしく思う様子」が不適当である。傍線部にはいらだっている心情は記されていないし、それを推測させる表現もない。

③は、説明として適当である。「妻子への未練を断ち切って西国へ向かうことにしたのに」は、「思ひきつてぞ立たれける」を踏まえている。「自分を慕う子どもたちを見て、その決意が鈍っている」も、泣いてすがる子どもたちの様子を「憂き世の絆」と感じて「せん方なげに」なったという維盛の説明として妥当である。よって、これが正解である。

④は、選択肢全体が不適当である。「北の方の嘆きに気を取られ」た様子も、「子どもたちの気持ちにまで配慮が行き届かなかった」ことも本文に根拠を持たない内容である。維盛が「自分を、情けなく」思っているとも書かれていない。

⑤は、「やはり一緒に連れて行こうと翻意する」が不適当である。連れて行こうと思ったとは本文に記されていない。

問５　【文章Ⅰ】【文章Ⅱ】の比較の問題

二つの文章について、ある生徒が自分の考えを整理するために書いたという**【メモ】**を提示し、それを踏まえて本文の内容や表現のあり方を理解できているかどうかを問う問題である。それぞれの選択肢に合う本文の該当箇所を探し、その内容や表現と選択肢が合っているかどうかを確かめる必要がある。

(i)　二つの文章の相違する点について、**【文章Ⅱ】**の、登場人物の発言から読み取れる、その人物の置かれている状況や心情の説明として正しいものを選ぶ問題である。

①の「日ごろ申ししやうに」で始まる発言の後半では、維盛は次のように述べている。

a　たとひ我討たれたりと聞き給ふとも、
b　様なんどかへ給ふ事は、ゆめゆめあるべからず。
c　そのゆゑは、いかならん人にも見えて、身をもたすけ、幼き者どもをもはぐくみ給ふべし。情けをかくる人もなどかなかるべき

様かふ（慣用句）
1　出家する。

ゆめゆめ（副詞）
1　けっして。だんじて。
＊禁止表現を伴う。
2　まったく。全然。すこしも。
＊打消表現を伴う。

見ゆ（ヤ行下二段活用動詞）
1　見える。
2　見ることができる。
3　現れる。姿を見せる。
4　（人に）見られる。
5　（女性が）結婚する。
6　思われる。

aの「れ」は受身の助動詞「る」の連用形、「とも」は逆接仮定条件の接続助詞で、「聞き給ふ」の主語は北の方である。「たとえ私（＝維盛）が敵に討たれたとあなた（＝北の方）が聞いたとしても」と述べている。**b**の「べからず」は禁止表現で、それと呼応する「ゆめゆめ」は前記1の意味である。北の方に「けっして出家をしてはならない」と述べている。**c**は、その理由である。「見え」は前記5の意味で、再婚して幼い子どもを育ててほしいことを述べている。「情けをかくる人」は、北の方に愛情を注ぐ人を意味し、北の方に再婚相手が現れるはずだと述べている。

選択肢の「たとえ私が西国で敵に討たれても」は前記**a**に対応し、「あなた自身と子どもたちのために、愛情を注いでくれる人と再婚してほしいから」は前記**c**に対応し、「出家はしないでくれ」は前記**b**に対応している。よって、①は説明として適当である。これが正解である。

②の「都には父もなし」で始まる発言の前半では、北の方は次のように述べている。

a　**また誰にかは見ゆべきに、**
b　**前世の契りありければ、人こそ憐れみ給ふとも、**
c　**また人ごとにしもや情けをかくべき。**

aの「見ゆ」は、維盛に、自分が死んだら他の人と再婚してほしいと言われたのに対する、北の方の言葉だから、①と同様、「結婚する」という前記5の意味である。「かは」を反語で解釈すると、「また誰と結婚できようか、いや、誰とも結婚するつもりはないのに」となり、維盛の願いは受け入れられないと述べている。**b**で、「前世の契り」と言うのは、維盛との前世からの縁のことで、「人」は維盛のことである。維盛とは縁があったから愛されたと言っている。**c**は、維盛の前記①**c**「情けをかくる人もなどかなかるべき」という発言に対するものである。ここでの「や」は反語の意味で、維盛が「あなたに愛情をそそぐ人もきっといるはずだ」と言ったのに対して、北の方は、「他のどの人も私に愛情をかけるはずがない」と答えたのである。

選択肢の「あなたと結ばれたのは前世からの縁だった」は前記**b**の前半部と対応して正しいが、「これから先、他の人が私に愛情をかけてくれたとしても」は、前述のように**b**の後半部や**c**に反する内容で不適当である。また、「私がその人を愛せるはずがない」も、本文にはない内容で不適当である。北の方が維盛以外の人を愛せるかどうかについて、北の方は述べていない。

③の「まことに人は」で始まる発言では、維盛は次のように述べている。

a　**火の中、水の底へもともに入り、ともに沈み、かぎりある別れ路までもおくれ先立たじとこそ申ししかども、**
b　**かく心憂き有様にていくさの陣へおもむけば、具足し奉り、行く**

方も知らぬ旅の空にて、憂き目を見せ奉らんもうたてかるべし。

かぎりある別れ路（慣用句）
1　死出の旅路。死。

おくる（ラ行下二段活用動詞）
1　遅れる。
2　取り残される。
3　先立たれる。死に遅れる。
4　劣る。

aは、維盛が以前に、どんなときも一緒に過ごし、死ぬときも一緒だと言ったということを述べている。bは、「具足す」が「連れて行く」、「憂き目を見す」が「つらい目に遭わせる」意味で、自分がこれから行くのは戦場なので、北の方を連れて行くとつらい目に遭わせることになるだろうと、同行を諦めさせようとする発言である。

選択肢の「死ぬときは一緒だと約束した」は、aに対応して正しいし、「私がこれから向かう戦陣で」は、bの「いくさの陣へおもむけば」と対応して正しいが、維盛は「敵の手に落ちる情けない姿を、あなたに見せるわけにはいかない」とは言っておらず、その点が不適当である。「北の方に同行を諦めさせようとしている」は、bの発言内容から正しい。

④の「これはされば」で始まる発言では、子どもたちは次のように述べている。

a　これはさればいづちへとてわたらせ給ふぞ。

b　我も参らん。我も行かん

aは、維盛にどこへ行くのかと尋ねている。bは、自分たちを連れて行けと述べている。

選択肢の「『父上が都を離れて西国へ落ちて行くなら、……一緒に連れて行ってほしい』と、維盛に懇願している」は、間違いとは言えない。しかし、「母上はともかく自分たちはけっして足手まといにならないから」は、不適当である。子どもたちはそのようなことを言ってはいない。

(ii)　**【文章Ⅰ】**の文章の特徴についての問題である。選択肢を順に確認する。

①は、「維盛が西国へ向かうときのことを、子どもとの別れには触れず、北の方との別れのみを詳しく描く」は、正しい。**【文章Ⅱ】**に触れられている子どもとの別れについては、**【文章Ⅰ】**には記されていない。ただし、「平家滅亡の歴史を、戦乱の世に生きた女性に焦点を当てて描こうとしている」とは言えず、不適当である。**【文章Ⅰ】**では、維盛の動作・心情を表すのに、「維盛の中将は、とりわけて心苦しう思いたり」、「男君のかひがひしうものし給ふる」、「心にもあらでふり捨て給へるを」、「中将、ことわりに見聞こえ給ひ、……出でもやり給はず」など多くの字数が費やされており、特に「女性に焦点を当てて描こうとしている」とは言えない。

②は、「なかなか戦陣に赴けない維盛の姿」は間違いではないが、それを詳しく述べることで「武将としての弱さを際立たせ」ているとは言えず、不適当である。本文で、維盛の武将としての資質のなさが明らかにされているとは言えない。また、維盛が「北の方との別れを惜しんでなかなか戦陣に赴けない」ことが、平家の人々の「貴族的側面」と結びつくとも言えない。

③は、「維盛と北の方との仲について、登場人物の発言によって示すのではなく、『幼きほどより見そめ給ひ』などと物語の地の文で説明する」については、不適当とは言えない。しかし、それについて、「登場人物への共感を避け、批判的な立場で記そうとしている」とまでは言えず、ここが不適当である。**【文章Ⅰ】**でも二人の心情が細やかに語られており、「登場人物への共感を避け」たものにはなっていないし、二人への批判的な言辞も、ここにはない。

④は、説明として適当である。**【文章Ⅰ】**では維盛を「男君」、北の方を

「女君」と呼んでいる。これは恋愛関係にある男女を意識した呼称であり、「恋物語の登場人物のように表現」したものと言うことができる。また、そのような表現は『源氏物語』を始めとして平安時代の物語やその影響を受けた中世以降の文学作品に多く見られる。さらに、傍線部**B**や、（注4）が付されている「去らぬ鏡の」のように、『古今和歌集』や『源氏物語』の一節を引用するところは、「古典文学作品をもとにした表現を用いたりして、雅な文体で……書こうとしている」と言うことができる。よって、これが正解である。

第4問　漢文

【出典】

『松陵集《しょうりょうしゅう》』全十巻。皮日休《ひじつきゅう》や陸亀蒙《りくきもう》たちの唱和詩集。「唱和」とは、詩歌を相互に贈答し合うこと。咸通《かんつう》十一年（八七〇）から翌年の咸通十二年（八七一）にかけて贈答した六〇〇首余りの作品が収められている。日常生活の事物を主題とした作品が多く、酒や茶、魚釣りや花を詠じたものが少なくない。書名は呉興《ごこう》（現在の浙江《せっこう》省湖州《こしゅう》市とその一帯の地域）の別称「松陵」に因《ちな》んでいる。

皮日休（八三四〜八八三）は晩唐の詩人。字《あざな》は逸少《いっしょう》、後に襲美《しゅうび》と改めた。復州竟陵《ふくしゅうきょうりょう》（現在の湖北《こほく》省天門《てんもん》市）の人。咸通八年（八六七）に官吏登用試験に合格して官吏となったが、家柄が低かったので、当時の社会を鋭く批判する詩を残した。陸亀蒙（生没年不詳）も晩唐の詩人。蘇州《そしゅう》（現在の江《こう》蘇《そ》省蘇州市）の人。官吏登用試験には合格できず、一時、地方官の補佐官として出仕したが、その後、松江《しょうこう》（現在の上海《しゃんはい》市松江《しょうこう》区）に隠棲《いんせい》して晴耕雨読の日々を送った。

【本文解説】

【詩】は、皮日休が仕官の志の叶《かな》わぬまま生涯を閉じた友人の厳惲《げんうん》を悼んで詠じたものであり、**【序文】**では、厳惲の作風を語るとともに、仕官できずに帰郷して生涯を閉じた厳惲を悼んで**【詩】**を詠じた経緯を説明している。**【序文】**と**【詩】**の内容を確認してみよう。

【序文】では、まず、厳惲の詩の多くがすがすがしく柔和な作品であると評し、良作として「春光冉冉《ぜんぜん》トシテ帰ニ何《いづ》レノ処《ところ》ニカ一」（春の陽光は少しずつ移動してどこに行ってしまうのか）に始まる七言絶句を紹介し、皮日休が常に愛唱していたと述べる。次いで、厳惲が豊かな才能を持ちながら不遇のまま故郷に帰り、まもなく他界したことを聞き、詩人としての名声だけを残して世を去った厳惲に深い哀悼の意を込めて詩を詠じたと結ぶ。**【詩】**の第七、八句「知ル君ガ精爽《せいさう》ニ応ク無カルレ尽クル　必ズ在ルヲ二鄷都《ほうと》ニ一頌《しょう》ス帝晨《ていしん》ニ」（あなたの霊魂は尽きることは

ないはずで　きっと鄷都大帝をたたえる賛歌に歌われている宮殿にあるのだろう）からは、せめて死後の世界では厳惲の魂が救われてほしいという皮日休の切なる思いが読み取れよう。

【書き下し文】

【序文】

其《そ》の為《つく》る所《ところ》は、七字《しちじ》に工《たくみ》にして、往往清便柔媚《わうわうせいべんじうび》なる有《あ》り、時《とき》に常軌《じやうき》を軼《いつ》騃《がい》すべし。其《そ》の佳《か》なる者《もの》に曰《い》はく、「春光冉冉《しゆんくわうぜんぜん》として何《いづ》れの処《ところ》にか帰《き》する、更《さら》に花前《くわぜん》に向《お》いて一杯《いつぱい》を把《と》る、尽日花《じんじつはな》に問《と》ふも花《はな》は語《かた》らず、誰《た》が為《ため》に零落《れいらく》し誰《た》が為《ため》に開《ひら》く」と。余之《われこれ》を美《よみ》し、諷《そらん》じて未《いま》だ嘗《かつ》て怠《おこた》らず。生進士《せいしんし》に挙《あ》げられ、亦《ま》た十余《じふよ》たび計偕《けいかい》す。余方《われまさ》に之《これ》を冤《うら》むも、竟《つひ》に時《とき》を得《う》ること有《あ》らんと謂《おも》ふなり。未《いま》だ幾《いくばく》ならずして、呉興《ごこう》に帰《かへ》り、後両月《のちりやうげつ》にして、霅人至《たふひといた》り、云《い》ふ、「生疾《せいやまひ》を以《もつ》て居《を》る所《ところ》に亡《ばう》ぜり」と。噫《ああ》、生徒《せいた》だ詞《し》を以《もつ》て士大夫《したいふ》に聞《き》こえ、竟《つひ》に名《な》あらずして逝《ゆ》くも、豈《あ》に此《ここ》に止《とど》まりて湮没《いんぼつ》せんや。江湖《かうこ》の間美材多《かんびさいおほ》し。士君子《しくんし》の苟《いやし》くも退《たい》を楽《たの》しみて文有《ぶんあ》る者死《ものし》せば、時《とき》に惜《を》しまれざるは無《な》く、勝《あ》げて言《い》ふべけんや。是《ここ》に於《お》いて哭《こく》して詩《し》を為《つく》る。

【詩】

十《と》たび都門《ともん》に哭《こく》す榜上《ばうじやう》の塵《ちり》となるを　棺《ひつぎ》を蓋《おほ》へば終《つひ》に是《こ》れ五湖《ごこ》の人《ひと》
生前《せいぜん》に敵《かな》ふ有《あ》り唯《た》だ丹桂《たんけい》のみ　没後《ぼつご》に家《いへ》無《な》く秖《た》だ白蘋《はくひん》のみ
箬下《じやくか》斬新《ざんしん》にして処月《しよげつ》醒《さ》む　江南《かうなん》旧《きう》に依《よ》りて来春《らいしゆん》を詠《えい》ず
知《し》る君《きみ》が精爽《せいさう》応《まさ》に尽《つ》くる無《な》かるべく　必《かなら》ず鄷都《ほうと》頌《しよう》の帝晨《ていしん》に在《あ》るを

【全文解釈】

【序文】

厳惲の詠じる詩は、七言詩に優れていて、大抵はすがすがしく柔らかな作品であるが、時として常識にとらわれない作品もある。厳惲の佳作に、「春の陽光は少しずつ移動してどこに行ってしまうのか、花の前でもう一杯（の酒）を手に取る、一日中花に問いかけても花は答えてくれない、（花は）誰のために枯れ落ち誰のために咲くのか」という詩がある。私はこの詩を称賛し、暗誦してずっと歌い続けている。厳惲は官吏登用試験の受験資格を得て、さらに十数回にわたって都で実施される最終試験を受験した（ものの、合格できなかった）。私は厳惲が官吏登用試験に合格できないことをたしかに残念に思っていたが、最終的には好時を得る（＝仕官できる）だろうと考えていたのである。（それから）まもなく、（厳惲は）呉興に帰郷し、さらにその後二か月ほどすると、霅《とう》の人がやって来て、言った、「厳惲は病気のため故郷で他界しました」と。ああ、厳惲はただ詩（に優れているということ）で知識人たちに知られているだけで、結局（役人としての）名声のないまま逝去したが、（厳惲は）このまま埋もれて世に知られなくなってしまってよかろうか。江湖には優秀な才人が大勢いる。（そのような）士君子であってもしも官界とは関わらないことをよしとして文才のある者が死去すれば、（賢明な人物が失われたことを、）世の人々はきまって悲しみ、その気持ちを言葉では表しきれないであろう。そこで（私は）厳惲の死を大いに悼んで詩を詠じた。

【詩】

（厳惲は）十回も都城の門で官吏登用試験の合格者を発表する掲示の塵となった（＝不合格となった）のを大声を上げて泣いた
棺《ひつぎ》に蓋《ふた》をすれば結局それこそ五湖出身の（ただの）人である
（厳惲の）生前に（彼と）互角であったのは才能のある人を象徴する赤い花をつけるモクセイだけだ
（彼の）死後に家はなく白い花をつける浮き草の美しい故郷の風景があるだけだ
箬下酒は真新しく（夜）空に懸かる月は冴《さ》え冴《ざ》えとしている
江南ではあいかわらず訪れる春を謳歌《おうか》する
あなたの霊魂は尽きることはないはずで
きっと鄷都大帝をたたえる賛歌に歌われている宮殿にあるのだろう

【重要語・基本句形】

(1) 重要語

○ 所《ところ》レ□(スル)　□すること・□するもの・□する人・□する場所

○ 為《つくル》　作る

○ □(スル)(ナリ)二於――一ニ　①――に□する(・である)・――に対して□する(・である)・――について□する(・である)(対象)
②――で□する(・である)(場所)
＝于・乎

○ □(ス)二於――一ヲ　――を□する(目的)
＝于・乎

○ 往往《わうわう》　しばしば・大抵
＊「往往にして」という読み方もある。

○ 何《いづレノところニカ》処　どこで・どこへ

○ 更《さらニ》　さらに・そのうえ

○ 為《ためニ》二――一ノガ　――のために・――にとって・――に対して

○ 余《われ》　私(一人称の謙称)

○ 美《よみス》　称賛する

○ ――(シ)テ而……　――して……(順接を示す)

○ ――(スル)ニ(スル)モ(スレ)ドモ而……　――しても……・――するけれども……(逆接を示す)

○ 嘗《かつテ》　以前・ある時

○ 亦《まタ》　やはり・同様に・さらに

○ 方《まさニ》　ちょうど(その時)・たしかに

○ 竟《つひニ》　結局・最終的に
＝終・卒・畢

○ 未《いまダ》レ幾《いくばくナラ》ずシテ　まもなく・ほどなくして

○ 以《もつテ》二――一ヲ……(ス)　――のために……する(理由・原因)・――によって……する(手段・方法)

○ 聞《きコユ》　伝わる・有名である・知られている
＊「申し上げる」という意味の時は「ぶんす」と読む。

○ 士大夫《したいふ》　知識人

○ 士君子《しくんし》　徳や学問のある人・知識人

○ 於《おイテここニ》レ是　そこで

○ 哭《こくス》　大声を上げて泣く・大いに悼む

○ 終《つひニ》　結局・最終的に
＝竟・卒・畢

○ 是《これ》　それこそ・そこで(前の内容を受けて、結果を強く提示する)

○ 依《よリテ》レ旧《きうニ》　もとどおり・あいかわらず

○ 尽《つク》　尽きる・無くなる

(2) 基本句形

○ 未《いまダ》二――一(セ)ず　まだ――しない・――しない　［再読文字］
＊「未《いまダ》嘗《かつテ》――(セ)ず」の形では「これまで――したことがない」の意味である。

○ 徒《ただ》――ノミ　ただ――だけだ　［限定形］
＝唯・惟・徒・但・特・直・祇
＊「ノミ」は、送らない場合もある。

○ 豈《あニ》――(セ)ンや耶　どうして――しようか(、いや――しない)　［反語形］

○ 苟《いやしクモ》――(セ)バ　もし――するならば　［仮定形］

○ 無《なシ》レ不《ざルハ》ニ――一（セ）　――しないもの（こと）はない・皆（必ず・きまって）――する【否定形】

○ 為《らル》ニA《ニ》B一（セ）　AにBされる【受身形】

○ 可《ベケン》ニ勝《あゲテ》□（ス）一耶《や》　（すっかり）――しきることなどできようか（いや、――しきれない）【反語形】

○ 唯《たダ》――《ノミ》　ただ――だけ【限定形】
　＝惟・徒・但・特・直・祇

○ 応《まさニ》ニ――（ス）《ベシ》一　きっと――するにちがいない・きっと――するはずだ・当然――するべきだ【再読文字】

※（セ）は活用語の未然形、（シ）は活用語の連用形、（ス）は活用語の終止形、（スル）は活用語の連体形、（スレ）は活用語の已然形、（ナリ）は形容詞・形容動詞の終止形をそれぞれ表す。

【設問解説】

問１　語の意味の問題

(ア)　「工」には、「たくみ」と読んで「職人」あるいは「わざ」の意味で用いる名詞の用法、「たくみなり」と読んで「上手である・巧妙である」の意味で用いる用法などがあるが、選択肢はいずれも名詞としての意味ではなく、様態を表現するものである。したがって、「上手である・巧妙である」という意味合いのものを選べばよいので、正解は②「優れている」である。

(イ)　「未レ幾」は「いまだいくばくならず（して）」と読み、「まもなく・ほどなくして」の意味である（**【重要語・基本句形】**(1)　**重要語**の当該項目を参照）。「幾」は、「いくばく」（どれくらい）、「ほとんど」（ほぼ・大体）、「ちかし」（近い）など複数の意味を持つ語で、文脈や文意を踏まえて用法を判断する必要があるが、「未レ幾」は慣用表現として習得しておくとよい。正解は③「まもなく」である。

(ウ)　「聞」は、「きく」と読んで「耳にする」の意味、「きこゆ」と読んで「聞こえてくる」「有名である・評判になる」の意味、などの用法がある（**【重要語・基本句形】**(1)　**重要語**の当該項目を参照）。波線部(ウ)「聞」は直後に「於士大夫」とあり、「士大夫に『聞』」と返読するので、「きく」と読んだのでは文意が成り立たない。よって、「きこゆ」と読む時の「有名である・評判になる」という意味に合致するものを選べばよい。したがって、正解は⑤「知られている」である。

問２　内容の対応の問題

傍線部**A**「冤《うらムモ》レ之《ヲ》」を解釈するには、「之」の内容を確定する必要がある。そこで、まず、直前の一文「生挙《ゲラレ》ニ進士《ニ》一、亦《タ》十余《タビ》計偕《けいかいス》」の内容を考える。「生挙《ゲラレ》ニ進士《ニ》一、亦《タ》十余《タビ》計偕《けいかいス》」は、「厳惲は官吏登用試験の受験資格を得て、さらに十数回にわたって都で実施される官吏登用試験を受験した」と解釈できる（**【全文解釈】**を参照）。この文からは、「厳惲」の試験の最終的な合否は、明確に読み取ることはできない。次に、直後の傍線部**A**を含む句「余方《われまさニ》冤《うらムモ》レ之《ヲ》」を指示語「之」をそのままにして訳出すると、「私は『之』をたしかに残念に思っていたが」となる。そうすると、「残念に思う」対象である指示語「之」の内容は、「厳惲が都で行われる官吏登用試験を十数回にわたって受験したものの合格できなかったこと」と解釈するのが適切である。このように解釈すれば、傍線部**A**の直後の「謂《おもフ》ニ乎竟《つひニ》有《ラント》レ得《ルコト》ニ於時《ヲ》一也」（〔私は厳惲が〕最終的には好時を得る〔＝仕官できる〕だろうと考えていたのである）とも矛盾なくつながる（**【全文解釈】**を参照）。

したがって、選択肢のうち、「厳惲が十数回にわたって官吏登用試験を受験したものの合格できなかった」という内容を意味するものを選べばよい。順次確認してみよう。

①　(a)　十哭ニ都門一　＝　十回も都城の門で大声を上げて泣いた
　　⬇　直後の「榜上塵《ばうノちりトナルヲ》」（官吏登用試験の合格者を発表する掲示の塵となった）

もあわせて考えれば、厳惲が十数回の受験ですべて不合格であったことを意味する。

② (b) 蓋レ棺 ＝ 棺《ひつぎ》に蓋《ふた》をする
➡ 厳惲が死去したことを意味する。

③ (c) 生前有レ敵 ＝ （厳惲の）生前に（厳惲と）互角である者がいた
➡ 生前の厳惲に比肩するのが才能のある人を象徴する丹桂だけであったことを述べる。

④ (d) 醒二処月一 ＝ 空に懸かる月は冴《さ》え冴《ざ》えとしている
➡ 夜空の明月の美しさを述べる。

⑤ (e) 詠二来春一 ＝ 訪れる春を謳歌《おうか》する
➡ 江南に毎年春が変わりなく訪れることを述べる。

以上より、「厳惲が官吏登用試験に不合格であった」ことを示すのは①「(a) 十哭二都門一」のみである。

したがって、正解は①である。

問3　返り点と書き下し文の問題

傍線部**B**は前半の句と後半の句から成っているので、正誤の判断をつけやすい方から検討するのがよい。そこで、後半の「豈止此而湮没耶」から考える。「豈――耶」という、通常は反語形として用いられる表現が見えるからである。反語形だとすると、「豈《あニ》――耶《(セ)ンや》」と読んで「どうして――しようか（、いや――しない）」という意味であるが、「豈《あニ》――耶《(スル)か》」と読んで、「もしかすると――ではないのか」という意味の疑問推量の可能性もあるので、傍線部**B**の直後と問答の関係が成り立っているかどうかを確認する必要がある。

そこで、傍線部**B**の直後を見てみると、「江湖間《ノ》多《シ》二美材一」（江湖には優秀な才人が大勢いる）とあり、問答の関係ではなく、むしろ、新たな話題に転じられている文脈であるから、傍線部**B**は反語形と判断してよい。選択肢のうち、後半の句を「豈に～んや」と反語形として読んでいるのは、①・③・⑤である。

次に、①・③・⑤について「止此而湮没」の読み方を確認する。③は「止まり此《これ》をして湮没せしめ」と「～をして～しむ」という使役形の読み方をしているが、傍線部**B**の後半に使役形を形成する「使」「令」などは用いられていないので、誤った読み方である。

よって、正解の候補は①と⑤に絞られるので、前半の句も含めて確認してみると、①「竟《つひ》に名《な》あるも逝《ゆ》かざれば、豈に此《これ》にして湮没《いんぼつ》するに止《とど》めんや」を訳出すると、「結局名声があっても逝去していないので、どうしてこれであって埋もれて世に知られなくなるままに止められようか」となって意味が不明であるうえ、傍線部**B**より前の「生以《テ》レ疾《やまひヲ》亡《ゼリ》二於所《ニ》レ居《ル》矣」（厳惲は病気のため故郷で他界しました）という「雪人《たう》」の発言と矛盾する（**【全文解釈】**を参照）。一方、⑤「竟に名あらずして逝くも、豈に此に止まりて湮没せんや」を訳出すると、「（厳惲は）結局名声のないまま逝去したが、このまま埋もれて世に知られなくなってしまってよかろうか」となり、文脈も成り立つ。したがって、正解は⑤である。

問4　解釈の問題

傍線部**C**は、前半の句「無《ク》レ不《ルハ》レ為《れ》二時《ニ》惜《シマ》一」と後半の句「可《ケン》二勝《あゲテ》言《フ》一耶」から成っているが、前半の句に「無《なシ》レ不《ざルハ》二――《(セ)》一」（――しないもの［こと］はない・皆［必ず・きまって］――する）という二重否定の句形と「為《らル》二A《ニ》B《(セ)》一」（AにBされる）という受身形が、後半の句に「可《ベケン》二勝《あゲテ》□一耶《(ス)や》」（［すっかり］――しきることなどできようか［いや、――しきれない］）という可能の「可《ベシ》二――《(ス)》一」を用いた反語形が、それぞれ用いられているのを捉えられるかがポイントである（**【重要語・基本句形】** (2) **基本句形**の当該項目を参照)。いずれの選択肢も「賢明な人物が失われ」という表現で始まっているが、これは傍線部**C**には見えない語句なので、主語あるいは話題として補われたものであると判断できる。また、傍線部**C**の「時」が「世の人々」、「惜」が「悲しむ」と訳されているのも、いずれの選択肢も共通である。そうすると、前半の句は、二重否定の句形と受身形を踏まえて「世の人々誰しもに悲しまれた」あるいは「世の人々に必ず悲しまれた」と解釈することになる。前半の句の解釈がこの意味合いに一致する選択肢は、②「世の人々はきっと悲しんで」と④「世の人々はきまって悲しみ」とである。

後半の句は反語の句形「可《ベケン》ニ勝《あゲテ》□《(ス)》ニ耶《や》」を踏まえて「すっかり言いきることなどできようか」と解釈することになる。後半の句の解釈がこの意味合いに一致するのは、④「その気持ちを言葉では表しきれないであろう」だけである。「勝《あゲテ》」(すべて・すっかり)という語にも注意しておきたい。つまり、「可《ベケン》ニ勝《あゲテ》□《(ス)》ニ耶《や》」は「不《ず》レ可《ベカラ》ニ勝《あゲテ》□《(ス)》ニ」(すべては——しきれない)という否定の特殊形と同じ意味の句形だと考えてよい。

以上より、正解は④「賢明な人物が失われたことを、世の人々はきまって悲しみ、その気持ちを言葉では表しきれないであろう」である。傍線部**C**を、施されている送り仮名に従って書き下せば、「時《とき》に惜《を》しまれざるは無《な》く、勝《あ》げて言《い》ふべけんや」となる。解釈とよく対照してほしい。

問5　押韻と漢詩の形式の問題

空欄 **X** は【詩】の第二句末尾、つまり偶数句末に設けられているので、押韻の問題と判断できる。漢詩では、偶数句末に押韻するのが原則であることに注意する。空欄 **X** 以外の偶数句末の字の韻を、音読みを手がかりにして確認してみよう。第四句末「春」は「sh-un」、第八句末「晨《しん》」は「sh-in」である。第六句末「蘋《ひん》」は「h-in」、第八句末「晨」は「sh-in」である。よって、韻は「-in」あるいは「-un」として考えればよい。また、【詩】は七言詩なので、第一句末も押韻するのが原則である。第一句末「塵《ちり》」の音読みは「j-in」、つまり韻は「-in」である。

さて、選択肢の音読みはそれぞれ、①「風」は「f-ū」、②「水」は「s-ui」、③「民」は「m-in」、④「人」は「j-in」、⑤「鬼」は「k-i」であるから、韻が「-in」である③「民 m-in」と④「人 j-in」が正解の候補となる。

次に詩の形式の説明を確認すると、③は「七言絶句」、④は「七言律詩」としている。「絶句」は全体が四句から成り、「律詩」は八句から成る。【詩】は八句から成っているので、律詩と判断してよい。

以上より、正解は④『人』が入り、第一句末と偶数句末に押韻する七言律詩」である。

問6　語句の読みの問題

傍線部**D**冒頭の「応」は、「こたふ」と読んで「回答する・対応する」という意味の用法と、再読文字として「まさに——べし」と読んで「きっと——するにちがいない・当然——するべきだ」という意味の用法があるが、選択肢はいずれも「まさに」と読み始めているので、ここでは再読文字としての読み方を問われていると判断する(**【重要語・基本句形】**(2)**基本句形**の当該項目を参照)。

そこで、再読部分の「べし」の読みについて選択肢を確認すると、再読部分を「べし」と読んでいるのは、①「まさにつくるなかるべく」と④「まさにことごとくなかるべく」である。次に、「無レ尽」の読み方を確認する。④は「ことごとくなかる」と読んでいるが、「尽」を副詞として「ことごとく」と読むのであれば、「尽」の直後に「尽」の修飾を受ける語、ここでは「無」が置かれていなければならないが、傍線部**D**では「無レ尽」と「尽」から「無」に返読しているので、「尽」を副詞として「ことごとく」と読むのは不適切である。したがって、正解は①「まさにつくるなかるべく」(尽きることはないはずで)であると判断できる。

問7　心情説明の問題

選択肢の説明と、**【詩】**と**【序文】**の関連する箇所を丁寧に対照して、正誤の判断をする。

①は「役人の世界でも不祥事や争い事など起こさず、周囲の人々に慕われつつ静かな一生を終えた厳惲」が**【詩】**にも**【序文】**にも述べられていない内容であるうえ、「穏やかな気持ちで見送りたい」が**【序文】**末尾の「哭《シテ》而為《つくル》レ詩《ヲ》」（厳惲の死を大いに悼んで詩を詠じた）と矛盾する。

②は「厳惲のことをその作品を口ずさむほど慕っていたが、彼が役人としては志を遂げられずにひっそりと生涯を閉じたと聞いて」が**【序文】**の内容と合致し、「せめて死後の世界では救われてほしいと願っている」は**【詩】**の第七・八句と矛盾しない（**【全文解釈】**の**【詩】**の当該箇所を参照）。

③は「多くの人々が彼の墓前に春の花を手向けにやって来たのを目にして、厳惲が生前人々に慕われていたことがわかりうれしく思っている」が**【詩】**にも**【序文】**にも述べられていない内容である。

④は「あるがままを受け入れていくしかないと悟っている」が、**【序文】**末尾の「哭《シテ》而為《つくル》レ詩《ヲ》」（厳惲の死を大いに悼んで詩を詠じた）と矛盾する。才能がありながら世の中に認められなかった厳惲の死を、筆者は受け入れることができず、大いに悼んでいるのである。

⑤は「自分はこのまま詩作ばかりを続けていてよいのかと悩んでいる」が説明として誤りである。**【序文】**にも**【詩】**にも、筆者は自分自身の詩作のことについてはまったく言及していない。

以上より、**【序文】**と**【詩】**に述べられている筆者の心情を適切に説明した②が正解である。

大学入学共通テスト

'23 本試験 解答・解説

（2023年１月実施）

受験者数 445,358
平 均 点 105.74

'23本試験

【解答・採点基準】

（200点満点）

問題番号	設問	解答番号	正解	配点	自己採点
第1問	問1	1	①	2	
		2	③	2	
		3	②	2	
		4	④	2	
		5	③	2	
	問2	6	③	7	
	問3	7	②	7	
	問4	8	⑤	7	
	問5	9	③	7	
	問6	10	④	4	
		11	②	4	
		12	③	4	
第1問 自己採点小計				(50)	
第2問	問1	13	①	5	
	問2	14	⑤	6	
	問3	15	⑤	6	
	問4	16	①	6	
	問5	17	①	7	
	問6	18	④	7	
	問7	19	③	6	
		20	②	7	
第2問 自己採点小計				(50)	

問題番号	設問	解答番号	正解	配点	自己採点
第3問	問1	21	③	5	
		22	④	5	
		23	②	5	
	問2	24	③	7	
	問3	25	⑤	7	
	問4	26	④	7	
		27	①	7	
		28	③	7	
第3問 自己採点小計				(50)	
第4問	問1	29	①	4	
		30	①	4	
		31	⑤	4	
	問2	32	③	6	
	問3	33	⑤	7	
	問4	34	①	6	
	問5	35	③	5	
	問6	36	④	6	
	問7	37	④	8	
第4問 自己採点小計				(50)	
自己採点合計				(200)	

【解説】

第1問　現代文（論理的文章）

【出典】

【文章Ⅰ】は、柏木博『視覚の生命力――イメージの復権』（岩波書店　二〇一七年）中の、「窓あるいはフレーム」の一節。

柏木博（かしわぎ・ひろし）は、一九四六年神戸市生まれの、デザイン・デザイン史の研究家。『日用品の文化誌』『モダンデザイン批判』『近代日本の産業デザイン思想』など、多数の著書がある。二〇二一年没。

【文章Ⅱ】は、呉谷充利『ル・コルビュジエと近代絵画――二〇世紀モダニズムの道程』（中央公論美術出版　二〇一九年）の一節。

呉谷充利（くれたに・みつとし）は、一九四九年生まれの建築史家。『町人都市の誕生　いきとすい、あるいは知』『志賀直哉旧居復元工事記録』などの著書がある。

【本文解説】

【文章Ⅰ】

本文は、病に伏せていた正岡子規《まさおかしき》にとってのガラス障子の意義を述べた後、建築家ル・コルビュジエにとっての窓の意義を考察した文章である。その内容を、形式段落に沿って確認していこう。なお、二箇所の引用部分は、直前の段落に含むものとする。

Ⅰ　子規にとってのガラス障子の意義（第1段落～第5段落）

明治のある時期まで、日本では板ガラスが製造されず、その頃の「ガラス障子」は輸入品であり高価なものであった。けれども、書斎（病室）の障子の紙を板ガラスに入れ替えることにより、病で身動きもままならない子規は、窓外の季節が移ろう景色を眺めることができるようになった。それは、身体を動かすことができず、絶望的な気分になっていた子規にとって、慰めであり、自分が生きていることを確かめることでもあった。このように、彼の書斎は、ガラス障子によって、多様に変化する外界を「見ることのできる装置（室内）」になったのである。（第1段落～第3段落）

映画研究者のアン・フリードバーグは、窓に関して次のように述べている。屋内と外界とを区切る窓は、外界の風景を切り取るフレームとなることで、三次元である外界を二次元（＝平面）のスクリーンに変える働きをする。子規の書斎のガラス障子も、こうした働きをすることで、いわば「視覚装置」となったのである。（第4段落・第5段落）

Ⅱ　建築家ル・コルビュジエにとっての窓の意義（第6段落～最終段落）

ル・コルビュジエは、視覚装置としての窓を、建築・住宅に最も重要な要素として考えていた。彼にとって、窓は、換気のためよりも「視界と採光」を優先すべきものであり、外界を切り取るフレームとして捉えるべきものであった。その結果、窓の形たる「『アスペクト比』（ディスプレイの長辺と短辺の比）」の変更がもたらされた。（第6段落～第8段落）

彼は、両親のために建てた家について、次のように述べている。四方すべてが見える視界では、焦点を欠き退屈してしまう。風景を眺めるためには、壁を建て視界を閉ざし、壁の要所要所に窓（開口部）を設け、その窓によって視界を限定することで、風景の広がりを感じられるようにしなければならない。このように、風景を眺めるために、窓と壁をどのように構成するのかが、ル・コルビュジエにとって課題となっていたのである。（第9段落・最終段落）

【文章Ⅱ】

本文は、ル・コルビュジエにとっての建築における窓と壁の意義を、【文章Ⅰ】とは異なる観点で考察した文章である。その内容を、形式段落に沿って確認していこう。

ル・コルビュジエの一九二〇年代後期の作品は、外部から見るとみごとな均衡を保つ「横長の窓」を示している。しかし、その窓は、屋内から見ると四周を遮る壁体となり、「横長の窓」は「横長の壁」として現われる。そうした「横長の窓」は、一九三〇年代に入ると、「全面ガラスの壁面」へと移行し、なかには、四周が強固な壁で囲われている作品も建てられている。（第一段落）

こうした作品をのこしている頃、彼は次のように述べている。「住宅は沈思黙考の場である」と。そして、人間には、光溢《あふ》れる外的な世界と関わり、自らを消耗する〈仕事の時間〉と、光の疎んじられる内面の世界に関わり、自分の心に耳を傾ける〈瞑想《めいそう》の時間〉がある、と。（第二段落・第三段落）

かれは、また、著書『小さな家』で、風景について次のように述べている。壁は、視界を閉ざすためにある。四方八方に広がる景色は焦点を欠き退屈なものになるので、景色を眺めるにはそれを限定すべきである。北側・東側・南側を壁で囲うことがここでの方針であると。ここで述べられている風景は、「動かぬ視点」で切り取られている。壁で隔てられ、かつつながっている風景は、範囲や方向を限定することになる窓を通じて、一定の視点から眺められることになる。このように、壁と窓は、眺められる風景の空間を構造化するのである。こうした、壁で視界を制限することでもたらされる「動かぬ視点」の存在は、彼にとって一時的なものではない。（第四段落・第五段落）

かれは、一時期「動く視点」を強調したこともあり、初期に明言されていた「動かぬ視点」という考えは、表に出なくなった。しかし、彼が後期に手掛けた、沈思黙考・瞑想の場である宗教建築において、この「動かぬ視点」は再度主題化され、深く追求されている。こうした作品に注目することで、ル・コルビュジエにとっての、「動かぬ視点」の意義は明らかになるであろう。（最終段落）

なお、同じくル・コルビュジエの作品を論じているとはいえ、**【文章Ⅰ】**は、風景を眺める装置としての窓の意義を強調しているのに対し、**【文章Ⅱ】**は、視点を限定することで沈思黙考の場をもたらす壁の意義を強調していることを押さえておこう。

【設問解説】

問1　漢字の知識に関する問題

(i)　**傍線部の漢字に相当するものを選ぶ問題**　1　①　2　③　3　②

(ア)は、〈文章など、物事のはじめ〉という意味の「冒頭」。①は、〈風邪〉という意味の「感冒」で、**①が正解**。②は、「寝坊」。③は、〈忘れ去ること〉という意味の「忘却」。④は、〈ふくれて大きくなること〉という意味の「膨張」。

(エ)は、〈琴の糸にたとえた、感じやすい心情〉という意味の「琴線」。〈琴線に触れる〉などと用いられる。①は、〈身近で、わかりやすい〉という意味の「卑近」。②は、「布巾」。③は「木琴」で、**③が正解**。④は、〈引き締める〉という意味の「緊縮」。

(オ)は、〈嫌われ、よそよそしくされる〉という意味の「疎んじられる」。①は、〈訴訟を起こすこと〉という意味の「提訴」。②は、〈地域の人口などが少なくなりすぎること〉という意味の「過疎」で、**②が正解**。③は、〈粗末な品物〉という意味の「粗品」。人にものを贈るときにへりくだって言う。④は、〈身につけている学問・知識・技術〉という意味の「素養」。

(ii)　**傍線部の漢字と同じ意味で用いられているものを選ぶ問題**　4　④　5　③

(イ)「行った」は、〈物事をする、実施する〉という意味で用いられている。④の「履行」は、〈約束など、決めたことを実際に行う〉という意味で、**④が正解**。①の「行進」は、〈歩く、あるいは進む〉という意味で、②の「行列」は、〈並び〉という意味で、③の「旅行」は、〈旅〉という意味で、それぞれ用いられている。

(ウ)「望む」は、〈眺める〉という意味で用いられている。③の「展望」は、〈見渡すこと、あるいは見晴らし〉という意味で、**③が正解**。①の「本望」は、〈本来の望み、あるいは望みが叶《かな》った〉という意味で、②の

「嘱望」は、〈将来に望みをかけること〉という意味で、④の「人望」は、〈多くの人々が寄せる、信頼や尊敬のこと〉という意味で、それぞれ用いられている。

問2　傍線部の内容を説明する問題　6　③

傍線部の「楽しむことができた」というのは、直前に「障子の紙をガラスに入れ替えることで」とあるので、子規にとって、ガラス障子を取り入れることにより、どのようなことがもたらされたかを読み取ればよい。こうした経緯に焦点を絞り、【文章Ⅰ】の第1段落～第3段落の内容を整理すると、

思うように動けない子規にとって、ガラス障子を通して、季節ごとに多様に変化する外界・景色を眺めることは、「子規の自身の存在を確認する感覚（＝自分が生きているという実感を抱くこと）」であった

となるだろう。こうした内容に合致する③**が正解**。

①は、「現状を忘れるための有意義な時間」が、②は、「自己の救済」が、⑤は、「作風に転機をもたらした」が、それぞれ根拠のない内容。④も、ガラス障子を通してであれ、実際に外界の景色を眺めているのだから、「外の世界への想像」が根拠のない内容。

問3　傍線部の理由を説明する問題　7　②

映画研究者のアン・フリードバーグは、屋内と外界とを区切る窓が、外界の風景を切り取るフレームとなることで、三次元（＝立体）である外界を二次元（＝平面）であるスクリーンに変えることを述べている。筆者はこれを踏まえて、子規の書斎のガラス障子も、

a　外界の景色を切り取り

b　外界をスクリーンのように二次元（＝平面）として眺める働きをする

ことになり、そうであるがゆえに、ガラス障子は「視覚装置」（＝見ることのできる仕掛け）となる、と述べている。こうした内容に合致する②**が正解**。

①は、「外界を室内に投影」が、③は、外界と室内を「切り離したり接続したり」が、④は、「新たな風景の解釈を可能にする」が、⑤は、「絵画に見立てる」が、それぞれ根拠のない内容。

問4　傍線部に関する内容を説明する問題　8　⑤

【文章Ⅰ】の第6段落～最終段落で述べられている、ル・コルビュジエにとっての、建築における窓の特徴と効果は、次のように整理できる。

a　窓は、換気よりも「視界と採光」を優先し、外界を切り取るフレームとなる。その結果として、窓の「アスペクト比」（ディスプレイの長辺と短辺の比）の変更をもたらした

b　風景を眺めるために、壁を建て視界を閉ざし、壁の要所要所に窓（開口部）を設け、視界を限定することで風景の広がりを感じることができる

こうした内容に合致する⑤**が正解**。

①は、「風景がより美しく見えるようになる」が、②は、「居住性を向上させる」が、③は、「アスペクト比の変更を目的とした」が、④は、「囲い壁を効率よく配置」や「風景への没入」が、それぞれ根拠のない内容。

問5　傍線部に関する内容を説明する問題　9　③

住居から外部の風景を眺める際に、壁と窓が、景色とどのような空間的な構造となるのか。これに関して、【文章Ⅱ】の第五段落・第六段落で述べられている内容を整理すると、次のようになる。

住居の内部と風景は、壁によって隔てられる。その壁の一部分のみに開口された窓は、内部から外部を眺めるにあたって「動かぬ視点」とな

る。視点が、動かぬことによって住居の中は、沈思黙考し瞑想するにふさわしい場となる

こうした内容に合致する**③が正解**。

①は、「仕事を終えた人間の心を癒やす」が、②は、「人間が風景と向き合う」が、④は、「住宅は風景を鑑賞するための空間」が、⑤は、「自己省察するための空間」が、それぞれ根拠のない内容。

問6　生徒の「話し合いの様子」における空欄を補充する問題

(i)　**引用の仕方に関して空欄 X を補う問題** 10 ④

【文章Ⅰ】で引用されているが、【文章Ⅱ】で省略されているのは、

a　周囲の壁で視界を遮り、次に、壁に開口された窓が風景の広がりを感じさせる

という内容である。

逆に、【文章Ⅱ】で引用されているが、【文章Ⅰ】で含まれていないのは、

b　三方に視界を遮る壁を設けることにより、囲われた「庭」を形成する

という内容である。こうしたa・bの内容に合致する**④が正解**。

①は、「壁の圧迫感」が、②は、「どの方角を遮るかが重要視されている」が、それぞれ根拠のない内容。③は、「外部を遮る壁の機能」が間違い。壁は、「視界を閉ざす」(=遮る)のであり、外部を遮断するわけではない。

(ii)　**【文章Ⅰ】における子規の話題に関して空欄 Y を補う問題**

11 ②

空欄 Y は、**【文章Ⅰ】**で、子規のことが取り上げられた理由に関して発言している。**【文章Ⅰ】**の第1段落～第3段落では、子規が、書斎のガラス障子を通じた外界の眺めに、自分のよりどころを求めていたことにふれ、第5段落でそのガラス障子が「視覚装置」になっていたと述べられている。これを受けて、ル・コルビュジエが、視覚装置としての窓をきわめて重視していたことへと論が進んでいる。

つまり、**ル・コルビュジエが、居住者と風景の関係を考慮して窓を捉えていたことを論じる前に、その導入として、子規の部屋のガラス障子が風景を眺めるための視覚装置となっていたことを示している**のである。こうした内容に合致する**②が正解**。

①は、「現代の窓の設計に大きな影響を与えた」が、③は、「採光によって美しい空間を演出した」が、④は、「住み心地の追求」が、それぞれ根拠のない内容。

(iii)　**【文章Ⅰ】と【文章Ⅱ】の関連に関して空欄 Z を補う問題**

12 ③

空欄 Z は、建物が、沈思黙考や瞑想の場としてあることを論じている**【文章Ⅱ】**の主旨を踏まえて、**【文章Ⅰ】**の子規に関する内容を、どのように解釈できるかについての発言である。〈建物は沈思黙考や瞑想の場である〉という点と対応する内容に注意しながら、**【文章Ⅰ】**で子規に関して述べられている事柄を整理すると、

a　病で体を動かすことができなかった

b　ガラス障子から見える、庭での季節の移ろいを眺めていた

c　絶望的な気分になりながらも、bに、自身の存在を確認していた

となる。こうした内容に合致する**③が正解**。なお、「動かぬ視点を獲得した」は、a・bの、子規にとっての景色が庭に限定されていたことに対応し、「沈思黙考の場として機能していた」は、cに対応する。

①は、「子規の書斎」が「宗教建築として機能していた」が、②は、「病

で外界の眺めを失っていた」が、それぞれ【文章Ⅰ】において根拠のない内容。④は、【文章Ⅱ】とは関連づけられていない内容になっている。

第2問　現代文（文学的文章）

【出典】

本文は梅崎春生の小説「飢えの季節」（一九四八年発表）の一節。【資料】は本文の理解を深めるためにWさんのクラスの教師から提示されたものであり、【構想メモ】はその【資料】を参考に「マツダランプの広告」と本文の「焼けビル」との共通点を踏まえて「私」の「飢え」を考察、【文章】はそれをもとにしてWさんが作成したものである。

梅崎春生（うめざき・はるお）（一九一五年～一九六五年）は、日本の小説家。福岡市生まれ。著作に『桜島』（一九四七年）、『ボロ屋の春秋』（一九五五年）、『砂時計』（一九五五年）、『幻化』（一九六五年）などがある。

【本文解説】

今年の共通テストは、本文に加え、別のテキスト（本文の理解のためにWさんのクラスの教師から提示された【資料】を参考にしてWさんが作成した【構想メモ】【文章】）を踏まえながら解答する設問（問7）が出題された。

本文は、終戦直後の食糧難の中でいつも空腹だった「私」が、看板広告の会議で自分の構想が批判され（Ⅰ）、その夕方、老人からの物乞いを断り、一方で自分の飢えている日常を振り返り（Ⅱ）、その後、給料の安い会社にしがみついていても飢えから脱する可能性がないと思い、具体的な未来像を持つこともないままに会社を辞めてしまう（Ⅲ）、という物語である。

順次その内容を確認していこう。

本文

Ⅰ　会議での会長の「私」への批判（リード文～腹を立てていたのであった。）

終戦直後の日本で常に空腹を抱えている主人公の「私」は、広告会社に採用され、「大東京の将来」をテーマにした看板広告を練るように命じられた。常に空腹であった「私」は都民が飢えることがないような看板を提案し、自分なりに「晴れがましい気持」だった。しかし、その提案は「てんで問題にされ」ず、会長からは「一体何のためになると思うんだね」と提案の主旨への批判まで出る始末だった。

会長の批判は「私」の提案が金儲《もう》けに繫《つな》がっていないことを指摘するものだった。そこで「私」は、この会社が「戦争中情報局と手を組んで……仕事をやっていたというのも、憂国の至情（＝私的利害よりも国家のために働くことをよしとする心情）にあふれてからの所業ではなくて、たんなる儲け」のためであり、「戦争が終《おわ》って情報局と手が切れて、掌をかえしたように文化国家の建設の啓蒙《けいもう》をやろうというのも、私費を投じた慈善事業」ではなく金儲けのためであることに気づき、そうしたことも考えず、自分の夢だけを詰め込んだ看板の提案をした「自分の間抜けさ加減に腹を立てていた」。

Ⅱ　物乞い老人と「私」自身の飢え（その夕方～経っているわけであった。）

常に空腹を抱えていた「私」は給料さえもらえればよかったので、提案のやり直しを引き受けた。その夕方、「私」は空腹で倒れそうな老人から食事をめぐんでほしいと要求されたが、「私」も空腹だからと断った。しかし、その老人はなおも食い下がって何度も要求する。そうした老人を前にして自分も生活が苦しいのだから「これ以上自分を苦しめて呉れるな」と思いながらも、その老人から逃れたくて「自分でもおどろくほど邪険な口調で」「駄目だ」と言った。

その出来事の後、「私」は終戦後の日本にいる周囲の豊かな人や貧しい人などのありように思いを巡らせているうちに、「食物のことばかり妄想し、こそ泥のように芋や柿をかすめている私自身の姿」の先にある「おそろしい結末」を想像し、「身ぶるいした（＝恐ろしさで体がふるえた）」。

Ⅲ　食える当てもないまま会社を辞める「私」（私の給料が月給でなく～最終行）

常に空腹を抱え、会社から給料さえもらえればよいと思っていた「私」に庶務課長が伝えた給料はあまりに安過ぎた。課長が将来の待遇なども語るが、この金額では食べていくことができないと判断した「私」は課長に会社を辞めることを告げる。

その一方で、「私」はこの会社を辞めたらどうなるのかという危惧も抱く。それでも「ふつうのつとめをしていては満足に食べて行けないなら、私は他に新しい生き方を求めるよりなかった」。「盗みもする必要がない、静かな生活を、私はどんなに希求していたことだろう。しかしそれが絶望であることがはっきり判ったこの瞬間」「私はむしろある勇気がほのぼのと胸にのぼってくるのを感じていた」。

【設問解説】

問1　会議で会長に批判された「私」の様子を問う問題　13　①

終戦直後の日本で常に空腹を抱えている主人公の「私」は、広告会社に採用され、「大東京の将来」をテーマにした看板広告を練るように命じられた。常に空腹である「私」は都民が飢えることがないような看板を提案し、自分なりに「晴れがましい気持」だった。しかし、その提案は「てんで問題にされ」ず、会長からは「一体何のためになると思うんだね」と提案の主旨への批判まで出る始末だった。それを受けて会長の理解を求めようと「私はあわてて説明した」のだから、こうした内容がおさえられている**①が正解**。

②は、会議に出る前から「会長も出席する」かどうかという情報は本文に書かれていない。

③は、「明確にイメージできていなかった」がおかしい。「私」は都民が飢えることがないような看板を提案し、自分なりに「晴れがましい気持」だった以上、「明確」な「イメージ」はあったはずである。

④は、「都民の現実を見誤っていた」がおかしい。「私」は自分を含め都民の過酷な食糧事情を考えて、この提案をしている。

⑤は、「会長からテーマとの関連不足を指摘され」がおかしい。そもそも「私」の提案は「てんで問題にされなかった」のだから、「関連不足」の点で批判されたのではない。

問2　会議で「私」が腹が立ってきた理由を問う問題　[14]　⑤

会長の批判は「私」の提案が金儲けに繋がっていないことを指摘するものだった。そこで「私」は、この会社が「戦争中情報局と手を組んで……仕事をやっていたというのも、憂国の至情（＝私的利害よりも国家のために働くことをよしとする心情）にあふれてからの所業ではなくて、たんなる儲け」のためであり、「戦争が終って情報局と手が切れて、掌をかえしたように文化国家の建設の啓蒙をやろうというのも、私費を投じた慈善事業」ではなく金儲けのためであることに気づき、そうしたことも考えずに、自分の夢だけを詰め込んだ提案を「晴れがましい気持」で出した「自分の間抜けさ加減に腹を立てていた」。こうした内容がおさえられている**⑤が正解**。

①は、会社の掲げた「理想」の「真意を理解せず」がおかしい。理解したと思ったからこそ「私」は営利抜きの提案をした。また「自分の浅ましさ」に怒りを覚えたわけでもない。

②は、この会社は戦時中も営利を目的にしていたのだから、「戦時中には国家的慈善事業を行っていた会社」がおかしい。また「暴利をむさぼるような経営」に「自分が加担させられていること」を「自覚」したことに怒りを覚えたわけでもない。

③は、この会社は戦時中も戦後も一貫して営利を目的にしているのだから、「戦後に営利を追求するようになった会社」がおかしい。また「会長があきれるような提案しかできなかった自分の無能さ」が「恥ずかしくなって」怒りを覚えたわけでもない。

④は、「自分の安直な姿勢」に「自嘲の念」が「湧いてき」て怒りを覚えたわけではない。「私」は会社の意図を自分なりに汲み取り、「晴れがましい気持」を抱きつつ、きちんとした提案をしたのだから、「安直な姿勢」ではない。

問3　老人の要求を拒絶するに至る「私」の心の動きを問う問題　[15]　⑤

常に空腹を抱えていた「私」は給料さえもらえればよかったので、提案のやり直しを引き受けた。その夕方、「私」は空腹で倒れそうな老人から食事をめぐんでほしいと要求されたが、「私」も空腹だからと断った。しかし、その老人はなおも食い下がって何度も要求する。そうした老人を前にして自分も生活が苦しいのだから「これ以上自分を苦しめて呉れるな」と思いながらも、その老人から逃れたくて「自分でもおどろくほど邪険な口調」で「駄目だ」と言った。こうした内容がおさえられている**⑤が正解**。

①は、「自分より、老爺の飢えのほうが深刻だと痛感した『私』」がおかしい。傍線部の直前の「老爺よりもどんなに私の方が頭を下げて（食事をめぐんでくれと）願いたかったことだろう」という表現と矛盾する。

②は、「周りの視線を気にしてそれもできない自分へのいらだち」が本文から読み取れない。

③は、「食物をねだり続ける老爺に自分にはない厚かましさ」を「感じた」ことが本文から読み取れない。

④は、「私」の「後ろめたさに付け込」む意図が老爺にあったかどうかは本文から読み取れない。

問4　飢えのために窃盗まで想像している「私」の状況と心理を問う問題　[16]　①

物乞いの老人の要求を拒絶した後、「私」は終戦後の日本にいる周囲の豊かな人や貧しい人などのありように思いを巡らせているうちに、「食物のことばかり妄想し、こそ泥のように芋や柿をかすめている私自身の姿」の先にある「おそろしい結末」を想像し、「身ぶるいした（＝恐ろしさで体がふるえた）」。こうした内容がおさえられている**①が正解**。

②は、「私」は周囲の豊かな人や貧しい人などのありように思いを巡らせているのだから「ぜいたくに暮らす人びとの存在に気づいた『私』」という表現では不十分である。また「こそ泥のように芋や柿をかすめている

私自身の姿」を想像していることを、「農作物を生活の糧にすることを想像し」と表現するのでは不十分である。この表現では泥棒なのか農夫なのかが不明である。

③は、「私」は周囲の豊かな人や貧しい人などのありように思いを巡らせているのだから「したたかに生きる人びとに思いを巡らせた『私』」という表現では不十分である。また「こそ泥のように芋や柿をかすめている私自身の姿」という泥棒の生き方を「不器用な生き方」と表現するのもおかしい。

④は、「こそ泥のように芋や柿をかすめている私自身の姿」を「さらなる貧困に落ちるしかない」と表現するのはおかしい。

⑤は、「こそ泥のように芋や柿をかすめている私自身の姿」と食糧にばかり関心が向いているからといって、「社会の動向を広く認識できていなかった」と表現するのはおかしい。

問5　庶務課長に対する「私」の発言を問う問題　17　①

常に空腹を抱え、会社から給料さえもらえればよいと思っていた「私」に庶務課長が伝えた給料はあまりに薄給過ぎた。課長が将来の待遇なども語るが、この金額では食べていくことができないと判断した「私」は課長に会社を辞めることを告げる。こうした内容がおさえられている**①が正解**。

②は、「薄給」の理由が会社の「営利主義」にあったと断定できるかどうかは本文からは読み取れない。また、課長が「口先だけ景気の良いことを言」っているかどうかも不明である。

③は、傍線部の発言は「ぞんざいな言い方」とは言えない。

④は、本文の「それも一日三円の割であることを知ったときの私の衝動はどんなであっただろう」という表現からすると「月給ではなく日給であることに怒りを覚え」は不十分である。また「私」が「課長に何を言っても正当な評価は得られないと感じて」いるかどうかも本文から読み取れない。

⑤は、「課長が本心を示していないことはわかる」という内容は本文から読み取れない。また「私」は「此処《ここ》を辞める決心をかためていた」のだから「私」の発言は「負け惜しみ（＝負けていないと理屈をつけて言い張ること）のような主張」ではなく、自分の本心を示しただけのものである。

問6　自分の飢えを満たしてくれない会社を辞めた「私」の心情を問う問題　18　④

課長に会社を辞めることを告げた「私」は、その一方で、この会社を辞めたらどうなるのかという危惧を抱く。それでも「ふつうのつとめをしていては満足に食べて行けないなら、私は他に新しい生き方を求めるよりなかった」。「盗みもする必要がない、静かな生活を、私はどんなに希求していたことだろう。しかしそれが絶望であることがはっきり判ったこの瞬間」「私はむしろある勇気がほのぼのと胸にのぼってくるのを感じていた」。こうした内容がおさえられている**④が正解**。

①は、「その給料では食べていけないと主張できた」から「自由に生きようと徐々に思い始めている」という因果関係は本文から読み取れない。

②は、「課長に言われた言葉を思い出す」から「自信が芽生えてき」たという因果関係は本文から読み取れない。

③は、「物乞いをしてでも生きていこうと決意を固めている」ことが本文から読み取れない。

⑤は、「課長が自分に期待していた事実があることに自信を得」たから「新しい生活を前向きに送ろう」と思ったという因果関係は本文から読み取れない。

問7　【資料】【構想メモ】【文章】を踏まえて本文の内容を問う問題

小問(i)(ii)について考える前に、**【資料】【構想メモ】【文章】**の内容を確認しておく。

【資料】

「広告」と「補足」から読み取れることは、

「マツダランプの広告」が戦中・戦後と「電球を大切にして下さい」という同じことを主張していることである。

【構想メモ】

(1) 戦中・戦後も物資が不足している。戦前の広告を戦後に再利用している。

(2) 「マツダランプの広告」と「焼けビル」には共通点がある。

【文章】

【資料】の中の「マツダランプの広告」と、本文で描かれた「焼けビル」と会長の仕事のやり方の共通点＝ Ⅰ

「かなしくそそり立っていた」という「焼けビル（＝『私』の勤めていた会社の入っているビル）」が象徴するもの＝ Ⅱ

(i) **【文章】の中の Ⅰ に入るものを選ぶ問題** 19 ③

戦中も戦後も「電球を大切にして下さい」と同じことを主張している「マツダランプの広告」と戦中・戦後と存在する「焼けビル」の共通点は、戦中・戦後と変化しないことである。さらに Ⅰ の直後にある「本文の会長の仕事のやり方とも重なる」という表現も、戦中・戦後と会長の考えが変化していないことを意味している。こうした内容がおさえられている**③が正解**。他の選択肢に関しては、**【資料】【構想メモ】【文章】**の全てにおいて焦点が当てられているのは物資不足である以上、戦中・戦後で変わらないものとして、①「戦時下の軍事的圧力の影響」、②「戦時下に生じた倹約の精神」、④「戦時下の国家貢献を重視する方針」といったことを指摘するのがおかしい。

(ii) **【文章】の中の Ⅱ に入るものを選ぶ問題** 20 ②

この設問では Ⅱ の直前の「本文の最後の一文に注目して『私』の『飢え』について考察すると」という表現が解答を決める鍵となる。本文の最後の一文では「この焼けビルは、私の飢えの季節の象徴のようにかなしくそそり立っていた」ということが述べられている。したがって、この内容がおさえられている**②が正解**。他の選択肢に関しては、①「給料を払えない会社」、③「今までの飢えた生活……との決別」、④「飢えから脱却する勇気を得たこと」が本文の最後の一文の内容とずれている。

第3問　古文

【出典】

『俊頼髄脳』
成立年代　平安時代後期
ジャンル　歌論
作者　源俊頼
内容　源俊頼が、関白藤原忠実《ただざね》の娘の勲子《くんし》のために述作したものである。和歌を詠むための手引き書として書かれたものだが、和歌の種類、和歌の効用、題詠、秀歌の例など幅広い内容が記され、作歌のための実用書として、和歌説話も豊富に取り込んで具体的な心得を説いている。今回の本文も、和歌説話的な箇所からの出題であった。

〈問4に引用されている文章〉

『散木奇歌集』
成立年代　平安時代後期
ジャンル　歌集
作者　源俊頼
内容　俊頼は『万葉集《まんようしゅう》』以来の古典に精通し、新奇な表現や俗語を多用して、独自の新風を展開したが、晩年に自らの和歌を集大成したものが『散木奇歌集』で、一六二二首（重複三首）を収める。十巻。勅撰《ちょくせん》和歌集のように、整然と部立て（＝和歌を四季・恋・雑などの部に分けること）がなされている。「散木」は「役に立たない木材」の意だが、これは、俊頼が白河《しらかわ》上皇の命令により第五番目の勅撰和歌集『金葉《きんよう》和歌集』を撰進するなど歌道の権威でありながら、官人としては従四位上《じゅしいじょう》の木工頭《もくのかみ》で終わったことによる。

【全文解釈】

皇后に仕える役人たちが集まって、（船遊びに使う）船をどうしたらよいか（と相談して）、紅葉（した枝）をたくさん取りに行かせて、（それを）船の屋根にして、船を操作する人は従者で若いような従者を指名したので、（指名された従者は）急いで狩袴を（今回の催しにふさわしいように）染めるなどして派手に準備をした。その（船遊びの）日になって、人々が、皆参集した。「御船は準備しているか」とお尋ねになったところ、「すべて準備しています」と申し上げて、その（船遊びの）時になって、（頼通《よりみち》邸の庭の池の）島陰から漕ぎ出した船を見ると、どこまでも、（磨き上げて）ひたすら輝いている船を二艘《そう》、飾り立てて出て来た様子は、たいそう風情があった。

人々は、皆分かれて（船に）乗って、楽器の数々を、皇后寛子《かんし》からお借りして、そのこと（＝楽器の演奏）をする人々を、（船の）前方に座らせて、徐々に船を動かすうちに、南の普賢堂《ふげんどう》に、宇治《うじ》の僧正が、（当時は）僧都の君と呼び申し上げた時で、御修法をしていらっしゃったのだが、このようなことがあるということで、あらゆる僧たち、（すなわち）年配の僧や、若い僧が、集まって、庭に並んで座っていた。寺院で召し使われる稚児《ちご》や、供の法師にいたるまで、花模様の刺繡の装束で着飾って、（僧たちの）後ろに下がって群がって座っていた。

その中に、良暹という歌人がいたのを、殿上人が、見知っていたので、「良暹が伺候しているのか」と尋ねたところ、良暹は、目を細めて笑って、平伏して伺候して（返事をしないで）いたので、そばに若い僧がいたのが気づいて、「そうでございます」と申し上げたところ、「あの者を、船にお呼び寄せになって乗せて連歌などをさせるようなことは、どうであろうか」と、もう一艘の船の人々に相談し申し上げたところ、「どうであろうか。（そう）するべきではない。後世の人が、そうしなくて（＝良暹を船に乗せなくて）もきっとよかったことだなあと申し上げるだろうか」などと言ったので、それももっともなことだということで、乗せないで、ただそのまま（の場所で）連歌などはさせてしまおうなどと決めて、（良暹の）近くに（船を）

漕ぎ寄せて、「良暹よ、（この場に）ふさわしい連歌などを詠んで献上せよ」と、人々が申し上げなさったところ、（良暹は）相当な者であって、もしかしたらそのようなこともあるだろうかと思って準備していたのであろうか、（人々の言葉を）聞いたのに従ってすぐにそばの僧に何か言ったところ、その僧が、もったいぶって船の方に近づいていって、

「（屋根に飾った）紅葉の葉が焦がれ（＝色づい）て、自然と漕いで（池を進んでいくのが）見える御船だなあ。

と申し上げているのです」と言いかけ申し上げて帰った。

（良暹に呼びかけた）人々は、これを聞いて、二艘の船（に乗っている人々）に聞かせて、（句を）付けようとしたがなかなか付けられなかったので、船を漕ぐともなくて、ゆっくり築島をめぐって、一周する間に、（句を）付けて言おうとしたが、付けることができなかったので、むなしく（一周が）終わってしまった。「どのようか」「遅い」と、互いに二艘の船（の人々）が言い争って、二周（めぐること）になってしまった。やはり、付けることができなかったので、船を漕がないで、島の陰で、「どう考えてもよくないことだ、これ（＝良暹の句）に対して今まで（句を）付けないことは。日はすっかり暮れてしまった。どうしたらよいだろうか」と、今は、（句を）付けようという気持ちはなくて、付け（ることができ）ないで終わってしまうようなことを嘆くうちに、何もわからなくなってしまった。

仰々しく楽器をお借りして船に乗せていたのも、少しも、かき鳴らす人もいなくて終わってしまった。こう言い議論するうちに、普賢堂の前にあれほど多くいた人は、皆座を立ってしまった。人々は、船から下りて、（皇后の）御前で詩歌管絃の遊びをしようなどと思ったけれども、このことのせいで思う通りにはならないで、皆逃げてそれぞれ姿を消してしまった。皇后に仕える役人は、準備をしたけれども、無駄に終わってしまった。

〈問4に引用されている文章〉

人々が大勢石清水八幡宮の御神楽に参上したときに、催しが終わって次の日、別当法印光清の堂の池の釣殿に人々が並んで座って楽しんでいたときに、「（私）光清は、連歌を作ることには心得があることと思われる。たった今連歌（の句）を付けたい」などと申し上げていたので、形ばかりということで申し上げた（句）、

釣殿の下には魚が住まないのだろうか。　俊重

光清はしきりに考えたけれども、付けることができないで終わってしまったことなどを、（家に）帰って（俊重が）語ったので、試しにということで（付けた句）、

釣殿の梁ではないが、釣針の影が池の底に映って見えていることだ。

俊頼

【設問解説】

問1　短語句の解釈問題　21 ③　22 ④　23 ②

(ア)　やうやうさしまはす程に

やうやう	さしまはす	程	に
副詞	動詞 サ行四段活用「さしまはす」連体形	名詞	格助詞

やうやう

1　さまざま。いろいろ。
2　徐々に。次第に。だんだんと。
3　やっとのことで。かろうじて。
＊1は「様様」、2・3は「漸う」と表記される。

程

1　時間的な程度
　ア（～している）間。うち。

イ（〜の）ころ。
ウ　時間。
2　空間的な程度
ア　距離。
イ　広さ。
ウ（〜の）あたり。
3　人事に関わる程度
ア　身分。家柄。
イ　年齢
4　事物の程度
ア　程度。様子。

「やうやう」の意味に該当するのは、②「あれこれ」（前記1）、③「徐々に」・④「次第に」・⑤「段々と」（いずれも前記2）である。「程」の意味に該当するのは、②・③「うち」（前記1ア）、⑤「ころ」（前記1イ）である。「さしまはす」は、「まはす」に接頭語「さし」が付いたもので、文脈から意味を判断することになる。

傍線部の前から傍線部にかけての部分では、主語「人々」の行為として「乗り分かれ」「申し出だし」「おき」「さしまはす」と述語が続き、「そのことする人々」は管絃の演奏をする人々を指す。つまり、文頭の「人々」が、船に乗り分かれ、楽器を借り、演奏する人々を前に置いて、「さしまはし」ているという文脈である。このように、乗船中の人々が主語であることから、傍線部の「さしまはす」は、③「船を動かす」の意と解するのが正しい。⑤は「そのことする人々」を主語としなければならない点や、「さしまはす」を「演奏が始まる」とは解釈できない点が誤りである。**正解は③**である。

(イ) ことごとしく歩みよりて

形容詞 シク活用「ことごとし」連用形	動詞 ラ行四段活用「歩み寄る」連用形	接続助詞
ことごとしく	**歩みより**	**て**

ことごとし
1　仰々しい。大げさだ。ものものしい。

「ことごとしく」の意味に該当するのは、④「もったいぶって」だけである。

「歩みよりて」の解釈について文脈を確認すると、ここは良暹のそばにいた僧が良暹の詠んだ句を聞き、取り次ぐために船に近づいて、殿上人たちに言いかけたという場面なので、「船の方に近づいていって」という④の解釈は適当である。**正解は④**でよい。

(ウ) かへすがへすも

副詞	係助詞
かへすがへす	**も**

かへすがへす
1　何度も。
2　どう考えても。つくづく。重ね重ね。
3　ひとえに。非常に。

「かへすがへす」の意味に該当するのは、②「どう考えても」のみである。

「かへすがへす」は副詞で、その後の「わろきことなり」に係る。②以外は、「かへすがへす」を動詞の連体形と考える解釈である。①は「繰り返す」、③は「句を返す」、④は「引き返す」、⑤は「話し合う」と、それぞれ意味は異なるが、動詞の連体形として解釈する点は同じである。しかし、「かへすがへす」に動詞の働きはない。文脈は、傍線部の後に「付けでやみなむことを嘆く」とあり、貴族たちが良暹の句によい付け句を思いつかずに困る場面なので、②で解釈して「どう考えてもよくないことだ」とするのは文脈に合うが、それ以外の選択肢は文脈にも合わない。よって、**正解は②**。

問2　語句と表現に関する説明問題　24　③

①は、「若からむ」の「らむ」を「現在推量の助動詞」としている点が不適当である。波線部**a**は、品詞分解をすると、次のようになる。

形容詞 ク活用 「若し」 未然形	助動詞 婉曲 「む」 連体形
若から	**む**
若い	ような

「若から」は、形容詞の活用のしかたから、ク活用形容詞「若し」の未然形だと判断できる。「らむ」の部分が助動詞「らむ」であれば、終止形（ラ変型活用語は連体形）に接続するが、「若か」はそれに該当せず、接続が合わない。推定の助動詞「なり」「めり」や、推量の助動詞「べし」などがラ変型活用語の連体形に接続すると、連体形活用語尾が撥音便（あるいは撥音便の無表記）となるが、「らむ」は一般にはそのような撥音便化はおきない。形容詞の補助活用（カリ系列の活用）もラ変型活用だが、「若からむ」の「若か」を連体形の撥音便無表記と考えることは不適当である。

②は、「侍り」について、「読み手への敬意を込めた表現」としている点が不適当である。波線部**b**は、品詞分解をすると、次のようになる。

副詞	助動詞 断定 「なり」 連用形	動詞 ラ行変格活用 「侍り」 終止形
さ	**に**	**侍り**
そう	で	ございます

「に」は、非活用語である副詞「さ」に接続しており、「～に侍り」を「～でございます」と訳すことができる。よって、「に」は断定の助動詞「なり」の連用形、「侍り」は丁寧の補助動詞である。また、波線部**b**は会話文であり、会話文中の丁寧語は、話し手から聞き手への敬意を表す。ここは、殿上人が良暹に声をかけたところ、良暹が平伏して答えないので、そばの若い僧が代わりに答える場面である。よって、「侍り」は話し手の「若き僧」から、聞き手の「殿上人」への敬意を込めた表現になっている。

③が正解である。波線部**c**は、品詞分解をすると、次のようになる。

動詞 カ行下二段活用 「まうく」 連用形	助動詞 完了 「たり」 連用形	助動詞 過去 「けり」 連体形	助動詞 断定 「なり」 連用形	係助詞 疑問
まうけ	**たり**	**ける**	**に**	**や**
準備し	てい	た	のであろ	うか

「や」は係助詞で、後に「あらむ」などが省略されている。この「にやあらむ」は「～であろうか」などと訳すことができ、「や」は疑問の係助詞である。このように、文中に係り結びの表現「や……連体形」「か……連体形」があり、そこで文が終わっていない場合は、係り結びを含む部分に、その後に続く内容について、作者や語り手の想像・推測が表されていると考えてよい。ここは、良暹が船に乗っている殿上人から連歌を詠むように言いかけられ、すぐに句を詠んだことに関して、良暹は、歌詠みとして相当な者であるから、もしかすると和歌を披露するようなこともあるかもしれないとあらかじめ予想していたのではないかと、作者が推測して

「まうけたりけるにや」と表現しているのである。

④は、「ぬ」を「強意の助動詞」としている点が不適当である。波線部**d**は、品詞分解をすると、次のようになる。

名詞	副助詞	動詞 カ行下二段活用 「付く」 未然形	助動詞 打消 「ず」 連体形	係助詞
今	**まで**	**付け**	**ぬ**	**は**
今	まで	付け	ないの	は

「ぬ」の識別

1　打消の助動詞「ず」の連体形
《未然形に接続する》

2　完了の助動詞「ぬ」の終止形
《連用形に接続する》

＊未然形・連用形が同形の語に接続している場合は、「ぬ」の活用形で判断する。

波線部**d**の「ぬ」は、動詞「付け」に接続している。「付け」の終止形は「付く」で、カ行下二段活用動詞である。未然形も連用形も「付け」という形になるので、接続から「ぬ」を識別することはできない。そこで、この「ぬ」の活用形が何形かを考える。「ぬ」の直後には係助詞「は」があるが、「は」は活用語であれば連用形や連体形に付くので、「ぬ」は終止形ではなく連体形と判断できる。よって、「ぬ」は完了の助動詞「ぬ」ではなく、打消の助動詞「ず」の連体形である。したがって、「『人々』の驚きを強調した表現」という説明も、不適当である。

なお、完了の助動詞「ぬ」には強意の意味もあるが、「ぬ」が強意になるのは、直後に「む」「べし」などの推量の助動詞が付く場合であるので、この点からも、「強調した表現」とはいえない。

⑤は、「なり」を「推定の助動詞」としている点が不適当である。波線部**e**は、品詞分解をすると、次のようになる。

動詞 ヤ行下二段活用 「覚ゆ」 未然形	助動詞 打消 「ず」 連用形	動詞 ラ行四段活用 「なる」 連用形	助動詞 完了 「ぬ」 終止形
覚え	**ず**	**なり**	**ぬ**
わから	なく	なっ	てしまった

「なり」の識別

1　断定の助動詞「なり」
《非活用語・連体形に接続する》

2　伝聞・推定の助動詞「なり」
《終止形（ラ変型活用語は連体形）に接続する》

＊ラ変型活用語の連体形に接続する時、連体形の活用語尾が「ん」と撥音便化したり、「ん」が表記されない場合がある。

3　ラ行四段活用動詞「なる（成る）」
「ーと」「ーに」、形容詞の連用形「ーく」「ーしく」、または、打消の助動詞の連用形「ーず」などの後にあることが多い。

＊動詞「なる」は、「鳴る」（ラ行四段活用）や「馴《な》る」（ラ行下二段活用）などの場合もある。

4　ナリ活用形容動詞の活用語尾
物事の様子や状態を表す語に「ーかなり」「ーやかなり」「ーげなり」が付いている場合は、全体で一語の形容動詞と考えてよい。

波線部**e**の「なり」は助動詞「ず」に接続している。「ず」は活用形から連用形か終止形だとわかるが、ここで注意が必要なのは、「ず」は、直後に助動詞が続く場合は原則として補助活用（ザリ系列の活用）となるということである。よって、「ず」を終止形、「なり」を伝聞・推定の助動詞と考えることはできない。「ず」は連用形で、「なり」は前記3のラ行四段活用動詞「なる」の連用形と考えるのが適当である。「～ずなる」という形になった場合は、「～なくなる」「～ないで終わる」などと訳すことも、あわせて覚えておくとよい。また、波線部**e**の「なり」は推定の助動詞ではないのだから、選択肢の「今後の成り行きを読み手に予想させる」という説明も不適当である。

問3　段落の内容についての説明問題　25　⑤

1～3段落の内容説明の問題である。選択肢の内容と対応する箇所を探して丁寧に訳し、選択肢と照らし合わせることが大切である。

①は、「当日になってようやく……準備し始めた」が不適当である。宮司の船の準備の様子は1段落に記されている。

船をばいかがすべき、紅葉を多くとりにやりて、船の屋形にして、……その日になりて、人々、皆参り集まりぬ。（1段落1・2行目）

宮司は、「紅葉を多くとりにやりて、船の屋形にして」とあるように、事前に紅葉の葉で船の飾り付けなどの準備をしている。「その日になりて、人々、皆参り集まりぬ」とあるが、この「人々」とは船に乗る殿上人たちであって、宮司が当日になってやっと準備を始めたということではない。

②は、「祈禱を中止し、供の法師たちを庭に呼び集めた」が不適当である。宇治の僧正については2段落に記されている。

南の普賢堂に、宇治の僧正、僧都の君と申しける時、御修法しておはしけるに、かかることありとて、……集まりて、庭にゐなみたり。童部、供法師にいたるまで、繡花装束きて、さし退きつつ群がれゐたり。（2段落2・3行目）

宇治の僧正は御修法をしていたが、祈禱を中止したとも供の法師たちを呼び集めたとも書かれていない。

③は、「良暹は、……船に乗ることを辞退した」が不適当である。良暹が船に乗らなかったいきさつについては3段落に記されている。

「あれ、船に召して乗せて連歌などせさせむは、いかがあるべき」と、いま一つの船の人々に申しあはせければ、「いかが。あるべからず。……」などありければ、さもあることとて、乗せずして、ただながら連歌などはせさせてむなど定めて、（3段落2～5行目）

船に乗った殿上人が、もう一艘の船の人々に、良暹を船に乗せて連歌をさせることはどうかと相談したのに対して、もう一艘の船の殿上人たちがそうするべきではないと反対したので、良暹を船に乗せないことに決めたのである。良暹が自ら辞退したのではない。また、「句を求められたことには喜びを感じていた」も、本文に根拠のない記述である。良暹は3段落のはじめで殿上人に声をかけられた際には「目もなく笑みて」と笑っているが、句を求められた際には、「かたはらの僧にものを言ひければ」と句を告げたことが書かれているだけである。

④は、連歌を行う理由について、「管絃や和歌の催しだけでは後で批判されるだろうと考え」としている点が不適当である。連歌を行うきっかけは、3段落に記されている。

その中に、良暹といへる歌よみのありけるを、……「あれ、船に召して乗せて連歌などせさせむは、いかがあるべき」と、いま一つの船の人々に申しあはせければ、「いかが。あるべからず。後の人や、さらでもありぬべかりけることかなとや申さむ」（3段落1～4行目）

③でも述べたように、ある殿上人が、歌人の良暹がいるのに気づいて、良暹に連歌をさせることを提案したのであって、「管絃や和歌の催しだけでは後で批判されるだろう」と考えたからではない。また、殿上人が考えた、後世の人からの批判の内容は、良暹を船に乗せることに対してのものであり、連歌をしないことへのものではない。

⑤が正解である。良暹のそばにいた若い僧については、3段落に記されている。

殿上人、見知りてあれば、「良暹がさぶらふか」と問ひければ、良暹、

目もなく笑みて、平がりてさぶらひければ、かたはらに若き僧の侍りけるが知り、「さに侍り」と申しければ、（3段落1・2行目）

殿上人が声をかけてきたとき、良暹は平伏して伺候していた。これは、良暹の「かしこまる」態度だといえる。そして、良暹がそのような態度のまま答えなかったので、そばにいた若い僧が、代わりに「さに侍り（＝そうでございます）」と答えたのである。

問4　別の文章を踏まえた本文の読解問題　26 ④　27 ①　28 ③

本文の作者源俊頼の私家集である『散木奇歌集』の一節を踏まえて、本文の理解を問う設問で、共通テスト古文の特徴的な設問である。『散木奇歌集』の一節を読んだ後の教師と生徒の会話が示され、生徒の発言中の空欄を埋めるというもので、会話の内容も参考にしながら、示された文章を読み、設問に取り組んでいくとよい。

(i)『散木奇歌集』の俊重の句と俊頼の句について、句の解釈とそのつながりが問われている。掛詞に注目するように促した教師の発言を受けて、生徒Bが空欄 **X** を含む発言をしているので、ここでは連歌における掛詞の判断がポイントとなる。なお、句の解釈においても、通常の文章を読むのと同様に、まず単語に分けて逐語訳をすることが肝要で、その逐語訳を踏まえた掛詞の判断が求められることに留意する。

まず、俊重の句について考える。

名詞	格助詞	名詞	格助詞	係助詞	名詞	係助詞 疑問	動詞「すむ」マ行四段活用 未然形	助動詞「ず」打消 未然形	助動詞「む」推量 連体形
釣殿	**の**	**下**	**に**	**は**	**魚**	**や**	**すま**	**ざら**	**む**
釣殿	の	下	に	は	魚が		住ま	ない	のだろう か

「すま」は、「釣殿の下には魚が」という内容に続いていることを考えると、「住む」の意であり。「魚やすまざらむ」は「魚が住まないのだろうか」と訳すことができる。

次に、俊頼が付けた句を考える。

名詞	格助詞	名詞	名詞	格助詞	動詞 ヤ行下二段活用「見ゆ」連用形	接続助詞
うつばり	**の**	**影**	**そこ**	**に**	**見え**	**つつ**
梁 (釣)針	の	影が	そこ 底	に	見え	ていることだ

「うつばり」は、（注4）に「屋根の重みを支えるための梁」と説明があり、ここでは釣殿の梁だと判断できる。また、「釣殿」は『散木奇歌集』の詞書にも「別当法印光清が堂の池の釣殿」とあるように、池のそばにある建物だから、「そこ」は池の「底」の意と考えられる。それらを踏まえて解釈すると、「梁の影が池の底に映って見えて」などとなる。句を付ける場合は、先に詠まれた句（ここでは、俊重の「釣殿の」の句）と内容がつながるように詠む必要があるが、この訳では、「釣殿の」の句と意味がつながらない。そういった場合は、修辞（ここでは掛詞）を考える。「釣殿の下には魚が住まないのか」という句に付けていることから、「うつばり」の「はり」には「（釣）針」の意味が掛けられていると考え、「梁ならぬ釣針の影が池の底に映って見えていることだ」などと解釈すると、「釣殿の下には魚が住まないのだろうか」という句とうまくつながる。よっ

て、それを説明している**④が正解**である。

①は、「魚やすまざらむ」を、「魚の姿が消えてしまった」と解釈している点が不適当であり、その理由として「皆が釣りすぎたせいで」とするのも、俊重の句からは読み取れない内容である。俊頼の句の説明の、「『そこ』に『底』を掛けて」は間違いではないし、「うつばり」の「はり」には「釣針」の意が掛けられているが、俊頼の句を「水底にはそこかしこに釣針が落ちていて、昔の面影をとどめている」と解釈することはできない。

②は、選択肢全体が不適当である。「すむ」に「心を休める」という意味はないので、俊重の句の「魚やすまざらむ」を「魚は心を休めることもできないだろうか」と解釈することはできないし、俊頼の句を、「うつ」に「鬱」を掛けてあると考えて「梁の影にあたるような場所だと、魚の気持ちも沈んでしまう」と解釈することもできない。

③は、まず、「魚やすまざらむ」を「魚の姿は見えない」と、「や」「む」を無視して解釈している点が不適当である。また、「すむ」が「住む」と「澄む」との掛詞となることはあるが、ここでは「澄む」の意で解釈しても意味が通じないので、「澄む」が掛けられていると考えることもできない。さらに、「そこ」は「あなた」の意で使われることもあるが、俊頼の句を「そこにあなたの姿が見えた」と解釈することはできず、ここでは「そこ」は「あなた」との掛詞であるとは考えられない。

(ii) 船に乗った殿上人が良暹の近くに船を漕ぎ寄せて、「ふさわしい連歌をせよ」と言ったのに応じて、良暹が詠んだ句の解釈の問題である。

名詞	格助詞	動詞 ラ行下二段活用「こがる」連用形	接続助詞	動詞 ヤ行下二段活用「見ゆ」連体形	名詞	終助詞 詠嘆
もみぢ葉	**の**	**こがれ**	**て**	**見ゆる**	**御船**	**かな**
紅葉の葉	が	焦がれ 漕がれ	て	見える	御船	だなあ

リード文にあるように、殿上人たちは、皇后寛子のために船遊びをしようとしている。紅葉で飾り立てた船に乗り、詩歌や管絃の遊びをして、皇后寛子を楽しませようとしたものと考えられる。そして、歌人でもあった良暹が、船に乗っている殿上人から、場にふさわしい連歌をせよと命じられて詠んだのがこの句である。このような状況から、「もみぢ葉」は、船に飾りつけられている紅葉を指し、「御船」は紅葉が飾られた、殿上人たちが乗っている船だと考えるのが適当である。「もみぢ葉の」に続いていることから「こがれ」は「焦がれ」と考えられ、ここでは紅葉が「色づく」ことを表すが、「こがれて見ゆる御船」と後に続くことから、「こがれ」には「漕がれ」の意味が掛けられていると考えるのが適当である。よって、これらを説明した**①が正解**である。

②は、選択肢全体が不適当である。寛子への恋心を伝えることは、殿上人と連歌をするという場にふさわしくなく、「寛子への恋心を伝えるために詠んだ」とは考えられないし、そもそも、良暹が寛子に恋心を抱いていたということも本文から読み取れない。よって、「こがれて」に「恋い焦がれる」の意が込められているとは考えられない。「御船」も、「御」という尊敬の意の接頭語が用いられているのだから、良暹自身をたとえたと考えることはできない。

③は、選択肢全体が不適当である。船遊びは皇后寛子のためのものであるが、句の逐語訳は「紅葉の葉がこがれて見える御船だなあ」となり、「もみぢ葉」と「御船」が比喩だとすると、たとえば、「紅葉の葉（＝寛子）がこがれて見える御船（＝藤原氏）だなあ」といった解釈となり、文意が通じない。よって、「頼通や寛子を賛美するために詠んだ句」ともいえない。

④は、「寛子やこの催しの参加者の心を癒やしたい」が、本文に根拠のない説明である。良暹は、船遊びの場にふさわしい連歌をするよう求められて詠んだのであり、寛子や殿上人などの心を癒やしたいと思って詠んだのではない。

(iii) 空欄 **Z** は、良暹の句に、別の人が七・七の句を付けることが求められているという状況を踏まえたうえで、4・5段落の内容を問う設問である。

①は、「良暹を指名した責任について殿上人たちの間で言い争いが始まり」が不適当である。本文4段落では次のようにある。

やうやう築島をめぐりて、一めぐりの程に、付けて言はむとしけるに、え付けざりければ、むなしく過ぎにけり。「いかに」「遅し」と、たがひに船々あらそひて、二めぐりになりにけり。（4段落1～3行目）

殿上人たちは、「良暹を指名した責任」について言い争ったのではなく、お互いに付句《つけく》ができないことについて、「遅い」などと言い争ったのである。

②は、「自身の無能さを自覚させられ、これでは寛子のための催しを取り仕切ることも不可能だと悟り」が不適当である。本文4段落には次のようにある。

付けでやみなむことを嘆く程に、何事も覚えずなりぬ。（4段落4・5行目）

良暹の句に、付句ができず、殿上人たちは「何事も覚えずなりぬ」というが、無能さの自覚が宴の中止の理由だとは書かれていない。

③が正解である。4段落の、池を二周してもまだ付句ができないという内容が、選択肢の「殿上人たちは良暹の句にその場ですぐに句を付けることができず」に合致し、5段落の「ことごとしく管弦の……いささか、かきならす人もなくてやみにけり」「人々、船よりおりて……皆逃げておのおの失せにけり」「宮司、まうけしたりけれど、いたづらにてやみにけり」が、選択肢の「催しの雰囲気をしらけさせたまま帰り」「宴を台無しにしてしまった」に合致する。

④は、「連歌を始めたせいで予定の時間を大幅に超過し」「せっかくの宴も殿上人たちの反省の場となった」が不適当である。殿上人たちが連歌で付句ができなかったために、庭で待っていた人々は帰ってしまったのであって、予定時間を超過したためとはいえない。また、殿上人たちは船から下りて、皆が姿を消してしまったのだから、宴は「反省の場」となってはいない。

第4問　漢文

【出典】

『白氏文集《はくしぶんしゅう》』全七十五巻（現存は七十一巻）。唐の白居易《はくきょい》の詩文集。中国本土だけでなく、朝鮮やわが国など漢字文化圏で広く流布した。わが国では、白居易の在世中に写本がもたらされて宮中を中心に大いに愛読され、それ以後の文学に多大な影響を与えた。本文は、巻四十六に収載の「族類を以て賢を求むるを請ふ」と題する文章である。

白居易（七七二～八四六）は、唐の詩人、字《あざな》は楽天。二十九歳で官吏登用試験に合格して中央官僚として活躍したが、権力闘争に巻き込まれてたびたび左遷された後は、、中央の官界の抗争を嫌って地方官を希望して歴任した。平明な語彙や表現を用いた新しい詩体を考案し、政治や社会を批判する「風《ふう》諭《ゆ》詩《し》」に巧みであった。

【本文解説】

本文は、リード文に記されている通り、白居易が官吏登用試験に備えて自作した**【予想問題】**と**【模擬答案】**である。ただし、**【出典】**でも説明したように、原典はひとつながりの文章であり、内容によって序論（問題提起）と本論とに分け、それぞれ便宜的に**【予想問題】**と**【模擬答案】**と見出しを付けた体裁である。

【予想問題】では、古来君主は賢者を登用したいと思っており、賢者は君主の役に立ちたいと思っているのに、君主と賢者が巡り会わないのはなぜか、と問題を提起する。つまり、主題は「君主が賢者を探す方法」である。

【模擬答案】は、形式段落で二つに分けられているので、順次内容を確認してみよう。

第一段落では、**【予想問題】**での問題提起を受けて、君主が賢者を得られず、賢者が登用の機会を得られない理由は、身分の差が大きく、朝廷と民間の距離が遠く、賢者にとって君主の存在があまりに遠いことであると、端的に解答を提示する。

第二段落では、賢者を探すには、賢者の「族類」（＝グループ）に注目し、その「族類」の者に適任者を推薦させる方法が最良であると主張する。そして、「糸と矢」という卑近な比喩を用いて詳述する。糸は針を、矢は弦を、それぞれ頼りとしなければ、糸も矢もそれ自身単独では働けない。「糸と矢」と同じように、賢者や善人もたった一人で行動するのではなく、賢者や善人同士で「族類」を成して互いに通じ合い助け合い、愚者や悪人もたった一人で事を行うのではなく、愚者や悪人同士で「族類」を成して通じ合い助け合う。「類は友を呼ぶ」という慣用句を思い浮かべるとわかりやすいだろう。同類の者同士が求め合って集まり、「族類」を成すのは、水が湿ったところに流れ、火が乾燥したところへ広がるのと同じように、「自然之理也」（自然の道理である）と結んでいる。

人材登用の理想は、任官希望者の一人一人の能力を見極め、能力ある者を適材適所に用いることであろう。しかし、実際に行うのは難しい方法である。そこで、作者の白居易は、「族類」に注目し、賢者の「族類」に属する者に、自分の仲間の中から適任者を推薦させる方法を考えたのである。人はそれぞれ個性を持っていて、それぞれ異なった人柄であるが、「同類の者同士は引き合い、寄り集まる」のも人の性質であろう。

【書き下し文・予想問題】

問《と》ふ、古《いにしへ》より以来《いらい》、君《きみ》たる者《もの》其《そ》の賢《けん》を求《もと》むるを思《おも》はざるは無《な》く、賢《けん》なる者《もの》其《そ》の用《よう》を効《いた》すを思《おも》はざるは罔《な》し。然《しか》れども両《ふた》つながら相遇《あひあ》はざるは、其《そ》の故《ゆゑ》は何《なん》ぞや。今之《いまこれ》を求《もと》めんと欲《ほっ》するに、其《そ》の術《じゅつ》は安《いづ》くに在《あ》りや。

【書き下し文・模擬答案】

臣聞《しんき》く、人君《じんくん》たる者《もの》其《そ》の賢《けん》を求《もと》むるを思《おも》はざるは無《な》く、人臣《じんしん》たる者《もの》其《そ》の用《よう》を効《いた》すを思《おも》はざるは無《な》しと。然《しか》り而《しかう》して君《きみ》は賢《けん》を求《もと》めんとして得《え》ず、臣《しん》は用《よう》を効《いた》さんとして由無《よしな》きは、豈《あ》に貴賤相懸《きせんあひへだ》たり、朝野相隔《てうやあひへだ》たり、堂《だう》は千里《せんり》よりも遠《とほ》く、門《もん》は九重《きうちょう》よりも深《ふか》きを以《もっ》てならずや。

臣《しん》以為《おも》へらく、賢《けん》を求《もと》むるに術《じゅつ》有《あ》り、賢《けん》を弁《べん》ずるに方《はう》有《あ》り。方術《はうじゅつ》は、各《おのおの》其《そ》の族類《ぞくるい》を審《つまび》らかにし、之《これ》をして推薦《すいせん》せしむるのみ。近《ちか》く諸《これ》を喩《たと》へに取《と》れば、其《そ》れ猶《な》ほ線《いと》と矢《や》とのごときなり。線《いと》は針《はり》に因《よ》りて入《い》り、矢《や》は弦《げん》を待《ま》ちて発《はっ》す。線矢《せんし》有《あ》りと雖《いへど》も、苟《いやし》くも針弦《しんげん》無《な》くんば、自《みづか》ら致《いた》すを求《もと》むるも、得《う》べからざるなり。夫《そ》れ必《かなら》ず族類《ぞくるい》を以《もっ》てするは、蓋《けだ》し賢愚《けんぐ》貫《つらぬ》くこと有《あ》り、善悪《ぜんあく》倫《ともがら》有《あ》り、若《も》し類《るい》を以《もっ》て求《もと》むれば、必《かなら》ず類《るい》を以《もっ》て至《いた》ればなり。此《こ》れ亦《ま》た猶《な》ほ水《みづ》の湿《しっ》に流《なが》れ、火《ひ》の燥《さう》に就《つ》くがごとく、自然《しぜん》の理《り》なり。

【全文解釈・予想問題】

問う、昔から、君主は賢者を登用しようと思っており、賢者は君主の役に立ちたいと思っている。しかしながら（君主が賢者を登用することと、賢者が君主の役に立つことの）両方ともが互いに巡り会わないのは、その理由はどうしてか。もしも賢者を登用したいと思うと、その方法はどこにあるのか。

【全文解釈・模擬答案】

私は（以下のように）聞いております、君主は賢者を登用しようと思っており、臣下は君主の役に立ちたいと思っていると。それなのに君主は賢者を登用しようと思っても見つけられず、臣下は（君主の）役に立ちたいと思っても方法がないのは、ひょっとして身分の高下が相互にかけ離れていて、朝廷と民間が相互に隔絶していて、君主が執務する場所が一千里よりも遠方で、王城の門が天子の宮殿よりも奥深い（ところにある）からではないでしょうか。

私が考えますに、賢者を登用するには術策があり、賢者を弁別するには方法があります。（その）術策と方法は、それぞれ同類をはっきりさせ、賢者を推薦させるというものなのです。このことを卑近な比喩で言えば、まさしくちょうど糸と矢のようなものです。糸は針を頼りにして（布地に）入り込み、矢は弦を頼りにして飛んで行きます。たとえ糸や矢があったとしても、もしも針や弦がなければ、自分で能力を発揮しようとしても、発揮できないのです。そもそも同類を頼りに（して登用）する必要があるのは、考えますに賢者も愚者も（それぞれ）一貫するものがあり、善人も悪人も仲間がおり、もしも同類を頼りにして（人材を）探せば、きっと同類を頼りにして（人材が）やって来るはずです。この（＝人が同類を頼りにして求め合う）ことはまさしくちょうど水が湿ったところに流れ、火が乾燥したところへと広がるようなもので、自然の道理なのです。

【設問解説】

問1　語の意味の問題　29 ①　30 ①　31 ⑤

(ア)「無《シ》レ由」は、「無」については、いずれの選択肢も「～がない」としているので、実質的には「由」のここでの意味が問われている。さらに「由」については、①「方法」、②「伝承」、③「原因」、④「意味」、⑤「信用」としているので、「由」の名詞としての意味を考えればよい。「由」は名詞としては、「原因・理由」、「起源・由緒」、「方法・手段」という意味で用いられるが、④「意味」や⑤「信用」という意味はない。よって、④と⑤は不適切である。①「方法」・②「伝承」・③「原因」のいずれの意味が適切かは、文脈・文意を踏まえて判断する。(ア)「無レ由」の直前には、「臣《ハ》効《サントシテ》レ用《ヲ》」（臣下は〔君主の〕役に立ちたいと思っても）とあるので、ここの「由」は「方法・手段」の意味に解釈すれば、「無《シ》レ由」は「方法がない」と訳出でき、文意が成り立つ。**正解は①**「方法がない」である。

(イ)「以為」は、重要語であり、「以為《おもヘラク》」と読んで「思うに・考えると」という意味である。「以為」は慣用句「以《もつテ》レA《ヲ》為《なス》レB《ト》」（AをBとする・AをBと思う）のAが省略された形である。「以為《テなス》レB《ト》」という読み方もあるが、Bが長めの句であったり、Bを強調したりする場合は、「以為《ヘラク》B《ト》」と読む。**正解は①**「考えるに」である。

(ウ)「弁」は多義語であり、選択肢はいずれも「弁」を含む熟語の動詞であるので、文脈・文意を考慮してここでの適切な意味を判断する。直前には「求《ムルニ》レ賢《ヲ》有《リ》レ術」（賢者を登用するには術策があり）とあり、(ウ)「弁」を含む「弁㆑賢有《ヲリ》㆑方」が続いている。対句であること、特に「求《ムルニ》㆑賢《ヲ》」と「弁㆑賢《ヲ》」との対比に留意すれば、「弁㆑賢有《ヲリ》㆑方」は「賢者を見分けるには方法がある」という意味に解釈するのが適切である。したがって、**正解は**⑤「弁別するには」である。

問2　解釈の問題　32　③

傍線部**A**は前半の「君《タル》者無《ク》㆑不《ルハ》㆑思《ハ》㆑求《ムルヲ》㆓其《ノ》賢《ヲ》㆒」と後半の「賢《ナル》者罔《なシ》㆑不《ルハ》㆑思《ハ》㆑効《いたスヲ》㆓其《ノ》用《ヲ》㆒」の二句から成っていて、どちらの句にも「無《ク》㆑不《ルハ》㆑思《ハ》㆓――《ヲ》㆒」・「罔《なシ》㆑不《ルハ》㆑思《ハ》㆓――《ヲ》㆒」と二重否定の表現が用いられているが、この表現についてはいずれの選択肢も「――と思っており、……と思っている」と解釈しているので、ここで問われているのは、「求《ムルヲ》㆓其《ノ》賢《ヲ》㆒」と「効《いたスヲ》㆓其《ノ》用《ヲ》㆒」の解釈である。

まず、「求《ムルヲ》㆓其《ノ》賢《ヲ》㆒」から考える。「其《ノ》賢」はいずれの選択肢も「賢者」としているので、これを踏まえて直訳すると「賢者を探す」「賢者を尋ね求める」などとなる。この直訳に従うと、①「賢者の仲間を」、④「賢者の意見を」、⑤「賢者の称賛を」は、いずれも「其《ノ》賢《ヲ》」の解釈として適当ではない。

次に、「効《いたスヲ》㆓其《ノ》用《ヲ》㆒」の解釈を検討する。「効」は、「いたスヲ」という読みが与えられているが、「いたス」と読むときは、「力を出し尽くす」、「与える・差し出す」などの意味である。目的語は「其《ノ》用」であるが、「其《ノ》」の解釈は選択肢によって様々なので、そのままにして「効《いたスヲ》㆓其《ノ》用《ヲ》㆒」を直訳すると、「その用途を与える」「その才能を出し尽くす」などとなる。この直訳と意味が合致する解釈は、③「君主の役に立ちたい」だけである。「君主の役に立ちたい」と解釈すれば、前半の句の「君主は賢者を登用しようと思っており」とも対比が成立する。したがって、**正解は③**である。

問3　返り点と書き下し文の問題　33　⑤

解答のポイントは、「豈《あニ》不《ずや》㆓――《(ナラ)》㆒」（なんと――ではないか）という詠嘆形、前置詞の働きをする「以《もつテ》」のかかり方、対表現の把握である。

まず、詠嘆形を捉えて「豈に――（なら）ずや」と正しく書き下している選択肢は④と⑤である。

次に「以《もつテ》」であるが、いずれの選択肢も「以《テ》㆓――《ヲ》㆒」と返読しているので、ここでは前置詞の働きをしていると判断できる。そこで、「以《もつテ》」がどこまでかかるかを考える。

留意したいのは、「以《もつテ》」に続く、「貴賤相懸」と「朝野相隔」、「堂遠於千里」と「門深於九重」が、それぞれ対表現になっていることである。また、この四句の読み方はいずれの選択肢も同一で、「貴賤相懸《あひへだタル》」と「朝野相隔《タル》」という読み方、「堂遠《ハシ》㆓於千里《ヨリモ》㆒」と「門深《ハシ》㆓於九重《ヨリモ》㆒」という読み方であり、どの句も「君主や朝廷と登用されるべき賢者との距離が遠く離れている」という趣旨である（**【全文解釈・模擬答案】**の当該箇所を参照）。したがって、「貴賤相懸《あひへだタル》」以下の四句は、ひとまとまりの意味を表すものとして捉えるのが適切である。

以上から、「以《もつテ》」は以下の四句末尾の「門深《ハシ》㆓於九重《ヨリモ》㆒」までかかると判断でき、したがって、「以《テ》㆘～門深《ハキヲ》㆗於九重《ヨリモ》㆖」と返読し、詠嘆形の読み方も正しい**⑤が正解**である。ただし、ここの「豈《あニ》不《ずや》㆓――《(ナラ)》㆒」は、皇帝に呈する答案の一節なので、詠嘆形として読むものの、意味は疑問推量として「ひょっとして――ではなかろうか」と理解した方がわかりやすい。

問4　比喩の問題　34　①

傍線部**C**「其《レ》猶《ホ》《キ》㆓線《いとノ》与《ト》㆒㆑矢也」は、「まさしくちょうど糸と矢のようなものです」と訳出できる。「其」は、「それ」と読むときは、指示代名詞ではなく副詞として働いている場合であり、ここでは強意の語として直後の再読文字「猶《ホ》《シ》㆓――《ノ》㆒」を強調している。

さて、この比喩について、『線』・『矢』のどのような点に着目して用いられているのか」を答えるように指示がある。そこで、傍線部前後の記述を確認してみると、直前には「近取《クレバこれヲ》㆓諸喩《たとへニ》㆒」（このことを卑近な比喩で言えば）とあるから、比喩そのものの説明は傍線部直後の「線因《ハリテ》レ針《ニ》而入《リ》」（糸は針を頼りにして〔布地に〕入り込み）以下に記されているはずである。本文の末尾から3行目に「夫《レ》」（そもそも）と話題を転じる語が用いられているので、「線因《ハリテ》レ針《ニ》而入《リ》」から「夫《レ》」の前の「不《ル》レ可《カラ》レ得也」（発揮できないのです）までの内容を手がかりにすればよい（**【全文解釈・模擬答案】**の当該箇所を参照）。要約すれば、「線」は「針」を、「矢」は「弦」をそれぞれ頼りにしなければ、布地を貫いて縫い合わせたり、勢いよく飛んで行って標的を射抜いたりするという、自分の力を発揮できないということである。したがって、これと同じ内容のことを述べている**①が正解**である。

問5　空欄補充と書き下し文の問題　35　③

空欄 X を含む「 X 以類至」の直前が「若以《シテ》レ類《ヲ》求《ムレバ》」（もしも同類を頼りにして〔人材を〕探せば）と条件提示であること、第二段落が「賢者を探す方法は、同類をはっきりさせて賢者を推薦させること」という内容であることを踏まえれば、「 X 以類至」は「〔人材は〕同類を頼りにしてやって来る」という方向の意味でなければならない。したがって、①「不」を入れて否定文に解釈したり、②「何」や④「誰」を入れて反語文に解釈したりするのは誤りだと判断できる。②と④は句の末尾を「～んや」と読んでいるので、反語文の選択肢として提示されていることに注目したい。

すると、空欄 X の正解候補として、③「必」と⑤「嘗」が残るが、ここは過去のことを述べているのではなく、一般論を述べているから、「以前に」の意味の③「嘗《かつテ》」を入れるのは不適当であり、空欄 X には「必」を入れて「必ず類を以て至ればなり」と書き下し、「きっと同類を頼りにして（人材が）やって来るはずです」と解釈するのが最も適当である。したがって、**正解は③**である。

問6　内容説明の問題　36　④

傍線部**E**「自然之理也」（自然の道理である）は、**【模擬答案】**の末尾の一文の述語である。主語は「此《レ》」であるが、「猶《ホ》水《ノ》流《レ》レ湿《ニ》、火《ノ》就《ク》レ燥《ガ》」という比喩を伴っている。選択肢はいずれもこの比喩の訳出を含んでいるので、直訳してみると、「ちょうど水が湿り気に流れ、火が乾燥に付くように」となる。この直訳に合致するのは、④「水は湿ったところに流れ、火は乾燥したところへと広がるように」だけである。さらに、④は「此《レ》」の内容について「性質を同じくするものは互いに求め合うのが」と説明しているが、この説明は、さらに前に記述してある「賢者も善人も、愚者も悪人も、通じ合う仲間と同類を成す」という内容を受けた説明として適切である。つまり、「此《レ》亦《タ》（中略）自然之理也」とは、「性質を同じくする者は互いに求め合うのが自然（の道理）である」ということである。**正解は④**。

問7　趣旨の問題　37　④

【予想問題】の問題提起を踏まえて、**【模擬答案】**の要旨を答える問題であるから、まず、それぞれの要旨を確認する。

【予想問題】では、「古来君主は賢者を登用したいと思っており、賢者は君主の役に立ちたいと思っているのに、君主と賢者が巡り会わないのはなぜか」との問題が提起されている（**【本文解説】**の当該箇所を参照）。

これに対して、**【模擬答案】**では、まず第一段落で「賢者を求めている君主と、君主の役に立つことを望んでいる賢者とが身分的にそれぞれあまりにも遠く隔たっているところに居るから、互いに巡り会わないのである」と説明する。続いて第二段落では、「賢者を探すには、賢者の同類に注目し、その同類に適任者を推薦させる方法が最良である」と主張する（**【本文解説】**の当該箇所を参照）。

以上の内容を、選択肢の説明とそれぞれ対比して正誤を判定すればよい。

①は、まず「君主が賢者を採用する機会が少ない」という説明が不適切

である。**【模擬答案】**では君主と臣下の身分差を指摘している。また、「採用試験をより多く実施する」ことについては、本文では言及していない。

②は、「君主の考えを広く伝えて、賢者との心理的距離を縮めたうえで」と説明するが、**【模擬答案】**には記述されていない内容である。

③は、「賢者が党派に加わらず、自分の信念を貫いているかどうかを見分けるべき」が、「同類を見極めて同類の者に賢者を推薦させる」という**【模擬答案】**の主張とは正反対の説明である。

④は、「賢者のグループを見極めたうえで、その中から人材を推挙してもらうべき」は、**【模擬答案】**の主張と合致した説明である。

⑤は、「君主が賢者を受け入れない」が、**【模擬答案】**には記述されていない内容である。

以上から、**正解は④**である。

●**写真提供・協力**

第1問　ユニフォトプレス

MEMO

MEMO

MEMO

MEMO

MEMO

MEMO

MEMO

MEMO

MEMO

MEMO

MEMO

KAWAI PUBLISHING